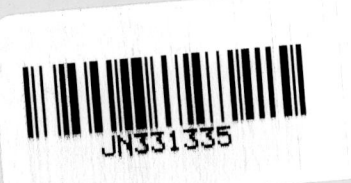

子どもの本

教科書にのった名作2000冊

日外アソシエーツ

Guide to Books for Children

2000 Works
of
Elementary School Textbooks

Compiled by

Nichigai Associates, Inc.

Printed in Japan

本書はディジタルデータでご利用いただくことができます。詳細はお問い合わせください。

●編集担当● 吉本 哲子

刊行にあたって

誰もが一度は読んだことのある教科書にはさまざまな思い出があり、ふと浮かんだ小説をもう一度読んでみたい、あの詩を確認してみたいなど公共図書館に寄せられるレファレンスでも定番事例としてとりあげられている。教科書の作品を紹介する本は各種刊行されているが、数十作品を紹介する程度にとどまり、他にどんな本があるかを示すまとまったツールはこれまでなかった。

本書は、1949～2010年発行の小学校国語教科書に掲載された作品を含む図書2,215冊を収録した図書目録である。1980年代以降に刊行された図書を中心に収録し、これまで教科書に登場した作品のうち、図書として読むことが出来る作品を集めた内容となっている。本文は作家名の下、作品ごとに排列し、同じ作品を含む図書では出版年月の新しいものから順に排列した。また、選書の際の参考となるよう目次と内容紹介を載せ、巻末には書名索引を付して検索の便を図った。

本書が公共図書館の児童コーナーや小学校の学校図書館の場などで、本の選定・紹介・購入に幅広く活用されることを願っている。

2013年1月

日外アソシエーツ

凡　例

1．本書の内容

本書は、小学校の国語教科書に掲載された作品を含む図書を集め、作家名の下、作品ごとにまとめた図書目録である。

2．収録の対象

1949～2010年発行の小学校国語教科書に掲載された1,034作品を含む図書から、1980年代以降に刊行されたものを中心に2,215冊を収録した。

3．見出し

1）作家名を見出しとして、姓の読みの五十音順→名の読みの五十音順に排列した。作家名には生没年を付した。

2）さらに作品名を見出しとし、その読みの五十音順に排列した。

4．図書の排列

作品名のもとに出版年月の新しい順に排列した。出版年月が同じ場合は書名の五十音順に排列した。

5．図書の記述

書名／副書名／巻次／各巻書名／各巻副書名／各巻巻次／著者表示／版表示／出版地＊／出版者／出版年月／ページ数または冊数／大きさ／叢書名／叢書番号／副叢書名／副叢書番号／叢書責任者表示／注記／定価（刊行時）／ISBN（ⓘで表示）／NDC（Ⓝで表示）／目次／内容

＊出版地が東京の場合は省略した。

6．書名索引

各図書を書名の読みの五十音順に排列して著者名を補記し、本文での掲載ページを示した。

7．書誌事項の出所

本目録に掲載した各図書の書誌事項等は主に次の資料に拠っている。
データベース「BOOKPLUS」
JAPAN/MARC

目　次

【あ】

【い】

【え】

【お】

【か】

【き】

【く】

【こ】

【さ】

【し】

【せ】

【た】

【ち】

【つ】

【て】

【と】

【な】

【に】

【の】

【は】

【ひ】

【ふ】

【へ】

【ほ】

【ま】

【み】

【む】

【も】

【や】

【ゆ】

【よ】

【ら】

【り】

【る】

【れ】

【ろ】

【わ】

【作者不詳】

青戸 かいち
あおと・かいち
《1928～》

「おがわのはる」

『詩はうちゅう 1年』 水内喜久雄編，太田大輔絵 ポプラ社 2003.4 155p 20×16cm （詩はうちゅう 1） 1300円 ①4-591-07587-7

目次 さあ、一ねんせい(あさだ(小野寺悦子),ひみつ(谷川俊太郎) ほか),あいうえおのうた(あいうえお(神沢利子),おがわのはる(青戸かいち) ほか),かぞくのうた(おかあさんってふしぎ(川崎洋子),とくとうせき(神沢利子) ほか),どうぶつのうた(きりんはゆらゆら(武鹿悦子),ぞうのかくれんぼ(高木あきこ) ほか),しょくぶつのうた(たけのこぐん!(武鹿悦子),つくし(山中利子) ほか),おなら・うんこ・おしり(ぞうさんのおなら(菅原優子),うんこ(谷川俊太郎) ほか),口のうんどう(ことばのけいこ(与田準一),ヤダくん(小野ルミ) ほか),たのしいうた(もしも(谷川俊太郎),むしば(関根栄一) ほか),またあいうえお(あいうえお(新井竹子),あいうえおうた(谷川俊太郎) ほか),ぼく・わたし(ぼく(秋原秀夫),わたしはいいね(本間ちひろ) ほか)

『ぞうの子だって―童謡集』 青戸かいち詩，駒宮録郎絵 教育出版センター 1985.3 79p 22cm （ジュニア・ポエム双書） 1000円 ①4-7632-4233-4

赤岡 江里子
あかおか・えりこ
《1929～》

「リンゴとポンカン」

『リンゴとポンカン』 赤岡江里子うた，遠藤勁え 〔赤岡江里子〕 1990.12 63p 19×26cm （まつぼっくりの本）

『ガラスにかいたかお―生活』 新川和江編，多田治良絵 太平出版社 1987.10 66p 21cm （小学生・詩のくにへ 6） 1600円

目次 おなかのへるうた(阪田寛夫),コップのうた(真田亀久代),てんぷらぴりぴり(まど・みちお),ピーマン(工藤直子),あわてんぼうの歌(まど・みちお),ガラスのかお(三井ふたばこ),お魚(金子みすゞ),帰宅(吉田定一),つけもののおもし(まど・みちお),山芋(大関松三郎),あめ(山田今次),ふるさとの(石川啄木),リンゴとポンカン(赤岡江里子),ぼくの家だけあかりがともらない(野長瀬正夫),いなかのあいさつ(新川和江),小さなみなとの町(木下夕爾),茂作じいさん(小林純一),夜のくだもの(草野心平),とうげ(石垣りん),はんぶんおりたところ(アレグザンダー＝ミルン,小田島雄志・若子訳),夕日がせなかをおしてくる(阪田寛夫)

阿川 弘之
あがわ・ひろゆき
《1920～》

「きかん車やえもん」

『親も子も読む名作 2年生の読みもの』 亀村五郎編集委員 学校図書 2005.7 151p 21cm 648円 ①4-7625-1962-6

目次 わにのバンボ(大石真),ごんべえとカモ(坪田譲治),きかん車やえもん(阿川弘之),ありの生活(栗林慧),おれはオニだぞ(今江祥智),ブレーメンの音楽師(グリム),うさぎとはりねずみ(島崎藤村),王さまびっくり(寺村輝夫),こおろぎとおきゃくさま(佐藤さとる),むく鳥のゆめ(浜田広介),ガラスのなかのお月さま(久保喬)

内容 すぐれた作家のすぐれた作品!!国語教科書でなじみのある作品も多数掲載。お子さんはもちろん、保護者の方にも楽しく、また、なつかしく読んでいただける名作選。

『もう一度読みたい国語教科書 小学校篇』 ダルマックス編 ぶんか社 2002.4 221p 19cm 1400円 ①4-8211-0775-9

目次 小学一年生(ありとはと,一すんぼうし,げんごろうぶな),小学二年生(きかん車やえもん(あがわひろゆき),かわいそうなぞう(土屋由岐雄)),小学三年生(ピノキオ,かがみの中の犬),小学四年生(ごんぎつね(新美南吉),チワンのにしき(君島久子訳),はだかの王様(アンデルセン)),小学五年生(レナド(スクワイア作),おかあさんの手のひら(壷井栄),大きなしらかば(アルチューホワ 西郷竹彦訳)),小学六年生(めもあある美術館(大井三重子),桃花片(岡野薫子),

最後の授業（アルフォンス＝ドーテ））

内容 本書は、現在20～50代の大人たちが、小学校で習った国語教科書から、記憶の片隅にある名作をそのままの形で抜粋したものである。

『子供に読ませたい100冊の本』 PHP研究所編 PHP研究所 1991.3 221p 19cm 1100円 ①4-569-53006-0

目次 1 日本の絵本（いないいないばあ, かぞえてみよう, あかちゃんのくるひ, なつのあさ, はるかぜのたいこ, みんなうんち ほか）, 2 日本の童話（きいろいばけつ, きかんしゃやえもん, ばけたらふうせん, かいぞくオネション, ネバオのきょうりゅうたんけん, ネッシーのおむこさん ほか）, 3 外国の絵本・童話（あおくんときいろちゃん, ロージーのおさんぽ, はらぺこあおむし, おばけのバーバパパ, はなをくんくん, どろんこハリー ほか）

内容 夢と感動を子供たちに伝えつづけてきた名作・傑作の数々を一挙紹介。幼児～小学校低学年向き。

『阿川弘之の本』 阿川弘之著 ベストセラーズ 1970 324p 図版 19cm Ⓝ918.6

目次 小説 夜の波音, 鱸とおこぜ, 末っ子, 水の上の会話 随筆 「あゝ同期の桜」に寄せる, 最後の海軍大将, 文人海軍の会, ほんとの軍歌はきかれなくなった, 志賀さんを訪ねて, 安川加寿子, 芦田伸介, 小山清の死, 苦笑いの別れ, 電話騒動, 名人戦, 私の小説作法, 舞台再訪雲の墓標, リューベックにて, 趣味のすすめ, 蒸気機関車の魅力, きかんしゃ・やえもん 紀行文 山本元帥、阿川大尉が参りました

秋尾 晃正
あきお・てるまさ

「ぼくとアルベスにいちゃん」

『ぼくとアルベスにいちゃん』 大井戸百合子絵, 秋尾晃正文 福武書店 1985.6 1冊 26×27cm 1100円 ①4-8288-1253-9

芥川 龍之介
あくたがわ・りゅうのすけ
《1892～1927》

「蜘蛛の糸」

『日本の名作「こわい話」傑作集』 Z会監修・解説, 平尾リョウ絵 集英社 2012.8 209p 18cm （集英社みらい文庫） 620円 ①978-4-08-321111-9

目次 雪女（小泉八雲）, ろくろ首（小泉八雲）, 耳無芳一の話（小泉八雲）, 吉備津の釜（上田秋成）, 赤いろうそくと人魚（小川未明）, 蜘蛛の糸（芥川龍之介）, 酒虫（芥川龍之介）, 牛人（中島敦）, 異妖編（岡本綺堂）, 貉（小泉八雲）, 『耳袋』（根岸鎮衛）, 『夢十夜』（夏目漱石）, 『冥途』（内田百閒）

内容 「私のことを誰かに話したら、殺しに行きますよ」猛吹雪の山小屋の中で、少年・巳之吉に迫る怖ろしい美女を描く小泉八雲の『雪女』。暗い夜道、背中に背負っている子供が、次々と不吉な予感を話し出す、夏目漱石の『夢十夜』。たったひとつの善い行いのおかげで、地獄から抜け出せそうになるが…芥川龍之介の『蜘蛛の糸』。ほか、文豪たちによる「こわい話」をぎゅっと13編集めた勉強にもなる傑作集。小学上級・中学から。

『読んでおきたい名作 小学4年』 川島隆太監修 成美堂出版 2011.4 191p 21cm 700円 ①978-4-415-31034-3

目次 ふたりのおばさん（室生犀星）, 秋の夜の会話（草野心平）, ねむい町（小川未明）, 菜の花と小むすめ（志賀直哉）, てんぐ笑（豊島与志雄）, この道（北原白秋）, くもの糸（芥川龍之介）, 大きなこうもりがさ（竹久夢二）, よだかの星（宮沢賢治）, 花のき村とぬすびとたち（新美南吉）

内容 朝の10分間読書にぴったり。どんどん読めて脳と心をはぐくむとっておきの10作品。

『杜子春・くもの糸』 芥川龍之介著 偕成社 2009.5 232p 19cm （偕成社文庫）〈第77刷〉600円 ①978-4-03-650650-7

目次 杜子春, くもの糸, トロッコ, 鼻, 芋粥, たばこと悪魔, 犬と笛, みかん, 魔術, 仙人, 白, ハンケチ

内容 人間の本質と人生の機微をきびしくも

あたたかい目で見つめた傑作集。表題作のほか、「鼻」「芋粥」「みかん」など、短編作家芥川龍之介の資質をあますところなく伝える名作12編を収録。

『トロッコ・鼻』 芥川龍之介著 講談社 2009.2 253p 19cm （21世紀版少年少女日本文学館 6） 1400円
Ⓘ978-4-06-282656-3

目次 羅生門, 鼻, 煙草と悪魔, 戯作三昧, 蜘蛛の糸, 蜜柑, 魔術, 杜子春, トロッコ, 雛, 白, 少年

内容 禅智内供の悩みのたね―それは、人なみ外れた大きな鼻だった。古典の題材を、緻密な構成と独自の文体で描き直し、漱石の激賞を受けた「鼻」をはじめ洗練された知性が光る芥川龍之介の作品十二編。ふりがなと行間注で、最後までスラスラ。児童向け文学全集の決定版。

『赤い鳥4年生』 赤い鳥の会編 新装版 小峰書店 2008.2 175p 21cm （新装版学年別赤い鳥） 1600円
Ⓘ978-4-338-23204-3

目次 ばら・詩（北原白秋）, くもの糸（芥川龍之介）, 空がある・詩（与田準一）, ごんぎつね（新美南吉）, 病気・詩（小林純一）, やかんぐま（江口渙）, どろぼう（久米正雄）, 月・詩（清水たみ子）, ばあやの話（有島生馬）, かなりあ・詩（西條八十）, ろうそくをつぐ話（大木篤夫）, おもちゃは野にも畑にも（島崎藤村）, 風・詩（巽聖歌）, 三びきの小羊（細田民樹）, もちつき（森田草平）

内容 日本児童文学の原点。『赤い鳥』から生まれた童話・童謡のなかから、小学生に読んで欲しい名作をあつめました。

『くもの糸・杜子春―芥川龍之介短編集』 芥川龍之介作, 百瀬義行絵 新装版 講談社 2007.11 233p 18cm （講談社青い鳥文庫） 570円
Ⓘ978-4-06-148798-7

目次 くもの糸, 杜子春, 魔術, 仙人, たばこと悪魔, 白, 雛, トロッコ, 竜, 鼻, 三つの宝

内容 くもの糸：大どろぼうの〔かん〕陀多は、死後地獄で苦しんでいた。お釈迦様は、昔〔かん〕陀多がくもを助けたのを思い出し、極楽からくもの糸をたらした。それにすがって、〔かん〕陀多は極楽をめざしてのぼっていくが…!?杜子春：仙人のおしえで、2度まで一夜にして都でいちばんの大金持ちになった杜子春は、世の中のむなしさから、仙人になろうとするが!?芥川龍之介の名作11編を収録。小学上級から。

『くものいと』 あくたがわりゅうのすけさく こうげつしゃ 1993.9 76p 19cm （ひらがなぶんこ 1） 480円
Ⓘ4-906358-01-2 Ⓝ913.6

「杜子春」

『読んでおきたい名作 小学6年』 川島隆太監修 成美堂出版 2011.4 207p 21cm 700円 Ⓘ978-4-415-31036-7

目次 赤いろうそくと人魚（小川未明）, 走れメロス（太宰治）, 初恋（島崎藤村）, 耳なし芳一（小泉八雲）, サーカス（中原中也）, 杜子春（芥川龍之介）, なめとこ山の熊（宮沢賢治）, 一握の砂 抄（石川啄木）, 小僧の神様（志賀直哉）, でんでんむしのかなしみ（新美南吉）

内容 朝の10分間読書にぴったり。どんどん読めて脳と心をはぐくむとっておきの10作品。

『杜子春・くもの糸』 芥川龍之介著 偕成社 2009.5 232p 19cm （偕成社文庫）〈第77刷〉 600円
Ⓘ978-4-03-650650-7

目次 杜子春, くもの糸, トロッコ, 鼻, 芋粥, たばこと悪魔, 犬と笛, みかん, 魔術, 仙人, 白, ハンケチ

内容 人間の本質と人生の機微をきびしくもあたたかい目で見つめた傑作集。表題作のほか、「鼻」「芋粥」「みかん」など、短編作家芥川龍之介の資質をあますところなく伝える名作12編を収録。

『トロッコ・鼻』 芥川龍之介著 講談社 2009.2 253p 19cm （21世紀版少年少女日本文学館 6） 1400円
Ⓘ978-4-06-282656-3

目次 羅生門, 鼻, 煙草と悪魔, 戯作三昧, 蜘蛛の糸, 蜜柑, 魔術, 杜子春, トロッコ, 雛, 白, 少年

内容 禅智内供の悩みのたね―それは、人なみ外れた大きな鼻だった。古典の題材を、緻密な構成と独自の文体で描き直し、漱石の激賞を受けた「鼻」をはじめ洗練された知性が光る芥川龍之介の作品十二編。ふりがなと行間注で、最後までスラスラ。児童向け文学全集の決定版。

アーシャンボルト, ジョン

「青い馬の少年」

『青い馬の少年』 ビル・マーティン, ジュニア, ジョン・アーシャンボルト文, テッド・ランド絵, 金原瑞人訳 アスラン書房 1995.2 1冊 21×26cm 1442円 ①4-900656-09-7

アトリー, アリスン

《1884～1976》

「麦畑」

『光村ライブラリー 第13巻 附子 ほか』 樺島忠夫, 宮地裕, 渡辺実監修, 那須正幹ほか著, 矢川澄子訳, 峰岸達ほか画 光村図書出版 2004.4 85p 21cm〈3刷〉1000円 ①4-89528-111-6

目次 子ねこをだいて(那須正幹), 麦畑(アリスン・アトリー), 母ぐま子ぐま(椋鳩十), 附子(和泉元秀)

『むぎばたけ』 アリスン・アトリー著, 矢川澄子訳, 片山健画 福音館書店 1997.7 39p 22×24cm (日本傑作絵本シリーズ)〈8刷〉1400円 ①4-8340-0325-6

天野 夏美

あまの・なつみ

《1962～》

「いわたくんちのおばあちゃん」

『いわたくんちのおばあちゃん』 天野夏美作, はまのゆか絵 主婦の友社 2006.8 1冊 25×19cm 1500円 ①4-07-253304-1

内容 被爆から六十年目の夏に、この物語は生まれました。ある小学校で実際に行われた、平和を考える授業。そこで語られた一枚の写真にまつわるお話です。

あまん きみこ

《1931～》

「うさぎが空をなめました」

『きつねバスついたかな』 あまんきみこ作, 岡村好文絵 フレーベル館 1993.2 69p 22×19cm (フレーベル館の低学年童話 3) 950円 ①4-577-00894-7

「お母さんの目」

『あまんきみこ童話集 5』 あまんきみこ作, 遠藤てるよ絵 ポプラ社 2008.3 141p 21×16cm 1200円 ①978-4-591-10122-3

目次 こがねの舟(くもんこの話), ままごとのすきな女の子, ちいちゃんのかげおくり, おかあさんの目(おかあさんの目, 天の町やなぎ通り, おしゃべりくらげ, おはじきの木), だあれもいない?(ふしぎな森, かくれんぼ)

内容 戦争で失われた命、消えることのない苦しみ、子どものなみだ。そして、それらを悲しみ、いつくしむ心…。いつの時代にも、ぜったいに忘れてはいけないことを切々と語りかける「あまんきみこ童話集5」。

『読書の時間によむ本 2 小学4年生』 西本鶏介編 ポプラ社 2004.2 190p 21cm (読書の時間によむ本・小学生版 2-4) 700円 ①4-591-08003-X

目次 おかあさんの目(あまんきみこ), 花のにおう町(安房直子), えくぼ(壺井栄), たまごからうまれた女の子(谷真介), アカチンじるし(平塚武二), 屁(新美南吉), しらぬい(たかしよいち), 土の笛(今西祐行), 満月に手品を(工藤直子), やかんねこ(矢玉四郎)

内容 どれも読み切りの、楽しい作品だからいつでも読める、どこからでも読める! いま注目の「朝の読書朝読」に最適の読書入門。よんでおきたい名作・傑作を、学年別に10編収録。

「おにたのぼうし」

『あまんきみこセレクション 4 冬のおはなし』 あまんきみこ著 三省堂 2009.12 318p 21cm 2000円 ①978-4-385-36314-1

目次 松井さんの冬(くましんし, 本日は雪天なり, 雪がふったら、ねこの市, たぬき先生はじょうずです), えっちゃんの冬(ストーブの前で), 短いおはなし(ふたりのサンタおじいさん, 一回ばなし 一回だけ, おにたのぼうし, ちびっこちびおに), すこし長いおはなし(すずかけ写真館, 花と終電車, かまくらかまくら雪の家), 長いおはなし(ねこん正月騒動記, ふうたの雪まつり, 花のピアノ), あまんきみこの広がる世界へ(赤い凧, うぬぼれ鏡, 北風を見た子), 対談 冬のお客さま 宮川ひろさん

内容 40年を超える創作活動の最大規模の集大成! デビュー作から教科書掲載の名作まで、心をふるわせる物語18編。

『あまんきみこ童話集 1』 あまんきみこ作, 渡辺洋二絵 ポプラ社 2008.3 145p 21×16cm 1200円
①978-4-591-10118-6

目次 おにたのぼうし, きつねみちは天のみち, 七つのぽけっと, ぽんぽん山の月, 金のことり

内容 おにの子、風の子、かっぱや、やまんばが、ほら、きみのすぐそばにいるよ! 身近なところにこっそりかくれている、あたたかなファンタジー「あまんきみこ童話集1」。

『日本の童話名作選―戦後篇』 講談社文芸文庫編 講談社 2007.2 347p 15cm (講談社文芸文庫) 1400円
①978-4-06-198468-4

目次 ノンちゃん雲に乗る(抄)(石井桃子), 原始林あらし(前川康男), 一つの花(今西祐行), 風信器(大石真), おねえさんといっしょ(筒井敬介), ぞうのたまごのたまごやき(寺村輝夫), くじらとり(中川李枝子), きばをなくすと(小沢正), ちょうちょむすび(今江祥智), 神かくしの山(岩崎京子), ちいさいモモちゃん(松谷みよ子), ぐず伸のホームラン(山中恒), ひょっこりひょうたん島(井上ひさし, 山元護久), そこなし森の話(佐藤さとる), 焼けあとの白鳥(長崎源之助), 夜のかげぼうし(宮川ひろ), さんしょっ子(安房直子), おにたのぼうし(あまんきみこ), ウーフは、おしっこでできてるか??(神沢利子), 白い帆船(庄野英二), 花かんざし(立原えりか)

内容 戦後、「少国民」は「子ども」にかえり、民主主義という新しい価値観のもと、童話も本来の明るさを取り戻した。子どもの視点に立つ成長物語、幼児の心を発見する幼年童話、異世界への扉をあけるファンタジーが一斉に花ひらくいっぽう、空襲、集団疎開等の記憶を語り継ぐ戦争童話も数多く書かれた。そして草創期のテレビは童話を含めた子ども文化に大変化をもたらした。戦後すぐから六〇年代までを俯瞰する名品二一篇。

『おとなを休もう』 石川文子編 武蔵野 フロネーシス桜蔭社, メディアパル〔発売〕 2003.8 255p 19cm 1400円
①4-89610-734-9

目次 おおきな木(シェル・シルヴァスタイン), モチモチの木(斎藤隆介), 白いぼうし(あまんきみこ), おにたのぼうし(あまんきみこ), ワニのおじいさんのたからもの(川崎洋), ソメコとオニ(斎藤隆介), 島ひきおに(山下明生), 一つの花(今西祐行), アディ・ニハァスの英雄(H.クランダー,W.レスロー), つりばしわたれ(長崎源之助), 花さき山(斎藤隆介), やまんばのにしき(松谷みよ子), チワンのにしき, サーカスのライオン(川村たかし), 青銅のライオン(瀬尾七重), 月の輪グマ(椋鳩十), はまひるがおの小さな海(今西祐行), うぐいすの宿, 手ぶくろを買いに(新美南吉), ごんぎつね(新美南吉)

内容 だれもが一度は読んだことのある、なつかしい作品集。

「おはじきの木」

『あまんきみこセレクション 1 春のおはなし』 あまんきみこ著 三省堂 2009.12 318p 21cm 2000円
①978-4-385-36311-0

目次 えっちゃんの春(スキップ スキップ, ひなまつり, おひさまひかれ, 春の夜のお客さん, ミュウのいえ), 松井さんの春(春のお客さん, 小さなお客さん, ぼうしねこはほんとねこ, 星のタクシー), 短いおはなし(くもんこの話, 花のおふとん, まほうのマフラー, わらい顔がすきです), すこし長いおはなし(みてよ、ぴかぴかランドセル, おはじきの木, 花を買う日, がんばれ、がんばれ, もういいよう, コンのしっぽは世界一, 霧の中のぶらんこ), 長いおはなし(かみなりさんのおとしもの, ふしぎな公園, ふうたの花まつり, 海のピアノ), あまんきみこの広がる世界へ(青葉の笛), 対談 春のお客さま 西巻茅子さん

内容 40年を超える創作活動の最大規模の集大成! 読めばだれもがやさしい気持ちになれる、心に残る名作25編。

『あまんきみこ童話集 5』 あまんきみこ作, 遠藤てるよ絵 ポプラ社 2008.3 141p 21×16cm 1200円
①978-4-591-10122-3

目次 こがねの舟（くもんこの話），ままごとのすきな女の子，ちいちゃんのかげおくり，おかあさんの目（おかあさんの目，天の町やなぎ通り，おしゃべりくらげ，おはじきの木），だあれもいない？（ふしぎな森，かくれんぼ）

『おかあさんの目』 あまんきみこ著，菅野由貴子画　ポプラ社　2005.11　158p　18cm　（ポプラポケット文庫）〈2刷〉　570円　Ⓘ4-591-08874-X

目次 おかあさんの目，まほうの花見，天の町やなぎ通り，きつねのしゃしん，おしゃべりくらげ，口笛をふく子，おはじきの木，えっちゃんの秋まつり

内容 おかあさんの目はふしぎなんです。その黒いひとみの中に、わたしがいるんです。小さな小さなわたしがいるんです。おかあさんの目はとってもふしぎなんです。─表題作ほか七編を収録。

『おはじきの木』 あまんきみこ作，上野紀子絵　あかね書房　1999.12　1冊　26cm　（あかね・新えほんシリーズ 3）　1300円　Ⓘ4-251-00923-1

内容 くうしゅうでやけのこった木の下で、おはじきをしながら、母親と弟をまって死んだ、小さな女の子がいました…。戦争によってもたらされた、げんさんのいやされることのない悲しみと心の傷を、しずかな言葉と絵で描いた絵本。

「きつねのおきゃくさま」

『齋藤孝の親子で読む国語教科書 2年生』 斎藤孝著　ポプラ社　2011.3　142p　21cm　（齋藤孝の親子で読む国語教科書 2）　1000円　Ⓘ978-4-591-12286-0

目次 ちょうちょだけになぜなくの（神沢利子），きいろいばけつ（森山京），三まいのおふだ（瀬田貞二），にゃーご（宮西達也），きつねのおきゃくさま（あまんきみこ），スーホの白い馬（大塚勇三），かさこじぞう（岩崎京子），十二支のはじまり（谷真介），泣いた赤おに（浜田廣介）

『あまんきみこセレクション　3　秋のおはなし』 あまんきみこ著　三省堂　2009.12　318p　21cm　2000円　Ⓘ978-4-385-36313-4

目次 えっちゃんの秋（名前を見てちょうだい，ねん ねん ねん，あたしも、いれて，ふしぎなじょうろで水、かけろ），松井さんの秋（ねずみのまほう，山ねこ、おことわり，シャボン玉の森，虹の林のむこうまで），短いおはなし（青い柿の実，きつねのお客様，ひつじ雲のむこうに，ぽんぽん山の月，すずおばあさんのハーモニカ，秋のちょう），すこし長いおはなし（おしゃべりくらげ，金のことり，ねこルパンさんと白い船，さよならの歌，赤ちゃんの国，むかし星のふる夜），長いおはなし（おまけの時間，口笛をふく子，ふうたの風まつり，野のピアノ），あまんきみこの広がる世界へ（百ぴきめ，湖笛），対談 秋のお客さま 江國香織さん

内容 40年を超える創作活動の最大規模の集大成！「ほんとう」のことが秘められた、胸をうつやさしい物語26編。

『くじらぐもからチックタックまで』 石川文子編　武蔵野　フロネーシス桜蔭社，メディアパル〔発売〕　2008.11　222p　19cm　1400円　Ⓘ978-4-89610-746-3

目次 くじらぐも（中川李枝子），チックタック（千葉省三），小さい白いにわとり（（ウクライナの民話）光村図書出版編集部編），おおきなかぶ（内田莉莎子訳,A.トルストイ再話），かさこじぞう（岩崎京子），ハナイッパイになあれ（松谷みよ子），おてがみ（三木卓訳，アーノルド・ローベル原作），スイミー（谷川俊太郎訳，レオ＝レオニ原作），馬頭琴（（モンゴルの民話）君島久子訳），おじさんのかさ（佐野洋子），花とうぐいす（浜田広介），いちごつみ（神沢利子），おかあさんおめでとう（『くまの子ウーフ』より）（神沢利子），きつねのおきゃくさま（あまんきみこ），きつねの子のひろった定期券（松谷みよ子），きつねの窓（安房直子），やまなし（宮澤賢治），最後の授業（桜田佐訳 アルフォンス・ドーデ原作），譲り葉（河井酔茗），雨ニモマケズ（宮澤賢治）

内容 昭和40年から現在までこくごの教科書のおはなしベスト20。「もう一度読みたい」リクエスト作品と、採用頻度の高い作品で作りました。教科書でしか読めなかった名作『くじらぐも』が、初めて教科書から飛び出しました。

『銀の砂時計』 あまんきみこ著　講談社　1987.10　186p　15cm　（講談社文庫）　320円　Ⓘ4-06-184108-4

目次 七つのぽけっと，ままごとのすきな女の子，はなおばあさんのお客さま，おにたのぼうし，ふしぎな公園，野原の歌，金の小鳥，きつねのお客さま，ちいちゃんのかげおくり，かまくらかまくら雪の家，よもぎ野原の誕生会，バクのなみだ

内容 空色のタクシーで幼稚園の見学に行った子だぬきたち。あんまり楽しくて、ついしっぽをぶらんと出してしまいます(「春のお客さん」)。子ねこのシロが赤い長靴をはいているのには、わけがありました(「よもぎ野原の誕生会」)。大すきなえっちゃんのために苦しい夢ばかり食べて、バクはすっかり病気になってしまいます(「バクのなみだ」)。―など、ふしぎなやさしさに満ちた童話12編を収録。

『きつねのおきゃくさま』 あまんきみこぶん, 二俣英五郎え 京都 サンリード 1984.8 1冊 29cm (創作えほん) 980円 Ⓘ4-914985-27-6

「きつねの写真」

『10分で読める物語 二年生』 青木伸生選 学研教育出版, 学研マーケティング〔発売〕 2010.5 187p 21cm 700円 Ⓘ978-4-05-203225-7

目次 きつねのしゃしん(あまんきみこ), 半日村(斎藤隆介), さるじぞう(西郷竹彦), お月夜(北原白秋), パンのかけらと小さなあくま―リトアニア民話(内田莉莎子), カンガルーの赤ちゃん(中川志郎), 夏休み、ぼくはおばあちゃんちに行った(ゆうきえみ), 空がある(与田凖一), 三月の風(ミリアン・C・ポッター), みどり色の宝石―ヒマラヤの民話(茂市久美子), 松尾芭蕉の俳句(あべ弘士), 算数の時間です(寺村輝夫), かぐやひめ(円地文子)

内容 名作から現代のお話昔話や科学、俳句などバラエティに富んでいます。13作品収録。

『あまんきみこセレクション 2 夏のおはなし』 あまんきみこ著 三省堂 2009.12 318p 21cm 2000円 Ⓘ978-4-385-36312-7

目次 松井さんの夏(白いぼうし, すずかけ通り三丁目, 霧の村), えっちゃんの夏(えっちゃんはミスたぬき, はやすぎる はやすぎる, とらをたいじしたのはだれでしょう, バクのなみだ), 短いおはなし(うさぎが空をなめました, おかあさんの目, きつねのかみさま, きつねの写真, 月夜はうれしい, 夕日のしずく), すこし長いおはなし(ちいちゃんのかげおくり, 天の町やなぎ通り, こがねの舟), 長いおはなし(赤いくつをはいた子, 海うさぎのきた日, きつねみちは天のみち, ふうたの星まつり, 星のピアノ), あまんきみこの広がる世界へ(雲, 黒い馬車), 対談 夏のお客さま 岡田淳さん

内容 40年を超える創作活動の最大規模の集大成! いつかどこかで出会ったような、なつかしくて新しい名作23編。

『おかあさんの目』 あまんきみこ著, 菅野由貴子画 ポプラ社 2005.11 158p 18cm (ポプラポケット文庫)〈2刷〉 570円 Ⓘ4-591-08874-X

目次 おかあさんの目, まほうの花見, 天の町やなぎ通り, きつねのしゃしん, おしゃべりくらげ, 口笛をふく子, おはじきの木, えっちゃんの秋まつり

内容 おかあさんの目はふしぎなんです。その黒いひとみの中に、わたしがいるんです。小さな小さなわたしがいるんです。おかあさんの目はとってもふしぎなんです。―表題作ほか七編を収録。

『きつねの写真』 あまんきみこ作, いもとようこ絵 岩崎書店 1995.4 77p 22×19cm (日本の名作童話 15) 1500円 Ⓘ4-265-03765-8

「くもんこの話」

『あまんきみこセレクション 1 春のおはなし』 あまんきみこ著 三省堂 2009.12 318p 21cm 2000円 Ⓘ978-4-385-36311-0

目次 えっちゃんの春(スキップ スキップ, ひなまつり, おひさまひかれ, 春の夜のお客さん, ミュウのいえ), 松井さんの春(春のお客さん, 小さなお客さん, ぼうしねこはほんとねこ, 星のタクシー), 短いおはなし(くもんこの話, 花のおふとん, まほうのマフラー, わらい顔がすきです), すこし長いおはなし(みてよ、ぴかぴかランドセル, おはじきの木, 花を買う日, がんばれ、がんばれ, もういいよう, コンのしっぽは世界一, 霧の中のぶらんこ), 長いおはなし(かみなりさんのおとしもの, ふしぎな公園, ふうたの花まつり, 海のピアノ), あまんきみこの広がる世界へ(青葉の笛), 対談 春のお客さま 西巻茅子さん

内容 40年を超える創作活動の最大規模の集大成! 読めばだれもがやさしい気持ちになれる、心に残る名作25編。

『あまんきみこ童話集』 あまんきみこ著 角川春樹事務所 2009.3.18 218p 15cm (ハルキ文庫) 680円 Ⓘ978-4-7584-3397-6

目次 くもんこの話, いっかい話、いっかい

だけ, ひゃっぴきめ, カーテン売りがやってきた, 天の町やなぎ通り, 野のピアノ野ねずみ保育園, 海うさぎのきた日, きりの中のぶらんこ, さよならのうた, ふしぎな森, かくれんぼ, 北風をみた子

内容 母を亡くしながら健気に生きる少女キクの、“いま”という時をめぐる温かな物語「北風をみた子」をはじめ、子どもの意識に自然と入り込んでくる不思議な時空との出会いを描いた「海うさぎのきた日」「さよならのうた」など、東洋的ファンタジー全12篇を厳選。光を放つ透明な文章で綴られた名作アンソロジー。

『あまんきみこ童話集　5』 あまんきみこ作，遠藤てるよ絵　ポプラ社　2008.3　141p　21×16cm　1200円　①978-4-591-10122-3

目次 こがねの舟（くもんこの話），ままごとのすきな女の子, ちいちゃんのかげおくり, おかあさんの目（おかあさんの目, 天の町やなぎ通り, おしゃべりくらげ, おはじきの木），だあれもいない？（ふしぎな森, かくれんぼ）

『こがねの舟』 あまんきみこ作，遠藤てるよ絵　ポプラ社　1980.12　166p　21cm　（文学の館）950円

「白いぼうし」

『齋藤孝の親子で読む国語教科書 4年生』 齋藤孝著　ポプラ社　2011.3　150p　21cm　（齋藤孝の親子で読む国語教科書 4）1000円　①978-4-591-12288-4

目次 やいトカゲ（舟崎靖子），白いぼうし（あまんきみこ），木竜うるし（木下順二），こわれた1000の楽器（野呂昶），一つの花（今西祐行），りんご畑の九月（後藤竜二），ごんぎつね（新美南吉），せかいいちうつくしいぼくの村（小林豊），寿限無（興津要），初雪のふる日（安房直子）

『あまんきみこセレクション　2　夏のおはなし』 あまんきみこ著　三省堂　2009.12　318p　21cm　2000円　①978-4-385-36312-7

目次 松井さんの夏（白いぼうし, すずかけ通り三丁目, 霧の村），えっちゃんの夏（えっちゃんはミスたぬき, はやすぎる　はやすぎる, とらをたいじしたのはだれでしょう, バクのなみだ），短いおはなし（うさぎが空をなめました, おかあさんの目, きつねのかみさま, きつねの写真, 月夜はうれしい, 夕日のしずく），すこし長いおはなし（ちいちゃんのかげおくり, 天の町やなぎ通り, こがねの舟），長いおはなし（赤いくつをはいた子, 海うさぎのきた日, きつねみちは天のみち, ふうたの星まつり, 星のピアノ），あまんきみこの広がる世界へ（雲, 黒い馬車），対談　夏のお客さま　岡田淳さん

内容 40年を超える創作活動の最大規模の集大成！ いつかどこかで出会ったような、なつかしくて新しい名作23編。

『あまんきみこ童話集　2』 あまんきみこ作，武田美穂絵　ポプラ社　2008.3　145p　21×16cm　1200円　①978-4-591-10119-3

目次 車のいろは空のいろ（白いぼうし, 山ねこ、おことわり, くましんし, 春のお客さん, やさしいてんき雨, ぼうしねこはほんとねこ, 星のタクシー, 雪がふったら、ねこの市），ふうたの雪まつり

内容 季節の風のなかを、ふしぎとやさしさをのせて、きょうも空いろのタクシーが走ります。心やさしいタクシーの運転手、松井さんとお客さんの出会いがひろがる「あまんきみこ童話集2」。

『教科書にでてくるお話 4年生』 西本鶏介監修　ポプラ社　2006.3　206p　18cm　（ポプラポケット文庫）570円　①4-591-09170-8

目次 いろはにほへと（今江祥智），ポレポレ（西村まり子），やいトカゲ（舟崎靖子），白いぼうし（あまんきみこ），りんご畑の九月（後藤竜二），るすばん（川村たかし），せかいいちうつくしいぼくの村（小林豊），こわれた1000の楽器（野呂昶），のれたよ、のれたよ、自転車のれたよ（井上美由紀），夏のわすれもの（福田岩緒），ならなしとり（峠兵太），寿限無（西本鶏介），ごんぎつね（新美南吉），一つの花（今西祐行）

内容 現在使われている各社の国語教科書に掲載または紹介されている作品ばかりを集めたアンソロジーです。長く読みつがれている名作、心あたたまるお話、おもしろくて元気がでるお話など、すばらしい作品がいっぱい。作品の表記は原典に忠実にし、全文を掲載しています。教科書では気づかなかった作品の魅力を、新たに発見できるかもしれません。小学校中学年から。

『白いぼうし―車のいろは空のいろ』 あまんきみこ作，北田卓史絵　ポプラ社　2005.11　154p　18cm　（ポプラポケット文庫）570円　①4-591-08929-0

目次 小さなお客さん, うんのいい話, 白いぼうし, すずかけ通り三丁目, 山ねこ、おことわり, シャボン玉の森, くましんし, ほん日は雪天なり

内容 空いろの車を町でみかけたらきっとそれは松井さんのタクシーです。手をあげて、車のざせきにすわったら、「お客さん、どちらまで？」それが、ふしぎな旅のはじまりです。

「すずおばあさんのハーモニカ」

『すずおばあさんのハーモニカ』 あまんきみこ作, 黒井健絵 第2版 ひさかたチャイルド 2010.8 36p 24×21cm 1200円 Ⓘ978-4-89325-310-1

内容 すずおばあさんがハーモニカをふいていると、どこからかおなじハーモニカのおとがずれたりかさなったりまたずれたり…。いったいだれがふいているのでしょう？

『あまんきみこセレクション 3 秋のおはなし』 あまんきみこ著 三省堂 2009.12 318p 21cm 2000円 Ⓘ978-4-385-36313-4

目次 えっちゃんの秋（名前を見てちょうだい, ねん ねん ねん, あたしも、いれて, ふしぎなじょうろで水、かけろ）, 松井さんの秋（ねずみのまほう, 山ねこ、おことわり, シャボン玉の森, 虹の林のむこうまで）, 短いおはなし（青い柿の実, きつねのお客様, ひつじ雲のむこうに, ぽんぽん山の月, すずおばあさんのハーモニカ, 秋のちょう）, すこし長いおはなし（おしゃべりくらげ, 金のことり, ねこルパンさんと白い船, さよならの歌, 赤ちゃんの国, むかし星のふる夜）, 長いおはなし（おまけの時間, 口笛をふく子, ふうたの風まつり, 野のピアノ）, あまんきみこの広がる世界へ（百ぴきめ, 湖笛）, 対談 秋のお客さま 江國香織さん

内容 40年を超える創作活動の最大規模の集大成！「ほんとう」のことが秘められた、胸をうつやさしい物語26編。

『すずおばあさんのハーモニカ』 あまんきみこ作, 黒井健絵 ひさかたチャイルド 1983.9 37p 22cm （ひさかたメルヘン） 700円 Ⓘ4-89325-189-9

「すずかけ写真館」

『あまんきみこセレクション 4 冬のおはなし』 あまんきみこ著 三省堂 2009.12 318p 21cm 2000円 Ⓘ978-4-385-36314-1

目次 松井さんの冬（くましんし, 本日は雪天なり, 雪がふったら、ねこの市, たぬき先生はじょうずです）, えっちゃんの冬（ストーブの前で）, 短いおはなし（ふたりのサンタおじいさん, 一回ばなし 一回だけ, おにたのぼうし, ちびっこちびおに）, すこし長いおはなし（すずかけ写真館, 花と終電車, かまくらかまくら雪の家）, 長いおはなし（ねこん正月騒動記, ふうたの雪まつり, 花のピアノ）, あまんきみこの広がる世界へ（赤い凧, うぬぼれ鏡, 北風を見た子）, 対談 冬のお客さま 宮川ひろさん

内容 40年を超える創作活動の最大規模の集大成！ デビュー作から教科書掲載の名作まで、心をふるわせる物語18編。

『すずかけ写真館』 あまんきみこ著, 渡辺有一絵 講談社 1986.10 205p 18cm （講談社 青い鳥文庫） 420円 Ⓘ4-06-147208-9

目次 かっぱのあの子, がんばれ、がんばれ, たぬき大学校, まんげつの夜は, きりの中の子ども, すずかけ写真館, とらうきぶっぷ

内容 おとうさんとグレーコート氏は、星の池をさがしているうちに林の中でまよってしまいました。すると、今までに見たことのない写真館が立っています（すずかけ写真館）。ほかに、おとうさんが出会った動物たちとの、ちょっと不思議でたのしくなるお話、6編を集めました。

「小さなお客さん」

『あまんきみこセレクション 1 春のおはなし』 あまんきみこ著 三省堂 2009.12 318p 21cm 2000円 Ⓘ978-4-385-36311-0

目次 えっちゃんの春（スキップ スキップ, ひなまつり, おひさまひかれ, 春の夜のお客さん, ミュウのいえ）, 松井さんの春（春のお客さん, 小さなお客さん, ぼうしねこはほんとねこ, 星のタクシー）, 短いおはなし（くもんこの話, 花のおふとん, まほうのマフラー, わらい顔がすきです）, すこし長いおはなし（みてよ、ぴかぴかランドセル, おはじきの木, 花を買う日, がんばれ、がんばれ, もういいよう, コンのしっぽは世界一, 霧の中のぶらんこ）, 長いおはなし（かみなりさんのおとしもの, ふしぎな公園, ふうたの花まつり, 海のピアノ）, あまんきみこの広がる世界へ（青葉の笛）, 対談 春のお客さま 西巻茅子さん

内容 40年を超える創作活動の最大規模の集

大成！ 読めばだれもがやさしい気持ちになれる、心に残る名作25編。

『白いぼうし—車のいろは空のいろ』 あまんきみこ作，北田卓史絵 ポプラ社 2005.11 154p 18cm （ポプラポケット文庫） 570円 ①4-591-08929-0

目次 小さなお客さん，うんのいい話，白いぼうし，すずかけ通り三丁目，山ねこ、おことわり，シャボン玉の森，くましんし，ほん日は雪天なり

「ちいちゃんのかげおくり」

『齋藤孝の親子で読む国語教科書 3年生』 齋藤孝著 ポプラ社 2011.3 142p 21cm （齋藤孝の親子で読む国語教科書 3） 1000円 ①978-4-591-12287-7

目次 いろはにほへと（今江祥智），のらねこ（三木卓），つりばしわたれ（長崎源之助），ちいちゃんのかげおくり（あまんきみこ），ききみみずきん（木下順二），ワニのおじいさんのたからもの（川崎洋），さんねん峠（李錦玉），サーカスのライオン（川村たかし），モチモチの木（斎藤隆介），手ぶくろを買いに（新美南吉）

『あまんきみこセレクション 2 夏のおはなし』 あまんきみこ著 三省堂 2009.12 318p 21cm 2000円 ①978-4-385-36312-7

目次 松井さんの夏（白いぼうし，すずかけ通り三丁目，霧の村），えっちゃんの夏（えっちゃんはミスたぬき，はやすぎる はやすぎる，とらをたいじしたのはだれでしょう，バクのなみだ），短いおはなし（うさぎが空をなめました，おかあさんの目，きつねのかみさま，きつねの写真，月夜はうれしい，夕日のしずく），すこし長いおはなし（ちいちゃんのかげおくり，天の町やなぎ通り，こがねの舟），長いおはなし（赤いくつをはいた子，海うさぎのきた日，きつねみちは天のみち，ふうたの星まつり，星のピアノ），あまんきみこの広がる世界へ（雲，黒い馬車），対談 夏のお客さま 岡田淳さん

内容 40年を超える創作活動の最大規模の集大成！ いつかどこかで出会ったような、なつかしくて新しい名作23編。

『あまんきみこ童話集 5』 あまんきみこ作，遠藤てるよ絵 ポプラ社 2008.3 141p 21×16cm 1200円 ①978-4-591-10122-3

目次 こがねの舟（くもんこの話），ままごとのすきな女の子，ちいちゃんのかげおくり，おかあさんの目（おかあさんの目，天の町やなぎ通り，おしゃべりくらげ，おはじきの木），だあれもいない？（ふしぎな森，かくれんぼ）

『教科書にでてくるお話 3年生』 西本鶏介監修 ポプラ社 2006.3 186p 18cm （ポプラポケット文庫） 570円 ①4-591-09169-4

目次 のらねこ（三木卓），きつつきの商売（林原玉枝），ウサギのダイコン（茂市久美子），きつねをつれてむらまつり（こわせたまみ），つりばしわたれ（長崎源之助），手ぶくろを買いに（新美南吉），うみのひかり（緒島英二），サーカスのライオン（川村たかし），おにたのぼうし（あまんきみこ），百羽のツル（花岡大学），モチモチの木（斎藤隆介），かあさんのうた（大野允子），ちいちゃんのかげおくり（あまんきみこ）

内容 現在使われている各社の国語教科書に掲載または紹介されている作品ばかりを集めたアンソロジーです。長く読みつがれている名作、心あたたまるお話、おもしろくて元気がでるお話など、すばらしい作品がいっぱい。作品の表記は原典に忠実にし、全文を掲載しています。教科書では気づかなかった作品の魅力を、新たに発見できるかもしれません。小学校中級から。

「名前を見てちょうだい」

『あまんきみこセレクション 3 秋のおはなし』 あまんきみこ著 三省堂 2009.12 318p 21cm 2000円 ①978-4-385-36313-4

目次 えっちゃんの秋（名前を見てちょうだい，ねん ねん ねん，あたしも、いれて，ふしぎなじょうろで水、かけろ），松井さんの秋（ねずみのまほう，山ねこ、おことわり，シャボン玉の森，虹の林のむこうまで），短いおはなし（青い柿の実，きつねのお客様，ひつじ雲のむこうに，ぽんぽん山の月，すずおばあさんのハーモニカ，秋のちょう），すこし長いおはなし（おしゃべりくらげ，金のことり，ねこルパンさんと白い船，さよならの歌，赤ちゃんの国，むかし星のふる夜），長いおはなし（おまけの時間，口笛をふく子，ふうたの風まつり，野のピアノ），あまんきみこの広がる世界へ（百ぴきめ，湖笛），対談 秋のお客さま 江國香織さん

内容 40年を超える創作活動の最大規模の集大成！「ほんとう」のことが秘められた、胸をうつやさしい物語26編。

『あまんきみこ童話集 3』 あまんきみこ作，荒井良二絵 ポプラ社 2008.3 145p 21×16cm 1200円 ①978-4-591-10120-9

目次 ミュウのいるいえ(スキップ、スキップ, 春の夜のお客さん, ミュウのいえ, はやすぎる、はやすぎる, シャムねこ先生、お元気？ ，名前をみてちょうだい, ふしぎなじょうろで水、かけろ, 元気、わくわく), よもぎ野原のたんじょう会, えっちゃんの森(風船ばたけは、さあらさら), ひみつのひきだしあけた？

内容 えっちゃんとこねこのミュウは、毎日、ふしぎの国へいったりきたりしています。いっしょにスキップしたくなる！ 心はずむお話がいっぱいの「あまんきみこ童話集3」。

『なまえをみてちょうだい』 あまんきみこ作，西巻茅子絵 フレーベル館 2007.1 79p 21cm (おはなしひろば 10) 950円 ①978-4-577-03335-7

目次 なまえをみてちょうだい, ひなまつり, あたしもいれて, みんなおいで

内容 教科書にでている「えっちゃん」のお話。えっちゃんは、おかあさんに赤いぼうしをもらいました。ぼうしのうらに、「うめだえつこ」と、青い糸でちゃんとししゅうしてあります。えっちゃんが門をでたときです。強い風がふいてきて…おなじみ、えっちゃんのものがたりが四つ、登場します。ちょっとした日常のファンタジー。

『教科書にでてくるお話 2年生』 西本鶏介監修 ポプラ社 2006.3 190p 18cm (ポプラポケット文庫) 570円 ①4-591-09168-6

目次 にゃーご(宮西達也), 野原のシーソー(竹下文子), 花いっぱいになぁれ(松谷みよ子), おおきなキャベツ(岡信子), 名まえをみてちょうだい(あまんきみこ), いいものもらった(森山京), ワニのおじいさんのたからもの(川崎洋), コスモスさんからおでんわです(杉みき子), せなかをとんとん(最上一平), きつねのおきゃくさま(あまんきみこ), あたまにかきのき(望月新三郎), かさこじぞう(岩崎京子), きいろいばけつ(森山京), くま一ぴきぶんはねずみ百ぴきぶんか(神沢利子)

内容 現在使われている各社の国語教科書に掲載または紹介されている作品ばかりを集めたアンソロジーです。長く読みつがれている名作、心あたたまるお話、おもしろくて元気がでるお話など、すばらしい作品がいっぱい。作品の表記は原典に忠実にし、全文を掲載しています。教科書では気づかなった作品の魅力を、新たに発見できるかもしれません。小学校初・中級から。

「ひつじ雲のむこうに」

『あまんきみこセレクション 3 秋のおはなし』 あまんきみこ著 三省堂 2009.12 318p 21cm 2000円 ①978-4-385-36313-4

目次 えっちゃんの秋(名前を見てちょうだい, ねん ねん ねん, あたしも、いれて, ふしぎなじょうろで水、かけろ), 松井さんの秋(ねずみのまほう, 山ねこ、おことわり, シャボン玉の森, 虹の林のむこうまで), 短いおはなし(青い柿の実, きつねのお客様, ひつじ雲のむこうに, ぽんぽん山の月, すずおばあさんのハーモニカ, 秋のちょう), すこし長いおはなし(おしゃべりくらげ, 金のことり, ねこルパンさんと白い船, さよならの歌, 赤ちゃんの国, むかし星のふる夜), 長いおはなし(おまけの時間, 口笛をふく子, ふうたの風まつり, 野のピアノ), あまんきみこの広がる世界へ(百ぴきめ, 湖笛), 対談 秋のお客さま 江國香織さん

内容 40年を超える創作活動の最大規模の集大成！「ほんとう」のことが秘められた、胸をうつやさしい物語26編。

『ひつじぐものむこうに』 あまんきみこ作，長谷川知子絵 文研出版 1995.1 1冊 29×23cm (みるみる絵本―ぽっぽライブラリ) 1280円 ①4-580-81146-1

内容 サンケイ児童出版文化賞受賞。

アミーチス, エドモンド・デ
《1846～1908》

「クオレ」

『クオレ』 エドモンド・デ・アミーチス著，矢崎源九郎訳 講談社 2011.3 381p 19cm (21世紀版少年少女世界文学館 22) 1400円 ①978-4-06-283572-5

内容「仲間を知れば知るほど、みんなのことが好きになる。」個性的な少年たちの毎日は波乱の連続。小学4年生の日記形式でつづ

られた1年間の学校生活。

『クオーレ』 エドモンド・デ・アミーチス著，和田忠彦訳　平凡社　2007.2　446p　16cm　（平凡社ライブラリー）　1400円　Ⓘ978-4-582-76604-2

『親も子も読む名作 4年生の読みもの』 亀村五郎編集委員　学校図書　2005.7　158p　21cm　648円　Ⓘ4-7625-1964-2

目次 不思議なぼうし（豊島与志雄），青いビー玉（生源寺美子），いやだといった男の子（大塚勇三），麦わらぼうし（今江祥智），コマのはか（丘修三），どんぐりと山ねこ（宮沢賢治），スイカのたね（沖井千代子），うばすて山（菊池寛），クオレ（アミーチス），むじな（小泉八雲），天までとどけ（吉田絃二郎）

内容 すぐれた作家のすぐれた作品!!国語教科書でなじみのある作品も多数掲載。お子さんはもちろん、保護者の方にも楽しく、また、なつかしく読んでいただける名作選。

『クオレ 愛の学校　上』 E.De アミーチス作，矢崎源九郎訳　偕成社　1992.8　310p　19cm　（偕成社文庫 3128）　800円　Ⓘ4-03-651280-3

内容 エンリーコの学校生活の1年間を、日記形式で描いた古典名作の完訳版。上巻は10月から2月までを収録。「ちゃんの看護人」「サルデーニャの少年鼓手」など真心や愛国心をうたった物語を挿入。小学上級から。

『クオレ 愛の学校　下』 E.De アミーチス作，矢崎源九郎訳　偕成社　1992.8　354p　19cm　（偕成社文庫 3129）　800円　Ⓘ4-03-651290-0

内容 エンリーコの学校生活の1年間を、日記形式で描いた古典名作の完訳版。下巻は3月から7月までを収録。「母をたずねて3千里」「ロマーニャの血」など感動的な物語を挿入。小学上級から。

有島　武郎
ありしま・たけお
《1878〜1923》

「一房の葡萄」

『読んでおきたい名作 小学3年』 川島隆太監修　成美堂出版　2010.4　200p　21cm　700円　Ⓘ978-4-415-30816-6

目次 どんぐりと山ねこ（宮沢賢治），かいじゅうランドセルゴン（大石真），ごんぎつね（新美南吉），ひらめの目の話（浜田廣介），サバクのにじ（坪田譲治），小学生ときつね（武者小路実篤），手品師（豊島与志雄），ひとふさのぶどう（有島武郎），野ばら（小川未明），清兵衛とひょうたん（志賀直哉）

内容 朝の10分間読書にぴったり。どんどん読めて脳と心をはぐくむとっておきの10作品。

『小僧の神様・一房の葡萄』 志賀直哉，武者小路実篤，有島武郎著　講談社　2009.2　253p　19cm　（21世紀版少年少女日本文学館 5）　1400円　Ⓘ978-4-06-282655-6

目次 志賀直哉（小僧の神様，網走まで，母の死と新しい母，正義派，清兵衛と瓢箪，城の崎にて，雪の遠足，焚火，赤西蠣太），武者小路実篤（小学生と狐，ある彫刻家），有島武郎（一房の葡萄，小さき者へ）

内容 仙吉が奉公する店に、ある日訪れた一人の客。まるで自分の心を見透かすように鮨屋に連れていってくれたこの客の正体に、仙吉は思いをめぐらせ―。少年の心情を鮮やかに切り取った「小僧の神様」をはじめ、白樺派を代表する作家三人の作品を収録。

『赤い鳥5年生』 赤い鳥の会編　新装版　小峰書店　2008.3　199p　21cm　（新装版学年別赤い鳥）　1600円　Ⓘ978-4-338-23205-0

目次 海のむこう・詩（北原白秋），一ふさのぶどう（有島武郎），木の下の宝（坪田譲治），月の中・詩（佐藤義美），むじなの手（中村星湖），あめチョコの天使（小川未明），魔術（芥川竜之介），ふえ（小島政二郎），遠い景色・詩（与田準一），清造と沼（宮島資夫），さざんかのかげ・詩（福井研介），祖母（楠山正雄），休み日の算用数字（相馬泰三），ある日・詩（柴野民三），海からきた卵（塚原健二郎），老博士（鈴木三重吉），こぶし・詩（巽聖歌），水面亭の選任（伊藤貴麿），手品師（豊島与志雄），雪だるま（宇野浩二）

『10分で読める名作 五年生』 木暮正夫，岡信子選　学習研究社　2007.11　177p　21cm　700円　Ⓘ978-4-05-202679-9

目次 一ふさのぶどう（有島武郎），トロッコ（芥川龍之介），おかあさんの庭（高崎乃理子），赤毛組合（コナン・ドイル），カキ（アントン・チェーホフ），冬きたりなば（星新一），水守じいさん（内海隆一郎），雨ふり山の雨ふらせ天狗（さねとうあきら），冬の熱帯魚（長崎夏海），太陽（八木重吉），こうのとりになったシリアーン―ブルガリア民話（八百板洋子），まほうのナシの木―『聊斎志異』より（小出正吾）

内容 短い時間で読める、日本と世界の短編名作。五年生にぜひ読んでほしい日本と外国の読み物を十編、そして二編の詩をおさめました。

『親も子も読む名作 5年生の読みもの』
亀村五郎編集委員　学校図書　2005.7
151p　21cm　648円　①4-7625-1965-0

目次 旗（杉みき子），三コ（斎藤隆介），ケンカ博士がけんかをしてしまった話（猪野省三），一房のぶどう（有島武郎），かっぱの三太（青木茂），天使のさかな（大石真），蚊とんぼ物語（宇野浩二），片耳の大シカ（椋鳩十），山にささげた一生（山本栄一），銅像になった犬（関英雄）

内容 すぐれた作家のすぐれた作品!!国語教科書でなじみのある作品も多数掲載。お子さんはもちろん、保護者の方にも楽しく、また、なつかしく読んでいただける名作選。

『日本の童話名作選―明治・大正篇』 講談社文芸文庫編　講談社　2005.5
307p　15cm　（講談社文芸文庫）1300円　①4-06-198405-5

目次 こがね丸（巌谷小波），二人むく助（尾崎紅葉），金時計（泉鏡花），山の力（国木田独歩），絶島通信（押川春浪），金魚のお使（与謝野晶子），納豆合戦（菊池寛），魔術（芥川竜之介），一房の葡萄（有島武郎），ふるさと（抄）（島崎藤村），鳩と鷲（武者小路実篤），蝗の大旅行（佐藤春夫），壺作りの柿丸（吉田紘二郎），白雲石（室生犀星），大きな蝙蝠傘（竹久夢二），日輪草（竹久夢二）

内容 明治・大正期、近代文学の黎明と共に子どもの文学にも一大変革が起きた。親から子に語られる昔話や外国童話の翻案に代り、紅葉・鏡花等錚々たる文豪達が競って筆を執り、子どもへの愛に溢れた香気高い童話が数多く生み出された。日本の童話の嚆矢とされる巌谷小波「こがね丸」始め、押川春浪、与謝野晶子、菊池寛、芥川竜之介、有島武郎、島崎藤村、佐藤春夫、竹久夢二等一五名の珠玉の童話を精選。

有馬　敲
ありま・たかし
《1931〜》

「かもつれっしゃ」

『ありがとう―有馬敲少年詩集』 有馬敲著，田島征彦絵　理論社　1981.3
141p　21cm　（詩の散歩道）1500円

アルチューホワ，ニーナ

「大きな白かば」

『もう一度読みたい国語教科書 小学校篇』
ダルマックス編　ぶんか社　2002.4
221p　19cm　1400円　①4-8211-0775-9

目次 小学一年生（ありとはと，一すんぼうし，げんごろうぶな），小学二年生（きかん車やえもん（あがわひろゆき），かわいそうなぞう（土屋由岐雄）），小学三年生（ピノキオ，かがみの中の犬），小学四年生（ごんぎつね（新美南吉），チワンのにしき（君島久子訳），はだかの王様（アンデルセン）），小学五年生（レナド（スクワイア作），おかあさんの手のひら（壷井栄），大きなしらかば（アルチューホワ 西郷竹彦訳）），小学六年生（めもあある美術館（大井三重子），桃花片（岡野薫子），最後の授業（アルフォンス＝ドーテ））

内容 本書は、現在20〜50代の大人たちが、小学校で習った国語教科書から、記憶の片隅にある名作をそのままの形で抜粋したものである。

安房　直子
あわ・なおこ
《1943〜1993》

「青い花」

『本は友だち6年生』 日本児童文学者協会編，藤本四郎画　偕成社　2005.3　163p
22cm　（学年別・名作ライブラリー）
1200円　①4-03-924060-X　Ⓝ913.68

目次 青い花（安房直子著），紅鯉（丘修三著），あるハンノキの話（今西祐行著），おまつり村（後藤竜二著），詩：卵（三越左千夫著), 再生(関今日子著), そよ風のうた(砂田弘著), あの坂をのぼれば(杉みき子著), くじらの海(川村たかし著), 気のいい火山弾(宮沢賢治著), さんちき(吉橋通夫著), エッセイ・六年生のころ：初めの一歩が踏みだせなくて(三輪裕子著)

『見知らぬ町ふしぎな村』 安房直子作, 北見葉胡画　偕成社　2004.4　338p　21cm　(安房直子コレクション 2)　2000円　Ⓘ4-03-540920-0

目次 魔法をかけられた舌, 空にうかんだエレベーター, ひぐれのお客, ふしぎな文房具屋, 猫の結婚式, うさぎ屋のひみつ, 青い花, 遠い野ばらの村, 秘密の発電所, オリオン写真館, 海の館のひらめ, 海の口笛, 南の島の魔法の話, だれにも見えないベランダ

内容 「魔法をかけられた舌」「うさぎ屋のひみつ」「遠い野ばらの村」ほか、子どものための短編を中心に15編。

「秋の風鈴」

『夢の果て—安房直子十七の物語』 安房直子文　瑞雲舎　2005.12　252p　22cm〈絵：味戸ケイコ〉2000円　Ⓘ4-916016-58-0　Ⓝ913.6

目次 ほたる, 夢の果て, 声の森, 秋の風鈴, カーネーションの声, ひぐれのひまわり, 青い貝, 天窓のある家, 奥さまの耳飾り, 誰にも見えないベランダ, 木の葉の魚, 花の家, ある雪の夜のはなし, 小鳥とばら, ふしぎな文房具屋, 月の光, 星のおはじき

「かばんの中にかばんを入れて」

『ゆめみるトランク—北の町のかばん屋さんの話』 安房直子作, 津尾美智子絵　講談社　2001.5　133p　21cm　(子どもの文学傑作選)　1300円　Ⓘ4-06-261171-6

内容 水仙のようにかわいらしい先生の、大きなかばん。はりねずみのランドセル。春風の少女のポシェット…。こんな注文を受けてくれるかばん屋さんがあったら、すてきだと思いませんか？ かばん屋の一郎さんには、ふうがわりなお客さんが、つぎつぎにおとずれます。

『ゆめみるトランク—北の町のかばん屋さんの話』 安房直子作, 津尾美智子絵　講談社　1991.9　133p　21cm　(わくわくライブラリー)　1000円　Ⓘ4-06-195652-3

内容 「かばんは、かばんらしいくらしがしたいよ。」かばん屋のショーウィンドーにかざられたトランクが、ある日大きな声をあげました。そして、ゆめみるようにいいました。「わたしは、いっぺん電車にのってみたいのです。飛行機にも船にものってみたいのです。中にいろんなものをいれて、旅にでたいのです。」そこでかばん屋の一郎さんは、トランクの中にたくさんのかばんをいれて、旅にでることにしました。小学校2、3年生から。

「きつねの窓」

『齋藤孝の親子で読む国語教科書 6年生』 齋藤孝著　ポプラ社　2011.3　150p　21cm　(齋藤孝の親子で読む国語教科書 6)　1000円　Ⓘ978-4-591-12290-7

目次 海のいのち(立松和平), 仙人(芥川龍之介), やまなし(宮沢賢治), 変身したミンミンゼミ(河合雅雄), ヒロシマの歌(今西祐行), 柿山伏(狂言), 字のない葉書(向田邦子), きつねの窓(安房直子), ロシアパン(高橋正亮), 初めての魚釣り(阿部夏丸)

『くじらぐもからチックタックまで』 石川文子編　武蔵野　フロネーシス桜蔭社, メディアパル〔発売〕　2008.11　222p　19cm　1400円　Ⓘ978-4-89610-746-3

目次 くじらぐも(中川李枝子), チックタック(千葉省三), 小さい白いにわとり((ウクライナの民話)光村図書出版編集部編), おおきなかぶ(内田莉莎子訳,A.トルストイ再話), かさこじぞう(岩崎京子), ハナイッパイになあれ(松谷みよ子), おてがみ(三木卓訳, アーノルド・ローベル原作), スイミー(谷川俊太郎訳, レオ＝レオニ原作), 馬頭琴((モンゴルの民話)君島久子訳), おじさんのかさ(佐野洋子), 花とうぐいす(浜田広介), いちごつみ(神沢利子), おかあさんおめでとう(『くまの子ウーフ』より)(神沢利子), きつねのおきゃくさま(あまんきみこ), きつねの子のひろった定期券(松谷みよ子), きつねの窓(安房直子), やまなし(宮澤賢治), 最後の授業(桜田佐訳 アルフォンス・ドーデ原作), 譲り葉(河井酔茗), 雨ニモマケズ(宮澤賢治)

内容 昭和40年から現在までこくごの教科書のおはなしベスト20。「もう一度読みたい」リクエスト作品と、採用頻度の高い作品で作りました。教科書でしか読めなかった名作『くじらぐも』が、初めて教科書から飛び

出しました。

『子どもに伝えたい日本の名作―建長寺・親と子の土曜朗読会から』 伊藤玄二郎著，安藤早紀絵，牧三千子朗読　鎌倉　かまくら春秋社　2008.11　158p　21cm〈付属資料：CD1〉1400円　Ⓘ978-4-7740-0415-0

目次 よだかの星（宮沢賢治），清兵衛と瓢箪（志賀直哉），赤いろうそくと人魚（小川未明），吾輩は猫である（夏目漱石），泣いた赤おに（浜田廣介），走れメロス（太宰治），きつねの窓（安房直子），きんしゃやえもん（阿川弘之），一房の葡萄（有島武郎），岡の家（鈴木三重吉），片耳の大鹿（椋鳩十），一郎次、二郎次、三郎次（菊池寛），小さなお客さん（あまんきみこ），あしたの風（壺井栄），青いオウムと痩せた男の子の話（野坂昭如），山椒大夫（森鴎外），ハボンスの手品（豊島與志雄），太陽と花園（秋田雨雀），魔女の宅急便（角野栄子），玉虫厨子の物語（平塚武二），おぼえていろよ　おおきな木（佐野洋子），蜘蛛の糸（芥川龍之介），オホーツクの海に生きる（戸川幸夫・戸川文），はらぺこおなべ（神沢利子），花さき山（斎藤隆介），うんこ（三木卓），やさしいライオン（やなせたかし），雀のおやど（島崎藤村），ブンとフン（井上ひさし），建長寺むかし話「狸和尚の死」

内容「建長寺・親と子の土曜朗読会」で読まれた30作品を紹介。

『風と木の歌―童話集』 安房直子著，司修画　偕成社　2006.8　221p　19cm　（偕成社文庫）700円　Ⓘ4-03-652620-0

目次 きつねの窓，さんしょっ子，空色のゆりいす，もぐらのほったふかい井戸，鳥，あまつぶさんとやさしい女の子，夕日の国，だれも知らない時間

内容 ききょう畑のそめもの屋で、指をそめてもらったぼく。こぎつねのいうとおりに、指で窓をつくるともう二度とあえないと思っていた女の子の姿が見えたのです。教科書でおなじみの「きつねの窓」ほか「さんしょっ子」「鳥」「空色のゆりいす」「夕日の国」など珠玉の短編八編。安房直子第一短編集『風と木の歌』完全収録。小学上級から。

『教科書にでてくるお話 6年生』 西本鶏介監修　ポプラ社　2006.3　220p　18cm　（ポプラポケット文庫）570円　Ⓘ4-591-09172-4

目次 きつねの窓（安房直子），桃花片（岡野薫子），海のいのち（立松和平），やまなし（宮沢賢治），ヨースケくんの秘密（那須正幹），冬きたりなば（星新一），このすばらしい世界（山口タオ），川とノリオ（いぬいとみこ），山へいく牛（川村たかし），ロシアパン（高橋正亮），ヒロシマの歌（今西祐行），赤いろうそくと人魚（小川未明）

内容 現在使われている各社の国語教科書に掲載または紹介されている作品ばかりを集めたアンソロジーです。長く読みつがれている名作、心あたたまるお話、おもしろくて元気がでるお話など、すばらしい作品がいっぱい。作品の表記は原典に忠実にし、全文を掲載しています。教科書では気づかなかった作品の魅力を、新たに発見できるかもしれません。小学校上級から。

『きつねの窓』 安房直子著，吉田尚令画　ポプラ社　2005.11　198p　18cm　（ポプラポケット文庫）〈2刷〉570円　Ⓘ4-591-08881-2

目次 きつねの窓，さんしょっ子，夢の果て，だれも知らない時間，緑のスキップ，夕日の国，海の雪，もぐらのほった深い井戸，サリーさんの手，鳥

内容「お客さま、指をそめるのは、とてもすてきなことなんですよ」と、子ぎつねは青くそめた自分の指で、ひしがたの窓をつくって見せました。ぼくは、ぎょうてんしました。指でこしらえた小さな窓の中には、白いきつねのすがたが見えるのでした…。―表題作ほか九編を収録。

「すずめのおくりもの」

『ものいう動物たちのすみか』 安房直子作　偕成社　2004.4　320p　21cm　（安房直子コレクション 3）2000円　Ⓘ4-03-540930-8

目次 きつねの夕食会，ねこじゃらしの野原―とうふ屋さんの話（すずめのおくりもの，ねずみの福引き，きつね山の赤い花，星のこおる夜，ひぐれのラッパ，ねこじゃらしの野原），山の童話　風のローラースケート（風のローラースケート，月夜のテーブルかけ，小さなつづら，ふろふき大根のゆうべ，谷間の宿，花びらづくし，よもぎが原の風，てんぐのくれためんこ）

内容「ねこじゃらしの野原」「風のローラースケート」ほか、野山でおこった不思議な話15編。

『すずめのおくりもの』 安房直子作，菊池恭子画　講談社　1993.9　76p　21cm　（どうわがいっぱい 35）980円

①4-06-197835-7

内容 あさはやく、とうふやさんをおこすものがありました。みせのまえにはすずめがずらりとならんでいて、おねがいがあるというのです。小学1年生から。

「つきよに」

『教科書にでてくるお話 1年生』 西本鶏介監修 ポプラ社 2006.3 190p 18cm (ポプラポケット文庫) 570円 ①4-591-09167-8

目次 どうぞのいす(香山美子), ぴかぴかのウーフ(神沢利子), おおきなかぶ(トルストイ), おむすびころりん(西本鶏介), てがみ(森山京), しましま(森山京), はじめは「や!」(香山美子), つきよに(安房直子), たぬきのいとぐるま(木暮正夫), ねずみのすもう(大川悦生), 1ねん1くみ1ばんワル(後藤竜二)

内容 現在使われている各社の国語教科書に掲載または紹介されている作品ばかりを集めたアンソロジーです。長く読みつがれている名作、心あたたまるお話、おもしろくて元気がでるお話など、すばらしい作品がいっぱい。作品の表記は原典に忠実にし、全文を掲載しています。教科書では気づかなかった作品の魅力を、新たに発見できるかもしれません。小学校初・中級から。

『つきよに』 安房直子作, 南塚直子絵 岩崎書店 1995.4 85p 22cm (日本の名作童話 20) 1500円 ①4-265-03770-4

「初雪のふる日」

『遠い野ばらの村―童話集』 安房直子作, 味戸ケイコ絵 偕成社 2011.4 225p 19cm (偕成社文庫) 700円 ①978-4-03-652710-6

目次 遠い野ばらの村, 初雪のふる日, ひぐれのお客, 海の館のひらめ, ふしぎなシャベル, 猫の結婚式, 秘密の発電所, 野の果ての国, エプロンをかけためんどり

内容 表題作「遠い野ばらの村」をはじめ、9編のふしぎな短編。現実と異世界の見えない仕切りをまたいでしまった主人公たちの物語です。野間児童文芸賞受賞作。「初雪のふる日」は教科書掲載作品です。

『齋藤孝の親子で読む国語教科書 4年生』 齋藤孝著 ポプラ社 2011.3 150p 21cm (齋藤孝の親子で読む国語教科書 4) 1000円 ①978-4-591-12288-4

目次 やいトカゲ(舟崎靖子), 白いぼうし(あまんきみこ), 木竜うるし(木下順二), こわれた1000の楽器(野呂昶), 一つの花(今西祐行), りんご畑の九月(後藤竜二), ごんぎつね(新美南吉), せかいいちうつくしいぼくの村(小林豊), 寿限無(興津要), 初雪のふる日(安房直子)

『ちょっとこわい話』 野上暁編 大月書店 2011.2 87p 21cm (はじめてよむ童話集 4) 1300円 ①978-4-272-40824-5

目次 つかまらないつかまらない(神沢利子), ドラキュラなんかこわくない(大石真), ゆうれいのおきゃくさま(三田村信行), ポロペチびょういん(寺村輝夫), 初雪のふる日(安房直子)

内容 でも、よまずにはいられない。選びぬかれた現代の名作童話。

『ひぐれのお客』 安房直子作, MICAO画 福音館書店 2010.5 203p 19cm 1400円 ①978-4-8340-2563-7

目次 白いおうむの森, 銀のくじゃく, 小さい金の針, 初雪のふる日, ふしぎなシャベル, ひぐれのお客, (エッセイ)絵本と子どもと私

内容 さみしくてあたたかく、かなしくてでもうれしい、すきとおるような味わいの童話集。“ひぐれ”の憂愁とあたたかさにつつまれたいまひとたびの安房直子の世界。いっぷう変った動物どもが、ひとりの時間を過している子どもや大人たちを、ふしぎな世界へといざなっていく、六篇+エッセイ。小学校中級から。

『初雪のふる日』 安房直子作, こみねゆら絵 偕成社 2007.12 30p 27×21cm 1400円 ①978-4-03-016450-5

内容 秋のおわりの寒い日に、村の一本道にかかれた、どこまでもつづく石けりの輪。女の子はとびこんで、石けりをはじめます。片足、片足、両足、両足…。ふと気がつくと、前とうしろをたくさんの白うさぎたちにはさまれ、もう、とんでいる足をとめることができなくなっていたのです。北の方からやってきた白うさぎたちにさらわれてしまった女の子のお話。5歳から。

『めぐる季節の話』 安房直子作, 北見葉胡画 偕成社 2004.4 273,71p 21cm (安房直子コレクション 7) 2000円 ①4-03-540970-7

目次 緑のスキップ, もぐらのほったふかい井戸, 初雪のふる日, エプロンをかけためんどり, 花豆の煮えるまで―小夜の物語, うさぎ座の夜, エッセイ

内容 「緑のスキップ」「初雪のふる日」「花豆の煮えるまで」ほか、闇から光への幻想11編と著作目録。

『童話集 遠い野ばらの村』 安房直子著 筑摩書房 1990.9 211p 15cm (ちくま文庫) 450円 ①4-480-02479-4

目次 遠い野ばらの村, 初雪のふる日, ひぐれのお客, 海の館のひらめ, ふしぎなシャベル, 猫の結婚式, 秘密の発電所, 野の果ての国, エプロンをかけためんどり

内容 空想のなかから産まれた孫や子どもと生きる一人ぐらしのおばあさんのところへ、ある日遠い野ばらの村から、本当に孫がたずねてきた…。表題作ほか、ひらめや描やめんどりたちが、さりげなく運んでくれる9つのメルヘンを収める短篇集。メルヘンのたのしさのあふれた一冊。

「はるかぜのたいこ」

『はるかぜのたいこ』 安房直子作, 葉祥明絵 金の星社 1980.11 1冊 24×25cm (くまのがっきやさん) 980円

「ひぐれのお客」

『見知らぬ町ふしぎな村』 安房直子作, 北見葉胡画 偕成社 2004.4 338p 21cm (安房直子コレクション 2) 2000円 ①4-03-540920-0

目次 魔法をかけられた舌, 空にうかんだエレベーター, ひぐれのお客, ふしぎな文房具屋, 猫の結婚式, うさぎ屋のひみつ, 青い花, 遠い野ばらの村, 秘密の発電所, オリオン写真館, 海の館のひらめ, 海の口笛, 南の島の魔法の話, だれにも見えないベランダ

「やさしいたんぽぽ」

『やさしいたんぽぽ』 安房直子ぶん, 南塚直子え 小峰書店 1985.9 1冊 25cm (こみねのえほん) 880円 ①4-338-06002-6

アンデルセン, ハンス・クリスチャン

《1805～1875》

「絵のない絵本」

『アンデルセン童話集 下』 アンデルセン著, ハリー・クラーク絵, 荒俣宏訳 文藝春秋 2012.7.10 331p 15cm (文春文庫)〈原書名：FAIRY TALES〈Hans Andersen, Harry Clarke〉〉 619円 ①978-4-16-781205-8

目次 夜なきうぐいす(ナイチンゲール), マッチ売りの少女, 妖精の丘, 古い家, 蝶, 人魚姫, ワイルド・スワン, 沼の王の娘, パラダイスの園, 絵のない絵本

内容 子供への「教育的配慮」によって消されがちな、童話に秘められた美と残酷さを、ハリー・クラークのイラストは余すことなく伝える。幻想文学に造詣が深く、アンデルセン研究家としても知られる奇才・荒俣宏の訳で堪能する大人のための挿し絵入り童話集。下巻には「マッチ売りの少女」「人魚姫」「絵のない絵本」など10篇を収録。

『絵のない絵本』 ハンス・クリスチャン・アンデルセン著, 川崎芳隆訳 改版 角川書店, 角川グループパブリッシング〔発売〕 2010.6.25 164p 15cm (角川文庫) 286円 ①978-4-04-216505-7

内容 私は都会の屋根裏部屋で暮らす貧しい絵描き。ひとりの友もなく、毎晩寂しく窓から煙突を眺めていた。ところがある晩、月が私に語りかける－僕の話を、絵にしてみたら。それからいく晩もの間、月は私に、自分が見てきた世界の物語を話して聞かせるのだった－。旅を愛したアンデルセンが自らの体験をもとに、ヨーロッパからインド、中国、アフリカへと、読書を豊穣な想像力の世界に誘う傑作連作短編集。

『アンデルセン童話集』 ハンス・クリスチャン・アンデルセン作, ハリー・クラーク画, 荒俣宏訳 新書館 2005.8 619p 19cm 3800円 ①4-403-27003-4

目次 ほくち箱, 大クラウスと小クラウス, おやゆび姫, 旅の道連れ, 皇帝の新しい服, 幸福の長靴, 丈夫なすずの兵隊, 父さんのすることに間違いなし, コウノトリ, みにくいアヒルの子, ひつじ飼いの娘と煙突そうじ人, モ

ミの木, 豚飼い王子, 雪の女王―七つの話からできている物語, 夜なきうぐいす, マッチ売りの少女, 妖精の丘, 古い家, 蝶, 人魚姫, ワイルド・スワン, 沼の王の娘, パラダイスの園, 絵のない絵本

『絵のない絵本』 ハンス・クリスチャン・アンデルセン原作, 佐々木マキ絵, 角野栄子文　小学館　2004.12　1冊　29×22cm　（アンデルセンの絵本）　2400円　Ⓘ4-09-764113-1

内容 夜ごと月の語った話を画家がまとめた短編集。屋根裏に住む貧しい画家に、幼なじみの月が夜ごと自分が世界中で見てきたことを語る。ベネチアのお祭りやグリーンランドの暮らしの様子、煙突から初めて顔を出して喜ぶ少年の物語など、珠玉の短編33話。

「はだかの王様」

『アンデルセン童話集　上』 アンデルセン著, ハリー・クラーク絵, 荒俣宏訳　文藝春秋　2012.7　334p　15cm　（文春文庫）　619円　Ⓘ978-4-16-781204-1

目次 ほくち箱, 大クラウスと小クラウス, おやゆび姫, 旅の道連れ, 皇帝の新しい服, 幸福の長靴, 丈夫なすずの兵隊, 父さんのすることに間違いなし, コウノトリ, みにくいアヒルの子, ひつじ飼いの娘と煙突そうじ人, モミの木, 豚飼い王子, 雪の女王―七つの話からできている物語

内容 北欧デンマークに生まれたハンス・アンデルセン。その暗く神秘に満ちた世界を、荒俣宏が紹介する。アイルランドの若きステンドグラス職人だったハリー・クラークの、みずみずしく研ぎ澄まされた美しいイラストが彩る奇跡の童話集。上巻は「おやゆび姫」「皇帝の新しい服（はだかの王様）」「みにくいアヒルの子」など14篇を収録。

『はだかの王さま―「アンデルセン童話」より』 末吉暁子文, 赤坂三好絵　小学館　2007.8　1冊　27×22cm　（世界名作おはなし絵本）　1000円　Ⓘ978-4-09-726240-4

内容 新しいようふくが大すきな王さまのもとに、実はうそつきの、はたおりの二人組がやってきました。「うそつきや、ばかものには見えないようふく」を作ることができるというのです。大よろこびの王さまでしたが、できあがったようふくが見えません。そんな！ まさか？ でも…。大人のこっけいさをえがいた、アンデルセン童話です。

『子どもに語るアンデルセンのお話』 ハンス・クリスチャン・アンデルセン著, 松岡享子編　こぐま社　2005.10　219p　18×14cm　1600円　Ⓘ4-7721-9043-0

目次 一つさやから出た五つのエンドウ豆, おやゆび姫, 皇帝の新しい着物（はだかの王さま）, 野の白鳥, 豆の上に寝たお姫さま, 小クラウスと大クラウス, 豚飼い王子, 天使, うぐいす（ナイチンゲール）

内容 本書は、アンデルセンの生誕200年を記念して開かれたお話会を元に生まれました。長年子どもたちにお話を語ってきたベテランの語り手たちそれぞれが語り込んだ文章を収録。声に出して読みやすく、聞いてわかりやすい訳文で、読み聞かせに最適です。巻末には、「語り手たちによる座談会」を収録。聞き手の子どもたちの反応、聞いて深まるアンデルセンの作品の魅力、など盛りだくさんの内容です。声に出して子どもたちに届けたい9話を収録。

『アンデルセン童話集』 ハンス・クリスチャン・アンデルセン作, ハリー・クラーク画, 荒俣宏訳　新書館　2005.8　619p　19cm　3800円　Ⓘ4-403-27003-4

目次 ほくち箱, 大クラウスと小クラウス, おやゆび姫, 旅の道連れ, 皇帝の新しい服, 幸福の長靴, 丈夫なすずの兵隊, 父さんのすることに間違いなし, コウノトリ, みにくいアヒルの子, ひつじ飼いの娘と煙突そうじ人, モミの木, 豚飼い王子, 雪の女王―七つの話からできている物語, 夜なきうぐいす, マッチ売りの少女, 妖精の丘, 古い家, 蝶, 人魚姫, ワイルド・スワン, 沼の王の娘, パラダイスの園, 絵のない絵本

『アンデルセンどうわ』 ハンス・クリスチャン・アンデルセン作, 大畑末吉訳, 堀内誠一絵　のら書店　2005.6　159p　21cm　〈学習研究社1970年刊の復刊〉　2000円　Ⓘ4-931129-43-9　Ⓝ949.73

目次 おやゆびひめ, スズのへいたい, マッチうりの少女, マメの上にねたおひめさま, はだかの王さま, みにくいアヒルの子

『アンデルセン童話選』 アンデルセン著, 大畑末吉訳　新装版　岩波書店　2003.5　361p　20cm　（岩波世界児童文学集）　Ⓘ4-00-115712-8　Ⓝ949.73

目次 おやゆび姫, 皇帝の新しい着物, 小クラウスと大クラウス, みにくいアヒルの子, モミの木, 人魚姫, ヒナギク, 野の白鳥, マッチ

売りの少女, びんの首, 赤いくつ, あの女はろくでなし, 雪の女王

「ポットの話」

『アンデルセン童話全集 1』 ハンス・クリスチャン・アンデルセン作, ドゥシャン・カーライ, カミラ・シュタンツロヴァー絵, 天沼春樹訳 西村書店

2011.8.4 574p 26cm 〈原書名：H.Ch.Andersen Pohádky I〈Hans Christian Andersen, Dusan Kállay, Kamila Stanclová〉〉 3800円

Ⓘ978-4-89013-922-4

目次 古い街灯, かがり針, 水のしずく, 悪い王さま, パンをふんだ娘, 小クラウスと大クラウス, 無作法なアモール, 親指姫, 人魚姫, ヒナギク, 皇帝の新しい服, がまんづよいスズの兵隊, 野の白鳥, 空とぶトランク, ホメロスの墓の1輪のバラ, コウノトリ, 眠りの精オーレ・ルーケ, バラの花の妖精, ブタ飼いの王子, ナイチンゲール, 恋人たち, 赤い靴, 高とび選手, デンマーク人ホルガー, 養老院の窓から, 亜麻, ツックぼうや, 古い家, 年の話, ほんとうに、ほんとうの話, 金の宝, 幸福のブーツ, まぬけのハンス, 走りくらべ, ビンの首, ソーセージの串のスープ, 年とったカシの木の最後のユメ, フェニックス, 風がヴァルデマー・ドゥとその娘たちのことを語る, 子どものおしゃべり, 人形使い, 郵便馬車で来た12人, フンコロガシ, 父ちゃんのすることはすべてよし, スノーマン, アヒル園にて, 鐘, 嵐が看板を移す, ティーポット, マツユキソウ, 天国の葉, 羽根ペンとインクつぼ, 無言の本, 砂丘の物語

内容 国際アンデルセン賞受賞画家のドゥシャン・カーライとカミラ夫妻の初共作。アンデルセン童話156編すべてに挿絵を描いた渾身のシリーズ、第一巻。

『完訳アンデルセン童話集 7』 高橋健二訳, いたやさとし画 小学館

2010.3.10 334p 18cm (小学館ファンタジー文庫) 700円

Ⓘ978-4-09-230177-1

目次 かたつむりとばらの木, 鬼火が町にいると、沼のおばさんが言った, 風車, 銀貨, ベアグルムの司教とその同族, 子ども部屋で, 金の宝, あらしが看板をうつす, お茶のポット, 民謡の鳥, 小さい緑の物たち, 小妖精とおくさん, パイターとペーターとペーア, しまっておいたのはわすれたのではありません, 門番の息子, 引っこし日, 夏ばかのまつゆきそう, おばさん, ひきがえる, 名親の絵本, ぼろきれ, ベーン島とグレーン島, だれがいちばん幸福だったか

内容 あやしげなおばあさんが語った不思議なお話、「鬼火が町にいると、沼のおばさんが言った」。貧しい少年が才能を花開かせ、幸せになるお話、「門番の息子」ほか、バラエティいっぱい！ 心を豊かにする23編収録です。

『アンデルセン童話集―完訳』 大畑末吉訳 改版 岩波書店 1984.5 7冊 15cm (岩波文庫) 各400円 Ⓝ949.7

「みにくいあひるの子」

『アンデルセン童話集 上』 アンデルセン著, ハリー・クラーク絵, 荒俣宏訳 文藝春秋 2012.7 334p 15cm (文春文庫) 619円 Ⓘ978-4-16-781204-1

目次 ほくち箱, 大クラウスと小クラウス, おやゆび姫, 旅の道連れ, 皇帝の新しい服, 幸福の長靴, 丈夫なすずの兵隊, 父さんのすることに間違いなし, コウノトリ, みにくいアヒルの子, ひつじ飼いの娘と煙突そうじ人, モミの木, 豚飼い王子, 雪の女王―七つの話からできている物語

内容 北欧デンマークに生まれたハンス・アンデルセン。その暗く神秘に満ちた世界を、荒俣宏が紹介する。アイルランドの若きステンドグラス職人だったハリー・クラークの、みずみずしく研ぎ澄まされた美しいイラストが彩る奇跡の童話集。上巻は「おやゆび姫」「皇帝の新しい服(はだかの王様)」「みにくいアヒルの子」など14篇を収録。

『子どもに語るアンデルセンのお話 2』 ハンス・クリスチャン・アンデルセン著, 松岡享子編 こぐま社 2007.11

217p 18×14cm 1600円

Ⓘ978-4-7721-9046-6

目次 火打箱, おとっつぁんのすることは、いつもいい, コウノトリ, みにくいアヒルの子, まぬけのハンス, マッチ売りの少女, しっかり者のスズの兵隊, 人魚姫

内容 聴いてこそおもしろい、アンデルセンのお話―生きることの喜びや悲しみを描いた物語の数々。声に出して子どもたちに届けたい8話を収録。

『アンデルセン童話集』 ハンス・クリスチャン・アンデルセン作, ハリー・クラーク画, 荒俣宏訳 新書館 2005.8

619p　19cm　3800円　Ⓘ4-403-27003-4

目次 ほくち箱, 大クラウスと小クラウス, おやゆび姫, 旅の道連れ, 皇帝の新しい服, 幸福の長靴, 丈夫なすずの兵隊, 父さんのすることに間違いなし, コウノトリ, みにくいアヒルの子, ひつじ飼いの娘と煙突そうじ人, モミの木, 豚飼い王子, 雪の女王—七つの話からできている物語, 夜なきうぐいす, マッチ売りの少女, 妖精の丘, 古い家, 蝶, 人魚姫, ワイルド・スワン, 沼の王の娘, パラダイスの園, 絵のない絵本

安藤　美紀夫

あんどう・みきお

《1930～1990》

「たらばがにの春」

『本は友だち3年生』 日本児童文学者協会編　偕成社　2005.3　151p　21cm　(学年別・名作ライブラリー 3)　1200円　Ⓘ4-03-924030-8

目次 きりの中のぶらんこ (あまんきみこ), たらばがにの春 (安藤美紀夫), となりの女の子 (大石真), ヒバリヒバリ (加藤多一), 少年と子ダヌキ (佐々木たづ), 詩・平泳ぎ (小泉周二), 詩・ねこのしっぽ (武鹿悦子), 発明発見ものがたり (古田足日), ガラスの花よめさん (長崎源之助), 大きな木がほしい (佐藤さとる), エッセイ・三年生のころ 楽しくさんぽをする方法 (山口理)

内容 この本には、「国語」の教科書でおなじみの作品をはじめ、現代の子どもの文学の世界を代表する作家たちの作品が集められています。

アンローイ, フランス・ファン

「マリアンの海」

『マリアンの海』 フランス・ファン・アンローイ文, ヤープ・トウル絵, 奥田継夫訳　改訳新版　アリス館　1986.3　1冊　29×22cm　1200円　Ⓘ4-7520-4050-6

内容 年老いた漁師が、たんせいこめてほりあげた木の人形。それはマリアンと名づけられ、船の守り神として、小船のへさきにとりつけられた。しかし、老人が死ぬと、マリアンはわすれさられ、海があれたある日、へさきから落ちて、沖の方へ流されていく。いく日かして、マリアンは、遠い町の浜にうちあげられた—。

飯田　朝子

いいだ・あさこ

《1969～》

「数え方でみがく日本語」

『数え方でみがく日本語』 飯田朝子著　筑摩書房　2005.8　159p　18cm　(ちくまプリマー新書)　720円　Ⓘ4-480-68718-1

目次 第1章 数え方って何？ , 第2章 世界のことばの数え方, 第3章 数え方はどう身につける？ , 第4章 使いこなそう、基本の数え方, 第5章 腕試し！ 数え方練習帳, 第6章 数え方で知る昔の暮らし

内容 なぜチャンスは一回ではなく一度？ どれくらい細いものから一本と数える？ 学年「一個上」は正しい？ 雑学ではなく、数え方を通して日本語のものの捉え方を知る本。

池田　宣政

いけだ・のぶまさ

《1893～1980》

「形見の万年筆」

『南洋一郎・池田宣政集』 南洋一郎, 池田宣政著, 二上洋一編　三一書房　1988.10　553p　21cm　(少年小説大系 6)　6800円

目次 バルーバの冒険 (南洋一郎), 緑の無人島 (南洋一郎), 愛の女艦長 (池田宣政), 形見の万年筆 (池田宣政), 桜ん坊の思い出 (池田宣政), 小山羊の唄 (池田宣政)

内容 バルーバの冒険 (「片眼の黄金獅子」「巨人バルーバ」「鉄人の指紋」) 他、感動物語、冒険小説、伝記物語と多くのジャンルを開いた作家の傑作。

池田　もと子
いけだ・もとこ
《1934～》

「やまで じゃんけん」

『ゆびのおへそ―池田もと子童謡集』 池田もと子著　川崎　てらいんく　2006.8　81p　22×19cm　（子ども　詩のポケット 18）1200円　Ⓘ4-925108-82-4

目次 1 あられのぼうや（たんぽぽさん，ぱっちんつめきり，はねはねよん ほか），2 ゆびのおへそ（おもち，あおむし，せっけん ほか），3 さあはるですよ（さあはるですよ，あめとなかよし，みずやり ほか）

石井　睦美
いしい・むつみ
《1957～》

「五月の初め、日曜日の朝」

『心にひびく名作読みもの 5年―読んで、聞いて、声に出そう』 府川源一郎，佐藤宗子編　教育出版　2004.3　62p　21cm　〈付属資料：CD1〉2000円　Ⓘ4-316-80089-2

目次 五月の初め、日曜日の朝（石井睦美），木竜うるし・人形げき（木下順二），森林と健康（谷田貝光克），どいてんか（島田陽子），あめ（山田今次）

内容 小学校国語教科書に掲載された名作（物語・説明文・詩）を学年別に収録。発達段階に応じた教科書表記を採用。難意語には注を記載。発展学習にも役立つよう、交ぜ書きから読み仮名付きの漢字へ適宜変更。当時の教科書に使用された挿絵を掲載。俳優・声優による格調高い朗読をCDに収め各巻に添付。

「南に帰る」

『光村ライブラリー　第14巻　木龍うるし ほか』 樺島忠夫，宮地裕，渡辺実監修，石井睦美ほか著，猪熊葉子訳，福山小夜ほか画　光村図書出版　2004.4　77p　21cm〈3刷〉1000円　Ⓘ4-89528-112-4

目次 南に帰る（石井睦美），三人の旅人たち（ジョーン・エイキン），たん生日（原民喜），かくれんぼう（志賀直哉），木龍うるし（木下順二）

石井　桃子
いしい・ももこ
《1907～2008》

「小さなねこ」

『ちいさなねこ』 石井桃子さく，横内襄え　福音館書店　1967.1（71刷：1997.4）　27p　19×27cm　（〈こどものとも〉傑作集 33）　743円　Ⓘ4-8340-0087-7

「ノンちゃん」

『石井桃子集　1　ノンちゃん雲に乗る・三月ひなのつき』 石井桃子著　岩波書店　2007.3　293p　20cm〈第5刷〉2900円　Ⓘ4-00-092201-7

目次 ノンちゃん雲に乗る，三月ひなのつき

『日本の童話名作選―戦後篇』 講談社文芸文庫編　講談社　2007.2　347p　15cm　（講談社文芸文庫）1400円　Ⓘ978-4-06-198468-4

目次 ノンちゃん雲に乗る（抄）（石井桃子），原始林あらし（前川康男），一つの花（今西祐行），風信器（大石真），おねえさんといっしょ（筒井敬介），ぞうのたまごのたまごやき（寺村輝夫），くじらとり（中川李枝子），きばをなくすと（小沢正），ちょうちょむすび（今江祥智），神かくしの山（岩崎京子），ちいさいモモちゃん（松谷みよ子），ぐず伸のホームラン（山中恒），ひょっこりひょうたん島（井上ひさし，山元護久），そこなし森の話（佐藤さとる），焼けあとの白鳥（長崎源之助），夜のかげぼうし（宮川ひろ），さんしょっ子（安房直子），おにたのぼうし（あまんきみこ），ウーフは、おしっこでできてるか??（神沢利子），白い帆船（庄野英二），花かんざし（立原えりか）

内容 戦後、「少国民」は「子ども」にかえり、民主主義という新しい価値観のもと、童話も本来の明るさを取り戻した。子どもの視点に立つ成長物語、幼児の心を発見する幼年童話、異世界への扉をあけるファンタジーが一斉に花ひらくいっぽう、空襲、集団疎開等の記憶を語り継ぐ戦争童話も数多く書かれた。そして草創期のテレビは童話を

含めた子ども文化に大変化をもたらした。戦後すぐから六〇年代までを俯瞰する名品二一篇。

『ノンちゃん雲に乗る』 石井桃子著 光文社 2005.12 257p 19cm 〈昭和26年刊の複製〉 1500円 Ⓘ4-334-95013-2

石垣 りん
いしがき・りん

《1920～2004》

「峠」

『教科書の詩をよみかえす』 川崎洋著 筑摩書房 2011.3 214p 15cm （ちくま文庫） 580円 Ⓘ978-4-480-42802-8

目次 峠（石垣りん），素直な疑問符（吉野弘），春（草野心平），紙風船（黒田三郎），歌（中野重治），棒論（辻征夫），小景異情（室生犀星），あんたがたどこさ，どうかして（川崎洋），きりん（まど・みちお）〔ほか〕

内容 もっと自由に、もっと楽しく。堅苦しい先入観を捨てて向き合ってみよう。教科書から選び抜かれた31篇の詩たちが、言葉の翼をひろげて待っている。

『石垣りん詩集 挨拶―原爆の写真によせて』 石垣りん著，伊藤英治編 岩崎書店 2009.12 94p 18×19cm （豊かなことば 現代日本の詩 5） 1500円 Ⓘ978-4-265-04065-0

目次 1 やさしい言葉（荷，墓 ほか），2 挨拶（略歴，式のあとで ほか），3 幻の花（峠，道 ほか），4 表札（表札，晴れた日に ほか），5 シジミ（ひめごと，父の日に ほか）

内容 「挨拶―原爆の写真によせて」「表札」「シジミ」など代表作三十六編を収録。

『宇宙の片隅で―石垣りん詩集』 石垣りん著，伊藤香澄絵，水内喜久雄選・著 理論社 2004.12 125p 21cm （詩と歩こう） 1400円 Ⓘ4-652-03846-1

目次 太陽のほとり（太陽のほとり，新年，初日が昇るとき ほか），挨拶（挨拶，弔詞，崖 ほか），表札（私の前にある鍋とお釜と燃える火と，島，峠 ほか），石垣りんさんをたずねて

『ガラスにかいたかお―生活』 新川和江編，多田治良絵 太平出版社 1987.10 66p 21cm （小学生・詩のくにへ 6） 1600円

目次 おなかのへるうた（阪田寛夫），コップのうた（真田亀久代），てんぷらぴりぴり（まど・みちお），ピーマン（工藤直子），あわてんぼうの歌（まど・みちお），ガラスのかお（三井ふたばこ），お魚（金子みすゞ），帰宅（吉田定一），つけもののおもし（まど・みちお），山芋（大関松三郎），あめ（山田今次），ふるさとの（石川啄木），リンゴとポンカン（赤岡江里子），ぼくの家だけあかりがともらない（野長瀬正夫），いなかのあいさつ（新川和江），小さなみなとの町（木下夕爾），茂作じいさん（小林純一），夜のくだもの（草野心平），とうげ（石垣りん），はんぶんおりたところ（アレグザンダー＝ミルン，小田島雄志・若子訳），夕日がせなかをおしてくる（阪田寛夫）

石川 光男
いしかわ・みつお

《1918～1981》

「救命艇の少年」

『ヒロシマのうた』 日本児童文学者協会編 小峰書店 1986.2 147p 21cm （新選・こどもの文学 21―戦争と平和ものがたり 2） 980円 Ⓘ4-338-06121-9

目次 ヒロシマのうた（今西祐行），おかあさんの木（大川悦生），月のおんば（菊地正），かあさんのうた（大野允子），救命艇の少年（石川光男）

石子 順
いしこ・じゅん

《1935～》

「手塚治虫は生きている」

『親も子も読む名作 6年生の読みもの』 亀村五郎編集委員 学校図書 2005.7 151p 21cm 648円 Ⓘ4-7625-1966-9

目次 あめだま（新美南吉），くもの糸（芥川竜之介），船乗りシンバットの二回目の航海（ディクソン），ネコ（星新一），空気がなくなる日（岩倉政治），さびたかぎ（長崎源之助），ほんもののプレゼント（オー・ヘンリー），しまふくろうとならの木（安藤美紀夫），オシメちゃんは六年生（灰谷健次郎），金色の足あと

（椋鳩十），手塚治虫は生きている（石子順）

内容 すぐれた作家のすぐれた作品!!国語教科書でなじみのある作品も多数掲載。お子さんはもちろん、保護者の方にも楽しく、また、なつかしく読んでいただける名作選。

石鍋　芙佐子
いしなべ・ふさこ
《1944～》

「はるのゆきだるま」

『はるのゆきだるま』 石鍋芙佐子作・絵　偕成社　1983.3　1冊　26cm　880円　①4-03-330320-0

和泉　元秀
いずみ・もとひで
《1937～1995》

「附子」

『光村ライブラリー　第13巻　附子 ほか』 樺島忠夫，宮地裕，渡辺実監修，那須正幹ほか著，矢川澄子訳，峰岸達ほか画　光村図書出版　2004.4　85p　21cm　〈3刷〉 1000円　①4-89528-111-6

目次 子ねこをだいて（那須正幹），麦畑（アリスン・アトリー），母ぐま子ぐま（椋鳩十），附子（和泉元秀）

伊勢　英子
いせ・ひでこ
《1949～》

「1000の風、1000のチェロ」

『1000の風・1000のチェロ』 いせひでこ作　偕成社　2000.11　1冊　22×31cm　1300円　①4-03-435120-9

内容 ひとりひとりの物語がちがっても、きもちを重ねあわせれば歌はひとつになって風にのる。そしてきっとだれかにとどく。小学初級から。

イソップ

「ありときりぎりす」

『イソップのおはなし』 小出正吾文，三好碩也絵　のら書店　2010.11　159p　21cm〈『イソップどうわ』改題書〉　2000円　①978-4-905015-01-7

目次 ウサギとカメ，ヒツジのかわをかぶったオオカミ，しっぽのないキツネ，ぼうのおしえ，ネズミのかいぎ，けちんぼう，オオカミと子ヒツジ，オンドリとワシ，キツネとツル，ロバとキリギリス，王さまをほしがったカエル，カシの木とアシ，ライオンとイノシシ，神さまの木ぞうをはこぶロバ，北風とたいよう，らっぱふき，キツネと木こり，ライオンとネズミ，ワシとカラス，町のネズミといなかのネズミ，クジャクとツル，ウマとロバ，いずみのシカ，ふえをふくオオカミ，キツネとヤギ，ロバとオンドリとライオン，水をあびていた子ども，おしゃれなカラス，アリとハト，カエルとウシ，しおをはこぶロバ，子ガニとおかあさん，けびょうのライオン，キツネとブドウ，木こりと金のおの，ブヨとライオン，ライオンとクマとキツネ，にくをくわえたイヌ，とりとけものとコウモリ，ネコとことりたち，ちちしぼりのむすめ，ヒバリのひっこし，カラスと水さし，ライオンのかわをきたロバ，アリとキリギリス，ネズミとカエル，ロバとロバびき，クマとたびびと，おとこの子とつぼ，オオカミとツル，ふえのじょうずなりょうし，カラスとキツネ，メンドリと金のたまご，こなやと息子とロバ，ヒツジかいの子どもとオオカミ

内容 イソップの名作を、簡潔で親しみやすい文と表情豊かな美しい絵で贈ります。「ウサギとカメ」「北風とたいよう」をはじめ、55話の代表作をおさめた、何度も読みたくなる1冊です。

『読み聞かせイソップ50話』 よこたきよし文　チャイルド本社　2007.10　104p　25×25cm　1800円　①978-4-8054-2978-5

目次 北風とたいよう，からすとはと，いなかのねずみと町のねずみ，水をのみにきたしか，やぎかいと野生のやぎ，うさぎとかめ，男の子とくるみ，ろばとおおかみ，ありとはと，からすとつぼの水，金のたまごをうむめんどり，いどの中のきつねとやぎ，ライオンとうさぎ，二ひきのかえる，ろばをつれた親子，いのししときつね，おばあさんとおいしゃさん，よ

くばりな犬, 年をとったライオンときつね, どうぶつと人間, ろばときりぎりす, きつねとぶどう, からすとはくちょう, かにの親子, ありときりぎりす, 水をさがすかえる, たび人とプラタナスの木, おなかがいっぱいになったきつね, ヘラクレスと牛おい, ねずみのそうだん, ひつじのかわをかぶったおおかみ, 王さまになりたかったからす, なかのわるい三人の兄弟, 犬とたびに出かける男, しかとぶどうの木, おひゃくしょうさんとむすこたち, こうもりといたち, 王さまをほしがったかえる, ライオンといのしし, おおかみとライオン, からすときつね, 金のおのとぎんのおの, 二人のたび人とくま, うそつきなひつじかいの少年, 犬とにわとりときつね, きつねとつる, かしの木とあし, おなかをふくらませたかえる, ライオンとねずみのおんがえし, しおをはこんでいたろば

内容 イソップ童話の代表作50話を掲載した読み聞かせに最適なお話集。

『イソップおはなし絵本』 主婦と生活社編, 立原えりか監修 主婦と生活社 2007.6 74p 26×21cm (3歳から親子で楽しむ絵本) 1200円 ①978-4-391-13448-3

目次 うさぎとかめ, うそつきのひつじかい, ありときりぎりす, きたかぜとたいよう, ねずみとライオン, かえるの王さま, 犬とにわとりときつね, ろばのしっぱい, びょうきのライオン, おしゃれなからす, しょうじきな木こり, いなかのねずみと町のねずみ, よくばりな犬, こうもり, きつねとぶどう

『イソップ物語』 イソップ作, フランシス・バーンズマーフィー編, ローワン・バーンズマーフィー絵, 天野裕訳 文渓堂 2005.3 1冊 20×16cm 1300円 ①4-89423-402-5

目次 ウサギとカメ, キツネとブドウ, カエルと牛, 町のネズミといなかのネズミ, 犬とかげ, オオカミと子羊, 病気のライオン, こな屋と息子とロバ, イノシシと牙, 二人の旅人とオノ, ウサギと猟犬, カシの木とアシ, 「オオカミだぁ!」とさけんだ少年, ヘラクレスと馬車ひき, 二人の友人とクマ, カラスとキツネ, 北風と太陽, ヘルメスと木こり, キツネと食事をしたコウノトリ, カラスと水がめ, ちちしぼりの少女とおけ, ゼウスの希望のつぼ, 金のたまごを産んだガチョウ, 馬とロバ, ロバと塩, ワシと農夫, ライオンとウサギ, カニとカニの子, サルとイルカ, キツネとヤギ, キツネとオオカミと月, 王様をほしがったカエル, オオカミとツル, アリとキリギリス, 水にうつったシカのかげ, 羊の皮を着たオオカミ, ネズミの相談

「いぬのよくばり」

『イソップのおはなし』 小出正吾文, 三好碩也絵 のら書店 2010.11 159p 21cm 〈『イソップどうわ』改題書〉 2000円 ①978-4-905015-01-7

目次 ウサギとカメ, ヒツジのかわをかぶったオオカミ, しっぽのないキツネ, ぼうのおしえ, ネズミのかいぎ, けちんぼう, オオカミと子ヒツジ, オンドリとワシ, キツネとツル, ロバとキリギリス, 王さまをほしがったカエル, カシの木とアシ, ライオンとイノシシ, 神さまの木ぞうをはこぶロバ, 北風とたいよう, らっぱふき, キツネと木こり, ライオンとネズミ, ワシとカラス, 町のネズミといなかのネズミ, クジャクとツル, ウマとロバ, いずみのシカ, ふえをふくオオカミ, キツネとヤギ, ロバとオンドリとライオン, 水をあびていた子ども, おしゃれなカラス, アリとハト, カエルとウシ, しおをはこぶロバ, 子ガニとおかあさん, けびょうのライオン, キツネとブドウ, 木こりと金のおの, ブヨとライオン, ライオンとクマとキツネ, にくをくわえたイヌ, とりとけものとコウモリ, ネコとことりたち, ちちしぼりのむすめ, ヒバリのひっこし, カラスと水さし, ライオンのかわをきたロバ, アリとキリギリス, ネズミとカエル, ロバとロバびき, クマとたびびと, おとこの子とつぼ, オオカミとツル, ふえのじょうずなりょうし, カラスとキツネ, メンドリと金のたまご, こなやと息子とロバ, ヒツジかいの子どもとオオカミ

内容 イソップの名作を、簡潔で親しみやすい文と表情豊かな美しい絵で贈ります。「ウサギとカメ」「北風とたいよう」をはじめ、55話の代表作をおさめた、何度も読みたくなる1冊です。

『読み聞かせイソップ50話』 よこたきよし文 チャイルド本社 2007.10 104p 25×25cm 1800円 ①978-4-8054-2978-5

目次 北風とたいよう, からすとはと, いなかのねずみと町のねずみ, 水をのみにきたしか, やぎかいと野生のやぎ, うさぎとかめ, 男の子とくるみ, ろばとおおかみ, ありとはと, からすとつぼの水, 金のたまごをうむめんどり, いどの中のきつねとやぎ, ライオンとうさぎ, 二ひきのかえる, ろばをつれた親子, いのししときつね, おばあさんとおいしゃさん, よ

くばりな犬, 年をとったライオンときつね, どうぶつと人間, ろばときりぎりす, きつねとぶどう, からすとはくちょう, かにの親子, ありときりぎりす, 水をさがすかえる, たび人とプラタナスの木, おなかがいっぱいになったきつね, ヘラクレスと牛おい, ねずみのそうだん, ひつじのかわをかぶったおおかみ, 王さまになりたかったからす, なかのわるい三人の兄弟, 犬とたびに出かける男, しかとぶどうの木, おひゃくしょうさんとむすこたち, こうもりといたち, 王さまをほしがったかえる, ライオンといのしし, おおかみとライオン, からすときつね, 金のおのとぎんのおの, 二人のたび人とくま, うそつきなひつじかいの少年, 犬とにわとりときつね, きつねとつる, かしの木とあし, おなかをふくらませたかえる, ライオンとねずみのおんがえし, しおをはこんでいたろば

内容 イソップ童話の代表作50話を掲載した読み聞かせに最適なお話集。

『イソップおはなし絵本』 主婦と生活社編, 立原えりか監修　主婦と生活社　2007.6　74p　26×21cm　(3歳から親子で楽しむ絵本) 1200円
①978-4-391-13448-3

目次 うさぎとかめ, うそつきのひつじかい, ありときりぎりす, きたかぜとたいよう, ねずみとライオン, かえるの王さま, 犬とにわとりときつね, ろばのしっぱい, びょうきのライオン, おしゃれなからす, しょうじきな木こり, いなかのねずみと町のねずみ, よくばりな犬, こうもり, きつねとぶどう

「きつねとぶどう」

『イソップのおはなし』 小出正吾文, 三好碩也絵　のら書店　2010.11　159p　21cm 〈『イソップどうわ』改題書〉 2000円　①978-4-905015-01-7

目次 ウサギとカメ, ヒツジのかわをかぶったオオカミ, しっぽのないキツネ, ぼうのおしえ, ネズミのかいぎ, けちんぼう, オオカミと子ヒツジ, オンドリとワシ, キツネとツル, ロバとキリギリス, 王さまをほしがったカエル, カシの木とアシ, ライオンとイノシシ, 神さまの木ぞうをはこぶロバ, 北風とたいよう, らっぱふき, キツネと木こり, ライオンとネズミ, ワシとカラス, 町のネズミといなかのネズミ, クジャクとツル, ウマとロバ, いずみのシカ, ふえをふくオオカミ, キツネとヤギ, ロバとオンドリとライオン, 水をあびていた子ども, おしゃれなカラス, アリとハト, カエルとウシ, しおをはこぶロバ, 子ガニとおかあさん, けびょうのライオン, キツネとブドウ, 木こりと金のおの, ブヨとライオン, ライオンとクマとキツネ, にくをくわえたイヌ, とりとけものとコウモリ, ネコとことりたち, ちちしぼりのむすめ, ヒバリのひっこし, カラスと水さし, ライオンのかわをきたロバ, アリとキリギリス, ネズミとカエル, ロバとロバびき, クマとたびびと, おとこの子とつぼ, オオカミとツル, ふえのじょうずなりょうし, カラスとキツネ, メンドリと金のたまご, こなやと息子とロバ, ヒツジかいの子どもとオオカミ

内容 イソップの名作を、簡潔で親しみやすい文と表情豊かな美しい絵で贈ります。「ウサギとカメ」「北風とたいよう」をはじめ、55話の代表作をおさめた、何度も読みたくなる1冊です。

『読み聞かせイソップ50話』 よこたきよし文　チャイルド本社　2007.10　104p　25×25cm　1800円
①978-4-8054-2978-5

目次 北風とたいよう, からすとはと, いなかのねずみと町のねずみ, 水をのみにきたしか, やぎかいと野生のやぎ, うさぎとかめ, 男の子とくるみ, ろばとおおかみ, ありとはと, からすとつぼの水, 金のたまごをうむめんどり, いどの中のきつねとやぎ, ライオンとうさぎ, 二ひきのかえる, ろばをつれた親子, いのししときつね, おばあさんとおいしゃさん, よくばりな犬, 年をとったライオンときつね, どうぶつと人間, ろばときりぎりす, きつねとぶどう, からすとはくちょう, かにの親子, ありときりぎりす, 水をさがすかえる, たび人とプラタナスの木, おなかがいっぱいになったきつね, ヘラクレスと牛おい, ねずみのそうだん, ひつじのかわをかぶったおおかみ, 王さまになりたかったからす, なかのわるい三人の兄弟, 犬とたびに出かける男, しかとぶどうの木, おひゃくしょうさんとむすこたち, こうもりといたち, 王さまをほしがったかえる, ライオンといのしし, おおかみとライオン, からすときつね, 金のおのとぎんのおの, 二人のたび人とくま, うそつきなひつじかいの少年, 犬とにわとりときつね, きつねとつる, かしの木とあし, おなかをふくらませたかえる, ライオンとねずみのおんがえし, しおをはこんでいたろば

内容 イソップ童話の代表作50話を掲載した読み聞かせに最適なお話集。

『イソップおはなし絵本』 主婦と生活社編, 立原えりか監修　主婦と生活社　2007.6　74p　26×21cm　(3歳から親

子で楽しむ絵本）1200円
Ⓘ978-4-391-13448-3
目次 うさぎとかめ, うそつきのひつじかい, ありときりぎりす, きたかぜとたいよう, ねずみとライオン, かえるの王さま, 犬とにわとりときつね, ろばのしっぽい, びょうきのライオン, おしゃれなからす, しょうじきな木こり, いなかのねずみと町のねずみ, よくばりな犬, こうもり, きつねとぶどう

「金のおの」

『イソップのおはなし』 小出正吾文，三好碩也絵 のら書店 2010.11 159p 21cm〈『イソップどうわ』改題書〉2000円 Ⓘ978-4-905015-01-7
目次 ウサギとカメ, ヒツジのかわをかぶったオオカミ, しっぽのないキツネ, ぼうのおしえ, ネズミのかいぎ, けちんぼう, オオカミと子ヒツジ, オンドリとワシ, キツネとツル, ロバとキリギリス, 王さまをほしがったカエル, カシの木とアシ, ライオンとイノシシ, 神さまの木ぞうをはこぶロバ, 北風とたいよう, らっぱふき, キツネと木こり, ライオンとネズミ, ワシとカラス, 町のネズミといなかのネズミ, クジャクとツル, ウマとロバ, いずみのシカ, ふえをふくオオカミ, キツネとヤギ, ロバとオンドリとライオン, 水をあびていた子ども, おしゃれなカラス, アリとハト, カエルとウシ, しおをはこぶロバ, 子ガニとおかあさん, けびょうのライオン, キツネとブドウ, 木こりと金のおの, ブヨとライオン, ライオンとクマとキツネ, にくをくわえたイヌ, とりとけものとコウモリ, ネコとことりたち, ちちしぼりのむすめ, ヒバリのひっこし, カラスと水さし, ライオンのかわをきたロバ, アリとキリギリス, ネズミとカエル, ロバとロバびき, クマとたびびと, おとこの子とつぼ, オオカミとツル, ふえのじょうずなりょうし, カラスとキツネ, メンドリと金のたまご, こなやと息子とロバ, ヒツジかいの子どもとオオカミ
内容 イソップの名作を、簡潔で親しみやすい文と表情豊かな美しい絵で贈ります。「ウサギとカメ」「北風とたいよう」をはじめ、55話の代表作をおさめた、何度も読みたくなる1冊です。

『イソップ絵本館—名作を1冊で楽しむ』 村上勉再話・絵 講談社 2009.3 95p 24×19cm 1500円
Ⓘ978-4-06-215330-0
目次 北風とたいよう, いなかのねずみとまちのねずみ, うしとかえる, ありときりぎりす, こなやとむすことロバ, ライオンのかわをきたロバ, ねこにすずをつけろ, ライオンとねずみ, たびびととくま, しおをはこぶロバ, うさぎとかめ, はととあり, いどにおちたきつね, 王さまをほしがったかえる, きつねとつる, 金のおの銀のおの
内容 短いお話ばかりだから幼児だって充分に聞けます、わかります。小学生にもなれば深い意味がしっかりわかり、「なーるほど」「そうか」と感心し、生きる力をもらいます。そう、本は子どもに生きる力をくれるのです。すばらしいですね。イソップ物語は子どものものだけにしておくのはもったいない。お父さん、お母さん、おじいちゃんにもおばあちゃんにも役にたつお話がいっぱい。はっと気づくことがあります。

『読み聞かせイソップ50話』 よこたきよし文 チャイルド本社 2007.10 104p 25×25cm 1800円
Ⓘ978-4-8054-2978-5
目次 北風とたいよう, からすとはと, いなかのねずみと町のねずみ, 水をのみにきたしか, やぎかいと野生のやぎ, うさぎとかめ, 男の子とくるみ, ろばとおおかみ, ありとはと, からすとつぼの水, 金のたまごをうむめんどり, いどの中のきつねとやぎ, ライオンとうさぎ, 二ひきのかえる, ろばをつれた親子, いのししときつね, おばあさんとおいしゃさん, よくばりな犬, 年をとったライオンときつね, どうぶつと人間, ろばときりぎりす, きつねとぶどう, からすとはくちょう, かにの親子, ありときりぎりす, 水をさがすかえる, たび人とプラタナスの木, おなかがいっぱいになったきつね, ヘラクレスと牛おい, ねずみのそうだん, ひつじのかわをかぶったおおかみ, 王さまになりたかったからす, なかのわるい三人の兄弟, 犬とたびに出かける男, しかとぶどうの木, おひゃくしょうさんとむすこたち, こうもりといたち, 王さまをほしがったかえる, ライオンといのしし, おおかみとライオン, からすときつね, 金のおのとぎんのおの, 二人のたび人とくま, うそつきなひつじかいの少年, 犬とにわとりときつね, きつねとつる, かしの木とあし, おなかをふくらませたかえる, ライオンとねずみのおんがえし, しおをはこんでいたろば
内容 イソップ童話の代表作50話を掲載した読み聞かせに最適なお話集。

『イソップ童話』 千葉幹夫編著 成美堂出版 2005.8 127p 26×21cm （よみきかせおはなし名作 1）1100円

Ⓘ4-415-03091-2

目次 きたかぜとたいよう, いなかのねずみととかいのねずみ, ありときりぎりす, ねずみのおんがえし, 金のおのぎんのおの, よくばりな犬, うさぎとかめ, きつねとぶどう, らいおんとうさぎ, ねこにすずをつけろ, たび人とくま, ありとはと, しおをはこぶろば, きつねとつる, 王さまになれなかったからす, おおかみがきた, 犬とおんどり, きつねの王さま, らいおんのかわをきたろば, アシとオリーブ, けちんぼう, すばらしいおくりもの

内容 生きるための知恵がいっぱいのイソップ童話。

「たいようと北風」

『イソップのおはなし』 小出正吾文, 三好碩也絵 のら書店 2010.11 159p 21cm〈『イソップどうわ』改題書〉 2000円 Ⓘ978-4-905015-01-7

目次 ウサギとカメ, ヒツジのかわをかぶったオオカミ, しっぽのないキツネ, ぼうのおしえ, ネズミのかいぎ, けちんぼう, オオカミと子ヒツジ, オンドリとワシ, キツネとツル, ロバとキリギリス, 王さまをほしがったカエル, カシの木とアシ, ライオンとイノシシ, 神さまの木ぞうをはこぶロバ, 北風とたいよう, らっぱふき, キツネと木こり, ライオンとネズミ, ワシとカラス, 町のネズミといなかのネズミ, クジャクとツル, ウマとロバ, いずみのシカ, ふえをふくオオカミ, キツネとヤギ, ロバとオンドリとライオン, 水をあびていた子ども, おしゃれなカラス, アリとハト, カエルとウシ, しおをはこぶロバ, 子ガニとおかあさん, けびょうのライオン, キツネとブドウ, 木こりと金のおの, ブヨとライオン, ライオンとクマとキツネ, にくをくわえたイヌ, とりとけものとコウモリ, ネコとことりたち, ちちしぼりのむすめ, ヒバリのひっこし, カラスと水さし, ライオンのかわをきたロバ, アリとキリギリス, ネズミとカエル, ロバとロバびき, クマとたびびと, おとこの子とつぼ, オオカミとツル, ふえのじょうずなりょうし, カラスとキツネ, メンドリと金のたまご, こなやと息子とロバ, ヒツジかいの子どもとオオカミ

内容 イソップの名作を、簡潔で親しみやすい文と表情豊かな美しい絵で贈ります。「ウサギとカメ」「北風とたいよう」をはじめ、55話の代表作をおさめた、何度も読みたくなる1冊です。

『イソップ絵本館—名作を1冊で楽しむ』 村上勉再話・絵 講談社 2009.3 95p 24×19cm 1500円 Ⓘ978-4-06-215330-0

目次 北風とたいよう, いなかのねずみとまちのねずみ, うしとかえる, ありときりぎりす, こなやとむすことロバ, ライオンのかわをきたロバ, ねこにすずをつけろ, ライオンとねずみ, たびびととくま, しおをはこぶロバ, うさぎとかめ, はととあり, いどにおちたきつね, 王さまをほしがったかえる, きつねとつる, 金のおの銀のおの

内容 短いお話ばかりだから幼児だって充分に聞けます、わかります。小学生にもなれば深い意味がしっかりわかり、「なーるほど」「そうか」と感心し、生きる力をもらいます。そう、本は子どもに生きる力をくれるのです。すばらしいですね。イソップ物語は子どものものだけにしておくのはもったいない。お父さん、お母さん、おじいちゃんにもおばあちゃんにも役にたつお話がいっぱい。はっと気づくことがあります。

『読み聞かせイソップ50話』 よこたきよし文 チャイルド本社 2007.10 104p 25×25cm 1800円 Ⓘ978-4-8054-2978-5

目次 北風とたいよう, からすとはと, いなかのねずみと町のねずみ, 水をのみにきたしか, やぎかいと野生のやぎ, うさぎとかめ, 男の子とくるみ, ろばとおおかみ, ありとはと, からすとつぼの水, 金のたまごをうむめんどり, いどの中のきつねとやぎ, ライオンとうさぎ, 二ひきのかえる, ろばをつれた親子, いのししときつね, おばあさんとおいしゃさん, よくばりな犬, 年をとったライオンときつね, どうぶつと人間, ろばときりぎりす, きつねとぶどう, からすとはくちょう, かにの親子, ありときりぎりす, 水をさがすかえる, たび人とプラタナスの木, おなかがいっぱいになったきつね, ヘラクレスと牛おい, ねずみのそうだん, ひつじのかわをかぶったおおかみ, 王さまになりたかったからす, なかのわるい三人の兄弟, 犬とたびに出かける男, しかとぶどうの木, おひゃくしょうさんとむすこたち, こうもりといたち, 王さまをほしがったかえる, ライオンといのしし, おおかみとライオン, からすときつね, 金のおのとぎんのおの, 二人のたび人とくま, うそつきなひつじかいの少年, 犬とにわとりときつね, きつねとつる, かしの木とあし, おなかをふくらませたかえる, ライオンとねずみのおんがえし, しおをはこんでいたろば

内容 イソップ童話の代表作50話を掲載した読み聞かせに最適なお話集。

『イソップ物語』 イソップ作, フランシス・バーンズマーフィー編, ローワン・バーンズマーフィー絵, 天野裕訳 文渓堂 2005.3 1冊 20×16cm 1300円
①4-89423-402-5

目次 ウサギとカメ, キツネとブドウ, カエルと牛, 町のネズミといなかのネズミ, 犬とかげ, オオカミと子羊, 病気のライオン, こな屋と息子とロバ, イノシシと牙, 二人の旅人とオノ, ウサギと猟犬, カシの木とアシ, 「オオカミだぁ！」とさけんだ少年, ヘラクレスと馬車ひき, 二人の友人とクマ, カラスとキツネ, 北風と太陽, ヘルメスと木こり, キツネと食事をしたコウノトリ, カラスと水がめ, ちちしぼりの少女とおけ, ゼウスの希望のつぼ, 金のたまごを産んだガチョウ, 馬とロバ, ロバと塩, ワシと農夫, ライオンとウサギ, カニとカニの子, サルとイルカ, キツネとヤギ, キツネとオオカミと月, 王様をほしがったカエル, オオカミとツル, アリとキリギリス, 水にうつったシカのかげ, 羊の皮を着たオオカミ, ネズミの相談

「ねずみのそうだん」

『読み聞かせイソップ50話』 よこたきよし文 チャイルド本社 2007.10 104p 25×25cm 1800円
①978-4-8054-2978-5

目次 北風とたいよう, からすとはと, いなかのねずみと町のねずみ, 水をのみにきたしか, やぎかいと野生のやぎ, うさぎとかめ, 男の子とくるみ, ろばとおおかみ, ありとはと, からすとつぼの水, 金のたまごをうむめんどり, いどの中のきつねとやぎ, ライオンとうさぎ, 二ひきのかえる, ろばをつれた親子, いのししときつね, おばあさんとおいしゃさん, よくばりな犬, 年をとったライオンときつね, どうぶつと人間, ろばときりぎりす, きつねとぶどう, からすとはくちょう, かにの親子, ありときりぎりす, 水をさがすかえる, たび人とプラタナスの木, おなかがいっぱいになったきつね, ヘラクレスと牛おい, ねずみのそうだん, ひつじのかわをかぶったおおかみ, 王さまになりたかったからす, なかのわるい三人の兄弟, 犬とたびに出かける男, しかとぶどうの木, おひゃくしょうさんとむすこたち, こうもりといたち, 王さまをほしがったかえる, ライオンといのしし, おおかみとライオン, からすときつね, 金のおのとぎんのおの, 二人のたび人とくま, うそつきなひつじかいの少年, 犬とにわとりときつね, きつねとつる, かしの木とあし, おなかをふくらませたかえる, ライオンとねずみのおんがえし, しおをはこんでいたろば

内容 イソップ童話の代表作50話を掲載した読み聞かせに最適なお話集。

「ろばうりのおや子」

『イソップのおはなし』 小出正吾文, 三好碩也絵 のら書店 2010.11 159p 21cm〈『イソップどうわ』改題書〉 2000円 ①978-4-905015-01-7

目次 ウサギとカメ, ヒツジのかわをかぶったオオカミ, しっぽのないキツネ, ぼうのおしえ, ネズミのかいぎ, けちんぼう, オオカミと子ヒツジ, オンドリとワシ, キツネとツル, ロバとキリギリス, 王さまをほしがったカエル, カシの木とアシ, ライオンとイノシシ, 神さまの木ぞうをはこぶロバ, 北風とたいよう, らっぱふき, キツネと木こり, ライオンとネズミ, ワシとカラス, 町のネズミといなかのネズミ, クジャクとツル, ウマとロバ, いずみのシカ, ふえをふくオオカミ, キツネとヤギ, ロバとオンドリとライオン, 水をあびていた子ども, おしゃれなカラス, アリとハト, カエルとウシ, しおをはこぶロバ, 子ガニとおかあさん, けびょうのライオン, キツネとブドウ, 木こりと金のおの, ブヨとライオン, ライオンとクマとキツネ, にくをくわえたイヌ, とりとけものとコウモリ, ネコとことりたち, ちちしぼりのむすめ, ヒバリのひっこし, カラスと水さし, ライオンのかわをきたロバ, アリとキリギリス, ネズミとカエル, ロバとロバびき, クマとたびびと, おとこの子とつぼ, オオカミとツル, ふえのじょうずなりょうし, カラスとキツネ, メンドリと金のたまご, こなやと息子とロバ, ヒツジかいの子どもとオオカミ

内容 イソップの名作を、簡潔で親しみやすい文と表情豊かな美しい絵で贈ります。「ウサギとカメ」「北風とたいよう」をはじめ、55話の代表作をおさめた、何度も読みたくなる1冊です。

『イソップ絵本館―名作を1冊で楽しむ』 村上勉再話・絵 講談社 2009.3 95p 24×19cm 1500円
①978-4-06-215330-0

目次 北風とたいよう, いなかのねずみとまちのねずみ, うしとかえる, ありときりぎりす, こなやとむすことロバ, ライオンのかわをきたロバ, ねこにすずをつけろ, ライオンとねずみ, たびびととくま, しおをはこぶロバ, うさぎとかめ, はととあり, いどにおちたきつね, 王さまをほしがったかえる, きつね

とつる, 金のおの銀のおの

内容 短いお話ばかりだから幼児だって充分に聞けます、わかります。小学生にもなれば深い意味がしっかりわかり、「なーるほど」「そうか」と感心し、生きる力をもらいます。そう、本は子どもに生きる力をくれるのです。すばらしいですね。イソップ物語は子どものものだけにしておくのはもったいない。お父さん、お母さん、おじいちゃんにもおばあちゃんにも役にたつお話がいっぱい。はっと気づくことがあります。

『読み聞かせイソップ50話』 よこたきよし文 チャイルド本社 2007.10 104p 25×25cm 1800円 ①978-4-8054-2978-5

目次 北風とたいよう, からすとはと, いなかのねずみと町のねずみ, 水をのみにきたしか, やぎかいと野生のやぎ, うさぎとかめ, 男の子とくるみ, ろばとおおかみ, ありとはと, からすとつぼの水, 金のたまごをうむめんどり, いどの中のきつねとやぎ, ライオンとうさぎ, 二ひきのかえる, ろばをつれた親子, いのししときつね, おばあさんとおいしゃさん, よくばりな犬, 年をとったライオンときつね, どうぶつと人間, ろばときりぎりす, きつねとぶどう, からすとはくちょう, かにの親子, ありときりぎりす, 水をさがすかえる, たび人とプラタナスの木, おなかがいっぱいになったきつね, ヘラクレスと牛おい, ねずみのそうだん, ひつじのかわをかぶったおおかみ, 王さまになりたかったからす, なかのわるい三人の兄弟, 犬とたびに出かける男, しかとぶどうの木, おひゃくしょうさんとむすこたち, こうもりといたち, 王さまをほしがったかえる, ライオンといのしし, おおかみとライオン, からすときつね, 金のおのとぎんのおの, 二人のたび人とくま, うそつきなひつじかいの少年, 犬とにわとりときつね, きつねとつる, かしの木とあし, おなかをふくらませたかえる, ライオンとねずみのおんがえし, しおをはこんでいたろば

内容 イソップ童話の代表作50話を掲載した読み聞かせに最適なお話集。

板倉 聖宣

いたくら・きよのぶ

《1930～》

「空気の重さを計るには」

『読んでおきたい 5年生の読みもの』 長崎源之助監修, 亀村五郎, 谷川澄雄, 西岡房子, 藤田のぼる, 松岡三千代編 学校図書 1997.11 160p 21cm 648円 ①4-7625-1947-2

目次 わらぐつの中の神様(杉みき子), おかあさんの木(大川悦生), たわしのみそ汁(国分一太郎), くしゃくしゃ(次郎丸忍), 空気の重さを計るには(板倉聖宣), お父さんが25(国松俊英), 地図にない駅(木暮正夫), 十二色のつばさ(岡田貴久子), 源じいさんの竹とんぼ(斎藤了一), 赤いマフラー(中野幸隆), 難破船(アミーチス)

伊藤 和明

いとう・かずあき

《1930～》

「自然を守る」

『光村ライブラリー 第16巻 田中正造ほか』 樺島忠夫, 宮地裕, 渡辺実監修, 大竹政和ほか著, 内藤貞夫ほか画 光村図書出版 2004.4 92p 21cm 〈3刷〉 1000円 ①4-89528-114-0

目次 大陸は動く(大竹政和), 富士は生きている(森下晶), またとない天敵(金光不二夫), 自然を守る(伊藤和明), 守る、みんなの尾瀬を(後藤允), 田中正造(上笙一郎)

伊藤 整

いとう・せい

《1905～1969》

「冬じたく」

『伊藤整全集 3』 新潮社 1973 616p 肖像 20cm 2000円 Ⓝ918.6

目次 街と村, 霧氷, 典子の生きかた 童話 童子の像, 雪国の太郎, 三人の少女, 笑わぬ人, 冬じたく

いとう　ひろし

《1957～》

「だいじょうぶだいじょうぶ」

『だいじょうぶ だいじょうぶ』 いとうひろし作・絵　講談社　1995.10　31p　20×16cm　（ちいさな絵童話りとる 13）1000円　Ⓘ4-06-252863-0

いぬい　とみこ

《1924～2002》

「川とノリオ」

『教科書にでてくるお話 6年生』 西本鶏介監修　ポプラ社　2006.3　220p　18cm　（ポプラポケット文庫）570円　Ⓘ4-591-09172-4

目次 きつねの窓（安房直子），桃花片（岡野薫子），海のいのち（立松和平），やまなし（宮沢賢治），ヨースケくんの秘密（那須正幹），冬きたりなば（星新一），このすばらしい世界（山口タオ），川とノリオ（いぬいとみこ），山へいく牛（川村たかし），ロシアパン（高橋正亮），ヒロシマの歌（今西祐行），赤いろうそくと人魚（小川未明）

内容 現在使われている各社の国語教科書に掲載または紹介されている作品ばかりを集めたアンソロジーです。長く読みつがれている名作、心あたたまるお話、おもしろくて元気がでるお話など、すばらしい作品がいっぱい。作品の表記は原典に忠実にし、全文を掲載しています。教科書では気づかなかった作品の魅力を、新たに発見できるかもしれません。小学校上級から。

『「戦争と平和」子ども文学館 16』 長崎源之助ほか編　日本図書センター　1995.2　362p　22cm　2800円　Ⓘ4-8205-7257-1,4-8205-7241-5

目次 ふたりのイーダ（松谷みよ子著），あるハンノキの話（今西祐行著），まっ黒なおべんとう（児玉辰春著），川とノリオ（いぬいとみこ著），八月がくるたびに（おおえひで著）

『川とノリオ』 いぬいとみこ作，長谷川集平画　理論社　1982.9　178p　18cm　（フォア文庫）390円

「長い長いペンギンの話」

『ながいながいペンギンの話』 いぬいとみこ作，大友康夫画　新版　岩波書店　2000.6　189p　18cm　（岩波少年文庫）640円　Ⓘ4-00-114003-9

『ながいながいペンギンの話』 いぬいとみこ作，山田三郎絵　理論社　1999.1　195p　21cm　（新・名作の愛蔵版）1200円　Ⓘ4-652-00501-6

内容 こわいものしらずのおにいさんのルルと、おくびょうだけと心のやさしいおとうとのキキが、力をあわせてきけんをのりこえ、たくましくそだっていきます。南極に生まれたふたごのペンギンの物語。

『ながいながいペンギンの話』 いぬいとみこ作，山田三郎画　理論社　1995.10　173p　18cm　（フォア文庫）550円　Ⓘ4-652-07420-4

目次 くしゃみのルルとさむがりやのキキ，ルルとキキのうみのぼうけん，さようならさようならにんげんさん！

内容 小学校中・高学年向き。

『四つのふたご物語』 いぬいとみこ著　理論社　1993.4　725p　21cm　4500円　Ⓘ4-652-04217-5

目次 ながいながいペンギンの話，北極のムーシカミーシカ，ぼくらはカンガルー，白鳥のふたごものがたり

内容 日本が生んだ名作ファンタジー。

井上　靖

いのうえ・やすし

《1907～1991》

「出発」

『井上靖全集　第1巻』 新潮社　1995.4　619p　22cm〈監修：司馬遼太郎ほか〉8000円　Ⓘ4-10-640541-5　Ⓝ918.68

「ひと朝だけの朝顔」

『10分で読める物語 三年生』 青木伸生選　学研教育出版，学研マーケティング〔発売〕　2010.8　129p　21cm　700円　Ⓘ978-4-05-203226-4

目次 ひと朝だけの朝顔（井上靖），つり橋わ

たれ（長崎源之助），心のあたたかい一休さん（武内孝夫），からっぽとは（まど・みちお），ジャックと豆の木―イギリスの民話（谷真介），世界最北！ 赤んぼうザルの一年（松岡史朗），そそっかしいのはだれですか？（佐々木赫子），こんこんこな雪ふる朝に（三好達治），むじな（小泉八雲），星のぎんか―グリム童話（竹崎有斐），さるも木から落ちる、ほか，クリの実（椋鳩十），宮古島のおに―沖縄の昔話（儀間比呂志）

内容 名作から現代のお話、昔話や科学、伝記などバラエティに富んでいます。

『光村ライブラリー 第10巻 空飛ぶライオン ほか』 樺島忠夫，宮地裕，渡辺実監修，佐野洋子ほか著，田谷多枝子訳，長新太ほか画 光村図書出版 2004.4 85p 21cm〈3刷〉1000円 ①4-89528-108-6

目次 空飛ぶライオン（佐野洋子），アナトール、工場へ行く（イブ・タイタス），子牛の話（花岡大学），ひと朝だけの朝顔（井上靖），茂吉のねこ（松谷みよ子）

『井上靖全集 第7巻』 井上靖著 新潮社 1995.11 623p 21cm 8000円 ①4-10-640547-4

目次 わが母の記，永泰公主の頸飾り，褒姒の笑い，魔法の椅子，テペのある街にて，帽子，古代ペンジケント，胡姫，魔法壜，崑崙の玉，海，四角な石，アム・ダリヤの水溜り，聖者，風，鬼の話，桃李記，壷，道，二つの挿話，ダージリン，セキセイインコ，川の畔り，炎，ゴー・オン・ボーイ，石涛，生きる，明治の月，就職圏外，星よまたたけ，銀のはしご，どうぞお先に，くもの巣，ほくろのある金魚，ひと朝だけの朝顔，三ちゃんと鳩，猫がはこんできた手紙

内容 母の老いと死を描いた「花の下」「月の花」「雪の面」ほか昭和三十九年六月から平成二年一月の短篇三十篇および戯曲二篇、童話八篇を収録。

井原 西鶴
いはら・さいかく
《1642～1693》

「仁王門の綱」

『西鶴諸国ばなし 懐硯』 井原西鶴著，麻生磯次，冨士昭雄訳注 明治書院 1992.8 324,22p 21cm （決定版 対訳西鶴全集 5） 3600円 ①4-625-51143-7

井伏 鱒二
いぶせ・ますじ
《1898～1993》

「ジョン万次郎」

『ジョン万次郎漂流記』 井伏鱒二著 偕成社 1999.11 219p 19cm （偕成社文庫） 700円 ①4-03-652390-2

目次 山椒魚，鯉，屋根の上のサワン，休憩時間，ジョン万次郎漂流記

内容 少年漁師・万次郎の数奇な運命を描いて直木賞を受賞した「ジョン万次郎漂流記」、岩穴にとじこめられた山椒魚の悲哀を描く「山椒魚」のほか、「屋根の上のサワン」「鯉」「休憩時間」の名作5編を収録。

『さざなみ軍記・ジョン万次郎漂流記』 井伏鱒二著 新潮社 1986.9 284p 15cm （新潮文庫） 320円 ①4-10-103407-9

目次 さざなみ軍記，ジョン万次郎漂流記，二つの話

内容 都を落ちのびて瀬戸内海を転戦する平家一門の衰亡を、戦陣にあって心身ともに成長して行くなま若い公達の日記形式で描出した「さざなみ軍記」。土佐沖で遭難後、異人船に救助され、アメリカ本土で新知識を身につけて幕末の日米交渉に活躍する少年漁夫の数奇な生涯「ジョン万次郎漂流記」。他にSFタイムスリップ小説の先駆とも言うべき「二つの話」を収める著者会心の歴史名作集。

今江 祥智
いまえ・よしとも
《1932～》

「あくしゅしてさようなら」

『いまえよしとも2年生のどうわ 1』 今江祥智作，おぼまこと絵 理論社 1986.8 221p 20×15cm 1200円 ①4-652-02113-5

目次 あいつのおしろ，なみだをふいてこぎつねちゃん，セーターのあな，ちょうちょむ

すび, おとなしすぎる, ピアニスト, ふたりのぽけっと, あのこの馬車, あくしゅしてさようなら, 白い子グマの物語, 森のシカ、トト, 風にふかれて, なみにゆられて, ねこふんじゃった

『今江祥智の本　第18巻　童話集　7』 今江祥智著　理論社　1981.6　266p　22cm　1200円　Ⓝ913.8

目次 朝日のようにさわやかに, わたしの青い海, あくしゅしてさようなら, すてきなご先祖さま, 太陽がはんぶん, ふるさともとめて花いちもんめ, どろんこ祭り, にたものどうし, たまごをわらなければオムレツはつくれない, 二×二＝四で困る話, 黒いピーターパン, たくさんのお母さん, パパはころしや, 解説―今江さんの童話とチェコの読者（イワン・クロウスキー著）

「いろはにほへと」

『齋藤孝の親子で読む国語教科書　3年生』 齋藤孝著　ポプラ社　2011.3　142p　21cm　（齋藤孝の親子で読む国語教科書 3）1000円　Ⓘ978-4-591-12287-7

目次 いろはにほへと（今江祥智）, のらねこ（三木卓）, つりばしわたれ（長崎源之助）, ちいちゃんのかげおくり（あまんきみこ）, ききみみずきん（木下順二）, ワニのおじいさんのたからもの（川崎洋）, さんねん峠（李錦玉）, サーカスのライオン（川村たかし）, モチモチの木（斎藤隆介）, 手ぶくろを買いに（新美南吉）

『教科書にでてくるお話　4年生』 西本鶏介監修　ポプラ社　2006.3　206p　18cm　（ポプラポケット文庫）570円　Ⓘ4-591-09170-8

目次 いろはにほへと（今江祥智）, ポレポレ（西村まり子）, やいトカゲ（舟崎靖子）, 白いぼうし（あまんきみこ）, りんご畑の九月（後藤竜二）, るすばん（川村たかし）, せかいいちうつくしいぼくの村（小林豊）, こわれた1000の楽器（野呂昶）, のれたよ、のれたよ、自転車のれたよ（井上美由紀）, 夏のわすれもの（福田岩緒）, ならなしとり（峠兵太）, 寿限無（西本鶏介）, ごんぎつね（新美南吉）, 一つの花（今西祐行）

内容 現在使われている各社の国語教科書に掲載または紹介されている作品ばかりを集めたアンソロジーです。長く読みつがれている名作、心あたたまるお話、おもしろくて元気がでるお話など、すばらしい作品がいっぱい。作品の表記は原典に忠実にし、全文を掲載しています。教科書では気づかなかった作品の魅力を、新たに発見できるかもしれません。小学校中学年から。

『ぽけっとの海―今江祥智ショートファンタジー』 今江祥智著，和田誠絵　理論社　2004.11　197p　19cm　1200円　Ⓘ4-652-02183-6

目次 熊ちゃん, おにごっこだいすき, いろはにほへと, かくれんぼトランプ, ヒナギクをたべないで, 紙人形, ほんとうの話, なみにゆられて, 馬車にのった山ネコ, とおくへいきたい, 木馬, 女の子とライオン, きりの村, 歩きながら, ぽけっとの海

内容 きらめく小さなファンタジーがぎっしり、今江祥智の小宇宙。こわい話、ふしぎな話、どきどきする話、わくわくする話。ほろりとする話、くすりとくる話。

『いろはにほへと』 今江祥智文，長谷川義史絵　神戸　BL出版　2004.9　32p　26×21cm　1300円　Ⓘ4-7764-0080-4

内容 かっちゃんはその日、はじめて文字を習いました。いろはにほへとの七つです。かっちゃんはうれしくていろはにほへとをくりかえしながら道を歩いていると…。

『0点をとった日に読む本』 現代児童文学研究会編　偕成社　1990.7　198p　21cm　（きょうはこの本読みたいな 2）1200円　Ⓘ4-03-539020-8

目次 詩 びりのきもち（阪田寛夫）, れいてんでかんぱい（宮川ひろ）, ひらがな虫（山下明生）, いろはにほへと（今江祥智）, 一ノ字鬼（斎藤隆介）, 厚狭の寝太郎（田坂常和）, うははのへ（和田誠）, むかしは、みんないちばん（砂田弘）, 詩 テスト中の地震（重清良吉）, 白い三日月のつめ（北村けんじ）, ラクダイ横町（岡本良雄）, 花がらもようの雨がさ（皿海達哉）, シールの星（岡田淳）

「うみへのながいたび」

『月ようびのどうわ』 日本児童文学者協会編　国土社　1998.3　99p　21cm　（よんでみようよ教科書のどうわ1しゅうかん 1）1200円　Ⓘ4-337-09601-9

目次 どうぞのいす（香山美子）, 春のくまたち（神沢利子）, うみへのながいたび（今江祥智）, コスモス（森山京）, すずめのてがみ（神戸淳吉）, 天にのぼったおけや（川村たかし）, サラダでげんき（角野栄子）, ハモニカじま（与田準一）

「お城への階段」

『今江祥智3年生のどうわ　2』 今江祥智作，杉浦範茂絵　理論社　1986.11　269p　21×16cm　（今江祥智童話館）　1500円　Ⓘ4-652-02116-X

目次 ぼくともうひとりのぼく，おしろへのかいだん，星のかけら，のりものづくし，むぎわらぼうしは海のいろ，グラドス・アド・パルナッスム博士，セーター動物園，白いサーカス，クリスマスなんて知らないよ，ぼくのメリーゴーラウンド，ラベンダーうさぎ，五人ばやし，おりがみのできた日，ヒナギクをたべないで，海，雨童子，ゆきむすめ，いってしまったこ，おれは神さま

『今江祥智の本　第14巻　童話集　3』 今江祥智著　理論社　1980.7　250p　22cm　1200円　Ⓝ913.8

目次 ヒナギクをたべないで，きりの村，女の子，おしろへのかいだん，海，海がやってきた，熊ちゃん，五人ばやし，ぼくのメリーゴーラウンド，ぼけっとの海，町かどをまがれば，むぎわらぼうしは海のいろ，木馬，そしてだれもいなくなった，鳥の森，そよ風とわたし，あたたかなパンのにおい，海のおくりもの，青いクリスマス，いってしまったこ，解説（谷川俊太郎著）

「さよならの学校」

『今江祥智6年生の童話　3』 今江祥智作，長新太絵　理論社　1987.7　269p　21×16cm　（今江祥智童話館）1500円　Ⓘ4-652-02123-2

目次 ぼくは「そんごくう」，指揮者は恋している，春の水族館，モーツァルトくん，ゆめみるモンタン，麦わら帽子，はだかづきあい，こぶし，夕焼けの国，へんですねぇへんですねぇ，ひどい雨がふりそうなんだ，小さないのち，まぼろしの海，フクロウと子ねこちゃん，ルナ・パーク，2×2=4で困る話，さよならの学校，枯葉

「三びきのライオンの子」

『白ぶたピイ―今江祥智ショートファンタジー』 今江祥智作，和田誠絵　理論社　2005.1　196p　19cm　1200円　Ⓘ4-652-02184-4

目次 すみれの花さくころ，ぼくともうひとりのぼく，白ぶたピイ，しばてんおりょう，星をもらった子，鳥の森，なみだをふいてこぎつねちゃん，海がやってきた…，三びきのライオンの子，おりがみのできた日，ぼうしのかぶりかた，雪の夜のものがたり，風にふかれて，小さなひみつ，枯葉

「小さな青い馬」

『わらいうさぎ―今江祥智ショートファンタジー』 今江祥智作，和田誠絵　理論社　2004.7　196p　19cm　1200円　Ⓘ4-652-02181-X

目次 ぼけっとくらべ，ゆきむすめ，おそろしいものなんだ，いつでもゆめを，おいしい花，クリスマスにはワニをどうぞ，わらいうさぎ，ヒコーキざむらい，オーロラペンギンちゃん，フクロウ，スミレの花さァくゥころォ…，サンタクロースが二月にやってきた，あいつのおしろ，ねこふんじゃった，小さな青い馬

『光村ライブラリー　第8巻　小さな青い馬 ほか』 樺島忠夫，宮地裕，渡辺実監修，斉藤洋ほか著，高畠純訳　光村図書出版　2004.4　73p　21cm〈3刷〉1000円　Ⓘ4-89528-106-X

目次 ガオーッ（斉藤洋），小さな青い馬（今江祥智），たぬきのタロ（石森延男），五色のしか―宇治拾遺物語・巻七の一より

「力太郎」

『ちからたろう』 いまえよしともぶん，たしませいぞうえ　ポプラ社　2004.11　1冊（ページ付なし）49cm　（ポプラ社のよみきかせ大型絵本）　4750円　Ⓘ4-591-08315-2　Ⓝ726.6

『いまえよしとも1年生のどうわ　2』 今江祥智作，長新太絵　理論社　1986.7　237p　25×19cm　1400円　Ⓘ4-652-02112-7

目次 ちからたろう，とのさまはくいしんぼう，ぼうしのかぶりかた，きのこきのこきのこ，すみれの花さくころ，いろはにほへと，きえたとのさま，ああ，くいしんぼう，りょう手に花，三郎とからすてんぐ，青いてんぐ，てんぐちゃん，大きなきんぎょ，ムギのみのるころ

「どろんこ祭り」

『10分で読める物語 六年生』 青木伸生選　学研教育出版，学研マーケティング〔発売〕　2010.12　173p　21cm　700円　Ⓘ978-4-05-203358-2

目次 手品師（豊島與志雄），夢十夜“第六夜”

（夏目漱石）, 炎の中の聖女（広瀬寿子）, 冬が来た（高村光太郎）, 赤いろうそくと人魚（小川未明）, 深海に地球最大の川があった！（関英祐）, 最上川（斎藤茂吉）, どろんこ祭り（今江祥智）, ある日（関洋子）, 空に浮かぶ騎士（アンブローズ・ビアス）, 雪に消えたダイアモンド（沢村凛）, 平家物語 "那須与一", 漢文

内容 名作から現代のお話、詩、随筆や科学、古典などバラエティに富んでいます。

『おれはオニだぞ―今江祥智ショートファンタジー』 今江祥智作, 和田誠絵 理論社 2004.9 196p 19cm 1200円
Ⓘ4-652-02182-8

目次 町かどをまがれば…, ちょうちょむすび, ふしぎな目, 白い子グマの物語, きのこきのこきのこ, トトンぎつね, おれはオニだぞ, 四角いクラゲの子, くいしんぼう, 女の子, 森のシカ、トト, ごしょウサギ, どろんこ祭り, むぎわらぼうしは海のいろ, 花はどこへいった

『光村ライブラリー 第15巻 ガラスの小びん ほか』 樺島忠夫, 宮地裕, 渡辺実監修, 森忠明ほか著, 杉浦範茂ほか画 光村図書出版 2004.4 89p 21cm 〈3刷〉 1000円 Ⓘ4-89528-113-2

目次 その日が来る（森忠明）, 赤い実はじけた（名木田恵子）, ガラスの小びん（阿久悠）, どろんこ祭り（今江祥智）, との様の茶わん（小川未明）

『今江祥智6年生の童話 2』 今江祥智作 理論社 1987.6 268p 21×16cm （今江祥智童話館） 1500円
Ⓘ4-652-02122-4

目次 どろんこ祭り, 麦わらとんぼ, やぶにらみの殺し屋, くらやみのむこうがわ, 3度目のショージキ, 縞しまのチョッキ, 思いだす, 羊のうた, ふたりの鳩, お正月さん, たくさんのお母さん, わたしの青い海

「野の馬」

『10分で読める物語 五年生』 青木伸生選 学研教育出版, 学研マーケティング〔発売〕 2010.12 179p 21cm 700円
Ⓘ978-4-05-203357-5

目次 野の馬（今江祥智）, 帰ってきたナチ（水上美佐雄）, ホームラン王物語（亀山龍樹）, もういいの（金子みすゞ）, さようならコルデーラ（クラリン）, すてきなたまご―カメムシ（ファーブル）, まぼろしの町（那須正幹）, 感動との出会い（戸川幸夫）, 雨ニモマケズ（宮澤賢治）, なぜふくろうは人間といわれるのか（フランスの昔話）, 面（横光利一）, 夜の魚（たつみや章）, 徒然草 "高名の木登り"

内容 名作から現代のお話、詩、伝記や科学、古典などバラエティに富んでいます。

『UFOすくい―今江祥智ショートファンタジー』 今江祥智作, 和田誠絵 理論社 2005.3 196p 19cm 1200円
Ⓘ4-652-02185-2

目次 アメだまをたべたライオン, 小さな花, UFOすくい, ぼくのメリーゴーラウンド, 鬼, ネズミくんのショック, 青いてんぐ, シマウマがむぎわらぼうしをかぶったら…, ゆめみるモンタン, 星のかけら, 野の馬, そよ風とわたし, ラベンダーうさぎ, 戦艦ポチョムキン, さびたナイフ

『心にひびく名作読みもの 6年―読んで、聞いて、声に出そう』 府川源一郎, 佐藤宗子編 教育出版 2004.3 68p 21cm 〈付属資料：CD1〉 2000円
Ⓘ4-316-80090-6

目次 加代の四季（杉みき子）, ちょうの行方（高田桂子）, 野の馬（今江祥智）, せんこう花火（中谷宇吉郎）, 素直な疑問符（吉野弘）, 貝がら（新美南吉）

内容 小学校国語教科書に掲載された名作（物語・説明文・詩）を学年別に収録。発達段階に応じた教科書表記を採用。難意語には注を記載。発展学習にも役立つよう、交ぜ書きから読み仮名付きの漢字へ適宜変更。当時の教科書に使用された挿絵を掲載。俳優・声優による格調高い朗読をCDに収め各巻に添付。

「花はどこへ行った」

『おれはオニだぞ―今江祥智ショートファンタジー』 今江祥智作, 和田誠絵 理論社 2004.9 196p 19cm 1200円
Ⓘ4-652-02182-8

目次 町かどをまがれば…, ちょうちょむすび, ふしぎな目, 白い子グマの物語, きのこきのこきのこ, トトンぎつね, おれはオニだぞ, 四角いクラゲの子, くいしんぼう, 女の子, 森のシカ、トト, ごしょウサギ, どろんこ祭り, むぎわらぼうしは海のいろ, 花はどこへいった

『今江祥智3年生の童話 1』 今江祥智作 理論社 1986.10 269p 21cm （今江

祥智童話館) 1500円 Ⓘ4-652-02115-1

目次 とおくへいきたい, 小さな花, いつでもゆめを, 下町の太陽, さびたナイフ, 星はなんでもしっている, 港が見える丘, ほうき, 風まかせ, 石の町, 花はどこへいった, 黒い花びら, タンポポざむらい

「ぽけっとの海」

『ぽけっとの海―今江祥智ショートファンタジー』 今江祥智著, 和田誠絵 理論社 2004.11 197p 19cm 1200円 Ⓘ4-652-02183-6

目次 熊ちゃん, おにごっこだいすき, いろはにほへと, かくれんぼトランプ, ヒナギクをたべないで, 紙人形, ほんとうの話, なみにゆられて, 馬車にのった山ネコ, とおくへいきたい, 木馬, 女の子とライオン, きりの村, 歩きながら, ぽけっとの海

内容 きらめく小さなファンタジーがぎっしり、今江祥智の小宇宙。こわい話、ふしぎな話、どきどきする話、わくわくする話。ほろりとする話、くすりとくる話。

『いまえよしとも2年生のどうわ 2』 今江祥智作, 和田誠絵 理論社 1986.9 237p 21×16cm (今江祥智童話館) 1300円 Ⓘ4-652-02114-3

目次 入学式のことだった, ムカシごっこ, 白いヨット, スミレの花さァくウころォ…, わらいうさぎ, 七つ星の話, 町かどをまがれば…, 女の子とライオン, そよ風とわたし, ぽけっとの海, おれはオニだぞ, 馬車にのった山ネコ, とおくの白い国, きみとぼく

「星のかけら」

『UFOすくい―今江祥智ショートファンタジー』 今江祥智作, 和田誠絵 理論社 2005.3 196p 19cm 1200円 Ⓘ4-652-02185-2

目次 アメだまをたべたライオン, 小さな花, UFOすくい, ぼくのメリーゴーラウンド, 鬼, ネズミくんのショック, 青いてんぐ, シマウマがむぎわらぼうしをかぶったら…, ゆめみるモンタン, 星のかけら, 野の馬, そよ風とわたし, ラベンダーうさぎ, 戦艦ポチョムキン, さびたナイフ

『今江祥智3年生のどうわ 2』 今江祥智作, 杉浦範茂絵 理論社 1986.11 269p 21×16cm (今江祥智童話館) 1500円 Ⓘ4-652-02116-X

目次 ぼくともうひとりのぼく, おしろへのかいだん, 星のかけら, のりものづくし, むぎわらぼうしは海のいろ, グラドス・アド・パルナッスム博士, セーター動物園, 白いサーカス, クリスマスなんて知らないよ, ぼくのメリーゴーラウンド, ラベンダーうさぎ, 五人ばやし, おりがみのできた日, ヒナギクをたべないで, 海, 雨童子, ゆきむすめ, いってしまったこ, おれは神さま

「森に生きる」

『光村ライブラリー 第11巻 ニホンザルのなかまたち ほか』 樺島忠夫, 宮地裕, 渡辺実監修, 今江祥智ほか著, 安田尚樹ほか画, 宮崎学ほか写真 光村図書出版 2004.4 69p 21cm 〈3刷〉 1000円 Ⓘ4-89528-109-4

目次 森に生きる(今江祥智), キョウリュウをさぐる(小畠郁生), ニホンザルのなかまたち(河合雅雄), おにの話(牧田茂), まん画(手塚治虫), 一本の鉛筆の向こうに(谷川俊太郎)

「雪のぼうし」

『今江祥智メルヘンランド』 今江祥智作, 宇野亜喜良絵 理論社 1987.10 269p 21×16cm (今江祥智童話館) 1500円 Ⓘ4-652-02124-0

目次 心ならずも, 黒いピーター・パン, 内気な海, わたしの片隅, 姉様, 坂とバラの日々, お勘定, 涙いろの雨, ふたりのモミの木, 風の首輪, あにい, あいつ, 七番目の幸福, 4輪馬車, 雪の帽子, やあたん, くるみいろの時間, ひとは遠くからやってくる

今西 祐行

いまにし・すけゆき

《1923～2004》

「おいしいおにぎりを食べるには」

『やさしさ―感情を豊かに』 大久保昇編, 日本漢字能力検定協会監修 京都 日本漢字能力検定協会 2006.11 283p 21cm (漢検―心を耕すシリーズ) 1100円 Ⓘ4-89096-137-2

目次 モチモチの木(斎藤隆介), ソメコとオニ(斎藤隆介), おいしいおにぎりを食べるには(今西祐行), ユキちゃん(立原えりか), み

そさざい（浜田広介）, 泣いた赤おに（浜田広介）, 岡の家（鈴木三重吉）, 宇宙からきたみつばし（佐藤さとる）, 月夜のでんしんばしら（宮沢賢治）, 天狗笑（豊島与志雄）, かちかち山（松谷みよ子）, ねずみのよめいり（岩崎京子）, 気のいい火山弾（宮沢賢治）, 赤いろうそくと人魚（小川未明）, おじいさんのランプ（新美南吉）, 第2章 詩―明るく朗らかに（まど・みちお『やぎさんゆうびん』ほか, 阪田寛夫『夕日がせなかをおしてくる』ほか, 工藤直子『でんぐりがえり』ほか, 北原白秋『揺籃の歌』ほか）

『一つの花』 今西祐行著, 伊勢英子画 ポプラ社 2005.10 190p 18cm （ポプラポケット文庫） 570円 ①4-591-08877-4

[目次] 一つの花, ヒロシマの歌, むささび星, 太郎こおろぎ, おいしいおにぎりを食べるには, はまひるがおの小さな海, ゆみ子のリス, 花のオルガン, ぬまをわたるかわせみ, 月とべっそう, きつねとかねの音, むねの木のおはし

[内容] 「ひとつだけちょうだい」―戦争のさなか、食べるものもあまり手にはいらない生活の中で、ゆみ子が最初におぼえたことばでした。そんなゆみ子に、ひとつだけのおにぎりのかわりに一輪のコスモスの花をあたえて、お父さんは戦争にいきました。平和へのねがい、幸せへのいのりがこめられた、せつなくもやさしい物語。―表題作ほか十一編を収録。

『カレーをたべたい日の本』 現代児童文学研究会編 偕成社 1996.4 113p 22×18cm （きょうもおはなしよみたいな 1） 1200円 ①4-03-539170-0

[目次] ピアノは夢をみる・森のにおい（工藤直子, あべ弘士）, モモちゃんが生まれたとき（松谷みよ子）, カステラ・マーチはいいにおい（森山京）, おいしいおにぎりをたべるには（今西祐行）, おいしいトラカツをたべるまで（筒井敬介）, 一年生でもないていいよ（宮川ひろ）, シンバくんのライオンカレー（寺村輝夫）

「金の魚」

『あたらしい日本の童話』 坪田譲治監修 実業之日本社 1967 4冊 22cm （学年別シリーズ）

「島の太吉」

『一つの花』 今西祐行著 偕成社 1987.12 268p 21cm （今西祐行全集 第4巻） 1800円 ①4-03-739040-X

[目次] 一つの花, ハコちゃん, 桜子, すみれ島, 土の笛, 鐘, ポールさんの犬, チョボチョボ山と金時先生, 三番目の旅の衆, 風祭金太郎, ブラジルへ, 新川徳平くん, どんぐりともだち, 陸橋のある風景, エリカのジッタンバッタン, 聖書屋さん, ゼンちゃんの花, 島の太吉, サルどろぼう

[内容] 著者は、戦争も不合理にも声高に語りはしない。いつも静かな文字を刻む。出征する父から一輪の淡いコスモスをもらう「一つの花」のゆみ子の姿、幼少体験から生まれた処女作「ハコちゃん」がそうである。収録された19編に著者の生きた時代と子どもへの思いが脈うっている。

「太平洋をわたった五つのりんご」

『ぼくらの夏―民族を結ぶ物語』 山元護久他著, 関英雄等編, 鈴木義治等絵 小峰書店 1970 221p 23cm （現代日本の童話 11）

「太郎こおろぎ」

『お父さんのマジック』 内藤哲ほか著, 浅野輝雄絵 らくだ出版 2005.12 95p 21×19cm （読み聞かせの本 第3巻） 1400円 ①4-89777-435-7

[目次] お父さんのマジック（内藤哲）, おへその夢（たちばな富子）, 1年生になったりえ（成瀬ゆき）, 太郎コオロギ（今西祐行）, ゆめのなかで呼んだよ（杉田秀子）, お坊様のくれたお面（川上文子）, 詩 えっちゃん（冨岡みち）, 少年と子ダヌキ（佐々木たづ）, 源さんのふれあいのつえ（望月武人）

[内容] この本に収められている作品は、学校や、家庭や、地域などで「読み聞かせ」をしながら、書かれていった作品です。従ってどの作品も、子どもたちを楽しませ、自己実現をおこなわせ、「本」との「出会い」のよろこびをますます育ててくれると思います。なお、幼児から高学年までの作品をとりあげました。

『一つの花』 今西祐行著, 伊勢英子画 ポプラ社 2005.10 190p 18cm （ポプラポケット文庫） 570円 ①4-591-08877-4

[目次] 一つの花, ヒロシマの歌, むささび星, 太郎こおろぎ, おいしいおにぎりを食べるには, はまひるがおの小さな海, ゆみ子のリス,

花のオルガン, ぬまをわたるかわせみ, 月とべっそう, きつねとかねの音, むねの木のおはし

内容 「ひとつだけちょうだい」—戦争のさなか、食べるものもあまり手にはいらない生活の中で、ゆみ子が最初におぼえたことばでした。そんなゆみ子に、ひとつだけのおにぎりのかわりに一輪のコスモスの花をあたえて、お父さんは戦争にいきました。平和へのねがい、幸せへのいのりがこめられた、せつなくもやさしい物語。—表題作ほか十一編を収録。

『光村ライブラリー　第6巻　太郎こおろぎ ほか』 樺島忠夫, 宮地裕, 渡辺実監修, 山下明男ほか著, 渡辺茂男ほか訳, 杉浦範茂ほか画　光村図書出版　2004.4　84p　21cm〈3刷〉1000円
①4-89528-104-3

目次 はまべのいす(山下明生), エルマー、とらに会う(ルース＝スタイルス・ガネット), とびこめ(レフ・トルストイ), 太郎こおろぎ(今西祐行), 貝がら(大石真), 吉四六話(瀬川拓男)

『太郎こおろぎ』 今西祐行著　偕成社　1987.7　277p　21cm　(今西祐行全集 第2巻)　1800円　①4-03-739020-5

目次 太郎こおろぎ, それはあまりにとおいこと, 月とべっそう, 月とごいさぎ, ぬまをわたるかわせみ, はまひるがおのは小さな海, むささび星, かきの実, 空の色はなぜ青い, 白いつばきのさく島, 雲とかけすとおじいさん, ゆみ子のりす, バイオリンの音は山の音, 空のひつじかい, 星の花, プラタナスのおちば, ジングルベルのうた, 天使とくつした, ねむり屋さん, おいしいおにぎりをたべるには, にじのはしがかかるとき, 小さな実, どっこどっこまつの木, さくら子とおじいさん

内容 著者の文学は、やさしさとあたたかさに満ち溢れている。その作品世界は、子どもたちの日常や不思議な小さき者の眼と心をとおして描かれる。幼年童話の代表作「太郎こおろぎ」「はまひるがおの小さな海」など24編を収録する。

「土のふえ」

『土のふえ』 今西祐行作, 沢田としき絵　岩崎書店　1998.4　1冊　25cm　(えほん・ハートランド 20)　1300円
①4-265-03450-0

「はまひるがおの小さな海」

『一つの花』 今西祐行著, 伊勢英子画　ポプラ社　2005.10　190p　18cm　(ポプラポケット文庫)　570円
①4-591-08877-4

目次 一つの花, ヒロシマの歌, むささび星, 太郎こおろぎ, おいしいおにぎりを食べるには, はまひるがおの小さな海, ゆみ子のリス, 花のオルガン, ぬまをわたるかわせみ, 月とべっそう, きつねとかねの音, むねの木のおはし

内容 「ひとつだけちょうだい」—戦争のさなか、食べるものもあまり手にはいらない生活の中で、ゆみ子が最初におぼえたことばでした。そんなゆみ子に、ひとつだけのおにぎりのかわりに一輪のコスモスの花をあたえて、お父さんは戦争にいきました。平和へのねがい、幸せへのいのりがこめられた、せつなくもやさしい物語。—表題作ほか十一編を収録。

『心にひびく名作読みもの 3年—読んで、聞いて、声に出そう』 府川源一郎, 佐藤宗子編　教育出版　2004.3　69p　21cm〈付属資料：CD1〉2000円
①4-316-80087-6

目次 お母さんの紙びな(長崎源之助), はまひるがおの「小さな海」(今西祐行), 沢田さんのほくろ(宮川ひろ), りんごの花(後藤竜二), どちらが生たまごでしょう, ぎんなんの木(佐藤義美), かっぱ(谷川俊太郎)

内容 小学校国語教科書に掲載された名作(物語・説明文・詩)を学年別に収録。発達段階に応じた教科書表記を採用。難意語には注を記載。発展学習にも役立つよう、交ぜ書きから読み仮名付きの漢字へ適宜変更。当時の教科書に使用された挿絵を掲載。俳優・声優による格調高い朗読をCDに収め各巻に添付。

『おとなを休もう』 石川文子編　武蔵野　フロネーシス桜蔭社, メディアパル〔発売〕　2003.8　255p　19cm　1400円
①4-89610-734-9

目次 おおきな木(シェル・シルヴァスタイン), モチモチの木(斎藤隆介), 白いぼうし(あまんきみこ), おにたのぼうし(あまんきみこ), ワニのおじいさんのたからもの(川崎洋), ソメコとオニ(斎藤隆介), 島ひきおに(山下明生), 一つの花(今西祐行), アディ・ニハァスの英雄(H.クランダー,W.レスロー), つりばしわたれ(長崎源之助), 花さ

き山（斎藤隆介），やまんばのにしき（松谷みよ子），チワンのにしき，サーカスのライオン（川村たかし），青銅のライオン（瀬尾七重），月の輪グマ（椋鳩十），はまひるがおの小さな海（今西祐行），うぐいすの宿，手ぶくろを買いに（新美南吉），ごんぎつね（新美南吉）

内容 だれもが一度は読んだことのある、なつかしい作品集。

『太郎こおろぎ』 今西祐行著　偕成社　1987.7　277p　21cm　（今西祐行全集 第2巻）1800円　①4-03-739020-5

目次 太郎こおろぎ，それはあまりにとおいこと，月とべっそう，月とごいさぎ，ぬまをわたるかわせみ，はまひるがおのは小さな海，むささび星，かきの実，空の色はなぜ青い，白いつばきのさく島，雲とかけすとおじいさん，ゆみ子のりす，バイオリンの音は山の音，空のひつじかい，星の花，プラタナスのおちば，ジングルベルのうた，天使とくつした，ねむり屋さん，おいしいおにぎりをたべるには，にじのはしがかかるとき，小さな実，どっこどっこまつの木，さくら子とおじいさん

「一つの花」

『齋藤孝の親子で読む国語教科書 4年生』 齋藤孝著　ポプラ社　2011.3　150p　21cm　（齋藤孝の親子で読む国語教科書 4）1000円　①978-4-591-12288-4

目次 やいトカゲ（舟崎靖子），白いぼうし（あまんきみこ），木竜うるし（木下順二），こわれた1000の楽器（野呂昶），一つの花（今西祐行），りんご畑の九月（後藤竜二），ごんぎつね（新美南吉），せかいいちうつくしいぼくの村（小林豊），寿限無（興津要），初雪のふる日（安房直子）

『日本の童話名作選―戦後篇』 講談社文芸文庫編　講談社　2007.2　347p　15cm　（講談社文芸文庫）1400円　①978-4-06-198468-4

目次 ノンちゃん雲に乗る（抄）（石井桃子），原始林あらし（前川康男），一つの花（今西祐行），風信器（大石真），おねえさんといっしょ（筒井敬介），ぞうのたまごのたまごやき（寺村輝夫），くじらとり（中川李枝子），きばをなくすと（小沢正），ちょうちょむすび（今江祥智），神かくしの山（岩崎京子），ちいさいモモちゃん（松谷みよ子），ぐず伸のホームラン（山中恒），ひょっこりひょうたん島（井上ひさし，山元護久），そこなし森の話（佐藤さとる），焼けあとの白鳥（長崎源之助），夜のかげぼうし（宮川ひろ），さんしょっ子（安房直子），おにたのぼうし（あまんきみこ），ウーフは、おしっこでできてるか??（神沢利子），白い帆船（庄野英二），花かんざし（立原えりか）

内容 戦後、「少国民」は「子ども」にかえり、民主主義という新しい価値観のもと、童話も本来の明るさを取り戻した。子どもの視点に立つ成長物語、幼児の心を発見する幼年童話、異世界への扉をあけるファンタジーが一斉に花ひらくいっぽう、空襲、集団疎開等の記憶を語り継ぐ戦争童話も数多く書かれた。そして草創期のテレビは童話を含めた子ども文化に大変化をもたらした。戦後すぐから六〇年代までを俯瞰する名品二一篇。

『一つの花』 今西祐行著，伊勢英子画　ポプラ社　2005.10　190p　18cm　（ポプラポケット文庫）570円　①4-591-08877-4

目次 一つの花，ヒロシマの歌，むささび星，太郎こおろぎ，おいしいおにぎりを食べるには，はまひるがおの小さな海，ゆみ子のリス，花のオルガン，ぬまをわたるかわせみ，月とべっそう，きつねとかねの音，むねの木のおはし

内容「ひとつだけちょうだい」―戦争のさなか、食べるものもあまり手にはいらない生活の中で、ゆみ子が最初におぼえたことばでした。そんなゆみ子に、ひとつだけのおにぎりのかわりに一輪のコスモスの花をあたえて、お父さんは戦争にいきました。平和へのねがい、幸せへのいのりがこめられた、せつなくもやさしい物語。―表題作ほか十一編を収録。

『一つの花』 今西祐行作，小沢良吉絵　岩崎書店　1995.4　85p　22×19cm　（日本の名作童話 9）1500円　①4-265-03759-3

『一つの花』 今西祐行著　偕成社　1987.12　268p　21cm　（今西祐行全集 第4巻）1800円　①4-03-739040-X

目次 一つの花，ハコちゃん，桜子，すみれ島，土の笛，鐘，ポールさんの犬，チョボチョボ山と金時先生，三番目の旅の衆，風祭金太郎，ブラジルへ，新川徳平くん，どんぐりともだち，陸橋のある風景，エリカのジッタンバッタン，聖書屋さん，ゼンちゃんの花，島の太吉，サルどろぼう

内容 著者は、戦争も不合理にも声高に語りはしない。いつも静かな文字を刻む。出征する父から一輪の淡いコスモスをもらう

「一つの花」のゆみ子の姿、幼少体験から生まれた処女作「ハコちゃん」がそうである。収録された19編に著者の生きた時代と子どもへの思いが脈うっている。

「ヒロシマのうた」

『齋藤孝の親子で読む国語教科書 6年生』 齋藤孝著 ポプラ社 2011.3 150p 21cm （齋藤孝の親子で読む国語教科書 6） 1000円 ①978-4-591-12290-7

[目次] 海のいのち（立松和平），仙人（芥川龍之介），やまなし（宮沢賢治），変身したミンミンゼミ（河合雅雄），ヒロシマの歌（今西祐行），柿山伏（狂言），字のない葉書（向田邦子），きつねの窓（安房直子），ロシアパン（高橋正亮），初めての魚釣り（阿部夏丸）

『教科書にでてくるお話 6年生』 西本鶏介監修 ポプラ社 2006.3 220p 18cm （ポプラポケット文庫） 570円 ①4-591-09172-4

[目次] きつねの窓（安房直子），桃花片（岡野薫子），海のいのち（立松和平），やまなし（宮沢賢治），ヨースケくんの秘密（那須正幹），冬きたりなば（星新一），このすばらしい世界（山口タオ），川とノリオ（いぬいとみこ），山へいく牛（川村たかし），ロシアパン（高橋正亮），ヒロシマの歌（今西祐行），赤いろうそくと人魚（小川未明）

[内容] 現在使われている各社の国語教科書に掲載または紹介されている作品ばかりを集めたアンソロジーです。長く読みつがれている名作、心あたたまるお話、おもしろくて元気がでるお話など、すばらしい作品がいっぱい。作品の表記は原典に忠実にし、全文を掲載しています。教科書では気づかなかった作品の魅力を、新たに発見できるかもしれません。小学校上級から。

『一つの花』 今西祐行著，伊勢英子画 ポプラ社 2005.10 190p 18cm （ポプラポケット文庫） 570円 ①4-591-08877-4

[目次] 一つの花，ヒロシマの歌，むささび星，太郎こおろぎ，おいしいおにぎりを食べるには，はまひるがおの小さな海，ゆみ子のリス，花のオルガン，ぬまをわたるかわせみ，月とべっそう，きつねとかねの音，むねの木のおはし

[内容]「ひとつだけちょうだい」—戦争のさなか、食べるものもあまり手にはいらない生活の中で、ゆみ子が最初におぼえたことばでした。そんなゆみ子に、ひとつだけのおにぎりのかわりに一輪のコスモスの花をあたえて、お父さんは戦争にいきました。平和へのねがい、幸せへのいのりがこめられた、せつなくもやさしい物語。—表題作ほか十一編を収録。

『ヒロシマの歌』 今西祐行著 偕成社 1988.10 293p 21cm （今西祐行全集 第6巻） 1800円 ①4-03-739060-4

[目次] ヒロシマの歌，時計，はるみちゃん，あるハンノキの話，ゆみ子とつばめのお墓，おばあちゃんとつばめ，光と風と雲と樹と

[内容] ヒロシマをぬきにして今西文学を語ることはできない。著者にとって、昭和20年8月6日に見た広島は何であったのか—。「ヒロシマの歌」をはじめ、広島、原爆、沖縄の悲劇を描く7編を収録する。

「星の花」

『太郎こおろぎ』 今西祐行著 偕成社 1987.7 277p 21cm （今西祐行全集 第2巻） 1800円 ①4-03-739020-5

[目次] 太郎こおろぎ，それはあまりにとおいこと，月とべっそう，月とごいさぎ，ぬまをわたるかわせみ，はまひるがおのは小さな海，むささび星，かきの実，空の色はなぜ青い，白いつばきのさく島，雲とかけすとおじいさん，ゆみ子のりす，バイオリンの音は山の音，空のひつじかい，星の花，プラタナスのおちば，ジングルベルのうた，天使とくつした，ねむり屋さん，おいしいおにぎりをたべるには，にじのはしがかかるとき，小さな実，どっこどっこまつの木，さくら子とおじいさん

「むささび星」

『一つの花』 今西祐行著，伊勢英子画 ポプラ社 2005.10 190p 18cm （ポプラポケット文庫） 570円 ①4-591-08877-4

[目次] 一つの花，ヒロシマの歌，むささび星，太郎こおろぎ，おいしいおにぎりを食べるには，はまひるがおの小さな海，ゆみ子のリス，花のオルガン，ぬまをわたるかわせみ，月とべっそう，きつねとかねの音，むねの木のおはし

[内容]「ひとつだけちょうだい」—戦争のさなか、食べるものもあまり手にはいらない生活の中で、ゆみ子が最初におぼえたことばでした。そんなゆみ子に、ひとつだけのおにぎりのかわりに一輪のコスモスの花をあたえて、お父さんは戦争にいきました。

平和へのねがい、幸せへのいのりがこめられた、せつなくもやさしい物語。一表題作ほか十一編を収録。

『太郎こおろぎ』 今西祐行著 偕成社 1987.7 277p 21cm (今西祐行全集 第2巻) 1800円 Ⓘ4-03-739020-5

目次 太郎こおろぎ, それはあまりにとおいこと, 月とべっそう, 月とごいさぎ, ぬまをわたるかわせみ, はまひるがおのは小さな海, むささび星, かきの実, 空の色はなぜ青い, 白いつばきのさく島, 雲とかけすとおじいさん, ゆみ子のりす, バイオリンの音は山の音, 空のひつじかい, 星の花, プラタナスのおちば, ジングルベルのうた, 天使とくつした, ねむり屋さん, おいしいおにぎりをたべるには, にじのはしがかかるとき, 小さな実, どっこどっこまつの木, さくら子とおじいさん

入沢 康夫

いりさわ・やすお

《1931～》

「未確認飛行物体」

『入沢康夫「詩」集成―1951 - 1994 上巻』 入沢康夫著 青土社 1996.12 576p 21cm 9270円 Ⓘ4-7917-9117-7

目次 倖せそれとも不倖せ, 夏至の火, 古い土地, ランゲルハンス氏の島, 季節についての試論, わが出雲・わが鎮魂, 声なき木鼠の唄, 倖せそれとも不倖せ 続

内容 「倖せそれとも不倖せ」から、最新詩集にいたる入沢康夫の全作品を網羅集成した、決定版。

『入沢康夫「詩」集成―1951 - 1994 下巻』 入沢康夫著 青土社 1996.12 621p 21cm 9270円 Ⓘ4-7917-9118-5

目次 「月」そのほかの詩, かつて座亜謙什と名乗つた人への九連の散文詩, 牛の首のある三十の情景, 駱駝譜, 春の散歩, 死者たちの群がる風景, 水辺逆旅歌, 歌一耐へる夜の, 夢の佐比, 漂ふ舟

内容 言語の魔的空間に幻想の深淵を露出させる未踏の地平―現代詩の到達点。

イリーン,M.

《1895～1953》

「本の歴史」

『イリーン名作全集 4 灯火・時計・書物の歴史』 吉原武安訳 岩崎書店 1966 291p 図版 23cm

岩崎 京子

いわさき・きょうこ

《1922～》

「かさこじぞう」

『齋藤孝の親子で読む国語教科書 2年生』 斎藤孝著 ポプラ社 2011.3 142p 21cm (齋藤孝の親子で読む国語教科書 2) 1000円 Ⓘ978-4-591-12286-0

目次 ちょうちょだけになぜなくの(神沢利子), きいろいばけつ(森山京), 三まいのおふだ(瀬田貞二), にゃーご(宮西達也), きつねのおきゃくさま(あまんきみこ), スーホの白い馬(大塚勇三), かさこじぞう(岩崎京子), 十二支のはじまり(谷真介), 泣いた赤おに(浜田廣介)

『くじらぐもからチックタックまで』 石川文子編 武蔵野 フロネーシス桜蔭社, メディアパル〔発売〕 2008.11 222p 19cm 1400円 Ⓘ978-4-89610-746-3

目次 くじらぐも(中川李枝子), チックタック(千葉省三), 小さい白いにわとり((ウクライナの民話)光村図書出版編集部編), おおきなかぶ(内田莉莎子訳,A.トルストイ再話), かさこじぞう(岩崎京子), ハナイッパイになあれ(松谷みよ子), おてがみ(三木卓訳, アーノルド・ローベル原作), スイミー(谷川俊太郎訳, レオ＝レオニ原作), 馬頭琴((モンゴルの民話)君島久子訳), おじさんのかさ(佐野洋子), 花とうぐいす(浜田広介), いちごつみ(神沢利子), おかあさんおめでとう(『くまの子ウーフ』より)(神沢利子), きつねのおきゃくさま(あまんきみこ), きつねの子のひろった定期券(松谷みよ子), きつねの窓(安房直子), やまなし(宮澤賢治), 最後の授業(桜田佐訳 アルフォンス・ドーデ原作), 譲り葉(河井酔茗), 雨ニモマ

ケズ（宮澤賢治）

内容 昭和40年から現在までこくごの教科書のおはなしベスト20。「もう一度読みたい」リクエスト作品と、採用頻度の高い作品で作りました。教科書でしか読めなかった名作『くじらぐも』が、初めて教科書から飛び出しました。

『教科書にでてくるお話 2年生』 西本鶏介監修 ポプラ社 2006.3 190p 18cm （ポプラポケット文庫） 570円 Ⓘ4-591-09168-6

目次 にゃーご（宮西達也），野原のシーソー（竹下文子），花いっぱいになぁれ（松谷みよ子），おおきなキャベツ（岡信子），名まえをみてちょうだい（あまんきみこ），いいものもらった（森山京），ワニのおじいさんのたからもの（川崎洋），コスモスさんからおでんわです（杉みき子），せなかをとんとん（最上一平），きつねのおきゃくさま（あまんきみこ），あたまにかきのき（望月新三郎），かさこじぞう（岩崎京子），きいろいばけつ（森山京），くま一ぴきぶんはねずみ百ぴきぶんか（神沢利子）

内容 現在使われている各社の国語教科書に掲載または紹介されている作品ばかりを集めたアンソロジーです。長く読みつがれている名作、心あたたまるお話、おもしろくて元気がでるお話など、すばらしい作品がいっぱい。作品の表記は原典に忠実にし、全文を掲載しています。教科書では気づかなった作品の魅力を、新たに発見できるかもしれません。小学校初・中級から。

『日本昔ばなし かさこじぞう』 岩崎京子文，井上洋介絵 ポプラ社 2006.2 204p 18cm （ポプラポケット文庫） 570円 Ⓘ4-591-09118-X

目次 かさこじぞう，ものいうかめ，わらしべ者長，ききみみずきん，たからのげた，田うえじぞう，正月がみさん，にじのむすめ，たにし長者，ねずみのよめいり，おむすびころりん，こしおれすずめ，すずめのあだうち，ししときつね，ふるやのもり，はぬけえんま，春らんまんたぬきのかっせん

内容 大みそか、ふぶきのなか、じいさまは売れなかったかさを、じぞうさまにかぶせました。ところが、じぞうさまの数は六人、かさは五つ。どうしてもたりません。そこで、じいさまは…。珠玉の日本昔ばなし、表題作ほか十六編。小学校初・中級～。

「かもとりごんべえ」

『日本の昔話―5分間読み聞かせ名作百科』 大石真，小池タミ子，竹崎有斐，谷真介，西本鶏介ほか文，倉橋達治イラスト 学習研究社 2004.7 127p 25×21cm 1000円 Ⓘ4-05-201992-X

目次 一休さん，いっすんぼうし，うらしまたろう，うりこひめ，おむすびころりん，かさじぞう，かちかち山，かにむかし，かもとりごんべえ，きき耳ずきん，きっちょむばなし，くさかった，こぶとりじいさん，さるじぞう，三まいのおふだ，したきりすずめ，つるのおんがえし，とりのみじいさん，二かいにうま，にんじんごぼうだいこん，ねずみのよめいり，花さかじいさま，ぶんぶくちゃがま，へっぴりよめさ，ももたろう，わらしべちょうじゃ

内容 サッと引けるあいうえお順で5分間で読み聞かせができお子さまの心が育ちます。お話ごとにテーマが明示されています。今日は、ゆかいな話？ それとも、こわい話？お子さまの気分にあわせてお話をおえらびください。3才から。

『かもとりごんべえ―広島県』 岩崎京子ぶん，渡辺有一え 第一法規出版 1981.9 31p 27cm （日本の民話絵本） 980円

「かものたまご」

『本は友だち5年生』 日本児童文学者協会編 偕成社 2005.3 161p 21cm （学年別・名作ライブラリー 5） 1200円 Ⓘ4-03-924050-2

目次 龍（今江祥智），かものたまご（岩崎京子），わすれもの（古世古和子），おじょうさん、おはいんなさい（石井睦美），やってきた男（三田村信行），詩・山頂（原田直友），詩・観覧車（みずかみかずよ），その日が来る（森忠明），手の中のもの、なあんだ？―夜警員室ネズミの話（岡田淳），父さんの宿敵（柏葉幸子），色紙（村中李衣），エッセイ・五年生のころ わたしの宝（最上一平）

内容 この本には、「国語」の教科書でおなじみの作品をはじめ、現代の子どもの文学の世界を代表する作家たちの作品が集められています。

『かもの卵』 岩崎京子作，長野ヒデ子絵 岩崎書店 1995.4 85p 22×19cm （日本の名作童話 7） 1500円 Ⓘ4-265-03757-7

岩村　忍
いわむら・しのぶ
《1905〜1988》

「アフガニスタン紀行」

『アフガニスタン紀行』 岩村忍著 朝日新聞社 1992.12 238p 15cm （朝日文庫） 510円 ①4-02-260740-8

目次 第1部 トルキスタン草原の旅（ペシャワールからカーブルへ，高原の都カーブル，ヒンズークシ山脈の横断，廃都バルフ，砂漠・草原・オアシス，アフガニスタンのモゴール人，バダフシャーン高原），第2部 ヒンズークシ山脈の旅（ハザーラジャートに入る，豪族ミール・ハイダル・ベク，峡谷の村，ヤク・アウラングのハザーラ族，カンダハールへ）

内容 モンゴル帝国のあの壮図を支えた勇者たちの末裔がアフガニスタンに住んでいる。そのチンギザイ族〈チンギス・ハーンに属する者〉を訪ねて8000キロ、本書は、昭和30年の京都大学カラコルム・ヒンズークシ学術探検の先駆となった踏査報告であるとともに、詩的感動をさそう記録文学である。

ヴァーレンベルイ，アンナ
《1858〜1933》

「大きな山のトロル」

『大きな山のトロル』 アンナ・ヴァーレンベルイ文，織茂恭子絵，菱木晃子訳 岩崎書店 1999.7 31p 26×25cm （絵本の泉 10） 1400円 ①4-265-03340-7

内容 大きな山のトロルをしっていますか？「トロルはね、まゆ毛はやぶのようにぼさぼさで、口は耳までさけていて…」「…はなはカブのように大きくて、左うでのさきにはオオカミの手がついているんだ」「それに、子どもを大きなふくろにつめてさらっていったことがあったよ」「きっと、たべてしまったのさ。ちがいないよ」―そんなトロルがでてくるスウェーデンのおはなしです。

ウィーダ
《1839〜1908》

「フランダースの犬」

『フランダースの犬』 ウィーダ作，高橋由美子訳 ポプラ社 2011.11 153p 18cm （ポプラポケット文庫） 620円 ①978-4-591-12664-6

内容 ベルギー・フランダース地方の小さな村に、おじいさんと暮らす少年ネロは、死にかけていた大きな犬をたすけ、パトラッシュと名づけました。それから、楽しい日もつらい日もともにすごしたふたり。偉大な画家ルーベンスにあこがれ、まずしい暮らしのなか、ひたむきに画家をこころざすネロのおもいは、かなえられるでしょうか。日本で深く愛されている名作。小学校中級〜。

『フランダースの犬』 ウィーダ作，雨沢泰訳，佐竹美保絵 偕成社 2011.4 216p 19cm （偕成社文庫） 700円 ①978-4-03-652700-7

目次 フランダースの犬―あるクリスマスの話，ウルビーノの子ども，黒い絵の具

内容 フランダース地方を舞台にした少年ネロと犬のパトラッシュとの美しくも悲しい人生。ルーベンスの絵の下でのネロとパトラッシュの姿は永遠です。他に「ウルビーノの子ども」「黒い絵の具」を収録。19世紀人気女流作家ウィーダの名作の完訳です。小学上級から。

『フランダースの犬』 ウィーダ作，松村達雄訳，亜沙美絵 新装版 講談社 2009.10 165p 18cm （講談社青い鳥文庫） 580円 ①978-4-06-285122-0

内容 「さあ行こう、パトラッシュ。ぼくたちは、たったふたりきりなんだ。」ネロは、まずしくともやさしく、絵の才能にあふれた少年でした。フランダースの犬、パトラッシュとは大のなかよし。やさしいおじいさんに見守られ、小さな小屋で、ふたりはとても幸せにくらしていました。けれども、ある寒い雪の晩、放火犯のうたがいをかけられたネロは、おじいさんもなくなり…。小学中級から。

『フランダースの犬』 ウィーダ著，野坂悦子訳 岩波書店 2005.5 238p 18cm （岩波少年文庫） 〈3刷〉 640円

Ⓘ4-00-114114-0

目次 フランダースの犬，ニュルンベルクのストーブ

内容 幼い少年ネロと、老犬パトラッシュの深い友情を描いた名作。ネロは大聖堂の名画に心をかきたてられますが、貧しさゆえにつらい日々を送ることになります。美しいストーブと少年の物語「ニュルンベルクのストーブ」を収録。小学4・5年以上。

『フランダースの犬』 ウィーダ原作，中西隆三文　文溪堂　2004.3　156p　23×20cm　1500円　Ⓘ4-89423-362-2

内容 両親を亡くし、おじいさんとくらすネロ。ある日、ネロは、飼い主にひどい目にあわされているフランダース犬をたすける。ネロとおじいさんに、命をすくわれたその犬、パトラッシュは、その日から、ネロのいちばんの親友となった…。少年ネロと愛犬パトラッシュとの深い愛情をえがいた名作を原作に、かつてアニメ化された「フランダースの犬」。いま、当時の脚本をもとに長編物語としてよみがえります。

ウィットマン，サリー
《1941～》

「とっときのとっかえっこ」

『とっときのとっかえっこ』 サリー・ウィットマン文，カレン・ガンダーシーマー絵，谷川俊太郎訳　長崎　童話館　1995.3　28p　24×18cm　1200円　Ⓘ4-924938-34-3

内容 バーソロミューは、ネリーのお隣にすむおじいさん。ネリーが赤ちゃんだったころ、毎日ネリーをカートに乗せて散歩に連れていき、歩きはじめるようになると必要なときだけ手をかしてくれた。いつもいっしょだったふたりのことを、近所の人たちは「ハムエッグ」とよんだ。やがてネリーは小学生になり、バーソロミューはもっと年をとった。ある日、バーソロミューは階段でころび、入院。しばらくたって車いすにのって退院してきた。こんどはネリーが、車いすを押して散歩へいくばん。そうっと、やさしく、ゆっくり…。子どの成長と老人の老いという時の流れが、季節の移りかわりのように自然に描かれた、心あたたまる絵本である。およそ5才くらいから。

ウィルヘルム，ハンス

「ずーっと、ずっと、大すきだよ」

『ずーっとずっとだいすきだよ』 ハンス・ウィルヘルムえとぶん，久山太市やく　評論社　1988.11　1冊　19×23cm（児童図書館・絵本の部屋）980円　Ⓘ4-566-00276-4

上村　武
うえむら・たけし
《1917～》

「木とくらし」

『木とくらし』 上村武著　京都　PHP研究所　1979.8　119p　26cm（産業のこころシリーズ）2000円

ヴェルヌ，ジュール
《1828～1905》

「十五少年漂流記」

『十五少年漂流記―ながい夏休み』 ベルヌ作，末松氷海子訳，はしもとしん絵　集英社　2011.6　189p　18cm（集英社みらい文庫）570円
Ⓘ978-4-08-321025-9

内容 6週間の楽しい航海旅行に出かけようとした少年たちは、嵐にまき込まれ、漂流してしまう。自分たちだけで何とかたどり着いた島は、誰もいない無人島…。島の川や湾、丘に名前をつけ、大統領を決め、ときには楽しんだりしながら無人島での生活をおくる少年たち。やがて仲間割れ、新たな漂着者による危機など彼らに次々と事件が起こり始めるベルヌの冒険物語。

『十五少年漂流記』 ジュール・ベルヌ著，那須辰造訳　講談社　2011.2　341p　19cm（21世紀版少年少女世界文学館 19）1400円　Ⓘ978-4-06-283569-5

内容 この物語は、原題を「二年間の休暇」といって、1888年、いまから約百二十年まえに書かれた作品です。作者ジュール＝ベ

ルヌは、『八十日間世界一周』『海底二万里』などの著者としても有名です。生涯海を愛した彼が、少年向けに書いた唯一の作品が、この『十五少年漂流記』だといわれています。これは、単なる無人島物語ではなく、十五人の集団の分裂と成長が—生きるための知恵と勇気をふりしぼっての戦いが、国籍のちがいから起こる偏見や対立を乗りこえようとする人間のドラマが描かれています。

『齋藤孝のイッキによめる！ 音読名作選 小学3年生』 齋藤孝編　講談社　2008.7　127p　21cm　1000円
Ⓘ978-4-06-214826-9
目次 初級編（銀河鉄道の夜（宮沢賢治），十五少年漂流記（ジュール・ベルヌ作，那須辰造訳），老人と海（アーネスト・ヘミングウェイ作，福田恆存訳） ほか），中級編（三銃士（アレクサンドル・デュマ作，桜井成夫訳），坊っちゃん（夏目漱石），二十四の瞳（壷井栄） ほか），上級編（マクベス（ウィリアム・シェイクスピア作，福田恆存訳），モモ（ミヒャエル・エンデ作，大島かおり訳），赤毛のアン（L・M・モンゴメリー作，掛川恭子訳）ほか）
内容 1日10分で、だれでもできる！ 音読で心も体も元気になる。

『十五少年漂流記』 ベルヌ著，大久保昭男訳　ポプラ社　2006.3　190p　18cm（ポプラポケット文庫）〈3刷〉570円
Ⓘ4-591-08849-9
内容 一八六〇年三月九日、あらしの海を大型ヨットが波にもまれていた。船の名はスルギ号。乗っているのは十四さいから八さいの少年十五人。なぜこんなことになってしまったのか—乗組員が陸にいるときに船はさん橋をはなれ、ニュージーランドをあとにしてしまったのだ。そしてあらし！ 少年たちの運命の旅がはじまった。

『十五少年漂流記』 ジュール・ベルヌ原作，さとうよしみ文，小野かおる絵　世界文化社　2001.6　83p　27×22cm（世界の名作 8）1200円
Ⓘ4-418-01810-7

ヴェントゥーラ，ピエロ

「スパルタコさんのちいさなき」

『スパルタコさんのちいさなき』 ピエロ・ヴェントゥーラ作・絵，桜井しづか訳　フレーベル館　1981.7　35p　28cm　980円

内田　康夫
うちだ・やすお
《1938〜》

「つばめ」

『こころにひびく名さくよみもの 2年—よんで、きいて、こえに出そう』 府川源一郎，佐藤宗子編　教育出版　2004.3　74p　21cm〈付属資料：CD1〉2000円
Ⓘ4-316-80086-8
目次 わにのおじいさんのたからもの（川崎洋），ちょうちょだけに、なぜなくの（神沢利子），ろくべえまってろよ（灰谷健次郎），そして、トンキーもしんだ（たなべまもる），つばめ（内田康夫），タンポポ（まどみちお）
内容 小学校国語教科書に掲載された名作（物語・説明文・詩）を学年別に収録。発達段階に応じた教科書表記を採用。難意語には注を記載。発展学習にも役立つよう、交ぜ書きから読み仮名付きの漢字へ適宜変更。当時の教科書に使用された挿絵を掲載。俳優・声優による格調高い朗読をCDに収め各巻に添付。

内田　麟太郎
うちだ・りんたろう
《1941〜》

「あしたもともだち」

『なかよし—心を豊かに、優しく』 大久保昇編　京都　日本漢字能力検定協会　2005.7　247p　21cm（心を耕すシリーズ）1000円　Ⓘ4-89096-112-7
目次 第1章 心を豊かに—なかよく、たのしく（山本有三訳詩「心に太陽を持て」（正しく豊かに伸び伸び生きよう），島崎藤村「小さなみやげ話」（みんな、お互いに、優しく親切に），大山義夫「みかんやさん」（優しさが心を温かくする），鈴木三重吉「おなかのかわ」（自分勝手は、いけません） ほか），第2章 本を読もう—知る・分かる・考える（大川悦生『びんぼうがみとふくのかみ』，内田麟太郎

『あしたもともだち』, ルイス・スロボトキン(渡辺茂男訳)『ありがとう…どういたしまして』, 宮川ひろ『天使のいる教室』 ほか)

『あしたもともだち』 内田麟太郎作, 降矢なな絵 偕成社 2000.10 31p 24×20cm 1000円 ①4-03-232030-6

内容 キツネとオオカミはともだちどうし。だけど、オオカミがちかごろへんなのです。なんだか、キツネをさけてるみたい。「どうしたの? オオカミさん。ぼくたち、ずっとともだちだよね!?」。

宇野 浩二

うの・こうじ

《1891〜1961》

「てんぐとおひゃくしょう」

『文学読本 はぐるま 1』 部落問題研究所編 新訂版 京都 部落問題研究所 1990.6 96p 21cm 500円 ①4-8298-9020-7

目次 詩 おうむ, おおきなかぶ, 詩 かたつむり, のろまなローラー, おじさんのかさ, てんぐとおひゃくしょう, ことばあそびうた いるか, 詩 うんこ, 詩 ふきのとう, おぼえていろよおおきな木, アカネちゃんのべんきょう, おむすびころりん, さるかにばなし

「春を告げる鳥」

『ウミヒコヤマヒコ』 山本有三, 菊池寛, 宇野浩二, 豊島与志雄著 講談社 1987.6 251p 21cm (少年少女日本文学館 7) 1400円 ①4-06-188257-0

目次 兄弟(山本有三), ウミヒコヤマヒコ(山本有三), こぶ(山本有三), 納豆合戦(菊池寛), 三人兄弟(菊池寛), 身投げ救助業(菊池寛), 春を告げる鳥(宇野浩二), 海の夢山の夢(宇野浩二), 王様の嘆き(宇野浩二), 天狗笑い(豊島与志雄), 天下一の馬(豊島与志雄)

内容 はじめてであう小さな不安、よろこび、そして夢。子どもたちのさまざまな心模様を、やさしく鮮やかに描く、大正文壇作家4人の作品11編を収録。

「蕗の下の神様」

『日本ジュニア文学名作全集 5』 日本ペンクラブ編, 井上ひさし選 汐文社 2000.3 214p 19cm 1600円 ①4-8113-7333-2

目次 蕗の下の神様(宇野浩二), 鳩と鷲(武者小路実篤), 赤い蝋燭と人魚(小川未明), 蝗の大旅行(佐藤春夫), 山椒魚(井伏鱒二), 手品師(豊島与志雄), 狸(広津和郎), 注文の多い料理店(宮沢賢治), 虎ちゃんの日記(千葉省三), 「北風」のくれたテーブルかけ(久保田万太郎), 日蝕の日(田山花袋), 天狗笑(豊島与志雄)

梅崎 春生

うめざき・はるお

《1915〜1965》

「クマゼミとタマゴ」

『母六夜・おじさんの話』 大岡昇平, 梅崎春生, 伊藤整, 中野重治, 佐多稲子著 講談社 2009.4 279p 19cm (21世紀版少年少女日本文学館 17) 1400円 ①978-4-06-282667-9

目次 母(大岡昇平), 母六夜(大岡昇平), 焚火(大岡昇平), 童謡(大岡昇平), ヒョウタン(梅崎春生), クマゼミとタマゴ(梅崎春生), 風(伊藤整), おじさんの話(中野重治), キャラメル工場から(佐多稲子), 橋にかかる夢(佐多稲子)

内容 母への思慕を夢や幻想を交えて語った、大岡昇平の「母六夜」。おじさんとの交流を通して、新しい世界へ踏み出そうとする少年を描いた中野重治の「おじさんの話」。表題作のほか、梅崎春生、伊藤整、佐多稲子など、戦前戦後を通じて大きな足跡を残した五人の作家の十編を収録。

『母六夜・おじさんの話』 大岡昇平, 中野重治ほか著 講談社 1986.6 301p 21cm (少年少女日本文学館 19) 1400円 ①4-06-188269-4

目次 母(大岡昇平), 母六夜(大岡昇平), 焚火(大岡昇平), 童謡(大岡昇平), ヒョウタン(梅崎春生), クマゼミとタマゴ(梅崎春生), 風(伊藤整), おじさんの話(中野重治), キャラメル工場から(佐多稲子), 橋にかかる夢(佐多稲子), 水(佐多稲子)

内容 だれにでもこだわりつづける若い日の「心のトゲ」がある。母への思いをこめて書かれた大岡昇平の「母」「母六夜」をはじめ、大正 昭和初期に多感な時代を過ごした作家

の作品11編を収録。

浦　かずお
うら・かずお
《1906～1979》

「すいれんのはっぱ」

『みどりのしずく―自然』 新川和江編, 瀬戸好子絵 太平出版社 1987.7 66p 21cm (小学生・詩のくにへ 5) 1600円

目次 雲(山村暮鳥), 金のストロー(みずかみかずよ), 水たまり(武鹿悦子), 石ころ(まど・みちお), かいだん(渡辺美知子), すいれんのはっぱ(浦かずお), びわ(まど・みちお), かぼちゃのつるが(原田直友), 雑草のうた(鶴岡千代子), ことりのひな(北原白秋), 土(三好達治), きいろいちょうちょう(こわせたまみ), すいっちょ(鈴木敏史), 川(谷川俊太郎), 天(山之口貘), 富士(草野心平), 海(川崎洋), なみは手かな(こわせたまみ), 石(草野心平), 地球は(工藤直子), どうしていつも(まど・みちお)

エイキン, ジョーン
《1924～2004》

「三人の旅人たち」

『光村ライブラリー 第14巻 木龍うるしほか』 樺島忠夫, 宮地裕, 渡辺実監修, 石井睦美ほか著, 猪熊葉子訳, 福山小夜ほか画 光村図書出版 2004.4 77p 21cm 〈3刷〉 1000円 ①4-89528-112-4

目次 南に帰る(石井睦美), 三人の旅人たち(ジョーン・エイキン), たん生日(原民喜), かくれんぼう(志賀直哉), 木龍うるし(木下順二)

『しずくの首飾り』 ジョーン・エイキン作, 猪熊葉子訳 岩波書店 2002.6 150p 21cm 2200円 ①4-00-110384-2

目次 しずくの首飾り, 足ふきの上にすわったネコ, 空のかけらをいれてやいたパイ, ジャネットはだれとあそんだか, 三人の旅人たち, パン屋のネコ, たまごからかえった家, 魔法のかけぶとん

江樹　一朗
えぎ・いちろう
《1947～》

「地雷をふんだ象モタラ」

『地雷をふんだ象モタラ―モタラとローンムの物語』 えぎいちろう文, はしもとけんじ絵 広済堂出版 2002.2 103p 20×16cm 1500円 ①4-331-50868-4

内容 「わたしは、生きるのが、好き！」大好きな人間にうらぎられ、片足をうしなったモタラ。でも、友だちのローンムといっしょなら、だいじょうぶ！ あつい勇気がわいてくる本。

江口　榛一
えぐち・しんいち
《1914～1979》

「ここに手がある」

『新・詩のランドセル 5ねん』 江口季好, 小野寺寛, 菊永謙, 吉田定一編 らくだ出版 2005.1 129p 21×19cm 2200円 ①4-89777-419-5

目次 1 ミミズク(こどもの詩(誕生日(野口多紀), ガジュマルの木(後真地美沙) ほか), おとなの詩(菜の花(三越左千夫), 生きもの(清水たみ子) ほか)), 2 私の母ちゃんは魚屋さん(こどもの詩(ゆめ(村上和也), 戦争を知っているイラクの子どもたち(石原里彩) ほか), おとなの詩(ここに手がある(江口榛一), この胸に(江口季好) ほか))

内容 小学校での詩の教育は、詩を読むこと、詩を味わうこと、詩を書くことです。詩をたくさん読んでいくと、詩とは高尚な言葉で思いをつづるのではなく、自分の感じたこと、思ったことを自分の言葉で易しく書くことだ、ということが分かります。「新・詩のランドセル」を使って、全国の小学校の教室で、詩を読み、詩を味わい、詩を書く活動が活発に行われるようにしましょう。

榎井　縁
えのい・ゆかり

「アジアを見つめる、アジアから考える」

『アジアの友だち―マレーシア・フィリピン・タイ・インドネシア』　杉谷依子編　大阪　ブレーンセンター　1993.12　182p　21cm　1030円

エルキン, ベンジャミン
《1911～》

「世界でいちばんやかましい音」

『だめといわれてひっこむな』　東京子ども図書館編　東京子ども図書館　2001.9　175p　16cm　（おはなしのろうそく　愛蔵版 5）1500円　Ⓘ4-88569-054-4

目次　だめといわれてひっこむな（アルフ・プロイセン作），風の神と子ども一日本の昔話，ひねしりあいの歌―阿波のわらべうた，ツグミひげの王さまーグリム昔話，ジーニと魔法使い一北米先住民の昔話，クルミわりのケイトーイギリスの昔話，七羽のカラスーグリム昔話，たいへんたいへん（中川李枝子作），かちかち山―日本の昔話，世界でいちばんやかましい音（ベンジャミン・エルキン作）

『世界でいちばんやかましい音』　ベンジャミン・エルキン作，松岡享子訳，太田大八絵　こぐま社　1999.3　34p　18×18cm　1100円　Ⓘ4-7721-0150-0

内容　やかましいことの大好きなギャオギャオ王子の誕生日はもうすぐ。世界で一番やかましい音が聞きたい、という王子の希望にこたえ、王様は全世界の人々へ伝令をとばしました。それは「何月何日何時何分に、誕生日おめでとう、と叫ぼう」というものでしたが…。とんでもないどんでん返しがさわやかな結末を運んでくる、子どもにも大人にも楽しめるお話です。

エンデ, ミヒャエル
《1929～1995》

「いちばんのねがいごと」

『魔法の学校―エンデのメルヒェン集』　ミヒャエル・エンデ著，矢川澄子訳　岩波書店　2006.4　366p　21cm〈11刷〉2400円　Ⓘ4-00-115543-5

目次　正しくいうと，魔法の学校，トランキラ・トランペルトロイ，カスペルとぼうや，レンヒェンのひみつ，いちばんのねがいごと，はだかのサイ，きにしない、きにしない，ニーゼルプリームとナーゼルキュース，どうして？　ねぇ、どうして？，モーニのすばらしい絵，魔法のスープ，テディベアとどうぶつたち，サンタ・クルスへの長い旅，おとなしいりゅうとうるさいちょう，森の賢者ヒダエモン，ねむれない夜，ゆめくい小人，オフェリアと影の一座

『エンデ全集　6　いたずらっ子の本』　エンデ作，川西芙沙訳　岩波書店　2001.11　207p　19cm　2400円　Ⓘ4-00-092046-4

目次　まえがき　この本は，いたずらっ子ってどんな子？，有名ないたずらっ子たちのABCギャラリー，最初のなぞなぞ，いたずらっ子がすきなひとにご挨拶，だれも，カメ，いちばんのねがいごと，雨の絵描き，かくれたいたずらっ子〔ほか〕

おうち　やすゆき
《1936～》

「ばったのうた」

『ペンギンのさんぽ―動物　2』　新川和江編，かながわていこ絵　太平出版社　1987.12　66p　21cm　（小学生・詩のくにへ 9）1600円

目次　みつばつぶんぶん（小林純一），蜂と神さま（金子みすゞ），かたつむり（リューユーイ・出沢万紀人訳），ばったのうた（おうちやすゆき），いっぷ　にっぷ　じゃんぷ（井出隆夫），トノサマガエル（大西貢），ヘビのうた（室生犀星），へび（川崎洋），ひばり（間所ひさこ），海雀（北原白秋），空とぶにわとり（おうちやすゆき），きつつきとみみずく（野上

彰), 雁 (千家元麿), わらべうた 1羽のからす, ノガモのお針箱 (新川和江), こじゅけいの父さん (赤岡江里子), ごろすけホッホー (岩井春彦), ペンギンちゃん (まど・みちお), 虫けら (大関松三郎), アリ (まど・みちお)

大井　三重子
おおい・みえこ
《1928〜1986》

「ある水たまりの一生」

『新版 水曜日のクルト』 大井三重子著 偕成社 2009.5 178p 19cm (偕成社文庫) 700円 Ⓘ978-4-03-551180-9

目次 水曜日のクルト, めもあある美術館, ある水たまりの一生, ふしぎなひしゃくの話, 血の色の雲, ありとあらゆるもののびんづめ

内容 水色のオーバーを着た男の子を見かけたぼくにつぎつぎおこるふしぎなできごとをえがく「水曜日のクルト」ほかかくれた名作「めもあある美術館」など六編を収録。江戸川乱歩賞受賞のミステリー作家仁木悦子として知られる著者による、珠玉の童話集。小学中級から。

「めもあある美術館」

『不思議の扉—時間がいっぱい』 大森望編 角川書店, 角川グループパブリッシング〔発売〕 2010.3 283p 15cm (角川文庫) 514円 Ⓘ978-4-04-394340-1

目次 しゃっくり (筒井康隆), 戦国バレンタインデー (大槻ケンヂ), おもひで女 (牧野修), エンドレスエイト (谷川流), 時の渦 (星新一), めもあある美術館 (大井三重子), ベンジャミン・バトン—数奇な人生 (フィッツジェラルド)

内容 古今東西の短編小説から不思議な味わいの作品を集めたアンソロジー第2弾のテーマは「時間がいっぱい」。笑いを誘う話から怖い話、ほのぼのする話まで、盛りだくさんでお届けします。一同じ時間が何度も繰り返すとしたら？ 時間を超えて追いかけてくる女がいたら？ 想像力の限界に挑む、時間にまつわる奇想天外な物語の傑作集。

『新版 水曜日のクルト』 大井三重子著 偕成社 2009.5 178p 19cm (偕成社文庫) 700円 Ⓘ978-4-03-551180-9

目次 水曜日のクルト, めもあある美術館, ある水たまりの一生, ふしぎなひしゃくの話, 血の色の雲, ありとあらゆるもののびんづめ

内容 水色のオーバーを着た男の子を見かけたぼくにつぎつぎおこるふしぎなできごとをえがく「水曜日のクルト」ほかかくれた名作「めもあある美術館」など六編を収録。江戸川乱歩賞受賞のミステリー作家仁木悦子として知られる著者による、珠玉の童話集。小学中級から。

『もう一度読みたい国語教科書 小学校篇』 ダルマックス編 ぶんか社 2002.4 221p 19cm 1400円 Ⓘ4-8211-0775-9

目次 小学一年生 (ありとはと, 一すんぼうし, げんごろうぶな), 小学二年生 (きかん車やえもん (あがわひろゆき), かわいそうなぞう (土屋由岐雄)), 小学三年生 (ピノキオ, かがみの中の犬), 小学四年生 (ごんぎつね (新美南吉), チワンのにしき (君島久子訳), はだかの王様 (アンデルセン)), 小学五年生 (レナド (スクワイア作), おかあさんの手のひら (壷井栄), 大きなしらかば (アルチューホワ 西郷竹彦訳)), 小学六年生 (めもあある美術館 (大井三重子), 桃花片 (岡野薫子), 最後の授業 (アルフォンス＝ドーテ))

内容 本書は、現在20〜50代の大人たちが、小学校で習った国語教科書から、記憶の片隅にある名作をそのままの形で抜粋したものである。

大石　初太郎
おおいし・はつたろう
《1911〜2003》

「敬語の使い方」

『敬語の使い方』 大石初太郎, 林四郎編 明治書院 2000.4 246p 19cm 1500円 Ⓘ4-625-63308-7

目次 敬語の効用 (それでも敬語はなくならない, 気になる敬語のあやまり ほか), 日常生活のエチケット (訪問のエチケット, 辞去のしかた ほか), 正しいことばづかい (「お」のいろいろな働き, ことばづかいの調和と不調和 ほか), 手紙の敬語 (はがきと封書の使い分け, 往復はがきの用い方、書き方 ほか), 職場の敬語 (職場と家庭の違い, 職場での言葉づかい ほか)

内容 話すことが好き、聞くことが好き、書

くことが好き、読むことが好き。日本語力で豊かな人間関係を築こう。

大石 真
おおいし・まこと
《1925〜1990》

「いさましいきりんのわかもの」

『いさましいきりんのわかもの』 おおいしまことぶん，あかさかみよしえ ポプラ社 1985.9 31p 25cm （絵本・おはなしのひろば） 980円
①4-591-02040-1

「おかあさんの手」

『火ようびのどうわ』 日本児童文学者協会編 国土社 1998.3 90p 21cm （よんでみようよ教科書のどうわ1しゅうかん 2） 1200円 ①4-337-09602-7
目次 ゆめのきしゃ（きどのりこ），花いっぱいになぁれ（松谷みよ子），リスとカシのみ（坪田譲治），かもとりごんべえ（岩崎京子），ピューンの花（平塚武二），おかあさんの手（大石真）

『おかあさんの手』 大石真作，大和田美鈴絵 岩崎書店 1995.4 77p 22×19cm （日本の名作童話 12） 1500円
①4-265-03762-3

「貝がら」

『10分で読める物語 四年生』 青木伸生選 学研教育出版，学研マーケティング〔発売〕 2010.8 159p 21cm 700円
①978-4-05-203227-1
目次 谷間に光る緑の風（花岡大学），ツェねずみ（宮澤賢治），ぼくのこと好き？―少年の日のモーツァルト（大島かおり），心に太陽を持て（ツェーザル・フライシュレン），ぬすまれたハンマー―北欧の神話（鈴木徹郎），ノウサギのふしぎ（小宮輝之），貝がら（大石真），古典落語・転失気（三遊亭圓窓），あめ（山田今次），とびこみ（レフ・トルストイ），百人一首（持統天皇，紀友則，小野小町），ロボットそうどう（豊田有恒），古典・桃太郎（滝沢馬琴）
内容 名作から現代のお話、神話や科学、伝記などバラエティに富んでいます。

『光村ライブラリー 第6巻 太郎こおろぎ ほか』 樺島忠夫，宮地裕，渡辺実監修，山下明男ほか著，渡辺茂男ほか訳，杉浦範茂ほか画 光村図書出版 2004.4 84p 21cm 〈3刷〉 1000円
①4-89528-104-3
目次 はまべのいす（山下明生），エルマー、とらに会う（ルース＝スタイルス・ガネット），とびこめ（レフ・トルストイ），太郎こおろぎ（今西祐行），貝がら（大石真），吉四六話（瀬川拓男）

「町を行進したぼくたち」

『読んでおきたい 3年生の読みもの』 長崎源之助監修，亀村五郎，谷川澄雄，西岡房子，藤田のぼる，松岡三千代編 学校図書 1997.11 144p 21cm 648円
①4-7625-1945-6
目次 手の中のものなあんだ？（岡田淳），九人の兄弟（君島久子），とびうお（末広恭雄），みさきのかがり火（清水達也），梅の木村のおならじいさん（松岡享子），ヘビをつかむと（古田足日），町を行進したぼくたち（大石真），泣いた赤おに（浜田広介），ヌーチェの水おけ（神沢利子），草色のマフラー（後藤竜二）

「わにのバンポ」

『親も子も読む名作 2年生の読みもの』 亀村五郎編集委員 学校図書 2005.7 151p 21cm 648円 ①4-7625-1962-6
目次 わにのバンポ（大石真），ごんべえとカモ（坪田譲治），きかん車やえもん（阿川弘之），ありの生活（栗林慧），おれはオニだぞ（今江祥智），ブレーメンの音楽師（グリム），うさぎとはりねずみ（島崎藤村），王さまびっくり（寺村輝夫），こおろぎとおきゃくさま（佐藤さとる），むく鳥のゆめ（浜田広介），ガラスのなかのお月さま（久保喬）
内容 すぐれた作家のすぐれた作品!!国語教科書でなじみのある作品も多数掲載。お子さんはもちろん、保護者の方にも楽しく、また、なつかしく読んでいただける名作選。

『大石真児童文学全集』 ポプラ社 1982.3 16冊 22cm 〈責任編集：西本鶏介〉 各1300円
目次 1 風信器，2 教室二〇五号，3 たたかいの人―田中正造，4 街の赤ずきんたち，5 チョコレート戦争，6 ふしぎなつむじ風，7 ひばり団地のテントウムシ，8 ミス3年2組

のたんじょう会, 9 のっぽビルのでぶくん, 10 四年四組の風, 11 駅長さんと青いシグナル. おかあさんのたんじょう日, 12 てんぐ先生は一年生.さとるのじてんしゃ, 13 さあゆけ！ ロボット, 14 わにのバンポ, 15 ペリカンとうさんのおみやげ, 16 もりたろうさんのじどうしゃ

大川　悦生
おおかわ・えっせい
《1930～1998》

「おかあさんの木」

『おかあさんの木』 大川悦生作 ポプラ社 2005.10 190p 18cm （ポプラポケット文庫 032-1）〈絵：箕田源二郎 1979年刊の新装版〉570円 ①4-591-08878-2 Ⓝ913.6

目次 おかあさんの木, 火のなかの声, ぞうとにんげん, ひろしまのきず, つる, 父たちがねむる島, あほうの六太の話, おもちゃ買いのじいやん

『戦争・あなたへの手紙―平和への願い』 松本 郷土出版社 2002.7 422p 22cm （信州・こども文学館 第3巻 小宮山量平監修 和田登責任編集 小西正保ほか編）〈シリーズ責任表示：小宮山量平監修 シリーズ責任表示：和田登責任編集 シリーズ責任表示：小西正保〔ほか〕編〉①4-87663-571-4

目次 おかあさんの木（大川悦生著）, つる（大川悦生著）, ひろしまのきず（大川悦生著）, 火のなかの声（大川悦生著）, ぞうとにんげん（大川悦生著）, やさしい木曽馬（庄野英二著）, 白いマフラー（はまみつを著）, 古びな（酒井朝彦著）, 風船は空に（塚原健二郎著）, 六十九番の家（塚原健二郎著）, ヨーンの道（下嶋哲朗著）, 天は小石になった（羽生田敏著）, ビルマの砂（幅房子著）, キムの十字架（和田登著）, 解説（和田登著）

『読んでおきたい 5年生の読みもの』 長崎源之助監修, 亀村五郎, 谷川澄雄, 西岡房子, 藤田のぼる, 松岡三千代編 学校図書 1997.11 160p 21cm 648円 ①4-7625-1947-2

目次 わらぐつの中の神様（杉みき子）, おかあさんの木（大川悦生）, たわしのみそ汁（国分一太郎）, くしゃくしゃ（次郎丸忍）, 空気の重さを計るには（板倉聖宣）, お父さんが25（国松俊英）, 地図にない駅（木暮正夫）, 十二色のつばさ（岡田貴久子）, 源じいさんの竹とんぼ（斎藤了一）, 赤いマフラー（中野幸隆）, 難破船（アミーチス）

大木　実
おおき・みのる
《1913～1996》

「初雪」

『きみが好きだよ』 大木実著 童話屋 2008.10 159p 15cm 1250円 ①978-4-88747-085-9

目次 妻, 月夜, 朝, 巣, 稚な子のように, 冬夜独居, 紙風船, 冬, 初雪, 帰途〔ほか〕

『大木実全詩集』 潮流社 1984.1 761p 22cm〈著者の肖像あり〉13000円 ①4-88665-043-0 Ⓝ911.56

目次 場末の子, 屋根, 故郷, 遠雷, 初雪, 夢の跡, 路地の井戸, 天の川, 月夜の町, 冬の仕度, 夜半の声, 蝉, 夕べのからす, 書誌：p723～754

「未来」

『少年短編小説・少年詩集』 尾崎秀樹, 小田切進, 紀田順一郎監修 三一書房 1996.9 569p 21cm （少年小説大系 第27巻） 8000円 ①4-380-96549-X

目次 鉄之鍛（幸田露伴）, 暗黒灯台の秘密（三津木春影）, 志朗さんと私（渋沢青花）, 宝櫃（阿武天風）, 正太郎の手柄（甲賀三郎）, 思い出の林檎（那珂良二）, キューピー投手（橋爪健）, 最初の日本人（水谷まさる）, ダイヤの行方（大下宇陀児）, 青空に歌う（野村愛正）, 絵の中の怪人（小山勝清）, 大造爺さんと雁（椋鳩十）, 浪人天下酒（山本周五郎）, 肩（下畑卓）, 花の冠（北町一郎）, 今一休さん（宮崎博史）, 青空のうた（阿部知二）, おしるこ三人組（川原久仁於）, 桂冠投手（久米正雄）, この虎をうつな！（白木茂）, 師の棺を肩に（川端康成）, 月下の笛（加藤武雄）, 仰げ大空（牧野吉晴）, 芳水詩集（有本芳水）, 少年の歌（児玉花外）, 少年詩集（西条八十）, 少女純情詩集（西条八十）, おじさんの詩（高村光太郎）, 未来（大木実）, 少年詩集（サトウ・ハチロー）

内容 珠玉の短編と詩に見る戦前児童文化の

エトス。

大久保 テイ子
おおくぼ・ていこ
《1930～》

「じゃがいも」

『はたけの詩』 大久保テイ子詩，渡辺安芸夫絵 教育出版センター新社 1986.12 71p 22cm （ジュニア・ポエム双書） 1000円 ①4-7632-4250-4

大関 松三郎
おおぜき・まつさぶろう
《1926～1944》

「ぼくらの村」

『山芋』 大関松三郎著，寒川道夫編 第2版 百合出版 1987.3 182p 20cm （大関松三郎詩集） 1300円
①4-89669-001-X
目次 山芋，畑うち，虫けら，巾とび，水，みみず，雑草，一茶さん，ほたる，ぼくらの村〔ほか〕

「水」

『日本ジュニア文学名作全集 9』 日本ペンクラブ編，井上ひさし選 汐文社 2000.3 213p 19cm 1600円
①4-8113-7336-7
目次 子供のための文学のこと（中野重治），小さな物語（壺井栄），ふたりのおばさん（室生犀星），ラクダイ横丁（岡本良雄），たまむしのずしの物語（平塚武二），彦次（長崎源之助），山芋（大関松三郎），原爆の子（長田新），八郎（斎藤隆介）

『山芋』 大関松三郎著，寒川道夫編 第2版 百合出版 1987.3 182p 20cm （大関松三郎詩集） 1300円
①4-89669-001-X
目次 山芋，畑うち，虫けら，巾とび，水，みみず，雑草，一茶さん，ほたる，ぼくらの村〔ほか〕

「虫けら」

『ペンギンのさんぽ―動物 2』 新川和江編，かながわていこ絵 太平出版社 1987.12 66p 21cm （小学生・詩のくにへ 9） 1600円
目次 みつばつぶんぶん（小林純一），蜂と神さま（金子みすゞ），かたつむり（リューユーイ・出沢万紀人訳），ばったのうた（おうちやすゆき），いっぷ にっぷ じゃんぷ（井出隆夫），トノサマガエル（大西貢），ヘビのうた（室生犀星），へび（川崎洋），ひばり（間所ひさこ），海雀（北原白秋），空とぶにわとり（おうちやすゆき），きつつきとみみずく（野上彰），雁（千家元麿），わらべうた 1羽のからす，ノガモのお針箱（新川和江），こじゅけいの父さん（赤岡江里子），ごろすけホッホー（岩井春彦），ペンギンちゃん（まど・みちお），虫けら（大関松三郎），アリ（まど・みちお）

『山芋』 大関松三郎著，寒川道夫編 第2版 百合出版 1987.3 182p 20cm （大関松三郎詩集） 1300円
①4-89669-001-X
目次 山芋，畑うち，虫けら，巾とび，水，みみず，雑草，一茶さん，ほたる，ぼくらの村〔ほか〕

「山芋」

『日本ジュニア文学名作全集 9』 日本ペンクラブ編，井上ひさし選 汐文社 2000.3 213p 19cm 1600円
①4-8113-7336-7
目次 子供のための文学のこと（中野重治），小さな物語（壺井栄），ふたりのおばさん（室生犀星），ラクダイ横丁（岡本良雄），たまむしのずしの物語（平塚武二），彦次（長崎源之助），山芋（大関松三郎），原爆の子（長田新），八郎（斎藤隆介）

『ガラスにかいたかお―生活』 新川和江編，多田治良絵 太平出版社 1987.10 66p 21cm （小学生・詩のくにへ 6） 1600円
目次 おなかのへるうた（阪田寛夫），コップのうた（真田亀久代），てんぷらぴりぴり（まど・みちお），ピーマン（工藤直子），あわてんぼうの歌（まど・みちお），ガラスのかお（三井ふたばこ），お魚（金子みすゞ），帰宅（吉田定一），つけもののおもし（まど・みちお），山芋（大関松三郎），あめ（山田今次），ふるさとの（石川啄木），リンゴとポンカン（赤岡江

里子), ぼくの家だけあかりがともらない(野長瀬正夫), いなかのあいさつ(新川和江), 小さなみなとの町(木下夕爾), 茂作じいさん(小林純一), 夜のくだもの(草野心平), とうげ(石垣りん), はんぶんおりたところ(アレグザンダー＝ミルン, 小田島雄志・若子訳), 夕日がせなかをおしてくる(阪田寛夫)

『山芋』 大関松三郎著, 寒川道夫編 第2版 百合出版 1987.3 182p 20cm (大関松三郎詩集) 1300円
①4-89669-001-X
目次 山芋, 畑うち, 虫けら, 巾とび, 水, みみず, 雑草, 一茶さん, ほたる, ぼくらの村〔ほか〕

太田 威
おおた・たけし
《1943～》

「ブナの森は緑のダム」

『山形県文学全集 第2期(随筆・紀行編) 第6巻(現代編)』 近江正人, 川田信夫, 笹沢信, 鈴木実, 武田正, 堀司朗, 吉田達雄編 長岡 郷土出版社 2005.5
419p 20cm〈肖像あり〉
①4-87663-754-7 Ⓝ918.6
目次 父と子菅原繁蔵・寒川光太郎(安達徹著), 吉野川そしてわが軌跡(大竹俊男著), 八皿人形流し(佐々木悦著), 沢登り(松谷健二著), 山鳴り(松谷健二著), 大自然の中で育った人(鈴木啓蔵著), コスモス有情(井上菅子著), 黒いサクランボ(植松要作著), 青いリンゴ(植松要作著), モモ(植松要作著), 海辺の村への慕情(赤木由子著), 沢の文化(後藤嘉一著), 不忘窯の四季(ヒロコ・ムトー著), 雪見列車は舟で終る(宮脇俊三著), ブナの森は緑のダム(太田威著), 水の種の伝説(渡辺えり子著), 星の村(渡辺えり子著), 最上川の三難所(吉田三郎著), 三角山の印象(吉田三郎著), まほろばの里からのたより(抄)(星寛治著), 山頭火と酒田(田村寛三著), 尿前の関(古田紹欽著), 桔梗咲く野を(牧野房著), 二井宿峠・二井宿(飯田辰彦著), ドッコギ(佐藤治助著), メジョケネ(佐藤治助著), 田沢稲舟と樋口一葉(松坂俊夫著), いのち救われて(高橋徳義著), 遙かな米沢ロード(吉本隆明著), 桜について(吉本隆明著), 卒業式(佐藤不二雄著), 和紙の花嫁衣裳(安部とも著), 新庄まつり(長野亘著), 藤沢周平と短歌(高橋宗伸著), 箕作り(赤坂憲雄著), ころり観音(高橋菊子著), 羽州街道を行く(高橋菊子著), 日曜随想(阿部宗一郎著), 山形県最上地方の風土と伝説(大友義助著), 恋の山湯殿山(畠山弘著), 青春彷徨(木田元著), 菅家の庭園を訪ねて(高橋まゆみ著), 本間家旧本邸を訪ねて(高橋まゆみ著)

『ブナの森は緑のダム―森林の研究』 太田威文・写真 あかね書房 1988.6
62P 25×20cm 1200円
①4-251-06400-3
目次 ノスリのゆくえとブナの森, スプリングエフェメラル, 梅雨の季節, ま夏の森で, 秋のめぐみ, 落葉の季節, ブナの分布とすみわけ, ブナの芽ばえから大木になるまで, 森の下にはもう一つの森が…, 世代交代をくりかえす森, ワシ・タカは自然のゆたかさのものさし, 緑のダムのひみつ, 流れる水の四季, 縄文文化をささえたブナの森, きえていくブナの森の文化,「水」の文字にこめられたねがい〔ほか〕
内容 ブナの森のいったいどこに、緑のダムがかくされているのだろう。ブナの森に入って研究してみよう。各地で消えようとしているブナの森の危機についても考えてみよう。

大竹 政和
おおたけ・まさかず
《1939～》

「大陸は動く」

『光村ライブラリー 第16巻 田中正造ほか』 樺島忠夫, 宮地裕, 渡辺実監修, 大竹政和ほか著, 内藤貞夫ほか画 光村図書出版 2004.4 92p 21cm〈3刷〉
1000円 ①4-89528-114-0
目次 大陸は動く(大竹政和), 富士は生きている(森下晶), またとない天敵(金光不二夫), 自然を守る(伊藤和明), 守る、みんなの尾瀬を(後藤允), 田中正造(上笙一郎)

大塚　勇三
おおつか・ゆうぞう
《1921～》

「海の楽隊」

『読んでおきたい 2年生の読みもの』 長崎源之助監修，亀村五郎，谷川澄雄，西岡房子，藤田のぼる，松岡三千代編　学校図書　1997.11　144p　21cm　648円　Ⓘ4-7625-1944-8

目次　ろくべえまってろよ（灰谷健次郎），もとこだぬき（松野正子），たらばがにの春（安藤美紀夫），王さまめいたんてい（寺村輝夫），てんてんがり（正道かほる），海の楽隊（大塚勇三），おにさんはどこにいる（今西祐行），半日村（斎藤隆介），げんさんと百がっぱ（さねとうあきら），かしの木ホテル（久保喬）

「スーホの白い馬」

『齋藤孝の親子で読む国語教科書 2年生』 斎藤孝著　ポプラ社　2011.3　142p　21cm　（齋藤孝の親子で読む国語教科書 2）1000円　Ⓘ978-4-591-12286-0

目次　ちょうちょだけになぜなくの（神沢利子），きいろいばけつ（森山京），三まいのおふだ（瀬田貞二），にゃーご（宮西達也），きつねのおきゃくさま（あまんきみこ），スーホの白い馬（大塚勇三），かさこじぞう（岩崎京子），十二支のはじまり（谷真介），泣いた赤おに（浜田廣介）

『二時間目 国語』 小川義男監修　宝島社　2008.8　219p　15cm　（宝島社文庫）438円　Ⓘ978-4-7966-6563-6

目次　朝のリレー 谷川俊太郎「この地球ではいつもどこかで朝がはじまっている」，スーホの白い馬 大塚勇三（再話）「スーホは、じぶんのすぐわきに、白馬がいるような気がしました」，トロッコ 芥川龍之介「良平はしばらく無我夢中に線路の側を走り続けた」，スイミー レオ＝レオニ（作・絵）・谷川俊太郎（訳）「スイミーはおよいだ、くらい海のそこを」，春の歌 草野心平「ケルルンクック。ケルルンクック。」，注文の多い料理店 宮沢賢治「当軒は注文の多い料理店ですからどうかそこはご承知下さい」，かわいそうなぞう 土家由岐雄「ぐったりとした体を、背中でもたれあって、芸当を始めたのです」，高瀬舟 森鷗外「わたくしはとうとう、これは弟の言った通にして遣らなくてはならないと思いました」，永訣の朝 宮沢賢治「けふのうちにとほくへいつてしまふわたくしのいもうとよ」，おみやげ 星新一「フロル星人たちは、その作業にとりかかった」〔ほか〕

内容「国語の教科書にこんな素晴らしい作品が載っていたなんて…」「懐かしくて涙が出ました」この本を読んだ読者の方からの感想です。授業中に先生が読んでくれた話、仲良しの同級生たちと斉唱した話…誰もがあの頃手にした国語の教科書から珠玉の名作を21作品収録。懐かしい中にも新しい発見があり、当時とは違う感情が深く染みてきます。あの頃に戻る“なつかしの国語問題”も付いています。

『二時間目 国語』 小川義男監修　宝島社　2004.2　191p　21cm　1200円　Ⓘ4-7966-3858-X

目次　朝のリレー（谷川俊太郎），スーホの白い馬（大塚勇三），トロッコ（芥川龍之介），スイミー（レオ・レオニ），春の歌（草野心平），注文の多い料理店（宮沢賢治），かわいそうなぞう（土家由岐雄），高瀬舟（森鷗外），永訣の朝（宮沢賢治），おみやげ（星新一），レモン哀歌（高村光太郎），最後の授業（アルフォンス・ドーデ），初恋（島崎藤村），屋根の上のサワン（井伏鱒二），蠅（横光利一），野ばら（小川未明），山月記（中島敦），汚れつちまつた悲しみに…（中原中也），ごん狐（新美南吉），こころ（夏目漱石），生きる（谷川俊太郎）

内容　本書では、時代を越えた小学・中学・高校の国語教科書の中から、かつての子供たちに愛された名作を収録している。

『スーホの白い馬』 大塚勇三著，サラ・アン・ニシエ訳，赤羽末吉画　新装版　ラボ教育センター　1999.4　1冊　24×32cm〈付属資料：CD1，英語・日本語対応ガイド〉2600円　Ⓘ4-89811-022-3

内容　モンゴルの昔話。草原に生きる少年スーホと白い馬の出会いと別れ。やさしく美しいそしてどこかもの悲しいひびき。英語と日本語のCD（27分）と絵本のセット。

『スーホの白い馬―モンゴル民話』 大塚勇三著，赤羽末吉画　福音館書店　1982.11　1冊　24×31cm　（日本傑作絵本シリーズ）1236円　Ⓘ4-8340-0112-1

大西　貢
おおにし・みつぐ
《1926～》

「トノサマガエル」

『ペンギンのさんぽ―動物　2』　新川和江編，かながわていこ絵　太平出版社　1987.12　66p　21cm　（小学生・詩のくにへ 9）1600円

目次 みつばつぶんぶん（小林純一），蜂と神さま（金子みすゞ），かたつむり（リューユーイ・出沢万紀人訳），ばったのうた（おうちやすゆき），いっぷ にっぷ じゃんぷ（井出隆夫），トノサマガエル（大西貢），ヘビのうた（室生犀星），へび（川崎洋），ひばり（間所ひさこ），海雀（北原白秋），空とぶにわとり（おうちやすゆき），きつつきとみみずく（野上彰），雁（千家元麿），わらべうた 1羽のからす，ノガモのお針箱（新川和江），こじゅけいの父さん（赤岡江里子），ごろすけホッホー（岩井春彦），ペンギンちゃん（まど・みちお），虫けら（大関松三郎），アリ（まど・みちお）

大野　允子
おおの・みつこ
《1931～》

「かあさんのうた」

『教科書にでてくるお話 3年生』　西本鶏介監修　ポプラ社　2006.3　186p　18cm　（ポプラポケット文庫）570円　Ⓘ4-591-09169-4

目次 のらねこ（三木卓），きつつきの商売（林原玉枝），ウサギのダイコン（茂市久美子），きつねをつれてむらまつり（こわせたまみ），つりばしわたれ（長崎源之助），手ぶくろを買いに（新美南吉），うみのひかり（緒島英二），サーカスのライオン（川村たかし），おにたのぼうし（あまんきみこ），百羽のツル（花岡大学），モチモチの木（斎藤隆介），かあさんのうた（大野允子），ちいちゃんのかげおくり（あまんきみこ）

内容 現在使われている各社の国語教科書に掲載または紹介されている作品ばかりを集めたアンソロジーです。長く読みつがれている名作、心あたたまるお話、おもしろくて元気がでるお話など、すばらしい作品がいっぱい。作品の表記は原典に忠実にし、全文を掲載しています。教科書では気づかなかった作品の魅力を、新たに発見できるかもしれません。小学校中級から。

『ヒロシマのうた』　日本児童文学者協会編　小峰書店　1986.2　147p　21cm　（新選・こどもの文学 21―戦争と平和ものがたり 2）980円　Ⓘ4-338-06121-9

目次 ヒロシマのうた（今西祐行），おかあさんの木（大川悦生），月のおんば（菊地正），かあさんのうた（大野允子），救命艇の少年（石川光男）

『かあさんのうた』　大野允子著　ポプラ社　1981.9　180p　18cm　（ポプラ社文庫）390円

大和田　建樹
おおわだ・たけき
《1857～1910》

「故郷の空」

『童謡唱歌―スタンダード259曲』　野ばら社編集部編　野ばら社　2011.12　319p　21cm　1000円　Ⓘ978-4-88986-380-2

『唱歌―明治・大正・昭和』　野ばら社編集部編　改版　野ばら社　2009.10　254p　21cm　800円　Ⓘ978-4-88986-371-0

目次 明治（蝶々，むすんでひらいて（見わたせば），つりがね草（美しき）ほか），大正（木の葉，春の小川，村の鍛冶屋 ほか），昭和（スキー，明治節，田舎の冬 ほか）

内容 明治・大正・昭和に学校で教えた195曲収載。全曲数字譜・メロディー譜つき。

丘　修三
おか・しゅうぞう
《1941～》

「紅鯉」

『本は友だち6年生』　日本児童文学者協会編　偕成社　2005.3　163p　21cm　（学年別・名作ライブラリー 6）1200円

Ⓘ4-03-924060-X

目次 青い花(安房直子), 紅鯉(丘修三), あるハンノキの話(今西祐行), おまつり村(後藤竜二), 詩・卵(三越左千夫), 詩・再生(関今日子), そよ風のうた(砂田弘), あの坂をのぼれば(杉みき子), くじらの海(川村たかし), 気のいい火山弾(宮沢賢治), さんちき(吉橋通夫), エッセイ・六年生のころ 初めの一歩が踏みだせなくて(三輪裕子)

内容 この本には、「国語」の教科書でおなじみの作品をはじめ、現代の子どもの文学の世界を代表する作家たちの作品が集められています。

『紅鯉』 丘修三作, かみやしん絵 岩崎書店 1997.4 85p 22×19cm (日本の名作童話 26) 1500円

Ⓘ4-265-03776-3

目次 紅鯉, 手紙, 歯型

『少年の日々』 丘修三著, かみやしん絵 偕成社 1992.6 181p 21cm (偕成社の創作) 1200円 Ⓘ4-03-635490-6

目次 女郎グモ, ユキ彦, 紅鯉, メジロ

内容 女郎グモ・ユキ彦・紅鯉・メジロの4編からなる短編集です。まだ自然がたっぷりとあった熊本県のいなか町を舞台に、少年たちは自由に、のびのびと生活していました。ファミコンもテレビも受験勉強もなかったころです。小学上級から。

岡　信子

おか・のぶこ

《1937～》

「おおきなキャベツ」

『教科書にでてくるお話 2年生』 西本鶏介監修 ポプラ社 2006.3 190p 18cm (ポプラポケット文庫) 570円

Ⓘ4-591-09168-6

目次 にゃーご(宮西達也), 野原のシーソー(竹下文子), 花いっぱいになぁれ(松谷みよ子), おおきなキャベツ(岡信子), 名まえをみてちょうだい(あまんきみこ), いいものもらった(森山京), ワニのおじいさんのたからもの(川崎洋), コスモスさんからおでんわです(杉みき子), せなかをとんとん(最上一平), きつねのおきゃくさま(あまんきみこ), あたまにかきのき(望月新三郎), かさこじぞう(岩崎京子), きいろいばけつ(森山京), くまーぴきぶんはねずみ百ぴきぶんか(神沢利子)

内容 現在使われている各社の国語教科書に掲載または紹介されている作品ばかりを集めたアンソロジーです。長く読みつがれている名作、心あたたまるお話、おもしろくて元気がでるお話など、すばらしい作品がいっぱい。作品の表記は原典に忠実にし、全文を掲載しています。教科書では気づかなった作品の魅力を、新たに発見できるかもしれません。小学校初・中級から。

『おおきなキャベツ』 岡信子作, 中村景児絵 金の星社 2001.11 1冊 25×22cm (新しいえほん) 1200円

Ⓘ4-323-03341-9

内容 ずら～りキャベツがならんだキャベツばたけ。あるひ、そのなかのひとつがどんどんどんどんおおきくなった! たいへんだ～。

「はなのみち」

『はなのみち』 岡信子作, 土田義晴絵 岩崎書店 1998.1 23p 25×22cm (えほん・ハートランド 19) 1300円

Ⓘ4-265-03449-7

内容 教科書にのっているお話を絵本で読もう! 光村図書発行の小学校1年生用教科書『こくご一上 かざぐるま』に載っている作品です。

岡田　貴久子

おかだ・きくこ

《1954～》

「うみうります」

『うみうります』 岡田貴久子作, 長新太絵 白泉社 1984.5 1冊 31cm 1200円 Ⓘ4-592-76028-X

岡田　淳

おかだ・じゅん

《1947～》

「消しゴムころりん」

『ふしぎの時間割』 岡田淳作 偕成社 1998.7 159p 21cm (偕成社おたの

しみクラブ） 1000円 ①4-03-610120-X

目次 朝 五つめのおはようとはじめてのおはよう，1時間目 ピータイルねこ，2時間目 消しゴムころりん，3時間目 三時間目の魔法使い，4時間目 カレーライス三ばい，5時間目 石ころ，6時間目 夢みる力，放課後 もういちど走ってみたい，暗くなりかけて だれがチーズを食べたのか，夜 掃除用具戸棚

「チョコレートのおみやげ」

『兵庫の童話』 日本児童文学者協会『県別ふるさと童話館』編集委員会編 リブリオ出版 1999.8 191p 21cm （愛蔵版 県別ふるさと童話館 28） 1700円 ①4-89784-741-9

目次 チョコレートのおみやげ（岡田淳），バッタ（畑中弘子），海岸通りの靴屋さん（戸沢たか子），春いちばん（高浜直子），いつか帰ろうな（八代マサエ），あの日のコスモス（中川なをみ），友子の甲子園（中条和代），あじさいの花（川口志保子），詩 階段（はたちよしこ），詩 おいしいよ（大西生一朗）〔ほか〕

内容 兵庫県は、環境も産物も土地によってずいぶん違います。なぜなら県の中央部は山や高原が多く、北は日本海に、南は瀬戸内海に面しているからです。南には、明石海峡大橋で陸続きになった淡路島があります。そしていまも、平成七年一月の震災は、人びとの心に深く刻まれています。そのことも忘れずに、タコやえべっさんや湖の底の村も忘れずに、一さあ、兵庫の話をはじめましょう。小学校中学年から。

岡野 薫子

おかの・かおるこ

《1929〜》

「白いハト」

『ファンタジー童話傑作選 1』 佐藤さとる編 講談社 1979.2 261p 15cm （講談社文庫） 280円 Ⓝ913.8

目次 日光魚止小屋（庄野英二著），小さな小さなキツネの話（長崎源之助著），小さな青い馬（今江祥智著），天下一の馬（豊島与志雄著），《ぎんどろ山荘》のなかへ（いぬいとみこ著），小獅子小孔雀（坪田譲治著），きつねとたんぽぽ（松谷みよ子著），きばをなくすと（小沢正著），魔術（芥川竜之介著），ひらがな虫（山下明生著），白いハト（岡野薫子著），りよおばあさん（おおえひで著），山太郎（川路重之著），月夜のでんしんばしら（宮沢賢治著），じゃんけんねこ（佐藤さとる著），森の中で（北村寿夫著），テングのいる村（大石真著）

「卵のかたちから」

『卵のかたちから—強さと美しさ』 岡野薫子著 大日本図書 1980.10 35p 24cm （子ども科学図書館） 880円

「桃花片」

『教科書にでてくるお話 6年生』 西本鶏介監修 ポプラ社 2006.3 220p 18cm （ポプラポケット文庫） 570円 ①4-591-09172-4

目次 きつねの窓（安房直子），桃花片（岡野薫子），海のいのち（立松和平），やまなし（宮沢賢治），ヨースケくんの秘密（那須正幹），冬きたりなば（星新一），このすばらしい世界（山口タオ），川とノリオ（いぬいとみこ），山へいく牛（川村たかし），ロシアパン（高橋正亮），ヒロシマの歌（今西祐行），赤いろうそくと人魚（小川未明）

内容 現在使われている各社の国語教科書に掲載または紹介されている作品ばかりを集めたアンソロジーです。長く読みつがれている名作、心あたたまるお話、おもしろくて元気がでるお話など、すばらしい作品がいっぱい。作品の表記は原典に忠実にし、全文を掲載しています。教科書では気づかなかった作品の魅力を、新たに発見できるかもしれません。小学校上級から。

『もう一度読みたい国語教科書 小学校篇』 ダルマックス編 ぶんか社 2002.4 221p 19cm 1400円 ①4-8211-0775-9

目次 小学一年生（ありとはと，一すんぼうし，げんごろうぶな），小学二年生（きかん車やえもん（あがわひろゆき），かわいそうなぞう（土屋由岐雄）），小学三年生（ピノキオ，かがみの中の犬），小学四年生（ごんぎつね（新美南吉），チワンのにしき（君島久子訳），はだかの王様（アンデルセン）），小学五年生（レナド（スクワイア作），おかあさんの手のひら（壷井栄），大きなしらかば（アルチューホワ 西郷竹彦訳）），小学六年生（めもあある美術館（大井三重子），桃花片（岡野薫子），最後の授業（アルフォンス＝ドーテ））

内容 本書は、現在20〜50代の大人たちが、小学校で習った国語教科書から、記憶の片

隅にある名作をそのままの形で抜粋したものである。

『砂時計』 岡野薫子著 偕成社 1977.4 228p 19cm (偕成社文庫) 390円

岡本 一郎
おかもと・いちろう
《1946〜》

「はんぶんずつすこしずつ」

『ことばのえほん No.10 1月』 西本鶏介責任編集 チャイルド本社 2009.1 30p 25×21cm 571円 Ⓘ978-4-8054-3133-7

目次 唱歌・わらべ歌(ずいずいずっころばし), 童謡(おさるのかごや), 教科書に出てくるお話(はんぶんずつすこしずつ), 俳句(はつすずめ…), ことわざ(一年のけいはがんたんにあり ほか)

岡本 良雄
おかもと・よしお
《1913〜1963》

「あしたは天気だ」

『世界の名作どうわ 二年生』 宮川健郎編著 偕成社 2001.4 160p 21cm (学年別・新おはなし文庫) 780円 Ⓘ4-03-923140-6

目次 かえるの王女(アファナーシェフ), パンのかけらと小あくま(トルストイ), 仙人のしゅぎょう(『聊斉志異』より), 長ぐつをはいたねこ(ペロー), カトリーヌのおきゃくさまの日(アナトール・フランス), こうふくな王子(オスカー・ワイルド), あしたは天気だ(岡本良雄), おかあさんのてのひら(壺井栄), ざしきぼっこのはなし(宮沢賢治), むくどりのゆめ(浜田広介), 手ぶくろを買いに(新美南吉)

内容 長く名作として読みつがれてきた物語には、生きていくための勇気ややさしさ、夢や希望が描かれています。この本には“外国のおはなし”“日本のおはなし”にわけて、世界じゅうの物語のなかから、ぜひ読んでほしい名作ばかりをおさめました。どうぞじっくりとおたのしみください。

『日本の名作どうわ 2年生』 坪田譲治, 宮脇紀雄, 岡本良雄編 〔改装版〕 偕成社 1989.11 202p 21cm (学年別おはなし文庫) 700円 Ⓘ4-03-907380-0

目次 アリと少年(小川未明), くりのきょうだい(浜田広介), ひとつの火(新美南吉), ねずみ花火(柴野民三), はるよこいこい(北川千代), 田ごとの月(後藤楢根), ちゃ売りおとこ(北畠八穂), あしたはてんきだ(岡本良雄), うさぎのざんねんしょう(松谷みよこ), こじきとふくのかみ(宇野浩二), ざしきぼっこのはなし(宮沢賢治), きしゃのおと(猪野省三), ゆきにんぎょう(西山敏夫), うそつきおじさん(室生犀星), ろばが二どないたはなし(塚原健二郎), プラタナスのおちば(今西祐行), さんごじゅのアパート(巽聖歌), えのきのみ(島崎藤村), うぐいすとめじろ(吉田絃二郎), きつねとぶどう(坪田譲治)

小川 宏
おがわ・ひろし
《1947〜》

「糸でいきる虫たち」

『糸でいきる虫たち』 松山史郎, 小川宏文・写真 大日本図書 1990.2 31p 26cm (みつけた! しぜんのなかで) 1200円 Ⓘ4-477-17727-5

内容 虫たちは、しぜんのなかで生きています。そして、生きつづけるためにさまざまなほうほうをとっています。そのひとつの“糸”のつかいかたをみてみましょう。小学初級から中級向き。

小川 未明
おがわ・みめい
《1882〜1961》

「月夜とめがね」

『読んでおきたい名作 小学5年』 川島隆太監修 成美堂出版 2011.4 199p 21cm 700円 Ⓘ978-4-415-31035-0

目次 注文の多い料理店(宮沢賢治), 魔法(坪田譲治), きつね物語(林芙美子), 短歌(若山牧水, 北原白秋, 与謝野晶子, 木下利玄), 月夜と眼鏡(小川未明), 月の輪ぐま(椋

鳩十), うた時計 (新美南吉), 道程 (高村光太郎), さびしき魚 (室生犀星), 鼻 (芥川龍之介)

内容 朝の10分間読書にぴったり。どんどん読めて脳と心をはぐくむとっておきの10作品。

『日本の名作童話絵本 下』 主婦と生活社編 主婦と生活社 2009.11 98p 26×21cm 1500円
①978-4-391-13798-9

目次 手ぶくろを買いに (新美南吉), 月夜とめがね (小川未明), むく鳥のゆめ (浜田廣介), でんでん虫の悲しみ (新美南吉), セロひきのゴーシュ (宮澤賢治)

『赤いろうそくと人魚』 小川未明, 坪田譲治, 浜田広介著 講談社 2009.3 245p 19cm (21世紀版少年少女日本文学館 12) 1400円 ①978-4-06-282662-4

目次 小川未明 (赤いろうそくと人魚, 月夜と眼鏡, 金の輪, 野ばら, 青空の下の原っぱ, 雪くる前の高原の話), 坪田譲治 (魔法, きつねとぶどう, 正太樹をめぐる, 善太と汽車, 狐狩り), 浜田広介 (泣いた赤おに, ある島のきつね, むく鳥のゆめ, 花びらのたび, りゅうの目のなみだ)

内容 人間の世界に憧れた人魚がせめて我が子だけでもと陸に子どもを産み落とす。人魚の娘をひろった老夫婦は神様からの授かり物としてその子を大切に育てるが…。昭和の児童文学を代表する小川未明、坪田譲治、浜田広介の童話十六編を収録。

『名作童話 小川未明30選』 小川未明著, 宮川健郎編 春陽堂書店 2009.1 293p 19cm 2500円
①978-4-394-90265-2

目次 赤い船, 眠い町, 金の輪, 牛女, 時計のない村, 殿様の茶碗, 赤い蝋燭と人魚, 港に着いた黒んぼ, 酔っぱらい星, 野薔薇, 気まぐれの人形師, 大きな蟹, 山の上の木と雲の話, 飴チョコの天使, はてしなき世界, 千代紙の春, 黒い人と赤い橇, 月夜と眼鏡, 島の暮方の話, ある夜の星だちの話, 負傷した線路と月, 雪来る前の高原の話, 三つの鍵, 兄弟の山鳩, 月と海豹, 小さい針の音, 二度と通らない旅人, 酒屋のワン公, ナンデモ ハイリマス, とうげの茶屋

『ものがたりのお菓子箱―日本の作家15人による』 谷崎潤一郎, 有島武郎, 小川未明, 中原中也, 梶井基次郎, 川端康成, 三島由紀夫, 星新一, 中島敦, 井伏鱒二, 伊丹十三, 吉行淳之介, 深沢七郎, 萩原朔太郎, 小川洋子文, 安西水丸絵 飛鳥新社 2008.11 288p 19cm 1800円
①978-4-87031-882-3

目次 魚の李太白 (谷崎潤一郎), 僕の帽子のお話 (有島武郎), 月夜とめがね (小川未明), 一つのメルヘン (中原中也), 愛撫 (梶井基次郎), 片腕 (川端康成), 雨のなかの噴水 (三島由紀夫), ボッコちゃん (星新一), 幸福 (中島敦), 白毛 (井伏鱒二), するめ (伊丹十三), 蠅 (吉行淳之介), 月のアペニン山 (深沢七郎), 死なない蛸 (萩原朔太郎), ギブスを売る人 (小川洋子)

『赤い鳥3年生』 赤い鳥の会編 新装版 小峰書店 2008.3 163p 21cm (新装版学年別赤い鳥) 1600円
①978-4-338-23203-6

目次 サザナミ・詩 (北原白秋), 月夜とめがね (小川未明), きこりとその妹 (久保田万太郎), ボール・詩 (小林純一), まほうのテーブル (平塚武二), 病気の夜・詩 (清水たみ子), 丘の家 (丹野てい子), わに (小野浩), 道・詩 (与田準一), ビワの実 (坪田譲治), 月と水・詩 (原勝利), 正坊とクロ (新美南吉), てんぐわらい (豊島与志雄), お山の大将・詩 (西條八十), 大時計 (今井鑑三), とらとこじき (鈴木三重吉)

内容 日本児童文学の原点。『赤い鳥』から生まれた童話・童謡のなかから、小学生に読んで欲しい名作をあつめました。

『小川未明童話集―赤いろうそくと人魚 上』 小川未明著 新座 埼玉福祉会 2004.11 226p 21cm (大活字本シリーズ) 〈原本:新潮文庫〉 2800円
①4-88419-272-9 Ⓝ913.6

目次 赤いろうそくと人魚, 野ばら, 月夜と眼鏡, しいの実, ある夜の星たちの話, 眠い町, 大きなかに, 雪くる前の高原の話, 月とあざらし, 飴チョコの天使, 百姓の夢, 千代紙の春, 負傷した線路と月

『小川未明童話集―心に残るロングセラー名作10話』 小川未明著, 北川幸比古, 鬼塚りつ子責任編集 世界文化社 2004.3 119p 24×19cm 1000円
①4-418-04806-5

目次 月夜とめがね, 野ばら, 牛女, 月とあざらし, 金の輪, 黒い人と赤いそり, 大きなかに, とのさまの茶わん, 島のくれ方の話, 赤い

ろうそくと人魚

内容 子どもたちにぜひ読んでほしい小川未明の名作のベスト10話を収録。小学生向き。

「殿様の茶わん」

『小川未明童話集』 桑原三郎編　岩波書店　2010.9　357p　15cm　（岩波文庫）〈第4刷（第1刷1996年）〉760円

Ⓘ4-00-311491-4

目次 眠い町, なくなった人形, 牛女, 金の輪, 野ばら, 殿さまの茶わん, 時計のない村, 赤いろうそくと人魚, ちょうと三つの石, 港に着いた黒んぼ, 幾年もたった後, はてしなき世界, ある日の先生と子供, 駄馬と百姓, 村の兄弟, さかずきの輪廻, こまどりと酒, おおかみをだましたおじいさん, あらしの前の木と鳥の会話, 砂漠の町とサフラン酒, 負傷した線路と月, 月とあざらし, 兄弟のやまばと, ある男と無花果, いいおじいさんの話, 小さい針の音, 二度と通らない旅人, ひすいを愛された妃, 酒屋のワン公, 町のおうむ, 世の中のために, 托児所のある村

内容 創作童話に新生面を開き、数多くの傑作を残した小川未明。「眠い町」「牛女」「金の輪」など31篇を収録。

『名作童話 小川未明30選』 小川未明著, 宮川健郎編　春陽堂書店　2009.1　293p　19cm　2500円

Ⓘ978-4-394-90265-2

目次 赤い船, 眠い町, 金の輪, 牛女, 時計のない村, 殿様の茶碗, 赤い蝋燭と人魚, 港に着いた黒んぼ, 酔っぱらい星, 野薔薇, 気まぐれの人形師, 大きな蟹, 山の上の木と雲の話, 飴チョコの天使, はてしなき世界, 千代紙の春, 黒い人と赤い橇, 月夜と眼鏡, 島の暮方の話, ある夜の星だちの話, 負傷した線路と月, 雪来る前の高原の話, 三つの鍵, 兄弟の山鳩, 月と海豹, 小さい針の音, 二度と通らない旅人, 酒屋のワン公, ナンデモ ハイリマス, とうげの茶屋

『小川未明童話集―赤いろうそくと人魚 下』 小川未明著　新座　埼玉福祉会　2004.11　213p　21cm　（大活字本シリーズ）〈原本：新潮文庫〉2700円

Ⓘ4-88419-273-7　Ⓝ913.6

目次 殿さまの茶わん, 牛女, 兄弟のやまばと, とうげの茶屋, 金の輪, 遠くで鳴る雷, 港に着いた黒んぼ, 小さい針の音, 島の暮れ方の話, 二度と通らない旅人, 黒い人と赤いそり, かたい大きな手

『光村ライブラリー　第15巻　ガラスの小びん ほか』 樺島忠夫, 宮地裕, 渡辺実監修, 森忠明ほか著, 杉浦範茂ほか画　光村図書出版　2004.4　89p　21cm〈3刷〉1000円　Ⓘ4-89528-113-2

目次 その日が来る（森忠明）, 赤い実はじけた（名木田恵子）, ガラスの小びん（阿久悠）, どろんこ祭り（今江祥智）, との様の茶わん（小川未明）

『小川未明童話集―心に残るロングセラー名作10話』 小川未明著, 北川幸比古, 鬼塚りつ子責任編集　世界文化社　2004.3　119p　24×19cm　1000円

Ⓘ4-418-04806-5

目次 月夜とめがね, 野ばら, 牛女, 月とあざらし, 金の輪, 黒い人と赤いそり, 大きなかに, とのさまの茶わん, 島のくれ方の話, 赤いろうそくと人魚

「野ばら」

『読解力がグングンのびる！　齋藤孝のゼッタイこれだけ！　名作教室 小学1年 下巻』 齋藤孝編　朝日新聞出版　2012.4　189p　21cm　952円

Ⓘ978-4-02-331059-9

目次 手ぶくろを買いに（新美南吉）, ねずみ経（日本民話 稲田和子）, 星の銀貨（グリム童話 佐々木田鶴子訳）, 詩のひろば 雲（山村暮鳥）, めくらぶどうと虹（宮沢賢治）, あとかくしの雪（日本民話 木下順二）, さやからとび出た五つのエンドウ豆（アンデルセン童話 大畑末吉訳）, 泣いた赤おに（抜粋）（浜田広介）, ことばの成り立ちを学ぼう！　故事成語「蛇足」, ロバの耳になった王さま（ギリシャ神話 箕浦万里子訳）, 野ばら（小川未明）

内容 ふつうの“10分間読書”では身につかない、本当の「読解力」がつく。古今東西の名作11編を収録。

『小川未明童話集』 桑原三郎編　岩波書店　2010.9　357p　15cm　（岩波文庫）〈第4刷（第1刷1996年）〉760円

Ⓘ4-00-311491-4

目次 眠い町, なくなった人形, 牛女, 金の輪, 野ばら, 殿さまの茶わん, 時計のない村, 赤いろうそくと人魚, ちょうと三つの石, 港に着いた黒んぼ, 幾年もたった後, はてしなき世界, ある日の先生と子供, 駄馬と百姓, 村の兄弟, さかずきの輪廻, こまどりと酒, おおかみ

をだましたおじいさん, あらしの前の木と鳥の会話, 砂漠の町とサフラン酒, 負傷した線路と月, 月とあざらし, 兄弟のやまばと, ある男と無花果, いいおじいさんの話, 小さい針の音, 二度と通らない旅人, ひすいを愛された妃, 酒屋のワン公, 町のおうむ, 世の中のために, 托児所のある村

内容 創作童話に新生面を開き、数多くの傑作を残した小川未明。「眠い町」「牛女」「金の輪」など31篇を収録。

『読んでおきたい名作 小学3年』 川島隆太監修 成美堂出版 2010.4 200p 21cm 700円 Ⓘ978-4-415-30816-6

目次 どんぐりと山ねこ (宮沢賢治), かいじゅうランドセルゴン (大石真), ごんぎつね (新美南吉), ひらめの目の話 (浜田廣介), サバクのにじ (坪田譲治), 小学生ときつね (武者小路実篤), 手品師 (豊島与志雄), ひとふさのぶどう (有島武郎), 野ばら (小川未明), 清兵衛とひょうたん (志賀直哉)

内容 朝の10分間読書にぴったり。どんどん読めて脳と心をはぐくむとっておきの10作品。

『日本の名作童話絵本 上』 主婦と生活社編 主婦と生活社 2009.11 98p 26×21cm 1500円 Ⓘ978-4-391-13797-2

目次 ごんぎつね (新美南吉), 注文の多い料理店 (宮澤賢治), 光の星 (浜田廣介), 野ばら (小川未明), 泣いた赤おに (浜田廣介)

『赤いろうそくと人魚』 小川未明, 坪田譲治, 浜田広介著 講談社 2009.3 245p 19cm (21世紀版少年少女日本文学館 12) 1400円 Ⓘ978-4-06-282662-4

目次 小川未明 (赤いろうそくと人魚, 月夜と眼鏡, 金の輪, 野ばら, 青空の下の原っぱ, 雪くる前の高原の話), 坪田譲治 (魔法, きつねとぶどう, 正太樹をめぐる, 善太と汽車, 狐狩り), 浜田広介 (泣いた赤おに, ある島のきつね, むく鳥のゆめ, 花びらのたび, りゅうの目のなみだ)

内容 人間の世界に憧れた人魚がせめて我が子だけでもと陸に子どもを産み落とす。人魚の娘をひろった老夫婦は神様からの授かり物としてその子を大切に育てるが…。昭和の児童文学を代表する小川未明、坪田譲治、浜田広介の童話十六編を収録。

『小川未明童話集―心に残るロングセラー名作10話』 小川未明著, 北川幸比古, 鬼塚りつ子責任編集 世界文化社 2004.3 119p 24×19cm 1000円 Ⓘ4-418-04806-5

目次 月夜とめがね, 野ばら, 牛女, 月とあざらし, 金の輪, 黒い人と赤いそり, 大きなかに, とのさまの茶わん, 島のくれ方の話, 赤いろうそくと人魚

「雪来る前の高原の話」

『名作童話 小川未明30選』 小川未明著, 宮川健郎編 春陽堂書店 2009.1 293p 19cm 2500円 Ⓘ978-4-394-90265-2

目次 赤い船, 眠い町, 金の輪, 牛女, 時計のない村, 殿様の茶碗, 赤い蝋燭と人魚, 港に着いた黒んぼ, 酔っぱらい星, 野薔薇, 気まぐれの人形師, 大きな蟹, 山の上の木と雲の話, 飴チョコの天使, はてしなき世界, 千代紙の春, 黒い人と赤い橇, 月夜と眼鏡, 島の暮方の話, ある夜の星だちの話, 負傷した線路と月, 雪来る前の高原の話, 三つの鍵, 兄弟の山鳩, 月と海豹, 小さい針の音, 二度と通らない旅人, 酒屋のワン公, ナンデモ ハイリマス, とうげの茶屋

沖井 千代子

おきい・ちよこ

《1931～》

「スイカのたね」

『親も子も読む名作 4年生の読みもの』 亀村五郎編集委員 学校図書 2005.7 158p 21cm 648円 Ⓘ4-7625-1964-2

目次 不思議なぼうし (豊島与志雄), 青いビー玉 (生源寺美子), いやだといった男の子 (大塚勇三), 麦わらぼうし (今江祥智), コマのはか (丘修三), どんぐりと山ねこ (宮沢賢治), スイカのたね (沖井千代子), うばすて山 (菊池寛), クオレ (アミーチス), むじな (小泉八雲), 天までとどけ (吉田絃二郎)

内容 すぐれた作家のすぐれた作品!!国語教科書でなじみのある作品も多数掲載。お子さんはもちろん、保護者の方にも楽しく、また、なつかしく読んでいただける名作選。

尾崎　美紀
おざき・みき
《1948～》

「あ・し・あ・と」

『あ・し・あ・と』 尾崎美紀文, 大西ひろみ絵　汐文社　1996.10　1冊　25×22cm　1550円　Ⓘ4-8113-0319-9

長田　弘
おさだ・ひろし
《1939～》

「アイということば」

『長田弘詩集 はじめに…』 長田弘著　岩崎書店　2010.3　94p　18×19cm　（豊かなことば現代日本の詩 10）1500円　Ⓘ978-4-265-04070-4

目次 1 言葉のダシのとりかた（アイということば, 言葉のダシのとりかた ほか）, 2 鬼（イツカ、向コウデ, 最初の友人 ほか）, 3 いい時間のつくりかた（タンポポのサラダ, カレーのつくりかた ほか）, 4 おおきな木（はじめに…, 地球という星の上で ほか）

内容 随筆・評論など、活発に執筆活動を続け、中学の国語教科書にも作品が紹介されている現代詩人・長田弘の選詩集。

「原っぱ」

『長田弘詩集』 長田弘著　角川春樹事務所　2003.3　259p　15cm　（ハルキ文庫）740円　Ⓘ4-7584-3032-2

目次 おおきな木, 散歩, 原っぱ, 隠れんぼう, 驟雨, あのときかもしれない（二）, あのときかもしれない（四）, あのときかもしれない（九）, 夏の物語―野球, ねむりのもりのはなし〔ほか〕

『深呼吸の必要』 長田弘著　晶文社　1991.7　120p　21cm〈第20刷（第1刷：84.3）〉1760円　Ⓘ4-7949-3516-1

小沢　正
おざわ・ただし
《1937～2008》

「こだぬきとやっこだこ」

『どくしょのじかんによむ本 小学2年生』 西本鶏介編　ポプラ社　2003.3　142p　21cm　（読書の時間によむ本・小学生版 2）700円　Ⓘ4-591-07579-6

目次 こだぬきとやっこだこ（小沢正）, くまさんじゃなくてきつねさん（戸田和代）, ナイナイナイナイ（角野栄子）, なんでもぴたりあたりゃプンダ（寺村輝夫）, 木のまつり（新美南吉）, 登校きょひ―たけしくんのおかあさん（東君平）, とらのかわのスカート（筒井敬介）, ぎんいろのねこ（あまんきみこ）, ぬまをわたるかわせみ（今西祐行）, ぼうしぼうしぼうし（神沢利子）

内容 いま注目の「朝の読書朝読」に最適の読書入門。よんでおきたい名作・傑作を、学年別に10編収録。

『子どもの心に伝えたいお話365＋1 1・2・3月』 こわせたまみ, 平山許江編　フレーベル館　2000.4　209p　26×21cm　2200円　Ⓘ4-577-80244-9

目次 おしょうがつさん（まど・みちお）, 初夢長者（こわせ・たまみ）, おに笑い（杉みき子）, おもちのうた（関根栄一）, おとしだまちょうだい（間瀬なおかた）, こだぬきとやっこだこ（小沢正）, マルーシカと十二の月（こわせ・たまみ）, いち（谷川俊太郎）, あわてうさぎ（本木洋子）, たこたこあがれ（わたなべめぐみ）〔ほか〕

内容 『お話365＋1』は、わくわくする世界、子どもたちの心の成長に欠かせない世界を、毎日一つずつ楽しめるように一年分、365話プラス1つ集めた“読み聞かせのためのお話選集”です。一日一話のどれもが、子どもたちの冒険心を、知恵を、優しさを、思いやりを、そして何より幼児期に育んでほしい愛の心を、いつくしみ育てるお話たちです。美しい心と言葉で綴られた詩がたくさん入っているのも、本書の想いです。

『こだぬきとやっこだこ』 小沢正作, 村上勉絵　フレーベル館　1985.12　28p　27cm　（おはなしえほん）850円　Ⓘ4-577-00252-3

「一つが二つ」

『目をさませトラゴロウ』 小沢正作，井上洋介絵 理論社 2000.6 198p 21cm （新・名作の愛蔵版） 1200円 ①4-652-00508-3

目次 一つが二つ, きばをなくすと, はこの中には, はちみつかみつばちか, たまごにごちゅうい, あぶないにおい, ゆめのオルゴール, 目をさませトラゴロウ

内容 山のたけやぶに、とらがすんでいた。なまえはトラノ・トラゴロウといった。ある日、おなかがへったトラゴロウが、りょうしをつかまえてたべようとすると、なんと、りょうしはにくまんじゅうにかわってしまった!!おもしろくて、ふしぎなトラゴロウのお話。日本児童文学の歴史に残るロングセラーをA5判サイズで活字も新しくページもリニューアル。

『けんかをした日に読む本』 現代児童文学研究会編 偕成社 1990.7 194p 22cm （きょうはこの本読みたいな 3） 1200円 ①4-03-539030-5

目次 詩・けんかして（高木あきこ）, 詩・こっちとむこう（まどみちお）, 一つが二つ（小沢正）, はじめてのキャンプ（飯田栄彦）, いじめっ子が二人（佐藤さとる）, 贈りもの（岡野薫子）, 神様と仏さま（筒井康隆）, 野原の声（阪田寛夫）, 久助君の話（新美南吉）, 詩・バスのりば（松田雅子）, 発明発見ものがたり（古田足日）, りんごさん（村中李衣）, 幸平じいさんと馬車（千葉省三）, リレー選手木村利一（皿海達哉）

『ひとつがふたつ』 小沢正作，富永秀夫絵 ひさかたチャイルド 1983.2 39p 22cm （ひさかたチャイルド） 700円 ①4-89325-183-X

緒島 英二

おじま・えいじ

《1956～》

「うみのひかり」

『教科書にでてくるお話 3年生』 西本鶏介監修 ポプラ社 2006.3 186p 18cm （ポプラポケット文庫） 570円 ①4-591-09169-4

目次 のらねこ（三木卓）, きつつきの商売（林原玉枝）, ウサギのダイコン（茂市久美子）, きつねをつれてむらまつり（こわせたまみ）, つりばしわたれ（長崎源之助）, 手ぶくろを買いに（新美南吉）, うみのひかり（緒島英二）, サーカスのライオン（川村たかし）, おにたのぼうし（あまんきみこ）, 百羽のツル（花岡大学）, モチモチの木（斎藤隆介）, かあさんのうた（大野允子）, ちいちゃんのかげおくり（あまんきみこ）

内容 現在使われている各社の国語教科書に掲載または紹介されている作品ばかりを集めたアンソロジーです。長く読みつがれている名作、心あたたまるお話、おもしろくて元気がでるお話など、すばらしい作品がいっぱい。作品の表記は原典に忠実にし、全文を掲載しています。教科書では気づかなかった作品の魅力を、新たに発見できるかもしれません。小学校中級から。

『うみのひかり』 緒島英二作，土田義晴絵 教育画劇 1997.6 26p 25cm （教育画劇みんなのえほん） 1200円 ①4-87692-599-2

落合 聡三郎

おちあい・そうざぶろう

《1910～1995》

「おしくらごんべ」

『学校劇選集 1』 岡田陽, 落合聡三郎編 町田 玉川大学出版部 1993.5 314p 21cm 3296円 ①4-472-12801-2

目次 おしくらごんべ, ひよこがうまれた, せまい橋, いっちゃんいい子かわるい子か, かえるのともだち20ぴき, 日向ぼっこ, ねずみのかくれんぼ, だけどあの子は, 赤ずきん, からすときつね, かわたちゃんとあそぼう, 海のむこうは鬼ヶ島, うさぎの月ロケット, カッパのいたずら, たすけあい, 怪獣バトコンの谷, おおかみと七匹の子やぎ

「ねずみのかくれんぼ」

『学校劇選集 1』 岡田陽, 落合聡三郎編 町田 玉川大学出版部 1993.5 314p 21cm 3296円 ①4-472-12801-2

目次 おしくらごんべ, ひよこがうまれた, せまい橋, いっちゃんいい子かわるい子か, かえるのともだち20ぴき, 日向ぼっこ, ねずみのかくれんぼ, だけどあの子は, 赤ずきん, からすときつね, かわたちゃんとあそぼう, 海

のむこうは鬼ヶ島, うさぎの月ロケット, カッパのいたずら, たすけあい, 怪獣バトコンの谷, おおかみと七匹の子やぎ

乙骨　淑子
おつこつ・よしこ

《1929～1980》

「すなの中に消えたタンネさん」

『読んでおきたい 4年生の読みもの』 長崎源之助監修, 亀村五郎, 谷川澄雄, 西岡房子, 藤田のぼる, 松岡三千代編　学校図書　1997.11　152p　21cm　648円　Ⓘ4-7625-1946-4

目次 おぼえていろよおおきな木（佐野洋子）, はだかの王さま（アンデルセン）, デマ（丘修三）, 村一番のさくらの木（来栖良夫）, まだ、もう、やっと（那須正幹）, いばらひめ（グリム）, すなの中に消えたタンネさん（乙骨淑子）, 茂吉のねこ（松谷みよ子）, 星とトランペット（竹下文子）, 金色の川（椋鳩十）, ベーゴマ（いぬいとみこ）, 島引きおに（山下明生）

『乙骨淑子の本　第3巻　こちらポポーロ島応答せよ』 乙骨淑子著　理論社　1986.1　235p　22cm　1800円　Ⓝ913.8

目次 こちらポポーロ島応答せよ, すなのなかにきえたタンネさん, 解説 乙骨淑子にとって「ポポーロ島…」とはなんだったのか？（野上暁著）

小野　和子
おの・かずこ

《1934～》

「ふえふき小ぞう」

『水ようびのどうわ』 日本児童文学者協会編　国土社　1998.3　122p　21cm　（よんでみようよ教科書のどうわ1しゅうかん 3）1200円　Ⓘ4-337-09603-5

目次 てがみをください（山下明生）, 小さな水たまり（生源寺美子）, きんいろのつののしか（安藤美紀夫）, ふえふき小ぞう（小野和子）, ろくべえまってろよ（灰谷健次郎）, ふるさとの空に帰った馬（木暮正夫）

小野　十三郎
おの・とおざぶろう

《1903～1996》

「五月の風」

『六年生 声で味わう「五月の風」―自己表現としての朗読』 田近洵一監修, 牛山恵ほか編　国土社　2007.4　94p　24×21cm　（子ども朗読教室―声に出す・声で読む・言葉の力を育てるために）1800円　Ⓘ978-4-337-52106-3

目次 五月の風（小野十三郎）, ガマの油売り, アリババと四十人の盗賊（かのりゅう訳）, きりんはきりん（まど・みちお）, 線香花火（中谷宇吉郎）, 植物の魔術師（板倉聖宣）, 手のものさし、足のものさし―尺度（平尾大輔）, 茶碗の湯（寺田寅彦）, 「これじゃこまる！」フン害にふんがい！, 魔女の料理教室, 子どもによる子どものための「子どもの権利条約」より, りんろろん, 夕立屋, 時そば, 心に太陽を持て, あいたくて, 最新かぞえ唄, 紙風船〔ほか〕

「山頂から」

『光村ライブラリー・中学校編　第5巻　朝のリレー ほか』 谷川俊太郎ほか著　光村図書出版　2005.11　104p　21cm　1000円　Ⓘ4-89528-373-9

目次 朝のリレー（谷川俊太郎）, 野原はうたう（工藤直子）, 野のまつり（新川和江）, 白い馬（高田敏子）, 足どり（竹中郁）, 花（村野四郎）, 春よ、来い（松任谷由実）, ちょう（百田宗治）, 春の朝（R.ブラウニング）, 山のあなた（カール・ブッセ）, ふるさと（室生犀星）〔ほか〕

内容 昭和30年度版～平成14年度版教科書から厳選。

『太陽のうた―小野十三郎少年詩集』 小野十三郎著, 久米宏一画　新装版　理論社　1997.9　170p　21cm　（詩の散歩道・PART2）1600円　Ⓘ4-652-03821-6

目次 赤いタビ, 野の雨, ヒマラヤ桜, 大阪の木, 小鳥の影, 原爆記念日

『あたらしい歯―自立・成長』 新川和江編, 有元健二絵　太平出版社　1987.7　66p　21cm　（小学生・詩のくに 7）

1600円

目次 青い色(丸山薫), まきばの子馬(高田敏子), あたらしい歯(与田準一), ミミコの独立(山之口貘), にぎりこぶし(村野四郎), 小さななみだ(やなせたかし), 素直な疑問符(吉野弘), 本のにおい(新川和江), かぜのなかのおかあさん(阪田寛夫), ゆずり葉(河井酔名), われは草なり(高見順), 山頂から(小野十三郎), スポーツ(鶴見正夫), 虻(嶋岡晨), つばさをください(山上路夫), 支度(黒田三郎), 生きる(谷川俊太郎)

小野 有五
おの・ゆうご
《1948～》

「川の自然」

『川との出会い』 小野有五著 岩波書店 1996.1 191p 21cm (自然をみつける物語 1) 1900円 ①4-00-115336-X

小野木 学
おのき・がく
《1924～1976》

「かたあしだちょうのエルフ」

『かたあしだちょうのエルフ』 おのきがく文・絵 ポプラ社 2004.11 1冊 44×38cm (ポプラ社のよみきかせ大型絵本) 4750円 ①4-591-08316-0

内容 エルフはわかくてつよくてすばらしく大きなおすのだちょうです。なにしろ、ひといきで千メートルもはしったことがあったくらいです。それでみんなは、エルフ、エルフとよぶようになったのだそうです。エルフとはアフリカのことばで、千のことなのです。

小野寺 悦子
おのでら・えつこ
《1942～》

「なぞなぞ」

『小野寺悦子詩集』 小野寺悦子著, 現代児童文学詩人文庫編集委員会編 いしずえ 2004.3 151,15p 19cm (現代児童文学詩人文庫 5) 1200円 ①4-900747-85-8

目次 詩篇(詩集『レモンあそび』, 詩集『これこれおひさま』, 詩集『ないしょ話』, 『ゆきの日の木のうた』, 『あめの日のうた』, 『からだうた』, 『先生のようふく』), 童話篇(あいうえおの川岸, りんごの木の島 ほか), エッセイ(わが方言指導ピンチヒッターの記—映画『わが心の銀河鉄道 宮沢賢治物語』), 詩人論・作品論("美しい詩人"へ, 自然と共に生きる詩人)

内容 豊かな自然に育まれた詩人のやわらかな言葉の飛躍。

『レモンあそび—小野寺悦子少年詩集』 小野寺悦子作, 藤原百合谷絵 理論社 1985.4 118p 21cm (詩のみずうみ) 1200円 ①4-652-03411-3

「はるのはな」

『これこれおひさま』 小野寺悦子詩, 飯野和好絵 のら書店 1994.9 101p 19cm 980円 ①4-931129-64-1

内容 ちょっとおかしなうた、ふしぎなうた、ナンセンスなうた、ことばあそびのうたなど、バラエティー豊かな詩がいっぱい。ユーモラスでしゃれな絵も楽しい詩の本です。

小畠 郁生
おばた・いくお
《1929～》

「キョウリュウをさぐる」

『光村ライブラリー 第11巻 ニホンザルのなかまたち ほか』 樺島忠夫, 宮地裕, 渡辺実監修, 今江祥智ほか著, 安田尚樹ほか画, 宮崎学ほか写真 光村図書出版 2004.4 69p 21cm〈3刷〉1000円 ①4-89528-109-4

目次 森に生きる(今江祥智), キョウリュウをさぐる(小畠郁生), ニホンザルのなかまたち(河合雅雄), おにの話(牧田茂), まん画(手塚治虫), 一本の鉛筆の向こうに(谷川俊太郎)

オー・ヘンリー
《1862～1910》

「最後の一葉」

『賢者の贈りもの』 オー・ヘンリー作，西本かおる訳　ポプラ社　2007.11　180p　18cm　（ポプラポケット文庫）　570円　Ⓘ978-4-591-09992-6

目次 賢者の贈りもの，心と手，宝石店主の妻，赤毛の親分の身代金，二十年後，ピューマとお姫さま，水車のある教会，感謝祭のふたりの紳士，一ドルの価値，最後のひと葉，緑のドア

内容 クリスマスに、貧しいけれど愛にあふれた若い夫婦の身におきた心温まる物語を描く表題作のほか、病の床にあり、生きる希望を失いかけた少女の身におこった奇跡を描いた「最後のひと葉」など、11編を収録。小学校上級～。

『1ドルの価値 賢者の贈り物―他21編』 O.ヘンリー著，芹沢恵訳　光文社　2007.10　397p　16cm　（光文社古典新訳文庫）〈年譜あり〉667円　Ⓘ978-4-334-75141-8　Ⓝ933.7

目次 多忙な株式仲買人のロマンス，献立表の春，犠牲打，赤い族長の身代金，千ドル，伯爵と婚礼の客，しみったれな恋人，1ドルの価値，臆病な幽霊，甦った改心，十月と六月，幻の混合酒，楽園の短期滞在客，サボテン，意中の人，靴，心と手，水車のある教会，ミス・マーサのパン，二十年後，最後の一葉，警官と賛美歌，賢者の贈り物

『オー・ヘンリーショートストーリーセレクション 5 最後のひと葉』 オー・ヘンリー著，千葉茂樹訳，和田誠絵　理論社　2007.9　209p　19cm　1200円　Ⓘ978-4-652-02375-4

目次 最後のひと葉，水車のある教会，愛と苦労，王女とピューマ，黄金のかがやき，詐欺師の良心，ラウンドのあいだに，ジョン・ホプキンズの完璧な人生

『斎藤孝のイッキによめる！ 名作選 小学2年生』 斎藤孝編　講談社　2005.3　211p　21cm　952円　Ⓘ4-06-212828-4

目次 新発明のマクラ（星新一），悪魔（星新一），どんぐりと山猫（宮沢賢治），アンデルセン童話，お父ちゃんのすることはまちがいない（木村由利子），鉛筆削り（村上春樹），タイム・マシーン（村上春樹），ほととぎす笛（与謝野晶子），さばのみそ煮（北村薫），落語まんじゅうこわい（興津要），うた時計（新美南吉），最後の一葉（オー・ヘンリー）

内容 21世紀の画期的な名作アンソロジーが登場!!かならず、感動にであえます。宮沢賢治、与謝野晶子、北村薫、星新一、村上春樹ほか全11編。

『最後のひと葉』 オー・ヘンリー著，金原瑞人訳　岩波書店　2001.6　204p　18cm　（岩波少年文庫）640円　Ⓘ4-00-114539-1

目次 よみがえった良心，警官と賛美歌，株式仲買人のロマンス，犠牲打，二十年後，伯爵と結婚式の客，ジェフ・ピーターズの話，一千ドル，都会の敗北，金の神と恋の使者，緑のドア，回転木馬のような人生，賢者の贈り物，最後のひと葉

内容 短編の名手として知られるオー・ヘンリーの作品から、有名な「最後のひと葉」「賢者の贈り物」をはじめ、どんでん返しで読者の意表をつく「金の神と恋の使者」「警官と賛美歌」など、ユーモアと機知にあふれる14編を選んだ。中学以上。

おぼ　まこと
《1937～》

「ごめんねムン」

『ごめんねムン』 おぼまこと文と絵　小峰書店　1982.10　1冊　24×25cm　（日本のえほん）980円　Ⓘ4-338-01619-1

オラム，ハーウィン

「アナグマの持ちよりパーティ」

『アナグマのもちよりパーティー』 ハーウィン・オラム文，スーザン・バーレイ絵，小川仁央訳　評論社　1995.3　1冊　22×26cm　（児童図書館・絵本の部屋）〈原タイトル：Badger's bring-something party.〉1200円　Ⓘ4-566-00329-9

オールズバーグ，クリス・バン
《1949～》

「西風号の遭難」

『西風号の遭難』 クリス・ヴァン・オールズバーグ絵と文，村上春樹訳 河出書房新社 1985.9 1冊（頁付なし） 24×30cm〈原タイトル：The wreck of the Zephyr.〉 1500円 Ⓘ4-309-26071-3

垣内 磯子
かきうち・いそこ
《1944～》

「かなしいときには」

『かなしいときには―垣内磯子詩集』 垣内磯子著，今井俊木版画 銀の鈴社 1999.5 79p 22cm （ジュニア・ポエム双書 135） 1200円 Ⓘ4-87786-135-1

加古 里子
かこ・さとし
《1926～》

「どうぐ」

『どうぐ』 加古里子ぶん・え 瑞雲舎 2001.10 23p 26cm （かがくのえほん）〈福音館書店1970年刊の復刊〉 1200円 Ⓘ4-916016-35-1

笠野 裕一
かさの・ゆういち

「ぼくんちのゴリ」

『ぼくんちのゴリ』 笠野裕一著 福音館書店 2011.1 27p 26cm （かがくのとも絵本） 900円 Ⓘ978-4-8340-2618-4

内容 ぼくんちにはいぬがいる。なまえはゴリ。ぼく、ゴリのとならなんだってしってるんだ。としは5さい、オス。けのいろはちゃいろ、くびわはみどり。ほかにもまだまだいっぱいしってるよ。ききたい？ じゃ、おしえてあげるね。

鹿島 鳴秋
かしま・めいしゅう
《1891～1954》

「まほうのなしの木」

『親も子も読む名作 3年生の読みもの』 亀村五郎編集委員 学校図書 2005.7 140p 21cm 648円 Ⓘ4-7625-1963-4

目次 ゴリラとたいほう（奈街三郎），ふしぎなくもの糸（八木沼健夫），りゅうの目のなみだ（浜田広介），たんぽぽ（丘修三），長ぐつをはいたネコ（ペロー），りんご畑の九月（後藤竜二），まほうのなしの木（鹿島鳴秋），チロヌップのきつね（高橋宏幸），ゾウの手ぶくろのはなし（前川康男），きつねものがたり（林芙美子）

内容 すぐれた作家のすぐれた作品!!国語教科書でなじみのある作品も多数掲載。お子さんはもちろん、保護者の方にも楽しく、また、なつかしく読んでいただける名作選。

柏葉 幸子
かしわば・さちこ
《1953～》

「父さんの宿敵」

『ミラクル・ファミリー』 柏葉幸子著 講談社 2010.6 172p 15cm （講談社文庫） 448円 Ⓘ978-4-06-276669-2

目次 たぬき親父，春に会う，ミミズク図書館，木積み村，ザクロの木の下で，「信用堂」の信用，父さんのお助け神さん，鏡よ、鏡…，父さんの宿敵

内容 年に一度、春の川辺にやってくる緑の髪の女の人。真夜中にだけ開館する秘密の図書館。鬼子母神伝説がささやかれる、ザクロの木のある保育園。父さんが聞かせてくれた昔話はどれも不思議であったかく、そして秘密の匂いがした。小さな奇跡でつながっている家族たち。産経児童出版文化賞フジテレビ賞受賞。

『本は友だち5年生』 日本児童文学者協会編 偕成社 2005.3 161p 21cm (学年別・名作ライブラリー 5) 1200円 Ⓘ4-03-924050-2

目次 竜 (今江祥智), かものたまご (岩崎京子), わすれもの (古世古和子), おじょうさん、おはいんなさい (石井睦美), やってきた男 (三田村信行), 詩・山頂 (原田直友), 詩・観覧車 (みずかみかずよ), その日が来る (森忠明), 手の中のもの、なあんだ?—夜警員室ネズミの話 (岡田淳), 父さんの宿敵 (柏葉幸子), 色紙 (村中李衣), エッセイ・五年生のころ わたしの宝 (最上一平)

内容 この本には、「国語」の教科書でおなじみの作品をはじめ、現代の子どもの文学の世界を代表する作家たちの作品が集められています。

片平 孝
かたひら・たかし
《1943〜》

「海からきた宝石」

『塩—海からきた宝石』 片平孝著 新装版 あかね書房 2005.4 62p 23×19cm (科学のアルバム) 1500円 Ⓘ4-251-03366-3

目次 塩の結晶をつくろう, もっと大きな結晶をつくろう, 揚げ浜塩田, 濃い塩水づくり, あらわれた宝石, できあがった塩, 天日塩田, 塩のキャラバン, いのちの泉—塩の池, 塩の川, 塩の湖, 塩の平原, 海水の化石—岩塩, 塩のふるさと—海水の起源, とけることと結晶すること, 塩でためしてみよう, 塩と生命, 塩と人類の歴史, 日本における塩づくりの歴史, 塩の利用

桂 米朝
かつら・べいちょう
《1925〜》

「落語の招待席」

『落語と私』 桂米朝著 ポプラ社 2005.11 231p 20cm 〈1975年刊の新装改訂〉 1300円 Ⓘ4-591-08967-3 Ⓝ779.13

『落語と私』 桂米朝著 文芸春秋 1986.3 222p 16cm (文春文庫) 〈著者の肖像あり〉 360円 Ⓘ4-16-741301-9 Ⓝ779.13

加藤 周一
かとう・しゅういち
《1919〜2008》

「「知る」ということ」

『加藤周一著作集 16 科学技術時代の文学』 加藤周一著, 鷲巣力編 平凡社 1996.12 397p 19cm 3605円 Ⓘ4-582-36516-7

目次 科学と文学, 日本文学, 西洋文学とは何か, サルトル私見, サルトルのために, 「知る」ということ, 現代と百科事典, 百科事典の使い方, 情報の伝達に係る今日のいくつかの問題

内容 文学は生き残るのか、生き残るとして、それにどのような役割があるのかを問う『科学と文学』、戦後のフランスで、人間にとっての、あらゆる時代を通しての根本的な問題を提起したジャン=ポール・サルトル再発見へと読む者を誘う『サルトル私見』など9作品。

加藤 純子
かとう・じゅんこ
《1947〜》

「かくれ家の生活—アンネの日記より」

『アンネ・フランク』 加藤純子文 ポプラ社 1998.11 166p 21cm (おもしろくてやくにたつ子どもの伝記 14) 880円 Ⓘ4-591-05839-5

目次 アンネ・フランクってどんな人? , はやわかりアンネ・フランク, アンネが生きた時代, アンネの日記ってなあに? , アンネ・フランクものしりクイズ, アンネのすがお資料館, かくれ家の人びと, かくれ家生活をささえた人たち, これがアンネのかくれ家, アンネがえがいた夢, ホロコーストのはなし, アンネののこしたことば, ユダヤ人をたすけようとした人びと, そして戦争がおわった, 年表でみるアンネ・フランクの生涯, さんこ

うにした本など

内容 ユダヤ人だというだけで、迫害されたアンネたち一家。けれどもアンネは、かくれ家のなかでも、いつも希望をうしないませんでした。

加藤　多一
かとう・たいち
《1934〜》

「ヒバリヒバリ」

『まがり道』 加藤多一著，重岡静世絵　札幌　日本児童文学者協会北海道支部　2011.2　207p　21cm　（北海道児童文学シリーズ 12）1000円
①978-4-904991-11-4　Ⓝ913.6

目次 おかしな二人組,“やぎ屋”のトコ, ヒバリヒバリ, てぶくろやぁー, 学校通りのわらい犬, どうするの, ひゅる・ひゅる, ちょっと○○な雪の道, まがり道

『本は友だち3年生』 日本児童文学者協会編　偕成社　2005.3　151p　21cm　（学年別・名作ライブラリー 3）1200円
①4-03-924030-8

目次 きりの中のぶらんこ（あまんきみこ）, たらばがにの春（安藤美紀夫）, となりの女の子（大石真）, ヒバリヒバリ（加藤多一）, 少年と子ダヌキ（佐々木たづ）, 詩・平泳ぎ（小泉周二）, 詩・ねこのしっぽ（武鹿悦子）, 発明発見ものがたり（古田足日）, ガラスの花よめさん（長崎源之助）, 大きな木がほしい（佐藤さとる）, エッセイ・三年生のころ 楽しくさんぽをする方法（山口理）

内容 この本には、「国語」の教科書でおなじみの作品をはじめ、現代の子どもの文学の世界を代表する作家たちの作品が集められています。

『土ようびのどうわ』 日本児童文学者協会編　国土社　1998.3　114p　21cm　（よんでみようよ教科書のどうわ1しゅうかん 6）1200円　①4-337-09606-X

目次 ヒバリ ヒバリ（加藤多一）, ねずみのつくったあさごはん（安房直子）, モチモチの木（斎藤隆介）, おこりじぞう（山口勇子）, ふしぎなふろしきづつみ（前川康男）

加藤　道夫
かとう・みちお
《1918〜1953》

「まねし小僧」

『みんなでドラマランド―アジア・オーストラリア児童青少年演劇脚本集』 ユネスコ・アジア文化センター編，倉原房子監訳　晩成書房　1993.7　214p　21cm　2575円　①4-89380-149-X

目次 友だちになろうよ（グレグ・マッカート）, 四つのおもち（アウン・キイン）, こぐまのお客さま（バオ・レイ）, ボビー（ビジェイ・テンダルカル）, タコは空高く（ハルジョノ・ウィリョストリスノ）, 根のない木はない（ベーロウズ・ガリプール）, まねし小僧（加藤道夫）, カメさんの笛（ヘラニ・イスメイル・スキ）, 少年シッダールタ（シバ・アドヒカリ）, ちびすけバッタは知りたがり（レネ・ビラヌエバ）, 東の海のイワシ（李英俊）, ふたごの宇宙人（ジェシー・ウィー）, タール人形とウサギ（レイラ・エカナヤケ）, 影の国で（サンティカ・タパティット）

内容 この本は、アジア・オーストラリア一四か国の学校や劇場などで子どもたちが演じている子どもの劇の脚本を集め、一冊にまとめたものです。

加藤　由子
かとう・よしこ
《1949〜》

「動物たちのしぐさ」

『動物、ことばじてん―しぐさ、サインを見る動物園』 加藤由子文，大高成元写真　クロスロード　1990.4　39p　26cm　（テーマで見る動物園 4）2000円
①4-906125-90-5

内容 動物たちの、おしゃべりを聞こう。動物にもことばがある。気持ちをつたえる方法はいろいろ。同じ気持ちになれば、動物のことばがわかってくる。

門倉　訣
かどくら・さとし
《1935～》

「春の子ども」

『詩集 四季の歌』 門倉訣著，岩崎保夫絵　三鷹　けやき書房　1988.3　158p　21cm　（子ども世界の本）980円
Ⓘ4-87452-111-8

目次 季節のわかれ，一枚の絵，風が春をさがしている，バッタととびばこ，けやき・母，けやきのかげのかげ，バラ，あじさいの花，少年の湖，白い鳩，昔ばなし，祭りのはじまり，風のペンキ屋さん，雪ちゃん，雪，紙ひこうき，地球儀〔ほか〕

角野　栄子
かどの・えいこ
《1935～》

「サラダでげんき」

『齋藤孝の親子で読む国語教科書 1年生』 齋藤孝著　ポプラ社　2011.3　138p　21cm　（齋藤孝の親子で読む国語教科書 1）1000円　Ⓘ978-4-591-12285-3

目次 タヌキのじてんしゃ（東君平），おおきなかぶ（トルストイ），サラダでげんき（角野栄子），いなばの白うさぎ（福永武彦），しましま（森山京），はじめは「や！」（香山美子），まのいいりょうし（稲田和子，筒井悦子），ゆうひのしずく（あまんきみこ），だってだってのおばあさん（佐野洋子），ろくべえまってろよ（灰谷健次郎）

『サラダでげんき』 角野栄子作，長新太絵　福音館書店　2005.3　31p　27×20cm　（こどものとも傑作集）800円
Ⓘ4-8340-2081-9

内容 りっちゃんは病気になったお母さんのために、サラダを作りはじめました。そこへ動物たちが次々にあらわれて、サラダ作りのアドバイス。最後には飛行機でぞうまでがやってきて、サラダ作りを手伝ってくれました。

『月ようびのどうわ』 日本児童文学者協会編　国土社　1998.3　99p　21cm　（よんでみようよ教科書のどうわ1しゅうかん 1）1200円　Ⓘ4-337-09601-9

目次 どうぞのいす（香山美子），春のくまたち（神沢利子），うみへのながいたび（今江祥智），コスモス（森山京），すずめのてがみ（神戸淳吉），天にのぼったおけや（川村たかし），サラダでげんき（角野栄子），ハモニカじま（与田準一）

カトラー，ジェーン
《1936～》

「Oじいさんのチェロ」

『Oじいさんのチェロ』 ジェーン・カトラー作，グレッグ・コーチ絵，タケカワユキヒデ訳　あかね書房　2001.1　1冊　21cm　（あかね・新えほんシリーズ 8）1400円　Ⓘ4-251-00928-2

内容 わたしの街は今、戦争にまきこまれているの。街にいるのは子供と女性と老人と病人たちだけ。とってもこわいおもいをしているわ。ある時、いつも『オー』っておこるおじいさんが、広場でチェロを弾いてくれたの。みんな、生きてく勇気をもらったみたいだった。ところがある日、爆弾がOじいさんめがけてとんできたの…。

金森　襄作
かなもり・じょうさく
《1942～》

「こかげにごろり」

『こかげにごろり―韓国・朝鮮の昔話』 金森襄作再話，鄭琡香絵　福音館書店　2005.9　32p　20×27cm　（こどものとも世界昔ばなしの旅2）800円
Ⓘ4-8340-2118-1

金子　みすゞ
かねこ・みすず
《1903～1930》

「大漁」

『みすゞと海と』 金子みすゞ詩，尾崎眞吾画　二玄社　2012.8　125p　19cm　2000円　①978-4-544-20027-0

目次 1 いのちの海（おさかな，海のこども，海とかもめ，海の鳥，お家のないお魚，波の子守唄，月日貝，さざえのお家，大漁，鯨法会，鯨捕り，海へ，画家のことば），2 メルヘンの浜辺（紋附き，不思議な港，海の人形，砂の王国，金米糖の夢，海を歩く母さま，大きなお風呂，ひろいお空，キネマの街，人なし島，青い空，舟乗と星，冬の雨，蓄音器，七夕のころ，画家のことば），3 海はふるさと（舟の唄，帆，去年，あらしの夜，舟のお家，瀬戸の雨，弁天島，小松原，波の橋立，大泊港，花津浦，魚売りの小母さんに）

内容 不世出の童謡詩人、金子みすゞ。その彼女の世界を描きつづける画家、尾崎眞吾。二人の海への想いがひとつになる。海はみんなの心のふるさと。

『読解力がグングンのびる！ 齋藤孝のゼッタイこれだけ！ 名作教室 小学2年下巻』 齋藤孝編　朝日新聞出版　2012.4　195p　21cm　952円　①978-4-02-331060-5

目次 金のおの銀のおの（イソップ童話），大工と鬼六（日本民話 木下順二），詩のひろば あわて床屋（北原白秋），雪女（小泉八雲，保永貞夫訳），でんでんむしのかなしみ（新美南吉），言葉の成り立ちを学ぼう 故事成語「庖丁」，赤毛のアン（抜粋）（L.M.モンゴメリ，村岡花子訳），ベロ出しチョンマ（斎藤隆介），詩のひろば 大漁（金子みすゞ），虔十公園林（宮沢賢治）

内容 ふつうの“10分間読書”では身につかない、本当の「読解力」がつく。古今東西の名作10編を収録。

『齋藤孝の親子で読む詩・俳句・短歌・童謡 1・2年生』 齋藤孝著　ポプラ社　2012.3　134p　21cm　（齋藤孝の親子で読む詩・俳句・短歌・古典 1）1000円　①978-4-591-12788-9

目次 詩（たんぽぽ（川崎洋），おさるがふねをかきました（まど・みちお），いちばんぼし（まど・みちお） ほか），童謡・唱歌（大漁（金子みすゞ），かごめかごめ，通りゃんせ ほか），やさしい俳句・短歌（古池や蛙…（松尾芭蕉），やれ打つな蠅が…（小林一茶），菜の花や月は…（与謝蕪村） ほか）

内容 詩や俳句・短歌のなかから、おもしろくて心にのこるものをえらんでいます。1・2年生の場合は、ことばにであうこともたいせつです。いろいろな詩を、リズムをつけてうたうような感じで音読してみてください。

『金子みすゞ名詩集』 金子みすゞ著，彩図社文芸部編　彩図社　2011.7　191p　15cm　571円　①978-4-88392-802-6

目次 私と小鳥と鈴と，大漁，お菓子，こだまでしょうか，こころ，土，もくせい，夜，夕顔，不思議〔ほか〕

内容 明治36年、山口県に生まれた童謡詩人金子みすゞ。彼女の残した作品には、小さな動植物に対する深い愛情や悲しみ、そして子供の持つ独特の感性などが、みずみずしい言葉で綴られています。

『豊かなことば 現代日本の詩 3 金子みすゞ詩集 不思議』 金子みすゞ著，矢崎節夫編　岩崎書店　2009.11　95p　18×19cm　1500円　①978-4-265-04063-6

目次 1 大漁（大漁，おさかな ほか），2 雲のこども（露，麦の芽 ほか），3 ながい夢（桃，魚売りの小母さんに ほか），4 不思議（みんなを好きに，女の子 ほか），5 男の子なら（かりゅうど，仔牛 ほか）

内容 「星とたんぽぽ」「不思議」「私と小鳥と鈴と」など代表作四十三編を収録。

『声に出して読もう！ 金子みすゞの童謡―読む・聞く・感じる！ 美しい童謡と唱歌』 向山洋一監修，TOSS著　金の星社　2007.3　39p　30cm　3000円　①978-4-323-05593-0

目次 つゆ，すずめのかあさん，けんかのあと，犬，鯨法会，だるまおくり，おかし，仲なおり，大漁，わたしと小鳥とすずと，こころ，つもった雪，ふしぎ，お勘定，わたしの髪の，ねがい，みんなを好きに，星とたんぽぽ

内容 短い人生のなかで書きつづられた多くの詩から厳選。だれもが心打たれる金子みすゞの作品を味わいましょう。

『美しい町　下』 金子みすゞ著，矢崎節夫監修　JULA出版局　2003.10　237p　15cm　（金子みすゞ童謡全集 2）1300

円 Ⓘ4-88284-283-1

目次 大漁（大漁, お正月と月, 秋のおたより ほか）, 大人のおもちゃ（神輿, 電報くばり, 瞳 ほか）, きのうの山車（お菓子買い, 魚売りの小母さんに, れんげ ほか）

内容 『金子みすゞ童謡全集（1）～（6）』は、みすゞの三冊の手書きの遺稿手帳『美しい町』『空のかあさま』『さみしい王女』を底本として、それぞれを上下二冊、全六冊にまとめたものである。手帳に書かれたすべての作品を例外なく収録し、作品の配列は手帳どおりとした。漢字、仮名づかいは、新漢字、新仮名づかいに改めた。ルビは、みすゞが手帳に付したものに加え、小学五年生以上に配当されている漢字にも付した。

「ふしぎ」

『齋藤孝の親子で読む詩・俳句・短歌・童謡 3・4年生』 齋藤孝著 ポプラ社 2012.3 134p 21cm （齋藤孝の親子で読む詩・俳句・短歌・古典 2） 1000円 Ⓘ978-4-591-12789-6

目次 詩（わたしと小鳥とすずと（金子みすゞ）, ふしぎ（金子みすゞ）, 春のうた（草野心平） ほか）, 童謡・唱歌（朧月夜（高野辰之）, 花（武島羽衣）, 春の海終日…（与謝蕪村） ほか）, 俳句・短歌（雪とけて村一ぱい…（小林一茶）, 外にも出よ触るる…（中村汀女）, ひつぱれる糸まつすぐや…（高野素十） ほか）

内容 この巻では、俳句・短歌をたくさん紹介しました。気にいったものがあったら、何回も読んでおぼえてください。

『金子みすゞ名詩集』 金子みすゞ著, 彩図社文芸部編 彩図社 2011.7 191p 15cm 571円 Ⓘ978-4-88392-802-6

目次 私と小鳥と鈴と, 大漁, お菓子, こだまでしょうか, こころ, 土, もくせい, 夜, 夕顔, 不思議〔ほか〕

内容 明治36年、山口県に生まれた童謡詩人金子みすゞ。彼女の残した作品には、小さな動植物に対する深い愛情や悲しみ、そして子供の持つ独特の感性などが、みずみずしい言葉で綴られています。

『豊かなことば 現代日本の詩 3 金子みすゞ詩集 不思議』 金子みすゞ著, 矢崎節夫編 岩崎書店 2009.11 95p 18×19cm 1500円 Ⓘ978-4-265-04063-6

目次 1 大漁（大漁, おさかな ほか）, 2 雲のこども（露, 麦の芽 ほか）, 3 ながい夢（桃, 魚売りの小母さんに ほか）, 4 不思議（みんなを好きに, 女の子 ほか）, 5 男の子なら（かりゅうど, 仔牛 ほか）

内容 「星とたんぽぽ」「不思議」「私と小鳥と鈴と」など代表作四十三編を収録。

『声に出して読もう！ 金子みすゞの童謡―読む・聞く・感じる！ 美しい童謡と唱歌』 向山洋一監修, TOSS著 金の星社 2007.3 39p 30cm 3000円 Ⓘ978-4-323-05593-0

目次 つゆ, すずめのかあさん, けんかのあと, 犬, 鯨法会, だるまおくり, おかし, 仲なおり, 大漁, わたしと小鳥とすずと, こころ, つもった雪, ふしぎ, お勘定, わたしの髪の, ねがい, みんなを好きに, 星とたんぽぽ

内容 短い人生のなかで書きつづられた多くの詩から厳選。だれもが心打たれる金子みすゞの作品を味わいましょう。

『ふしぎ』 金子みすゞ作 金の星社 2005.11 1冊 18×22cm （金子みすゞ詩の絵本 みすゞこれくしょん） 1000円 Ⓘ4-323-03454-7

内容 金子みすゞの詩の世界が親しみやすくかわいいキャラクターで楽しめる「みすゞこれくしょん」。絵本をひらけばそこには心にひびくやさしさがあります。

「星とたんぽぽ」

『ピカピカ名詩―こころをピカピカにする、親子で読みたい美しいことば』 齋藤孝著 パイ インターナショナル 2011.11 63p 26cm 1600円 Ⓘ978-4-7562-4155-9

目次 ピカピカの心になろう！（わたしと小鳥とすずと（金子みすゞ）, 朝のリレー（谷川俊太郎）, 心よ（八木重吉） ほか）, 自然や生き物が大好き！（おれはかまきり（かまきりりゅうじ）, 星とたんぽぽ（金子みすゞ）, アリ（まど・みちお） ほか）, ことばを楽しもう！（風景―純銀モザイク（山村暮鳥）, こだまでしょうか（金子みすゞ）, かんがえごと（こねずみしゅん） ほか）

内容 感情をゆたかにする約30の詩を、わかりやすく解説。

『豊かなことば 現代日本の詩 3 金子みすゞ詩集 不思議』 金子みすゞ著, 矢崎節夫編 岩崎書店 2009.11 95p 18×19cm 1500円 Ⓘ978-4-265-04063-6

目次 1 大漁（大漁, おさかな ほか）, 2 雲

のこども（露, 麦の芽 ほか）, 3 ながい夢（桃, 魚売りの小母さんに ほか）, 4 不思議（みんなを好きに, 女の子 ほか）, 5 男の子なら（かりゅうど, 仔牛 ほか）

内容 「星とたんぽぽ」「不思議」「私と小鳥と鈴と」など代表作四十三編を収録。

『声に出して読もう！ 金子みすゞの童謡—読む・聞く・感じる！ 美しい童謡と唱歌』 向山洋一監修, TOSS著 金の星社 2007.3 39p 30cm 3000円 Ⓘ978-4-323-05593-0

目次 つゆ, すずめのかあさん, けんかのあと, 犬, 鯨法会, だるまおくり, おかし, 仲なおり, 大漁, わたしと小鳥とすずと, こころ, つもった雪, ふしぎ, お勘定, わたしの髪の, ねがい, みんなを好きに, 星とたんぽぽ

内容 短い人生のなかで書きつづられた多くの詩から厳選。だれもが心打たれる金子みすゞの作品を味わいましょう。

『星とたんぽぽ』 金子みすゞ作 金の星社 2005.4 24p 18×22cm （金子みすゞ詩の絵本 みすゞこれくしょん）1000円 Ⓘ4-323-03452-0

内容 みすゞさん大好き！ そんな子どもたちのために『みすゞこれくしょん』は生まれました。この絵本には、みすゞさんの詩に描かれている自然や小さな生き物たちが登場し、いろんなおしゃべりをしています。そんなあたたかくてふしぎな世界を一緒に楽しんでください。

「私と小鳥と鈴と」

『特選 小さな名詩集』 世界の名詩鑑賞会編 再版, 新装版 名古屋 リベラル社, 星雲社〔発売〕 2012.8 158p 15cm 1200円 Ⓘ978-4-434-17013-3

目次 雲（山村暮鳥）, 風景（山村暮鳥）, 太陽（八木重吉）, 母をおもう（八木重吉）, 私と小鳥と鈴と（金子みすゞ）, お魚（金子みすゞ）, 雨ニモマケズ（宮沢賢治）, 永訣の朝（宮沢賢治）, サーカス（中原中也）, 汚れっちまった悲しみに…（中原中也）〔ほか〕

『金子みすゞ心の詩集』 金子みすゞ著, よしだみどり編・英訳・絵 藤原書店 2012.4 87p 20×16cm〈本文：日英両文〉1800円 Ⓘ978-4-89434-850-9

目次 星とたんぽぽ, わらい, こだまでしょうか, 私と小鳥と鈴と, お日さん、雨さん, 不思議, 犬, 女の子, こおろぎ, 睫毛の虹, お菓子, みんなを好きに, あるとき, こころ, 口真似, さびしいとき, 闇夜の星, 葉っぱの赤ちゃん, お花だったら, 木, 花のたましい, 蓮と鶏, 蜂と神さま, 繭と墓, 明るい方へ, 土, 草原, 露, ばあやのお話, ふうせん, 極楽寺, 八百屋のお鳩, 祇園社, 積もった雪, 硝子のなか, 大漁, お魚, 帆

内容 英語でも、絵でも楽しめる、金子みすゞの世界。

『金子みすゞ名詩集』 金子みすゞ著, 彩図社文芸部編 彩図社 2011.7 191p 15cm 571円 Ⓘ978-4-88392-802-6

目次 私と小鳥と鈴と, 大漁, お菓子, こだまでしょうか, こころ, 土, もくせい, 夜, 夕顔, 不思議〔ほか〕

内容 明治36年、山口県に生まれた童謡詩人金子みすゞ。彼女の残した作品には、小さな動植物に対する深い愛情や悲しみ、そして子供の持つ独特の感性などが、みずみずしい言葉で綴られています。

『豊かなことば 現代日本の詩 3 金子みすゞ詩集 不思議』 金子みすゞ著, 矢崎節夫編 岩崎書店 2009.11 95p 18×19cm 1500円 Ⓘ978-4-265-04063-6

目次 1 大漁（大漁, おさかな ほか）, 2 雲のこども（露, 麦の芽 ほか）, 3 ながい夢（桃, 魚売りの小母さんに ほか）, 4 不思議（みんなを好きに, 女の子 ほか）, 5 男の子なら（かりゅうど, 仔牛 ほか）

内容 「星とたんぽぽ」「不思議」「私と小鳥と鈴と」など代表作四十三編を収録。

『わたしと小鳥とすずと』 金子みすゞ作 金の星社 2005.4 1冊（ページ付なし） 18×22cm （みすゞこれくしょん 金子みすゞ詩の絵本 金子みすゞ作）〈シリーズ責任表示：金子みすゞ作〉1000円 Ⓘ4-323-03451-2 Ⓝ911.56

ガネット, ルース・スタイルス
《1923〜》

「エルマー、とらに会う」

『愛蔵版エルマーのぼうけんセット』 ルース・スタイルス・ガネット作, ルース・クリスマン・ガネット絵, わたなべ

しげお訳，子どもの本研究会編　愛蔵版　福音館書店　2008.10　3冊（セット）23×18cm　7143円　Ⓘ978-4-8340-3885-9

[目次] エルマーのぼうけん，エルマーとりゅう，エルマーと16ぴきのりゅう

[内容] 心やさしい少年が空飛ぶりゅうの子を助け出す愛と勇気の物語。「エルマーのぼうけん」生誕60周年記念の愛蔵版。

『光村ライブラリー　第6巻　太郎こおろぎ ほか』 樺島忠夫，宮地裕，渡辺実監修，山下明男ほか著，渡辺茂男ほか訳，杉浦範茂ほか画　光村図書出版　2004.4　84p　21cm〈3刷〉1000円　Ⓘ4-89528-104-3

[目次] はまべのいす（山下明生），エルマー、とらに会う（ルース＝スタイルス・ガネット），とびこめ（レフ・トルストイ），太郎こおろぎ（今西祐行），貝がら（大石真），吉四六話（瀬川拓男）

『エルマーのぼうけん』 ルース・スタイルス・ガネット作，ルース・クリスマン・ガネット絵，わたなべしげお訳　福音館書店　1997.5　116p　19cm　619円　Ⓘ4-8340-1441-X

[内容] ゆうかんな男の子エルマーは、としとったのらねこからどうぶつ島にとらえられているかわいそうなりゅうの子の話をききました。そこでエルマーは助けに出かけ、うまいけいりゃくでどうぶつたちの手から、ぶじりゅうをすくい出しました。

金光　不二夫

かねみつ・ふじお

《1927～2000》

「またとない天敵」

『光村ライブラリー　第16巻　田中正造ほか』 樺島忠夫，宮地裕，渡辺実監修，大竹政和ほか著，内藤貞夫ほか画　光村図書出版　2004.4　92p　21cm〈3刷〉1000円　Ⓘ4-89528-114-0

[目次] 大陸は動く（大竹政和），富士は生きている（森下晶），またとない天敵（金光不二夫），自然を守る（伊藤和明），守る、みんなの尾瀬を（後藤允），田中正造（上笙一郎）

加納　菜穂子

かのう・なおこ

《1948～》

「ひぐまの冬ごもり」

『ひぐまの冬ごもり』 加納菜穂子ぶん，滝波明生え　新日本出版社　1980.12　31p　21cm（新日本動物植物えほん）880円

上　笙一郎

かみ・しょういちろう

《1933～》

「田中正造」

『光村ライブラリー　第16巻　田中正造ほか』 樺島忠夫，宮地裕，渡辺実監修，大竹政和ほか著，内藤貞夫ほか画　光村図書出版　2004.4　92p　21cm〈3刷〉1000円　Ⓘ4-89528-114-0

[目次] 大陸は動く（大竹政和），富士は生きている（森下晶），またとない天敵（金光不二夫），自然を守る（伊藤和明），守る、みんなの尾瀬を（後藤允），田中正造（上笙一郎）

神山　恵三

かみやま・けいぞう

《1917～1988》

「人はなぜ服をきるか」

『人はなぜ服をきるか』 神山恵三作，せいのせいじ絵　岩崎書店　1987.2　32p　25×22cm（社会とくらしの絵本 7）980円　Ⓘ4-265-02507-2

[内容] 私たち人間はどうして服をきるようになったか。そして熱いところ、寒いところでも服をきるのは、どうしてかをさぐる。

河井　酔茗
かわい・すいめい
《1874～1965》

「ゆずり葉」

『草にすわる』　市河紀子選詩，保手濱拓絵　理論社　2012.4　93p　18×14cm　1400円　Ⓘ978-4-652-07990-4

目次　草にすわる（八木重吉），ひかる（工藤直子），春のうた（草野心平），さくらのはなびら（まど・みちお），葬式（工藤直子），声（吉原幸子），ぺんぎんの子が生まれた（川崎洋），薔薇二曲（北原白秋），地球の用事（まど・みちお），ゆずり葉（河井酔茗）〔ほか〕

内容　3.11後、平熱の選詩集。

『光村ライブラリー　第18巻　おさるがふねをかきました ほか』　樺島忠夫，宮地裕，渡辺実監修，まどみちお，三井ふたばこ，阪田寛夫，川崎洋，河井酔茗ほか著，松永禎郎，杉田豊，平山英三，武田美穂，小野千世ほか画　光村図書出版　2004.11　83p　21cm〈第4刷〉1000円　Ⓘ4-89528-116-7

目次　おさるがふねをかきました（まど・みちお），みつばちぶんぶん（小林純一），あいうえお・ん（鶴見正夫），ぞうのかくれんぼ（高木あきこ），おうむ（鶴見正夫），あかいカーテン（みずかみかずよ），ガラスのかお（三井ふたばこ），せいのび（武鹿悦子），かぼちゃのつるが（原田直友），三日月（松谷みよ子），夕立（みずかみかずよ），さかさのさかさはさかさ（川崎洋），春（坂本遼），虻（嶋岡晨），若葉よ来年は海へゆこう（金子光春），われは草なり（高見順），くまさん（まど・みちお），おなかのへるうた（阪田寛夫），てんらん会（柴野民三），夕日がせなかをおしてくる（阪田寛夫），ひばりのす（木下夕爾），十時にね（新川和江），みいつけた（岸田衿子），どきん（谷川俊太郎），りんご（山村暮鳥），ゆずり葉（河井酔茗），雪（三好達治），影（八木重吉），楽器（北川冬彦），動物たちの恐ろしい夢のなかに（川崎洋），支度（黒田三郎）

『あたらしい歯―自立・成長』　新川和江編，有元健二絵　太平出版社　1987.7　66p　21cm　（小学生・詩のくに 7）　1600円

目次　青い色（丸山薫），まきばの子馬（高田敏子），あたらしい歯（与田準一），ミミコの独立（山之口貘），にぎりこぶし（村野四郎），小さななみだ（やなせたかし），素直な疑問符（吉野弘），本のにおい（新川和江），かぜのなかのおかあさん（阪田寛夫），ゆずり葉（河井酔名），われは草なり（高見順），山頂から（小野十三郎），スポーツ（鶴見正夫），虻（嶋岡晨），つばさをください（山上路夫），支度（黒田三郎），生きる（谷川俊太郎）

河合　雅雄
かわい・まさお
《1924～》

「変身したミンミンゼミ」

『小さな博物誌』　河合雅雄著　小学館　2004.9　299p　15cm　（小学館文庫）　838円　Ⓘ4-09-405631-9

目次　小さな博物誌（腕白坊主のフィールドノート，動物学者の事件簿），森の歳時記（春（雑木林の中のエル・ドラド―フクジュソウ，アスナロと子猿の四月―ニホンザル ほか），夏（沼の魔性を吸う―ジュンサイとフトイ，朝空に舞う青い妖精―ジョウザンミドリシジミ ほか），秋（邯鄲と夢の響き―カンタン，昼と夜のあわいの刻を告げる―ヒグラシ ほか），冬（雑木林のメルヒェン―シメとメジロ，枯木立の中の緑の灯―ヤドリギ ほか））

内容　四季の草花を愛し、里山の生き物と遊ぶ。達人学者の自然堪能記。

『少年動物誌』　河合雅雄著　小学館　1996.11　424p　21cm　（河合雅雄著作集 8）　5000円　Ⓘ4-09-677008-6

目次　少年動物誌，小さな博物誌，森の歳時記

内容　郷里・丹波篠山を舞台に、腕白少年と森や川のいきものたちとの交流をいきいきと描いた『少年動物誌』『小さな博物誌』と、森への讃歌をつづった『森の歳時記』を収録。

『小さな博物誌』　河合雅雄著　筑摩書房　1991.11　198p　19cm　（ちくまプリマーブックス 59）　1100円　Ⓘ4-480-04159-1

目次　腕白坊主のフィールドノート（漆の名刀，“テンネン”の秘密，松滑り，コンマが来た，曙号の死，すももとゴリラ，変身したミンミンゼミ，川原の惨劇，葱・蛙作戦，バビブベボのバビボウ，白装束の狩人，ピットフォー

ル),動物学者の事件簿(金魚を狩る蛇,ムカデに助けられたアホーな父親の話,猿になった犬,子猫を育てる猿,麻酔された下手人,連続殺鳥事件,妖怪の赤ちゃんを飼った話,森の幻視鏡,メルヘンランドでの再会)

内容 少年時代の著者はスジガネ入りの腕白坊主。山野を駆けめぐり、川や田んぼで泥だらけ。遊びの中で、四季のめぐりの美しさやいのちの不思議を心に刻む。小さな探険心に満ちた思い出の数々や、動物学者になって出会った生きものたちの素顔など、身近な自然とのふれあいをあたたかなまなざしと軽妙な語り口でつづった博物誌。

川北　亮司
かわきた・りょうじ

《1947～》

「二十年前のサンマの化石」

『おもしろい物語 10分読書 めやす小学5年―朝読・夕読 もっともっと本がすきになる。』 川北亮司編　大阪　教学研究社　〔2011.11〕　93p　21cm　476円　Ⓘ978-4-318-00991-7

目次 二十年前のサンマの化石(川北亮司),恋するくじら(工藤直子),とめ吉のとまらぬしゃっくり(松岡享子),おどるブラザーズ(柴田隆)

『わすれものをした日に読む本』 現代児童文学研究会編　偕成社　1992.3　188p　21cm　(きょうはこの本読みたいな 11)　1200円　Ⓘ4-03-539110-7

目次 詩 とんぼの目(桧きみこ),しゅくだいをわすれて(赤座憲久),20年まえのサンマの化石(川北亮司),詩 かとりせんこう(矢崎節夫),佐橋さんのこと(皿海達哉),わすれもの(来栖良夫),詩 鉄棒(長田弘),いじめっこに、ごようじん(石井睦美),にぎやかさんのかさ(清水法子),平林(柳亭燕路),こぶたとうさぎのハイキング(小沢正),詩 生れた年(寺山修司),遺失物係と探偵(北村正裕),北風のわすれたハンカチ(安房直子)

「のんびり森のぞうさん」

『本は友だち1年生』 日本児童文学者協会編　偕成社　2005.3　139p　21cm　(学年別・名作ライブラリー 1)　1200円　Ⓘ4-03-924010-3

目次 花いっぱいになぁれ(松谷みよ子),雨くん(村山籌子),のんびり森のぞうさん(川北亮司),ぱちんぱちんきらり(矢崎節夫),コンクリートのくつあと(牧ひでを),たくやくん(森山京),詩・ジュース(高木あきこ),詩・はしるのだいすき(まどみちお),おふとんになったきのこ(工藤直子),おやおやや(林原玉枝),ノリオのはひふへほ(たかどのほうこ),エッセイ・一年生のころ 「○○○じけん」に気をつけて(薫くみこ)

内容 この本には、「国語」の教科書でおなじみの作品をはじめ、現代の子どもの文学の世界を代表する作家たちの作品が集められています。

川崎　大治
かわさき・たいじ

《1902～1980》

「こぐまのぼうけん」

『こぐまのぼうけん』 川崎大治作,いわむらかずお絵　チャイルド本社　2004.1　26p　25×25cm　(チャイルドブックアップル傑作選 年少版おはなし絵本 10)　429円　Ⓘ4-8054-2533-4　Ⓝ726.6

川崎　洋
かわさき・ひろし

《1930～2004》

「いま始まる新しいいま」

『埴輪たち』 川崎洋著　思潮社　2004.4　109p　21cm　2000円　Ⓘ4-7837-1919-5

目次 埴輪たち,わたしという木,ジンをひとったらし,鬼が島後日譚,木々の枝が風に揺れている,顔,寄せる波,あいつ,嘘,横須賀線で〔ほか〕

内容 『悪態採録控』『感じる日本語』といったライフワークを通して日本語と向き合い、そこから見つめ返された詩の世界がここには生き生きと溢れている。そんな言葉を、詩人は難しい比喩や観念ではなく、新鮮な驚きのままに瑞々しく表現する。「現代詩手帖」掲載の表題作「埴輪たち」を含む優しくユーモアのある25篇。待望の新詩集。

「海」

『海があるということは―川崎洋詩集』 川崎洋著，今成敏夫絵，水内喜久雄選・著　理論社　2005.3　128p　21×15cm　（詩と歩こう）1400円
①4-652-03850-X

目次 いま始まる新しいいま（いま始まる新しいいま，新緑，地下水 ほか），海がある（海，遠い海，海がある ほか），ジョギングの唄（こもりうた，抹殺，五月 ほか），愛の定義（ことば，美の遊び歌，ウソ ほか）

内容 海を、そして人間を深く愛した詩人、川崎洋の作品を数多く収録しました。

『日本一みじかい詩の本』 伊藤英治編，吉川民仁画　岩崎書店　2003.12　138p　19cm　1300円　①4-265-80125-0

目次 ふくらみ（中川ひろたか），海（川崎洋），海水浴（長野ヒデ子），裸んぼ（高田敏子），鉄棒（新沢としひこ），体温表（北川冬彦），料理番組（岩田まり），顔（杉山平一），知らないコンサート会場への行き方（アーサー・ビナード），天使（室生犀星）〔ほか〕

内容 まど・みちおから夏目漱石まで。一行詩のアンソロジー。

『みどりのしずく―自然』 新川和江編，瀬戸好子絵　太平出版社　1987.7　66p　21cm　（小学生・詩のくにへ 5）1600円

目次 雲（山村暮鳥），金のストロー（みずかみかずよ），水たまり（武鹿悦子），石ころ（まど・みちお），かいだん（渡辺美知子），すいれんのはっぱ（浦かずお），びわ（まど・みちお），かぼちゃのつるが（原田直友），雑草のうた（鶴岡千代子），ことりのひな（北原白秋），土（三好達治），きいろいちょうちょう（こわせたまみ），すいっちょ（鈴木敏史），川（谷川俊太郎），天（山之口貘），富士（草野心平），海（川崎洋），なみは手かな（こわせたまみ），石（草野心平），地球は（工藤直子），どうしていつも（まど・みちお）

「こんなじゃんけんしってる？」

『しかられた神さま―川崎洋少年詩集』 川崎洋著，杉浦範茂絵　理論社　1981.12　141p　21cm　（詩の散歩道）1500円

「さかさのさかさは、さかさ」

『光村ライブラリー　第18巻　おさるがふねをかきました ほか』 樺島忠夫，宮地裕，渡辺実監修，まどみちお，三井ふたばこ，阪田寛夫，川崎洋，河井酔茗ほか著，松永禎郎，杉田豊，平山英三，武田美穂，小野千世ほか画　光村図書出版　2004.11　83p　21cm〈第4刷〉1000円
①4-89528-116-7

目次 おさるがふねをかきました（まど・みちお），みつばちぶんぶん（小林純一），あいうえお・ん（鶴見正夫），ぞうのかくれんぼ（高木あきこ），おうむ（鶴見正夫），あかいカーテン（みずかみかずよ），ガラスのかお（三井ふたばこ），せいのび（武鹿悦子），かぼちゃのつるが（原田直友），三日月（松谷みよ子），夕立（みずかみかずよ），さかさのさかさはさかさ（川崎洋），春（坂本遼），虻（嶋岡晨），若葉よ来年は海へゆこう（金子光春），われは草なり（高見順），くまさん（まど・みちお），おなかのへるうた（阪田寛夫），てんらん会（柴野民三），夕日がせなかをおしてくる（阪田寛夫），ひばりのす（木下夕爾），十時にね（新川和江），みいつけた（岸田衿子），どきん（谷川俊太郎），りんご（山村暮鳥），ゆずり葉（河井酔茗），雪（三好達治），影（八木重吉），楽器（北川冬彦），動物たちの恐ろしい夢のなかに（川崎洋），支度（黒田三郎）

『ことばあそび4年生』 伊藤英治編，高畠純絵　理論社　2001.4　106p　21cm　（ことばあそびの本 4）1200円
①4-652-03434-2

目次 カバのうどんこ（まど・みちお），カバはこいよ（まど・みちお），言葉ふざけ（川崎洋），さかさかけことばうた（よしだていいち），さかさのさかさは、さかさ（川崎洋），年めぐり（阪田寛夫），しりとりの唄（岩本敏男），これはのみのぴこ（谷川俊太郎），おれも眠ろう（草野心平），かえるのうたのおけいこ（草野心平）〔ほか〕

「たんぽぽ」

『齋藤孝の親子で読む詩・俳句・短歌・童謡 1・2年生』 齋藤孝著　ポプラ社　2012.3　134p　21cm　（齋藤孝の親子で読む詩・俳句・短歌・古典 1）1000円　①978-4-591-12788-9

目次 詩（たんぽぽ（川崎洋），おさるがふねをかきました（まど・みちお），いちばんぼし（まど・みちお） ほか），童謡・唱歌（大漁（金子みすゞ），かごめかごめ，通りゃんせ ほか），やさしい俳句・短歌（古池や蛙…（松

尾芭蕉), やれ打つな蝿が…(小林一茶), 菜の花や月は…(与謝蕪村) ほか)

内容 詩や俳句・短歌のなかから、おもしろくて心にのこるものをえらんでいます。1・2年生の場合は、ことばにであうこともたいせつです。いろいろな詩を、リズムをつけてうたうような感じで音読してみてください。

『みんなが読んだ教科書の物語』 国語教科書鑑賞会編 名古屋 リベラル社, 星雲社〔発売〕 2010.9 165p 21cm 1200円 Ⓘ978-4-434-14971-9

目次 おおきなかぶ(ロシア民話、西郷竹彦・再話), くじらぐも(中川李枝子), チックとタック(千葉省三), 花いっぱいになあれ(松谷みよ子), くまの子ウーフ(神沢利子), ろくべえまってろよ(灰谷健次郎), たんぽぽ(川崎洋), かさこ地ぞう(岩崎京子), ちいちゃんのかげおくり(あまんきみこ), モチモチの木(斎藤隆介)〔ほか〕

内容 大人になった今、読み返すと新しい発見がある! 小学1年～6年生の授業で習った名作がズラリ。

『詩はうちゅう 2年』 水内喜久雄編, 大滝まみ絵 ポプラ社 2003.4 161p 20×16cm (詩はうちゅう 2) 1300円 Ⓘ4-591-07588-5

目次 はじまりのうた(いってみよ(宮中雲子), わくわくはてな(国沢たまき) ほか), みんなたんぽぽ(たんぽぽすきよ(楠木しげお), たんぽぽ(川崎洋) ほか), はひふへほのうた(「は」「ほ」「ふ」の字(大熊義和), ぱぴぷぺぽ(工藤直子) ほか), 友だち・だいすき(あたらしいともだち(木村信子), ひとりぼっちのあのこ(宮沢章二) ほか), たべもののうた(おもちのあくび(関今日子), おかしいな(与田準一) ほか), おとのうた(おと(工藤直子), いろんなおとのあめ(岸田衿子) ほか), じゅんのうた(へんなひとかぞえうた(岸田衿子), いちがつにがつさんがつ(谷川俊太郎) ほか), なぞのうた(なにがかくれてる(のろさかん), ことばかくれんぼ(川崎洋) ほか), ふあんなきもち(びりのきもち(阪田寛夫), なくしもの(木村信子) ほか), ぼく(ぼく(木村信子), どっさりのぼく(小林純一) ほか)

『声で読む日本の詩歌166 おーいぽぽんた』 茨木のり子, 大岡信, 川崎洋, 岸田衿子, 谷川俊太郎編, 柚木沙弥郎画 福音館書店 2001.4 2冊 24×16cm 2400円 Ⓘ4-8340-3469-0

目次 詩(豚(八木重吉), たんぽぽ(川崎洋), おれはかまきり(工藤直子) ほか), 俳句(雪とけて(小林一茶), 水鳥や(広瀬惟然), 猫の子に(椎本才麿) ほか), 短歌(石ばしる(志貴皇子), ひむがしの(柿本人麻呂), あまの原(安部仲麻呂) ほか), 俳句・短歌鑑賞

内容 本書には、私たちの国の詩一六六篇がのっています。短歌も俳句も自由詩も、千数百年前の詩も、新しい詩もあります。どれも、皆さんにおぼえて、口ずさんでほしい詩です。小学生向き。

『いるかいないか—ことばあそび』 新川和江編, 早川良雄絵 太平出版社 1987.12 66p 22cm (小学生・詩のくにへ 10) 1600円

目次 たんぽぽ(川崎洋), ののはな(谷川俊太郎), ことこ(谷川俊太郎), あいうえお・ん(鶴見正夫), がぎぐげごのうた(まど・みちお), きゃきゅきょのうた(まど・みちお), いるか(谷川俊太郎), さる(谷川俊太郎), 毛(川崎洋), わらべうた 数えうた, 年めぐり(阪田寛夫), らくだ(都築益世), だぶだぶおばさん(木村信子), たべもの(中江俊夫), こわれたすいどう(谷川俊太郎), もじさがしのうた(岸田衿子), がいらいごじてん(まど・みちお), きちきちばった(平原武蔵), さかさのさかさは、さかさ(川崎洋), 踏む(木村信子)

『しかられた神さま—川崎洋少年詩集』 川崎洋著, 杉浦範茂絵 理論社 1981.12 141p 21cm (詩の散歩道) 1500円

「てんとうむし」

『どうぶつ ぶつぶつ—川崎洋詩集』 川崎洋著, 河村哲朗画, 北川幸比古編 岩崎書店 1995.12 102p 20×19cm (美しい日本の詩歌 8) 1500円 Ⓘ4-265-04048-9

「動物たちの恐ろしい夢のなかに」

『光村ライブラリー 第18巻 おさるがふねをかきました ほか』 樺島忠夫, 宮地裕, 渡辺実監修, まどみちお, 三井ふたばこ, 阪田寛夫, 川崎洋, 河井酔茗ほか著, 松永禎郎, 杉田豊, 平山英三, 武田美穂, 小野千世ほか画 光村図書出版 2004.11 83p 21cm〈第4刷〉1000円 Ⓘ4-89528-116-7

目次 おさるがふねをかきました（まど・みちお），みつばちぶんぶん（小林純一），あいうえお・ん（鶴見正夫），ぞうのかくれんぼ（高木あきこ），おうむ（鶴見正夫），あかいカーテン（みずかみかずよ），ガラスのかお（三井ふたばこ），せいのび（武鹿悦子），かぼちゃのつるが（原田直友），三日月（松谷みよ子），夕立（みずかみかずよ），さかさのさかさはさかさ（川崎洋），春（坂本遼），虻（嶋岡晨），若葉よ来年は海へゆこう（金子光春），われは草なり（高見順），くまさん（まど・みちお），おなかのへるうた（阪田寛夫），てんらん会（柴野民三），夕日がせなかをおしてくる（阪田寛夫），ひばりのす（木下夕爾），十時にね（新川和江），みいつけた（岸田衿子），どきん（谷川俊太郎），りんご（山村暮鳥），ゆずり葉（河井酔茗），雪（三好達治），影（八木重吉），楽器（北川冬彦），動物たちの恐ろしい夢のなかに（川崎洋），支度（黒田三郎）

『きりんきりりん―動物 1』 新川和江編，安田卓矢絵 太平出版社 1987.10 66p 21cm （小学生・詩のくにへ 8） 1600円

目次 ねこじたの犬（村田さち子），いぬのおまわりさん（さとうよしみ），黒いこいぬ（谷川俊太郎），おさるがふねをかきました（まど・みちお），ゆかいな木きん（小林純一），シャベルでホイ（サトウハチロー），小ぎつね（勝承夫），まいごのカンガルー（柴田陽平），雨ふりくまの子（鶴見正夫），ぱんださん（立石巌），キリン（まど・みちお），ねこぜんまい（武鹿悦子），ねこふんじゃった（阪田寛夫），ゴーゴーゴリラ（摩耶翠子），うし（吉田定一），うしのそば（まど・みちお），まきばの子牛（小林純一），ドナドナ（安井かずみ），動物たちのおそろしいゆめの中に（川崎洋）

「ワニのおじいさんのたからもの」

『齋藤孝の親子で読む国語教科書 3年生』 齋藤孝著 ポプラ社 2011.3 142p 21cm （齋藤孝の親子で読む国語教科書 3） 1000円 ①978-4-591-12287-7

目次 いろはにほへと（今江祥智），のらねこ（三木卓），つりばしわたれ（長崎源之助），ちいちゃんのかげおくり（あまんきみこ），ききみみずきん（木下順二），ワニのおじいさんのたからもの（川崎洋），さんねん峠（李錦玉），サーカスのライオン（川村たかし），モチモチの木（斎藤隆介），手ぶくろを買いに（新美南吉）

『教科書にでてくるお話 2年生』 西本鶏介監修 ポプラ社 2006.3 190p 18cm （ポプラポケット文庫） 570円 ①4-591-09168-6

目次 にゃーご（宮西達也），野原のシーソー（竹下文子），花いっぱいになぁれ（松谷みよ子），おおきなキャベツ（岡信子），名まえをみてちょうだい（あまんきみこ），いいものもらった（森山京），ワニのおじいさんのたからもの（川崎洋），コスモスさんからおでんわです（杉みき子），せなかをとんとん（最上一平），きつねのおきゃくさま（あまんきみこ），あたまにかきのき（望月新三郎），かさこじぞう（岩崎京子），きいろいばけつ（森山京），くまーぴきぶんはねずみ百ぴきぶんか（神沢利子）

内容 現在使われている各社の国語教科書に掲載または紹介されている作品ばかりを集めたアンソロジーです。長く読みつがれている名作、心あたたまるお話、おもしろくて元気がでるお話など、すばらしい作品がいっぱい。作品の表記は原典に忠実にし、全文を掲載しています。教科書では気づかなった作品の魅力を、新たに発見できるかもしれません。小学校初・中級から。

『こころにひびく名さくよみもの 2年―よんで、きいて、こえに出そう』 府川源一郎，佐藤宗子編 教育出版 2004.3 74p 21cm 〈付属資料：CD1〉 2000円 ①4-316-80086-8

目次 わにのおじいさんのたからもの（川崎洋），ちょうちょだけに、なぜなくの（神沢利子），ろくべえまってろよ（灰谷健次郎），そして、トンキーもしんだ（たなべまもる），つばめ（内田康夫），タンポポ（まどみちお）

内容 小学校国語教科書に掲載された名作（物語・説明文・詩）を学年別に収録。発達段階に応じた教科書表記を採用。難意語には注を記載。発展学習にも役立つよう、交ぜ書きから読み仮名付きの漢字へ適宜変更。当時の教科書に使用された挿絵を掲載。俳優・声優による格調高い朗読をCDに収め各巻に添付。

『おとなを休もう』 石川文子編 武蔵野フロネーシス桜蔭社，メディアパル〔発売〕 2003.8 255p 19cm 1400円 ①4-89610-734-9

目次 おおきな木（シェル・シルヴァスタイン），モチモチの木（斎藤隆介），白いぼうし（あまんきみこ），おにたのぼうし（あまんきみこ），ワニのおじいさんのたからもの（川崎洋），ソメコとオニ（斎藤隆介），島ひきおに

（山下明生），一つの花（今西祐行），アディ・ニハァスの英雄（H.クランダー,W.レスロー），つりばしわたれ（長崎源之助），花さき山（斎藤隆介），やまんばのにしき（松谷みよ子），チワンのにしき，サーカスのライオン（川村たかし），青銅のライオン（瀬尾七重），月の輪グマ（椋鳩十），はまひるがおの小さな海（今西祐行），うぐいすの宿，手ぶくろを買いに（新美南吉），ごんぎつね（新美南吉）

内容 だれもが一度は読んだことのある、なつかしい作品集。

『ぼうしをかぶったオニの子』 川崎洋作，飯野和好絵 あかね書房 1979.7 62p 24cm （あかね創作どうわ） 880円

川島 隆太
かわしま・りゅうた
《1959～》

「自分の脳を自分で育てる」

『自分の脳を自分で育てる―たくましい脳をつくり、じょうずに使う』 川島隆太著 くもん出版 2001.3 143p 21cm （くもんジュニアサイエンス） 1200円 Ⓘ4-7743-0448-4

目次 第1章 はじめに―脳の世界へようこそ，第2章 読むときや聞くとき、脳の中で、なにが起きている？ ，第3章 計算をバカにしちゃいけない，第4章 毎日の勉強は、よい脳をつくる“頭のごはん”，第5章 脳が体を動かしている，第6章 心も脳の中にある，第7章 おわりに―自分で、自分の脳をつくろう

内容 人間の脳の働きを調べる最先端の研究―ブレインイメージング研究とは。わたしたち生きている人間が、いろいろな行動をするときに、脳のどの部分がどのように活動するのかを、この本でお見せするような画像にして調べる研究です。最新の機械を使うと、まるで、脳を頭の中から取りだしたような状態で見ることができます。この本では、ブレインイメージング研究によって明らかにされた、人間の脳に関する数多くの研究成果を、初めてお見せしています。

川田 健
かわた・けん
《1937～》

「しっぽのやくめ」

『光村ライブラリー 第5巻 からすの学校 ほか』 樺島忠夫，宮地裕，渡辺実監修，かわたけん，ひだかとしたか，たけたづみのる，さとうゆうこう，まつざわてつろうほか文，藪内正幸，内藤貞夫，伊藤正道，五味太郎，森津和嘉子絵 光村図書出版 2004.11 77p 21cm〈第4刷〉 1000円 Ⓘ4-89528-103-5

目次 しっぽのやくめ（かわたけん），からすの学校（ひだかとしたか），きたきつねの子ども（たけたづみのる），あきあかねの一生（さとうゆうこう），「ことば」をおぼえたチンパンジー（まつざわてつろう），おへそって、なあに（やまだまこと），わたしたちとどうぐ（おおぬまてつろう），あつまれ、楽器（よしおかしげみ）

川端 誠
かわばた・まこと
《1952～》

「じゅげむ」

『落語絵本 じゅげむ』 川端誠著 クレヨンハウス 1998.4 1冊 30cm 1165円 Ⓘ4-906379-80-X

「まんじゅうこわい」

『落語絵本 まんじゅうこわい』 川端誠作 クレヨンハウス 1996.3 1冊 30cm 1200円 Ⓘ4-906379-56-7

川端 康成
かわばた・やすなり
《1899～1972》

「ざくろ」

『伊豆の踊子』 川端康成作，高田勲絵

講談社　1991.6　169p　18cm　（講談社 青い鳥文庫 154‐1）460円
①4-06-147350-6

目次 伊豆の踊子, 骨拾い, バッタと鈴虫, 男と女と荷車, 夏の靴, ありがとう, 顕微鏡怪談, 百合, 雪隠成仏, 雨傘, 顔, わかめ, 十七歳, ざくろ, かけす

内容 伊豆の旅に出た一高生のわたしは、天城峠の茶屋で旅まわりの踊り子に会い、下田まで道連れになるが、2人の心に淡い恋が芽生え…。青春の哀歓を美しくえがいた名作『伊豆の踊子』に、『掌の小説』から「骨拾い」「バッタと鈴虫」「顕微鏡怪談」「雨傘」「十七歳」「ざくろ」など14編収録。小学上級から。

川村　たかし
かわむら・たかし
《1931〜2010》

「くじらの海」

『本は友だち6年生』 日本児童文学者協会編　偕成社　2005.3　163p　21cm　（学年別・名作ライブラリー 6）1200円
①4-03-924060-X

目次 青い花（安房直子）, 紅鯉（丘修三）, あるハンノキの話（今西祐行）, おまつり村（後藤竜二）, 詩・卵（三越左千夫）, 詩・再生（関今日子）, そよ風のうた（砂田弘）, あの坂をのぼれば（杉みき子）, くじらの海（川村たかし）, 気のいい火山弾（宮沢賢治）, さんちき（吉橋通夫）, エッセイ・六年生のころ 初めの一歩が踏みだせなくて（三輪裕子）

内容 この本には、「国語」の教科書でおなじみの作品をはじめ、現代の子どもの文学の世界を代表する作家たちの作品が集められています。

『くじらの海』 川村たかし作, 石倉欣二絵　岩崎書店　1997.4　77p　22×19cm　（日本の名作童話 22）1500円
①4-265-03772-0

目次 クマさんうしろむき, サーカスのライオン, 山へ行く牛, くじらの海

「サーカスのライオン」

『齋藤孝の親子で読む国語教科書 3年生』 齋藤孝著　ポプラ社　2011.3　142p　21cm　（齋藤孝の親子で読む国語教科書 3）1000円　①978-4-591-12287-7

目次 いろはにほへと（今江祥智）, のらねこ（三木卓）, つりばしわたれ（長崎源之助）, ちいちゃんのかげおくり（あまんきみこ）, ききみみずきん（木下順二）, ワニのおじいさんのたからもの（川崎洋）, さんねん峠（李錦玉）, サーカスのライオン（川村たかし）, モチモチの木（斎藤隆介）, 手ぶくろを買いに（新美南吉）

『教科書にでてくるお話 3年生』 西本鶏介監修　ポプラ社　2006.3　186p　18cm　（ポプラポケット文庫）570円
①4-591-09169-4

目次 のらねこ（三木卓）, きつつきの商売（林原玉枝）, ウサギのダイコン（茂市久美子）, きつねをつれてむらまつり（こわせたまみ）, つりばしわたれ（長崎源之助）, 手ぶくろを買いに（新美南吉）, うみのひかり（緒島英二）, サーカスのライオン（川村たかし）, おにたのぼうし（あまんきみこ）, 百羽のツル（花岡大学）, モチモチの木（斎藤隆介）, かあさんのうた（大野允子）, ちいちゃんのかげおくり（あまんきみこ）

内容 現在使われている各社の国語教科書に掲載または紹介されている作品ばかりを集めたアンソロジーです。長く読みつがれている名作、心あたたまるお話、おもしろくて元気がでるお話など、すばらしい作品がいっぱい。作品の表記は原典に忠実にし、全文を掲載しています。教科書では気づかなかった作品の魅力を、新たに発見できるかもしれません。小学校中級から。

『おとなを休もう』 石川文子編　武蔵野　フロネーシス桜蔭社, メディアパル〔発売〕　2003.8　255p　19cm　1400円
①4-89610-734-9

目次 おおきな木（シェル・シルヴァスタイン）, モチモチの木（斎藤隆介）, 白いぼうし（あまんきみこ）, おにたのぼうし（あまんきみこ）, ワニのおじいさんのたからもの（川崎洋）, ソメコとオニ（斎藤隆介）, 島ひきおに（山下明生）, 一つの花（今西祐行）, アディ・ニハァスの英雄（H.クランダー,W.レスロー）, つりばしわたれ（長崎源之助）, 花さき山（斎藤隆介）, やまんばのにしき（松谷みよ子）, チワンのにしき, サーカスのライオン（川村たかし）, 青銅のライオン（瀬尾七重）, 月の輪グマ（椋鳩十）, はまひるがおの小さな海（今西祐行）, うぐいすの宿, 手ぶくろを買いに（新美南吉）, ごんぎつね（新美南吉）

内容 だれもが一度は読んだことのある、な

つかしい作品集。

『くじらの海』 川村たかし作, 石倉欣二絵 岩崎書店 1997.4 77p 22×19cm (日本の名作童話 22) 1500円 ①4-265-03772-0

目次 クマさんうしろむき, サーカスのライオン, 山へ行く牛, くじらの海

「天にのぼったおけや」

『月ようびのどうわ』 日本児童文学者協会編 国土社 1998.3 99p 21cm (よんでみようよ教科書のどうわ1しゅうかん 1) 1200円 ①4-337-09601-9

目次 どうぞのいす(香山美子), 春のくまたち(神沢利子), うみへのながいたび(今江祥智), コスモス(森山京), すずめのてがみ(神戸淳吉), 天にのぼったおけや(川村たかし), サラダでげんき(角野栄子), ハモニカじま(与田準一)

「山へいく牛」

『教科書にでてくるお話 6年生』 西本鶏介監修 ポプラ社 2006.3 220p 18cm (ポプラポケット文庫) 570円 ①4-591-09172-4

目次 きつねの窓(安房直子), 桃花片(岡野薫子), 海のいのち(立松和平), やまなし(宮沢賢治), ヨースケくんの秘密(那須正幹), 冬きたりなば(星新一), このすばらしい世界(山口タオ), 川とノリオ(いぬいとみこ), 山へいく牛(川村たかし), ロシアパン(高橋正亮), ヒロシマの歌(今西祐行), 赤いろうそくと人魚(小川未明)

内容 現在使われている各社の国語教科書に掲載または紹介されている作品ばかりを集めたアンソロジーです。長く読みつがれている名作、心あたたまるお話、おもしろくて元気がでるお話など、すばらしい作品がいっぱい。作品の表記は原典に忠実にし、全文を掲載しています。教科書では気づかなかった作品の魅力を、新たに発見できるかもしれません。小学校上級から。

『「戦争と平和」子ども文学館 12』 長崎源之助ほか編 日本図書センター 1995.2 317p 22cm 2800円 ①4-8205-7253-9,4-8205-7241-5

目次 ちいちゃんのかげおくり(あまんきみこ著), 砂の音はおとうさんの声(赤座憲久著), 十日間のお客(川口志保子著), 赤ずきんちゃん(岩崎京子著), 山へいく牛(川村たかし著), 時計は生きていた(木暮正夫著)

『山へいく牛』 川村たかし著 偕成社 1983.3 217p 19cm (偕成社文庫) 450円 ①4-03-651070-3

神沢 利子
かんざわ・としこ
《1924～》

「あした」

『子どもと読む詩30選 1 小学校1・2年』 渡辺増治, 長谷川峻編 桐書房 2000.8 126p 26cm 1900円 ①4-87647-486-9

目次 1 子どもと読みたい詩(春をうたう, 夏をうたう, 秋をうたう ほか), 2 詩の鑑賞の基本―リズムからイメージへ, 3 詩のある教室―子どもと詩の出会い - 一年生の一年間, 4 詩の授業―広がるやさしい詩の世界 - まど・みちお「しゃぼんだま」の授業

内容 子どもといっしょに楽しむ詩の授業。教室で読みたい詩を精選。おもな教科書教材を網羅。詩の授業計画や実践記録も収録。

『おめでとうが いっぱい』 神沢利子詩, 西巻茅子絵 のら書店 1991.12 95p 20cm (幼い子どものための詩の本) 980円 ①4-931129-63-3

内容 幼い子どもたちに、豊かで美しいことばをくり返し語りかけてほしいと願っておくる詩集。

「いちごつみ」

『くじらぐもからチックタックまで』 石川文子編 武蔵野 フロネーシス桜蔭社, メディアパル〔発売〕 2008.11 222p 19cm 1400円 ①978-4-89610-746-3

目次 くじらぐも(中川李枝子), チックタック(千葉省三), 小さい白いにわとり((ウクライナの民話)光村図書出版編集部編), おおきなかぶ(内田莉莎子訳,A.トルストイ再話), かさこじぞう(岩崎京子), ハナイッパイになあれ(松谷みよ子), おてがみ(三木卓訳, アーノルド・ローベル原作), スイミー(谷川俊太郎訳, レオ＝レオニ原作), 馬頭琴((モンゴルの民話)君島久子訳), おじさんのかさ(佐野洋子), 花とうぐいす(浜田広介), いちごつみ(神沢利子), おかあさんお

めでとう(『くまの子ウーフ』より)(神沢利子), きつねのおきゃくさま(あまんきみこ), きつねの子のひろった定期券(松谷みよ子), きつねの窓(安房直子), やまなし(宮澤賢治), 最後の授業(桜田佐訳 アルフォンス・ドーデ原作), 譲り葉(河井酔茗), 雨ニモマケズ(宮澤賢治)

内容 昭和40年から現在までこくごの教科書のおはなしベスト20。「もう一度読みたい」リクエスト作品と、採用頻度の高い作品で作りました。教科書でしか読めなかった名作『くじらぐも』が、初めて教科書から飛び出しました。

『いちごつみ』 神沢利子著, 平山英三画　改訂版　童心社　2004.5　31p　23cm　1200円　Ⓘ4-494-00259-3

『新版 フライパンが空をとんだら』 神沢利子作, 渡辺三郎画　大日本図書　1988.2　69p　21cm　(子ども図書館)　960円　Ⓘ4-477-17596-5

目次 フライパンが空をとんだら, いちごつみ, キミちゃんとかっぱのはなし, 忍者はどこへ

「ウーフはおしっこでできてるか」

『神沢利子のおはなしの時間　1』 神沢利子作, 井上洋介絵　ポプラ社　2011.3　146p　21cm　1200円　Ⓘ978-4-591-12280-8

目次 ウーフはおしっこでできてるか??, ちょうちょだけになぜなくの, おっことさないものなんだ？ ,???, くま一ぴきぶんはねずみ百ぴきぶんか, おかあさんおめでとう, ウーフはあかちゃんみつけたよ, ぴかぴかのウーフ, たんじょう会みたいな日

『日本の童話名作選―戦後篇』 講談社文芸文庫編　講談社　2007.2　347p　15cm　(講談社文芸文庫)　1400円　Ⓘ978-4-06-198468-4

目次 ノンちゃん雲に乗る(抄)(石井桃子), 原始林あらし(前川康男), 一つの花(今西祐行), 風信器(大石真), おねえさんといっしょ(筒井敬介), ぞうのたまごのたまごやき(寺村輝夫), くじらとり(中川李枝子), きばをなくすと(小沢正), ちょうちょむすび(今江祥智), 神かくしの山(岩崎京子), ちいさいモモちゃん(松谷みよ子), ぐず伸のホームラン(山中恒), ひょっこりひょうたん島(井上ひさし, 山元護久), そこなし森の話(佐藤さとる), 焼けあとの白鳥(長崎源之助), 夜のかげぼうし(宮川ひろ), さんしょっ子(安房直子), おにたのぼうし(あまんきみこ), ウーフは、おしっこでできてるか??(神沢利子), 白い帆船(庄野英二), 花かんざし(立原えりか)

内容 戦後、「少国民」は「子ども」にかえり、民主主義という新しい価値観のもと、童話も本来の明るさを取り戻した。子どもの視点に立つ成長物語、幼児の心を発見する幼年童話、異世界への扉をあけるファンタジーが一斉に花ひらくいっぽう、空襲、集団疎開等の記憶を語り継ぐ戦争童話も数多く書かれた。そして草創期のテレビは童話を含めた子ども文化に大変化をもたらした。戦後すぐから六〇年代までを俯瞰する名品二一篇。

『くまの子ウーフ』 神沢利子作　ポプラ社　2005.10　158p　18cm　(ポプラポケット文庫 001-1―くまの子ウーフの童話集)〈絵：井上洋介〉570円　Ⓘ4-591-08870-7　Ⓝ913.6

目次 さかなにはなぜしたがない, ウーフはおしっこでできてるか??, いざというときってどんなとき？ , きつつきのみつけたたから, ちょうちょだけになぜなくの, たからがふえるといそがしい, おっことさないものなんだ？ ,???, くま一ぴきぶんはねずみ百ぴきぶんか

『くまの子ウーフ』 神沢利子作, 井上洋介絵　ポプラ社　2001.9　134p　22×18cm　(くまの子ウーフの童話集 1)　1000円　Ⓘ4-591-06947-8

目次 さかなにはなぜしたがない, ウーフはおしっこでできてるか??, いざというときってどんなとき？ , きつつきのみつけたたから, ちょうちょだけになぜなくの, たからがふえるといそがしい, おっことさないものなんだ？ ,???, くま一ぴきぶんはねずみ百ぴきぶんか

内容 あそぶことが大すき。たべることが大すき。そして、かんがえることが大すきな、くまの子ウーフ。ほら、きょうもウーフの「どうして？」がきこえてきます。

「えぞまつ」

『えぞまつ―うけつがれるいのちのひみつ』 神沢利子文, 吉田勝彦絵, 有澤浩監修　福音館書店　2011.1　27p　26×24cm　(かがくのとも傑作集)〈第5刷(第1刷1992年)〉900円

Ⓘ978-4-8340-1104-3

内容 北海道のあまり人の入らないふかい森。えぞまつを通し植物の生命のリレーを描く。

『光村ライブラリー　第12巻　野ばら ほか』 樺島忠夫, 宮地裕, 渡辺実監修, 小松左京ほか著, 吉田甲子太郎訳, たむらしげるほか画　光村図書出版　2004.4　84p　21cm〈3刷〉1000円

Ⓘ4-89528-110-8

目次 宇宙人の宿題（小松左京）, おみやげ（星新一）, 野ばら（小川未明）, 空にうかぶ騎士（アンブローズ・ビアス）, 石うすの歌（壷井栄）, えぞまつ（神沢利子）

『えぞまつ』 神沢利子文, 吉田勝彦絵　福音館書店　1992.6　27p　26×24cm（かがくのとも傑作集）780円

Ⓘ4-8340-1104-6

「おかあさんおめでとう」

『神沢利子のおはなしの時間　1』 神沢利子作, 井上洋介絵　ポプラ社　2011.3　146p　21cm　1200円

Ⓘ978-4-591-12280-8

目次 ウーフはおしっこでできてるか??, ちょうちょだけになぜなくの, おっことさないものなんだ？ ,???, くま一ぴきぶんはねずみ百ぴきぶんか, おかあさんおめでとう, ウーフはあかちゃんみつけたよ, ぴかぴかのウーフ, たんじょう会みたいな日

『くじらぐもからチックタックまで』 石川文子編　武蔵野　フロネーシス桜蔭社, メディアパル〔発売〕　2008.11　222p　19cm　1400円

Ⓘ978-4-89610-746-3

目次 くじらぐも（中川李枝子）, チックタック（千葉省三）, 小さい白いにわとり（（ウクライナの民話）光村図書出版編集部編）, おおきなかぶ（内田莉莎子訳,A.トルストイ再話）, かさこじぞう（岩崎京子）, ハナイッパイになあれ（松谷みよ子）, おてがみ（三木卓訳, アーノルド・ローベル原作）, スイミー（谷川俊太郎訳, レオ＝レオニ原作）, 馬頭琴（（モンゴルの民話）君島久子訳）, おじさんのかさ（佐野洋子）, 花とうぐいす（浜田広介）, いちごつみ（神沢利子）, おかあさんおめでとう（『くまの子ウーフ』より）（神沢利子）, きつねのおきゃくさま（あまんきみこ）, きつねの子のひろった定期券（松谷みよ子）, きつねの窓（安房直子）, やまなし（宮澤賢治）, 最後の授業（桜田佐訳 アルフォンス・ドーデ原作）, 譲り葉（河井酔茗）, 雨ニモマケズ（宮澤賢治）

内容 昭和40年から現在までこくごの教科書のおはなしベスト20。「もう一度読みたい」リクエスト作品と、採用頻度の高い作品で作りました。教科書でしか読めなかった名作『くじらぐも』が、初めて教科書から飛び出しました。

『こんにちはウーフ』 神沢利子作　ポプラ社　2005.10　166p　18cm（ポプラポケット文庫 001-2―くまの子ウーフの童話集）〈絵：井上洋介〉570円

Ⓘ4-591-08871-5　Ⓝ913.6

目次 ウーフはなんにもなれないか？ ,ぶつぶついうのはだあれ, おひさまはだかんぼ, おかあさんおめでとう, お月さんはきつねがすき？ ,雪の朝, ウーフはあかちゃんみつけたよ, ぴかぴかのウーフ

『こんにちはウーフ』 神沢利子作, 井上洋介絵　ポプラ社　2001.9　130p　22×18cm（くまの子ウーフの童話集 2）1000円　Ⓘ4-591-06948-6

目次 ウーフはなんにもなれないか？ ,ぶつぶついうのはだあれ, おひさまはだかんぼ, おかあさんおめでとう, お月さんはきつねがすき？ ,雪の朝, ウーフはあかちゃんみつけたよ, ぴかぴかのウーフ

内容 おひさまに、元気よくあいさつして、くまの子ウーフが、野原にとびだしてきました。たくさんのふしぎに出会いながら、ウーフは、一日一日、大きくなっていきます。

「おむすびころりん」

『母と子の日本おはなし名作　1』 小学館　1991.4　207p　27×21cm　1850円

Ⓘ4-09-213021-X

目次 おむすびころりん（神沢利子）, いっすんぼうし（立原えりか）, だんまりくらべ（木暮正夫）, くらげほねなし（筒井敬介）, ももたろう（筒井敬介）, しおふきうす（鶴見正夫）, つるのおんがえし（神沢利子）, 花さかじいさん（木暮正夫）, かちかち山（立原えりか）, しっぽのつり（西本鶏介）, 見るなのざしき（武鹿悦子）, こぶとりじいさん（木暮正夫）, 金たろう（千葉幹夫）, ねずみのよめ入り（立原えりか）, さるかに合せん（竹崎有斐）

内容 幼い心に豊かな感動を。選びぬかれた

日本の昔話15話。

『つるのおんがえし』 小学館 1988.10 111p 27×22cm （日本おはなし名作全集 1） 1200円 Ⓘ4-09-238001-1

目次 つるのおんがえし（神沢利子・文, 中島潔・絵）, わかがえりの水（西本鶏介・文, 峰村りょうじ・絵）, くらげほねなし（筒井敬介・文, 岡村好文・絵）, かもとりごんべえ（西本鶏介・文, 池田浩彰・絵）, へっぴりよめご（西本鶏介・文, 中村景児・絵）, おむすびころりん（神沢利子・文, 村上幸一・絵）, さるかに合せん（竹崎有斐・文, 清水耕蔵・絵絵）私の好きなお話（竹下景子）

内容 神話・昔話から近代童話まで、一度は読んでおきたい日本のお話。

「くまーぴきぶんはねずみ百ぴきぶんか」

『神沢利子のおはなしの時間 1』 神沢利子作, 井上洋介絵 ポプラ社 2011.3 146p 21cm 1200円 Ⓘ978-4-591-12280-8

目次 ウーフはおしっこでできてるか??, ちょうちょだけになぜなくの, おっことさないものなんだ？ ,???, くまーぴきぶんはねずみ百ぴきぶんか, おかあさんおめでとう, ウーフはあかちゃんみつけたよ, ぴかぴかのウーフ, たんじょう会みたいな日

『教科書にでてくるお話 2年生』 西本鶏介監修 ポプラ社 2006.3 190p 18cm （ポプラポケット文庫） 570円 Ⓘ4-591-09168-6

目次 にゃーご（宮西達也）, 野原のシーソー（竹下文子）, 花いっぱいになぁれ（松谷みよ子）, おおきなキャベツ（岡信子）, 名まえをみてちょうだい（あまんきみこ）, いいものもらった（森山京）, ワニのおじいさんのたからもの（川崎洋）, コスモスさんからおでんわです（杉みき子）, せなかをとんとん（最上一平）, きつねのおきゃくさま（あまんきみこ）, あたまにかきのき（望月新三郎）, かさこじぞう（岩崎京子）, きいろいばけつ（森山京）, くまーぴきぶんはねずみ百ぴきぶんか（神沢利子）

内容 現在使われている各社の国語教科書に掲載または紹介されている作品ばかりを集めたアンソロジーです。長く読みつがれている名作、心あたたまるお話、おもしろくて元気がでるお話など、すばらしい作品がいっぱい。作品の表記は原典に忠実にし、全文を掲載しています。教科書では気づかなった作品の魅力を、新たに発見できるかもしれません。小学校初・中級から。

『くまの子ウーフ』 神沢利子作 ポプラ社 2005.10 158p 18cm （ポプラポケット文庫 001-1―くまの子ウーフの童話集）〈絵：井上洋介〉 570円 Ⓘ4-591-08870-7 Ⓝ913.6

目次 さかなにはなぜしたがない, ウーフはおしっこでできてるか??, いざというときってどんなとき？ ,きつつきのみつけたたから, ちょうちょだけになぜなくの, たからがふえるといそがしい, おっことさないものなんだ？ ,???, くまーぴきぶんはねずみ百ぴきぶんか

『おはなしのおもちゃ箱―こんなとき読んであげたい』 赤木かんこ編著 PHP研究所 2003.9 204p 19cm 1100円 Ⓘ4-569-63012-X

目次 ネズミのすもう, 宝げた, ねこはやっぱりねこがいい, おさらをあらわなかったおじさん, くまーぴきぶんはねずみ百ぴきぶんか, ろばの耳をもった王子, おいしいおかゆ, むかしのキツネ, パン屋のネコ, 姉と弟, 松の木の伊勢まいり, かべのツル, カタツムリのつのさき, おくびょうなムクドリ, あべこべものがたり, ムフタール通りの魔女, おなかをふくらませたキツネ, アイスクリームのお城, 棒のおしえ, ださない力, いくさだったら, つまみぐい, サンドラはだまりやさん, みんなで手をかそう, じまんやのインファンタ, セミとりじいさん, つよいニワトリ, おじいさんと孫, むすびっこぶ, みんなたのしい

内容 勇気と知恵とやさしい心。物語にたくして子どもの心に届けたい、親子でいっしょに考えたい珠玉の童話集。

『くまの子ウーフ』 神沢利子作, 井上洋介絵 ポプラ社 2001.9 134p 22×18cm （くまの子ウーフの童話集 1） 1000円 Ⓘ4-591-06947-8

目次 さかなにはなぜしたがない, ウーフはおしっこでできてるか??, いざというときってどんなとき？ ,きつつきのみつけたたから, ちょうちょだけになぜなくの, たからがふえるといそがしい, おっことさないものなんだ？ ,???, くまーぴきぶんはねずみ百ぴきぶんか

「くまの子ウーフ」

『みんなが読んだ教科書の物語』 国語教

科書鑑賞会編　名古屋　リベラル社, 星雲社〔発売〕　2010.9　165p　21cm　1200円　①978-4-434-14971-9

目次 おおきなかぶ (ロシア民話、西郷竹彦・再話), くじらぐも (中川李枝子), チックとタック (千葉省三), 花いっぱいになあれ (松谷みよ子), くまの子ウーフ (神沢利子), ろくべえまってろよ (灰谷健次郎), たんぽぽ (川崎洋), かさこ地ぞう (岩崎京子), ちいちゃんのかげおくり (あまんきみこ), モチモチの木 (斎藤隆介) 〔ほか〕

内容 大人になった今、読み返すと新しい発見がある！ 小学1年〜6年生の授業で習った名作がズラリ。

『くまの子ウーフ―くまの子ウーフの童話集』　神沢利子著, 井上洋介画　ポプラ社　2006.3　158p　18cm　(ポプラポケット文庫)　〈3刷〉 570円　①4-591-08870-7

内容 ぼくはくまの子。うーふーってうなるから、名前がくまの子ウーフ。あそぶのがだいすき、なめるのとたべるのがだいすき。それから、いろんなことをかんがえるのもね。どんなことかって？ うーふー、さあよんでみてくれよ。

『毛皮をきたともだち』　神沢利子著, 井上洋介, 片山健, 渡辺洋二絵　普及版　あかね書房　2005.12　243p　19cm　(神沢利子コレクション 1)　1500円　①4-251-03041-9

目次 あなぐまのなあくん, うさぎのモコ, くまの子ウーフ, バーブとおばあちゃん, たんじょう日をさがせ, となりのモリタ, ゆきがくる, ぽとんぽとんはなんのおと

『くまの子ウーフ』　神沢利子作, 井上洋介絵　ポプラ社　2001.9　134p　22×18cm　(くまの子ウーフの童話集 1)　1000円　①4-591-06947-8

目次 さかなにはなぜしたがない, ウーフはおしっこでできてるか??, いざというときってどんなとき？ , きつつきのみつけたたから, ちょうちょだけになぜなくの, たからがふえるといそがしい, おっことさないものなんだ？ ,???, くま一ぴきぶんはねずみ百ぴきぶんか

「ちょうちょだけに、なぜなくの」

『くまの子ウーフ』　神沢利子作, 井上洋介絵　ポプラ社　2001.9　134p　22×18cm　(くまの子ウーフの童話集 1)　1000円　①4-591-06947-8

目次 さかなにはなぜしたがない, ウーフはおしっこでできてるか??, いざというときってどんなとき？ , きつつきのみつけたたから, ちょうちょだけになぜなくの, たからがふえるといそがしい, おっことさないものなんだ？ ,???, くま一ぴきぶんはねずみ百ぴきぶんか

「春のくまたち」

『月ようびのどうわ』　日本児童文学者協会編　国土社　1998.3　99p　21cm　(よんでみようよ教科書のどうわ1しゅうかん 1)　1200円　①4-337-09601-9

目次 どうぞのいす (香山美子), 春のくまたち (神沢利子), うみへのながいたび (今江祥智), コスモス (森山京), すずめのてがみ (神戸淳吉), 天にのぼったおけや (川村たかし), サラダでげんき (角野栄子), ハモニカじま (与田準一)

『春のくまたち』　神沢利子作, 宮本忠夫絵　岩崎書店　1995.4　85p　22×19cm　(日本の名作童話 11)　1500円　①4-265-03761-5

「ぴかぴかのウーフ」

『神沢利子のおはなしの時間　1』　神沢利子作, 井上洋介絵　ポプラ社　2011.3　146p　21cm　1200円　①978-4-591-12280-8

目次 ウーフはおしっこでできてるか??, ちょうちょだけになぜなくの, おっことさないものなんだ？ ,???, くま一ぴきぶんはねずみ百ぴきぶんか, おかあさんおめでとう, ウーフはあかちゃんみつけたよ, ぴかぴかのウーフ, たんじょう会みたいな日

『教科書にでてくるお話 1年生』　西本鶏介監修　ポプラ社　2006.3　190p　18cm　(ポプラポケット文庫)　570円　①4-591-09167-8

目次 どうぞのいす (香山美子), ぴかぴかのウーフ (神沢利子), おおきなかぶ (トルストイ), おむすびころりん (西本鶏介), てがみ (森山京), しましま (森山京), はじめは「や！」(香山美子), つきよに (安房直子), たぬきのいとぐるま (木暮正夫), ねずみのすもう (大川悦生), 1ねん1くみ1ばんワル (後藤竜二)

内容 現在使われている各社の国語教科書に掲載または紹介されている作品ばかりを集めたアンソロジーです。長く読みつがれている名作、心あたたまるお話、おもしろくて元気がでるお話など、すばらしい作品がいっぱい。作品の表記は原典に忠実にし、全文を掲載しています。教科書では気づかなかった作品の魅力を、新たに発見できるかもしれません。小学校初・中級から。

『こんにちはウーフ』 神沢利子作 ポプラ社 2005.10 166p 18cm (ポプラポケット文庫 001-2—くまの子ウーフの童話集)〈絵：井上洋介〉570円 ①4-591-08871-5 Ⓝ913.6

目次 ウーフはなんにもなれないか？，ぶつぶついうのはだあれ，おひさまはだかんぼ，おかあさんおめでとう，お月さんはきつねがすき？，雪の朝，ウーフはあかちゃんみつけたよ，ぴかぴかのウーフ

『こんにちはウーフ』 神沢利子作，井上洋介絵 ポプラ社 2001.9 130p 22×18cm (くまの子ウーフの童話集 2) 1000円 ①4-591-06948-6

目次 ウーフはなんにもなれないか？，ぶつぶついうのはだあれ，おひさまはだかんぼ，おかあさんおめでとう，お月さんはきつねがすき？，雪の朝，ウーフはあかちゃんみつけたよ，ぴかぴかのウーフ

神戸 淳吉
かんべ・じゅんきち
《1920～》

「すずめのてがみ」

『月ようびのどうわ』 日本児童文学者協会編 国土社 1998.3 99p 21cm (よんでみようよ教科書のどうわ1しゅうかん 1) 1200円 ①4-337-09601-9

目次 どうぞのいす(香山美子)，春のくまたち(神沢利子)，うみへのながいたび(今江祥智)，コスモス(森山京)，すずめのてがみ(神戸淳吉)，天にのぼったおけや(川村たかし)，サラダでげんき(角野栄子)，ハモニカじま(与田準一)

木内 高音
きうち・たかね
《1896～1951》

「ジョンの馬車」

『水菓子屋の要吉』 木内高音著 文芸社 2007.9 157p 19cm 1300円 ①978-4-286-03337-2

目次 水菓子屋の要吉，生れかわった魂，お化け倉の話，大晦日の夜，ジョンの馬車，巡回動物園，ランプと電気，修学旅行，不幸な王子，自動シャベル，人形つくりの話

内容 いち早く宮沢賢治の才能を見い出した「赤い鳥」の名編集者、木内高音。確かな目で捉えた作品には、格差社会への義憤を秘めた哀しみがある。

菊地 慶一
きくち・けいいち
《1932～》

「流氷の世界」

『流氷の世界』 菊地慶一，山崎猛著 岩崎書店 1982.2 39p 27cm (カラー版自然と科学) 1100円

岸 武雄
きし・たけお
《1912～2002》

「健にいのミカン」

『地図のある手紙』 日本児童文学者協会編 小峰書店 1986.3 163p 21cm (新選・子どもの文学 18—ふるさとものがたり) 980円 ①4-338-06118-9

目次 地図のある手紙(宮川ひろ)，夕やけ牧場(長野京子)，湯かぶり仁太(宮下和男)，トマトとパチンコ(後藤竜二)，鬼のげた(角田光男)，野がも(溝井英雄)，ノロシをもやせ(須藤克三)，健にいのミカン(岸武雄)

『健にいのミカン』 岸武雄著 ポプラ社 1980.4 180p 18cm (ポプラ社文庫)

390円

岸 なみ
きし・なみ
《1912～》

「たぬきの糸車」

『伊豆の民話』 岸なみ編 未來社 2006.7 217p 21cm （日本の民話 4） 〈1960年刊（第2刷）を原本としたオンデマンド版〉 3600円 ①4-624-99104-4 Ⓝ388.154

岸田 衿子
きしだ・えりこ
《1929～2011》

「いろんなおとのあめ」

『詩はうちゅう 2年』 水内喜久雄編，大滝まみ絵 ポプラ社 2003.4 161p 20×16cm （詩はうちゅう 2） 1300円 ①4-591-07588-5

目次 はじまりのうた（いってみよ（宮中雲子），わくわくはてな（国沢たまき） ほか），みんなたんぽぽ（たんぽぽすきよ（楠木しげお），たんぽぽ（川崎洋） ほか），はひふへほのうた（「は」「ほ」「ふ」の字（大熊義和），ぱぴぷぺぽ（工藤直子） ほか），友だち・だいすき（あたらしいともだち（木村信子），ひとりぼっちのあのこ（宮沢章二） ほか），たべもののうた（おもちのあくび（関今日子），おかしいな（与田準一） ほか），おとのうた（おと（工藤直子），いろんなおとのあめ（岸田衿子） ほか），じゅんのうた（へんなひとかぞえうた（岸田衿子），いちがつにがつさんがつ（谷川俊太郎） ほか），なぞのうた（なにがかくれてる（のろさかん），ことばかくれんぼ（川崎洋） ほか），ふあんなきもち（びりのきもち（阪田寛夫），なくしもの（木村信子） ほか），ぼく（ぼく（木村信子），どっさりのぼく（小林純一） ほか）

『2年生ともだちだいすき』 水内きくお編著 あゆみ出版 1997.4 78p 19cm （ひろがるひろがるしのせかい） 1300円 ①4-7519-4001-5

目次 1 たんぽぽたんぽぽ（たんぽぽすきよ，たんぽぽ ほか），2 ふしぎなおと（おと，いろんなおとのあめ ほか），3 ともだちだいすき（うち知ってんねん，せきとっかえ ほか），4 しょくぶつのうた（のはらでさきたい，ぶどう ほか），5 ことばあそびでおもいきり（けんかならこい，早口ことばのうた ほか）

「ジオジオのかんむり」

『ジオジオのかんむり』 岸田衿子さく，中谷千代子え 福音館書店 1978.4 19p 27cm （《こどものとも》傑作集） 380円

「シーソーにのったら」

『未来へむかう心が育つおはなし』 主婦の友社編 主婦の友社 2012.8 253p 27×22cm （頭のいい子を育てる） 〈付属資料：シール〉 2200円 ①978-4-07-283498-5

目次 はじめは「や！」（香山美子），ムカデの医者むかえ―日本の昔話，三つのことば（グリム），耳なし芳一のはなし（小泉八雲），イチョウの実（宮沢賢治），シーソーにのったら（岸田衿子），三枚のおふだ―日本の昔話，郵便屋さんのおはなし（チャペック），こんび太郎―日本の昔話，はだかの王さま（アンデルセン）〔ほか〕

内容 未知の世界へとびこんでいく勇気、失敗をしてもくじけずに立ちあがってまた進もうとするたくましさ、小さな枠におさまらない好奇心―子どもたちにつちかってほしい力を育てるお話を集めました。

「とおくに見える木」

『へんなかくれんぼ―子どもの季節とあそびのうた』 岸田衿子詩，織茂恭子絵 のら書店 1990.7 101p 20cm 980円 ①4-931129-62-5

目次 おぼえてるかな，とんとんとーもろこし，くりひろい，りんりりん

「みいつけた」

『光村ライブラリー 第18巻 おさるがふねをかきました ほか』 樺島忠夫，宮地裕，渡辺実監修，まどみちお，三井ふたばこ，阪田寛夫，川崎洋，河井酔茗ほか著，松永禎郎，杉田豊，平山英三，武田美穂，小野千世ほか画 光村図書出版 2004.11 83p 21cm 〈第4刷〉 1000円 ①4-89528-116-7

目次 おさるがふねをかきました（まど・みちお），みつばちぶんぶん（小林純一），あいうえお・ん（鶴見正夫），ぞうのかくれんぼ（高木あきこ），おうむ（鶴見正夫），あかいカーテン（みずかみかずよ），ガラスのかお（三井ふたばこ），せいのび（武鹿悦子），かぼちゃのつるが（原田直友），三日月（松谷みよ子），夕立（みずかみかずよ），さかさのさかさはさかさ（川崎洋），春（坂本遼），虻（嶋岡晨），若葉よ来年は海へゆこう（金子光春），われは草なり（高見順），くまさん（まど・みちお），おなかのへるうた（阪田寛夫），てんらん会（柴野民三），夕日がせなかをおしてくる（阪田寛夫），ひばりのす（木下夕爾），十時にね（新川和江），みいつけた（岸田衿子），どきん（谷川俊太郎），りんご（山村暮鳥），ゆずり葉（河井酔茗），雪（三好達治），影（八木重吉），楽器（北川冬彦），動物たちの恐ろしい夢のなかに（川崎洋），支度（黒田三郎）

「りんりりん」

『へんなかくれんぼ―子どもの季節とあそびのうた』 岸田衿子詩，織茂恭子絵 のら書店 1990.7 101p 20cm 980円 Ⓘ4-931129-62-5

目次 おぼえてるかな，とんとんとーもろこし，くりひろい，りんりりん

木島 始
きじま・はじめ
《1928〜2004》

「ふしぎなともだち」

『ふしぎなともだち―木島始少年詩集』 木島始著，上矢津え 理論社 1975 142p 23cm （現代少年詩プレゼント）

北 彰介
きた・しょうすけ
《1926〜2003》

「世界一の話」

『光村ライブラリー 第9巻 手ぶくろを買いに ほか』 樺島忠夫，宮地裕，渡辺実監修，ウィニフレッド・ラベルほか著，神宮輝夫訳，梅田俊作ほか画 光村図書出版 2004.4 69p 21cm 〈3刷〉 1000円 Ⓘ4-89528-107-8

目次 小さな犬の小さな青い服（ウィニフレッド・ラベル），手ぶくろを買いに（新美南吉），つばきの木から（佐藤さとる），世界一の話（北彰介）

北川 千代
きたがわ・ちよ
《1894〜1965》

「しあわせの島」

『北川千代児童文学全集』 北川幸比古，鳥越信，古田足日編 講談社 1967 2冊 23cm 各1500円 Ⓝ913.8

目次 上巻 春やいずこ，寄宿舎の出来事，夏休み日記，菊の花，名を護る，絹糸の草履，窓の灯り，幸福，母います，花さく小みち，杏子のロマンス，赤い海水着，美しき大地，星の下，巣立ちの歌 第1-2部 下巻 春を待つ日，ロッキー，雪の日，世界同盟，幸福の筐，珊吉の誕生祝い，木樵小屋のサンタクロース，森のおばさん，お母さんを売る店，鳩，お父さんの仕事，山上の旗，しあわせの島，「汽車の婆」の話，明るい空，書けない日記，らっきょう，青い麦の穂，「新谷みよ」の話，卵一つ，キクの正義，茂次の登校，月の暈，おかあさんの外出，村のたより，花の地球，ポンせんべい，小さい嵐，ストライキ，団体旅行，沼のほとり，雲海さんの話，いい学校，ワンピース，半夜の放浪，魚のこない海，五十銭銀貨，冬をしのぐ花，もうひとつの東京，序文・あとがき集．北川千代論（古田足日） 北川千代年譜（北川幸比古） 北川千代著作目録（鳥越信）

北川 冬彦
きたがわ・ふゆひこ
《1900〜1990》

「楽器」

『光村ライブラリー 第18巻 おさるがふねをかきました ほか』 樺島忠夫，宮地裕，渡辺実監修，まどみちお，三井ふたばこ，阪田寛夫，川崎洋，河井酔茗ほか著，松永禎郎，杉田豊，平山英三，武田美穂，小野千世ほか画 光村図書出版

2004.11　83p　21cm〈第4刷〉1000円
Ⓘ4-89528-116-7

目次 おさるがふねをかきました（まど・みちお）, みつばちぶんぶん（小林純一）, あいうえお・ん（鶴見正夫）, ぞうのかくれんぼ（高木あきこ）, おうむ（鶴見正夫）, あかいカーテン（みずかみかずよ）, ガラスのかお（三井ふたばこ）, せいのび（武鹿悦子）, かぼちゃのつるが（原田直友）, 三日月（松谷みよ子）, 夕立（みずかみかずよ）, さかさのさかさはさかさ（川崎洋）, 春（坂本遼）, 虻（嶋岡晨）, 若葉よ来年は海へゆこう（金子光春）, われは草なり（高見順）, くまさん（まど・みちお）, おなかのへるうた（阪田寛夫）, てんらん会（柴野民三）, 夕日がせなかをおしてくる（阪田寛夫）, ひばりのす（木下夕爾）, 十時にね（新川和江）, みいつけた（岸田衿子）, どきん（谷川俊太郎）, りんご（山村暮鳥）, ゆずり葉（河井酔茗）, 雪（三好達治）, 影（八木重吉）, 楽器（北川冬彦）, 動物たちの恐ろしい夢のなかに（川崎洋）, 支度（黒田三郎）

「雑草」

『光村ライブラリー・中学校編　第5巻　朝のリレー ほか』 谷川俊太郎ほか著　光村図書出版　2005.11　104p　21cm　1000円　Ⓘ4-89528-373-9

目次 朝のリレー（谷川俊太郎）, 野原はうたう（工藤直子）, 野のまつり（新川和江）, 白い馬（高田敏子）, 足どり（竹中郁）, 花（村野四郎）, 春よ、来い（松任谷由実）, ちょう（百田宗治）, 春の朝（R.ブラウニング）, 山のあなた（カール・ブッセ）, ふるさと（室生犀星）〔ほか〕

内容 昭和30年度版〜平成14年度版教科書から厳選。

北原　白秋
きたはら・はくしゅう
《1885〜1942》

「あかいとりことり」

『北原白秋』 萩原昌好編　あすなろ書房　2011.10　87p　20×16cm　（日本語を味わう名詩入門 7）1500円
Ⓘ978-4-7515-2647-7

目次 「わが生いたち」より, 空に真っ赤な, 片恋, 海雀, 薔薇二曲, 雪に立つ竹, 雪後, 雪後の声, 庭の一部, 雀よ, 凧, 落葉松, 露, あてのない消息, 言葉, 五十音, 空威張, 赤い鳥小鳥〔ほか〕

内容 雑誌「赤い鳥」に創刊から関わり、「赤い鳥小鳥」など、今なお歌いつがれる、多くの童謡を残した北原白秋。詩、短歌、童謡と幅広い分野で活躍した詩人の代表作をわかりやすく紹介します。

『赤い鳥1年生』 赤い鳥の会編　新装版　小峰書店　2008.2　143p　21cm　（新装版学年別赤い鳥）1600円
Ⓘ978-4-338-23201-2

目次 あかいとりことり（北原白秋）, おべんとう（島崎藤村）, きんとと（茶木七郎）, おとうふやさん（三美三郎）, みずすまし（川上すみを）, こうさぎ（寺門春子）, しろいおうま（堀田由之助）, おおきなおふろ（有賀連）, あしをそろえて（柴野民三）, みかんやさん（大山義夫）, きりんのくび（岡本太郎）, おんどり・めんどり（大木篤夫）, ぶどうのみ（都築益世）, おおぐまちゅうぐまこぐま（佐藤春夫）, けが（西條八十）, おなかのかわ（鈴木三重吉）

内容 『赤い鳥』から生まれた童話・童謡のなかから、小学生に読んで欲しい名作をあつめました。

『声に出して読もう！ 北原白秋の童謡』 向山洋一監修, TOSS著　金の星社　2007.3　39p　30×22cm　（読む・聞く・感じる！ 美しい童謡と唱歌）3000円　Ⓘ978-4-323-05592-3

目次 赤い鳥小鳥, ゆりかごのうた, 雨ふり, とおせんぼ, からたちの花, 五十音, からまつ, 待ちぼうけ, 雨, 曼珠沙華, ちゃっきりぶし, 砂山, この道, 城ヶ島の雨, 空に真っ赤な, 少女の歌, ペチカ, かえろかえろ

『北原白秋童謡詩歌集 赤い鳥小鳥』 北原白秋著, 一乗清明画, 北川幸比古編　岩崎書店　1997.6　102p　20×19cm　（美しい日本の詩歌 13）1500円
Ⓘ4-265-04053-5

目次 ちんちん千鳥, 夢買い, 揺籃のうた, 砂山, かやの木山の, ペチカ, からたちの花, この道, 栗鼠、栗鼠、小栗鼠, 葉っぱっぱ〔ほか〕

内容 みずみずしい詩情・美しいことば。ことばの魔術師、白秋の童謡・詩・民謡から短歌までを一望。

「あわて床屋」

『読解力がグングンのびる！ 齋藤孝のゼッタイこれだけ！ 名作教室 小学2年 下巻』 齋藤孝編　朝日新聞出版　2012.4　195p　21cm　952円
Ⓘ978-4-02-331060-5

目次 金のおの銀のおの（イソップ童話），大工と鬼六（日本民話 木下順二），詩のひろば あわて床屋（北原白秋），雪女（小泉八雲，保永貞夫訳），でんでんむしのかなしみ（新美南吉），言葉の成り立ちを学ぼう 故事成語「庖丁」，赤毛のアン（抜粋）（L.M.モンゴメリ，村岡花子訳），ベロ出しチョンマ（斎藤隆介），詩のひろば 大漁（金子みすゞ），虔十公園林（宮沢賢治）

内容 ふつうの“10分間読書”では身につかない、本当の「読解力」がつく。古今東西の名作10編を収録。

『童謡唱歌―スタンダード259曲』 野ばら社編集部編　野ばら社　2011.12　319p　21cm　1000円　Ⓘ978-4-88986-380-2

『童謡』 野ばら社編集部編　改版　野ばら社　2010.10　255p　21cm　800円
Ⓘ978-4-88986-372-7

目次 かごめかごめ，ずいずいずっころばし，こもりうた（江戸子守唄），ほたる来い，通りゃんせ，棒が一本あったとさ，ひらいたひらいた，俵はごろごろ，あんたがたどこさ，どじょっこふなっこ〔ほか〕

内容 耳に馴染んだ名曲・童謡全212曲。わらべうた・ラジオ歌謡・みんなのうたも収載。

『親子で読んで楽しむ日本の童謡』 郡修彦著　ベストセラーズ　2004.3　151p　21cm〈付属資料：CD1〉2095円
Ⓘ4-584-15978-5

目次 大正の童謡（雨（北原白秋作詞・弘田龍太郎作曲），かなりや（西条八十作詞・成田為三作曲），あわて床屋（北原白秋作詞・山田耕筰作曲），靴が鳴る（清水かつら作詞・弘田龍太郎作曲） ほか），昭和の童謡（鞠と殿さま（西条八十作詞・中山晋平作曲），キューピーちゃん（野口雨情作詞・中山晋平作曲），グッド・バイ（佐藤義美作詞・河村直則作曲），絵日傘（大村主計作詞・豊田義一作曲） ほか）

内容 美しい日本の童謡50選。あなたは何曲歌えますか？ 日本の情緒を子どもたちに伝えたい。

「海雀」

『北原白秋』 萩原昌好編　あすなろ書房　2011.10　87p　20×16cm　（日本語を味わう名詩入門 7）1500円
Ⓘ978-4-7515-2647-7

目次 「わが生いたち」より，空に真っ赤な，片恋，海雀，薔薇二曲，雪に立つ竹，雪後，雪後の声，庭の一部，雀よ，凪，落葉松，露，あてのない消息，言葉，五十音，空威張，赤い鳥小鳥〔ほか〕

内容 雑誌「赤い鳥」に創刊から関わり、「赤い鳥小鳥」など、今なお歌いつがれる、多くの童謡を残した北原白秋。詩、短歌、童謡と幅広い分野で活躍した詩人の代表作をわかりやすく紹介します。

『ペンギンのさんぽ―動物 2』 新川和江編，かながわていこ絵　太平出版社　1987.12　66p　21cm　（小学生・詩のくにへ 9）1600円

目次 みつばつぶんぶん（小林純一），蜂と神さま（金子みすゞ），かたつむり（リューユーイ・出沢万紀人訳），ばったのうた（おうちやすゆき），いっぷ にっぷ じゃんぷ（井出隆夫），トノサマガエル（大西貢），ヘビのうた（室生犀星），へび（川崎洋），ひばり（間所ひさこ），海雀（北原白秋），空とぶにわとり（おうちやすゆき），きつつきとみみずく（野上彰），雁（千家元麿），わらべうた 1羽のからす，ノガモのお針箱（新川和江），こじゅけいの父さん（赤岡江里子），ごろすけホッホー（岩井春彦），ペンギンちゃん（まど・みちお），虫けら（大関松三郎），アリ（まど・みちお）

「海のむこう」

『赤い鳥5年生』 赤い鳥の会編　新装版　小峰書店　2008.3　199p　21cm　（新装版学年別赤い鳥）1600円
Ⓘ978-4-338-23205-0

目次 海のむこう・詩（北原白秋），一ふさのぶどう（有島武郎），木の下の宝（坪田譲治），月の中・詩（佐藤義美），むじなの手（中村星湖），あめチョコの天使（小川未明），魔術（芥川竜之介），ふえ（小島政二郎），遠い景色・詩（与田凖一），清造と沼（宮島資夫），さざんかのかげ・詩（福井研介），祖母（楠山正雄），休み日の算用数字（相馬泰三），ある日・詩（柴野民三），海からきた卵（塚原健二郎），老博士（鈴木三重吉），こぶし・詩（巽聖歌），水面亭の選任（伊藤貴麿），手品師（豊島与志雄），雪だるま（宇野浩二）

「お月夜」

『10分で読める物語 二年生』 青木伸生選 学研教育出版, 学研マーケティング〔発売〕 2010.5 187p 21cm 700円 Ⓘ978-4-05-203225-7

目次 きつねのしゃしん(あまんきみこ), 半日村(斎藤隆介), さるじぞう(西郷竹彦), お月夜(北原白秋), パンのかけらと小さなあくま―リトアニア民話(内田莉莎子), カンガルーの赤ちゃん(中川志郎), 夏休み、ぼくはおばあちゃんちに行った(ゆうきえみ), 空がある(与田準一), 三月の風(ミリアン・C・ポッター), みどり色の宝石―ヒマラヤの民話(茂市久美子), 松尾芭蕉の俳句(あべ弘士), 算数の時間です(寺村輝夫), かぐやひめ(円地文子)

内容 名作から現代のお話昔話や科学、俳句などバラエティに富んでいます。13作品収録。

「草に寝て」

『この道はいつか来た道』 北原白秋詩 童話屋 2009.1 157p 15cm 1250円 Ⓘ978-4-88747-088-0

目次 この道, まゐまゐつぶろ, 夜中, こんこん小山の, 月夜の家, 遊ぼうよ, わらひます, くもの子, 草に寝て, あの雲〔ほか〕

「五十音」

『子ども朗読教室 5年生声に気持ちをのせて「風に言葉」―効果的な声の表現』 田近洵一監修, 牛山恵ほか編 国土社 2007.4 94p 24×21cm 1800円 Ⓘ978-4-337-52105-6

目次 書き手の思いを想像しながら(田近洵一), 風に言葉(高田敏子), バナナのたたき売り, 古屋のもり, 勇気一つを友にして(片岡輝), 五十音(北原白秋), 富士山がふたたび噴火するとき(かこさとし), 昆虫記(今森光彦), 発酵食品、しょう油(新美景子), ことわざと天気うらない(柳田国男)〔ほか〕

『声に出して読もう! 北原白秋の童謡』 向山洋一監修, TOSS著 金の星社 2007.3 39p 30×22cm (読む・聞く・感じる! 美しい童謡と唱歌) 3000円 Ⓘ978-4-323-05592-3

目次 赤い鳥小鳥, ゆりかごのうた, 雨ふり, とおせんぼ, からたちの花, 五十音, からまつ, 待ちぼうけ, 雨, 曼珠沙華, ちゃっきりぶし, 砂山, この道, 城ヶ島の雨, 空に真っ赤な, 少女の歌, ペチカ, かえろかえろ

「ことりのひな」

『みどりのしずく―自然』 新川和江編, 瀬戸好子絵 太平出版社 1987.7 66p 21cm (小学生・詩のくにへ 5) 1600円

目次 雲(山村暮鳥), 金のストロー(みずかみかずよ), 水たまり(武鹿悦子), 石ころ(まど・みちお), かいだん(渡辺美知子), すいれんのはっぱ(浦かずお), びわ(まど・みちお), かぼちゃのつるが(原田直友), 雑草のうた(鶴岡千代子), ことりのひな(北原白秋), 土(三好達治), きいろいちょうちょう(こわせたまみ), すいっちょ(鈴木敏史), 川(谷川俊太郎), 天(山之口貘), 富士(草野心平), 海(川崎洋), なみは手かな(こわせたまみ), 石(草野心平), 地球は(工藤直子), どうしていつも(まど・みちお)

「この道」

『読解力がグングンのびる! 齋藤孝のゼッタイこれだけ! 名作教室 小学6年』 齋藤孝編 朝日新聞出版 2012.7 237p 21cm 1000円 Ⓘ978-4-02-331091-9

目次 「バカの壁」とは何か(抜粋)(養老孟司), ハムレット(抜粋)(シェイクスピア, 松岡和子訳), 詩のひろば わたしが一番きれいだったとき(茨木のり子), 羅生門(芥川龍之介), 無口な手紙(向田邦子), 雪国(抜粋)(川端康成), 高瀬舟(森鴎外), 言葉の成り立ちを学ぼう 故事成語「朝三暮四」, チャップリン自伝(抜粋)(チャップリン, 中野好夫訳), 永訣の朝(宮沢賢治), 詩のひろば この道(北原白秋), レ・ミゼラブル(抜粋)(ユーゴー, 豊島与志雄), 駆込み訴え(太宰治)

『童謡唱歌―スタンダード259曲』 野ばら社編集部編 野ばら社 2011.12 319p 21cm 1000円 Ⓘ978-4-88986-380-2

『読んでおきたい名作 小学4年』 川島隆太監修 成美堂出版 2011.4 191p 21cm 700円 Ⓘ978-4-415-31034-3

目次 ふたりのおばさん(室生犀星), 秋の夜の会話(草野心平), ねむい町(小川未明), 菜の花と小むすめ(志賀直哉), てんぐ笑(豊島与志雄), この道(北原白秋), くもの糸(芥川龍之介), 大きなこうもりがさ(竹久夢二), よだかの星(宮沢賢治), 花のき村とぬすびと

たち(新美南吉)

内容 朝の10分間読書にぴったり。どんどん読めて脳と心をはぐくむとっておきの10作品。

『童謡』 野ばら社編集部編 改版 野ばら社 2010.10 255p 21cm 800円 ①978-4-88986-372-7

目次 かごめかごめ, ずいずいずっころばし, こもりうた(江戸子守唄), ほたる来い, 通りゃんせ, 棒が一本あったとさ, ひらいたひらいた, 俵はごろごろ, あんたがたどこさ, どじょっこふなっこ〔ほか〕

内容 耳に馴染んだ名曲・童謡全212曲。わらべうた・ラジオ歌謡・みんなのうたも収載。

『この道はいつか来た道』 北原白秋詩 童話屋 2009.1 157p 15cm 1250円 ①978-4-88747-088-0

目次 この道, まゐまゐつぶろ, 夜中, こんこん小山の, 月夜の家, 遊ぼうよ, わらひます, くもの子, 草に寝て, あの雲〔ほか〕

『声に出して読もう! 北原白秋の童謡』 向山洋一監修, TOSS著 金の星社 2007.3 39p 30×22cm (読む・聞く・感じる! 美しい童謡と唱歌) 3000円 ①978-4-323-05592-3

目次 赤い鳥小鳥, ゆりかごのうた, 雨ふり, とおせんぼ, からたちの花, 五十音, からまつ, 待ちぼうけ, 雨, 曼珠沙華, ちゃっきりぶし, 砂山, この道, 城ヶ島の雨, 空に真っ赤な, 少女の歌, ペチカ, かえろかえろ

『白秋全童謡集 2』 北原白秋著 〔特装愛蔵版〕 岩波書店 1992.11 509p 21cm 5000円 ①4-00-003702-1

内容 本巻には、大正十年代から昭和初期にかけて発表された、最盛期の作品からなる童謡集『花咲爺さん』『子供の村』『二重虹』『象の子』『月と胡桃』の5冊を一括収録する。

「雀の生活」

『雀の生活』 北原白秋著 新潮社 1994.5 219p 15cm (新潮文庫)〈12刷(1刷:昭和26年)〉 440円 ①4-10-119502-1 Ⓝ914.6

『白秋全集 15 詩文評論 1』 北原白秋著 紅野敏郎編纂 岩波書店 1985.2 588p 21cm 3800円 ①4-00-090955-X Ⓝ918.68

目次 白秋小品, 雀の生活, 洗心雑話

「露」

『北原白秋』 萩原昌好編 あすなろ書房 2011.10 87p 20×16cm (日本語を味わう名詩入門 7) 1500円 ①978-4-7515-2647-7

目次 「わが生いたち」より, 空に真っ赤な, 片恋, 海雀, 薔薇二曲, 雪に立つ竹, 雪後, 雪後の声, 庭の一部, 雀よ, 風, 落葉松, 露, あてのない消息, 言葉, 五十音, 空威張, 赤い鳥小鳥〔ほか〕

内容 雑誌「赤い鳥」に創刊から関わり、「赤い鳥小鳥」など、今なお歌いつがれる、多くの童謡を残した北原白秋。詩、短歌、童謡と幅広い分野で活躍した詩人の代表作をわかりやすく紹介します。

北村 蔦子

きたむら・つたこ

《1938~》

「かがみのそばをとおるとき」

『いないかな』 日本児童文学者協会編, 長谷川知子絵 教育出版センター 1985.12 91p 22cm (こどもポエムランド・1年生) 1000円 ①4-7632-4450-7

『あかちんらくがき―少年詩集』 北村蔦子詩, 柿本幸造絵 教育出版センター 1982.12 127p 22cm 1200円

北村 皆雄

きたむら・みなお

《1942~》

「つな引きのお祭り」

『つな引きのお祭り』 北村皆雄文, 関戸勇写真, 高頭祥八絵 福音館書店 2006.1 40p 26×20cm (たくさんのふしぎ傑作集) 1300円 ①4-8340-2137-8

内容 秋田から沖縄まで、日本全国には様々なつな引きのお祭りがあります。稲ワラをよりあわせてつくった一本のつなを、力いっぱい引きあうことに人々がこめるる願

いとはなんでしょうか。写真絵本。

キーツ, エズラ・ジャック
《1916〜1983》

「ピーターのいす」

『ピーターのいす』 エズラ・ジャック・キーツさく, きじまはじめやく 改訂 偕成社 1977.12 1冊 21×23cm
Ⓘ4-03-328060-X

木下 順二
きのした・じゅんじ
《1914〜2006》

「あとかくしの雪」

『読解力がグングンのびる! 齋藤孝のゼッタイこれだけ! 名作教室 小学1年 下巻』 齋藤孝編 朝日新聞出版 2012.4 189p 21cm 952円
Ⓘ978-4-02-331059-9

目次 手ぶくろを買いに(新美南吉), ねずみ経(日本民話 稲田和子), 星の銀貨(グリム童話 佐々木田鶴子訳), 詩のひろば 雲(山村暮鳥), めくらぶどうと虹(宮沢賢治), あとかくしの雪(日本民話 木下順二), さやからとび出た五つのエンドウ豆(アンデルセン童話 大畑末吉訳), 泣いた赤おに(抜粋)(浜田広介), ことばの成り立ちを学ぼう! 故事成語「蛇足」, ロバの耳になった王さま(ギリシャ神話 箕浦万里子訳), 野ばら(小川未明)

内容 ふつうの“10分間読書”では身につかない、本当の「読解力」がつく。古今東西の名作11編を収録。

『わらしべ長者—日本の民話二十二編』 木下順二作 新装版 岩波書店 2003.5 357p 20cm (岩波世界児童文学集)
Ⓘ4-00-115715-2 Ⓝ388.1

目次 かにむかし, ツブむすこ, こぶとり, 腰折れすずめ, ガニガニコソコソ, 見るなのざしき, 豆コばなし, わらしべ長者, 大工と鬼六, あとかくしの雪, 瓜コ姫コとアマンジャク, ききみみずきん, なら梨とり, うばっ皮, 木竜うるし, みそ買い橋, たぬきと山伏, びんぼうがみ, 山のせいくらべ, 彦市ばなし, 三年寝太郎, 天人女房

『わらしべ長者—日本民話選』 木下順二作, 赤羽末吉画 岩波書店 2000.8 383p 19cm (岩波少年文庫) 760円
Ⓘ4-00-114057-8

目次 かにむかし—さるかに, ツブむすこ, こぶとり, 腰折れすずめ, ガニガニコソコソ, 見るなのざしき, 豆コばなし, わらしべ長者, 大工と鬼六, あとかくしの雪, 瓜コ姫コとアマンジャク, ききみみずきん, なら梨とり, うばっ皮, 木竜うるし, みそ買い橋, たぬきと山伏, びんぼうがみ, 山のせいくらべ, 彦一ばなし, 三年寝太郎, 天人女房

内容 昔から人びとの間に語りつがれてきた民話を、その語り口をいかして再話。おなじみの「かにむかし」「こぶとり」「彦市ばなし」をはじめ、味わいぶかい「天人女房」「あとかくしの雪」など22編を収める。

「かにむかし」

『かにむかし—日本むかしばなし』 木下順二著, 清水崑画 改版 岩波書店 2007.7 44p 21cm (岩波の子どもの本) 〈第47刷〉 640円 Ⓘ4-00-115121-9

『わらしべ長者—日本民話選』 木下順二作, 赤羽末吉画 岩波書店 2000.8 383p 19cm (岩波少年文庫) 760円
Ⓘ4-00-114057-8

目次 かにむかし—さるかに, ツブむすこ, こぶとり, 腰折れすずめ, ガニガニコソコソ, 見るなのざしき, 豆コばなし, わらしべ長者, 大工と鬼六, あとかくしの雪, 瓜コ姫コとアマンジャク, ききみみずきん, なら梨とり, うばっ皮, 木竜うるし, みそ買い橋, たぬきと山伏, びんぼうがみ, 山のせいくらべ, 彦一ばなし, 三年寝太郎, 天人女房

内容 昔から人びとの間に語りつがれてきた民話を、その語り口をいかして再話。おなじみの「かにむかし」「こぶとり」「彦市ばなし」をはじめ、味わいぶかい「天人女房」「あとかくしの雪」など22編を収める。

『わらしべ長者』 木下順二作 岩波書店 1994.2 357p 19cm (岩波 世界児童文学集 15) 1600円 Ⓘ4-00-115715-2

目次 かにむかし—さるかに, ツブむすこ, こぶとり, 腰折れすずめ, ガニガニコソコソ, 見るなのざしき, 豆コばなし, わらしべ長者, 大工と鬼六, あとかくしの雪, 瓜コ姫コとアマンジャク, ききみみずきん, なら梨とり, うばっ皮, 木竜うるし, みそ買い橋, たぬきと山

伏, びんぼうがみ, 山のせいくらべ, 彦市ばなし, 三年寝太郎, 天人女房

内容 わたしたちの祖先の生活の知恵や深い愛情がこめられた民話のなかから、かにむかしやこぶとりなど代表作二十二編を美しい文で再現。

「木龍うるし」

『齋藤孝の親子で読む国語教科書 4年生』 齋藤孝著 ポプラ社 2011.3 150p 21cm (齋藤孝の親子で読む国語教科書 4) 1000円 ①978-4-591-12288-4

目次 やいトカゲ(舟崎靖子), 白いぼうし(あまんきみこ), 木竜うるし(木下順二), こわれた1000の楽器(野呂昶), 一つの花(今西祐行), りんご畑の九月(後藤竜二), ごんぎつね(新美南吉), せかいいちうつくしいぼくの村(小林豊), 寿限無(興津要), 初雪のふる日(安房直子)

『ごんぎつね・夕鶴』 新美南吉, 木下順二著 講談社 2009.3 247p 19cm (21世紀版少年少女日本文学館 13) 1400円 ①978-4-06-282663-1

目次 新美南吉(ごんぎつね, 手袋を買いに, 赤い蝋燭, ごんごろ鐘, おじいさんのランプ, 牛をつないだ椿の木, 花のき村と盗人たち), 木下順二(夕鶴, 木竜うるし, 山の背くらべ, 夢見小僧)

内容 ひとりぼっちの子ぎつねごんは川の中でうなぎをとる兵十をみてちょいと、いたずらを…。豊かな情感が読後にわき起こる新美南吉の「ごんぎつね」のほか、鶴の恩返しの物語を美しい戯曲にした木下順二の「夕鶴」など十一作を収録。

『教科書にでてくるお話 5年生』 西本鶏介監修 ポプラ社 2006.3 196p 18cm (ポプラポケット文庫) 570円 ①4-591-09171-6

目次 とび出しちゅうい(杉みき子), かばんの中にかばんをいれて(安房直子), わらぐつのなかの神様(杉みき子), とうちゃんの凧(長崎源之助), まんじゅうこわい(西本鶏介), わらしべ長者(木下順二), 大造じいさんとガン(椋鳩十), 木竜うるし(木下順二), 雪渡り(宮沢賢治), 蜘蛛の糸(芥川龍之介), 注文の多い料理店(宮沢賢治)

内容 現在使われている各社の国語教科書に掲載または紹介されている作品ばかりを集めたアンソロジーです。長く読みつがれている名作、心あたたまるお話、おもしろくて元気がでるお話など、すばらしい作品がいっぱい。作品の表記は原典に忠実にし、全文を掲載しています。教科書では気づかなかった作品の魅力を、新たに発見できるかもしれません。小学校上級から。

『光村ライブラリー 第14巻 木龍うるしほか』 樺島忠夫, 宮地裕, 渡辺実監修, 石井睦美ほか著, 猪熊葉子訳, 福山小夜ほか画 光村図書出版 2004.4 77p 21cm 〈3刷〉 1000円 ①4-89528-112-4

目次 南に帰る(石井睦美), 三人の旅人たち(ジョーン・エイキン), たん生日(原民喜), かくれんぼう(志賀直哉), 木龍うるし(木下順二)

『心にひびく名作読みもの 5年―読んで、聞いて、声に出そう』 府川源一郎, 佐藤宗子編 教育出版 2004.3 62p 21cm 〈付属資料:CD1〉 2000円 ①4-316-80089-2

目次 五月の初め、日曜日の朝(石井睦美), 木竜うるし・人形げき(木下順二), 森林と健康(谷田貝光克), どいてんか(島田陽子), あめ(山田今次)

内容 小学校国語教科書に掲載された名作(物語・説明文・詩)を学年別に収録。発達段階に応じた教科書表記を採用。難意語には注を記載。発展学習にも役立つよう、交ぜ書きから読み仮名付きの漢字へ適宜変更。当時の教科書に使用された挿絵を掲載。俳優・声優による格調高い朗読をCDに収め各巻に添付。

『わらしべ長者―日本の民話二十二編』 木下順二作 新装版 岩波書店 2003.5 357p 20cm (岩波世界児童文学集) ①4-00-115715-2 Ⓝ388.1

『木下順二集 3 彦一ばなし・民話について』 木下順二著 第2刷 岩波書店 2001.1 414p 19cm 4400円 ①4-00-091353-0

目次 二十二夜待ち, 彦市ばなし, 赤い陣羽織―A Farce, 三年寝太郎―農村演劇のために, おもん藤太, 聴耳頭巾, わらしべ長者, 瓜子姫とアマンジャク, 木竜うるし, 民話劇への道, 民話とその再創造

内容 日本民衆の生活の知恵の凝集。木下順二を国民に結びつけた民話劇。『三年寝太郎』『瓜子姫とアマンジャク』など、戦後演劇の出発となった初期の九編を収録。

「夕鶴」

『ごんぎつね・夕鶴』 新美南吉, 木下順二著　講談社　2009.3　247p　19cm　(21世紀版少年少女日本文学館 13)　1400円　①978-4-06-282663-1

目次 新美南吉(ごんぎつね, 手袋を買いに, 赤い蝋燭, ごんごろ鐘, おじいさんのランプ, 牛をつないだ椿の木, 花のき村と盗人たち), 木下順二(夕鶴, 木竜うるし, 山の背くらべ, 夢見小僧)

内容 ひとりぼっちの子ぎつねごんは川の中でうなぎをとる兵十をみてちょいと、いたずらを…。豊かな情感が読後にわき起こる新美南吉の「ごんぎつね」のほか、鶴の恩返しの物語を美しい戯曲にした木下順二の「夕鶴」など十一作を収録。

『劇・朗読劇―気持ちを合わせて名演技』 工藤直子, 高木まさき監修　光村教育図書　2008.3　63p　27cm　(光村の国語 読んで、演じて、みんなが主役！ 2)　〈第2刷〉 3200円　①978-4-89572-733-4

目次 劇をはじめよう！, 朗読劇をはじめよう！, 劇(心の動きを表現しよう！『夕鶴』(木下順二作), 歌と動きでもり上げよう！『三年とうげ』(李錦玉作・山本茂男構成), 狂言に挑戦しよう！『柿山伏』), 朗読劇(緊張感を表現しよう！『あらしのよるに』(木村裕一作・山本茂男構成), 登場人物の心情を表現しよう！『ごんぎつね』(新美南吉作・山本茂男構成), 恐怖感を表現しよう！『雪女』(小泉八雲作・山本茂男構成・脚色), 『百万回生きたねこ』(佐野洋子作・岡田陽構成), 『注文の多い料理店』(宮沢賢治作・山本茂男構成・脚色), 『走れメロス』(太宰治作・山本茂男構成・脚色), 『かぐやひめ』(遠山顕・モナ遠山脚色・翻訳))

『夕鶴・彦市ばなし 他二篇―木下順二戯曲選 2』 木下順二作　岩波書店　1998.6　330p　15cm　(岩波文庫)　660円　①4-00-311002-1

目次 彦市ばなし, 夕鶴, 山脈(やまなみ), 暗い花火

『ごんぎつね・夕鶴』 新美南吉, 木下順二著　講談社　1995.10　205p　19cm　(ポケット日本文学館 16)　1000円　①4-06-261716-1

木下　夕爾
きのした・ゆうじ
《1914～1965》

「小さなみなとの町」

『ガラスにかいたかお―生活』 新川和江編, 多田治良絵　太平出版社　1987.10　66p　21cm　(小学生・詩のくにへ 6)　1600円

目次 おなかのへるうた(阪田寛夫), コップのうた(真田亀久代), てんぷらぴりぴり(まど・みちお), ピーマン(工藤直子), あわてんぼうの歌(まど・みちお), ガラスのかお(三井ふたばこ), お魚(金子みすゞ), 帰宅(吉田定一), つけもののおもし(まど・みちお), 山芋(大関松三郎), あめ(山田今次), ふるさとの(石川啄木), リンゴとポンカン(赤岡江里子), ぼくの家だけあかりがともらない(野長瀬正夫), いなかのあいさつ(新川和江), 小さなみなとの町(木下夕爾), 茂作じいさん(小林純一), 夜のくだもの(草野心平), とうげ(石垣りん), はんぶんおりたところ(アレグザンダー＝ミルン, 小田島雄志・若子訳), 夕日がせなかをおしてくる(阪田寛夫)

「ひばりのす」

『やさしいけしき』 市河紀子選詩, 保手濱拓絵　理論社　2012.4　92p　18×13cm　1400円　①978-4-652-07991-1

目次 やさしいけしき(まど・みちお), 春(安西冬衛), ふるさと(室生犀星), 水はうたいます(まど・みちお), ひばりのす(木下夕爾), 春(八木重吉), 豚(八木重吉), うしのこと(東君平), チョウチョウ(まど・みちお), 地球へのピクニック(谷川俊太郎)〔ほか〕

『光村ライブラリー 第18巻 おさるがふねをかきました ほか』 樺島忠夫, 宮地裕, 渡辺実監修, まどみちお, 三井ふたばこ, 阪田寛夫, 川崎洋, 河井酔茗ほか著, 松永禎郎, 杉田豊, 平山英三, 武田美穂, 小野千世ほか画　光村図書出版　2004.11　83p　21cm〈第4刷〉1000円　①4-89528-116-7

目次 おさるがふねをかきました(まど・みちお), みつばちぶんぶん(小林純一), あいうえお・ん(鶴見正夫), ぞうのかくれんぼ(高木あきこ), おうむ(鶴見正夫), あかいカーテン(みずかみかずよ), ガラスのかお

(三井ふたばこ), せいのび(武鹿悦子), かぼちゃのつるが(原田直友), 三日月(松谷みよ子), 夕立(みずかみかずよ), さかさのさかさはさかさ(川崎洋), 春(坂本遼), 虻(嶋岡晨), 若葉よ来年は海へゆこう(金子光春), われは草なり(高見順), くまさん(まど・みちお), おなかのへるうた(阪田寛夫), てんらん会(柴野民三), 夕日がせなかをおしてくる(阪田寛夫), ひばりのす(木下夕爾), 十時にね(新川和江), みいつけた(岸田衿子), どきん(谷川俊太郎), りんご(山村暮鳥), ゆずり葉(河井酔茗), 雪(三好達治), 影(八木重吉), 楽器(北川冬彦), 動物たちの恐ろしい夢のなかに(川崎洋), 支度(黒田三郎)

『ひばりのす―木下夕爾児童詩集』 木下夕爾著 光書房 1998.6 67p 20cm 〈肖像あり〉 1429円 Ⓘ4-938951-22-3

金 恵京
きむ・へきょん

「とらとふえふき」

『とらとふえふき』 金恵京再話, 木村昭平絵 福武書店 1989.6 1冊 26×27cm 1240円 Ⓘ4-8288-1204-0

木村 研
きむら・けん

《1949～》

「かみコップ人ぎょう」

『かんたん手づくりおもちゃ チャイルドランド―幼児から楽しめる60プラス1』 木村研編著 いかだ社 1997.8 126p 21cm (遊ブックス) 1400円 Ⓘ4-87051-065-0

目次 おともだちをふやそう, まわして遊ぼう, 折り紙でつくろう, 魚つりをしよう, 動くおもちゃをつくろう, ふうふう遊ぼう, とばして遊ぼう, とってもすずしいよ, たこあげしよう, 動きがかわいい, こんなかざりはいかが？ , お面をつくろう, パズルとゲームをつくろう, 水に浮かべてごらん, もひとつあるよ

木村 信子
きむら・のぶこ

《1936～》

「ぼく」

『詩はうちゅう 2年』 水内喜久雄編, 大滝まみ絵 ポプラ社 2003.4 161p 20×16cm (詩はうちゅう 2) 1300円 Ⓘ4-591-07588-5

目次 はじまりのうた(いってみよ(宮中雲子), わくわくはてな(国沢たまき) ほか), みんなたんぽぽ(たんぽぽすきよ(楠木しげお), たんぽぽ(川崎洋) ほか), はひふへほのうた(「は」「ほ」「ふ」の字(大熊義和), ぱぴぷぺぽ(工藤直子) ほか), 友だち・だいすき(あたらしいともだち(木村信子), ひとりぼっちのあのこ(宮沢章二) ほか), たべもののうた(おもちのあくび(関今日子), おかしいな(与田準一) ほか), おとのうた(おと(工藤直子), いろんなおとのあめ(岸田衿子) ほか), じゅんのうた(へんなひとかぞえうた(岸田衿子), いちがつにがつさんがつ(谷川俊太郎) ほか), なぞのうた(なにがかくれてる(のろさかん), ことばかくれんぼ(川崎洋) ほか), ふあんなきもち(びりのきもち(阪田寛夫), なくしもの(木村信子) ほか), ぼく(ぼく(木村信子), どっさりのぼく(小林純一) ほか)

『元気がでる詩の本 元気がでる詩3年生』 高畠純絵, 伊藤英治編 理論社 2002.3 107p 21cm 1200円 Ⓘ4-652-03439-3

目次 じいちゃんからいきなり(まど・みちお), ぼくのかおと(小野寺悦子), わたしのうまれた日(たかはしけいこ), ぼく(木村信子), びりのきもち(阪田寛夫), こどもの日おとなの日(新沢としひこ), ぼく(遠藤和多利), えらいこっちゃ(畑中圭一), 世界地図(阪田寛夫), 審判(重清良吉)〔ほか〕

内容 詩を読むと、やさしい風がふいてくる。元気がでる詩、勇気がわいてくる詩。ぜんぶ、みんなの詩です。

『でていった』 木村信子詩, 山本典子絵 教育出版センター 1986.7 93p 21cm (ジュニアポエム双書) 1000円 Ⓘ4-7632-4247-4

「未知へ」

『一編の詩があなたを強く抱きしめる時が

ある』 水内喜久雄編 PHPエディターズ・グループ,PHP研究所〔発売〕 2007.4 167p 19cm 1200円 Ⓘ978-4-569-69183-1

目次 1 願い（ひとつやくそく（糸井重里），どんな人にも（立原えりか） ほか），2 喜び（今日（工藤直子），眼覚めた時（葉祥明） ほか），3 だいじょうぶ（泣いたりしないで（福山雅治），笑うこと（田中章義） ほか），4 もうすぐ（未知へ（木村信子），Any（桜井和寿） ほか），5 生きよう（百日目（津坂治男），わたしの中にも（新川和江） ほか）

『時間割にない時間―木村信子詩集』 木村信子著 越谷 かど創房 1983.7 101p 23cm （かど創房創作文学シリーズ詩歌） 1000円 Ⓘ4-87598-017-5

きむら ゆういち
《1948～》

「あらしのよるに」

『きむらゆういちおはなしのへや 1』 きむらゆういち作，あべ弘士絵 ポプラ社 2012.3 146p 21×16cm 1200円 Ⓘ978-4-591-12756-8

目次 あらしのよるに，しろいやみのはてで，今夜は食べほうだい！―おおかみ・ゴンノスケの腹ペコ日記，もしかして先生はおおかみ!?，にげだしたおやつ，こぶたのポーくん おっとあぶないペロペロキャンディ，こぶたのポーくん 3じのおやつはきょうふのじかん

内容 オオカミとヤギ、オオカミとウサギ、オオカミとブタ…。ほんとうならば、けっしてなかよくなれないかんけい。けれど、ひょんな出会い、ちょっとしたできごとから、あいてがぐっと近いそんざいになることも…。敵と味方の、ハラハラドキドキする世界が広がる、「おはなしのへや1」。

『齋藤孝のイッキによめる！ 音読名作選 小学1年生』 齋藤孝編 講談社 2008.7 125p 21cm 1000円 Ⓘ978-4-06-214824-5

目次 初級編（やまなし（宮沢賢治），ペンギンたんけんたい（斉藤洋），おしゃべりなたまごやき（寺村輝夫） ほか），中級編（あらしのよるに（きむらゆういち），風の又三郎（宮沢賢治），龍の子太郎（松谷みよ子） ほか），上級編（クレヨン王国の12か月（福永令三），西遊記（講談、作大日本雄弁会講談社），透明人間（H・G・ウェルズ作，福島正実・桑沢慧訳） ほか）

内容 親子で名作の名文・名場面を読もう！1日10分でできる。音読で読書力アップ。

『あらしのよるに 1』 きむらゆういち著，あべ弘士絵 講談社 2005.12 94p 15cm （講談社文庫） 476円 Ⓘ4-06-275266-2

目次 あらしのよるに，あるはれたひに，くものきれまに

内容 嵐の夜に芽生えたヤギとオオカミの奇跡の友情物語―。児童書から飛び出して、あらゆる年代に感動を呼んでいるベストセラー絵本シリーズを大人向けに再編集。パート1は『あらしのよるに』『あるはれたひに』『くものきれまに』の第1部から第3部までを収録。あべ弘士描下ろし挿絵入りの文庫オリジナル版。

『あらしのよるに』 木村裕一作，あべ弘士絵 講談社 1994.10 1冊 20×16cm （りとる 2） 1000円 Ⓘ4-06-252852-5

内容 かおはみえないけど、おともだち。

「風切る翼」

『風切る翼』 木村裕一作，黒田征太郎絵 講談社 2002.9 1冊 24×19cm 1500円 Ⓘ4-06-211473-9

内容 この絵本は、2002年9月11日の刊行をめざし、作家と画家が、8月5日から7日までの3日間でストーリーと絵を創りあげていくところを、観客に公開しながら作られました。「いのち」のことをかきつづける二人が、読者と挑んだ3 DAYS LIVE BOOK。

金田一 京助
きんだいち・きょうすけ
《1882～1971》

「北の人」

『金田一京助全集 第14巻 文芸 1』 金田一京助著，金田一京助全集編集委員会編 三省堂 1993.9 499p 21cm 8700円 Ⓘ4-385-40814-9

目次 北の人，学窓随筆，随筆ゆうから，採訪随筆，言霊をめぐりて，国語の進路，心の小

径, 言語学五十年, 心の小道をめぐって

内容 言語学・国語学・民俗学など幅広い分野にわたる論考・著作のすべてを収めた初の全集。

草野 心平
くさの・しんぺい
《1903〜1988》

「キンキン光る」

『げんげと蛙』 草野心平詩, 長野ヒデ子絵 教育出版センター 1984.7 143p 22cm (ジュニア・ポエム双書) 1200円

「天のひしゃく」

『げんげと蛙』 草野心平詩, 長野ヒデ子絵 教育出版センター 1984.7 143p 22cm (ジュニア・ポエム双書) 1200円

「春のうた」

『草にすわる』 市河紀子選詩, 保手濱拓絵 理論社 2012.4 93p 18×14cm 1400円 ①978-4-652-07990-4

目次 草にすわる (八木重吉), ひかる (工藤直子), 春のうた (草野心平), さくらのはなびら (まど・みちお), 葬式 (工藤直子), 声 (吉原幸子), ぺんぎんの子が生まれた (川崎洋), 薔薇二曲 (北原白秋), 地球の用事 (まど・みちお), ゆずり葉 (河井酔茗) 〔ほか〕

内容 3.11後、平熱の選詩集。

『齋藤孝の親子で読む詩・俳句・短歌・童謡 3・4年生』 齋藤孝著 ポプラ社 2012.3 134p 21cm (齋藤孝の親子で読む詩・俳句・短歌・古典 2) 1000円 ①978-4-591-12789-6

目次 詩 (わたしと小鳥とすずと (金子みすゞ), ふしぎ (金子みすゞ), 春のうた (草野心平) ほか), 童謡・唱歌 (朧月夜 (高野辰之), 花 (武島羽衣), 春の海終日… (与謝蕪村) ほか), 俳句・短歌 (雪とけて村一ぱい… (小林一茶), 外にも出よ触るる… (中村汀女), ひつぱれる糸まつすぐや… (高野素十) ほか)

内容 この巻では、俳句・短歌をたくさん紹介しました。気にいったものがあったら、何回も読んでおぼえてください。

『二時間目 国語』 小川義男監修 宝島社 2008.8 219p 15cm (宝島社文庫) 438円 ①978-4-7966-6563-6

目次 朝のリレー 谷川俊太郎「この地球ではいつもどこかで朝がはじまっている」, スーホの白い馬 大塚勇三 (再話)「スーホは、じぶんのすぐわきに、白馬がいるような気がしました」, トロッコ 芥川龍之介「良平はしばらく無我夢中に線路の側を走り続けた」, スイミー レオ＝レオニ (作・絵)・谷川俊太郎 (訳)「スイミーはおよいだ、くらい海のそこを」, 春の歌 草野心平「ケルルンクック。ケルルンクック。」, 注文の多い料理店 宮沢賢治「当軒は注文の多い料理店ですからどうかそこはご承知下さい」, かわいそうなぞう 土家由岐雄「ぐったりとした体を、背中でもたれあって、芸当を始めたのです」, 高瀬舟 森鷗外「わたくしはとうとう、これは弟の言った通にして遣らなくてはならないと思いました」, 永訣の朝 宮沢賢治「けふのうちにとほくへいつてしまふわたくしのいもうとよ」, おみやげ 星新一「フロル星人たちは、その作業にとりかかった」〔ほか〕

内容 「国語の教科書にこんな素晴らしい作品が載っていたなんて…」「懐かしくて涙が出ました」この本を読んだ読者の方からの感想です。授業中に先生が読んでくれた話、仲良しの同級生たちと斉唱した話…誰もがあの頃手にした国語の教科書から珠玉の名作を21作品収録。懐かしい中にも新しい発見があり、当時とは違う感情が深く染みてきます。あの頃に戻る“なつかしの国語問題”も付いています。

『新・詩のランドセル 4ねん』 江口季好, 小野寺寛, 菊永謙, 吉田定一編 らくだ出版 2005.1 129p 21×19cm 2200円 ①4-89777-418-7

目次 1 ぼくが生まれたとき (こどもの詩 (新しいふとん (栗田暁光), はなし (坂井誠) ほか), おとなの詩 (ぶどう (野呂昶), 春のうた (草野心平) ほか)), 2 いやなこと言わないで (こどもの詩 (桃の花 (内野裕), ともみちゃん (相馬和香子) ほか), おとなの詩 (廃村 (谷萩弘人), 夕立ち (工藤直子) ほか))

内容 小学校での詩の教育は、詩を読むこと、詩を味わうこと、詩を書くことです。詩をたくさん読んでいくと、詩とは高尚な言葉で思いをつづるのではなく、自分の感じたこと、思ったことを自分の言葉で易しく書くことだ、ということが分かります。「新・

詩のランドセル」を使って、全国の小学校の教室で、詩を読み、詩を味わい、詩を書く活動が活発に行われるようにしましょう。

『幼い子の詩集 パタポン 2』 田中和雄編 童話屋 2002.11 157p 15cm 1250円 Ⓘ4-88747-029-0

目次 春のうた(草野心平),ガイコツ(川崎洋),ボートは川を走っていく(クリスティナ・ロセッティ),水はうたいます(まど・みちお),島(A.A.ミルン),くるあさごとに(岸田衿子),親父とぼくが森の中で(デイヴィッド・マッコード),クロツグミ(高村光太郎),もしも春が来なかったら(与田準一),朝がくると(まど・みちお)〔ほか〕

『げんげと蛙』 草野心平詩,長野ヒデ子絵 教育出版センター 1984.7 143p 22cm (ジュニア・ポエム双書) 1200円

「富士」

『みどりのしずく―自然』 新川和江編,瀬戸好子絵 太平出版社 1987.7 66p 21cm (小学生・詩のくにへ 5) 1600円

目次 雲(山村暮鳥),金のストロー(みずかみかずよ),水たまり(武鹿悦子),石ころ(まど・みちお),かいだん(渡辺美知子),すいれんのはっぱ(浦かずお),びわ(まど・みちお),かぼちゃのつるが(原田直友),雑草のうた(鶴岡千代子),ことりのひな(北原白秋),土(三好達治),きいろいちょうちょう(こわせたまみ),すいっちょ(鈴木敏史),川(谷川俊太郎),天(山之口貘),富士(草野心平),海(川崎洋),なみは手かな(こわせたまみ),石(草野心平),地球は(工藤直子),どうしていつも(まど・みちお)

「ゆき」

『おぼえておきたい日本の名詩100』 水内喜久雄編著 たんぽぽ出版 2003.2 199p 21cm 2000円 Ⓘ4-901364-29-4

目次 1897～1945(山林に自由存す(国木田独歩),初恋(島崎藤村),星と花(土居晩翠),小諸なる古城のほとり(島崎藤村),君死にたまふことなかれ(与謝野晶子) ほか),1945～(生ましめんかな(栗原貞子),北の春(丸山薫),ゆき(草野心平),戦争(金子光晴),るす(高橋新吉) ほか)

内容 80人の詩人による、100篇の詩を収録。

「雪の朝」

『草野心平』 草野心平著,萩原昌好編 あすなろ書房 1986.9 77p 23×19cm (少年少女のための日本名詩選集 10) 1200円

目次 秋の夜の会話,おれも眠ろう,ぐりまの死,芝浦埋立地にて,石,空気祭,天の一本道,斑雪,樹木,雪の朝〔ほか〕

『草野心平詩全景』 筑摩書房 1973 969p 図 肖像 25cm〈限定版〉10000円 Ⓝ911.56

目次 侏羅紀の果ての昨今,太陽は東からあがる,こわれたオルガン,マンモスの牙,富士山,第四の蛙,天,定本蛙,牡丹圏,日本沙漠,大白道,富士山,絶景,蛙,母岩,明日は天気だ,第百階級,第百階級以前,四十八年ジッグザッグの―拾遺詩集.全景覚書,全景細目 草野心平書誌・年譜:p.783-967

「夜のくだもの」

『ガラスにかいたかお―生活』 新川和江編,多田治良絵 太平出版社 1987.10 66p 21cm (小学生・詩のくにへ 6) 1600円

目次 おなかのへるうた(阪田寛夫),コップのうた(真田亀久代),てんぷらぴりぴり(まど・みちお),ピーマン(工藤直子),あわてんぼうの歌(まど・みちお),ガラスのかお(三井ふたばこ),お魚(金子みすゞ),帰宅(吉田定一),つけもののおもし(まど・みちお),山芋(大関松三郎),あめ(山田今次),ふるさとの(石川啄木),リンゴとポンカン(赤岡江里子),ぼくの家だけあかりがともらない(野長瀬正夫),いなかのあいさつ(新川和江),小さなみなとの町(木下夕爾),茂作じいさん(小林純一),夜のくだもの(草野心平),とうげ(石垣りん),はんぶんおりたところ(アレグザンダー＝ミルン,小田島雄志・若子訳),夕日がせなかをおしてくる(阪田寛夫)

串田 孫一

くしだ・まごいち

《1915～2005》

「春の使者」

『博物誌 下』 串田孫一著 平凡社 2001.8 320p 16cm (平凡社ライブ

ラリー）1200円　Ⓘ4-582-76403-7

目次 栗の虫，ほととぎす，桧葉やどりぎ，べっこうばえ，旅人のよろこび，猩々木，フランクリニヤ，伊勢海老，ひげがら，ごぜんたちばな〔ほか〕

内容 自然とともに生きることの悦び、不思議さと驚きと思い出が、そこにはある。季節のなかで出会った草花や虫や鳥たちとじっくり付き合い、この世の素晴らしさを謳い上げた、珠玉の作品集。

『博物誌　上』 串田孫一著　平凡社　2001.7　325p　16cm　（平凡社ライブラリー）1200円　Ⓘ4-582-76399-5　Ⓝ914.6

工藤　直子
くどう・なおこ
《1935～》

「あいたくて」

『新編 あいたくて』 工藤直子詩，佐野洋子絵　新潮社　2011.10　142p　15cm　（新潮文庫）438円　Ⓘ978-4-10-135821-5

目次 あいたくて，じぶんにあう，ひとにあう，風景にあう，ときにあう，そして

内容 「だれかにあいたくてなにかにあいたくて生まれてきた―」。心の奥深く分け入って、かけがえのない存在に触れてゆく言葉たち。多くの人びとに愛誦されてきた名詩「あいたくて」をはじめ、48編の詩が奏でる生きる歓び、温かくやさしい気持ち…。絵本『のはらうた』で日本中の子どもたちに愛される童話作家と『100万回生きたねこ』の絵本作家がおくる、心を元気にする詩集。

『名詩の絵本』 川口晴美編　ナツメ社　2009.7　207p　15cm　1300円　Ⓘ978-4-8163-4716-0

目次 恋するこころ 愛するかたち（あいたくて（工藤直子），湖上（中原中也）ほか），大切なひと つよい絆（レモン哀歌（高村光太郎），畳（山之口貘）ほか），生きる身体 いとしい暮らし（表札（石垣りん），一人称（与謝野晶子）ほか），動きだすことば あたらしい世界（花のかず（岸田衿子），風景 純銀もざいく（山村暮鳥）ほか）

内容 今を生きるわたしたちのリアルな感覚をゆさぶる名詩100篇。オールカラーのイラストと写真でつづった美しい詩集。

『詩は宇宙 5年』 水内喜久雄編，大滝まみ絵　ポプラ社　2003.4　145p　20×16cm　（詩はうちゅう 5）1300円　Ⓘ4-591-07591-5

目次 学ぶうた（教室はまちがうところだ（蒔田晋治），扉（前山敬子）ほか），友だちと（糸電話（寺山富三），きみとぼく（大洲秋登）ほか），ファースト・ラブ（小さな愛のうた（抄）（野長瀬正夫），練習問題（阪田寛夫）ほか），植物によせて（よかったなあ（まど・みちお），おげんきですか（新川和江）ほか），社会を見つめる（ほうれんそう（津崎優子），サイン（新井竹子）ほか），ふしぎな言葉（わたしのアルファベット（薩摩忠），ごびらっふの独白（草野心平）ほか），不安な気持ち（ぼくをさがして―十一歳（坂本のこ），鼓動（高階杞一）ほか），言葉から（言葉（新井和），いってしまった言葉は返らない…（みつはしちかこ）ほか），変わる予感（今ぼくは…（三島慶子），もうちょっとだけ（垣内磯子）ほか），人生を見つめる（あいたくて（工藤直子），生きているって…（葉祥明）ほか）

『あ・い・た・く・て』 工藤直子詩，佐野洋子絵　大日本図書　1991.9　119p　19cm　（小さい詩集）950円　Ⓘ4-477-00070-7

目次 あいたくて，じぶんにあう，ひとにあう，風景にあう，猫にあう，そして

「あなたの心のなかに」

『てつがくのライオン』 工藤直子詩，佐野洋子画　理論社　1988.1　161p　18cm　（フォア文庫 C077）470円　Ⓘ4-652-07067-5

内容 ゆっくりと視界が広がり、心がやわらかに弾み、やがて海のゆたかさに満たされる。工藤直子のすてきな詩集です。

「うたにあわせてあいうえお」

『10分で読める音読 一年生』 対崎奈美子，中島晶子選　学研教育出版，学研マーケティング〔発売〕　2012.7　151p　21cm　800円　Ⓘ978-4-05-203565-4

目次 春（春ですよ（茶木滋、絵・スズキトモコ），うたにあわせてあいうえお（工藤直子、絵・とよたかずひこ）ほか），夏（すいか（佐藤義美、絵・こしたかのりこ），なぞ（金子みすゞ、絵・清重伸之）ほか），秋（あの山この山（与田準一、絵・正一），りんご（北原白

秋、絵・正一）ほか），冬（白いぼうし（金子みすゞ、絵・たかすかずみ），ピーナッツ（北原白秋、絵・もりあやこ）ほか）

『工藤直子詩集 うたにあわせて あいうえお』 工藤直子著，河村哲朗絵，北川幸比古編 岩崎書店 1996.2 102p 20×20cm （美しい日本の詩歌 9） 1500円 Ⓘ4-265-04049-7

内容 みずみずしい詩情・美しいことば。元気の出る詩、ウィッティな詩、いのちをみつめる詩。

「うめの花とてんとう虫」

『だれにあえるかな』 工藤直子作，ほてはまたかし絵 岩崎書店 1997.4 85p 22×19cm （日本の名作童話 24） 1500円 Ⓘ4-265-03774-7

目次 だれにあえるかな，ふきのとう，うめの花とてんとうむし，子ねこのさんぽ，小さなはくさい，夕日の中を走るライオン，おいで、もんしろちょう，ねむるうめ・ねこ

「おがわのマーチ」

『動物といっしょに読む本』 現代児童文学研究会編 偕成社 1992.3 210p 21cm （きょうはこの本読みたいな 13） 1200円 Ⓘ4-03-539130-1

目次 詩 くまさん（まどみちお），ともだちになりませんか（森山京），手袋を買いに（新美南吉），詩 きりん（日野生三），お兄ちゃん（国松俊英），天使のさかな（大石真），ひとりぼっちの動物園（灰谷健次郎），詩 のはらうた（工藤直子），金魚のよしこちゃんの話（群ようこ），そらのひつじ（三木卓），声を出す卵と水上を歩くカモシカ（草山万兎），なめとこ山の熊（宮沢賢治），デューク（江国香織），きつね（佐野洋子）

『のはらうた 1』 工藤直子著 童話屋 1984.5 155p 16cm 950円 Ⓝ911.56

「こころ」

『贈る詩 あなたへの言の葉』 二瓶弘行編 東洋館出版社 2012.6 167p 19cm 2000円 Ⓘ978-4-491-02815-6

目次 こころ（工藤直子），今日はきのうの続きだけれど（みつはしちかこ），歌っていいですか（谷川俊太郎），もしも一輪残ったら（井上灯美子），ファイト！（中島みゆき），エッセイ 美しい時間（二瓶弘行），素直なままで（折原みと），知命（茨木のり子），コスモス（関根清子），あなたを（三島慶子）〔ほか〕

内容 あの日、くたくたに黒ずんだ私のこころをたった一つの言の葉が、ほんの少しだけ優しくなでてくれた。あの日、ざらざらに砕けた私のこころにたった一つの言の葉が、来ないと思っていた明日を見させてくれた。いまを生きている、たった一人のあなたへたった一つだけの言の葉を贈ります。

「さんぽ」

『動物といっしょに読む本』 現代児童文学研究会編 偕成社 1992.3 210p 21cm （きょうはこの本読みたいな 13） 1200円 Ⓘ4-03-539130-1

目次 詩 くまさん（まどみちお），ともだちになりませんか（森山京），手袋を買いに（新美南吉），詩 きりん（日野生三），お兄ちゃん（国松俊英），天使のさかな（大石真），ひとりぼっちの動物園（灰谷健次郎），詩 のはらうた（工藤直子），金魚のよしこちゃんの話（群ようこ），そらのひつじ（三木卓），声を出す卵と水上を歩くカモシカ（草山万兎），なめとこ山の熊（宮沢賢治），デューク（江国香織），きつね（佐野洋子）

『のはらうた 1』 工藤直子著 童話屋 1984.5 155p 16cm 950円 Ⓝ911.56

「じゃんけんぽん」

『10分で読める物語 一年生』 青木伸生選 学研教育出版，学研マーケティング〔発売〕 2010.5 141p 21cm 700円 Ⓘ978-4-05-203224-0

目次 こぐまさんのかんがえちがい（村山籌子，とよたかずひこ），あめだま（新美南吉，村田エミコ），まっかなぞうのぶらきち（長新太，あべ弘士），じゃんけんぽん（工藤直子，小林敏也），ねことねずみ―イギリスの昔話（松岡享子，清重伸之），ライオンのかあさんははたらきもの（内山晟），海へいきたいな（矢部美智代，西川おさむ），転校生（金子みすゞ，たかすかずみ），きたかぜのくれたテーブルかけ―ノルウェーの民話（竹崎有斐，アンヴィル奈宝子），マッチうりのしょうじょ（アンデルセン，宮脇紀雄，石川えりこ），一茶のいじさん（きりぶち輝，くすはら順子），けちくらべ（小池タミ子，山口みねやす），いなばのしろうさぎ（坪田譲治，井江栄）

内容 名作から現代のお話神話や科学、俳句などバラエティに富んでいます。13作品収録。

『おまじない』　工藤直子詩，長新太絵　国土社　2002.12　77p　24×22cm　（現代日本童謡詩全集 1）1600円　Ⓘ4-337-24751-3

目次 あいさつ, たんじょうび, じゃんけんぽん, おれはかまきり, さんぽ, やまのこもりうた, きのうえで, いきもの, いのち, かたつむりぷんぷん〔ほか〕

内容 『現代日本童謡詩全集』(全二十二巻)は、第二次大戦後に作られた数多くの童謡から、「詩」としてのこった作品の、作者別集大成です。一九七五年刊行の初版(全二十巻)は、画期的な出版と評価され、翌年「第六回赤い鳥文学賞」を受けました。詩の世界に新しい灯をともした有力な詩人、画家の登場を得、親しまれている曲の伴奏譜を収めて巻数をふやし、出典などの記録も可能なかぎり充実させて、時代にふさわしい新装版。

『こどものころにみた空は』　工藤直子詩，松本大洋絵　理論社　2001.10　91p　21cm　1300円　Ⓘ4-652-07704-1

目次 ぷりん, るすばん, とんぼ, たび, やもり, じゃんけんぽん, しわ, わすれもの, にんぎょう, じてんしゃ〔ほか〕

内容 たとえば、五歳のころの夕焼け。それは大人になった私をどこかで支え、励ましてくれる風景の記憶。

「すいせんのラッパ」

『おいで、もんしろ蝶』　工藤直子著，佐野洋子絵　筑摩書房　1987.12　148p　21cm　1000円　Ⓘ4-480-88085-2

目次 ふきのとう, ねむる梅・猫, うめの花とてんとうむし, すいせんのラッパ, 春・ぽちり, 春の友だち, なのはなようちえんのはっぴょうかい, ちいさなはくさい, とかげとぞう〔ほか〕

内容 少女だったころの心のドキドキに、もういちど出会いたい。工藤直子詩集。小学校低学年以上。

「すすき」

『ともだちは緑のにおい』　工藤直子作，長新太絵　理論社　2008.5　229p　19cm　（名作の森）1500円　Ⓘ978-4-652-00533-0

目次 であいのはじまり,「このゆびとまれ」のあと, 朝の光のなかで, おでこ, 風になる, だっこ, すきなもの, すき・プラス・すき, 文鎮かたつむり, ウレシ・カナシ・？(ハテナ)

内容 だれかといっしょに散歩するって、いいもんだなー。草原で生まれた、えいえんのゆうじょう。「てつがくのライオン」「ゆううつなかたつむり」所収。

「だれにあえるかな」

『光村ライブラリー　第1巻　花いっぱいになあれ ほか』　樺島忠夫, 宮地裕, 渡辺実監修，くどうなおこ, ひらつかたけじ, まつたにみよこ, ちばしょうぞう, いまえよしとも作，西巻茅子, かすや昌宏, 小野千世, 安野光雅, 田島征三絵　光村図書出版　2005.6　76p　21cm〈第7刷〉1000円　Ⓘ4-89528-099-3

目次 だれにあえるかな(くどうなおこ), 春の子もり歌(ひらつかたけじ), 花いっぱいになあれ(まつたにみよこ), チックとタック(ちばしょうぞう), 力太郎(いまえよしとも)

『だれにあえるかな』　工藤直子作，ほてはまたかし絵　岩崎書店　1997.4　85p　22×19cm　（日本の名作童話 24）1500円　Ⓘ4-265-03774-7

目次 だれにあえるかな, ふきのとう, うめの花とてんとうむし, 子ねこのさんぽ, 小さなはくさい, 夕日の中を走るライオン, おいで、もんしろちょう, ねむるうめ・ねこ

「小さなはくさい」

『だれにあえるかな』　工藤直子作，ほてはまたかし絵　岩崎書店　1997.4　85p　22×19cm　（日本の名作童話 24）1500円　Ⓘ4-265-03774-7

目次 だれにあえるかな, ふきのとう, うめの花とてんとうむし, 子ねこのさんぽ, 小さなはくさい, 夕日の中を走るライオン, おいで、もんしろちょう, ねむるうめ・ねこ

「はなひらく」

『のはらうた 2』　工藤直子著　童話屋　1985.5　153p　16cm　1250円　Ⓘ4-924684-28-7

目次 あさのひととき つゆくささやか, ともだち だいちさくのすけ, ほしのこもりうた ほしますみ, きぼう みみずみつお, おとなおかさちこ, おつかい こだぬきしんご, はなひらく のばらめぐみ, せかいいち こうしたろう, おしらせ うさぎふたご, けっしん かぶとてつお〔ほか〕

「ピーマン」

『ガラスにかいたかお―生活』　新川和江編，多田治良絵　太平出版社　1987.10　66p　21cm　（小学生・詩のくにへ 6）　1600円

目次 おなかのへるうた（阪田寛夫），コップのうた（真田亀久代），てんぷらぴりぴり（まど・みちお），ピーマン（工藤直子），あわてんぼうの歌（まど・みちお），ガラスのかお（三井ふたばこ），お魚（金子みすゞ），帰宅（吉田定一），つけもののおもし（まど・みちお），山芋（大関松三郎），あめ（山田今次），ふるさとの（石川啄木），リンゴとポンカン（赤岡江里子），ぼくの家だけあかりがともらない（野長瀬正夫），いなかのあいさつ（新川和江），小さなみなとの町（木下夕爾），茂作じいさん（小林純一），夜のくだもの（草野心平），とうげ（石垣りん），はんぶんおりたところ（アレグザンダー＝ミルン，小田島雄志・若子訳），夕日がせなかをおしてくる（阪田寛夫）

「ふきのとう」

『だれにあえるかな』　工藤直子作，ほてはまたかし絵　岩崎書店　1997.4　85p　22×19cm　（日本の名作童話 24）　1500円　Ⓘ4-265-03774-7

目次 だれにあえるかな，ふきのとう，うめの花とてんとうむし，子ねこのさんぽ，小さなはくさい，夕日の中を走るライオン，おいで、もんしろちょう，ねむるうめ・ねこ

『くどうなおこ詩集○』　くどうなおこ詩　童話屋　1996.3　189p　15cm　1250円　Ⓘ4-924684-85-6

内容 「てつがくのライオン」「ふきのとう」「ちびへび」「のろすけむかで」など詩や散文詩、童話のほか、未発表の詩も収めた詞華集です。

「みあげれば宇宙」

『くどうなおこ詩集○』　くどうなおこ詩　童話屋　1996.3　189p　15cm　1250円　Ⓘ4-924684-85-6

内容 「てつがくのライオン」「ふきのとう」「ちびへび」「のろすけむかで」など詩や散文詩、童話のほか、未発表の詩も収めた詞華集です。

「めがさめた」

『くどうなおこ詩集○』　くどうなおこ詩　童話屋　1996.3　189p　15cm　1250円　Ⓘ4-924684-85-6

『あいたくて』　工藤直子詩，佐野洋子画　大日本図書　1991.9　119p　19cm　（小さい詩集）　950円　Ⓘ4-477-00070-7

「夕日の中を走るライオン」

『だれにあえるかな』　工藤直子作，ほてはまたかし絵　岩崎書店　1997.4　85p　22×19cm　（日本の名作童話 24）　1500円　Ⓘ4-265-03774-7

目次 だれにあえるかな，ふきのとう，うめの花とてんとうむし，子ねこのさんぽ，小さなはくさい，夕日の中を走るライオン，おいで、もんしろちょう，ねむるうめ・ねこ

「ゆめみるいなご」

『のはらうた 1』　工藤直子著　童話屋　1984.5　155p　16cm　950円　Ⓝ911.56

国松　俊英
くにまつ・としひで
《1940～》

「谷津干潟の生き物たち」

『わたり鳥のくる干潟』　国松俊英文，石川勉写真　童心社　1985.5　83p　23cm　1200円　Ⓘ4-494-00625-4

久保　喬
くぼ・たかし
《1906～1998》

「ガラスの中のお月さま」

『親も子も読む名作 2年生の読みもの』　亀村五郎編集委員　学校図書　2005.7　151p　21cm　648円　Ⓘ4-7625-1962-6

目次 わにのバンポ（大石真），ごんべえとカモ（坪田譲治），きかん車やえもん（阿川弘之），ありの生活（栗林慧），おれはオニだぞ（今江祥智），ブレーメンの音楽師（グリム），うさぎとはりねずみ（島崎藤村），王さまびっくり（寺村輝夫），こおろぎとおきゃくさま（佐藤さとる），むく鳥のゆめ（浜田広介），ガラスのなかのお月さま（久保喬）

内容 すぐれた作家のすぐれた作品!!国語教

科書でなじみのある作品も多数掲載。お子さんはもちろん、保護者の方にも楽しく、また、なつかしく読んでいただける名作選。

『10分で読めるお話 三年生』 岡信子, 木暮正夫選 学習研究社 2005.3 195p 21cm 700円 ①4-05-202205-X

目次 小学生ときつね（武者小路実篤）, ふしぎなバイオリン（小川未明）, ひととひと（桜井信夫）, 愛のおくりもの（エドモンド・デ・アミーチス）, ぎざ耳うさぎ（アーネスト・トンプソン・シートン）, がんばれ父さん（砂田弘）, タケシとすいとり神（那須正幹）, ガラスの中のお月さま（久保喬）, ムサシとマヨとおっちゃんと（木暮正夫）, ふしぎだな（秋葉てる代）, へびの王子のおくりもの―旧ユーゴスラビアのお話, アーファンティの物語―中国のお話

内容 小学生のために選びぬかれた日本と世界の感動の名作や人気作、12作品収録。

『木ようびのどうわ』 日本児童文学者協会編 国土社 1998.3 98p 21cm （よんでみようよ教科書のどうわ1しゅうかん 4） 1200円 ①4-337-09604-3

目次 ガラスのなかのお月さま（久保喬）, つりばしわたれ（長崎源之助）, かっぱのかげぼうし（清水達也）, ハンモック（立原えりか）, 夜のくすのき（大野允子）, モグラ原っぱのなかまたち（古田足日）

「もしもしおかあさん」

『もしもしおかあさん』 久保喬作, いもとようこ絵 金の星社 1979.7 1冊 24×25cm 880円

久保田 万太郎
くぼた・まんたろう
《1889～1963》

「おもちゃのさいばん」

『久保田万太郎全集 第9巻 戯曲 5』 中央公論社 1975 489p 肖像 20cm 〈監修：里見弴, 高橋誠一郎, 小泉信三〉 2000円 Ⓝ918.6

目次 逢坂の辻, 浅瀬の波, 註文帳, 井筒屋のお柳, おはん, 夢の女, 小諸なる古城のほとり, 葛飾土産, 浮世床小景, りよと九郎右衛門, さて, そのあくる日…, 宵宮のはやし, 袖たもと, しどもなや, 元日抄, ふくろと子供, 一に十二をかけるのと十二に一をかけるのと, ロビンのおぢいさま, グリュック物語, 眠りの砂, 春のおとずれ, ミルクメイドの踊, おもちゃの裁判, をんどりとめんどり, 小英雄, 三つのなぞ, かうして豆は煮えました, 対話三つ,「北風」のくれたテーブルかけ, 雨の降る日は悪いお天気, 小野道風の蛙

熊谷 元一
くまがい・もといち
《1909～》

「二ほんのかきのき」

『二ほんのかきのき』 熊谷元一さくえ 福音館書店 1969.8（48刷：1994.10） 27p 27cm （〈こどものとも〉傑作集 16） 680円 ①4-8340-0204-7

グリフィス，ヘレン
《1934～》

「おじいさんのハーモニカ」

『おじいさんのハーモニカ』 ヘレン・V.グリフィス作, ジェイミズ・スティーブンソン絵, 今村葦子訳 あすなろ書房 1995.7 24p 26×21cm 1300円 ①4-7515-1444-X

内容 コオロギの声、森ガエルのざわめき、ものまね鳥の歌。ジョージアの夏は音楽でみちていました。でも、病気になったおじいさんが、街にうつり住んだとき、すべての音楽はうしなわれたのです。おじいさんの孫娘が、思い出にみちたジョージアの夏のしらべをとりもどすまでをえがく、心にしみるすがすがしいお話。

『おじいさんのハーモニカ』 ヘレン・V.グリフィス作, ジェイムズ・スティーブンソン絵, 今村葦子訳 佑学社 1987.10 1冊 26×21cm 1200円 ①4-8416-0520-7

クリフトン, ルシール

《1936～》

「三つのお願い」

『三つのお願い―いちばん大切なもの』 ルシール・クリフトン作, 金原瑞人訳, はたこうしろう絵 あかね書房 2003.3 1冊 27×19cm (あかね・新えほんシリーズ 15) 1200円 ①4-251-00935-5

内容 三つのお願いがかなう1セント玉をひろったゼノビア。ところが、その1セント玉をめぐって、親友のビクターとけんかをしてしまいます。おまけに、お願いをふたつもむだにしてしまい、のこっているのは、あとひとつ。さて、ゼノビアがさいごに願った、この世でいちばん大切なものとは…。

グリム兄弟

ぐりむきょうだい

《1785～1863,1786～1859》

「赤ずきん」

『グリム童話』 西本鶏介文・編 ポプラ社 2012.6 196p 18cm (ポプラポケット文庫) 620円 ①978-4-591-12963-0

目次 赤ずきん, ヘンゼルとグレーテル, かえるの王さま, ホレおばさん, ラプンツェル, 親指小僧, 雪白とばら紅, しあわせもののハンス, こびと, 年おいた犬のズルタン, おいしいおかゆ, わらと炭とそら豆, 死神のつかい

内容 世界中で愛されているメルヘン。「赤ずきん」「ヘンゼルとグレーテル」「ラプンツェル」など13編を収録。グリムの世界をより深く味わえる解説が各話についています。小学校中級～。

『グリムどうわ15話』 西本鶏介ほか文, コダイラヒロミほか絵 学研教育出版, 学研マーケティング〔発売〕 2010.10 127p 26×21cm (名作よんでよんで) 1200円 ①978-4-05-203239-4

目次 金色のがちょう, おおかみと七ひきの子やぎ, しらゆきひめ, 三人きょうだい, 赤ずきん, ヘンゼルとグレーテル, おひゃくしょうとあくま, かえるの王さま, ブレーメンのおんがくたい, 小人とくつや, おいしいおかゆ, ねむりひめ, 三人のしあわせもの, みつけどり, ほしのぎんか

内容 親しみやすい表現で、世界の昔話の中でも、もっとも人気があるグリム童話を15話収録。幼児教育の現場で評価の高いイラストレーターが描いた絵と、全15話の解説つき。3さい～6さい。親子で楽しむおはなし絵本。

『グリム童話集 下』 佐々木田鶴子訳, 出久根育絵 岩波書店 2007.12 334p 18×12cm (岩波少年文庫) 720円 ①978-4-00-114148-1

目次 赤ずきん, こびとのくつ屋, 灰かぶり, ワラと炭とそら豆, ヘンゼルとグレーテル, 金のガチョウ, ミソサザイとクマ, 森の中の三人のこびと, ガラスびんの中のばけもの, 三枚の羽, ヨリンデとヨリンゲル, 三つのことば, 金の鳥, まずしい人とお金持ち, 名人の四人兄弟, ロバの王子, 悪魔のすすだれらの兄弟, 千匹皮, ゆうかんな仕立屋さん, 六羽の白鳥, かしこいお百姓の娘, ハチの女王, マレーン姫, 星の銀貨, ふたりの兄弟

内容 昔話はもともと語りつがれてきたもので、シンプルな語り口が持ち味です。「赤ずきん」「灰かぶり」「金のガチョウ」「ゆうかんな仕立屋さん」など、時代と文化のちがいをこえ、世界中で親しまれている25話をおさめます。対象年齢、小学3・4年以上。

『語るためのグリム童話 2 灰かぶり』 小澤俊夫監訳, 小澤昔ばなし研究所再話, オットー・ウベローデ絵 小峰書店 2007.6 206p 19cm 1600円 ①978-4-338-22902-9

目次 ゆうかんな仕立て屋さん, 灰かぶり, なぞなぞ, ホレばあさん, 七羽のからす, 赤ずきん, ブレーメンの町楽隊, うたう骨, 三本の金髪をもった悪魔, 手を切られたむすめ, ものあわかりのいいハンス, 三つのことば, かしこいエルゼ, テーブルよ 食事のしたく、金ひりろば、こんぼうよ袋からとびだせ, おやゆびこぞう, こびとと靴屋, 盗賊の婿どの

『グリム童話集 1』 グリム兄弟編, 相良守峯訳, 茂田井武絵 岩波書店 2002.6 256p 21cm 1900円 ①4-00-110990-5

目次 いばら姫, カエルの王さま, ネコとネズミのともぐらし, こわいことを知りたさに旅する人の話, オオカミと七ひきの子ヤギ, 忠臣ヨハネス, 十二人きょうだい, にいさんと妹, ラプンツェル, 森の中の三人の小びと, ヘンゼルとグレーテル, 白ヘビ, むぎわらと炭

と豆, 漁師とその妻の話, いさましいちびの仕立屋, 灰かぶり, 赤ずきん, ブレーメンの音楽師, 歌をうたう骨, 三本の金の髪をもった鬼

「こびとのくつや」

『グリムどうわ15話』 西本鶏介ほか文, コダイラヒロミほか絵　学研教育出版, 学研マーケティング〔発売〕　2010.10　127p　26×21cm　（名作よんでよんで）　1200円　①978-4-05-203239-4

目次 金色のがちょう, おおかみと七ひきの子やぎ, しらゆきひめ, 三人きょうだい, 赤ずきん, ヘンゼルとグレーテル, おひゃくしょうとあくま, かえるの王さま, ブレーメンのおんがくたい, 小人とくつや, おいしいおかゆ, ねむりひめ, 三人のしあわせもの, みつけどり, ほしのぎんか

内容 親しみやすい表現で、世界の昔話の中でも、もっとも人気があるグリム童話を15話収録。幼児教育の現場で評価の高いイラストレーターが描いた絵と、全15話の解説つき。3さい～6さい。親子で楽しむおはなし絵本。

『グリム童話集　下』 佐々木田鶴子訳, 出久根育絵　岩波書店　2007.12　334p　18×12cm　（岩波少年文庫）　720円　①978-4-00-114148-1

目次 赤ずきん, こびとのくつ屋, 灰かぶり, ワラと炭とそら豆, ヘンゼルとグレーテル, 金のガチョウ, ミソサザイとクマ, 森の中の三人のこびと, ガラスびんの中のばけもの, 三枚の羽, ヨリンデとヨリンゲル, 三つのことば, 金の鳥, まずしい人とお金持ち, 名人の四人兄弟, ロバの王子, 悪魔のすすだれらの兄弟, 千匹皮, ゆうかんな仕立屋さん, 六羽の白鳥, かしこいお百姓の娘, ハチの女王, マレーン姫, 星の銀貨, ふたりの兄弟

内容 昔話はもともと語りつがれてきたもので、シンプルな語り口が持ち味です。「赤ずきん」「灰かぶり」「金のガチョウ」「ゆうかんな仕立屋さん」など、時代と文化のちがいをこえ、世界中で親しまれている25話をおさめます。対象年齢、小学3・4年以上。

『こびとのくつや―「グリム童話」より』 寺村輝夫文, 岡村好文絵　小学館　2007.8　1冊　27×22cm　（世界名作おはなし絵本）　1000円　①978-4-09-726239-8

内容 はたらきものだけど、びんぼうなくつやがおりました。とうとう、一足分のくつの皮しかなくなったその夜から、ふしぎなことが起こりはじめます…。くつやの誠実さと、くつやをしあわせにみちびく二人のこびとたちを、やさしくえがいたグリム童話です。

『語るためのグリム童話　2　灰かぶり』 小澤俊夫監訳, 小澤昔ばなし研究所再話, オットー・ウベローデ絵　小峰書店　2007.6　206p　19cm　1600円　①978-4-338-22902-9

目次 ゆうかんな仕立て屋さん, 灰かぶり, なぞなぞ, ホレばあさん, 七羽のからす, 赤ずきん, ブレーメンの町楽隊, うたう骨, 三本の金髪をもった悪魔, 手を切られたむすめ, ものわかりのいいハンス, 三つのことば, かしこいエルゼ, テーブルよ 食事のしたく、金ひりろば、こんぼうよ袋からとびだせ, おやゆびこぞう, こびとと靴屋, 盗賊の婿どの

「白雪姫」

『グリムどうわ15話』 西本鶏介ほか文, コダイラヒロミほか絵　学研教育出版, 学研マーケティング〔発売〕　2010.10　127p　26×21cm　（名作よんでよんで）　1200円　①978-4-05-203239-4

目次 金色のがちょう, おおかみと七ひきの子やぎ, しらゆきひめ, 三人きょうだい, 赤ずきん, ヘンゼルとグレーテル, おひゃくしょうとあくま, かえるの王さま, ブレーメンのおんがくたい, 小人とくつや, おいしいおかゆ, ねむりひめ, 三人のしあわせもの, みつけどり, ほしのぎんか

内容 親しみやすい表現で、世界の昔話の中でも、もっとも人気があるグリム童話を15話収録。幼児教育の現場で評価の高いイラストレーターが描いた絵と、全15話の解説つき。3さい～6さい。親子で楽しむおはなし絵本。

『初版グリム童話集　2』 ヤーコプ・グリム, ヴィルヘルム・グリム著, 吉原高志, 吉原素子訳　白水社　2007.12　192p　18×11cm　（白水uブックス）　900円　①978-4-560-07165-6

目次 三本の金の髪の毛をもつ悪魔の話, しらみとのみ, 手なし娘, ものわかりのいいハンス, 長靴をはいた牡猫, ハンスのトリーネ, 親すずめと四羽の子すずめ, 『おぜんよごはんのしたく』と金貨を出すろばと袋の棍棒の話, ナプキンと背嚢と砲蓋と角笛, きつねの奥さま, 小人たちの話, どろぼうのお婿さ

ん, コルベスさま, 名付け親, 奇妙なおよばれ, 死神の名付け親, 仕立て屋の親指小僧の遍歴, フィッチャーの鳥, ねずみの木の話, 老犬ズルタン, 六羽の白鳥, いばら姫, めっけ鳥, つぐみの髭の王さま, 白雪姫

内容 読み較べてください、あなたが読んだグリム童話と。「長靴をはいた牡猫」「いばら姫」「白雪姫」など25篇を収録。『グリム童話集』の原点である初版本の翻訳。

来栖　良夫
くるす・よしお
《1916～2001》

「むらいちばんのさくらの木」

『むらいちばんのさくらの木』 くるすよしおさく, みたげんじろうえ　むぎ書房　1987.4　22p　21cm　(新編雨の日文庫 第1集 9)〈第3刷(第1刷：昭和41年)〉

グレーニィエツ, ミカル
《1955～》

「色がうまれる星」

『色がうまれる星』 ミカル・グレーニィエツ文・絵, いずみちほこ訳　東村山　教育社　1993.3　1冊　30cm〈発売：教育社出版サービス(東京)〉1300円　Ⓘ4-315-51301-6

黒崎　恵津子
くろさき・えつこ
《1964～》

「点字を通して考える」

『点字のれきし』 黒崎恵津子文, 中西恵子絵　汐文社　1998.2　61p　22cm　(点字の世界へようこそ 1)　1500円　Ⓘ4-8113-7211-5

黒田　三郎
くろだ・さぶろう
《1919～1980》

「ある日ある時」

『黒田三郎著作集　1　全詩集』 思潮社　1989.2　630p　22cm　6800円　Ⓘ4-7837-2277-3　Ⓝ918.68

目次 失われた墓碑銘, 時代の囚人, ひとりの女に, 渇いた心, 小さなユリと, もっと高く, ある日ある時, 羊の歩み, ふるさと, 死後の世界, 悲歌, 流血, 拾遺詩篇　三文詩人　ほか, 初期詩篇　砂時計の落葉　ほか, 解説　『失われた墓碑銘』前後を主として(北村太郎著)

『ある日ある時―詩集』 黒田三郎著　昭森社　1968　92p　22cm　800円　Ⓝ911.56

「紙風船」

『詩華集 日だまりに』 女子パウロ会編　女子パウロ会　2012.2　102p　19cm　1000円　Ⓘ978-4-7896-0710-0

目次 1章 こころ(水のこころ(高田敏子), 日が照ってなくても(作者不詳) ほか),2章 “わたし”さがし(一人ひとりに(聖テレーズ), わたしを束ねないで(新川和江) ほか),3章 いのち(病気になったら(晴佐久昌英), 病まなければ(作者不詳) ほか),4章 夢(日の光(金子みすゞ), 紙風船(黒田三郎) ほか),5章 祈り(ある兵士の祈り(作者不詳), 泉に聴く(東山魁夷) ほか)

内容 「こころ」「“わたし”さがし」「いのち」「夢」「祈り」についての美しく力強い詩、詞、名言がいっぱい。

『豊かなことば 現代日本の詩　4　黒田三郎詩集 支度』 黒田三郎著, 伊藤英治編　岩崎書店　2009.12　91p　18×19cm　1500円　Ⓘ978-4-265-04064-3

目次 1 紙風船(紙風船, 海 ほか), 2 あなたも単に(きみちゃん, 捨て猫 ほか), 3 自由(自由, 月給取り奴 ほか), 4 ああ(砂上, ああ ほか), 5 たかが詩人(傍観者の出発, 友よ ほか)

『いまを生きるあなたへ 続・贈る詩50』 二瓶弘行編　東洋館出版社　2008.6　117p　21cm　1600円　Ⓘ978-4-491-02332-8

目次 あいたくて（工藤直子），信じる（谷川俊太郎），紙風船（黒田三郎），友達（高丸もと子），さくら（森山直太朗，御徒町凧），かお（桜井信夫），うち知ってんねん（島田陽子），こっちとむこう（まど・みちお），汲む―Y・Yに（茨木のり子），ウソ（川崎洋）〔ほか〕

『とんでいきたい―あこがれ・思い出』 新川和江編，三木由記子絵　太平出版社　1987.7　66p　21cm　（小学生・詩のくにへ 1）1600円

目次 ふしぎなポケット（まど・みちお），空へのぼった風船（三枝ますみ），ある朝（宮沢章二），わた毛の玉（牧野文子），橋（まど・みちお），鳥と少年（中野郁子），白鳥の夢（新川和江），矢車草（名取和彦），耳（ジャン・コクトー，堀口大学・訳），ぞうとえんそくしてみたい（筒井敬介），夕日（こわせたまみ），まりをついてると（八木重吉），おほしさん（鶴見正夫），白い道（海野洋司），あこがれ（新川和江），海を見にいく（野長瀬正夫），山頂（原田直友），紙風船（黒田三郎）

「支度」

『豊かなことば 現代日本の詩　4　黒田三郎詩集 支度』 黒田三郎著，伊藤英治編　岩崎書店　2009.12　91p　18×19cm　1500円　①978-4-265-04064-3

目次 1 紙風船（紙風船，海 ほか），2 あなたも単に（きみちゃん，捨て猫 ほか），3 自由（自由，月給取り奴 ほか），4 ああ（砂上，ああ ほか），5 たかが詩人（傍観者の出発，友よ ほか）

『光村ライブラリー　第18巻　おさるがふねをかきました ほか』 樺島忠夫，宮地裕，渡辺実監修，まどみちお，三井ふたばこ，阪田寛夫，川崎洋，河井酔茗ほか著，松永禎郎，杉田豊，平山英三，武田美穂，小野千世ほか画　光村図書出版　2004.11　83p　21cm〈第4刷〉1000円　①4-89528-116-7

目次 おさるがふねをかきました（まど・みちお），みつばちぶんぶん（小林純一），あいうえお・ん（鶴見正夫），ぞうのかくれんぼ（高木あきこ），おうむ（鶴見正夫），あかいカーテン（みずかみかずよ），ガラスのかお（三井ふたばこ），せいのび（武鹿悦子），かぼちゃのつるが（原田直友），三日月（松谷みよ子），夕立（みずかみかずよ），さかさのさかさはさかさ（川崎洋），春（坂本遼），虻（嶋岡晨），若葉よ来年は海へゆこう（金子光春），われは草なり（高見順），くまさん（まど・みちお），おなかのへるうた（阪田寛夫），てんらん会（柴野民三），夕日がせなかをおしてくる（阪田寛夫），ひばりのす（木下夕爾），十時にね（新川和江），みいつけた（岸田衿子），どきん（谷川俊太郎），りんご（山村暮鳥），ゆずり葉（河井酔茗），雪（三好達治），影（八木重吉），楽器（北川冬彦），動物たちの恐ろしい夢のなかに（川崎洋），支度（黒田三郎）

『黒田三郎著作集　1　全詩集』 思潮社　1989.2　630p　22cm　6800円　①4-7837-2277-3　Ⓝ918.68

目次 失われた墓碑銘，時代の囚人，ひとりの女に，渇いた心，小さなユリと，もっと高く，ある日ある時，羊の歩み，ふるさと，死後の世界，悲歌，流血，拾遺詩篇 三文詩人 ほか，初期詩篇 砂時計の落葉 ほか，解説 『失われた墓碑銘』前後を主として（北村太郎著）

小泉　周二
こいずみ・しゅうじ
《1950～》

「あなたへ」

『詩は宇宙 6年』 水内喜久雄編，金子しずか絵　ポプラ社　2003.4　149p　20×16cm　（詩はうちゅう 6）1300円　①4-591-07592-3

目次 春（今日からはじまる（高丸もと子），あなたへ（小泉周二） ほか），スポーツのうた（ランナー（日野生三），泳ぐ（三宅知子） ほか），恋のうた（ときめき（新谷智恵子），失恋（高丸もと子） ほか），平和を求めて（してはならぬこと（松永伍一），地球のいのち（門倉詇） ほか），声に出して読む（であるとあるで（谷川俊太郎），ひとつのおんのなまえ（まど・みちお） ほか），言葉にこだわる（せみ（木村信子），変化（有馬敲） ほか），不安な気持ち（笑うこと（田中章義），十二歳（小松静江） ほか），生きる（約束（高階杞一），南の絵本（岸田衿子） ほか），明日へ（前へ（大木実），夜明け（高丸もと子） ほか），メッセージ（準備（高階杞一），旅立ち（宮中雲子） ほか）

『太陽へ―小泉周二詩集』 小泉周二詩，佐藤平八絵　教育出版センター　1997.11　95p　21cm　（ジュニア・ポエム双書）1200円　①4-7632-4347-0

目次 好きなこと, 朝の歌, 駅の階段, 夜のおさんぽ, ぼくの犬, 犬とすずめ, かぜ, はじまり, あなたへ, 世界〔ほか〕

「水平線」

『小泉周二詩集』 小泉周二著, 現代児童文学詩人文庫編集委員会編　いしずえ　2004.2　169,7p　19cm　(現代児童文学詩人文庫)　1200円　①4-900747-89-0

目次 詩篇(詩集『海』から, 詩集『放課後』から, 詩集『こもりうた』から ほか), エッセイ・評論篇(なぜ詩を書くか, 子どもと詩, 小泉周二のホームページより抄録日々の移ろい他), 詩人論・作品論他(小泉周二の主題による変奏曲とフーガ(藤田のぼる), 生きる意味—一つの小泉周二論として(津坂治男), 心のかたち—小泉周二の詩に触れつつ(菊永謙)), 楽譜(こもりうた・水平線・誕生日, 風よ・大すき・ハマギク, りんごへ)

『放課後』 小泉周二著　いしずえ　2001.9　149p　19cm　1300円　①4-900747-36-X

目次 1 放課後—新編(海の歌, きみがころんだ時, 女の子, きみがすき ほか), 2 放課後以後—自選作品(水平線, カンソイモ, 海とおれ, きゅうこんのめがでた ほか)

『海—小泉周二詩集』 小泉周二著, 杉山信子絵　越谷　かど創房　1986.10　74p　23cm　(かど創房創作文学シリーズ詩歌)　1200円　①4-87598-023-X

小泉　武夫

こいずみ・たけお

《1943〜》

「花を食べる」

『知恵の食事学』 小泉武夫著　サンケイ出版　1987.7　294p　19cm　1200円　①4-383-02647-8

目次 第1章 食べて体をつくる知恵, 第2章 すばらしい食品加工の知恵, 第3章 微生物の巧みな応用, 第4章 調理をめぐる知恵のさまざま, 第5章 食風習・味覚文化の知恵, 第6章 食材利用は世界一

内容 台所と食卓には、民族の知恵が集結している。おいしさを演出する秘密を、科学的に解明し、伝統的食の文化や、美学についても論じる「お酒博士」の日本食物誌。

小泉　八雲

こいずみ・やくも

《1850〜1904》

「いなむらの火」

『津波!!命を救った稲むらの火』 小泉八雲原作, 高村忠範文・絵　汐文社　2005.4　1冊　31×22cm　1400円　①4-8113-7891-1

『小泉八雲怪談奇談集』 森亮他訳　河出書房新社　1988.6　2冊　15cm　(河出文庫)　各380円　①4-309-40220-8

目次 上耳なし芳一, おしどり, 僧興義の話, 鏡と鐘と, 食人鬼, 青柳物語, 鏡の乙女, 菊花の約, 果心居士, 梅津忠兵衛, お貞の話, 十六桜, 雪女, 貉, 勝五郎の再生, 阿弥陀寺の比丘尼, 生神様, 漂流, 下ある保守主義者, 心中, 赤い婚礼, 君子, ある女の日記, 禅書の一問, メキシコ人の感謝, 泉の乙女, 事実は小説よりも奇なり

小出　正吾

こいで・しょうご

《1897〜1990》

「雨と太陽」

『小出正吾児童文学全集　1』 小出正吾著　審美社　2000.1　414p　21cm　3000円　①4-7883-8031-5

目次 赤い実, つばさ, 兎吉の手紙, 耳助の返事, 西瓜番, ふるぐつホテル, 風琴じいさん, 雪の日, 村の馬, サツマ・ハヤト, 白い雀, リンゴとバナナ, 古い絵本, 土のおばさん, 天へ昇った魚, りんごの村, 名犬コロの物語, 雨と太陽, フクロウの子, べにすずめ, 太あ坊, ふくろう, だるま船, 金的, となりの人たち, 蝶, 春の鉄道馬車, 木いちご, いろいろなもののいた道, 蛙の鳴く頃, 空をとぶ馬車, 凧

内容 小出正吾(1897〜1990)は天性のユーモリストで、幼時からの敬虔なクリスチャンであり、自然と人間と平和を愛しつづけ、生涯童心を失わなかった稀有な児童文学者であった。その著作は、童話、少年少女小説、再話、翻訳、伝記、聖書物語、エッセイ

など多岐にわたり、出版された単行本は百四十数冊、共著や編著を合わせると総数二百五十冊を超える。児童文学の分野だけでなく、おとな向けに書かれた作品も少なくない。本全集は、厖大な小出の著作のなかから、主要な創作童話と少年少女小説、それに若干の再話および伝記を加え、全四巻に編集したものである。第一巻には、大正十一年(1922)ごろから昭和十六年(1941)にいたる初期の作品三十二編を収めた。

『金ようびのどうわ』 日本児童文学者協会編　国土社　1998.3　114p　21cm（よんでみようよ教科書のどうわ1しゅうかん 5）1200円　Ⓘ4-337-09605-1

目次 ちいちゃんのかげおくり(あまんきみこ), 少年と子だぬき(佐々木たづ), ねこがみわける(冨田博之), 雨と太陽(小出正吾), はんの木のみえるまど(杉みき子), はまひるがおの小さな海(今西祐行)

『赤道祭―小出正吾童話選集』 小出正吾著　審美社　1986.6　201p　21cm　1900円

目次 赤道祭, 孔雀と少年, 豹退治, べにすずめ, 雨と太陽, 名犬コロの物語, 太あ坊, だるま船, となりの人たち, コスモスの花

内容 10代からお年寄りまで家族中で読む〈近い昔〉の生活童話。さまざまなこどもの世界を写す作者の暖かい澄んだ眼が心なごませる。

「石のさいばん」

『小出正吾児童文学全集　4』 小出正吾著　審美社　2001.2　424p　21cm　3000円　Ⓘ4-7883-8034-X

目次 こまぐさ, 氷の国の春, おもちゃの谷, 無人島の四年間, 花の時計, わすれな草, サレムじいさん, 赤道祭, 豹退治, 太平洋の橋, 花と少年, 天才ミケランジェロ, ベートーベン, アフリカの光―シュバイツァー博士, ノアの箱船, 少年ダビデ, 聖書の話, 上げ潮 引き潮, 猿と蛍の合戦, 仲のよいリスとハゼ, 大鷲と二人の兄弟, 赤いはね, しょうがパンのぼうや, 赤めんどりと小麦つぶ, モミの木, 村のかじ屋, うかれバイオリン, 雪のお話, 石のさいばん, アトリの鐘, 仙女のおくりもの, 捨て子の王子, 江戸太郎左衛門の話

内容 本書には、少年小説、少女小説、童話、伝記、聖書物語、世界の伝説・昔話や名作の再話など、多彩なジャンルの計三十四編を収めた。

「きっちょむさん」

『小出正吾児童文学全集　3』 小出正吾著　審美社　2000.9　419p　22cm〈付属資料：8p：月報 3〉3000円　Ⓘ4-7883-8033-1

目次 天使のとんでいる絵, 谷間の学校, ポストの小鳥, ジンタの音, おとぎ芝居, 逢う魔が時, 芭蕉の庭, 来年の春, やきいも, 小さい子の死, モンキー博士, ぽんこつバス, 大きなお話, 小鳥精進・酒精進, 大挽き善六, いいなり地蔵, きっちょむさんの話, 作品解題(根橋章著)

「シンドバッドのぼうけん」

『世界の名作童話 3年生』 小出正吾編著〔改装版〕　偕成社　1989.9　206p　21cm（学年別・おはなし文庫）700円　Ⓘ4-03-907630-3

目次 こうのとりになった王さま, アトリのかね, 小人国のガリバー, くまと、ふたりのたび人, すて子の王子, ねむりの森のひめ, シンドバッドのぼうけん, ゆきの女王, マホサダーのちえ, 森のいえ, しあわせの王子, 花のおじいさん, 人は、どれだけの土地がいるか

「のろまなローラー」

『小出正吾児童文学全集　2』 小出正吾著　審美社　2000.5　410p　21cm　3000円　Ⓘ4-7883-8032-3

目次 山寺, かっぱ橋, 北から来た汽車, お祭り, みつ蜂みっちゃん, おうち, 村長さんのひげ, 風と木の話, 二つの自動車, うぐいす, のろまなローラ, 三びきの山羊, 北山花作のはなし, ダルマさんのタコ, 桜んぼ, 子やぎのたんじょう, ずんぐり大将, ゆうびん屋さんのはなし, 風船虫, 山へ行く一家, 花の絵, コスモスの花, 正一の町, ぜっぺき, アカシヤの花, 花のおじいさん, 七つの星, 春がきたきた, 浜べの友だち, お山のクリスマス, 熊助くん, 黒い門, 夏休みこい, ちびとのっぽ, 柿の実, 春はどこからやってくる？

内容 本巻に収めた作品は、昭和16年夏から26年秋にわたる、作者34歳から44歳までの10年間、創作意欲旺盛な時期の作品群である。と同時にこれらは、太平洋戦争の勃発、敗戦、民主化という、史上未曾有の激動期において創出された作品群でもある。作者一流の語り口の明るさで子供心を浮き立たせた作品が本巻には多く見られる。

「ふるぐつホテル」

『小出正吾児童文学全集　1』　小出正吾著　審美社　2000.1　414p　21cm　3000円　①4-7883-8031-5

目次　赤い実, つばさ, 兎吉の手紙, 耳助の返事, 西瓜番, ふるぐつホテル, 風琴じいさん, 雪の日, 村の馬, サツマ・ハヤト, 白い雀, リンゴとバナナ, 古い絵本, 土のおばさん, 天へ昇った魚, りんごの村, 名犬コロの物語, 雨と太陽, フクロウの子, べにすずめ, 太あ坊, ふくろう, だるま船, 金的, となりの人たち, 蝶, 春の鉄道馬車, 木いちご, いろいろなもののいた道, 蛙の鳴く頃, 空をとぶ馬車, 凧

「ゆうびんやさんのぼうし」

『小出正吾児童文学全集　2』　小出正吾著　審美社　2000.5　410p　21cm　3000円　①4-7883-8032-3

目次　山寺, かっぱ橋, 北から来た汽車, お祭り, みつ蜂みっちゃん, おうち, 村長さんのひげ, 風と木の話, 二つの自動車, うぐいす, のろまなローラ, 三びきの山羊, 北山花作のはなし, ダルマさんのタコ, 桜んぼ, 子やぎのたんじょう, ずんぐり大将, ゆうびん屋さんのはなし, 風船虫, 山へ行く一家, 花の絵, コスモスの花, 正一の町, ぜっぺき, アカシヤの花, 花のおじいさん, 七つの星, 春がきたきた, 浜べの友だち, お山のクリスマス, 熊助くん, 黒い門, 夏休みこい, ちびとのっぽ, 柿の実, 春はどこからやってくる？

内容　本巻に収めた作品は、昭和16年夏から26年秋にわたる、作者34歳から44歳までの10年間、創作意欲旺盛な時期の作品群である。と同時にこれらは、太平洋戦争の勃発、敗戦、民主化という、史上未曽有の激動期において創出された作品群でもある。作者一流の語り口の明るさで子供心を浮き立たせた作品が本巻には多く見られる。

幸田　文
こうだ・あや
《1904〜1990》

「あか」

『犬』　クラフト・エヴィング商會, 川端康成, 幸田文ほか著　中央公論新社　2009.12　211p　15cm　（中公文庫）　552円　①978-4-12-205244-4

目次　赤毛の犬（阿部知二）, 犬たち（網野菊）, 犬と私（伊藤整）, わが犬の記愛犬家心得（川端康成）, あか（幸田文）, クマ雪の遠足（志賀直哉）, トム公の居候（徳川無聲）, 「犬の家」の主人と家族（長谷川如是閑）, 犬（林芙美子）, ゆっくり犬の冒険―距離を置くの巻（クラフト・エヴィング商會）

内容　ときに人に寄り添い、あるときは深い印象を残して通り過ぎていった名犬、番犬、野良犬たち。彼らと出会い、心動かされた作家たちの幻の随筆集が、クラフト・エヴィング商會のもとで生まれかわりました。新章「ゆっくり犬の冒険―距離を置くの巻」も併録。人と動物の確かな息づかいが感じられる秀作。

『犬―クラフト・エヴィング商会プレゼンツ』　阿部知二, 網野菊, 伊藤整, 川端康成, 幸田文ほか著　中央公論新社　2004.7　189p　19cm　1600円　①4-12-003537-9

目次　赤毛の犬（阿部知二）, 犬たち（網野菊）, 犬と私（伊藤整）, わが犬の記 愛犬家心得（川端康成）, あか（幸田文）, クマ 雪の遠足（志賀直哉）, トム公の居候（徳川夢声）, 「犬の家」の主人と家族（長谷川如是閑）, 犬（林芙美子）, ゆっくり犬の冒険―距離を置くの巻（クラフト・エヴィング商会）

内容　名犬、番犬、野良犬と暮らした作家達の幻の随筆集。

『幸田文全集　第1巻　父・こんなこと』　幸田文著　岩波書店　2001.7　415p　19cm　3800円　①4-00-091901-6

目次　父―その死, こんなこと, 雑記, 終焉, かけら, あか, 手づまつかひ, お墓まゐり, 火, 人情の色気〔ほか〕

内容　一九四七（昭和二十二）年八月から一九四九（昭和二十四）年四月までに発表された作品を収録。

こうや　すすむ
《1942〜》

「どんぐりとどうぶつたち」

『どんぐり』　こうやすすむ作　福音館書店　1988.5　27p　26×24cm　（かがくのとも傑作集 35）　680円　①4-8340-0773-1

香山　美子
こうやま・よしこ
《1928～》

「ちいさいおおきい」

『ちいさい おおきい―香山美子詩集』 香山美子詩，かさいまり絵　チャイルド本社　2004.11　177p　18×16cm　1600円　①4-8054-2609-8

目次 そらとぶくじら, おはなしゆびさん, なぞなぞ, ひつじのぐるぐる, ぼくのむねは, 春のしたく

内容 このゆびパパ、ふとっちょパパ…「おはなしゆびさん」の作詞者、初の自選詩集。半世紀にわたって磨きぬかれた、ほんとうに美しい日本語を、こどもたちに、あなたに―。

『おはなしゆびさん』 香山美子詩，杉浦範茂絵　国土社　2003.2　77p　25×22cm　（現代日本童謡詩全集 5）1600円　①4-337-24755-6

目次 ぼくのカレンダー, タンポポをとりました, あるこうよ, うさぎさんどっち, くまのおかあさん, 山のワルツ, きるきるきる, スリッパ, 大きな木, おひるねのゆめ〔ほか〕

『ことばあそび1年生』 伊藤英治編，村上康成絵　理論社　2001.3　107p　21cm　（ことばあそびの本 1）1200円　①4-652-03431-8

目次 なぞなぞうた（高木あきこ）, カラスのうた（佐藤義美）, スリッパ（香山美子）, トマト（荘司武）, はんたいことば（原田直友）, まわれまわれかんらんしゃ（柴野民三）, ばった（阪田寛夫）, ちいさいおおきい（香山美子）, 大きなかぼちゃ（清水たみ子）, シャボンとズボン（鶴見正夫）〔ほか〕

内容 教科書にものっている、谷川俊太郎、まど・みちお、工藤直子、阪田寛夫、川崎洋さんたちの“ことばあそび”がいっぱい。

「どうぞのいす」

『どうぞのいす』 香山美子作，柿本幸造絵　ひさかたチャイルド　2007.4　32p　25cm〈第74刷〉1000円　①978-4-89325-250-0

内容 うさぎさんが、ちいさないすをつくって、のはらのきのしたにおきました。そのそばに「どうぞのいす」とかいたたてふだもたてました。あるひ、ろばさんが、どんぐりのはいったかごをおいて、ひるねをしているうちに…。

『教科書にでてくるお話 1年生』 西本鶏介監修　ポプラ社　2006.3　190p　18cm　（ポプラポケット文庫）570円　①4-591-09167-8

目次 どうぞのいす（香山美子）, ぴかぴかのウーフ（神沢利子）, おおきなかぶ（トルストイ）, おむすびころりん（西本鶏介）, てがみ（森山京）, しましま（森山京）, はじめは「や！」（香山美子）, つきよに（安房直子）, たぬきのいとぐるま（木暮正夫）, ねずみのすもう（大川悦生）, 1ねん1くみ1ばんワル（後藤竜二）

内容 現在使われている各社の国語教科書に掲載または紹介されている作品ばかりを集めたアンソロジーです。長く読みつがれている名作、心あたたまるお話、おもしろくて元気がでるお話など、すばらしい作品がいっぱい。作品の表記は原典に忠実にし、全文を掲載しています。教科書では気づかなかった作品の魅力を、新たに発見できるかもしれません。小学校初・中級から。

「はじめは「や！」」

『未来へむかう心が育つおはなし』 主婦の友社編　主婦の友社　2012.8　253p　27×22cm　（頭のいい子を育てる）〈付属資料：シール〉2200円　①978-4-07-283498-5

目次 はじめは「や！」（香山美子）, ムカデの医者むかえ―日本の昔話, 三つのことば（グリム）, 耳なし芳一のはなし（小泉八雲）, イチョウの実（宮沢賢治）, シーソーにのったら（岸田衿子）, 三枚のおふだ―日本の昔話, 郵便屋さんのおはなし（チャペック）, こんび太郎―日本の昔話, はだかの王さま（アンデルセン）〔ほか〕

内容 未知の世界へとびこんでいく勇気、失敗をしてもくじけずに立ちあがってまた進もうとするたくましさ、小さな枠におさまらない好奇心―子どもたちにつちかってほしい力を育てるお話を集めました。

『齋藤孝の親子で読む国語教科書 1年生』 齋藤孝著　ポプラ社　2011.3　138p　21cm　（齋藤孝の親子で読む国語教科書 1）1000円　①978-4-591-12285-3

目次 タヌキのじてんしゃ（東君平），おおきなかぶ（トルストイ），サラダでげんき（角野栄子），いなばの白うさぎ（福永武彦），しましま（森山京），はじめは「や！」（香山美子），まのいいりょうし（稲田和子，筒井悦子），ゆうひのしずく（あまんきみこ），だってだってのおばあさん（佐野洋子），ろくべえまってろよ（灰谷健次郎）

『**教科書にでてくるお話 1年生**』 西本鶏介監修 ポプラ社 2006.3 190p 18cm （ポプラポケット文庫） 570円 Ⓘ4-591-09167-8

目次 どうぞのいす（香山美子），ぴかぴかのウーフ（神沢利子），おおきなかぶ（トルストイ），おむすびころりん（西本鶏介），てがみ（森山京），しましま（森山京），はじめは「や！」（香山美子），つきよに（安房直子），たぬきのいとぐるま（木暮正夫），ねずみのすもう（大川悦生），1ねん1くみ1ばんワル（後藤竜二）

内容 現在使われている各社の国語教科書に掲載または紹介されている作品ばかりを集めたアンソロジーです。長く読みつがれている名作、心あたたまるお話、おもしろくて元気がでるお話など、すばらしい作品がいっぱい。作品の表記は原典に忠実にし、全文を掲載しています。教科書では気づかなかった作品の魅力を、新たに発見できるかもしれません。小学校初・中級から。

『**はじめは「や！」**』 香山美子作，むかいながまさ絵 鈴木出版 1997.2 29p 26×21cm （ひまわりえほんシリーズ） 1030円 Ⓘ4-7902-6076-3

内容 くまさんがあるいていくと、きつねさんがあるいてきました。でも、ともだちじゃないふたりはだまってとおりすぎました。そのつぎも「…」そのつぎも「…」。

コウレイ，ジョイ

「大砲のなかのアヒル」

『**大砲のなかのアヒル**』 ジョイ・コウレイ文，ロビン・ベルトン絵，ロニー・アレキサンダー，岩倉務共訳，中野孝次，永井一正監修 平和のアトリエ 2002.7 32p 24cm （特選世界平和の絵本 平和博物館を創る会編）〈シリーズ責任表示：平和博物館を創る会編〉 1500円 Ⓘ4-938365-28-6 Ⓝ726.6

小海 永二
こかい・えいじ
《1931～》

「いのち」

『**小海永二著作撰集 第1巻 詩集**』 小海永二著 小海永二著 丸善 2007.10 705p 23cm 6000円 Ⓘ978-4-621-07891-4 Ⓝ918.68

目次 峠，軽い時代の暗い歌，わが人生嘆歌，幸福論，夢の庭，夢の岸辺，鐘の音，洞窟，四季のうた

『**いきもののうた**』 小海永二編，和歌山静子絵 ポプラ社 1996.4 141p 19×15cm （みんなで読む詩・ひとりで読む詩 2） 1200円 Ⓘ4-591-05075-0

内容 小学校中学年～中学生向き。

『**詩集 幸福論**』 小海永二著 土曜美術社出版販売 1994.10 103p 21cm 2500円 Ⓘ4-8120-0506-X

「ぼくにはぼくの道がある」

『**こころのうた**』 小海永二編，遠藤てるよ絵 ポプラ社 1996.4 142p 19cm （みんなで読む詩・ひとりで読む詩 5） 1200円 Ⓘ4-591-05078-5

『**わが人生嘆歌―小海永二詩集**』 小海永二著 研友社，土曜美術社〔発売〕 1988.9 119P 21×16cm 2000円 Ⓘ4-88625-174-9

目次 マイナー・ポエット宣言，ぼくにはぼくの道がある，この淋しさわどうしよう，わが生涯，悪夢〔ほか〕

「よい詩を目ざして」

『**詩の書き方おしえてよ 5・6年**』 小海永二著，西村郁雄絵 名古屋 KTC中央出版 1996.4 159p 21cm （地球っ子ブックス・新国語シリーズ 9） 1300円 Ⓘ4-924814-76-8

目次 1 ぼくってだれ？ わたしってだれ？，2 よい詩を目ざして―表現の工夫，3 読書感想詩，4 地域語の詩，5 自分の詩集を作ろう

内容 ぼくってだれ、わたしってだれ。詩を書きながら考えてみよう。

コクトー, ジャン
《1889〜1963》

「シャボン玉」

『齋藤孝の親子で読む詩・俳句・短歌・童謡 5・6年生』 齋藤孝著 ポプラ社 2012.3 142p 21cm （齋藤孝の親子で読む詩・俳句・短歌・古典 3） 1000円 ①978-4-591-12790-2

目次 詩（耳（ジャン・コクトー），シャボン玉（ジャン・コクトー） ほか），童謡・唱歌（早春賦（吉丸一昌），夏は来ぬ（佐佐木信綱） ほか），漢詩（春暁（孟浩然），春夜（蘇軾） ほか），俳句・短歌（むめ一輪一りんほどの…（服部嵐雪），目には青葉山ほとゝぎす…（山口素堂） ほか）

内容 この巻では、おとながあじわうような詩や俳句・短歌を集めました。ほかにも漢詩という、中国の詩を紹介しています。

『驚くこころ』 鶴見俊輔，安野光雅，森毅，井上ひさし，池内紀編 筑摩書房 2012.2 437p 15cm （ちくま哲学の森 6） 1300円 ①978-4-480-42866-0

目次 報告（宮澤賢治），シャボン玉（J.コクトー），「わが生いたち」より（佐藤春夫），まんじゅうの皮とあん（国分一太郎），伊香保へ行って温泉に入ろう（山下清），父と息子との対話（林達夫），考えるだけでラジオを直す少年（ファインマン），日常身辺の物理的諸問題（寺田寅彦），立春の卵（中谷宇吉郎），クシャミと太陽（緒方富雄），科学的な暗殺者（ファーブル），足跡（吉田健一），世界の果てへ（T・クローバー），改暦弁（福澤諭吉），一八七七年の日本（モース），神々の国の首都（小泉八雲），歯固め（戸井田道三），地面の底がぬけたんです（藤本とし），水源に向かって歩く（遠山啓），倉田百三氏の体験を中心に（森田正馬），精神分析について（フロイト），火と尊崇 プロメテウス・コンプレックス（バシュラール），方法序論 第二部（デカルト），数学上の発見（ポアンカレ），ラムネ氏のこと（坂口安吾），知魚楽（湯川秀樹）

『ぎんいろの空―空想・おとぎ話』 新川和江編，降矢奈々絵 太平出版社 1987.7 66p 21cm （小学生・詩のくにへ 2） 1600円

目次 シャボン玉（ジャン・コクトー），なみとかいがら（まど・みちお），海水浴（堀口大学），白い馬（高田敏子），じっと見ていると（高田敏子），真昼（木村信子），ことり（まど・みちお），ちょうちょとハンカチ（宮沢章二），だれかが小さなベルをおす（やなせたかし），おもちゃのチャチャチャ（野坂昭如），なわ一本（高木あきこ），南の島のハメハメハ大王（伊藤アキラ），とんでったバナナ（片岡輝），チム・チム・チェリー（日本語詞・あらかわひろし），星の歌（片岡輝），あり（ロベール＝デスノス），お化けなんてないさ（槇みのり），マザー・グース せかいじゅうの海が（水谷まさる 訳）

「耳」

『齋藤孝の親子で読む詩・俳句・短歌・童謡 5・6年生』 齋藤孝著 ポプラ社 2012.3 142p 21cm （齋藤孝の親子で読む詩・俳句・短歌・古典 3） 1000円 ①978-4-591-12790-2

目次 詩（耳（ジャン・コクトー），シャボン玉（ジャン・コクトー） ほか），童謡・唱歌（早春賦（吉丸一昌），夏は来ぬ（佐佐木信綱） ほか），漢詩（春暁（孟浩然），春夜（蘇軾） ほか），俳句・短歌（むめ一輪一りんほどの…（服部嵐雪），目には青葉山ほとゝぎす…（山口素堂） ほか）

内容 この巻では、おとながあじわうような詩や俳句・短歌を集めました。ほかにも漢詩という、中国の詩を紹介しています。

『とんでいきたい―あこがれ・思い出』 新川和江編，三木由記子絵 太平出版社 1987.7 66p 21cm （小学生・詩のくにへ 1） 1600円

目次 ふしぎなポケット（まど・みちお），空へのぼった風船（三枝ますみ），ある朝（宮沢章二），わた毛の玉（牧野文子），橋（まど・みちお），鳥と少年（中野郁子），白鳥の夢（新川和江），矢車草（名取和彦），耳（ジャン・コクトー，堀口大学・訳），ぞうとえんそくしてみたい（筒井敬介），夕日（こわせたまみ），まりをついてると（八木重吉），おほしさん（鶴見正夫），白い道（海野洋司），あこがれ（新川和江），海を見にいく（野長瀬正夫），山頂（原田直友），紙風船（黒田三郎）

国分　一太郎
こくぶん・いちたろう
《1911～1985》

「カヌヒモトの思い出」

『カヌヒモトの思い出』　国分一太郎著，池田仙三郎絵　むぎ書房　1984.9　38p　21cm　(新編雨の日文庫　第3集 2) 〈6刷(1刷：昭和40年)〉

木暮　正夫
こぐれ・まさお
《1939～2007》

「ふるさとの空に帰った馬」

『本は友だち2年生』　日本児童文学者協会編　偕成社　2005.3　163p　21cm　(学年別・名作ライブラリー 2)　1200円　Ⓘ4-03-924020-0

目次 「えいっ」(三木卓)，ろくべえまってろよ(灰谷健次郎)，海をあげるよ(山下明生)，きばをなくすと(小沢正)，詩・おなかのへるうた(阪田寛夫)，詩・おおきくなったら(菅原優子)，ふるさとの空に帰った馬(木暮正夫)，わすれたわすれんぼ(寺村輝夫)，あめだま(新美南吉)，とっくたっくとっくたっく(神沢利子)，エッセイ・二年生のころ　夜店だいすき(越水利江子)

内容 この本には、「国語」の教科書でおなじみの作品をはじめ、現代の子どもの文学の世界を代表する作家たちの作品が集められています。

小嶋　雄二
こじま・ゆうじ
《1942～》

「スズヤさんのスズ」

『スズヤさんのスズ』　小嶋雄二作，岡野和絵　草炎社　1993.8　1冊　28×22cm　(草炎社のえほん 1)　1340円　Ⓘ4-88264-071-6

内容 少女はとおり道で、スズヤさんのスズと、めぐり合うことになりました。コロン、コロローン、コローン。スズは大きいわりに、かわいい、すんだ音をひびかせるのです。すっかり、そのスズの音がすきになってしまいましたが、ある日…。

古世古　和子
こせこ・かずこ
《1929～》

「わすれもの」

『本は友だち5年生』　日本児童文学者協会編　偕成社　2005.3　161p　21cm　(学年別・名作ライブラリー 5)　1200円　Ⓘ4-03-924050-2

目次 竜(今江祥智)，かものたまご(岩崎京子)，わすれもの(古世古和子)，おじょうさん、おはいんなさい(石井睦美)，やってきた男(三田村信行)，詩・山頂(原田直友)，詩・観覧車(みずかみかずよ)，その日が来る(森忠明)，手の中のもの、なあんだ？―夜警員室ネズミの話(岡田淳)，父さんの宿敵(柏葉幸子)，色紙(村中李衣)，エッセイ・五年生のころ　わたしの宝(最上一平)

内容 この本には、「国語」の教科書でおなじみの作品をはじめ、現代の子どもの文学の世界を代表する作家たちの作品が集められています。

後藤　允
ごとう・まこと
《1936～》

「守る、みんなの尾瀬を」

『光村ライブラリー　第16巻　田中正造ほか』　樺島忠夫，宮地裕，渡辺実監修，大竹政和ほか著，内藤貞夫ほか画　光村図書出版　2004.4　92p　21cm〈3刷〉　1000円　Ⓘ4-89528-114-0

目次 大陸は動く(大竹政和)，富士は生きている(森下晶)，またとない天敵(金光不二夫)，自然を守る(伊藤和明)，守る、みんなの尾瀬を(後藤允)，田中正造(上笙一郎)

後藤　竜二
ごとう・りゅうじ
《1943〜2010》

「草色のマフラー」

『読んでおきたい 3年生の読みもの』 長崎源之助監修，亀村五郎，谷川澄雄，西岡房子，藤田のぼる，松岡三千代編　学校図書　1997.11　144p　21cm　648円　Ⓘ4-7625-1945-6

目次 手の中のものなあんだ？（岡田淳），九人の兄弟（君島久子），とびうお（末広恭雄），みさきのかがり火（清水達也），梅の木村のおならじいさん（松岡享子），ヘビをつかむと（古田足日），町を行進したぼくたち（大石真），泣いた赤おに（浜田広介），ヌーチェの水おけ（神沢利子），草色のマフラー（後藤竜二）

『シャベルでホイ』 国土社　1985.4　125p　22cm　（新・文学の本だな 小学校低学年 2）1200円　Ⓘ4-337-25204-5

目次 ちょうちょ（のろさかん），アレクサンダとぜんまいねずみ（レオ・レオニ），ピューンの花（平塚武二），なんでもロボット（寺村輝夫），くさいろのマフラー（後藤竜二），三まいのおふだ（日本の昔話），シャベルでホイ（サトウハチロー），はんてんをなくしたヒョウ（ヒューエット），ウーフはおしっこでできてるか??（神沢利子）

『くさいろのマフラー』 後藤竜二文，岡野和著　草土文化　1978.12　31p　25cm　1300円　Ⓘ4-7945-0377-6

「りんごの花」

『心にひびく名作読みもの 3年―読んで、聞いて、声に出そう』 府川源一郎，佐藤宗子編　教育出版　2004.3　69p　21cm　〈付属資料：CD1〉2000円　Ⓘ4-316-80087-6

目次 お母さんの紙びな（長崎源之助），はまひるがおの「小さな海」（今西祐行），沢田さんのほくろ（宮川ひろ），りんごの花（後藤竜二），どちらが生たまごでしょう，ぎんなんの木（佐藤義美），かっぱ（谷川俊太郎）

内容 小学校国語教科書に掲載された名作（物語・説明文・詩）を学年別に収録。発達段階に応じた教科書表記を採用。難意語には注を記載。発展学習にも役立つよう、交ぜ書きから読み仮名付きの漢字へ適宜変更。当時の教科書に使用された挿絵を掲載。俳優・声優による格調高い朗読をCDに収め各巻に添付。

『りんごの花』 後藤竜二文，長谷川知子絵　新日本出版社　1993.12　31p　31×22cm　1500円　Ⓘ4-406-02225-2

内容 かたくしばれあがった雪野原が、遠くかすむピンネシリの山までも続く“かた雪”の日。ぼくらは「どこまでもどこまでも行くたんけんたい」を結成した。

「りんご畑の九月」

『親も子も読む名作 3年生の読みもの』 亀村五郎編集委員　学校図書　2005.7　140p　21cm　648円　Ⓘ4-7625-1963-4

目次 ゴリラとたいほう（奈街三郎），ふしぎなくもの糸（八木沼健夫），りゅうの目のなみだ（浜田広介），たんぽぽ（丘修三），長ぐつをはいたネコ（ペロー），りんご畑の九月（後藤竜二），まほうのなしの木（鹿島鳴秋），チロヌップのきつね（高橋宏幸），ゾウの手ぶくろのはなし（前川康男），きつねものがたり（林芙美子）

内容 すぐれた作家のすぐれた作品!!国語教科書でなじみのある作品も多数掲載。お子さんはもちろん、保護者の方にも楽しく、また、なつかしく読んでいただける名作選。

『りんご畑の九月』 後藤竜二ぶん，長谷川知子え　新日本出版社　1995.12　31p　31cm　1500円　Ⓘ4-406-02393-3

小林　純一
こばやし・じゅんいち
《1911〜1982》

「どっさりのぼく」

『詩はうちゅう 2年』 水内喜久雄編，大滝まみ絵　ポプラ社　2003.4　161p　20×16cm　（詩はうちゅう 2）1300円　Ⓘ4-591-07588-5

目次 はじまりのうた（いってみよ（宮中雲子），わくわくはてな（国沢たまき） ほか），みんなたんぽぽ（たんぽぽすきよ（楠木しげお），たんぽぽ（川崎洋） ほか），はひふへほのうた（「は」「ほ」「ふ」の字（大熊義和），ぱぴぷぺぽ（工藤直子） ほか），友だち・だいすき（あたらしいともだち（木村信子），ひとりぼっちのあのこ（宮沢章二）ほか），たべもののうた（おもちのあくび（関今日子），おかしいな（与田準一）ほか），おとのうた（おと（工藤直子），いろんなおとのあめ（岸田衿子）ほか），じゅんのうた（へんなひとかぞえうた（岸田衿子），いちがつにがつさんがつ（谷川俊太郎）ほか），なぞのうた（なにがかくれてる（のろさかん），ことばかくれんぼ（川崎洋）ほか），ふあんなきもち（びりのきもち（阪田寛夫），なくしもの（木村信子）ほか），ぼく（ぼく（木村信子），どっさりのぼく（小林純一）ほか）

『みつばちぶんぶん』 小林純一詩，鈴木義治絵　国土社　2003.1　77p　25×22cm　（現代日本童謡詩全集 13）1600円　Ⓘ4-337-24763-7

目次 そうだとばっかり，かぜさん，みつばちぶんぶん，はなのおくにのきしゃぽっぽ，どっさりのぼく，ながいあめ，トン・ツウ・ツウ・トン，あめあめふっても，いちご，しらかば〔ほか〕

「みつばちぶんぶん」

『光村ライブラリー　第18巻　おさるがふねをかきました ほか』 樺島忠夫，宮地裕，渡辺実監修，まどみちお，三井ふたばこ，阪田寛夫，川崎洋，河井酔茗ほか著，松永禎郎，杉田豊，平山英三，武田美穂，小野千世ほか画　光村図書出版　2004.11　83p　21cm〈第4刷〉1000円　Ⓘ4-89528-116-7

目次 おさるがふねをかきました（まど・みちお），みつばちぶんぶん（小林純一），あいうえお・ん（鶴見正夫），ぞうのかくれんぼ（高木あきこ），おうむ（鶴見正夫），あかいカーテン（みずかみかずよ），ガラスのかお（三井ふたばこ），せいのび（武鹿悦子），かぼちゃのつるが（原田直友），三日月（松谷みよ子），夕立（みずかみかずよ），さかさのさかさはさかさ（川崎洋），春（坂本遼），虻（嶋岡晨），若葉よ来年は海へゆこう（金子光春），われは草なり（高見順），くまさん（まど・みちお），おなかのへるうた（阪田寛夫），てんらん会（柴野民三），夕日がせなかをおしてくる（阪田寛夫），ひばりのす（木下夕爾），十時にね（新川和江），みいつけた（岸田衿子），どきん（谷川俊太郎），りんご（山村暮鳥），ゆずり葉（河井酔茗），雪（三好達治），影（八木重吉），楽器（北川冬彦），動物たちの恐ろしい夢のなかに（川崎洋），支度（黒田三郎）

『みつばちぶんぶん』 小林純一詩，鈴木義治絵　国土社　2003.1　77p　25×22cm　（現代日本童謡詩全集 13）1600円　Ⓘ4-337-24763-7

目次 そうだとばっかり，かぜさん，みつばちぶんぶん，はなのおくにのきしゃぽっぽ，どっさりのぼく，ながいあめ，トン・ツウ・ツウ・トン，あめあめふっても，いちご，しらかば〔ほか〕

「茂作じいさん」

『ガラスにかいたかお―生活』 新川和江編，多田治良絵　太平出版社　1987.10　66p　21cm　（小学生・詩のくにへ 6）1600円

目次 おなかのへるうた（阪田寛夫），コップのうた（真田亀久代），てんぷらぴりぴり（まど・みちお），ピーマン（工藤直子），あわてんぼうの歌（まど・みちお），ガラスのかお（三井ふたばこ），お魚（金子みすゞ），帰宅（吉田定一），つけもののおもし（まど・みちお），山芋（大関松三郎），あめ（山田今次），ふるさとの（石川啄木），リンゴとポンカン（赤岡江里子），ぼくの家だけあかりがともらない（野長瀬正夫），いなかのあいさつ（新川和江），小さなみなとの町（木下夕爾），茂作じいさん（小林純一），夜のくだもの（草野心平），とうげ（石垣りん），はんぶんおりたところ（アレグザンダー＝ミルン，小田島雄志・若子訳），夕日がせなかをおしてくる（阪田寛夫）

『茂作じいさん』 小林純一詩，久保雅勇絵　教育出版センター　1980.9　156p　22cm　（ジュニア・ポエム双書）1000円

小林　秀雄
こばやし・ひでお
《1901〜1960》

「美を求める心」

『小林秀雄全作品　21　美を求める心』 小林秀雄著　新潮社　2004.6　309p　19cm　1800円　Ⓘ4-10-643561-6

目次 昭和二十九年（喋ることと書くこと，自由 ほか），昭和三十年（鉄斎3，ピラミッド1 ほか），昭和三十一年（ことばの力，エヴェレスト ほか），昭和三十二年（美を求める心，鉄斎4 ほか），昭和三十三年（国語という大

河, 悪魔的なもの ほか)

内容 すれみの花を、黙って一分間眺めてみよう。諸君は、どれほどたくさんなものが見えてくるかに驚くでしょう…。昭和32年54歳、小学生、中学生に語った「美を求める心」。

『小林秀雄全集 第11巻 近代絵画』 小林秀雄著 新潮社 2002.3 565p 21cm 9000円 ①4-10-643531-4

目次 昭和二十九年(喋ることと書くこと, 自由, 読書週間 ほか), 昭和三十年(鉄斉3, ピラミッド1, ゴッホの墓 ほか), 昭和三十一年(ことばの力, エヴェレスト, ほんもの・にせもの展 ほか), 昭和三十二年(美を求める心, 鉄斉4, 鎌倉 ほか), 昭和三十三年(国語といふ大河, 悪魔的なもの, 火野君の思ひ出 ほか)

内容 一流の線、一流の色、一流の劇…彼ら一流画家たちの、一流の生。

小林 豊
こばやし・ゆたか
《1946～》

「せかいいちうつくしいぼくの村」

『齋藤孝の親子で読む国語教科書 4年生』 齋藤孝著 ポプラ社 2011.3 150p 21cm (齋藤孝の親子で読む国語教科書 4) 1000円 ①978-4-591-12288-4

目次 やいトカゲ(舟崎靖子), 白いぼうし(あまんきみこ), 木竜うるし(木下順二), こわれた1000の楽器(野呂昶), 一つの花(今西祐行), りんご畑の九月(後藤竜二), ごんぎつね(新美南吉), せかいいちうつくしいぼくの村(小林豊), 寿限無(興津要), 初雪のふる日(安房直子)

『教科書にでてくるお話 4年生』 西本鶏介監修 ポプラ社 2006.3 206p 18cm (ポプラポケット文庫) 570円 ①4-591-09170-8

目次 いろはにほへと(今江祥智), ポレポレ(西村まり子), やいトカゲ(舟崎靖子), 白いぼうし(あまんきみこ), りんご畑の九月(後藤竜二), るすばん(川村たかし), せかいいちうつくしいぼくの村(小林豊), こわれた1000の楽器(野呂昶), のれたよ、のれたよ、自転車のれたよ(井上美由紀), 夏のわすれもの(福田岩緒), ならなしとり(峠兵太), 寿限無(西本鶏介), ごんぎつね(新美南吉), 一つの花(今西祐行)

内容 現在使われている各社の国語教科書に掲載または紹介されている作品ばかりを集めたアンソロジーです。長く読みつがれている名作、心あたたまるお話、おもしろくて元気がでるお話など、すばらしい作品がいっぱい。作品の表記は原典に忠実にし、全文を掲載しています。教科書では気づかなかった作品の魅力を、新たに発見できるかもしれません。小学校中学年から。

『せかいいちうつくしいぼくの村』 小林豊作・絵 ポプラ社 1995.12 39p 22×29cm (えほんはともだち 40) 1200円 ①4-591-04190-5

小松 左京
こまつ・さきょう
《1931～2011》

「宇宙人のしゅくだい」

『宇宙人のしゅくだい』 小松左京作, 堤直子絵 講談社 2009.6 187p 18cm (講談社青い鳥文庫) 〈第72刷〉 580円 ①4-06-147074-4

目次 算数のできない子孫たち, つりずきの宇宙人, 宇宙人のしゅくだい, “ぬし”になった潜水艦, アリとチョウチョウとカタツムリ, キツネと宇宙人, 雪のふるところ, 地球からきた子, タコと宇宙人, 理科の時間, つゆあけ, にげていった子, ロボット地蔵, 地球を見てきた人, 空をとんでいたもの, 赤い車, お船になったパパ, 大型ロボット, ガソリンどろぼう, 六本足の子イヌ, 冥王星に春がきた, 未来をのぞく機械, 宇宙のもけい飛行機, 宇宙のはてで, 小さな星の子

内容 「ちょっとまって! わたしたちがおとなになったら、きっと戦争のない星にして、地球をもっともっと、たいせつにするわ…。」ヨシコのした宇宙人とのやくそくは、はたして実現されるでしょうか。表題作「宇宙人のしゅくだい」ほか、次代を担う子どもたちへの期待をこめておくる25編のSF短編集。

『光村ライブラリー 第12巻 野ばら ほか』 樺島忠夫, 宮地裕, 渡辺実監修, 小松左京ほか著, 吉田甲子太郎訳, たむらしげるほか画 光村図書出版 2004.4 84p 21cm 〈3刷〉 1000円

Ⓘ4-89528-110-8

目次 宇宙人の宿題（小松左京），おみやげ（星新一），野ばら（小川未明），空にうかぶ騎士（アンブローズ・ビアス），石うすの歌（壷井栄），えぞまつ（神沢利子）

『宇宙人のしゅくだい』 小松左京作，堤直子絵　講談社　2004.3　187p　18cm（講談社青い鳥文庫）1000円

Ⓘ4-06-274702-2

目次 算数のできない子孫たち，つりずきの宇宙人，宇宙人のしゅくだい，“ぬし”になった潜水艦，アリとチョウチョウとカタツムリ，キツネと宇宙人，雪のふるところ，地球からきた子，タコと宇宙人，理科の時間，つゆあけ，にげていった子，ロボット地蔵，地球を見てきた人，空をとんでいたもの，赤い車，お船になったパパ，大型ロボット，ガソリンどろぼう，六本足の子イヌ，冥王星に春がきた，未来をのぞく機械，宇宙のもけい飛行機，宇宙のはてで，小さな星の子

内容 「ちょっとまって！　わたしたちがおとなになったら、きっと戦争のない星にして、地球をもっともっと、たいせつにするわ…。」ヨシコのした宇宙人とのやくそくは、はたして実現されるでしょうか。表題作「宇宙人のしゅくだい」ほか、次代を担う子どもたちへの期待をこめておくる25編のSF短編集。小学中級から。

「地球を見てきた人」

『宇宙人のしゅくだい』 小松左京作，堤直子絵　講談社　2009.6　187p　18cm（講談社青い鳥文庫）〈第72刷〉580円

Ⓘ4-06-147074-4

目次 算数のできない子孫たち，つりずきの宇宙人，宇宙人のしゅくだい，“ぬし”になった潜水艦，アリとチョウチョウとカタツムリ，キツネと宇宙人，雪のふるところ，地球からきた子，タコと宇宙人，理科の時間，つゆあけ，にげていった子，ロボット地蔵，地球を見てきた人，空をとんでいたもの，赤い車，お船になったパパ，大型ロボット，ガソリンどろぼう，六本足の子イヌ，冥王星に春がきた，未来をのぞく機械，宇宙のもけい飛行機，宇宙のはてで，小さな星の子

内容 「ちょっとまって！　わたしたちがおとなになったら、きっと戦争のない星にして、地球をもっともっと、たいせつにするわ…。」ヨシコのした宇宙人とのやくそくは、はたして実現されるでしょうか。表題作「宇宙人のしゅくだい」ほか、次代を担う子どもたちへの期待をこめておくる25編のSF短編集。

『宇宙人のしゅくだい』 小松左京作，堤直子絵　講談社　2004.3　187p　18cm（講談社青い鳥文庫）1000円

Ⓘ4-06-274702-2

目次 算数のできない子孫たち，つりずきの宇宙人，宇宙人のしゅくだい，“ぬし”になった潜水艦，アリとチョウチョウとカタツムリ，キツネと宇宙人，雪のふるところ，地球からきた子，タコと宇宙人，理科の時間，つゆあけ，にげていった子，ロボット地蔵，地球を見てきた人，空をとんでいたもの，赤い車，お船になったパパ，大型ロボット，ガソリンどろぼう，六本足の子イヌ，冥王星に春がきた，未来をのぞく機械，宇宙のもけい飛行機，宇宙のはてで，小さな星の子

小松　義夫
こまつ・よしお

《1945～》

「人をつつむ形―世界の家めぐり」

『世界あちこちゆかいな家めぐり』 小松義夫文・写真，西山晶絵　福音館書店　2004.10　40p　26×20cm（たくさんのふしぎ傑作集）1300円

Ⓘ4-8340-2073-8

内容 著者がたずねてきた世界中の家と、その家でくらす人びとのようすを紹介。

小森　香子
こもり・きょうこ

《1930～》

「飛び立つ」

『飛び立つ―小森香子詩集』 小森香子著　あゆみ出版　1994.7　203p　19cm　1700円　Ⓘ4-7519-6200-0

目次 未来という名の，樹があるかぎり，いのち，新しい一歩，おとなの机，ぼくらの父さん，種をまく，なかまたちへ，働くことを愛しているから，あなたも本音で，草となり花となって〔ほか〕

コッローディ, カルロ
《1826～1890》

「ピノキオ」

『決定版 心をそだてるこれだけは読んでおきたい世界の名作童話』 井辻朱美監修 講談社 2010.3 287p 26×21cm 2800円 ①978-4-06-216026-1

目次 ブレーメンの音楽隊(グリム兄弟), 灰まみれ(グリム兄弟), ラプンツェル(グリム兄弟), 長ぐつをはいたねこ(ペロー), 妖精たち(ペロー), 青ひげ(ペロー), 野の白鳥(アンデルセン), 人魚姫(アンデルセン), 赤いくつ(アンデルセン), ほらふき男爵より抜粋(ビュルガー), ジャックと豆の木(イギリスの民話), 幸せの王子(ワイルド), ピノッキオのぼうけんより抜粋(コッローディ), ガリバー旅行記第一編より抜粋(スウィフト), ピーター・パンより抜粋(バリ), ドリトル先生アフリカゆきより抜粋(ロフティング), オズの魔法使いより抜粋(バーム), トム・ソーヤーのぼうけんより抜粋(トウェイン), 美女と野獣より抜粋(ボーモン夫人), 西遊記より抜粋(呉承恩), アリ・ババと四十人のどろぼう(「アラビアン・ナイト」アラビアの民謡), あらすじ読書ガイド

内容 質の高い、子どものための文学作品を世界じゅうから21編厳選し、原作に忠実な翻訳で紹介。イラストは、すべて人気絵本作家、イラストレーターの描き下ろし。

『ピノッキオの冒険』 カルロ・コッローディ作, 杉浦明平訳 岩波書店 2000.12 329p 18cm (岩波少年文庫) 720円 ①4-00-114077-2

内容 ことばをはなす木から人形を作ったジェッペットじいさんは、それにピノッキオと名づけて、子どものようにかわいがります。やがてピノッキオは広い世界に旅に出ます…イタリアの代表作として百年以上にわたり世界中の子どもたちに親しまれてきた物語。小学3・4年以上。

『ピノキオ』 コロディ原作, 久米穣文, アグスティ・アセンシオ絵 講談社 1994.7 1冊 20×20cm (世界の名作おはなしの森 1) 680円 ①4-06-252051-6

こわせ たまみ
《1934～》

「きつねをつれてむらまつり」

『教科書にでてくるお話 3年生』 西本鶏介監修 ポプラ社 2006.3 186p 18cm (ポプラポケット文庫) 570円 ①4-591-09169-4

目次 のらねこ(三木卓), きつつきの商売(林原玉枝), ウサギのダイコン(茂市久美子), きつねをつれてむらまつり(こわせたまみ), つりばしわたれ(長崎源之助), 手ぶくろを買いに(新美南吉), うみのひかり(緒島英二), サーカスのライオン(川村たかし), おにたのぼうし(あまんきみこ), 百羽のツル(花岡大学), モチモチの木(斎藤隆介), かあさんのうた(大野允子), ちいちゃんのかげおくり(あまんきみこ)

内容 現在使われている各社の国語教科書に掲載または紹介されている作品ばかりを集めたアンソロジーです。長く読みつがれている名作、心あたたまるお話、おもしろくて元気がでるお話など、すばらしい作品がいっぱい。作品の表記は原典に忠実にし、全文を掲載しています。教科書では気づかなかった作品の魅力を、新たに発見できるかもしれません。小学校中級から。

『きつねをつれてむらまつり』 こわせたまみ作, 二俣英五郎絵 教育画劇 1990.6 31p 25×21cm (スピカみんなのえほん 10) 1000円 ①4-905699-99-1

内容 きょうは、やまのむこうのむらで、おまつりです。おもちゃやさんのごんじいのまえに、あらわれたひとりのおとこのこ。からだや、てや、あしは、にんげんのこどもなのに、かおだけきつねのまま。そこで、ごんじいは…。

「なみは手かな」

『みどりのしずく—自然』 新川和江編, 瀬戸好子絵 太平出版社 1987.7 66p 21cm (小学生・詩のくにへ 5) 1600円

目次 雲(山村暮鳥), 金のストロー(みずかみかずよ), 水たまり(武鹿悦子), 石ころ(まど・みちお), かいだん(渡辺美知子), すいれんのはっぱ(浦かずお), びわ(まど・みち

お), かぼちゃのつるが(原田直友), 雑草のうた(鶴岡千代子), ことりのひな(北原白秋), 土(三好達治), きいろいちょうちょう(こわせたまみ), すいっちょ(鈴木敏史), 川(谷川俊太郎), 天(山之口貘), 富士(草野心平), 海(川崎洋), なみは手かな(こわせたまみ), 石(草野心平), 地球は(工藤直子), どうしていつも(まど・みちお)

『しずかにしてね』 こわせたまみ詩, いもとようこ絵 白泉社 1984.8 1冊 27cm (ちいさな愛のうた) 980円 Ⓘ4-592-76029-8

「ぶどう」

『うみのにじ』 こわせたまみ詩, 北田卓史絵 国土社 1987.6 23p 26cm (しのえほん) 980円 Ⓘ4-337-00307-X

斉藤 洋
さいとう・ひろし
《1952～》

「ガオーッ」

『光村ライブラリー 第8巻 小さな青い馬 ほか』 樺島忠夫, 宮地裕, 渡辺実監修, 斉藤洋ほか著, 高畠純訳 光村図書出版 2004.4 73p 21cm 〈3刷〉 1000円 Ⓘ4-89528-106-X

目次 ガオーッ(斉藤洋), 小さな青い馬(今江祥智), たぬきのタロ(石森延男), 五色のしか―宇治拾遺物語・巻七の一より

『どうぶつえんのいっしゅうかん』 斉藤洋原作, 高畠純絵 講談社 1991.5 79p 26cm (講談社ファミリーブック 15―NHK母と子のテレビ絵本) 980円 Ⓘ4-06-301815-6

『どうぶつえんのいっしゅうかん』 斉藤洋作, 高畠純絵 講談社 1988.8.6 109p 20×16cm (わくわくライブラリー) 950円 Ⓘ4-06-195610-8

内容 くいしんぼうのバクは、だれににてる? クロヒョウって、ほんとうは、てれくさがりやさん? おしゃべりであわてもののハトは、なにしてる? 火曜日から月曜日までの、どうぶつえんのいっしゅうかん。あなたは、どのどうぶつがすき? 小学初級から。

斎藤 隆介
さいとう・りゅうすけ
《1917～1985》

「ソメコとオニ」

『おもしろい物語 10分読書 めやす小学3年―朝読・夕読 もっともっと本がすきになる。』 川北亮司編 大阪 教学研究社 〔2011.11〕 93p 21cm 476円 Ⓘ978-4-318-00989-4

目次 ソメコとオニ(斎藤隆介), おとうさんの話(安藤美紀夫), おかしな七日間(はたたかし), インスタント・シー(長谷川洋子)

『国語力 読解力がつく教科書文庫 3年 第2集 楽しい愉快だ面白いお話 たしかめ問題つき』 川北亮司編 大阪 教学研究社 2009.9 95p 26cm 820円 Ⓘ978-4-318-01369-3

目次 ソメコとオニ(斎藤隆介), おとうさんの話(安藤美紀夫), おかしな七日間(はたたかし), インスタント・シー(長谷川洋子), たしかめもんだいの答え, 物語をかいた先生と絵をかいた先生はこんな人

内容 お話と絵のコラボレーションでまったく新しい空想の世界を楽しむことができます。読書と確かめ問題で、楽しみながら国語力が自然に身につきます。すべての漢字によみがなをふりました。どの学年からでも楽しく読むことができます。

『斎藤隆介童話集』 斎藤隆介著 角川春樹事務所 2006.11 221p 15cm (ハルキ文庫) 680円 Ⓘ4-7584-3262-7

目次 八郎, 天上胡瓜, 天の笛, ひいふう山の風の神, ソメコとオニ, ドンドコ山の子ガミナリ, 一ノ字鬼, モチモチの木, 三コ, 死神どんぶら, 春の雲, 緑の馬, 天狗笑い, もんがく, ベロ出しチョンマ, 白猫おみつ, 浪兵衛, 毎日正月, 腹ペコ熊, ひさの星, 半日村, 花咲き山, でえだらぼう, 虹の橋, おかめとひょっとこ

内容 磔の刑が目前にもかかわらず、妹を笑わせるためにペロッと舌を出す兄の思いやりを描いた「ベロ出しチョンマ」、ひとりでは小便にも行けない臆病者の豆太が、じさまのために勇気をふるう「モチモチの木」などの代表作をはじめ、子どもから大人まで愉しめる全25篇を収録。真っ直ぐに生きる力が湧いてくる名作アンソロジー。

『ベロ出しチョンマ』 斎藤隆介作, 滝平二郎画 理論社 2004.2 238p 18cm (フォア文庫愛蔵版) 1000円 ①4-652-07385-2

目次 花咲き山, 八郎, 三コ, 東・太郎と西・次郎, ベロ出しチョンマ, 一ノ字鬼, 毎日正月, モチモチの木, なんむ一病息災, ソメコとオニ, 死神どんぶら, 緑の馬, 五郎助奉公, こだま峠, もんがく, 浪兵衛, おかめ・ひょっとこ, 白猫おみつ, 天の笛, 春の雲, ひばりの矢, ひいふう山の風の神, ドンドコ山の子ガミナリ, カッパの笛, 天狗笑い, 白い花, 寒い母, トキ

内容 はりつけの刑にされた兄と妹。妹思いの兄長松は、死の直前ベロッと舌を出し、妹を笑わせようとした。

「天の笛」

『斎藤隆介童話集』 斎藤隆介著 角川春樹事務所 2006.11 221p 15cm (ハルキ文庫) 680円 ①4-7584-3262-7

目次 八郎, 天上胡瓜, 天の笛, ひいふう山の風の神, ソメコとオニ, ドンドコ山の子ガミナリ, 一ノ字鬼, モチモチの木, 三コ, 死神どんぶら, 春の雲, 緑の馬, 天狗笑い, もんがく, ベロ出しチョンマ, 白猫おみつ, 浪兵衛, 毎日正月, 腹ペコ熊, ひさの星, 半日村, 花咲き山, でえだらぼう, 虹の橋, おかめとひょっとこ

『ベロ出しチョンマ』 斎藤隆介作, 滝平二郎画 理論社 2004.2 238p 18cm (フォア文庫愛蔵版) 1000円 ①4-652-07385-2

目次 花咲き山, 八郎, 三コ, 東・太郎と西・次郎, ベロ出しチョンマ, 一ノ字鬼, 毎日正月, モチモチの木, なんむ一病息災, ソメコとオニ, 死神どんぶら, 緑の馬, 五郎助奉公, こだま峠, もんがく, 浪兵衛, おかめ・ひょっとこ, 白猫おみつ, 天の笛, 春の雲, ひばりの矢, ひいふう山の風の神, ドンドコ山の子ガミナリ, カッパの笛, 天狗笑い, 白い花, 寒い母, トキ

内容 はりつけの刑にさた兄と妹。妹思いの兄長松は、死の直前ベロッと舌を出し、妹を笑わせようとした。

「八郎」

『斎藤隆介童話集』 斎藤隆介著 角川春樹事務所 2006.11 221p 15cm (ハルキ文庫) 680円 ①4-7584-3262-7

目次 八郎, 天上胡瓜, 天の笛, ひいふう山の風の神, ソメコとオニ, ドンドコ山の子ガミナリ, 一ノ字鬼, モチモチの木, 三コ, 死神どんぶら, 春の雲, 緑の馬, 天狗笑い, もんがく, ベロ出しチョンマ, 白猫おみつ, 浪兵衛, 毎日正月, 腹ペコ熊, ひさの星, 半日村, 花咲き山, でえだらぼう, 虹の橋, おかめとひょっとこ

『日本の童話名作選―昭和篇』 講談社文芸文庫編 講談社 2005.7 328p 15cm (講談社文芸文庫) 1300円 ①4-06-198411-X

目次 ある日の鬼ケ島(江口渙), 王様の背中(内田百閒), 狼の魂(内田百閒), 級長の探偵(川端康成), 面(横光利一), グスコーブドリの伝説(宮沢賢治), 蛙(林芙美子), ションベン稲荷(千葉省三), 走れメロス(太宰治), 煉瓦の煙突(下畑卓), 大造爺さんと雁(椋鳩十), おじいさんのランプ(新美南吉), 機械になったこども(国分一太郎), スイッチョねこ(大仏次郎), サバクの虹(坪田譲治), ふたりのおばさん(室生犀星), ラクダイ横町(岡本良雄), ヨコハマのサギ山(平塚武二), 八郎(斎藤隆介), 坂道(壺井栄)

内容 「赤い鳥」により芸術性を獲得した童話は、昭和に入ると、「少年倶楽部」に代表される大衆化の道を辿った。一方、子どものリアルな現実をとらえる生活童話が書かれ、宮沢賢治、新美南吉など童話作家も登場、独創的な日本のファンタジーが誕生した。お伽噺から文芸の豊かな一ジャンルに変貌をとげる時代の、川端康成、林芙美子、太宰治、坪田譲治、室生犀星、壺井栄など十九作家の名品を収録する。

『心にひびく名作読みもの 4年―読んで、聞いて、声に出そう』 府川源一郎, 佐藤宗子編 教育出版 2004.3 70p 21cm 〈付属資料:CD1〉 2000円 ①4-316-80088-4

目次 青銅のライオン(瀬尾七重), 走れ(村中李衣), 八郎(斎藤隆介), 飛び方のひみつ(東昭), ゆうひのてがみ(野呂昶), 『のはらうた』より―さんぽ, おがわのマーチ(工藤直子)

内容 小学校国語教科書に掲載された名作(物語・説明文・詩)を学年別に収録。発達段階に応じた教科書表記を採用。難意語には注を記載。発展学習にも役立つよう、交ぜ書きから読み仮名付きの漢字へ適宜変更。当時の教科書に使用された挿絵を掲載。俳優・声優による格調高い朗読をCDに収め各巻に添付。

『ベロ出しチョンマ』 斎藤隆介作, 滝平二郎画 理論社 2004.2 238p 18cm

（フォア文庫愛蔵版） 1000円
Ⓘ4-652-07385-2
目次 花咲き山, 八郎, 三コ, 東・太郎と西・次郎, ベロ出しチョンマ, 一ノ字鬼, 毎日正月, モチモチの木, なんむ一病息災, ソメコとオニ, 死神どんぶら, 緑の馬, 五郎助奉公, こだま峠, もんがく, 浪兵衛, おかめ・ひょっとこ, 白猫おみつ, 天の笛, 春の雲, ひばりの矢, ひいふう山の風の神, ドンドコ山の子ガミナリ, カッパの笛, 天狗笑い, 白い花, 寒い母, トキ
内容 はりつけの刑にさた兄と妹。妹思いの兄長松は、死の直前ベロッと舌を出し、妹を笑わせようとした。

「花咲き山」

『本は友だち4年生』 日本児童文学者協会編 偕成社 2005.3 143p 21cm （学年別・名作ライブラリー 4） 1200円
Ⓘ4-03-924040-5
目次 八本足のイカと十本足のタコ（斉藤洋）, 飛べ！ あげはちょう（高井節子）, 電車にのって（竹下文子）, 花咲き山（斎藤隆介）, やい、とかげ（舟崎靖子）, きつね（佐野洋子）, 詩・ピーマン（はたちよしこ）, 詩・ゆうひのてがみ（野呂昶）, まだ、もう、やっと（那須正幹）, 月の輪グマ（椋鳩十）, エッセイ・四年生のころ 兄と姉の思い出（上条さなえ）
内容 この本には、「国語」の教科書でおなじみの作品をはじめ、現代の子どもの文学の世界を代表する作家たちの作品が集められています。

『ベロ出しチョンマ』 斎藤隆介作, 滝平二郎画 理論社 2004.2 238p 18cm （フォア文庫愛蔵版） 1000円
Ⓘ4-652-07385-2
目次 花咲き山, 八郎, 三コ, 東・太郎と西・次郎, ベロ出しチョンマ, 一ノ字鬼, 毎日正月, モチモチの木, なんむ一病息災, ソメコとオニ, 死神どんぶら, 緑の馬, 五郎助奉公, こだま峠, もんがく, 浪兵衛, おかめ・ひょっとこ, 白猫おみつ, 天の笛, 春の雲, ひばりの矢, ひいふう山の風の神, ドンドコ山の子ガミナリ, カッパの笛, 天狗笑い, 白い花, 寒い母, トキ

『おとなを休もう』 石川文子編 武蔵野 フロネーシス桜蔭社, メディアパル〔発売〕 2003.8 255p 19cm 1400円
Ⓘ4-89610-734-9
目次 おおきな木（シェル・シルヴァスタイン）, モチモチの木（斎藤隆介）, 白いぼうし（あまんきみこ）, おにたのぼうし（あまんきみこ）, ワニのおじいさんのたからもの（川崎洋）, ソメコとオニ（斎藤隆介）, 島ひきおに（山下明生）, 一つの花（今西祐行）, アディ・ニハァスの英雄（H.クランダー,W.レスロー）, つりばしわたれ（長崎源之助）, 花さき山（斎藤隆介）, やまんばのにしき（松谷みよ子）, チワンのにしき, サーカスのライオン（川村たかし）, 青銅のライオン（瀬尾七重）, 月の輪グマ（椋鳩十）, はまひるがおの小さな海（今西祐行）, うぐいすの宿, 手ぶくろを買いに（新美南吉）, ごんぎつね（新美南吉）
内容 だれもが一度は読んだことのある、なつかしい作品集。

「半日村」

『10分で読める物語 二年生』 青木伸生選 学研教育出版, 学研マーケティング〔発売〕 2010.5 187p 21cm 700円
Ⓘ978-4-05-203225-7
目次 きつねのしゃしん（あまんきみこ）, 半日村（斎藤隆介）, さるじぞう（西郷竹彦）, お月夜（北原白秋）, パンのかけらと小さなあくま―リトアニア民話（内田莉莎子）, カンガルーの赤ちゃん（中川志郎）, 夏休み、ぼくはおばあちゃんちに行った（ゆうきえみ）, 空がある（与田準一）, 三月の風（ミリアン・C・ポッター）, みどり色の宝石―ヒマラヤの民話（茂市久美子）, 松尾芭蕉の俳句（あべ弘士）, 算数の時間です（寺村輝夫）, かぐやひめ（円地文子）
内容 名作から現代のお話昔話や科学、俳句などバラエティに富んでいます。13作品収録。

『斎藤隆介童話集』 斎藤隆介著 角川春樹事務所 2006.11 221p 15cm （ハルキ文庫） 680円 Ⓘ4-7584-3262-7
目次 八郎, 天上胡瓜, 天の笛, ひいふう山の風の神, ソメコとオニ, ドンドコ山の子ガミナリ, 一ノ字鬼, モチモチの木, 三コ, 死神どんぶら, 春の雲, 緑の馬, 天狗笑い, もんがく, ベロ出しチョンマ, 白猫おみつ, 浪兵衛, 毎日正月, 腹ペコ熊, ひさの星, 半日村, 花咲き山, でえだらぼう, 虹の橋, おかめとひょっとこ

『話のびっくり箱 2年 下』 学習研究社 2006.11 135p 26cm （科学と学習増刊 読み物特集号） 1120円 Ⓝ913.68
目次 からかさおばけのからちゃん（長野ヒデ子作・絵）, ネコのタネ（きたむらさとし作・絵）, こうふくな王子（オスカー・ワイルド原作, 宮脇紀雄文, 河内久美子絵）, むく鳥

のゆめ（浜田広介文, 狩野富貴子絵）, イヌがすき？ ネコがすき？（今泉忠明文）, 一休さん（大石真文, 牧野タカシ絵）, ないしょないしょ（花田鳩子作, 宮崎耕平絵）, 二ひきのかえる（レオニード・エフ・パンテレーエフ原作, 宮川やすえ文, 村田エミコ絵）, たのきゅう（鶴川たくじ文, 久住卓也絵）, 半日村（斎藤隆介作, 辰己雅章絵）

「ベロ出しチョンマ」

『読解力がグングンのびる！ 齋藤孝のゼッタイこれだけ！ 名作教室 小学2年下巻』 齋藤孝編 朝日新聞出版 2012.4 195p 21cm 952円 Ⓘ978-4-02-331060-5

目次 金のおの銀のおの（イソップ童話）, 大工と鬼六（日本民話 木下順二）, 詩のひろば あわて床屋（北原白秋）, 雪女（小泉八雲, 保永貞夫訳）, でんでんむしのかなしみ（新美南吉）, 言葉の成り立ちを学ぼう 故事成語「庖丁」, 赤毛のアン（抜粋）（L.M.モンゴメリ, 村岡花子訳）, ベロ出しチョンマ（斎藤隆介）, 詩のひろば 大漁（金子みすゞ）, 虔十公園林（宮沢賢治）

内容 ふつうの“10分間読書”では身につかない、本当の「読解力」がつく。古今東西の名作10編を収録。

『斎藤隆介童話集』 斎藤隆介著 角川春樹事務所 2006.11 221p 15cm （ハルキ文庫） 680円 Ⓘ4-7584-3262-7

目次 八郎, 天上胡瓜, 天の笛, ひいふう山の風の神, ソメコとオニ, ドンドコ山の子ガミナリ, 一ノ字鬼, モチモチの木, 三コ, 死神どんぶら, 春の雲, 緑の馬, 天狗笑い, もんがく, ベロ出しチョンマ, 白猫おみつ, 浪兵衛, 毎日正月, 腹ペコ熊, ひさの星, 半日村, 花咲き山, でえだらぼう, 虹の橋, おかめとひょっとこ

『ベロ出しチョンマ』 斎藤隆介作, 滝平二郎画 理論社 2004.2 238p 18cm （フォア文庫愛蔵版） 1000円 Ⓘ4-652-07385-2

目次 花咲き山, 八郎, 三コ, 東・太郎と西・次郎, ベロ出しチョンマ, 一ノ字鬼, 毎日正月, モチモチの木, なんむ一病息災, ソメコとオニ, 死神どんぶら, 緑の馬, 五郎助奉公, こだま峠, もんがく, 浪兵衛, おかめ・ひょっとこ, 白猫おみつ, 天の笛, 春の雲, ひばりの矢, ひいふう山の風の神, ドンドコ山の子ガミナリ, カッパの笛, 天狗笑い, 白い花, 寒い母, トキ

内容 はりつけの刑にさた兄と妹。妹思いの兄長松は、死の直前ベロッと舌を出し、妹を笑わせようとした。

「緑の馬」

『斎藤隆介童話集』 斎藤隆介著 角川春樹事務所 2006.11 221p 15cm （ハルキ文庫） 680円 Ⓘ4-7584-3262-7

目次 八郎, 天上胡瓜, 天の笛, ひいふう山の風の神, ソメコとオニ, ドンドコ山の子ガミナリ, 一ノ字鬼, モチモチの木, 三コ, 死神どんぶら, 春の雲, 緑の馬, 天狗笑い, もんがく, ベロ出しチョンマ, 白猫おみつ, 浪兵衛, 毎日正月, 腹ペコ熊, ひさの星, 半日村, 花咲き山, でえだらぼう, 虹の橋, おかめとひょっとこ

内容 磔の刑が目前にもかかわらず、妹を笑わせるためにペロッと舌を出す兄の思いやりを描いた「ベロ出しチョンマ」、ひとりでは小便にも行けない臆病者の豆太が、じさまのために勇気をふるう「モチモチの木」などの代表作をはじめ、子どもから大人まで愉しめる全25篇を収録。真っ直ぐに生きる力が湧いてくる名作アンソロジー。

『ベロ出しチョンマ』 斎藤隆介作, 滝平二郎画 理論社 2004.2 238p 18cm （フォア文庫愛蔵版） 1000円 Ⓘ4-652-07385-2

目次 花咲き山, 八郎, 三コ, 東・太郎と西・次郎, ベロ出しチョンマ, 一ノ字鬼, 毎日正月, モチモチの木, なんむ一病息災, ソメコとオニ, 死神どんぶら, 緑の馬, 五郎助奉公, こだま峠, もんがく, 浪兵衛, おかめ・ひょっとこ, 白猫おみつ, 天の笛, 春の雲, ひばりの矢, ひいふう山の風の神, ドンドコ山の子ガミナリ, カッパの笛, 天狗笑い, 白い花, 寒い母, トキ

「モチモチの木」

『齋藤孝の親子で読む国語教科書 3年生』 齋藤孝著 ポプラ社 2011.3 142p 21cm （齋藤孝の親子で読む国語教科書 3） 1000円 Ⓘ978-4-591-12287-7

目次 いろはにほへと（今江祥智）, のらねこ（三木卓）, つりばしわたれ（長崎源之助）, ちいちゃんのかげおくり（あまんきみこ）, ききみみずきん（木下順二）, ワニのおじいさんのたからもの（川崎洋）, さんねん峠（李錦玉）, サーカスのライオン（川村たかし）, モチモチの木（斎藤隆介）, 手ぶくろを買いに（新美南吉）

『みんなが読んだ教科書の物語』 国語教科書鑑賞会編 名古屋 リベラル社, 星

雲社〔発売〕 2010.9 165p 21cm 1200円 Ⓘ978-4-434-14971-9

目次 おおきなかぶ（ロシア民話、西郷竹彦・再話），くじらぐも（中川李枝子），チックとタック（千葉省三），花いっぱいになあれ（松谷みよ子），くまの子ウーフ（神沢利子），ろくべえまってろよ（灰谷健次郎），たんぽぽ（川崎洋），かさこ地ぞう（岩崎京子），ちいちゃんのかげおくり（あまんきみこ），モチモチの木（斎藤隆介）〔ほか〕

内容 大人になった今、読み返すと新しい発見がある！ 小学1年〜6年生の授業で習った名作がズラリ。

『斎藤隆介童話集』 斎藤隆介著 角川春樹事務所 2006.11 221p 15cm （ハルキ文庫） 680円 Ⓘ4-7584-3262-7

目次 八郎，天上胡瓜，天の笛，ひいふう山の風の神，ソメコとオニ，ドンドコ山の子ガミナリ，一ノ字鬼，モチモチの木，三コ，死神どんぶら，春の雲，緑の馬，天狗笑い，もんがく，ベロ出しチョンマ，白猫おみつ，浪兵衛，毎日正月，腹ペコ熊，ひさの星，半日村，花咲き山，でえだらぼう，虹の橋，おかめとひょっとこ

『教科書にでてくるお話 3年生』 西本鶏介監修 ポプラ社 2006.3 186p 18cm （ポプラポケット文庫） 570円 Ⓘ4-591-09169-4

目次 のらねこ（三木卓），きつつきの商売（林原玉枝），ウサギのダイコン（茂市久美子），きつねをつれてむらまつり（こわせたまみ），つりばしわたれ（長崎源之助），手ぶくろを買いに（新美南吉），うみのひかり（緒島英二），サーカスのライオン（川村たかし），おにたのぼうし（あまんきみこ），百羽のツル（花岡大学），モチモチの木（斎藤隆介），かあさんのうた（大野允子），ちいちゃんのかげおくり（あまんきみこ）

内容 現在使われている各社の国語教科書に掲載または紹介されている作品ばかりを集めたアンソロジーです。長く読みつがれている名作、心あたたまるお話、おもしろくて元気がでるお話など、すばらしい作品がいっぱい。作品の表記は原典に忠実にし、全文を掲載しています。教科書では気づかなかった作品の魅力を、新たに発見できるかもしれません。小学校中級から。

『ベロ出しチョンマ』 斎藤隆介作，滝平二郎画 理論社 2004.2 238p 18cm （フォア文庫愛蔵版） 1000円 Ⓘ4-652-07385-2

目次 花咲き山，八郎，三コ，東・太郎と西・次郎，ベロ出しチョンマ，一ノ字鬼，毎日正月，モチモチの木，なんむ一病息災，ソメコとオニ，死神どんぶら，緑の馬，五郎助奉公，こだま峠，もんがく，浪兵衛，おかめ・ひょっとこ，白猫おみつ，天の笛，春の雲，ひばりの矢，ひいふう山の風の神，ドンドコ山の子ガミナリ，カッパの笛，天狗笑い，白い花，寒い母，トキ

内容 はりつけの刑にさた兄と妹。妹思いの兄長松は、死の直前ベロッと舌を出し、妹を笑わせようとした。

『おとなを休もう』 石川文子編 武蔵野フロネーシス桜蔭社，メディアパル〔発売〕 2003.8 255p 19cm 1400円 Ⓘ4-89610-734-9

目次 おおきな木（シェル・シルヴァスタイン），モチモチの木（斎藤隆介），白いぼうし（あまんきみこ），おにたのぼうし（あまんきみこ），ワニのおじいさんのたからもの（川崎洋），ソメコとオニ（斎藤隆介），島ひきおに（山下明生），一つの花（今西祐行），アディ・ニハァスの英雄（H.クランダー,W.レスロー），つりばしわたれ（長崎源之助），花さき山（斎藤隆介），やまんばのにしき（松谷みよ子），チワンのにしき，サーカスのライオン（川村たかし），青銅のライオン（瀬尾七重），月の輪グマ（椋鳩十），はまひるがおの小さな海（今西祐行），うぐいすの宿，手ぶくろを買いに（新美南吉），ごんぎつね（新美南吉）

内容 だれもが一度は読んだことのある、なつかしい作品集。

斎藤　了一
さいとう・りょういち
《1921〜》

「源じいさんの竹とんぼ」

『読んでおきたい 5年生の読みもの』 長崎源之助監修，亀村五郎，谷川澄雄，西岡房子，藤田のぼる，松岡三千代編 学校図書 1997.11 160p 21cm 648円 Ⓘ4-7625-1947-2

目次 わらぐつの中の神様（杉みき子），おかあさんの木（大川悦生），たわしのみそ汁（国分一太郎），くしゃくしゃ（次郎丸忍），空気の重さを計るには（板倉聖宣），お父さんが25（国松俊英），地図にない駅（木暮正夫），十二色のつばさ（岡田貴久子），源じいさんの竹とんぼ（斎藤了一），赤いマフラー（中野幸

隆), 難破船(アミーチス)

「天下一の鎌」

『嵐に向かって』 日本図書センター 1998.3 251p 22cm (「心」の子ども文学館 歴史を旅する 第2期 15 日本児童文学者協会編) ①4-8205-9931-3, 4-8205-9928-3

目次 ムクリの嵐(那須正幹著), 馬ぬすびと(平塚武二著), 天下一の鎌(斎藤了一著), 笛ふき岩(長崎源之助著), 解説(川村たかし著)

『天下一の鎌』 斎藤了一著 ポプラ社 1980.8 222p 18cm (ポプラ社文庫) 390円

阪田 寛夫

さかた・ひろお

《1925～2005》

「いたいいたい虫」

『ばんがれまーち：阪田寛夫少年詩集』 阪田寛夫作, 織茂恭子え 新装版 理論社 1998.3 117p 21cm (詩の散歩道 pt.2) 1600円 ①4-652-03830-5

「大きくなあれ」

『新版 ぽんこつマーチ』 阪田寛夫作, 太田大八絵 大日本図書 1990.4 54p 21cm (子ども図書館) 1000円 ①4-477-17605-8

「おなかのへるうた」

『きつねうどん』 阪田寛夫詩 童話屋 2011.2 156p 15cm 1250円 ①978-4-88747-106-1

目次 きつねうどん, まんじゅうとにらめっこ, たべちゃえたべちゃえ, おなかのへるうた, やきいもグーチーパー, おしっこのタンク, 朝いちばん早いのは, おとなマーチ, マンモス, はぶらしくわえて〔ほか〕

内容 涙あり、笑いあり、恋ごころ、スケベエあり。「サッちゃん」の阪田寛夫(芥川賞受賞作家)による抱腹絶倒詩集。

『本は友だち2年生』 日本児童文学者協会編 偕成社 2005.3 163p 21cm (学年別・名作ライブラリー 2) 1200円 ①4-03-924020-0

目次 「えいっ」(三木卓), ろくべえまってろよ(灰谷健次郎), 海をあげるよ(山下明生), きばをなくすと(小沢正), 詩・おなかのへるうた(阪田寛夫), 詩・おおきくなったら(菅原優子), ふるさとの空に帰った馬(小暮正夫), わすれたわすれんぼ(寺村輝夫), あめだま(新美南吉), とっくたっくとっくたっく(神沢利子), エッセイ・二年生のころ 夜店だいすき(越水利江子)

内容 この本には、「国語」の教科書でおなじみの作品をはじめ、現代の子どもの文学の世界を代表する作家たちの作品が集められています。

『光村ライブラリー 第18巻 おさるがふねをかきました ほか』 樺島忠夫, 宮地裕, 渡辺実監修, まどみちお, 三井ふたばこ, 阪田寛夫, 川崎洋, 河井酔茗ほか著, 松永禎郎, 杉田豊, 平山英三, 武田美穂, 小野千世ほか画 光村図書出版 2004.11 83p 21cm〈第4刷〉1000円 ①4-89528-116-7

目次 おさるがふねをかきました(まど・みちお), みつばちぶんぶん(小林純一), あいうえお・ん(鶴見正夫), ぞうのかくれんぼ(高木あきこ), おうむ(鶴見正夫), あかいカーテン(みずかみかずよ), ガラスのかお(三井ふたばこ), せいのび(武鹿悦子), かぼちゃのつるが(原田直友), 三日月(松谷みよ子), 夕立(みずかみかずよ), さかさのさかさはさかさ(川崎洋), 春(坂本遼), 虻(嶋岡晨), 若葉よ来年は海へゆこう(金子光春), われは草なり(高見順), くまさん(まど・みちお), おなかのへるうた(阪田寛夫), てんらん会(柴野民三), 夕日がせなかをおしてくる(阪田寛夫), ひばりのす(木下夕爾), 十時にね(新川和江), みいつけた(岸田衿子), どきん(谷川俊太郎), りんご(山村暮鳥), ゆずり葉(河井酔茗), 雪(三好達治), 影(八木重吉), 楽器(北川冬彦), 動物たちの恐ろしい夢のなかに(川崎洋), 支度(黒田三郎)

「コスモス」

『阪田寛夫詩集』 阪田寛夫著 角川春樹事務所 2004.9 254p 16cm (ハルキ文庫) 680円 ①4-7584-3128-0

「三年よ」

『みんなでうたおう』 岸田今日子編, 長崎訓子画 岩波書店 2001.3 190,5p

21cm　(詩の本,2)　2300円　Ⓘ4-00-115563-X

『子どもの本―新しい日本の童話　3年生』　日本児童文学者協会編　金の星社　1979.4　158p　22cm　680円

「年めぐり―しりとり唄」

『ことばあそび4年生』　伊藤英治編，高畠純絵　理論社　2001.4　106p　21cm　(ことばあそびの本 4)　1200円　Ⓘ4-652-03434-2

目次 カバのうどんこ(まど・みちお)，カバはこいよ(まど・みちお)，言葉ふざけ(川崎洋)，さかさかけことばうた(よしだていいち)，さかさのさかさは、さかさ(川崎洋)，年めぐり(阪田寛夫)，しりとりの唄(岩本敏男)，これはのみのぴこ(谷川俊太郎)，おれも眠ろう(草野心平)，かえるのうたのおけいこ(草野心平)〔ほか〕

『いるかいないか―ことばあそび』　新川和江編，早川良雄絵　太平出版社　1987.12　66p　22cm　(小学生・詩のくにへ 10)　1600円

目次 たんぽぽ(川崎洋)，ののはな(谷川俊太郎)，ことこ(谷川俊太郎)，あいうえお・ん(鶴見正夫)，がぎぐげごのうた(まど・みちお)，きゃきゅきょのうた(まど・みちお)，いるか(谷川俊太郎)，さる(谷川俊太郎)，毛(川崎洋)，わらべうた 数えうた，年めぐり(阪田寛夫)，らくだ(都築益世)，だぶだぶおばさん(木村信子)，たべもの(中江俊夫)，こわれたすいどう(谷川俊太郎)，もじさがしのうた(岸田衿子)，がいらいごじてん(まど・みちお)，きちきちばった(平原武蔵)，さかさのさかさは、さかさ(川崎洋)，踏む(木村信子)

「ななくさ」

『阪田寛夫詩集』　阪田寛夫著　角川春樹事務所　2004.9　254p　16cm　(ハルキ文庫)　680円　Ⓘ4-7584-3128-0

「夕日がせなかをおしてくる」

『二年生で読みたい10分のお話』　旺文社編，中村和弘監修　旺文社　2011.7　159p　21cm〈付属資料：別冊1〉700円　Ⓘ978-4-01-010976-2

目次 おしえて！　さかなクン(さかなクン作・絵)，頭のいいコヨーテ―アメリカのむかし話(山内清子訳，小島真樹絵)，元気な仕立て屋―アイルランドのむかし話(石井桃子訳，本間ちひろ絵)，しろくまのこえ(伊藤年一作，相川葉子絵)，あたま山(斉藤洋作，ベニペロ絵)，はいくを学ぼう！(中村和弘作，竹内彰子絵)，夕日がせなかをおしてくる(阪田寛夫作，もとき理川絵)，お菓子の大ぶとう会(夢野久作作，よしながこうたく絵)，ゴッホの一生，去年の木(新美南吉作，布川愛子絵)，こわがりのときの海豚(工藤直子作，伊藤正道絵)，かもとりごんべえ―日本のむかし話(稲田和子作，三木謙次絵)，くつのいえ(西條八十作，村上暁子絵)，夜(竹久夢二作，ひだかきょうこ絵)，ぶしょうもの(鈴木三重吉作，北田哲也絵)，ラプンツェル―グリムむかし話(松岡享子訳，樋上公実子絵)

内容 「朝の読書」にぴったりな名作・話題作16話。二年生の漢字がすべて読める・書ける。

『光村ライブラリー　第18巻　おさるがふねをかきました ほか』　樺島忠夫，宮地裕，渡辺実監修，まどみちお，三井ふたばこ，阪田寛夫，川崎洋，河井酔茗ほか著，松永禎郎，杉田豊，平山英三，武田美穂，小野千世ほか画　光村図書出版　2004.11　83p　21cm〈第4刷〉1000円　Ⓘ4-89528-116-7

目次 おさるがふねをかきました(まど・みちお)，みつばちぶんぶん(小林純一)，あいうえお・ん(鶴見正夫)，ぞうのかくれんぼ(高木あきこ)，おうむ(鶴見正夫)，あかいカーテン(みずかみかずよ)，ガラスのかお(三井ふたばこ)，せいのび(武鹿悦子)，かぼちゃのつるが(原田直友)，三日月(松谷みよ子)，夕立(みずかみかずよ)，さかさのさかさはさかさ(川崎洋)，春(坂本遼)，虻(嶋岡晨)，若葉よ来年は海へゆこう(金子光春)，われは草なり(高見順)，くまさん(まど・みちお)，おなかのへるうた(阪田寛夫)，てんらん会(柴野民三)，夕日がせなかをおしてくる(阪田寛夫)，ひばりのす(木下夕爾)，十時にね(新川和江)，みいつけた(岸田衿子)，どきん(谷川俊太郎)，りんご(山村暮鳥)，ゆずり葉(河井酔茗)，雪(三好達治)，影(八木重吉)，楽器(北川冬彦)，動物たちの恐ろしい夢のなかに(川崎洋)，支度(黒田三郎)

『詩を朗読してみよう』　松丸春生編著，井上ひいろ絵　汐文社　2004.3　79p　21cm　(朗読って楽しい 1)　1600円　Ⓘ4-8113-7840-7

目次 風(クリスティーナ・ロセッティ)，みち(谷川俊太郎)，雲のこども(金子みすゞ)，

私と小鳥と鈴と（金子みすゞ），竹（萩原朔太郎），蝸牛（新美南吉），雨ニモマケズ（宮沢賢治），たきび（巽聖歌），夕日がせなかをおしてくる（阪田寛夫），お祭（北原白秋），イマジン（ジョン・レノン山本安見訳），牛（高村光太郎）

『夕日がせなかをおしてくる―阪田寛夫童謡詩集』 阪田寛夫著，浜田嘉画，北川幸比古編　岩崎書店　1995.12　102p　20×19cm　（美しい日本の詩歌 7）　1500円　Ⓘ4-265-04047-0

目次 ちいさいはなびら，サッちゃん，かぜのなかのおかあさん，マーチ気分で，兵六どん，夕日がせなかをおしてくる，鬼の子守唄

『新版 ぽんこつマーチ』 阪田寛夫作，太田大八絵　大日本図書　1990.4　54p　21cm　（子ども図書館）1000円　Ⓘ4-477-17605-8

阪本　越郎

さかもと・えつろう

《1906～1969》

「花ふぶき」

『少年少女日本文学全集　24　現代日本詩歌名作集』 阿部知二等編，太田大八等絵　講談社　1963　390p　23cm

阪本　将英

さかもと・まさひで

《1971～》

「リサイクルよりたいせつなもの」

『君たちが世界を動かす！ こどもの経済学』 阪本将英，田坂節子著　郁朋社　2000.5　109p　21cm　1000円　Ⓘ4-87302-075-1

目次 ほしい！ したい！ が経済のはじまり，世界を動かすのは君たちだ！，世界はひとつ！，日本発見？，どこの国から来たのかな？，ただ今、地球の人口60億人，国っていろいろ！，日本は生き残れるのか？，人・物・金を使って経済は動く，もしも、お金がなかったら！〔ほか〕

内容 本書は、だれにとっても分かりやすいだけでなく、人間らしい暮らしを支える経済学をめざしています。やさしい経済学の本を書くことは、けっしてやさしい仕事ではありません。その苦労をおしまず、真正面からやさしい経済学をえがいた田坂節子さん、阪本将英さんに拍手を送ります。

坂本　遼

さかもと・りょう

《1904～1970》

「春」

『光村ライブラリー　第18巻　おさるがふねをかきました ほか』 樺島忠夫，宮地裕，渡辺実監修，まどみちお，三井ふたばこ，阪田寛夫，川崎洋，河井酔茗ほか著，松永禎郎，杉田豊，平山英三，武田美穂，小野千世ほか画　光村図書出版　2004.11　83p　21cm〈第4刷〉1000円　Ⓘ4-89528-116-7

目次 おさるがふねをかきました（まど・みちお），みつばちぶんぶん（小林純一），あいうえお・ん（鶴見正夫），ぞうのかくれんぼ（高木あきこ），おうむ（鶴見正夫），あかいカーテン（みずかみかずよ），ガラスのかお（三井ふたばこ），せいのび（武鹿悦子），かぼちゃのつるが（原田直友），三日月（松谷みよ子），夕立（みずかみかずよ），さかさのさかさはさかさ（川崎洋），春（坂本遼），虻（嶋岡晨），若葉よ来年は海へゆこう（金子光春），われは草なり（高見順），くまさん（まど・みちお），おなかのへるうた（阪田寛夫），てんらん会（柴野民三），夕日がせなかをおしてくる（阪田寛夫），ひばりのす（木下夕爾），十時にね（新川和江），みいつけた（岸田衿子），どきん（谷川俊太郎），りんご（山村暮鳥），ゆずり葉（河井酔茗），雪（三好達治），影（八木重吉），楽器（北川冬彦），動物たちの恐ろしい夢のなかに（川崎洋），支度（黒田三郎）

さくら　ももこ

《1965～》

「気もち」

『まるむし帳』 さくらももこ著　集英社　2003.10　178p　15cm　（集英社文庫）

381円　Ⓘ4-08-747624-3

目次 まるむし帳, 一元性, 感覚, 思考, 家族, 自然・生き物, 物理的な物への着眼点, 想い

内容 「ぽかんとしていたり、ごろんとしていたりしたときにできた詩は、ノートに書いておきました。ぽかんとしてたりごろんとしてたりする時は、ますますいつもより丸くなっているので、このノートは“まるむし帳”と名付けました―。」生きていることの不思議に想いをはせ、遠い昔の記憶をいつくしむ、著者初の詩画集。詩人・谷川俊太郎氏と“世界のはじまり”について語り合った巻末対談を収録。

『まるむし帳』　さくらももこ著　集英社　1991.12　140p　20×16cm　1200円　Ⓘ4-08-772826-9

目次 まるむし帳, 感覚, 思考, 家族, 自然・生き物, 物理的な物への着眼点, 想い

内容 くるりと小さく丸まって、すぐにゴロリと転がるわたしはまるむしです。まるむしが丸まってにこにこ笑いながら書いたまるむし帳。

佐々木　崑
ささき・こん
《1918～2009》

「ホタルの一生」

『ホタルの一生』　佐々木崑文, 勝野重美写真　フレーベル館　1992.5　31p　26cm　（新版 かんさつシリーズ 1）　950円　Ⓘ4-577-01217-0

佐々木　たづ
ささき・たず
《1932～1998》

「少年と子ダヌキ」

『お父さんのマジック』　内藤哲ほか著, 浅野輝雄絵　らくだ出版　2005.12　95p　21×19cm　（読み聞かせの本 第3巻）　1400円　Ⓘ4-89777-435-7

目次 お父さんのマジック（内藤哲）, おへその夢（たちばな富子）, 1年生になったりえ（成瀬ゆき）, 太郎コオロギ（今西祐行）, ゆめのなかで呼んだよ（杉田秀子）, お坊様のくれたお面（川上文子）, 詩 えっちゃん（冨岡みち）, 少年と子ダヌキ（佐々木たづ）, 源さんのふれあいのつえ（望月武人）

内容 この本に収められている作品は、学校や、家庭や、地域などで「読み聞かせ」をしながら、書かれていった作品です。従ってどの作品も、子どもたちを楽しませ、自己実現をおこなわせ、「本」との「出会い」のよろこびをますます育ててくれると思います。なお、幼児から高学年までの作品をとりあげました。

『本は友だち3年生』　日本児童文学者協会編, 福田岩緒画　偕成社　2005.3　151p　22cm　（学年別・名作ライブラリー）　1200円　Ⓘ4-03-924030-8　Ⓝ913.68

目次 きりの中のぶらんこ（あまんきみこ著）, たらばがにの春（安藤美紀夫著）, となりの女の子（大石真著）, ヒバリヒバリ（加藤多一著）, 少年と子ダヌキ（佐々木たづ著）, 詩：平泳ぎ（小泉周二著）, ねこのしっぽ（武鹿悦子著）, 発明発見ものがたり（古田足日著）, ガラスの花よめさん（長崎源之助著）, 大きな木がほしい（佐藤さとる著）, エッセイ・三年生のころ：楽しくさんぽをする方法（山口理著）

『金ようびのどうわ』　日本児童文学者協会編　国土社　1998.3　114p　21cm　（よんでみようよ教科書のどうわ1しゅうかん 5）　1200円　Ⓘ4-337-09605-1

目次 ちいちゃんのかげおくり（あまんきみこ）, 少年と子だぬき（佐々木たづ）, ねこがみわける（冨田博之）, 雨と太陽（小出正吾）, はんの木のみえるまど（杉みき子）, はまひるがおの小さな海（今西祐行）

「春のおつかい」

『はるのおつかい』　佐々木たづ作, 平山英三絵　第2版　チャイルド本社　2009.3　36p　23cm　（おはなしチャイルドリクエストシリーズ）　333円　Ⓘ978-4-8054-3063-7　Ⓝ913.6

佐々木　洋
ささき・ひろし
《1961～》

「夜に鳴くセミ」

『都市動物たちの事件簿』　佐々木洋著　NTT出版　1995.8　195p　19cm　1300円　①4-87188-400-7

目次 カラスは山に帰らない, 矢の刺さったカモの功績, 沈黙の隣人バットマン, シティ派ハヤブサの華麗な生活, 東京新名物、夜鳴きゼミ, 消えた仮面ライダー, 謎の水獣マツドドンの正体, 東京鳥類残酷物語, 座敷フクロウの哀れな最期, アーバンタイガーたちの野生度, がんばれ大都会のプテラノドンたち, 学校プールはワンダーランド, 逆効果エコグッズ、ベストテン—自然保護という名の自然破壊

内容 したたかで、ユーモラス。ときにはちょっと悲しい野生の生き物たちのシティライフ。僕たちはセミが夜鳴く街に住んでいる—ナチュラリストが見たもうひとつの都市。

佐藤　さとる
さとう・さとる
《1928～》

「大きな木がほしい」

『佐藤さとるファンタジー全集　14　名なしの童子』　佐藤さとる著　講談社, 復刊ドットコム〔発売〕　2011.3　271p　18cm　2000円　①978-4-8354-4556-4

目次 大男と小人, 名なしの童子, ネムリコの話, 不思議な音がきこえる, 太一くんの工場, おじいさんの石, 大きな木がほしい, 椿の木から, 海が消える, 小鬼がくるとき, ヨットのチューリップ号, お母さんの宝もの, 夢二つ, 魔法のはしご, かくれんぼ, グラムくん, ポケットだらけの服, 壁の中, ぼくのおもちゃばこ

『おおきなきがほしい』　佐藤さとる著, 村上勉画　偕成社　2007.10　1冊　51cm　（ビックブック）　9800円　①978-4-03-331490-7

『本は友だち3年生』　日本児童文学者協会編　偕成社　2005.3　151p　21cm　（学年別・名作ライブラリー　3）　1200円　①4-03-924030-8

目次 きりの中のぶらんこ（あまんきみこ）, たらばがにの春（安藤美紀夫）, となりの女の子（大石真）, ヒバリヒバリ（加藤多一）, 少年と子ダヌキ（佐々木たづ）, 詩・平泳ぎ（小泉周二）, 詩・ねこのしっぽ（武鹿悦子）, 発明発見ものがたり（古田足日）, ガラスの花よめさん（長崎源之助）, 大きな木がほしい（佐藤さとる）, エッセイ・三年生のころ 楽しくさんぽをする方法（山口理）

内容 この本には、「国語」の教科書でおなじみの作品をはじめ、現代の子どもの文学の世界を代表する作家たちの作品が集められています。

『たんけんにもっていく本』　現代児童文学研究会編　偕成社　1996.4　125p　21×17cm　（きょうもおはなしよみたいな　3）　1200円　①4-03-539190-5

目次 ピアノは夢をみる・空にうかぶ（工藤直子, あべ弘士）, おにがしまへ（大石真）, だいこんばたけのだんまりうさぎ（安房直子）, がけ（寺岡ひさこ）, 走れドラムごう（古田足日）, ぷかぷかとうのぼうけん（たかしよいち）, 大きな木がほしい（佐藤さとる）

「おじいさんの石」

『佐藤さとるファンタジー全集　14　名なしの童子』　佐藤さとる著　講談社, 復刊ドットコム〔発売〕　2011.3　271p　18cm　2000円　①978-4-8354-4556-4

目次 大男と小人, 名なしの童子, ネムリコの話, 不思議な音がきこえる, 太一くんの工場, おじいさんの石, 大きな木がほしい, 椿の木から, 海が消える, 小鬼がくるとき, ヨットのチューリップ号, お母さんの宝もの, 夢二つ, 魔法のはしご, かくれんぼ, グラムくん, ポケットだらけの服, 壁の中, ぼくのおもちゃばこ

『ふしぎな話』　野上暁編　大月書店　2011.1　87p　21cm　（はじめてよむ童話集　3）　1300円　①978-4-272-40823-8

目次 えんぴつけずりも1年生（寺村輝夫）, つとむはおにいさん（山中恒）, ジュース（三木卓）, 星をもらった子（今江祥智）, おじいさんの石（佐藤さとる）, ぞうさんれいぞうこ（末吉暁子）

内容 おもいがけないことばかり。選び抜か

れた現代の名作童話。

『りゅうのたまご』 佐藤さとる著 偕成社 1981.8 140p 19cm （偕成社文庫） 700円 Ⓘ4-03-550690-7

目次 おじいさんの石, そこなし森の話, きつね三吉, 天からふってきたいぬ, まめだぬき, りゅうのたまご

『佐藤さとる全集 7 てのひら島はどこにある・雨ふりこぞう』 村上勉え 講談社 1973 189p 23cm

「壁の中」

『佐藤さとるファンタジー全集 14 名なしの童子』 佐藤さとる著 講談社, 復刊ドットコム〔発売〕 2011.3 271p 18cm 2000円 Ⓘ978-4-8354-4556-4

目次 大男と小人, 名なしの童子, ネムリコの話, 不思議な音がきこえる, 太一くんの工場, おじいさんの石, 大きな木がほしい, 椿の木から, 海が消える, 小鬼がくるとき, ヨットのチューリップ号, お母さんの宝もの, 夢二つ, 魔法のはしご, かくれんぼ, グラムくん, ポケットだらけの服, 壁の中, ぼくのおもちゃばこ

『佐藤さとる童話集』 佐藤さとる著 角川春樹事務所 2010.7 221p 15cm （ハルキ文庫） 680円 Ⓘ978-4-7584-3489-8

目次 壁の中, 井戸のある谷間, 名なしの童子, 龍のたまご, そこなし森の話, きつね三吉, 宇宙からきたみつばち, 鬼の話, 夢二つ, 角ン童子, ぼくのおばけ, この先ゆきどまり

内容 人か狐か正体がわからない三吉をめぐる物語「きつね三吉」、鳥の巣ばこに住むおばけと男の子のほほえましい交流を描いた「ぼくのおばけ」など、日常のなかにかくれた“不思議”を、丁寧な細工をこらした文章で綴る名作ファンタジー全12篇を厳選。自分のまわりでもこんなことが起きたらいいなーと、温かくやわらかな気持ちになる珠玉のアンソロジー。

『佐藤さとる全集 5 赤んぼ大将山へいく・タツオノ島』 村上勉絵 講談社 1973 191p 23cm

「こおろぎとお客さま」

『佐藤さとるファンタジー全集 12 いたちの手紙』 佐藤さとる著 講談社, 復刊ドットコム〔発売〕 2011.2 260p 18cm 2000円 Ⓘ978-4-8354-4554-0

目次 とりかえっこ, こおろぎとお客さま, ぼくの家来になれ, 散歩にいこうよ, どんぐりたろう, いじめっ子が二人, 箱の中の山, いたちの手紙, 雨降り小僧, わすれんぼの話, くりみたろう, 開かずの間, ぼくのイヌくろべえ

『親も子も読む名作 2年生の読みもの』 亀村五郎編集委員 学校図書 2005.7 151p 21cm 648円 Ⓘ4-7625-1962-6

目次 わにのバンポ（大石真）, ごんべえとカモ（坪田譲治）, きかん車やえもん（阿川弘之）, ありの生活（栗林慧）, おれはオニだぞ（今江祥智）, ブレーメンの音楽師（グリム）, うさぎとはりねずみ（島崎藤村）, 王さまびっくり（寺村輝夫）, こおろぎとおきゃくさま（佐藤さとる）, むく鳥のゆめ（浜田広介）, ガラスのなかのお月さま（久保喬）

内容 すぐれた作家のすぐれた作品!!国語教科書でなじみのある作品も多数掲載。お子さんはもちろん、保護者の方にも楽しく、また、なつかしく読んでいただける名作選。

『佐藤さとる幼年童話自選集 2 ポケットだらけの服』 佐藤さとる著 武蔵野ゴブリン書房 2003.9 197p 21×16cm 1400円 Ⓘ4-902257-01-7

目次 ポケットだらけの服, こおろぎとおきゃくさま, 魔法のチョッキ, どんぐりたろう, ゆびわはどこへいった, じゃんけんねこ, えんぴつ太郎のぼうけん, カッパと三日月, おばけのチミとセンタクバサミ

内容 佐藤さとる初めての幼年童話自選集。「ポケットだらけの服」ほか8編を収録。

『佐藤さとるファンタジー童話集 10 宇宙からきたかんづめ』 佐藤さとる著 講談社 1988.9 177p 15cm （講談社文庫） 280円 Ⓘ4-06-184344-3

目次 こおろぎとお客さま, ねずみの町の一年生, かえるのアパート, 魔法の町の裏通り, とりかえっこ, ヨットのチューリップ号, えんぴつ太郎の引っ越し, 小さな竜巻, 宇宙からきたみつばち, たっちゃんと電信柱, 魔法のはしご, 宇宙からきたかんづめ

内容 スーパーマーケットでふと手にしたパイナップルのかんづめから、不思議な声がひびいてきました。それは、ぼくだけに聞こえるテレパシーのような現象でした。―SF童話の傑作「宇宙からきたかんづめ」ほか、「こおろぎとお客さま」「かえるのアパート」「魔法の町の裏通り」など、神秘の世界に誘うファンタジーの名品を12編収録。

「太一君の工場」

『佐藤さとるファンタジー全集 14 名なしの童子』 佐藤さとる著 講談社, 復刊ドットコム〔発売〕 2011.3 271p 18cm 2000円 Ⓘ978-4-8354-4556-4

[目次] 大男と小人, 名なしの童子, ネムリコの話, 不思議な音がきこえる, 太一くんの工場, おじいさんの石, 大きな木がほしい, 椿の木から, 海が消える, 小鬼がくるとき, ヨットのチューリップ号, お母さんの宝もの, 夢二つ, 魔法のはしご, かくれんぼ, グラムくん, ポケットだらけの服, 壁の中, ぼくのおもちゃばこ

『佐藤さとる全集 9 豆つぶほどの小さないぬ・井戸のある谷間』 村上勉絵 講談社 1973 234p 23cm

「だれも知らない小さな国」

『だれも知らない小さな国』 佐藤さとる作, 村上勉絵 新版 講談社 1985.2 223p 22cm （コロボックル物語 1） 1068円 Ⓘ4-06-119075-X

『佐藤さとるファンタジー全集 1 だれも知らない小さな国』 講談社 1982.10 250p 18cm 980円 Ⓘ4-06-180271-2 Ⓝ913.8

「つばきの木から」

『光村ライブラリー 第9巻 手ぶくろを買いに ほか』 樺島忠夫, 宮地裕, 渡辺実監修, ウィニフレッド・ラベルほか著, 神宮輝夫訳, 梅田俊作ほか画 光村図書出版 2004.4 69p 21cm 〈3刷〉 1000円 Ⓘ4-89528-107-8

[目次] 小さな犬の小さな青い服（ウィニフレッド・ラベル）, 手ぶくろを買いに（新美南吉）, つばきの木から（佐藤さとる）, 世界一の話（北彰介）

『新版 きつね三吉』 佐藤さとる作, 岡本順画 大日本図書 1988.9 70p 21cm （子ども図書館） 960円 Ⓘ4-477-17597-3

[目次] きつね三吉, まめだぬき, つばきの木から, つくえの神さま

「はさみが歩いた話」

『佐藤さとるファンタジー全集 8 おばあさんの飛行機』 佐藤さとる著 講談社, 復刊ドットコム〔発売〕 2010.12 279p 18×12cm 2000円 Ⓘ978-4-8354-4550-2

[目次] おばあさんの飛行機, なまけものの時計, 竜宮の水がめ, はごろも, 机の上の運動会, タッちゃんと奴だこ, マコト君と不思議な椅子, 机の神さま, おしゃべり湯わかし, 百番めのぞうがくる, 不思議な不思議な長靴, 太一の机, 小さな竜巻, ぼくの机はぼくの国, はさみが歩いた話, 机の上の古いポスト, イサムの飛行機, えんぴつ太郎の冒険

『読んでおきたい名作 小学1年』 川島隆太監修 成美堂出版 2010.4 159p 21cm 700円 Ⓘ978-4-415-30814-2

[目次] ヤマネコのほし（舟崎克彦）, でんしんばしらとみょうな男（小川未明）, 木のまつり（新美南吉）, けしゴムおばけ（末吉暁子）, ざしきぼっこのはなし（宮沢賢治）, ケンちゃんとポポ（松谷みよ子）, ひらがなむし（山下明生）, おもちゃのこうもり（佐藤春夫）, はさみがあるいたはなし（佐藤さとる）, 王さまのせなか（内田百閒）

[内容] 朝の10分間読書にぴったり。どんどん読めて脳と心をはぐくむとっておきの10作品。

『はさみがあるいたはなし』 佐藤さとる作, 村上勉絵 小学館 1986.7 31p 22×20cm （小学館こども文庫—おはなしプレゼント） 650円 Ⓘ4-09-211001-4

[内容] 日本を代表するファンタジー作家佐藤さとると小学館絵画賞の村上勉の名コンビによる現代の名作！

「龍宮の水がめ」

『佐藤さとるファンタジー全集 8 おばあさんの飛行機』 佐藤さとる著 講談社, 復刊ドットコム〔発売〕 2010.12 279p 18×12cm 2000円 Ⓘ978-4-8354-4550-2

[目次] おばあさんの飛行機, なまけものの時計, 竜宮の水がめ, はごろも, 机の上の運動会, タッちゃんと奴だこ, マコト君と不思議な椅子, 机の神さま, おしゃべり湯わかし, 百番めのぞうがくる, 不思議な不思議な長靴, 太一の机, 小さな竜巻, ぼくの机はぼくの国, はさみが歩いた話, 机の上の古いポスト, イサムの飛行機, えんぴつ太郎の冒険

『佐藤さとる幼年童話自選集　1　遠い星から』　佐藤さとる著　武蔵野　ゴブリン書房　2003.9　195p　21×16cm　1400円　Ⓘ4-902257-00-9

目次 あっちゃんのよんだ雨, タツオの島, さんぽにいこうよ, くるみたろう, だれが金魚をたすけたか, 遠い星から, りゅうぐうの水がめ, タケオくんの電信柱, つくえの上のうんどう会

内容 佐藤さとる初めての幼年童話自選集。「遠い星から」ほか8編を収録。

『そこなし森の話』　佐藤さとる著, K.マッカンドレス訳, 村上勉絵　講談社　1990.2　193p　15cm　（講談社英語文庫）500円　Ⓘ4-06-186055-0

目次 龍宮の水がめ, 四角い虫の話, 不思議なおばあさん, 鬼の話, 夢二つ, 椿の木から, きつね三吉, 不思議な不思議な長靴, わすれんぼの話, 龍のたまご〔ほか〕

佐藤　春夫
さとう・はるお
《1892～1964》

「いなごの大旅行」

『日本児童文学全集　6　いなごの大旅行・春をつげる鳥―佐藤春夫・宇野浩二童話集』　安部真知等絵　偕成社　1961　240p　23cm

目次 いなごの大りょこう, ももをぬすんだ子, うちのうたちゃん, めくらのおじさん, 天からきた男, こおろぎ, おもちゃのこうもり, 正夫くんのみた夢（佐藤春夫著）, 春をつげるとり, ひょうたんじいさん, 海のゆめ山のゆめ, ふきの下のかみさま, くまとら合戦, くるみとチューリップ（宇野浩二著）, 解説（福田清人著）

佐藤　有恒
さとう・ゆうこう
《1928～1991》

「あきあかねの一生」

『光村ライブラリー　第5巻　からすの学校 ほか』　樺島忠夫, 宮地裕, 渡辺実監修, かわたけん, ひだかとしたか, たけたづみのる, さとうゆうこう, まつざわてつろうほか文, 藪内正幸, 内藤貞夫, 伊藤正道, 五味太郎, 森津和嘉子絵　光村図書出版　2004.11　77p　21cm〈第4刷〉1000円　Ⓘ4-89528-103-5

目次 しっぽのやくめ（かわたけん）, からすの学校（ひだかとしたか）, きたきつねの子ども（たけたづみのる）, あきあかねの一生（さとうゆうこう）,「ことば」をおぼえたチンパンジー（まつざわてつろう）, おへそって、なあに（やまだまこと）, わたしたちとどうぐ（おおぬまてつろう）, あつまれ、楽器（よしおかしげみ）

佐藤　義美
さとう・よしみ
《1905～1968》

「ぎんなんの木」

『心にひびく名作読みもの　3年―読んで、聞いて、声に出そう』　府川源一郎, 佐藤宗子編　教育出版　2004.3　69p　21cm〈付属資料：CD1〉2000円　Ⓘ4-316-80087-6

目次 お母さんの紙びな（長崎源之助）, はまひるがおの「小さな海」（今西祐行）, 沢田さんのほくろ（宮川ひろ）, りんごの花（後藤竜二）, どちらが生たまごでしょう, ぎんなんの木（佐藤義美）, かっぱ（谷川俊太郎）

内容 小学校国語教科書に掲載された名作（物語・説明文・詩）を学年別に収録。発達段階に応じた教科書表記を採用。難意語には注を記載。発展学習にも役立つよう、交ぜ書きから読み仮名付きの漢字へ適宜変更。当時の教科書に使用された挿絵を掲載。俳優・声優による格調高い朗読をCDに収め各巻に添付。

『ともだちシンフォニー―佐藤義美童謡集』　佐藤義美著　JULA出版局　1990.3　166p　18cm　1200円　Ⓘ4-88284-071-5

目次 月の中（月の中, うんどうするりんごほか）, ことりやのとりさん（ことりやのとりさん, ゆうえんちのひこうき ほか）, ひらひらはなびら（ひらひらはなびら, さるとかきほか）, カラスのうた（バナナをたべるときのうた, ハダカのうた ほか）, みどりの木（みんなの星, わたげのたんぽぽ ほか）, ともだ

ちシンフォニー（友だちと春, ぎんなんの木ほか）

「わた毛のたんぽぽ」

『ともだちシンフォニー―佐藤義美童謡集』 佐藤義美著 JULA出版局 1990.3 166p 18cm 1200円 ①4-88284-071-5

目次 月の中（月の中, うんどうするりんごほか）, ことりやのとりさん（ことりやのとりさん, ゆうえんちのひこうき ほか）, ひらひらはなびら（ひらひらはなびら, さるとかきほか）, カラスのうた（バナナをたべるときのうた, ハダカのうた ほか）, みどりの木（みんなの星, わたげのたんぽぽ ほか）, ともだちシンフォニー（友だちと春, ぎんなんの木ほか）

佐藤 わきこ
さとう・わきこ
《1937～》

「ちいさいねずみ」

『ちいさいねずみ』 さとうわきこ作・絵 偕成社 1980.3 1冊 26cm 780円

真田 亀久代
さなだ・きくよ
《1910～2006》

「コップのうた」

『ガラスにかいたかお―生活』 新川和江編, 多田治良絵 太平出版社 1987.10 66p 21cm （小学生・詩のくにへ 6） 1600円

目次 おなかのへるうた（阪田寛夫）, コップのうた（真田亀久代）, てんぷらぴりぴり（まど・みちお）, ピーマン（工藤直子）, あわてんぼうの歌（まど・みちお）, ガラスのかお（三井ふたばこ）, お魚（金子みすゞ）, 帰宅（吉田定一）, つけもののおもし（まど・みちお）, 山芋（大関松三郎）, あめ（山田今次）, ふるさとの（石川啄木）, リンゴとポンカン（赤岡江里子）, ぼくの家だけあかりがともらない（野長瀬正夫）, いなかのあいさつ（新川和江）, 小さなみなとの町（木下夕爾）, 茂作じいさん（小林純一）, 夜のくだもの（草野心平）, とうげ（石垣りん）, はんぶんおりたところ（アレグザンダー＝ミルン, 小田島雄志・若子訳）, 夕日がせなかをおしてくる（阪田寛夫）

佐野 洋子
さの・ようこ
《1938～2010》

「おじさんのかさ」

『くじらぐもからチックタックまで』 石川文子編 武蔵野 フロネーシス桜蔭社, メディアパル〔発売〕 2008.11 222p 19cm 1400円 ①978-4-89610-746-3

目次 くじらぐも（中川李枝子）, チックタック（千葉省三）, 小さい白いにわとり（（ウクライナの民話）光村図書出版編集部編）, おおきなかぶ（内田莉莎子訳,A.トルストイ再話）, かさこじぞう（岩崎京子）, ハナイッパイになあれ（松谷みよ子）, おてがみ（三木卓訳, アーノルド・ローベル原作）, スイミー（谷川俊太郎訳, レオ＝レオニ原作）, 馬頭琴（（モンゴルの民話）君島久子訳）, おじさんのかさ（佐野洋子）, 花とうぐいす（浜田広介）, いちごつみ（神沢利子）, おかあさんおめでとう（『くまの子ウーフ』より）（神沢利子）, きつねのおきゃくさま（あまんきみこ）, きつねの子のひろった定期券（松谷みよ子）, きつねの窓（安房直子）, やまなし（宮澤賢治）, 最後の授業（桜田佐訳 アルフォンス・ドーデ原作）, 譲り葉（河井酔茗）, 雨ニモマケズ（宮澤賢治）

内容 昭和40年から現在までこくごの教科書のおはなしベスト20。「もう一度読みたい」リクエスト作品と、採用頻度の高い作品で作りました。教科書でしか読めなかった名作『くじらぐも』が、初めて教科書から飛び出しました。

『こころにひびくめいさくよみもの 1ねん―よんで、きいて、こえにだそう』 府川源一郎, 佐藤宗子編 教育出版 2004.3 75p 21cm〈付属資料：CD1〉 2000円 ①4-316-80085-X

目次 花いっぱいになあれ（松谷みよ子）, おじさんのかさ（佐野洋子）, はなび（森山京）, 雨つぶ（あべ弘士）, 天に上ったおけやさん（水谷章三）, おもしろいことば, きりんはゆらゆら（武鹿悦子）, ひらいたひらいた

内容 小学校国語教科書に掲載された名作（物語・説明文・詩）を学年別に収録。発達段階に応じた教科書表記を採用。難意語には注を記載。発展学習にも役立つよう、交ぜ書きから読み仮名付きの漢字へ適宜変更。当時の教科書に使用された挿絵を掲載。俳優・声優による格調高い朗読をCDに収め各巻に添付。

『おじさんのかさ』 佐野洋子作・絵　講談社　2003.9　31p　53cm　（講談社の創作絵本―大型絵本）9600円
Ⓘ4-06-132282-6　Ⓝ726.6

『おじさんのかさ』 佐野洋子作・絵　講談社　1992.5　31p　30cm　1350円
Ⓘ4-06-131880-2

「かってなくま」

『かってなくま』 佐野洋子文，広瀬弦絵　偕成社　2000.11　23p　26×21cm　1000円　Ⓘ4-03-232070-5

内容 もりにすむくまは、あるひくさむらをたがやしはじめました。「なにしているの」と、ともだちがきいても、くまは「かってだろ」というばかり。「めをたべるとふみつぶすぞ」とおどかしたりします。しばらくすると、くまのはたけにはいろとりどりのはながさいて…。

「空飛ぶライオン」

『光村ライブラリー　第10巻　空飛ぶライオン ほか』 樺島忠夫，宮地裕，渡辺実監修，佐野洋子ほか著，田谷多枝子訳，長新太ほか画　光村図書出版　2004.4　85p　21cm〈3刷〉1000円
Ⓘ4-89528-108-6

目次 空飛ぶライオン（佐野洋子），アナトール、工場へ行く（イブ・タイタス），子牛の話（花岡大学），ひと朝だけの朝顔（井上靖），茂吉のねこ（松谷みよ子）

「だってだってのおばあさん」

『齋藤孝の親子で読む国語教科書 1年生』 齋藤孝著　ポプラ社　2011.3　138p　21cm　（齋藤孝の親子で読む国語教科書 1）1000円　Ⓘ978-4-591-12285-3

目次 タヌキのじてんしゃ（東君平），おおきなかぶ（トルストイ），サラダでげんき（角野栄子），いなばの白うさぎ（福永武彦），しましま（森山京），はじめは「や！」（香山美子），まのいいりょうし（稲田和子，筒井悦子），ゆうひのしずく（あまんきみこ），だってだってのおばあさん（佐野洋子），ろくべえまってろよ（灰谷健次郎）

『だってだってのおばあさん』 佐野洋子作・絵　新装版　フレーベル館　2009.1　31p　27×21cm　1200円
Ⓘ978-4-577-03649-5

内容「だって、わたしはおばあちゃんだもの」それが、くちぐせのおばあさん。でも、99さいのおたんじょうびに、ねこがかってきたろうそくは、たったの5ほん。つぎのひ、おばあさんは…。30年間愛され続けたロングセラー。全国学校図書館協議会選定図書。

沢近　十九一

さわちか・とくいち

《1944～》

「魚をとる鳥」

『魚をとる鳥』 沢近十九一構成・文，嶋田忠ほか写真　国土社　1980.9　35p　27cm　（動物のふしぎな世界 10）1200円

「道具を使う動物たち」

『道具をつかう動物たち』 沢近十九一構成・文，J.Foottほか写真，田中豊美絵　国土社　1981.5　35p　27cm　（動物のふしぎな世界 11）1200円
Ⓘ4-337-01411-X

三遊亭　円窓

さんゆうてい・えんそう

《1940～》

「ぞろぞろ」

『おもしろ落語図書館　その10』 三遊亭円窓著，長野ヒデ子画　大日本図書　1997.3　151p　21cm　1800円
Ⓘ4-477-00797-3

目次 鶴―理科，猫の皿―社会科，蚊戦―保健，大山参り―校外授業，ぞろぞろ―保健，目黒の秋刀魚―校外授業，馬のす―理科，二番煎じ―社会科，近日息子―社会科，子はかす

がいー社会科

シェフラー, ウルセル

「あめの日のおさんぽ」

『あめの日のおさんぽ』 U.シェフラー文, U.ウェンゼル絵, 若林ひとみ訳 文化出版局 1986.6 23p 25×17cm 980円 Ⓘ4-579-40233-2

ジェラティ, ポール

「ちかい」

『ちかい』 ポール・ジェラティ作, せなあいこ訳 評論社 1996.8 1冊 28×22cm (児童図書館・絵本の部屋) 1300円 Ⓘ4-566-00356-6

内容 かあさんをころされたあかちゃんゾウ、かりゅうどになりたい少女ヤミーナ、ある日のであいが…。

シェルダン, ダイアン

「くじらの歌ごえ」

『くじらの歌ごえ』 ダイアン・シェルダン作, ゲイリー・ブライズ絵, 角野栄子訳 神戸 ブックローン出版 1991.6 1冊 24×30cm 1400円 Ⓘ4-89238-911-0

ジオン, ジーン

《1913〜1975》

「どろんこハリー」

『どろんこハリー』 ジーン・ジオン文, 渡辺茂男日本語, マーガレット・ブロイ・グレアム絵 ラボ教育センター 1998.6 1冊 29×21cm 〈付属資料：CD1, 本文：英文〉 2300円 Ⓘ4-89811-000-2

内容 黒いぶちのある白い犬のハリーは、おふろが大のにがて。ハリーはみんなとおなじように、あそぶのが大すき。体を洗うブラシをかくしてあそびににげだします。軽快なタッチの絵と文が、こどものかっさいをあびて30年余り。英・日のかけあいの語りのうしろに、栗山和樹さんのゴキゲンな音楽がウレシイ。

『どろんこハリー』 ジーン・ジオン文, マーガレット・ブロイ・グレアム絵, わたなべしげお訳 福音館書店 1964 1冊 31cm (世界傑作絵本シリーズ)

志賀 直哉

しが・なおや

《1883〜1971》

「かくれんぼう」

『光村ライブラリー 第14巻 木龍うるしほか』 樺島忠夫, 宮地裕, 渡辺実監修, 石井睦美ほか著, 猪熊葉子訳, 福山小夜ほか画 光村図書出版 2004.4 77p 21cm 〈3刷〉 1000円 Ⓘ4-89528-112-4

目次 南に帰る(石井睦美), 三人の旅人たち(ジョーン・エイキン), たん生日(原民喜), かくれんぼう(志賀直哉), 木龍うるし(木下順二)

『日本児童文学全集 4 なの花と小娘―志賀直哉・武者小路実篤・吉田絃二郎・室生犀星童話集』 池田かずお絵 偕成社 1962 240p 23cm

目次 なの花と小娘, 清兵衛とひょうたん, 次郎くん, たんじょう, かくれんぼう(志賀直哉著), はととわし, 小学生ときつね, しょうじきじいさん, 太郎のえ(武者小路実篤著), 清ぼうと三吉, 水車の新作, 天までととけ, しょうじきなおしょう(吉田絃二郎著), オランダ時計とが, 兵吉と川吉, うまとやまあぶ, 山のいぬのはなし(室生犀星著), 解説(山室静著)

「クマ」

『犬―クラフト・エヴィング商会プレゼンツ』 阿部知二, 網野菊, 伊藤整, 川端康成, 幸田文ほか著 中央公論新社 2004.7 189p 19cm 1600円 Ⓘ4-12-003537-9

目次 赤毛の犬(阿部知二), 犬たち(網野菊), 犬と私(伊藤整), わが犬の記 愛犬家心得(川端康成), あか(幸田文), クマ 雪の遠足(志賀直哉), トム公の居候(徳川夢声),

「犬の家」の主人と家族（長谷川如是閑），犬（林芙美子），ゆっくり犬の冒険―距離を置くの巻（クラフト・エヴィング商会）

内容 名犬、番犬、野良犬と暮らした作家達の幻の随筆集。

『志賀直哉の動物随想』 志賀直哉著　新講社　1998.1　178p　19cm　1429円　Ⓘ4-915872-24-6

目次 濠端の住まい，蜻蛉，城の崎にて，犬，雪の遠足，池の縁，日曜日，クマ，虫と鳥，馬と木賊〔ほか〕

『小僧の神様』 志賀直哉作，井上正治絵　講談社　1993.4　185p　18cm　（講談社 青い鳥文庫 169‐1）490円　Ⓘ4-06-147377-8

目次 菜の花と小娘，小僧の神様，母の死と新しい母，或る朝，清兵衛と瓢箪，網走まで，正義派，真鶴，城の崎にて，クマ，百舌，宿かりの死，山の木と大鋸，玄人素人

『志賀直哉短篇集』 岩波書店　1989.5　334p　20cm　2000円　Ⓘ4-00-002667-4　Ⓝ913.6

目次 或る朝，網走まで，母の死と新しい母，速夫の妹，范の犯罪，剃刀，清兵衛と瓢箪，出来事，好人物の夫婦，赤西蠣太，城の崎にて，十一月三日午後の事，小僧の神様，真鶴，焚火，雪の遠足，雨蛙，濠端の住まい，万暦赤絵，池の縁，クマ，灰色の月，山鳩，朝顔，暗夜行路―序詞，解説（阿川弘之著）

「とんぼ」

『随筆 衣食住』 志賀直哉著　新装版　三月書房　2012.11　284p　17×13cm　2000円　Ⓘ978-4-7826-0216-4

目次 1（蜻蛉，馬と木賊 ほか），2（龍安寺の庭，リズム ほか），3（沓掛にて―芥川君のこと，泉鏡花の憶い出 ほか），4（城の崎にて，雪の日―我孫子日誌 ほか）

『随筆 衣食住』 志賀直哉著，大河内昭爾選　三月書房　2002.8　286p　15cm　（小型愛蔵本シリーズ）2200円　Ⓘ4-7826-0179-4

目次 蜻蛉，馬と木賊，兎，猫，山鳩，朝顔，龍安寺の庭，リズム，梅原の油絵，赤城山にて〔ほか〕

『志賀直哉の動物随想』 志賀直哉著　新講社　1998.1　178p　19cm　1429円　Ⓘ4-915872-24-6

目次 濠端の住まい，蜻蛉，城の崎にて，犬，雪の遠足，池の縁，日曜日，クマ，虫と鳥，馬と木賊〔ほか〕

「菜の花と小娘」

『読んでおきたい名作 小学4年』 川島隆太監修　成美堂出版　2011.4　191p　21cm　700円　Ⓘ978-4-415-31034-3

目次 ふたりのおばさん（室生犀星），秋の夜の会話（草野心平），ねむい町（小川未明），菜の花と小むすめ（志賀直哉），てんぐ笑（豊島与志雄），この道（北原白秋），くもの糸（芥川龍之介），大きなこうもりがさ（竹久夢二），よだかの星（宮沢賢治），花のき村とぬすびとたち（新美南吉）

内容 朝の10分間読書にぴったり。どんどん読めて脳と心をはぐくむとっておきの10作品。

『花の名随筆　3　三月の花』 大岡信，田中澄江，塚谷裕一監修　作品社　1999.2　234p　19cm　1800円　Ⓘ4-87893-727-0

目次 風景―純銀モザイク（巻頭詩）（山村暮鳥），春の暗示（北原白秋），菜の花と小娘（志賀直哉），菜の花と嫁菜（佐多稲子），菜の花月夜（片岡鉄兵），オランダの花 抄（安野光雅），土耳古のターバン（荒俣宏），マメ科の花（木崎さと子），水仙 抄（棚橋隆），三色スミレとヴィオラ（春山行夫）〔ほか〕

内容 随筆。短編小説。植物学こぼれ話。いちめんに、色とりどりに咲きほこる。

『小僧の神様』 志賀直哉作，井上正治絵　講談社　1993.4　185p　18cm　（講談社 青い鳥文庫 169‐1）490円　Ⓘ4-06-147377-8

目次 菜の花と小娘，小僧の神様，母の死と新しい母，或る朝，清兵衛と瓢箪，網走まで，正義派，真鶴，城の崎にて，クマ，百舌，宿かりの死，山の木と大鋸，玄人素人

内容 秤屋の小僧、仙吉のひそかな願いをかなえてくれたのは、見ず知らずの一人の客だった―。小僧と客との心理をあざやかに浮きぼりにした表題作ほか、「或る朝」「清兵衛と瓢箪」「網走まで」「城の崎にて」など、計14編を収録。対象をとらえる鋭い目と簡潔な文で、のちの文学史に大きな影響を与えた志賀直哉の短編集。小学上級から。

『清兵衛と瓢箪・小僧の神様』 志賀直哉著　集英社　1992.2　254p　15cm　（集英社文庫）360円　Ⓘ4-08-752022-6

目次 菜の花と小娘, 網走まで, 荒絹, 母の死と新しい母, 正義派, 清兵衛と瓢箪, 范の犯罪, 城の崎にて, 赤西蛎太,11月3日午後の事, 小僧の神様, 焚火, 真鶴

内容 瓢箪(ひょうたん)をこよなく愛した少年と、周囲の無理解なおとなたち。少年が永遠に失ってしまったものは何か？ 表題作「清兵衛と瓢箪」ほか、深い人間観察と鋭い描写力で短篇小説のおもしろさをあますところなく伝える“小説の神様”志賀直哉の代表的短篇13篇。

重松　清
しげまつ・きよし
《1963～》

「カレーライス」

『はじめての文学』 重松清著　文芸春秋　2007.7　261p　19cm　1238円　Ⓘ978-4-16-359890-1

目次 卒業ホームラン, モッちん最後の一日, ウサギの日々, かたつむり疾走, カレーライス, タオル, あいつの年賀状, ライギョ

内容 小説はこんなにおもしろい。文学の入り口に立つ若い読者へ向けた自選アンソロジー。

十返舎　一九
じっぺんしゃ・いっく
《1765～1831》

「東海道中膝栗毛」

『東海道中膝栗毛』 村松友視著　講談社　2010.2　301p　19cm　(21世紀版少年少女古典文学館 20) 1400円　Ⓘ978-4-06-282770-6

内容 ここに登場するのは、名コンビ弥次さんと喜多さん。花のお江戸をあとにして、のんびり観光旅行としゃれこむはずが、小田原では風呂の底をぬき、浜松では幽霊に腰をぬかす。宿場宿場で大騒動をくりひろげ、こりずにドジをふみつづけながら、各地の名物にはちゃんと舌づつみを打って、東海道を一路西へとむかうのであります。あまりのおもしろさに、江戸時代の読者たちもつぎへつぎへとつづきをのぞみ、作者十返舎一九も期待にこたえて、あとからあとから続編を書きついだという大ベストセラー。

『東海道中膝栗毛　上』 十返舎一九作, 麻生磯次校注　岩波書店　2002.8　336p　19cm　(ワイド版岩波文庫)　1300円　Ⓘ4-00-007213-7　Ⓝ913.55

『東海道中膝栗毛　下』 十返舎一九作, 麻生磯次校注　岩波書店　2002.8　390p　19cm　(ワイド版岩波文庫)　1400円　Ⓘ4-00-007214-5　Ⓝ913.55

『東海道中膝栗毛』 十返舎一九原作, 森いたる文　新装版　ぎょうせい　1995.2　202p　21cm　(少年少女世界名作全集 49) 1300円　Ⓘ4-324-04376-0

司馬　遼太郎
しば・りょうたろう
《1923～1996》

「洪庵のたいまつ」

『司馬遼太郎 歴史のなかの邂逅　4　勝海舟～新選組』 司馬遼太郎著　中央公論新社　2010.12　293p　15cm　(中公文庫) 667円　Ⓘ978-4-12-205412-7

目次 ご先祖さま―藤沢東畡藤沢南岳/菊池五山, ふと幕間に―華岡青洲, 洪庵のたいまつ―緒方洪庵, 海舟についての驚き―勝海舟, 男子の作法―石黒忠悳, 六三郎の婚礼―山内堤雲, 武四郎と馬小屋―松浦武四郎, 黒鍬者―江原素六, 鋳三郎と楊枝―江原素六, 芥舟のこと―木村芥舟〔ほか〕

内容 情熱、この悲劇的で、しかも最も喜劇的なもの―。歴史上の人物の魅力を発掘したエッセイを、古代から明治まで、時代別に集大成。第四巻は新選組や河井継之助、勝海舟らを中心に、動乱の幕末に向けて加速する歴史のなかの群像を描いた二十六篇を収録。

『司馬遼太郎 歴史のなかの邂逅　2　徳川家康～新選組』 司馬遼太郎著　中央公論新社　2007.5　428p　19cm　2000円　Ⓘ978-4-12-003836-5

目次 家康について, 徳川家康,『覇王の家』あとがき, 家康と宗教, 要らざる金六, ふたりの平八郎, 関ヶ原は生きている, 関ヶ原私観, 毛利の秘密儀式, 骨折り損, 二条陣屋の防音障子, 川あさり十右衛門, 村の心中, 白石と松

陰の場合―学問のすすめ, ひとりね, 享保の若者, 非考証・蕪村 毛馬, 非考証・蕪村 雪, 安藤昌益雑感, 山片蟠桃のこと, 「菜の花の沖」余談―連載を終えて, 『菜の花の沖』一 あとがき, 『菜の花の沖』二 あとがき, 『菜の花の沖』三 あとがき, 『菜の花の沖』四 あとがき, 『菜の花の沖』五 あとがき, 『菜の花の沖』六 あとがき, ご先祖さま, ふと幕間に, 洪庵のたいまつ, 海舟についてのおどろき, 男子の作法, 六三郎の婚礼, 武四郎と馬小屋, 黒鍬者, 鋳三郎と楊枝, 芥舟のこと, 左衛門尉の手紙日記, 『胡蝶の夢』雑感―伊之助の町で, ああ新選組, 新選組, 土方歳三の家, 『燃えよ剣』あとがき, 清河八郎について, 葛飾の野, 新選組の故郷, 奇妙さ, 見廻組のこと, ある会津人のこと, 河合継之助―「峠」を終えて, 『峠』のあれこれ, 峠―新潟・長岡, 『最後の将軍―徳川慶喜』あとがき

内容 歴史上の人物の魅力を発掘したエッセイ。

『二十一世紀に生きる君たちへ』 司馬遼太郎著 世界文化社 2001.2 47p 23×19cm 1200円 ①4-418-01504-3

目次 二十一世紀に生きる君たちへ, 洪庵のたいまつ

内容 「子どもは何をしなくてはならないのか？」「人は何のために生きるのか？」その答えが、司馬遼太郎の肉声で聞こえてきます。二十一世紀を迎えた、日本人のすべてに語りかける心のメッセージ。むだのない、考え抜かれた名文が私達の感動をよび起こします。

「二十一世紀に生きる君たちへ」

『司馬遼太郎が考えたこと 14 エッセイ1987.5～1990.10』 司馬遼太郎著 新潮社 2006.1 531p 15cm （新潮文庫） 705円 ①4-10-115256-X

目次 以下、無用のことながら（「上方花舞台」）, 文学から見た日本歴史, 無題（「残したい“日本”」アンケート）, 活字の妖精, 真如の人―富士正晴を悼む, 隣国の友人として, 私どもの誇りである人として（津志本貞著『薔薇』）, なによりも国語, 遊戯自在 富士正晴, 高貴な少年（編集委員会編『山村雄一先生とその人脈』）〔ほか〕

内容 '89年1月、昭和天皇崩御。元号は平成に変った。'90年1月、株式が大暴落。「バブル崩壊」で日本経済は低迷の時代を迎える。このころ司馬遼太郎は『韃靼疾風録』を刊行、『街道をゆく』の取材でイギリス、オランダ等を旅行している。この巻は、昭和天皇への思いを綴った「空に徹しぬいた偉大さ」、小学校国語教科書のために執筆した「二十一世紀に生きる君たちへ」など70篇を収録。

『二十一世紀に生きる君たちへ』 司馬遼太郎著 世界文化社 2001.2 47p 23×19cm 1200円 ①4-418-01504-3

目次 二十一世紀に生きる君たちへ, 洪庵のたいまつ

柴野 民三

しばの・たみぞう

《1909～1992》

「うさぎとながぐつ」

『童話集 ねずみ花火』 柴野民三文, 茂田井武絵 ビリケン出版 2008.11 201p 19cm 1400円 ①978-4-939029-48-6

目次 たろうとすぐいす, でんしゃにのったちょうちょ, まちへきたロビンちゃん, 三りんしゃ, おちば, クリスマスのおくりもの, ゆきとぎん笛, 青いさかな, ねずみ花火, ふたりのおばあさん, みんなでつくったおかしパン, 小さい小さいかねのおと, みなさんクリスマスおめでとう, ゆきみにいったぞう, はるがきた, うさぎとながぐつ, おれいにもらった赤いきれ, ホテルにとまったぞう, たんぽぽのたび, たこのぼっちゃん

『でんしゃに のった ちょうちょ』 柴野民三作, ひらのてつお画 金の星社 1992.4 105p 18cm （フォア文庫 A082） 520円 ①4-323-01947-5

目次 でんしゃに のった ちょうちょ, たこの ぼっちゃん, まいごの ありさん, うさぎと ながぐつ, おれいに もらった あかい きれ, ちぢまった ズボン, はなぶらさんの おやこバス

内容 おほりばたで、ちょうちょが、ひらひらと、とんでいました。ゴー、ガッタンゴーと、でんしゃが、かぜをきって、走っていきます。ちょうちょは、でんしゃにのりたくなりました。でも、どのでんしゃも、まんいんで、中に入れません…。「でんしゃにのったちょうちょ」を始め、7つのお話を集めました。小学校低中学年向。

「てんらん会」

『光村ライブラリー 第18巻 おさるがふねをかきました ほか』 樺島忠夫, 宮

地裕, 渡辺実監修, まどみちお, 三井ふたばこ, 阪田寛夫, 川崎洋, 河井酔茗ほか著, 松永禎郎, 杉田豊, 平山英三, 武田美穂, 小野千世ほか画　光村図書出版　2004.11　83p　21cm〈第4刷〉1000円　Ⓘ4-89528-116-7

[目次] おさるがふねをかきました（まど・みちお）, みつばちぶんぶん（小林純一）, あいうえお・ん（鶴見正夫）, ぞうのかくれんぼ（高木あきこ）, おうむ（鶴見正夫）, あかいカーテン（みずかみかずよ）, ガラスのかお（三井ふたばこ）, せいのび（武鹿悦子）, かぼちゃのつるが（原田直友）, 三日月（松谷みよ子）, 夕立（みずかみかずよ）, さかさのさかさはさかさ（川崎洋）, 春（坂本遼）, 虻（嶋岡晨）, 若葉よ来年は海へゆこう（金子光春）, われは草なり（高見順）, くまさん（まど・みちお）, おなかのへるうた（阪田寛夫）, てんらん会（柴野民三）, 夕日がせなかをおしてくる（阪田寛夫）, ひばりのす（木下夕爾）, 十時にね（新川和江）, みいつけた（岸田衿子）, どきん（谷川俊太郎）, りんご（山村暮鳥）, ゆずり葉（河井酔茗）, 雪（三好達治）, 影（八木重吉）, 楽器（北川冬彦）, 動物たちの恐ろしい夢のなかに（川崎洋）, 支度（黒田三郎）

『かまきりおばさん』 柴野民三詩, 阿部肇絵　国土社　2002.12　1冊　25×22cm　（現代日本童謡詩全集 15）1600円　Ⓘ4-337-24765-3

[目次] てんらんかい, ぼくはいくんです, ピータとハンスはお友だち, はるがきた山, てつくずおきばをとぶちょうちょう, つみ木のまち, まわれまわれかんらんしゃ, おうちをたてる木のにおい, ゆり, ひぐれのけやき, あめのまち, みつばちがかえる, 十五夜〔ほか〕

[内容] 『現代日本童謡詩全集』（全二十二巻）は、第二次大戦後に作られた数多くの童謡から、「詩」としてのこった作品の、作者別集大成です。一九七五年刊行の初版（全二十巻）は、画期的な出版と評価され、翌年「第六回赤い鳥文学賞」を受けました。詩の世界に新しい灯をともした有力な詩人、画家の登場を得、親しまれている曲の伴奏譜を収めて巻数をふやし、出典などの記録も可能なかぎり充実させて、時代にふさわしい新装版を刊行。

嶋岡　晨

しまおか・しん

《1932～》

「虻」

『光村ライブラリー　第18巻　おさるがふねをかきました ほか』 樺島忠夫, 宮地裕, 渡辺実監修, まどみちお, 三井ふたばこ, 阪田寛夫, 川崎洋, 河井酔茗ほか著, 松永禎郎, 杉田豊, 平山英三, 武田美穂, 小野千世ほか画　光村図書出版　2004.11　83p　21cm〈第4刷〉1000円　Ⓘ4-89528-116-7

[目次] おさるがふねをかきました（まど・みちお）, みつばちぶんぶん（小林純一）, あいうえお・ん（鶴見正夫）, ぞうのかくれんぼ（高木あきこ）, おうむ（鶴見正夫）, あかいカーテン（みずかみかずよ）, ガラスのかお（三井ふたばこ）, せいのび（武鹿悦子）, かぼちゃのつるが（原田直友）, 三日月（松谷みよ子）, 夕立（みずかみかずよ）, さかさのさかさはさかさ（川崎洋）, 春（坂本遼）, 虻（嶋岡晨）, 若葉よ来年は海へゆこう（金子光春）, われは草なり（高見順）, くまさん（まど・みちお）, おなかのへるうた（阪田寛夫）, てんらん会（柴野民三）, 夕日がせなかをおしてくる（阪田寛夫）, ひばりのす（木下夕爾）, 十時にね（新川和江）, みいつけた（岸田衿子）, どきん（谷川俊太郎）, りんご（山村暮鳥）, ゆずり葉（河井酔茗）, 雪（三好達治）, 影（八木重吉）, 楽器（北川冬彦）, 動物たちの恐ろしい夢のなかに（川崎洋）, 支度（黒田三郎）

『あたらしい歯―自立・成長』 新川和江編, 有元健二絵　太平出版社　1987.7　66p　21cm　（小学生・詩のくに 7）1600円

[目次] 青い色（丸山薫）, まきばの子馬（高田敏子）, あたらしい歯（与田準一）, ミミコの独立（山之口貘）, にぎりこぶし（村野四郎）, 小さななみだ（やなせたかし）, 素直な疑問符（吉野弘）, 本のにおい（新川和江）, かぜのなかのおかあさん（阪田寛夫）, ゆずり葉（河井酔名）, われは草なり（高見順）, 山頂から（小野十三郎）, スポーツ（鶴見正夫）, 虻（嶋岡晨）, つばさをください（山上路夫）, 支度（黒田三郎）, 生きる（谷川俊太郎）

島崎　藤村
しまざき・とうそん
《1872～1943》

「幸福」

『読んでおきたい名作 小学2年』 川島隆太監修　成美堂出版　2010.4　175p　21cm　700円　①978-4-415-30815-9

目次 じゃんけんねこ（佐藤さとる），金魚のおつかい（与謝野晶子），むく鳥のゆめ（浜田廣介），スイッチョねこ（大佛次郎），幸福（島崎藤村），はととわし（武者小路実篤），花いっぱいになぁれ（松谷みよ子），かげぼうし（内田百閒），やまなし（宮沢賢治），手ぶくろを買いに（新美南吉）

内容 朝の10分間読書にぴったり。どんどん読めて脳と心をはぐくむとっておきの10作品。

『日本児童文学名作集　下』 桑原三郎，千葉俊二著　岩波書店　1994.3　303p　15cm　（岩波文庫）570円　①4-00-311432-9

目次 蜘蛛の糸（芥川竜之介），三人兄弟（菊池寛），笛（小島政二郎），一房の葡萄（有島武郎），木の葉の小判（江口渙），三人の百姓（秋田雨雀），寂しき魚（室生犀星），幸福（島崎藤村），蝗の大旅行（佐藤春夫），でたらめ経（宇野浩二），手品師（豊島与志雄），ある島のきつね（浜田広介），水仙月の四日（宮沢賢治），オツベルと象（宮沢賢治），鷹の巣とり（千葉省三），影法師（内田百間），魔法（坪田譲治），大人の眼と子供の眼（水上滝太郎），がきのめし（壺井栄），月の輪グマ（椋鳩十），牛をつないだ椿の木（新美南吉）

内容 大正7年7月、鈴木三重吉によって創刊された『赤い鳥』は、日本の児童文学に新しいページを開いた。下巻には、この『赤い鳥』に掲載された芥川竜之介「蜘蛛の糸」、有島武郎「一房の葡萄」等の作品をはじめ、島崎藤村、浜田広介、宮沢賢治、内田百間、坪田譲治、椋鳩十、新美南吉など大正・昭和の名作21篇を収める。

「すずめのおやど」

『日本の名作どうわ　1年生』 坪田譲治，宮脇紀雄，岡本良雄編　〔改装版〕　偕成社　1989.9　198p　21cm　（学年別・おはなし文庫）700円　①4-03-907080-1

目次 すずめのおやど（島崎藤村），いたずら（坪田譲治），子うまのはなかんざし（酒井朝彦），いしのはしの上（平塚武二），まっています（奈街三郎），ふなの子ども（関英雄），うしのおじさん（徳永寿美子），よぎしゃとむし（小林純一），すべりだい（槙本楠郎），すずめのてがみ（大木雄二），きたからきたきしゃ（小出正吾），お月さんをたべたはなし（千葉省三），いじわるいばら（沖野岩三郎），ぶらんこ（川崎大治），山のおまつり（久保喬），あかいかにとあおいかに（二反長半），ゆみことたま（山主敏子），おかあさんがしかられないように（いぬいとみこ），トムとジム（大石真），ぞうのおどり（村岡花子），ぶらんこのり（佐藤義美），えのないえ本（与田準一），なんでもはいります（小川未明），もちのにおい（浜田広介）

「第一の花」

『千曲川のスケッチ』 島崎藤村著　岩波書店　2004.9　236p　19cm　（ワイド版岩波文庫）1000円　①4-00-007246-3

目次 学生の家，鉄砲虫，烏帽子山麓の牧場，青麦の熟する時，少年の群，麦畠，古城の初夏，山荘，毒消売の女，銀馬鹿〔ほか〕

「椰子の実」

『学校で習ったあの名詩』 井狩春男編　PHP研究所　2007.8　253p　15cm　（PHP文庫）〈『胸うつ響きの名詩たち』加筆・改筆・再構成・再編集・改題書〉　533円　①978-4-569-66927-4

目次 第1章 声に出して読みたい名詩たち（初恋（島崎藤村），千曲川旅情の歌（島崎藤村） ほか），第2章 漢詩・唐詩の名作選（易水の歌（荊軻），垓下の歌（一）（項羽） ほか），第3章 日本漢詩の代表作（海南の偶作（即興）（細川頼之），偶作（即興）（一休宗純） ほか），第4章 三十一文字に想いを込めて和歌・短歌（倭建命，柿本人麻呂 ほか），第5章 十七文字に凝縮した無限の世界俳句（松尾芭蕉，与謝蕪村 ほか）

内容 「名も知らぬ遠き島より流れ寄る椰子の実一つ」。海の向こうの世界に想いを馳せた日。「僕の前に道はない僕の後ろに道は出来る」。この一節に勇気づけられた日。私たちは多くの詩歌に、励まされ慰められて、青春時代を生きてきました。いま、改めて当時の詩歌に再会すると、私たちは再び感動し励まされます。一生の友にしたい詩歌を選りすぐった、人生の応援歌。

『島崎藤村選書』 世界の名詩鑑賞会編 名古屋 リベラル社,星雲社〔発売〕 2006.7 77p 15×9cm （ミニブックシリーズ）500円 ①4-434-08236-1

目次 秋思,初恋,知るや君,秋風の歌,草枕,潮音,四つの袖,晩春の別離,小諸なる古城のほとり,千曲川旅情のうた,常盤樹,炉辺雑興,思より思をたどり,吾胸の底のここには,椰子の実

『詩画集 おもいのことのは』 BOOKの会編, ガブリエル・ルフェーブル画 講談社 2006.2 63p 18×13cm （Kodansha Gift Book 夢の本棚） 1200円 ①4-06-213309-1

目次 落葉（ヴェルレーヌ）,月夜の浜辺（中原中也）,郵便局の窓口で（萩原朔太郎）,素朴な琴（八木重吉）,飛行機（石川啄木）,君死にたもうことなかれ（与謝野晶子）,あどけない話（高村光太郎）,椰子の実（島崎藤村）,硝子のひび（木下杢太郎）,小諸なる古城のほとり（島崎藤村）〔ほか〕

内容 欧米で人気の絵師ガブリエル・ルフェーブル日本初登場！ その魔法の筆先から、いま甦る日本の美しい詩と言葉。

『島崎藤村詩集』 島崎藤村著 角川書店 1999.1 259p 15cm （角川文庫）〈肖像あり〉 540円 ①4-04-116005-7 Ⓝ911.56

目次 詩集若菜集,詩集一葉舟,詩集夏草,詩集落梅集,詩集藤村詩集（序）

島田 陽子

しまだ・ようこ

《1929～》

「うち知ってんねん」

『いまを生きるあなたへ 続・贈る詩50』 二瓶弘行編 東洋館出版社 2008.6 117p 21cm 1600円 ①978-4-491-02332-8

目次 あいたくて（工藤直子）,信じる（谷川俊太郎）,紙風船（黒田三郎）,友達（高丸もと子）,さくら（森山直太朗,御徒町凧）,かお（桜井信夫）,うち知ってんねん（島田陽子）,こっちとむこう（まど・みちお）,汲む―Y・Yに（茨木のり子）,ウソ（川崎洋）〔ほか〕

『新編 島田陽子詩集』 島田陽子著 土曜美術社出版販売 2002.10 174p 19cm （新・日本現代詩文庫 13）1400円 ①4-8120-1366-6

目次 詩集『ゆれる花』より（ゆれる花,団地のショーウィンドー ほか）,詩集『北摂のうた』より（さなぎ,三月 ほか）,詩集『共犯者たち』より（みすずかる,あんずの里 ほか）,詩集『童謡』より（童謡（序詩）,ずいずいずっころばし ほか）,詩集『森へ』より（予感,ビートルズ・エイジ ほか）,童謡集『ほんまにほんま』より（けっとう,うち、知ってんねん ほか）,詩集『大阪ことばあそびうた』より（いうやんか,だいじない ほか）,詩集『続大阪ことばあそびうた』より（まっせ,しもた ほか）,詩集『家族』より（あたりまえのこと（序詩）,セイウチ ほか）,詩集『おおきにおおさか』より（せぇてせかん,らぶこーる ほか）,未刊詩集より（結婚,海の記憶 ほか）,エッセイ

『うち知ってんねん―島田陽子詩集』 島田陽子著 教育出版 1997.6 79p 17cm 500円 ①4-316-40007-X

「おおきな木」

『新編 島田陽子詩集』 島田陽子著 土曜美術社出版販売 2002.10 174p 19cm （新・日本現代詩文庫 13）1400円 ①4-8120-1366-6

目次 詩集『ゆれる花』より（ゆれる花,団地のショーウィンドー ほか）,詩集『北摂のうた』より（さなぎ,三月 ほか）,詩集『共犯者たち』より（みすずかる,あんずの里 ほか）,詩集『童謡』より（童謡（序詩）,ずいずいずっころばし ほか）,詩集『森へ』より（予感,ビートルズ・エイジ ほか）,童謡集『ほんまにほんま』より（けっとう,うち、知ってんねん ほか）,詩集『大阪ことばあそびうた』より（いうやんか,だいじない ほか）,詩集『続大阪ことばあそびうた』より（まっせ,しもた ほか）,詩集『家族』より（あたりまえのこと（序詩）,セイウチ ほか）,詩集『おおきにおおさか』より（せぇてせかん,らぶこーる ほか）,未刊詩集より（結婚,海の記憶 ほか）,エッセイ

「どいてんか」

『心にひびく名作読みもの 5年―読んで、聞いて、声に出そう』 府川源一郎,佐藤宗子編 教育出版 2004.3 62p 21cm 〈付属資料：CD1〉 2000円

Ⓘ4-316-80089-2

目次 五月の初め、日曜日の朝（石井睦美），木竜うるし・人形げき（木下順二），森林と健康（谷田貝光克），どいてんか（島田陽子），あめ（山田今次）

内容 小学校国語教科書に掲載された名作（物語・説明文・詩）を学年別に収録。発達段階に応じた教科書表記を採用。難意語には注を記載。発展学習にも役立つよう、交ぜ書きから読み仮名付きの漢字へ適宜変更。当時の教科書に使用された挿絵を掲載。俳優・声優による格調高い朗読をCDに収め各巻に添付。

『うたと遊べば』 島田陽子著 大阪 編集工房ノア 1998.7 251p 19cm 1800円

目次 あかんたれ，へんなまち，どいてんか，まっせ，お早うお帰り，せぇてせかん，きょう耳にっちょ，だるまさんがころんだ，えべっさん，きつねとたぬき〔ほか〕

内容 ことば遊びうた、童謡、詩の実作者が、うたと時代、うたの心を伝える。『大阪ことばあそびうた』の誕生と『金子みすゞへの旅』。

清水　清
しみず・きよし
《1924～》

「虫をたべるしょくぶつ」

『親も子も読む名作 1ねんせいのよみもの』 亀村五郎編集委員 学校図書 2005.7 127p 21cm 648円 Ⓘ4-7625-1961-8

目次 くまの子のなみだ（佐藤義美），小さな水たまり（生源寺美子），ぼくはずかしいや（与田準一），かえるのおぼうさん（川村たかし），虫をたべるしょくぶつ（清水清），ごんちゃんだいすき（後藤竜二），ねずみのすもう（宇野浩二），ぱくぱくとばたばたのはなし（寺村輝夫），みんながみんながおすそわけ（柴野民三），うみのはなし（山村暮鳥），まほうつかいのおじいさん（那須田稔）

内容 すぐれた作家のすぐれた作品!!国語教科書でなじみのある作品も多数掲載。お子さんはもちろん、保護者の方にも楽しく、また、なつかしく読んでいただける名作選。

清水　達也
しみず・たつや
《1933～2011》

「ウミガメの浜を守る」

『ふしぎ発見！ いい本見つけた 1』 清水達也，佐藤早苗編，砂川しげひさ絵 星の環会 1998.12 55p 26cm 1400円 Ⓘ4-89294-232-4

目次 よんでよんでトーク（2）自然―土と花と虫，すみかでさがそういその生きもの，アリジゴクのひみつ，わたしの研究イラガのマユのなぞ，富士のすそ野のメダカの学校，生命がうまれる海辺ウミガメの浜を守る，カッコウの子育て作戦，みる野鳥記（1）スズメのなかまたち，ペンギン図鑑，やあ！ 地球のなかまたち（その1）バクってぼく？〔ほか〕

内容 科学っておもしろい！ そんな本25冊紹介。小・中学生は集中力・学力も増加。おとなが読めば話はずむ楽しい世界。

『生命がうまれる海辺 ウミガメの浜を守る』 清水達也文 くもん出版 1993.6 31p 30×22cm （くもんの環境保護シリーズ 3） 1500円 Ⓘ4-87576-647-5

内容 環境汚染や動物保護について考える写真絵本。

「かっぱのかげぼうし」

『木ようびのどうわ』 日本児童文学者協会編 国土社 1998.3 98p 21cm （よんでみようよ教科書のどうわ1しゅうかん 4） 1200円 Ⓘ4-337-09604-3

目次 ガラスのなかのお月さま（久保喬），つりばしわたれ（長崎源之助），かっぱのかげぼうし（清水達也），ハンモック（立原えりか），夜のくすのき（大野允子），モグラ原っぱのなかまたち（古田足日）

『かっぱのかげぼうし』 清水達也作，狩野ふきこ絵 岩崎書店 1997.4 85p 22×19cm （日本の名作童話 23） 1500円 Ⓘ4-265-03773-9

目次 かっぱのかげぼうし，よそのおじいちゃんの畑で，ゆりの花と大やまめ，ししうちツネさん

清水　たみ子
しみず・たみこ
《1915～》

「木」

『あまのじゃく』　清水たみ子詩，深沢邦朗絵　国土社　2003.1　77p　25×22cm　（現代日本童謡詩全集 12）1600円　Ⓘ4-337-24762-9

目次 こいぬのルナくん，リンゴをあげたら，ちびうさぎ，キリン，でんでんむし，こおろぎさん，たんぽぽさん，おにわのうた，木，どんぐり〔ほか〕

シャイドル，ゲルダ・マリー

「おじいさんの小さな庭」

『おじいさんの小さな庭』　ゲルダ・マリー・シャイドル文，バーナデット・ワッツ絵，ささきたずこ訳　新潟　西村書店　1987.1　1冊　30cm　1200円　Ⓘ4-89013-082-9

内容 至光社・丸善共催〈世界絵本作家原画展〉1986年度、みみずく賞受賞！ 幻想の画家バーナデットがみずみずしい感性でくりひろげる、美しい色彩世界。

生源寺　美子
しょうげんじ・はるこ
《1914～》

「小さな水たまり」

『親も子も読む名作 1ねんせいのよみもの』　亀村五郎編集委員　学校図書　2005.7　127p　21cm　648円　Ⓘ4-7625-1961-8

目次 くまの子のなみだ（佐藤義美），小さな水たまり（生源寺美子），ぼくはずかしいや（与田準一），かえるのおぼうさん（川村たかし），虫をたべるしょくぶつ（清水清），ごんちゃんだいすき（後藤竜二），ねずみのすもう（宇野浩二），ぱくぱくとばたばたのはなし（寺村輝夫），みんながみんながおすそわけ（柴野民三），うみのはなし（山村暮鳥），まほうつかいのおじいさん（那須田稔）

内容 すぐれた作家のすぐれた作品!!国語教科書でなじみのある作品も多数掲載。お子さんはもちろん、保護者の方にも楽しく、また、なつかしく読んでいただける名作選。

『水ようびのどうわ』　日本児童文学者協会編　国土社　1998.3　122p　21cm　（よんでみようよ教科書のどうわ1しゅうかん 3）1200円　Ⓘ4-337-09603-5

目次 てがみをください（山下明生），小さな水たまり（生源寺美子），きんいろのつののしか（安藤美紀夫），ふえふき小ぞう（小野和子），ろくべえまってろよ（灰谷健次郎），ふるさとの空に帰った馬（木暮正夫）

ジョーンズ，テリー
《1942～》

「風のゆうれい」

『風のゆうれい』　テリー・ジョーンズ著，マイケル・フォアマン絵，さくまゆみこ訳　リブリオ出版　1990.12　87p　30cm　（テリー・ジョーンズ童話集 その2）2060円　Ⓘ4-89784-227-1

目次 のどじまんのちょうちょう，ガラスの戸だな，心配しょうのケイティー，木切れの都，ピーターのかがみ，ゆうかんなモリー，風のゆうれい，世界の海を泳いだ魚，ティム・オレーリー，おばけの木，たばこ入れの悪魔，世界一の金持ちになった男，金のかぎ，リー・ポーのワイン，1000本の歯をもつ怪獣，悪魔にたましいを売った博士

内容 グリム兄弟やハンス・クリスチャン・アンデルセンの手になる最高の童話と同じように、このテリー・ジョーンズの新しい童話においても、ファンタジーと寓意がすてきに混じりあっています。どの話も、作者がこのジャンルを巧みに会得していることを示しています。もともと作者自身の娘サリーのために書かれたこの物語集は、気のいいかえるやゴブリン小人、世界中の海を旅した魚などでいっぱいの、おとぎ話の世界へ子どもたちをいざないます。

シルヴァスタイン，シェル
《1932～1999》

「おおきな木」

『おおきな木』 シェル・シルヴァスタイン著，村上春樹訳 あすなろ書房 2010.9 1冊 23cm 1200円 Ⓘ978-4-7515-2540-1

内容 成長し、変わっていく少年。それでも、いつでもそこにある木は、少年に惜しみない愛を与え続けた―シルヴァスタインのロングセラー絵本。

『おとなを休もう』 石川文子編 武蔵野 フロネーシス桜蔭社，メディアパル〔発売〕 2003.8 255p 19cm 1400円 Ⓘ4-89610-734-9

目次 おおきな木（シェル・シルヴァスタイン），モチモチの木（斎藤隆介），白いぼうし（あまんきみこ），おにたのぼうし（あまんきみこ），ワニのおじいさんのたからもの（川崎洋），ソメコとオニ（斎藤隆介），島ひきおに（山下明生），一つの花（今西祐行），アディ・ニハァスの英雄（H.クランダー,W.レスロー），つりばしわたれ（長崎源之助），花さき山（斎藤隆介），やまんばのにしき（松谷みよ子），チワンのにしき，サーカスのライオン（川村たかし），青銅のライオン（瀬尾七重），月の輪グマ（椋鳩十），はまひるがおの小さな海（今西祐行），うぐいすの宿，手ぶくろを買いに（新美南吉），ごんぎつね（新美南吉）

内容 だれもが一度は読んだことのある、なつかしい作品集。

『おおきな木』 シェル・シルヴァスタインさくえ，ほんだきんいちろう訳 篠崎書林 1976.11（重版：2000.4） 1冊 23cm〈原タイトル：The giving tree.〉 1107円 Ⓘ4-7841-0148-9

新川 和江
しんかわ・かずえ
《1929～》

「あこがれ」

『とんでいきたい―あこがれ・思い出』 新川和江編，三木由記子絵 太平出版社 1987.7 66p 21cm （小学生・詩のくにへ 1） 1600円

目次 ふしぎなポケット（まど・みちお），空へのぼった風船（三枝ますみ），ある朝（宮沢章二），わた毛の玉（牧野文子），橋（まど・みちお），鳥と少年（中野郁子），白鳥の夢（新川和江），矢車草（名取和彦），耳（ジャン・コクトー，堀口大学・訳），ぞうとえんそくしてみたい（筒井敬介），夕日（こわせたまみ），まりをついてると（八木重吉），おほしさん（鶴見正夫），白い道（海野洋司），あこがれ（新川和江），海を見にいく（野長瀬正夫），山頂（原田直友），紙風船（黒田三郎）

「キュリー夫人」

『幼年世界伝記全集 3』 朝比奈貞一等編 講談社 1964 242p図版 23cm

目次 キューリー夫人（新川和江著），ファーブル（上笙一郎著），ガリレイ（上笙一郎著），ジェンナー（新川和江著）

「けれども大地は」

『新川和江全詩集』 新川和江著 花神社 2000.4 748p 23cm〈肖像あり 付属資料：16p（20cm）〉 15000円 Ⓘ4-7602-1580-8 Ⓝ911.56

目次 睡り椅子，絵本「永遠」，ひとつの夏たくさんの夏，ローマの秋・その他，比喩でなく，つるのアケビの日記，新川和江詩集，土へのオード13，新川和江詩集，火へのオード18，夢のうちそと，水へのオード16，渚にて，新選新川和江詩集，ひきわり麦抄，新川和江，はね橋，春とおないどし抄，潮の庭から，けさの陽に，はたはたと頁がめくれ，明日のりんご，野のまつり，ヤァ！ ヤナギの木，いっしょけんめい，星のおしごと，いつもどこかで

『夢のうちそと―詩集』 新川和江著 花神社 1979.1 101p 22cm 1700円 Ⓝ911.56

「コブシの花」

『新川和江全詩集』 新川和江著 花神社 2000.4 748p 23cm〈肖像あり 付属資料：16p（20cm）〉 15000円 Ⓘ4-7602-1580-8 Ⓝ911.56

目次 睡り椅子，絵本「永遠」，ひとつの夏たくさんの夏，ローマの秋・その他，比喩でなく，つるのアケビの日記，新川和江詩集，土へのオード13，新川和江詩集，火へのオード18，夢のうちそと，水へのオード16，渚にて，新選

新川和江詩集, ひきわり麦抄, 新川和江, はね橋, 春とおないどし抄, 潮の庭から, けさの陽に, はたはたと頁がめくれ, 明日のりんご, 野のまつり, ヤァ！ ヤナギの木, いっしょけんめい, 星のおしごと, いつもどこかで

『ヤァ！ ヤナギの木』 新川和江詩, 福島一二三絵 教育出版センター 1985.7 159p 22cm （ジュニア・ポエム双書） 1200円 Ⓘ4-7632-4234-2

「十時にね」

『光村ライブラリー 第18巻 おさるがふねをかきました ほか』 樺島忠夫, 宮地裕, 渡辺実監修, まどみちお, 三井ふたばこ, 阪田寛夫, 川崎洋, 河井酔茗ほか著, 松永禎郎, 杉田豊, 平山英三, 武田美穂, 小野千世ほか画 光村図書出版 2004.11 83p 21cm 〈第4刷〉 1000円 Ⓘ4-89528-116-7

目次 おさるがふねをかきました（まど・みちお）, みつばちぶんぶん（小林純一）, あいうえお・ん（鶴見正夫）, ぞうのかくれんぼ（高木あきこ）, おうむ（鶴見正夫）, あかいカーテン（みずかみかずよ）, ガラスのかお（三井ふたばこ）, せいのび（武鹿悦子）, かぼちゃのつるが（原田直友）, 三日月（松谷みよ子）, 夕立（みずかみかずよ）, さかさのさかさはさかさ（川崎洋）, 春（坂本遼）, 虻（嶋岡晨）, 若葉よ来年は海へゆこう（金子光春）, われは草なり（高見順）, くまさん（まど・みちお）, おなかのへるうた（阪田寛夫）, てんらん会（柴野民三）, 夕日がせなかをおしてくる（阪田寛夫）, ひばりのす（木下夕爾）, 十時にね（新川和江）, みいつけた（岸田衿子）, どきん（谷川俊太郎）, りんご（山村暮鳥）, ゆずり葉（河井酔茗）, 雪（三好達治）, 影（八木重吉）, 楽器（北川冬彦）, 動物たちの恐ろしい夢のなかに（川崎洋）, 支度（黒田三郎）

「野のまつり」

『光村ライブラリー・中学校編 第5巻 朝のリレー ほか』 谷川俊太郎ほか著 光村図書出版 2005.11 104p 21cm 1000円 Ⓘ4-89528-373-9

目次 朝のリレー（谷川俊太郎）, 野原はうたう（工藤直子）, 野のまつり（新川和江）, 白い馬（高田敏子）, 足どり（竹中郁）, 花（村野四郎）, 春よ、来い（松任谷由実）, ちょう（百田宗治）, 春の朝（R.ブラウニング）, 山のあなた（カール・ブッセ）, ふるさと（室生犀星）〔ほか〕

内容 昭和30年度版～平成14年度版教科書から厳選。

『新川和江全詩集』 新川和江著 花神社 2000.4 748p 23cm 〈肖像あり 付属資料：16p（20cm）〉 15000円 Ⓘ4-7602-1580-8 Ⓝ911.56

目次 睡り椅子, 絵本「永遠」, ひとつの夏たくさんの夏, ローマの秋・その他, 比喩でなく, つるのアケビの日記, 新川和江詩集, 土へのオード13, 新川和江詩集, 火へのオード18, 夢のうちそと, 水へのオード16, 渚にて, 新選新川和江詩集, ひきわり麦抄, 新川和江, はね橋, 春とおないどし抄, 潮の庭から, けさの陽に, はたはたと頁がめくれ, 明日のりんご, 野のまつり, ヤァ！ ヤナギの木, いっしょけんめい, 星のおしごと, いつもどこかで

『野のまつり』 新川和江詩, 葉祥明絵 教育出版センター 1980.9 159p 22cm （ジュニア・ポエム双書） 1000円

新沢 としひこ

しんざわ・としひこ

《1963～》

「空にぐーんと手をのばせ」

『空にぐーんと手をのばせ』 新沢としひこ詩, 市居みか絵 理論社 2000.11 107p 19cm 1300円 Ⓘ4-652-07190-6

目次 空にぐーんと手をのばせ, いっぴきいっこひとつでひとり, のはらでひるねをしていたら, あわてんぼうのポケットで, いたい, こどもの日おとなの日, おおきなてちいさなて, 空の下地面の上, へそまがりのうた, ことばのこのじ〔ほか〕

内容 「世界中のこどもたちが」「はじめの一歩」などの作詞家・新沢としひこによるはじめての詩集。

「誰かが星をみていた」

『雨ふり水族館―新沢としひこ・中川ひろたかコレクション』 上田浩司ピアノアレンジ, ささめやゆき絵, 中川ひろたか作曲, 新沢としひこ作詞 旬報社 2002.8 79p 30cm 2800円 Ⓘ4-8451-0764-3

目次 雨ふり水族館, あたたかい日さむい日,

わたしの時計, さわさわ, にじ, あしたがすき, うさぎ野原のクリスマス, 誰かが星をみていた, はじめの一歩,SONG, ともだちになるために, きみとぼくのラララ

内容 「ともだちになるために」「うさぎ野原のクリスマス」「はじめの一歩」など、保育園や子供達に圧倒的人気の新沢としひこ＋中川ひろたかのあの名作12曲が上田浩司の美しいピアノソロに。全頁に入るささめやゆきの絵から「音色」が聞こえてくるよう。画集のような絵本のようなとっておきの楽譜集。

杉 みき子
すぎ・みきこ
《1930～》

「新しい世界へ」

『白いとんねる』 杉みき子［著］ 新潟 新潟日報事業社 2005.7 283p 22cm （杉みき子選集 2 杉みき子［著］）〈シリーズ責任表示：杉みき子［著］〉 2500円 Ⓘ4-86132-127-1 Ⓝ913.6

目次 加代の四季：春 ほか, 生きものたち：はと ほか, アヤちゃんといっしょ：アヤちゃん ほか, へんだなあこまるなあ：るすばん ほか, いいことみつけた：夜 ほか, 学校ゆきかえり：一年生 ほか, キコちゃんとあそぼう：新しい友だち ほか, ふしぎだな：たまご屋さん ほか, 新しい世界へ：うずまき ほか

「あの坂をのぼれば」

『小さな町の風景』 杉みき子作, 佐藤忠良絵 偕成社 2011.3 215p 19cm （偕成社文庫） 700円 Ⓘ978-4-03-652690-1

目次 坂のある風景, 商店のある風景, 塔のある風景, 木のある風景, 電柱のある風景, 鳥のいる風景, 橋のある風景, 海のある風景

内容 作者が生まれた町、そして愛してやまない町、新潟県の高田をモデルにした作品集です。「坂のある風景」から「海のある風景」まで8章、合わせて45編の物語と小品。「乳母車」「あの坂をのぼれば」「月夜のバス」「風船売りのお祭り」など、教科書関連図書にも登場する渋い宝石箱のような一冊です。赤い鳥文学賞受賞作。小学上級以上向。

『小さな雪の町の物語 小さな町の風景』 杉みき子著 新潟 新潟日報事業社 2006.1 321p 22cm （杉みき子選集 3） 2500円 Ⓘ4-86132-152-2

『光村ライブラリー・中学校編 第3巻 最後の一句 ほか』 杉みき子, 戸川幸夫, 山本周五郎, 永井竜男,M.ショーロホフ ほか著 光村図書出版 2005.11 131p 21cm 1000円 Ⓘ4-89528-371-2

目次 あの坂をのぼれば（杉みき子）, 爪王（戸川幸夫）, 鼓くらべ（山本周五郎）, くるみ割り―ある少年に（永井竜男）, 子馬（ミハイル・ショーロホフ）, 最後の一句（森鴎外）

内容 昭和30年度版～平成14年度版教科書から厳選。

『本は友だち6年生』 日本児童文学者協会編 偕成社 2005.3 163p 21cm （学年別・名作ライブラリー 6） 1200円 Ⓘ4-03-924060-X

目次 青い花（安房直子）, 紅鯉（丘修三）, あるハンノキの話（今西祐行）, おまつり村（後藤竜二）, 詩・卵（三越左千夫）, 詩・再生（関今日子）, そよ風のうた（砂田弘）, あの坂をのぼれば（杉みき子）, くじらの海（川村たかし）, 気のいい火山弾（宮沢賢治）, さんちき（吉橋通夫）, エッセイ・六年生のころ 初めの一歩が踏みだせなくて（三輪裕子）

内容 この本には、「国語」の教科書でおなじみの作品をはじめ、現代の子どもの文学の世界を代表する作家たちの作品が集められています。

「おばあちゃんの白もくれん」

『杉みき子選集 1 わらぐつのなかの神様』 杉みき子著 新潟 新潟日報事業社 2005.1 278p 21cm 2500円 Ⓘ4-86132-091-7

目次 電柱ものがたり, かくまきの歌, ある冬のかたすみで, わらぐつのなかの神様, 屋上できいた話, シロウマとうげのとこやさん, 春さきのひょう, 地平線までのうずまき, おばあさんの花火, アヤの話, 雪小屋の屋根, おばあちゃんの白もくれん

「風と少女」

『小さな雪の町の物語 小さな町の風景』 杉みき子著 新潟 新潟日報事業社 2006.1 321p 22cm （杉みき子選集 3） 2500円 Ⓘ4-86132-152-2

「加代の四季」

『白いとんねる』 杉みき子［著］ 新潟 新潟日報事業社 2005.7 283p 22cm （杉みき子選集 2 杉みき子［著］）〈シリーズ責任表示：杉みき子［著］〉 2500円 ①4-86132-127-1 Ⓝ913.6

目次 加代の四季：春 ほか，生きものたち：はと ほか，アヤちゃんといっしょ：アヤちゃん ほか，へんだなあこまるなあ：るすばん ほか，いいことみつけた：夜 ほか，学校ゆきかえり：一年生 ほか，キコちゃんとあそぼう：新しい友だち ほか，ふしぎだな：たまご屋さん ほか，新しい世界へ：うずまき ほか

『心にひびく名作読みもの 6年—読んで、聞いて、声に出そう』 府川源一郎，佐藤宗子編 教育出版 2004.3 68p 21cm 〈付属資料：CD1〉 2000円 ①4-316-80090-6

目次 加代の四季（杉みき子），ちょうの行方（高田桂子），野の馬（今江祥智），せんこう花火（中谷宇吉郎），素直な疑問符（吉野弘），貝がら（新美南吉）

内容 小学校国語教科書に掲載された名作（物語・説明文・詩）を学年別に収録。発達段階に応じた教科書表記を採用。難意語には注を記載。発展学習にも役立つよう、交ぜ書きから読み仮名付きの漢字へ適宜変更。当時の教科書に使用された挿絵を掲載。俳優・声優による格調高い朗読をCDに収め各巻に添付。

『加代の四季』 杉みき子作，村山陽絵 岩崎書店 1995.4 85p 22×19cm （日本の名作童話 14） 1500円 ①4-265-03764-X

「コスモスさんからお電話です」

『杉みき子選集 7 火をありがとう』 杉みき子著 新潟 新潟日報事業社 2009.11 263p 21cm 2500円 ①978-4-86132-374-4

目次 火をありがとう，おばあちゃん、ゆうびんです，きたかぜどおりのおじいさん，こんやはおまつり，レモンいろのちいさないす，はんの木のみえるまど，白い花のさく木，おとしたのはだあれ，しろいセーターのおとこの子，やねの上のふしぎなまど，なんにもだいらのこだまたち，コスモスさんからのおでんわです，おにわらい，ふうせんのおくりもの，おばあちゃんのポスト，おばあちゃんとわたしのふしぎな冬

『教科書にでてくるお話 2年生』 西本鶏介監修 ポプラ社 2006.3 190p 18cm （ポプラポケット文庫） 570円 ①4-591-09168-6

目次 にゃーご（宮西達也），野原のシーソー（竹下文子），花いっぱいになぁれ（松谷みよ子），おおきなキャベツ（岡信子），名まえをみてちょうだい（あまんきみこ），いいものもらった（森山京），ワニのおじいさんのたからもの（川崎洋），コスモスさんからおでんわです（杉みき子），せなかをとんとん（最上一平），きつねのおきゃくさま（あまんきみこ），あたまにかきのき（望月新三郎），かさこじぞう（岩崎京子），きいろいばけつ（森山京），くま一ぴきぶんはねずみ百ぴきぶんか（神沢利子）

内容 現在使われている各社の国語教科書に掲載または紹介されている作品ばかりを集めたアンソロジーです。長く読みつがれている名作、心あたたまるお話、おもしろくて元気がでるお話など、すばらしい作品がいっぱい。作品の表記は原典に忠実にし、全文を掲載しています。教科書では気づかなった作品の魅力を、新たに発見できるかもしれません。小学校初・中級から。

『加代の四季』 杉みき子作，村山陽絵 岩崎書店 1995.4 85p 22×19cm （日本の名作童話 14） 1500円 ①4-265-03764-X

『コスモスさんからおでんわです』 杉みき子作，津田櫓冬絵 教育画劇 1986.11 31p 26cm （スピカのおはなしえほん 31） 980円 ①4-905699-31-2

内容 コスモスどおりはコスモスのはなのまっさかり。でも、きずついたはながありました。ルミがそのはなをたすけると、あるひ、ふしぎなでんわが…。

「十一本めのポプラ」

『杉みき子選集 6 ぼくとあの子とテトラポッド』 杉みき子著 新潟 新潟日報事業社 2009.5 280p 21cm 2500円 ①978-4-86132-337-9

目次 ぼくとあの子とテトラポッド，レストラン・サンセットの予約席，人魚のいない海，雪のテトラポッド，十一本めのポプラ，防風林のできごと，冬の海から，ふしぎなバックミラー

『長い長いかくれんぼ―杉みき子自選童話集』 杉みき子著　新潟　新潟日報事業社　2001.10　199p　21cm　1500円　Ⓘ4-88862-872-6

目次 三本のマッチ, えんとつのなかまたち, 子すずめと電線, ふしぎなこと, おぼろ月夜, 音, 空気食堂, ペンキ屋さんの夢, 花作りのおじいさん, おじぞうさまと鬼, あくまの失敗, 炎の器, あじさい,100ワットの星, 森のそめものや, くもの電気やさん, ふしぎなビー玉, 坂道, 雪の一本道, おばあちゃんの雪見どり, さんぽするポスト, 朝市に来た女の子, 雪のテトラポッド, ばんばら山の大男, やねの上のどうぶつえん, とび出しちゅうい, あの子に会う日, あしあと,11本めのポプラ, 防風林のできごと, 月夜のスキーリフト, 雪道チミばなし, 雪の日のアルバム, 長い長いかくれんぼ

内容 著者が20歳代のころ初めて活字となって世に出た童話「三本のマッチ」、児童文学者協会新人賞受賞作品の原型となった「百ワットの星」など、「新潟日報」投稿時代の習作から、過去の雑誌や共著より厳選した物語まで、これまで自著としては未発表の珠玉の34編を収録。

「小さな旅」

『小さな雪の町の物語 小さな町の風景』 杉みき子著　新潟　新潟日報事業社　2006.1　321p　22cm　（杉みき子選集 3）2500円　Ⓘ4-86132-152-2

「とび出し注意」

『教科書にでてくるお話 5年生』 西本鶏介監修　ポプラ社　2006.3　196p　18cm　（ポプラポケット文庫）570円　Ⓘ4-591-09171-6

目次 とび出しちゅうい（杉みき子）, かばんの中にかばんをいれて（安房直子）, わらぐつのなかの神様（杉みき子）, とうちゃんの凧（長崎源之助）, まんじゅうこわい（西本鶏介）, わらしべ長者（木下順二）, 大造じいさんとガン（椋鳩十）, 木竜うるし（木下順二）, 雪渡り（宮沢賢治）, 蜘蛛の糸（芥川龍之介）, 注文の多い料理店（宮沢賢治）

内容 現在使われている各社の国語教科書に掲載または紹介されている作品ばかりを集めたアンソロジーです。長く読みつがれている名作、心あたたまるお話、おもしろくて元気がでるお話など、すばらしい作品がいっぱい。作品の表記は原典に忠実にし、全文を掲載しています。教科書では気づかなかった作品の魅力を、新たに発見できるかもしれません。小学校上級から。

『長い長いかくれんぼ―杉みき子自選童話集』 杉みき子著　新潟　新潟日報事業社　2001.10　199p　21cm　1500円　Ⓘ4-88862-872-6

目次 三本のマッチ, えんとつのなかまたち, 子すずめと電線, ふしぎなこと, おぼろ月夜, 音, 空気食堂, ペンキ屋さんの夢, 花作りのおじいさん, おじぞうさまと鬼, あくまの失敗, 炎の器, あじさい,100ワットの星, 森のそめものや, くもの電気やさん, ふしぎなビー玉, 坂道, 雪の一本道, おばあちゃんの雪見どり, さんぽするポスト, 朝市に来た女の子, 雪のテトラポッド, ばんばら山の大男, やねの上のどうぶつえん, とび出しちゅうい, あの子に会う日, あしあと,11本めのポプラ, 防風林のできごと, 月夜のスキーリフト, 雪道チミばなし, 雪の日のアルバム, 長い長いかくれんぼ

内容 著者が20歳代のころ初めて活字となって世に出た童話「三本のマッチ」、児童文学者協会新人賞受賞作品の原型となった「百ワットの星」など、「新潟日報」投稿時代の習作から、過去の雑誌や共著より厳選した物語まで、これまで自著としては未発表の珠玉の34編を収録。

『だいすき少女の童話　6年生』 日本児童文学者協会編　偕成社　1990.11　165p　21cm　1000円　Ⓘ4-03-917160-8

目次 きっと帰ってくる（佐々木赫子）, ゴメンネがいえたとき（北村和江）, イワシの味、知ってますか（阿部雅子）, ヒロコの場合（浜野卓也）, 母のにおい（佐々木和子）, しゃくですバレンタインデー（井上よう子）, 待ちあわせ（松本之子）, 家出バッグ（小林陽子）, わたしをきらいにならないで（最上一平）, この川にそって（箕浦敏子）, つっぱり（相田美沙子）, おじいちゃんの海（山室さやか）, 長い長いかくれんぼ（杉みき子）

内容 現代の少女たちのために、全国の童話作家がすてきな作品を書きおろしました。学校や友だちの話から、ちょっとふしぎなできごとまで、少女の気持ちがぎゅっとつまった短編集です。

「旗」

『親も子も読む名作 5年生の読みもの』 亀村五郎編集委員　学校図書　2005.7　151p　21cm　648円　Ⓘ4-7625-1965-0

目次 旗(杉みき子), 三コ(斎藤隆介), ケンカ博士がけんかをしてしまった話(猪野省三), 一房のぶどう(有島武郎), かっぱの三太(青木茂), 天使のさかな(大石真), 蚊とんぼ物語(宇野浩二), 片耳の大シカ(椋鳩十), 山にささげた一生(山本栄一), 銅像になった犬(関英雄)

内容 すぐれた作家のすぐれた作品!!国語教科書でなじみのある作品も多数掲載。お子さんはもちろん、保護者の方にも楽しく、また、なつかしく読んでいただける名作選。

『学校に行きたくない日に読む本』 現代児童文学研究会編 偕成社 1990.8 198p 22cm (きょうはこの本読みたいな 5) 1200円 ①4-03-539050-X

目次 詩・ゆっくりゆきちゃん(谷川俊太郎), バスにのって(久保田正子), 校長先生のにがお絵かき(三田村信行), イカとタコ(岩本敏男), きつねみちは天のみち(あまんきみこ), 詩・しゅくだい(ねじめ正一), トラがいる(岩瀬成子), 学級日記(泉啓子), 詩・女の子のマーチ(茨木のり子), 旗(杉みき子), 塩(村中李衣), 詩・ちゅうもん(小泉周二), いえでぼうや(灰谷健次郎), これをしるす(森忠明)

「春さきのひょう」

『杉みき子選集 1 わらぐつのなかの神様』 杉みき子著 新潟 新潟日報事業社 2005.1 278p 21cm 2500円 ①4-86132-091-7

目次 電柱ものがたり, かくまきの歌, ある冬のかたすみで, わらぐつのなかの神様, 屋上できいた話, シロウマとうげのとこやさん, 春さきのひょう, 地平線までのうずまき, おばあさんの花火, アヤの話, 雪小屋の屋根, おばあちゃんの白もくれん

『雨ふりの日に読む本』 現代児童文学研究会編 偕成社 1992.3 187p 21cm (きょうはこの本読みたいな 15) 1200円 ①4-03-539150-6

目次 詩 雨がふる日には(まどみちお), くま一ぴきぶんはねずみ百ぴきぶんか(神沢利子), かんたとかわじ(中川李枝子), さかな石ゆうれいばなし(奥田継夫), 雪渡り(宮沢賢治), 詩 あめ(山田今次), かみなり雲がでたぞ(最上一平), 詩 あめのひせんせいにあった(糸井重里), 春さきのひょう(杉みき子), 雨(国松俊英), 名なしの童子(佐藤さとる)

内容 雨がふったら、仕事も学校も休むことにしたらどうだろう。雨の日には、みんな、家で、雨の音を聞き、「晴れの日」の自分をしずかにふりかえる…。窓から雨がぬらす木々の緑をながめ、にぎやかな街のなかにも、まだ自然が息づいていることに気づく…。いいなあ、そういうの。

「はんの木の見えるまど」

『杉みき子選集 7 火をありがとう』 杉みき子著 新潟 新潟日報事業社 2009.11 263p 21cm 2500円 ①978-4-86132-374-4

目次 火をありがとう, おばあちゃん、ゆうびんです, きたかぜどおりのおじいさん, こんやはおまつり, レモンいろのちいさないす, はんの木のみえるまど, 白い花のさく木, おとしたのはだぁれ, しろいセーターのおとこの子, やねの上のふしぎなまど, なんにもだいらのこだまたち, コスモスさんからのおでんわです, おにわらい, ふうせんのおくりもの, おばあちゃんのポスト, おばあちゃんとわたしのふしぎな冬

『金ようびのどうわ』 日本児童文学者協会編 国土社 1998.3 114p 21cm (よんでみようよ教科書のどうわ1しゅうかん 5) 1200円 ①4-337-09605-1

目次 ちいちゃんのかげおくり(あまんきみこ), 少年と子だぬき(佐々木たづ), ねこがみわける(冨田博之), 雨と太陽(小出正吾), はんの木のみえるまど(杉みき子), はまひるがおの小さな海(今西祐行)

『はんの木のみえるまど』 杉みき子さく, 村山陽え 京都 PHP研究所 1981.1 1冊 30cm 1300円

「雪の一本道」

『長い長いかくれんぼ―杉みき子自選童話集』 杉みき子著 新潟 新潟日報事業社 2001.10 199p 21cm 1500円 ①4-88862-872-6

目次 三本のマッチ, えんとつのなかまたち, 子すずめと電線, ふしぎなこと, おぼろ月夜, 音, 空気食堂, ペンキ屋さんの夢, 花作りのおじいさん, おじぞうさまと鬼, あくまの失敗, 炎の器, あじさい, 100ワットの星, 森のそめものや, くもの電気やさん, ふしぎなビー玉, 坂道, 雪の一本道, おばあちゃんの雪見どり, さんぽするポスト, 朝市に来た女の子, 雪のテトラポッド, ばんばら山の大男, やねの上

のどうぶつえん, とび出しちゅうい, あの子に会う日, あしあと,11本めのポプラ, 防風林のできごと, 月夜のスキーリフト, 雪道チミばなし, 雪の日のアルバム, 長い長いかくれんぼ

「ゆず」

『小さな雪の町の物語 小さな町の風景』 杉みき子著 新潟 新潟日報事業社 2006.1 321p 22cm (杉みき子選集 3) 2500円 ①4-86132-152-2

「わらぐつのなかの神様」

『齋藤孝の親子で読む国語教科書 5年生』 齋藤孝著 ポプラ社 2011.3 138p 21cm (齋藤孝の親子で読む国語教科書 5) 1000円 ①978-4-591-12289-1

目次 飴だま(新美南吉), ブレーメンの町の楽隊(グリム童話, 高橋健二・訳), とうちゃんの凧(長崎源之助), トゥーチカと飴(佐藤雅彦), 大造じいさんとガン(椋鳩十), 注文の多い料理店(宮沢賢治), わらぐつのなかの神様(杉みき子), 世界じゅうの海が(まざあ・ぐうす, 北原白秋・訳), 雪(三好達治), 素朴な琴(八木重吉)

『教科書にでてくるお話 5年生』 西本鶏介監修 ポプラ社 2006.3 196p 18cm (ポプラポケット文庫) 570円 ①4-591-09171-6

目次 とび出しちゅうい(杉みき子), かばんの中にかばんをいれて(安房直子), わらぐつのなかの神様(杉みき子), とうちゃんの凧(長崎源之助), まんじゅうこわい(西本鶏介), わらしべ長者(木下順二), 大造じいさんとガン(椋鳩十), 木竜うるし(木下順二), 雪渡り(宮沢賢治), 蜘蛛の糸(芥川龍之介), 注文の多い料理店(宮沢賢治)

内容 現在使われている各社の国語教科書に掲載または紹介されている作品ばかりを集めたアンソロジーです。長く読みつがれている名作、心あたたまるお話、おもしろくて元気がでるお話など、すばらしい作品がいっぱい。作品の表記は原典に忠実にし、全文を掲載しています。教科書では気づかなかった作品の魅力を、新たに発見できるかもしれません。小学校上級から。

『杉みき子選集 1 わらぐつのなかの神様』 杉みき子著 新潟 新潟日報事業社 2005.1 278p 21cm 2500円 ①4-86132-091-7

目次 電柱ものがたり, かくまきの歌, ある冬のかたすみで, わらぐつのなかの神様, 屋上できいた話, シロウマとうげのとこやさん, 春さきのひょう, 地平線までのうずまき, おばあさんの花火, アヤの話, 雪小屋の屋根, おばあちゃんの白もくれん

杉浦 宏
すぎうら・ひろし
《1930～》

「メダカ」

『メダカ』 杉浦宏監修 鈴木出版 2003.4 35p 27×21cm (みぢかないのち・生活科のほん 13) 2800円 ①4-7902-3102-X

内容 生活科の教科書に必ず出てくる生き物や植物の飼育・栽培や観察の方法をわかりやすく解説。生命とふれ合う感動を重視した人気のシリーズ。

スクワイア, エマ・リンゼイ
《1892～1941》

「レナド」

『もう一度読みたい国語教科書 小学校篇』 ダルマックス編 ぶんか社 2002.4 221p 19cm 1400円 ①4-8211-0775-9

目次 小学一年生(ありとはと, 一すんぼうし, げんごろうぶな), 小学二年生(きかん車やえもん(あがわひろゆき), かわいそうなぞう(土屋由岐雄)), 小学三年生(ピノキオ, かがみの中の犬), 小学四年生(ごんぎつね(新美南吉), チワンのにしき(君島久子訳), はだかの王様(アンデルセン)), 小学五年生(レナド(スクワイア作), おかあさんの手のひら(壷井栄), 大きなしらかば(アルチューホワ 西郷竹彦訳)), 小学六年生(めもあある美術館(大井三重子), 桃花片(岡野薫子), 最後の授業(アルフォンス＝ドーテ))

内容 本書は、現在20～50代の大人たちが、小学校で習った国語教科書から、記憶の片隅にある名作をそのままの形で抜粋したものである。

スコールズ, キャサリン
《1959～》

「平和へ」

『平和へ』 キャサリン・スコールズ作, 上遠恵子訳, 田沼武能写真 岩崎書店 1995.5 38p 22×23cm 1800円 Ⓘ4-265-90831-4

内容 かけがえのない地球、生命、愛する人、平和をねがうあなたへ戦後50年におくる写真絵本。

鈴木 孝夫
すずき・たかお

《1926～》

「ことばと文化」

『ことばと文化』 鈴木孝夫著 岩波書店 2003.4 209p 18cm (岩波新書)〈第57刷〉 700円 Ⓘ4-00-412098-5

目次 1 ことばの構造、文化の構造, 2 ものとことば, 3 かくれた規準, 4 ことばの意味、ことばの定義, 5 事実に意味を与える価値について, 6 人を表わすことば

内容 文化が違えばことばも異なり、その用法にも微妙な差がある。人称代名詞や親族名称の用例を外国語の場合と比較することにより、日本語と日本文化のユニークさを浮き彫りにし、ことばが文化と社会の構造によって規制されることを具体的に立証して、ことばのもつ諸性質を興味深くえぐり出す。ことばの問題に興味をもつ人のための入門書。

鈴木 敏史
すずき・としちか

《1932～》

「すいっちょ」

『みどりのしずく―自然』 新川和江編, 瀬戸好子絵 太平出版社 1987.7 66p 21cm (小学生・詩のくにへ 5) 1600円

目次 雲(山村暮鳥), 金のストロー(みずかみかずよ), 水たまり(武鹿悦子), 石ころ(まど・みちお), かいだん(渡辺美知子), すいれんのはっぱ(浦かずお), びわ(まど・みちお), かぼちゃのつるが(原田直友), 雑草のうた(鶴岡千代子), ことりのひな(北原白秋), 土(三好達治), きいろいちょうちょう(こわせたまみ), すいっちょ(鈴木敏史), 川(谷川俊太郎), 天(山之口獏), 富士(草野心平), 海(川崎洋), なみは手かな(こわせたまみ), 石(草野心平), 地球は(工藤直子), どうしていつも(まど・みちお)

「手紙」

『新・詩のランドセル 3ねん』 江口季好, 小野寺寛, 菊永謙, 吉田定一編 らくだ出版 2005.1 129p 21×19cm 2200円 Ⓘ4-89777-417-9

目次 1 にじがきれいだった(こどもの詩(トマトとり(ゆあさ洋子), とんび(戸ざわたかのぶ) ほか), おとなの詩(春(間所ひさこ), 手紙(鈴木敏史) ほか)), 2 ほたるのきょうだい(こどもの詩(えらくなったみたい(しょうじなつこ), いいなあ(こだてみよこ) ほか), おとなの詩(なっとうのうた(吉田定一), なわとび(永窪綾子) ほか))

内容 小学校での詩の教育は、詩を読むこと、詩を味わうこと、詩を書くことです。詩をたくさん読んでいくと、詩とは高尚な言葉で思いをつづるのではなく、自分の感じたこと、思ったことを自分の言葉で易しく書くことだ、ということが分かります。「新・詩のランドセル」を使って、全国の小学校の教室で、詩を読み、詩を味わい、詩を書く活動が活発に行われるようにしましょう。

『詩は宇宙 4年』 水内喜久雄編, 太田大輔絵 ポプラ社 2003.4 157p 20×16cm (詩はうちゅう 4) 1300円 Ⓘ4-591-07590-7

目次 学ぶうた(朝の歌(小泉周二), 朝がくると(まど・みちお) ほか), 手紙がとどく(手紙(鈴木敏史), どきん(谷川俊太郎) ほか), おばあちゃんおじいちゃん(あいづち(北原宗積), 八十さい(柘植愛子) ほか), 木のうた(木(川崎洋), けやき(みずかみかずよ) ほか), 生きものから(チョウチョウ(まど・みちお), シッポのちぎれたメダカ(やなせたかし) ほか), 友だちのうた(ともだちになろう(垣内磯子), ともだち(須永博士) ほか), ちょう特急で(もぐら(まど・みちお), たいくつ(内田麟太郎) ほか), 声に出して(かえるのうたのおけいこ(草野心

平), ゆきふるるん(小野ルミ) ほか), 不安になる(ぼくひとり(江口あけみ), うそつき(大洲秋登) ほか), がんばる(くじらにのまれて(糸井重里), 春のスイッチ(高階杞一) ほか)

鈴木 三重吉
すずき・みえきち
《1882～1936》

「少年駅伝夫」

『**鈴木三重吉童話集**』 勝尾金弥編 岩波書店 2010.8 265p 15cm (岩波文庫) 〈第2刷(第1刷1996年)〉 600円
①4-00-310455-2
目次 湖水の女, 黄金鳥, 星の女, 湖水の鐘, ぶくぶく長々火の目小僧, 岡の家, ぽっぽのお手帳, ぶしょうもの, デイモンとピシアス, やどなし犬, ざんげ, 少年駅伝夫, 大震災火災記
内容 1918(大正7)年、児童雑誌『赤い鳥』を創刊、低俗な教訓性や娯楽性で成り立っていた従来のお伽噺を「子どもの心の特殊性に即した」童話にまで高めた作品を掲載、児童文学史に大きな足跡をのこした小説家、鈴木三重吉(1882‐1936)の童話集。「湖水の女」「黄金鳥」「ぶしょうもの」「やどなし犬」「大震火災記」など13篇を収録。

『**赤い鳥6年生**』 赤い鳥の会編 新装版 小峰書店 2008.3 199p 21cm (新装版学年別赤い鳥) 1600円
①978-4-338-23206-7
目次 からたちの花・詩(北原白秋), 生きた切符(水木京太), 黒い人と赤いそり(小川未明), ランプのほやには・詩(柴野民三), 実さんの胡弓(佐藤春夫), かっぱの話(坪田譲治), 小松姫松・詩(福井研介), 少年と海(加能作次郎), 沈んだ鐘(吉田絃二郎), 生きた絵の話(下村千秋), 北へ行く汽車・詩(周郷博), Q(平塚武二), ちゃわんの湯(寺田寅彦), くらら咲くころ・詩(多胡羊歯), くまと車掌(木内高音), 夜店・詩(有賀連), 杜子春(芥川龍之介), 風から来る鶴・詩(与田準一), 通し矢(森銑三), 少年駅夫(鈴木三重吉)

『**勇気―愛・信頼・協調**』 大久保昇編, 日本漢字能力検定協会監修 京都 日本漢字能力検定協会 2006.11 282p 21cm (漢検―心を耕すシリーズ) 1100円 ①4-89096-138-0
目次 野ばら(小川未明), おみやげ(星新一), 手袋を買いに(新美南吉), 片耳の大シカ(椋鳩十), 雪おんな(小泉八雲), 見えなくなったクロ(大石真), 少年駅伝夫(鈴木三重吉), 魔術(芥川竜之介), よだかの星(宮沢賢治), 注文の多い料理店(宮沢賢治), 風の又三郎(宮沢賢治), 第2章 詩―心の琴線に触れる(金子みすゞ『大漁』ほか, 野口雨情『しゃぼん玉』ほか, 北原白秋『この道』ほか)

「老博士」

『**赤い鳥5年生**』 赤い鳥の会編 新装版 小峰書店 2008.3 199p 21cm (新装版学年別赤い鳥) 1600円
①978-4-338-23205-0
目次 海のむこう・詩(北原白秋), 一ふさのぶどう(有島武郎), 木の下の宝(坪田譲治), 月の中・詩(佐藤義美), むじなの手(中村星湖), あめチョコの天使(小川未明), 魔術(芥川竜之介), ふえ(小島政二郎), 遠い景色・詩(与田準一), 清造と沼(宮島資夫), さざんかのかげ・詩(福井研介), 祖母(楠山正雄), 休み日の算用数字(相馬泰三), ある日・詩(柴野民三), 海からきた卵(塚原健二郎), 老博士(鈴木三重吉), こぶし・詩(巽聖歌), 水面亭の選任(伊藤貴麿), 手品師(豊島与志雄), 雪だるま(宇野浩二)

ストックトン, フランク・R.
《1834～1902》

「きみならどうする」

『**10分で読めるお話 五年生**』 木暮正夫, 岡信子選 学習研究社 2005.3 175p 21cm 700円 ①4-05-202207-6
目次 月夜のでんしんばしら(宮沢賢治), 鬼の嫁(斎藤隆介), 林のなか(高田敏子), 最後の一葉(O.ヘンリー), 青い鳥(モーリス・メーテルリンク), 海が消える(佐藤さとる), 飛ぶゆめ(三田村信行), 魔術師とよばれた男(はやみねかおる), 空へ(山口理), …できるなら(川越文子), 塩―ロシア民話, きみならどうする―(フランク・R.ストックタン)
内容 小学生のために選びぬかれた日本と世界の感動の名作や人気作、12作品収録。

砂田　弘
すなだ・ひろし
《1933～2008》

「ふき子の父」
『ふき子の父』 砂田弘作, 田中槇子絵 岩崎書店 1995.4 85p 22×19cm (日本の名作童話 17) 1500円 ①4-265-03767-4

スピリ, ヨハンナ
《1827～1901》

「アルプスの少女」
『アルプスの少女』 ヨハンナ・スピリ著, 池田香代子訳 講談社 2011.1 310p 19cm (21世紀版少年少女世界文学館 16) 1400円 ①978-4-06-283566-4

内容 この作品の魅力の中心は、なんといっても素朴で純真な小さなヒロインのキャラクターにあるでしょう。ときには激しすぎるほどのその共感が、周囲の人々の心のありようを変えてしまうのです。世に成功作といわれる作品は、ときとして作者の意図を越えて、より大きな世界を獲得するもののようです。この作品にしても、一見信仰の力によって貧富の差をなくそうと説いているようでいて、その実、もっとたくさんのこと、つまり人間のもつ希望の力が切り開く、より高い、あるべき調和の世界を指し示しているようです。

『アルプスの少女ハイジ』 ヨハンナ・スピリ作, 池田香代子訳, いわさきちひろ絵 講談社 2005.12 300p 18cm (講談社青い鳥文庫) 670円 ①4-06-148707-8

内容 アルプスの山でおじいさんややぎたちや少年ペーターの一家らとともにのびのびと生きるハイジ。お金持ちの娘クララの遊び相手として街のお屋敷に引き取られたハイジは、次次とゆかいな騒動を起こします。けれどやがてホームシックになって…。純真なハイジにはげまされた人たちは、やがてみずから力強くやさしく変わっていきます。百年以上にわたり愛読されてきた名作です。小学上級から。

『アルプスの少女』 スピリ原作, 足沢良子訳・文 新装版 ぎょうせい 1995.2 188p 21cm (少年少女世界名作全集 33) 1300円 ①4-324-04360-4

『アルプスの少女』 ヨハンナ・スピリ作, 大野芳枝訳 集英社 1994.3 141p 21cm (子どものための世界文学の森 5) 880円 ①4-08-274005-8

内容 アルプスの大自然で育ったハイジは、明るく、心のやさしい少女です。ハイジは、いつも、まわりの人たちをしあわせにします。そんなハイジが、大都会のおやしきで、からだの弱いクララの遊びあいてに選ばれました。ハイジはどうなるのでしょう? やがで、大都会とアルプスをぶ台に、すばらしいなにかが起こります。

『アルプスの少女』 ヨハンナ・スピリ作, 村岡花子訳, 永井泰子絵 岩崎書店 1992.1 190p 19cm (世界の少女名作 10) 1100円 ①4-265-04810-2

内容 いいにおいのするほし草のベッド、こんがりやいたチーズやしぼりたての乳、やぎ飼いのペーテルと一緒に登った、山の上の草花や風、すばらしい夕焼け―ハイジは、山小屋の暮らしが、だいすきになった。病気の少女クララのお相手として、フランクフルトの町へつれてこられたハイジは、つぎつぎにゆかいなさわぎをおこしてクララを喜ばせるが、自分は、やがて山恋しさから夢遊病にかかってしまう。美しいスイスの山の自然を背景にしたヨハンナ・スピリの名作。小学校高学年～中学生向。

住井　すゑ
すみい・すえ
《1902～1997》

「三びきのめだか」
『わたしの少年少女物語 1』 住井すゑ著 労働旬報社 1989.7 184p 21cm 1240円 ①4-8451-0113-0

目次 三びきのめだか, テレビとうま, アマリリス, しおんさくころ, 地もぐり豆, 雲をよぶおじいさん, すいかどろぼう, 友をよぶふえ, 大地とともに, ひばりの巣, おとうさんの小づかい, 新しい世界, 訪れた幸福, 飛びたつカル, らっきょうの夢, 花咲く朝

内容 恵まれた生命“生きる”ということの意味の深さと“おもいやり”を創りだす珠玉の文芸童話16篇。

瀬尾　七重
せお・ななえ
《1942〜》

「青銅のライオン」

『心にひびく名作読みもの 4年―読んで、聞いて、声に出そう』 府川源一郎, 佐藤宗子編　教育出版　2004.3　70p　21cm　〈付属資料：CD1〉 2000円
Ⓘ4-316-80088-4

目次 青銅のライオン（瀬尾七重）, 走れ（村中李衣）, 八郎（斎藤隆介）, 飛び方のひみつ（東昭）, ゆうひのてがみ（野呂昶）, 『のはらうた』より―さんぽ、おがわのマーチ（工藤直子）

内容 小学校国語教科書に掲載された名作（物語・説明文・詩）を学年別に収録。発達段階に応じた教科書表記を採用。難意語には注を記載。発展学習にも役立つよう、交ぜ書きから読み仮名付きの漢字へ適宜変更。当時の教科書に使用された挿絵を掲載。俳優・声優による格調高い朗読をCDに収め各巻に添付。

『おとなを休もう』 石川文子編　武蔵野　フロネーシス桜蔭社, メディアパル〔発売〕　2003.8　255p　19cm　1400円
Ⓘ4-89610-734-9

目次 おおきな木（シェル・シルヴァスタイン）, モチモチの木（斎藤隆介）, 白いぼうし（あまんきみこ）, おにたのぼうし（あまんきみこ）, ワニのおじいさんのたからもの（川崎洋）, ソメコとオニ（斎藤隆介）, 島ひきおに（山下明生）, 一つの花（今西祐行）, アディ・ニハァスの英雄（H.クランダー,W.レスロー）, つりばしわたれ（長崎源之助）, 花さき山（斎藤隆介）, やまんばのにしき（松谷みよ子）, チワンのにしき, サーカスのライオン（川村たかし）, 青銅のライオン（瀬尾七重）, 月の輪グマ（椋鳩十）, はまひるがおの小さな海（今西祐行）, うぐいすの宿, 手ぶくろを買いに（新美南吉）, ごんぎつね（新美南吉）

内容 だれもが一度は読んだことのある、なつかしい作品集。

瀬川　拓男
せがわ・たくお
《1929〜1975》

「吉四六話」

『光村ライブラリー　第6巻　太郎こおろぎ ほか』 樺島忠夫, 宮地裕, 渡辺実監修, 山下明男ほか著, 渡辺茂男ほか訳, 杉浦範茂ほか画　光村図書出版　2004.4　84p　21cm　〈3刷〉 1000円
Ⓘ4-89528-104-3

目次 はまべのいす（山下明生）, エルマー、とらに会う（ルース＝スタイルス・ガネット）, とびこめ（レフ・トルストイ）, 太郎こおろぎ（今西祐行）, 貝がら（大石真）, 吉四六話（瀬川拓男）

関　英雄
せき・ひでお
《1912〜1996》

「月夜のバス」

『月よのバス/木いちご』 せきひでおさく, みたげんじろうえ, こいでしょうごさく, みたげんじろうえ　むぎ書房　1987.4　21p　21cm　（新編雨の日文庫 第1集 5）〈第3刷（第1刷：昭和41年）〉

『びわのみ童話集　幼年編』 坪田譲治編　フレーベル館　1970.4　174p　22cm
Ⓝ913.68

目次 黒い子犬（大石真著）, 月夜のバス（関英雄著）, おにいさんはどこにいる（今西祐行著）, ふうちゃんのおたんじょう日（松谷みよ子著）, 赤いじてんしゃ（高橋健著）, キリンの病気（大石真著）, 雪夜のキツネ（庄野英二著）, どうしてそういう名まえなの（松谷みよ子著）, ネズミのぼうけん（水藤春夫著）, ガラスの中のおばけ（関英雄著）, おまわりさんとイタチ（水藤春夫著）, カウボーイのヤックん（前川康男著）, カボチャのおうち（関英雄著）, キリンのペンキぬり（庄野英二著）, ネコちゃんの花（今西祐行著）, りゅうたのネジ（高橋健著）, 十二とうの子ブタ（庄野英二著）, ふしぎなぶらんこ（大石真著）

瀬田　貞二
せた・ていじ
《1916～1979》

「アフリカのたいこ」

『お父さんのラッパばなし』　瀬田貞二作，堀内誠一画　福音館書店　2009.6　185p　17×13cm　（福音館文庫）　700円　Ⓘ978-4-8340-2458-6

目次　富士山の鳥よせ，ミスタ・レッドクロス，ふりこ一発，ビーバーの谷，パンパのラッパ，きじの花たば，名前をかえた山，指輪をもらった時計像，アフリカのたいこ，バグダッドのおおどろぼう，インドの夢うらない，大きい石と大きいとかげ，プアプアのくじら舟，海賊たいじ

内容　子どもたちはお父さんのラッパ（ほら）ばなしが大好き。晩ごはんのあと、きまってお父さんに「ねえ、うんと大きいラッパ吹いてみて。」とさいそくします。するとお父さんは、「なにが、ラッパなもんか、ほんともほんと、お父さんが…。」さて、今日はどんなにゆかいな冒険話が聞けるかな？小学校中級以上。

『あふりかのたいこ』　瀬田貞二さく，寺島竜一え　福音館書店　1962.8（第31刷：1984.5）　27p　19×27cm　（《こどものとも》傑作集）　Ⓝ726.6

「富士山の鳥よせ」

『お父さんのラッパばなし』　瀬田貞二作，堀内誠一画　福音館書店　2009.6　185p　17×13cm　（福音館文庫）　700円　Ⓘ978-4-8340-2458-6

目次　富士山の鳥よせ，ミスタ・レッドクロス，ふりこ一発，ビーバーの谷，パンパのラッパ，きじの花たば，名前をかえた山，指輪をもらった時計像，アフリカのたいこ，バグダッドのおおどろぼう，インドの夢うらない，大きい石と大きいとかげ，プアプアのくじら舟，海賊たいじ

内容　子どもたちはお父さんのラッパ（ほら）ばなしが大好き。晩ごはんのあと、きまってお父さんに「ねえ、うんと大きいラッパ吹いてみて。」とさいそくします。するとお父さんは、「なにが、ラッパなもんか、ほんともほんと、お父さんが…。」さて、今日はどんなにゆかいな冒険話が聞けるかな？小学校中級以上。

千家　元麿
せんげ・もとまろ
《1888～1948》

「雁」

『ペンギンのさんぽ―動物　2』　新川和江編，かながわていこ絵　太平出版社　1987.12　66p　21cm　（小学生・詩のくにへ　9）　1600円

目次　みつばつぶんぶん（小林純一），蜂と神さま（金子みすゞ），かたつむり（リューユーイ・出沢万紀人訳），ばったのうた（おうちやすゆき），いっぷ にっぷ じゃんぷ（井出隆夫），トノサマガエル（大西貢），ヘビのうた（室生犀星），へび（川崎洋），ひばり（間所ひさこ），海雀（北原白秋），空とぶにわとり（おうちやすゆき），きつつきとみみずく（野上彰），雁（千家元麿），わらべうた 1羽のからす，ノガモのお針箱（新川和江），こじゅけいの父さん（赤岡江里子），ごろすけホッホー（岩井春彦），ペンギンちゃん（まど・みちお），虫けら（大関松三郎），アリ（まど・みちお）

タイタス，イブ
《1922～》

「アナトール、工場へ行く」

『光村ライブラリー　第10巻　空飛ぶライオン　ほか』　樺島忠夫，宮地裕，渡辺実監修，佐野洋子ほか著，田谷多枝子訳，長新太ほか画　光村図書出版　2004.4　85p　21cm〈3刷〉　1000円　Ⓘ4-89528-108-6

目次　空飛ぶライオン（佐野洋子），アナトール、工場へ行く（イブ・タイタス），子牛の話（花岡大学），ひと朝だけの朝顔（井上靖），茂吉のねこ（松谷みよ子）

高井　節子
たかい・せつこ
《1929～》

「飛べ、あげはちょう」

『本は友だち4年生』　日本児童文学者協会編　偕成社　2005.3　143p　21cm（学年別・名作ライブラリー 4）1200円
Ⓘ4-03-924040-5

目次 八本足のイカと十本足のタコ（斉藤洋），飛べ！ あげはちょう（高井節子），電車にのって（竹下文子），花咲き山（斎藤隆介），やい、とかげ（舟崎靖子），きつね（佐野洋子），詩・ピーマン（はたちよしこ），詩・ゆうひのてがみ（野呂昶），まだ、もう、やっと（那須正幹），月の輪グマ（椋鳩十），エッセイ・四年生のころ 兄と姉の思い出（上条さなえ）

内容 この本には、「国語」の教科書でおなじみの作品をはじめ、現代の子どもの文学の世界を代表する作家たちの作品が集められています。

高木　あき子
たかぎ・あきこ

「ぞうのかくれんぼ」

『光村ライブラリー　第18巻　おさるがふねをかきました ほか』　樺島忠夫，宮地裕，渡辺実監修，まどみちお，三井ふたばこ，阪田寛夫，川崎洋，河井酔茗ほか著，松永禎郎，杉田豊，平山英三，武田美穂，小野千世ほか画　光村図書出版　2004.11　83p　21cm〈第4刷〉1000円
Ⓘ4-89528-116-7

目次 おさるがふねをかきました（まど・みちお），みつばちぶんぶん（小林純一），あいうえお・ん（鶴見正夫），ぞうのかくれんぼ（高木あきこ），おうむ（鶴見正夫），あかいカーテン（みずかみかずよ），ガラスのかお（三井ふたばこ），せいのび（武鹿悦子），かぼちゃのつるが（原田直友），三日月（松谷みよ子），夕立（みずかみかずよ），さかさのさかさはさかさ（川崎洋），春（坂本遼），虻（嶋岡晨），若葉よ来年は海へゆこう（金子光春），われは草なり（高見順），くまさん（まど・みちお），おなかのへるうた（阪田寛夫），てんらん会（柴野民三），夕日がせなかをおしてくる（阪田寛夫），ひばりのす（木下夕爾），十時にね（新川和江），みいつけた（岸田衿子），どきん（谷川俊太郎），りんご（山村暮鳥），ゆずり葉（河井酔茗），雪（三好達治），影（八木重吉），楽器（北川冬彦），動物たちの恐ろしい夢のなかに（川崎洋），支度（黒田三郎）

『詩はうちゅう 1年』　水内喜久雄編，太田大輔絵　ポプラ社　2003.4　155p　20×16cm　（詩はうちゅう 1）1300円
Ⓘ4-591-07587-7

目次 さあ、一ねんせい（あさだ（小野寺悦子），ひみつ（谷川俊太郎） ほか），あいうえおのうた（あいうえお（神沢利子），おがわのはる（青戸かいち） ほか），かぞくのうた（おかあさんってふしぎ（川崎洋子），とくとうせき（神沢利子） ほか），どうぶつのうた（きりんはゆらゆら（武鹿悦子），ぞうのかくれんぼ（高木あきこ） ほか），しょくぶつのうた（たけのこぐん！（武鹿悦子），つくし（山中利子） ほか），おなら・うんこ・おしり（ぞうさんのおなら（菅原優子），うんこ（谷川俊太郎） ほか），口のうんどう（ことばのけいこ（与田準一），ヤダくん（小野ルミ） ほか），たのしいうた（もしも（谷川俊太郎），むしば（関根栄一） ほか），またあいうえお（あいうえお（新井竹子），あいうえおうた（谷川俊太郎） ほか），ぼく・わたし（ぼく（秋原秀夫），わたしはいいね（本間ちひろ） ほか）

「なわ一本」

『ぎんいろの空―空想・おとぎ話』　新川和江編，降矢奈々絵　太平出版社　1987.7　66p　21cm　（小学生・詩のくにへ 2）1600円

目次 シャボン玉（ジャン・コクトー），なみとかいがら（まど・みちお），海水浴（堀口大学），白い馬（高田敏子），じっと見ていると（高田敏子），真昼（木村信子），ことり（まど・みちお），ちょうちょとハンカチ（宮沢章二），だれかが小さなベルをおす（やなせたかし），おもちゃのチャチャチャ（野坂昭如），なわ一本（高木あきこ），南の島のハメハメハ大王（伊藤アキラ），とんでったバナナ（片岡輝），チム・チム・チェリー（日本語詞・あらかわひろし），星の歌（片岡輝），あり（ロベール＝デスノス），お化けなんてないさ（槙みのり），マザー・グース せかいじゅうの海が（水谷まさる 訳）

高木　仁三郎
たかぎ・じんざぶろう
《1938～2000》

「エネルギー消費社会」

『高木仁三郎著作集　第11巻　子どもたちの未来』　高木仁三郎著　七つ森書館　2002.7　621p　22cm　6500円　Ⓘ4-8228-3004-7

『社会・未来・わたしたち　8　エネルギーをかんがえる：浪費社会をこえて』　高木仁三郎著　岩崎書店　1986.4　71p　27cm　1800円　Ⓘ4-265-01408-9

高倉　健
たかくら・けん
《1931～》

「南極のペンギン」

『南極のペンギン』　高倉健著，唐仁原教久画　集英社　2003.11　126p　15cm　（集英社文庫）　514円　Ⓘ4-08-747644-8

目次　アフリカの少年，北極のインド人，南極のペンギン，ハワイのベトナム料理人，比叡山の生き仏，オーストラリアのホースメン，ふるさとのおかあさん，奄美の画家と少女，ポルトガルの老ショファー，沖縄の運動会

内容　南極の雪あらしの後で見たペンギンの群。アフリカで出会った砂あらしを待つ少年。北極で暮らすインド人。オーストラリアの牧童たち。沖縄の住民総出の運動会。ふるさとそのものだったおかあさん。四十年余りの映画俳優人生のなか、世界中で出会った「優しい心」たち。誰のなかにもある優しい心のぬくもりを綴るハートフル絵本。

高崎　乃理子
たかさき・のりこ
《1955～》

「島」

『時の声が聞こえてくる』　高崎乃理子著，横山ふさ子絵　川崎　てらいんく　2010.3　78p　22×14cm　1400円　Ⓘ978-4-86261-067-6

目次　1（たんぽぽよ，春の鳥　ほか），2（空，風に吹かれて　ほか），3（春の時代，夏の一日　ほか），4（階段　かもしかときじ，しっぽ　ほか），5（島，おかあさんの庭　ほか）

高田　桂子
たかだ・けいこ
《1945～》

「ちょうの行方」

『心にひびく名作読みもの　6年─読んで、聞いて、声に出そう』　府川源一郎，佐藤宗子編　教育出版　2004.3　68p　21cm　〈付属資料：CD1〉　2000円　Ⓘ4-316-80090-6

目次　加代の四季（杉みき子），ちょうの行方（高田桂子），野の馬（今江祥智），せんこう花火（中谷宇吉郎），素直な疑問符（吉野弘），貝がら（新美南吉）

内容　小学校国語教科書に掲載された名作（物語・説明文・詩）を学年別に収録。発達段階に応じた教科書表記を採用。難意語には注を記載。発展学習にも役立つよう、交ぜ書きから読み仮名付きの漢字へ適宜変更。当時の教科書に使用された挿絵を掲載。俳優・声優による格調高い朗読をCDに収め各巻に添付。

高田　敏子
たかだ・としこ
《1914～1989》

「赤ちゃんの目」

『高田敏子』　萩原昌好編　あすなろ書房　2012.10　103p　20×16cm　（日本語を味わう名詩入門　13）　1500円　Ⓘ978-4-7515-2653-8

目次　赤ちゃんの目，小鳥と娘，橋，しあわせ，イス，忘れもの，橋のうえ，子どもによせるソネット，母と子，じっと見ていると〔ほか〕

「風に言葉」

『子ども朗読教室　5年生声に気持ちをのせ

て「風に言葉」—効果的な声の表現』 田近洵一監修，牛山恵ほか編　国土社　2007.4　94p　24×21cm　1800円　①978-4-337-52105-6

目次 書き手の思いを想像しながら（田近洵一），風に言葉（高田敏子），バナナのたたき売り，古屋のもり，勇気一つを友にして（片岡輝），五十音（北原白秋），富士山がふたたび噴火するとき（かこさとし），昆虫記（今森光彦），発酵食品、しょう油（新美景子），ことわざと天気うらない（柳田国男）〔ほか〕

「さくらんぼ」

『詩とあそびましょう　1　さくらんぼ・みかん』 高田敏子詩，花形恵子作，渡辺洋二絵　あすなろ書房　1978.7　31p　23cm　850円

「じっと見ていると」

『高田敏子』 萩原昌好編　あすなろ書房　2012.10　103p　20×16cm　（日本語を味わう名詩入門 13）1500円　①978-4-7515-2653-8

目次 赤ちゃんの日，小鳥と娘，橋，しあわせ，イス，忘れもの，橋のうえ，子どもによせるソネット，母と子，じっと見ていると〔ほか〕

『ぎんいろの空—空想・おとぎ話』 新川和江編，降矢奈々絵　太平出版社　1987.7　66p　21cm　（小学生・詩のくにへ 2）1600円

目次 シャボン玉（ジャン・コクトー），なみとかいがら（まど・みちお），海水浴（堀口大学），白い馬（高田敏子），じっと見ていると（高田敏子），真昼（木村信子），ことり（まど・みちお），ちょうちょとハンカチ（宮沢章二），だれかが小さなベルをおす（やなせたかし），おもちゃのチャチャチャ（野坂昭如），なわ一本（高木あきこ），南の島のハメハメハ大王（伊藤アキラ），とんでったバナナ（片岡輝），チム・チム・チェリー（日本語詞・あらかわひろし），星の歌（片岡輝），あり（ロベール＝デスノス），お化けなんてないさ（槇みのり），マザー・グース せかいじゅうの海が（水谷まさる 訳）

「白い馬」

『光村ライブラリー・中学校編　第5巻　朝のリレー ほか』 谷川俊太郎ほか著　光村図書出版　2005.11　104p　21cm　1000円　①4-89528-373-9

目次 朝のリレー（谷川俊太郎），野原はうたう（工藤直子），野のまつり（新川和江），白い馬（高田敏子），足どり（竹中郁），花（村野四郎），春よ、来い（松任谷由実），ちょう（百田宗治），春の朝（R.ブラウニング），山のあなた（カール・ブッセ），ふるさと（室生犀星）〔ほか〕

内容 昭和30年度版～平成14年度版教科書から厳選。

『高田敏子詩集』 高田敏子著，新川和江編　新装版　花神社　1997.8　162p　19cm　1500円　①4-7602-1470-4

目次 呼びごえ，都会の犬，八月の真昼，うまとび，橋，白い馬，買いもの，しあわせ，海，渓流〔ほか〕

内容 人生の深淵を、比類ないやさしい言葉で美しく、深く、哀しく描いて幅広い読者の共感を呼んだ高田敏子の詩を精選して収録。

『ぎんいろの空—空想・おとぎ話』 新川和江編，降矢奈々絵　太平出版社　1987.7　66p　21cm　（小学生・詩のくにへ 2）1600円

目次 シャボン玉（ジャン・コクトー），なみとかいがら（まど・みちお），海水浴（堀口大学），白い馬（高田敏子），じっと見ていると（高田敏子），真昼（木村信子），ことり（まど・みちお），ちょうちょとハンカチ（宮沢章二），だれかが小さなベルをおす（やなせたかし），おもちゃのチャチャチャ（野坂昭如），なわ一本（高木あきこ），南の島のハメハメハ大王（伊藤アキラ），とんでったバナナ（片岡輝），チム・チム・チェリー（日本語詞・あらかわひろし），星の歌（片岡輝），あり（ロベール＝デスノス），お化けなんてないさ（槇みのり），マザー・グース せかいじゅうの海が（水谷まさる 訳）

「水のこころ」

『詩華集 日だまりに』 女子パウロ会編　女子パウロ会　2012.2　102p　19cm　1000円　①978-4-7896-0710-0

目次 1章 こころ（水のこころ（高田敏子），日が照ってなくても（作者不詳） ほか），2章 “わたし”さがし（一人ひとりに（聖テレーズ），わたしを束ねないで（新川和江） ほか），3章 いのち（病気になったら（晴佐久昌英），病まなければ（作者不詳） ほか），4章 夢（日の光（金子みすゞ），紙風船（黒田三郎） ほか），5章 祈り（ある兵士の祈り（作者不詳），泉に聴く（東山魁夷） ほか）

内容 「こころ」「“わたし”さがし」「いのち」「夢」「祈り」についての美しく力強い詩、詞、名言がいっぱい。

『高田敏子全詩集』 花神社 1989.6 603p 22cm〈著者の肖像あり 付(8p):栞〉8000円 Ⓘ4-7602-1010-5 Ⓝ911.56

「忘れもの」

『高田敏子』 萩原昌好編 あすなろ書房 2012.10 103p 20×16cm (日本語を味わう名詩入門 13) 1500円 Ⓘ978-4-7515-2653-8

目次 赤ちゃんの目, 小鳥と娘, 橋, しあわせ, イス, 忘れもの, 橋のうえ, 子どもによせるソネット, 母と子, じっと見ていると〔ほか〕

『新編高田敏子詩集』 高田敏子著 土曜美術社出版販売 2005.6 169p 19cm (新・日本現代詩文庫 31)〈年譜あり〉1400円 Ⓘ4-8120-1484-0 Ⓝ911.56

目次 未刊初期詩篇より, 雪花石膏(抄), 人体聖堂(抄), 月曜日の詩集(わたしの子どもたちに)(抄), 続月曜日の詩集(抄), にちよう日(母と子の詩集(抄)), 藤(抄), 愛のバラード(抄), 砂漠のロバ(抄), あなたに(抄), 可愛い仲間たち(抄), むらさきの花(抄), 季節の詩*季節の花(抄), 枯れ葉と星(抄), 薔薇の木(抄), 野草の素顔(抄), こぶしの花(抄), 夢の手(抄), その木について(抄), エッセイ:詩と私 ほか, 解説:高田敏子の人と作品(伊藤桂一著. 思い方ゲーム(久冨純江著)

『月曜日の詩集』 高田敏子著 日本図書センター 2004.3 239p 19cm 2500円 Ⓘ4-8205-9596-2

目次 春日, 窓辺, 仲よし, ほたるの光, 朝の道, ぶらんこ, 遊園地, 道ばた, 海辺, のら着〔ほか〕

高野 辰之
たかの・たつゆき
《1876～1947》

「ふるさと」

『齋藤孝の親子で読む詩・俳句・短歌・童謡 3・4年生』 齋藤孝著 ポプラ社 2012.3 134p 21cm (齋藤孝の親子で読む詩・俳句・短歌・古典 2) 1000円 Ⓘ978-4-591-12789-6

目次 詩(わたしと小鳥とすずと(金子みすゞ), ふしぎ(金子みすゞ), 春のうた(草野心平) ほか), 童謡・唱歌(朧月夜(高野辰之), 花(武島羽衣), 春の海終日…(与謝蕪村) ほか), 俳句・短歌(雪とけて村一ぱい…(小林一茶), 外にも出よ触るる…(中村汀女), ひつぱれる糸まつすぐや…(高野素十) ほか)

内容 この巻では、俳句・短歌をたくさん紹介しました。気にいったものがあったら、何回も読んでおぼえてください。

『童謡唱歌―スタンダード259曲』 野ばら社編集部編 野ばら社 2011.12 319p 21cm 1000円 Ⓘ978-4-88986-380-2

『唱歌―明治・大正・昭和』 野ばら社編集部編 改版 野ばら社 2009.10 254p 21cm 800円 Ⓘ978-4-88986-371-0

目次 明治(蝶々, むすんでひらいて(見わたせば), つりがね草(美しき) ほか), 大正(木の葉, 春の小川, 村の鍛冶屋 ほか), 昭和(スキー, 明治節, 田舎の冬 ほか)

内容 明治・大正・昭和に学校で教えた195曲収載。全曲数字譜・メロディー譜つき。

高野 正巳
たかの・まさみ
《1905～2001》

「嘉納治五郎」

『嘉納治五郎―近代日本五輪の父』 高野正巳著 講談社 1996.6 285p 18cm (講談社 火の鳥伝記文庫) 690円 Ⓘ4-06-147596-7

目次 1 やわらの道, 2 日本の講道館, 3 オリンピック

内容 “世界の柔道”をめざした講道館館長。やわらの道をきわめ、スポーツとして広め、教育に情熱を燃やす。国際オリンピックに一身をささげ、東京大会決定に成功するが…。

高橋 正亮
たかはし・せいりょう
《1912～》

「ロシアパン」

『齋藤孝の親子で読む国語教科書 6年生』 齋藤孝著 ポプラ社 2011.3 150p 21cm （齋藤孝の親子で読む国語教科書 6） 1000円 Ⓘ978-4-591-12290-7

［目次］ 海のいのち（立松和平），仙人（芥川龍之介），やまなし（宮沢賢治），変身したミンミンゼミ（河合雅雄），ヒロシマの歌（今西祐行），柿山伏（狂言），字のない葉書（向田邦子），きつねの窓（安房直子），ロシアパン（高橋正亮），初めての魚釣り（阿部夏丸）

『教科書にでてくるお話 6年生』 西本鶏介監修 ポプラ社 2006.3 220p 18cm （ポプラポケット文庫） 570円 Ⓘ4-591-09172-4

［目次］ きつねの窓（安房直子），桃花片（岡野薫子），海のいのち（立松和平），やまなし（宮沢賢治），ヨースケくんの秘密（那須正幹），冬きたりなば（星新一），このすばらしい世界（山口タオ），川とノリオ（いぬいとみこ），山へいく牛（川村たかし），ロシアパン（高橋正亮），ヒロシマの歌（今西祐行），赤いろうそくと人魚（小川未明）

［内容］ 現在使われている各社の国語教科書に掲載または紹介されている作品ばかりを集めたアンソロジーです。長く読みつがれている名作、心あたたまるお話、おもしろくて元気がでるお話など、すばらしい作品がいっぱい。作品の表記は原典に忠実にし、全文を掲載しています。教科書では気づかなかった作品の魅力を、新たに発見できるかもしれません。小学校上級から。

『戦争と平和子ども文学館 1』 日本図書センター 1995.2 319p 22cm 2719円 Ⓘ4-8205-7242-3

［目次］ 星の牧場（庄野英二），ハコちゃん（今西祐行），気をつけ！ バリケン分隊（しかたしん），ロシアパン（高橋正亮）

高橋 宏幸
たかはし・ひろゆき
《1923～》

「チロヌップのきつね」

『ものがたり チロヌップのきつね』 高橋宏幸作・絵 金の星社 2009.4 123p 19cm 1200円 Ⓘ978-4-323-07151-0

［目次］ 第1章 チロヌップの子さくら，第2章 チロヌップのきつね，第3章 チロヌップのにじ

［内容］ 北の海にうかぶ小さなしま、チロヌップ。きつねたちと人びととのおだやかなくらしを、やがて、みつりょうしゃや、せんそうがひきさいていきます。人間のしかけたわなにかかった子ぎつねに、母ぎつねはずっとずっとよりそいつづけるのでした。

『3年生の読みもの―親も子も読む名作』 亀村五郎編集代表 学校図書 2005.7 142p 21cm 648円 Ⓘ4-7625-1963-4 Ⓝ913.68

［目次］ ゴリラとたいほう（奈街三郎著），ふしぎなくもの糸（八木沼健夫著），りゅうの目のなみだ（浜田広介著），たんぽぽ（丘修三著），長ぐつをはいたネコ（ペロー作，今野一雄訳），りんご畑の九月（後藤竜二著），まほうのなしの木（鹿島鳴秋著），チロヌップのきつね（高橋宏幸著），ゾウの手ぶくろのはなし（前川康男著），きつねものがたり（林芙美子著）

『チロヌップのきつね』 高橋宏幸作 金の星社 2004.2 106p 18cm （フォア文庫愛蔵版） 1000円 Ⓘ4-323-02222-0 Ⓝ913.6

［目次］ チロヌップの子さくら，チロヌップのきつね，チロヌップのにじ

高丸 もと子
たかまる・もとこ
《1946～》

「今日からはじまる」

『詩は宇宙 6年』 水内喜久雄編，金子しずか絵 ポプラ社 2003.4 149p 20×16cm （詩はうちゅう 6） 1300円

Ⓘ4-591-07592-3

目次 春（今日からはじまる（高丸もと子），あなたへ（小泉周二） ほか），スポーツのうた（ランナー（日野生三），泳ぐ（三宅知子） ほか），恋のうた（ときめき（新谷智恵子），失恋（高丸もと子） ほか），平和を求めて（してはならぬこと（松永伍一），地球のいのち（門倉訣） ほか），声に出して読む（であるとあるで（谷川俊太郎），ひとつのおんのなまえ（まど・みちお） ほか），言葉にこだわる（せみ（木村信子），変化（有馬敲） ほか），不安な気持ち（笑うこと（田中章義），十二歳（小松静江） ほか），生きる（約束（高階杞一），南の絵本（岸田衿子） ほか），明日へ（前へ（大木実），夜明け（高丸もと子） ほか），メッセージ（準備（高階杞一），旅立ち（宮中雲子） ほか）

『今日からはじまる―高丸もと子詩集』 高丸もと子詩，水内喜久雄写真　大日本図書　1999.11　110p　19cm　（詩を読もう！）1200円　Ⓘ4-477-01057-5

目次 ファースト・ラヴ，みつめる，ふくらむ，はじける，あしたへ

高見　順
たかみ・じゅん
《1907～1965》

「われは草なり」

『光村ライブラリー　第18巻　おさるがふねをかきました ほか』 樺島忠夫，宮地裕，渡辺実監修，まどみちお，三井ふたばこ，阪田寛夫，川崎洋，河井酔茗ほか著，松永禎郎，杉田豊，平山英三，武田美穂，小野千世ほか画　光村図書出版　2004.11　83p　21cm〈第4刷〉1000円　Ⓘ4-89528-116-7

目次 おさるがふねをかきました（まど・みちお），みつばちぶんぶん（小林純一），あいうえお・ん（鶴見正夫），ぞうのかくれんぼ（高木あきこ），おうむ（鶴見正夫），あかいカーテン（みずかみかずよ），ガラスのかお（三井ふたばこ），せいのび（武鹿悦子），かぼちゃのつるが（原田直友），三日月（松谷みよ子），夕立（みずかみかずよ），さかさのさかさはさかさ（川崎洋），春（坂本遼），虻（嶋岡晨），若葉よ来年は海へゆこう（金子光春），われは草なり（高見順），くまさん（まど・みちお），おなかのへるうた（阪田寛夫），てんらん会（柴野民三），夕日がせなかをおしてくる（阪田寛夫），ひばりのす（木下夕爾），十時にね（新川和江），みいつけた（岸田衿子），どきん（谷川俊太郎），りんご（山村暮鳥），ゆずり葉（河井酔茗），雪（三好達治），影（八木重吉），楽器（北川冬彦），動物たちの恐ろしい夢のなかに（川崎洋），支度（黒田三郎）

『ポケット詩集　2』 田中和雄編　童話屋　2001.10　157p　15cm　1250円　Ⓘ4-88747-024-X

目次 道程（高村光太郎），二十億光年の孤独（谷川俊太郎），山林に自由存す（国木田独歩），六月（茨木のり子），雲の信号（宮沢賢治），花（村野四郎），素朴な琴（八木重吉），ひとり林に（立原道造），われは草なり（高見順），うさぎ（まど・みちお）〔ほか〕

『あたらしい歯―自立・成長』 新川和江編，有元健二絵　太平出版社　1987.7　66p　21cm　（小学生・詩のくに 7）1600円

目次 青い色（丸山薫），まきばの子馬（高田敏子），あたらしい歯（与田準一），ミミコの独立（山之口貘），にぎりこぶし（村野四郎），小さななみだ（やなせたかし），素直な疑問符（吉野弘），本のにおい（新川和江），かぜのなかのおかあさん（阪田寛夫），ゆずり葉（河井酔名），われは草なり（高見順），山頂から（小野十三郎），スポーツ（鶴見正夫），虻（嶋岡晨），つばさをください（山上路夫），支度（黒田三郎），生きる（谷川俊太郎）

高村　光太郎
たかむら・こうたろう
《1883～1956》

「山からの贈り物」

『豊かなことば 現代日本の詩　1　高村光太郎詩集 道程』 高村光太郎著，伊藤英治編　岩崎書店　2009.11　94p　18×19cm　1500円　Ⓘ978-4-265-04061-2

目次 1 詩人（根付の国，刃物を研ぐ人 ほか），2 風にのる智恵子（風にのる智恵子，あどけない話 ほか），3 樹下の二人（十和田湖畔の裸像に与ふ，冬が来た ほか），4 山のともだち（クロツグミ，山からの贈物 ほか）

内容 「道程」「パリ」「レモン哀歌」「クロツグミ」など代表作四十一編を収録。

「山の雪」

『純』 武者小路実篤, 高村光太郎, 宇野千代著 ポプラ社 2011.10 151p 19cm （百年文庫 96） 750円 Ⓘ978-4-591-12184-9

目次 馬鹿一（武者小路実篤）, 山の雪（高村光太郎）, 八重山の雪（宇野千代）

内容 石や草ばかりを描き、世間の評判とは無縁な画家・馬鹿一。自由にして穏やか、しかし揺るぎない信念を持って、自然を賛美する武者小路実篤『馬鹿一』。白い大地に残る、生きものたちの足あと。風の音にじっと身を屈め吹雪の夜。東北の地で山林孤棲の生活を選んだ高村光太郎、晩年の名随筆『山の雪』。戦後、松江に駐屯していた英国兵と逃亡し、峨峨たる山間の民家に隠れ住んだはる子。宇野千代が実話をもとに書き下ろした愛の物語（『八重山の雪』）。ひたむきさが胸を打つ、それぞれの生き様三篇。

武川 みづえ
たけかわ・みずえ
《1935〜》

「ギターナ・ロマンティカ」

『音楽をききながら読む本』 現代児童文学研究会編 偕成社 1990.8 204p 22cm （きょうはこの本読みたいな 8） 1200円 Ⓘ4-03-539080-1

目次 詩・ねこふんじゃった（阪田寛夫）, さようならふゆくん（はたたかし）, スカイハイツ・オーケストラ（岡田淳）, 小さなワルツ（大石真）, ふたりのバッハ（森忠明）, バイオリンの音は山の音（今西祐行）, 小さな町の六（与田準一）, 詩・鼓笛隊が（小泉周二）, おこんじょうるり（さねとうあきら）, どうしたんだろ（斉藤洋）, ギターナ・ロマンティカ（武川みづえ）, 星とトランペット（竹下文子）, セロひきのゴーシュ（宮沢賢治）

竹下 文子
たけした・ふみこ
《1957〜》

「あのこはだあれ」

『あのこはだあれ』 竹下文子作, 鈴木まもる絵 フレーベル館 1982.7 23p 20×22cm （フレーベル館のえほん・タイニーシリーズ） 300円

「かくれんぼ」

『ときときとき―かおるとみんな』 竹下文子文, 鈴木まもる絵 小峰書店 2004.9 38p 24×19cm （えほんひろば） 1400円 Ⓘ4-338-18010-2

目次 ときときとき, めがでたよ, がんばれがんばれ, よういどん, ちろちろがわ, かくれんぼ

内容 かおるは、げんきなおとこのこ。うさぎとたねまきしたり、かぜとぶらんこしたり、かたつむりとかけっこしたり。きょうはだれとなにしてあそぼうか。

「電車にのって」

『本は友だち4年生』 日本児童文学者協会編 偕成社 2005.3 143p 21cm （学年別・名作ライブラリー 4） 1200円 Ⓘ4-03-924040-5

目次 八本足のイカと十本足のタコ（斉藤洋）, 飛べ！ あげはちょう（高井節子）, 電車にのって（竹下文子）, 花咲き山（斎藤隆介）, やい、とかげ（舟崎靖子）, きつね（佐野洋子）, 詩・ピーマン（はたちよしこ）, 詩・ゆうひのてがみ（野呂昶）, まだ、もう、やっと（那須正幹）, 月の輪グマ（椋鳩十）, エッセイ・四年生のころ 兄と姉の思い出（上条さなえ）

内容 この本には、「国語」の教科書でおなじみの作品をはじめ、現代の子どもの文学の世界を代表する作家たちの作品が集められています。

『電車にのって』 竹下文子作, 鈴木まもる絵 岩崎書店 1997.4 77p 22×19cm （日本の名作童話 28） 1500円 Ⓘ4-265-03778-X

目次 電車にのって, 学校の帰りに, 日曜日には夢を, 風, 野のピアノ

「野原のシーソー」

『教科書にでてくるお話 2年生』 西本鶏介監修 ポプラ社 2006.3 190p 18cm （ポプラポケット文庫） 570円 Ⓘ4-591-09168-6

目次 にゃーご（宮西達也）, 野原のシーソー（竹下文子）, 花いっぱいになぁれ（松谷みよ

子), おおきなキャベツ (岡信子), 名まえをみてちょうだい (あまんきみこ), いいものもらった (森山京), ワニのおじいさんのたからもの (川崎洋), コスモスさんからおでんわです (杉みき子), せなかをとんとん (最上一平), きつねのおきゃくさま (あまんきみこ), あたまにかきのき (望月新三郎), かさこじぞう (岩崎京子), きいろいばけつ (森山京), くま一ぴきぶんはねずみ百ぴきぶんか (神沢利子)

[内容] 現在使われている各社の国語教科書に掲載または紹介されている作品ばかりを集めたアンソロジーです。長く読みつがれている名作、心あたたまるお話、おもしろくて元気がでるお話など、すばらしい作品がいっぱい。作品の表記は原典に忠実にし、全文を掲載しています。教科書では気づかなった作品の魅力を、新たに発見できるかもしれません。小学校初・中級から。

『ぴいすけとぷうすけのおはなし』 竹下文子作, 土田義晴画 あかね書房 2002.4 35p 21×19cm (よみきかせぶっく 1) 1100円 ①4-251-00901-0

[目次] キャベツの手紙, 野原のシーソー, いちごつみ, かたぐるま, ぷんぷんの日, おそうじおそうじ

[内容] ぴいすけとぷうすけはいのししのふたごです。春には、いちごつみ。冬には、大そうじ。ときどきは、けんかもします。ぴいすけとぷうすけの、たのしいちいさなおはなしをあつめました。はじめてのよみきかせにぴったりです。

「花と手品師」

『星とトランペット』 竹下文子著 ブッキング 2004.2 215p 18cm 1800円 ①4-8354-4088-9

[目次] 月売りの話, 星とトランペット, 花と手品師, タンポポ書店のお客さま, 日曜日には夢を, ノラさん, 野のピアノ, ポケットの中のきりん, 砂町通り, フルートふきはどこへいったの, いつもの店

[内容] トランペット吹きのドンさんはある夜、星くずを拾っているという不思議な男性に出会う。男性に頼まれるままにトランペットを吹くと、空から星くずが雨のように降ってきて…。表題作「星とトランペット」ほか、珠玉のファンタジー短編11編を収録。第十七回野間児童文芸賞推奨作品賞受賞作品。

武田 正倫

たけだ・まさつね

《1942〜》

「ヤドカリとイソギンチャク」

『さんご礁のなぞをさぐって—生き物たちのたたかいと助け合い』 武田正倫著, 大片忠明絵 文研出版 1990.11 79p 23×20cm (文研 科学の読み物) 1100円 ①4-580-81042-2

[目次] 南の海へ, 太陽に向かって, サンゴを守るサンゴガニ, サンゴのこぶと穴, イソギンチャクで身を守る, かってにすみつく“いそうろう”, クマノミとイソギンチャク, ハゼとテッポウエビの同居生活, 魚をそうじする魚, いつまでも青い海を

[内容] 「海の中の寄生・共生」という観点から、さんご礁にすむ動物たちのふしぎな習性・生態を、いきいきと描写したユニークな科学の読み物。小学4年生以上。

竹田津 実

たけたず・みのる

《1937〜》

「うんちとおしっこのひみつ」

『うんちとおしっこのひみつ』 竹田津実著 国土社 1994.8 31p 26cm (森のお医者さん 7) 1300円 ①4-337-15007-2

[内容] 森の病院には、親に育ててもらえない野生動物の子が、たくさんやってきます。親とはぐれてしまったり、農薬などの薬物中毒で親を失ってしまうのです。森のお医者さん一家は、その子たちが、きびしい自然の中をたくましく生き抜いていくように、親にかわって、子育てに大奮闘します。

「きたきつねの子ども」

『光村ライブラリー 第5巻 からすの学校 ほか』 樺島忠夫, 宮地裕, 渡辺実監修, かわたけん, ひだかとしたか, たけたづみのる, さとうゆうこう, まつざわてつろうほか文, 藪内正幸, 内藤貞夫, 伊藤正道, 五味太郎, 森津和嘉子絵 光村図

書出版　2004.11　77p　21cm 〈第4刷〉 1000円　Ⓘ4-89528-103-5

目次 しっぽのやくめ（かわたけん），からすの学校（ひだかとしたか），きたきつねの子ども（たけたづみのる），あきあかねの一生（さとうゆうこう），「ことば」をおぼえたチンパンジー（まつざわてつろう），おへそって、なあに（やまだまこと），わたしたちとどうぐ（おおぬまてつろう），あつまれ、楽器（よしおかしげみ）

『キタキツネの子ども―遊びはぼくらのしごとだ』　竹田津実著　平凡社　1983.6 51p　25cm　（ジュニア写真動物記） 1000円

田坂　節子
たさか・せつこ
《1944～》

「リサイクルよりたいせつなもの」

『君たちが世界を動かす！　こどもの経済学』　阪本将英，田坂節子著　郁朋社 2000.5　109p　21cm　1000円 Ⓘ4-87302-075-1

目次 ほしい！　したい！　が経済のはじまり，世界を動かすのは君たちだ！，世界はひとつ！，日本発見？，どこの国から来たのかな？，ただ今、地球の人口60億人，国っていろいろ！，日本は生き残れるのか？，人・物・金を使って経済は動く，もしも、お金がなかったら！〔ほか〕

内容 本書は、だれにとっても分かりやすいだけでなく、人間らしい暮らしを支える経済学をめざしています。やさしい経済学の本を書くことは、けっしてやさしい仕事ではありません。その苦労をおしまず、真正面からやさしい経済学をえがいた田坂節子さん、阪本将英さんに拍手を送ります。

多田　ヒロシ
ただ・ひろし
《1937～》

「わにがわになる」

『わにがわになる』　多田ヒロシ著　こぐま社　1977.2　1冊　18×19cm　700円

立原　えりか
たちはら・えりか
《1937～》

「あんず林のどろぼう」

『あんず林のどろぼう』　立原えりか作，安田隆浩絵　岩崎書店　1997.4　77p 22×19cm　（日本の名作童話 25）1500円　Ⓘ4-265-03775-5

目次 古いしらかばの木，人魚のくつ，あんず林のどろぼう，木馬がのった白い船

「蝶を編む人」

『蝶を編む人』　立原えりか著　講談社 1989.2　262p　15cm　（講談社文庫） 380円　Ⓘ4-06-184412-1　Ⓝ913.8

目次 青い家にきた人，物置小屋の小鬼，ユキちゃん，蝶を編む人，百円分だけ，笛吹きロバ，鳩，アンズ林のどろぼう，風のおよめさん，アジサイの少女，ぬいぐるみ，長ぐつの中のお姫さま，幸福の家，コチョウ貝，虹をさがしに，お祭り，シラカバの夢，雪娘，聖夜，十二月の旅人，ささやく木

「ハンモック」

『木ようびのどうわ』　日本児童文学者協会編　国土社　1998.3　98p　21cm （よんでみようよ教科書のどうわ1しゅうかん 4）1200円　Ⓘ4-337-09604-3

目次 ガラスのなかのお月さま（久保喬），つりばしわたれ（長崎源之助），かっぱのかげぼうし（清水達也），ハンモック（立原えりか），夜のくすのき（大野允子），モグラ原っぱのなかまたち（古田足日）

「古いしらかばの木」

『あんず林のどろぼう』　立原えりか作，安田隆浩絵　岩崎書店　1997.4　77p 22×19cm　（日本の名作童話 25）1500円　Ⓘ4-265-03775-5

目次 古いしらかばの木，人魚のくつ，あんず林のどろぼう，木馬がのった白い船

『木馬がのった白い船』　立原えりか著 講談社　1988.10　236p　15cm　（講談社文庫）360円　Ⓘ4-06-184360-5

目次 木馬がのった白い船，白鳥，人魚のく

つ，小さい妖精の小さいギター，星へいったピエロ，うそつき，古いシラカバの木，ばら色の雲，おきさきさまはビスケット，あの人，風がのる船，最後の妖精を見たおまわりさんの話，星からきた人，お姫さまを食べた大男，小さなツバメの金の家

内容 「ぼくは、いつでも待っています。あなたの夢のなかの公園で」と、子どもたちに別れのあいさつをして、空の彼方に去っていった公園の木馬（「木馬がのった白い船」）、秋祭りの日に集まってくる人たちの願いごとをかなえる、ふしぎなギターをもった妖精（「小さい妖精の小さいギター」）―など、鋭い感性と豊かな想像力でつづるメルヘンの世界。立原文学の魅力あふれる佳品、15編を収録。

立原　道造
たちはら・みちぞう
《1914～1939》

「ガラス窓の向うで」

『立原道造詩集 僕はひとりで夜がひろがる』 立原道造詩，魚喃キリコ画　PARCO出版　2010.4　157p　19cm　1600円　①978-4-89194-820-7

目次 無題（ガラス窓の向うで），無題（脳髄のモーターのなかに），無題（コップに一ぱいの海がある），無題（忘れてゐた），無題（庭に干瓢が乾してある），無題（高い籬に沿って），無題（長いまつげのかげ），無題（胸にゐる），無題（昔の夢と思ひ出を），無題（ゆくての道）〔ほか〕

内容 昭和初期に24歳で早世した詩人・立原道造と、繊細なタッチで人気の漫画家・魚喃キリコの、時代を超えたコラボレーション。描き下ろしイラスト40点以上を収録した詩画集。たった24年しか生きなかった風のような詩人―すずやかで優しい、奇跡のような言葉の結晶は今も光を放ち続ける。

巽　聖歌
たつみ・せいか
《1905～1973》

「せみを鳴かせて」

『新版 せみを鳴かせて』 巽聖歌作，こさかしげる絵　大日本図書　1990.4　115p　21cm　（子ども図書館）1200円　①4-477-17602-3

目次 雪とろば，春の神さま，せみを鳴かせて

「放牧のあと」

『岩手の童話』 日本児童文学者協会『県別ふるさと童話館』編集委員会編　リブリオ出版　1999.2　191p　21cm　（愛蔵版 県別ふるさと童話館 3）1700円　①4-89784-637-4

目次 あんぱんどろぼう（渡辺皓介），年よりのパンツみたいでも（大石善弘），父さんのクリームパン（山室さやか），そばくい狸（瀧沢よし子），にじをとったドボ（作山静男），宵宮の日のゆかた（柏葉幸子），ゴリラの絵（関谷ただし），詩 放牧のあと（巽聖歌），詩 あやとりっことゆきばんば（平野直），詩 せんぞ（宇部京子）〔ほか〕

内容 みんなのまちがお話や詩になった。表紙をめくると、お話と詩に書かれた場所がのっている地図があります。知ってる場所のお話と詩の本。小学校中学年から。

立松　和平
たてまつ・わへい
《1947～2010》

「海のいのち」

『齋藤孝の親子で読む国語教科書 6年生』 齋藤孝著　ポプラ社　2011.3　150p　21cm　（齋藤孝の親子で読む国語教科書 6）1000円　①978-4-591-12290-7

目次 海のいのち（立松和平），仙人（芥川龍之介），やまなし（宮沢賢治），変身したミンミンゼミ（河合雅雄），ヒロシマの歌（今西祐行），柿山伏（狂言），字のない葉書（向田邦子），きつねの窓（安房直子），ロシアパン（高橋正亮），初めての魚釣り（阿部夏丸）

『教科書にでてくるお話 6年生』 西本鶏介監修　ポプラ社　2006.3　220p　18cm　（ポプラポケット文庫）570円　①4-591-09172-4

目次 きつねの窓（安房直子），桃花片（岡野薫子），海のいのち（立松和平），やまなし（宮沢賢治），ヨースケくんの秘密（那須正幹），冬きたりなば（星新一），このすばらしい世界

（山口タオ），川とノリオ（いぬいとみこ），山へいく牛（川村たかし），ロシアパン（高橋正亮），ヒロシマの歌（今西祐行），赤いろうそくと人魚（小川未明）

内容 現在使われている各社の国語教科書に掲載または紹介されている作品ばかりを集めたアンソロジーです。長く読みつがれている名作、心あたたまるお話、おもしろくて元気がでるお話など、すばらしい作品がいっぱい。作品の表記は原典に忠実にし、全文を掲載しています。教科書では気づかなかった作品の魅力を、新たに発見できるかもしれません。小学校上級から。

『海のいのち』 立松和平作，伊勢英子絵　ポプラ社　1992.12　32p　29cm　（えほんはともだち 25）1200円
①4-591-04175-1

「黄色いボール」

『黄色いボール』 立松和平文，長新太絵　河出書房新社　1996.5　1冊　30cm　（立松和平との絵本集 1）1500円
①4-309-73061-2

田中　ナナ
たなか・なな
《1925～》

「おかあさん」

『おかあさん なあに―田中ナナ童謡集』 田中ナナ著　川崎　てらいんく　2007.10　79p　22×19cm　（子ども詩のポケット）1200円
①978-4-86261-012-6

目次 1 童謡―おかあさん（おかあさん，ママがあかちゃん，きりん ほか），2 幼児のための詩―ふたりのつき（はる，たかゆきちゃん，てがみ ほか），3 子どものための詩―こんやねむるまえにママ（うみ，ありのぎょうれつ，おっぱい ほか）

内容 だれもが小さいときに歌った「おかあさん」「ママが赤ちゃん」を口ずさめば、遠い日のあの日あの時のやさしいおかあさんに、きっと会える。

田中　冬二
たなか・ふゆじ
《1894～1980》

「つつじの花」

『つつじの花―詩集』 田中冬二著　日野　鶏肋書屋　1970　64p　21cm〈謄写版〉非売　Ⓝ911.56

たなべ　まもる
《1928～》

「そして、トンキーも しんだ」

『こころにひびく名さくよみもの 2年―よんで、きいて、こえに出そう』 府川源一郎，佐藤宗子編　教育出版　2004.3　74p　21cm〈付属資料：CD1〉2000円
①4-316-80086-8

目次 わにのおじいさんのたからもの（川崎洋），ちょうちょだけに、なぜなくの（神沢利子），ろくべえまってろよ（灰谷健次郎），そして、トンキーもしんだ（たなべまもる），つばめ（内田康夫），タンポポ（まどみちお）

内容 小学校国語教科書に掲載された名作（物語・説明文・詩）を学年別に収録。発達段階に応じた教科書表記を採用。難意語には注を記載。発展学習にも役立つよう、交ぜ書きから読み仮名付きの漢字へ適宜変更。当時の教科書に使用された挿絵を掲載。俳優・声優による格調高い朗読をCDに収め各巻に添付。

『そして、トンキーもしんだ』 たなべまもるぶん，かじあゆたえ　国土社　1982.11　33p　27cm　850円
①4-337-40007-9

谷　真介
たに・しんすけ
《1935～》

「石になったマーペー」

『石になったマーペー―沖縄・八重山地方の伝説から』 儀間比呂志絵，谷真介文

ほるぷ出版　1985.5　1冊　29cm　1200円　Ⓘ4-593-56012-8

「かもとりごんべえ」

『ねずみのすもう/かもとりごんべえ』 谷真介文, 赤坂三好絵　ポプラ社　2006.2　70p　21cm　（CDできく日本昔ばなし 6）〈付属資料：CD1〉1000円　Ⓘ4-591-09105-8

目次 ねずみのすもう, かもとりごんべえ

内容 日本には、たくさんのおはなしが人びとの口から口へ伝えられてきました。中でも有名な昔ばなしを、定評のある作家の文と、語りや朗読活動もしている俳優の原田大二郎さんと浅利香津代さんの声で次世代に向けて新しくよみがえらせたシリーズ。昔ばなしの本来の姿である語り手と聞き手という時間を家族で楽しんでみましょう。

『かもとりごんべえ』 谷真介文, 高橋信也絵　ポプラ社　1991.9　33p　27cm　（アニメむかしむかし絵本 12）1000円　Ⓘ4-591-03712-6

「台風の島に生きる」

『台風の島に生きる―石垣島の先覚者・岩崎卓爾の生涯』 谷真介著　偕成社　1982.11　255p　19cm　（偕成社文庫）480円　Ⓘ4-03-850560-X

谷川　俊太郎
たにかわ・しゅんたろう
《1931～》

「あいしてる」

『谷川俊太郎詩選集　2』 谷川俊太郎著, 田原編　集英社　2005.7　297p　16cm　（集英社文庫）〈年譜あり〉533円　Ⓘ4-08-747846-7　Ⓝ911.56

目次 定義（抄）, 夜中に台所でぼくはきみに話しかけたかった（抄）, 誰もしらない（抄）, 由利の歌（抄）, タラマイカ偽書残闕, 質問集, そのほかに（抄）, コカコーラ・レッスン（抄）, ことばあそびうたまた（抄）, わらべうた（抄）, わらべうた続（抄）, みみをすます（抄）, 日々の地図（抄）, どきん（抄）, 対詩 1981.12.24～1983.3.7（抄）, スーパーマンその他大勢（抄）, 手紙（抄）, 日本語のカタログ（抄）, 詩めくり（抄）, よしなしうた（抄）, いちねんせい（抄）, はだか（抄）

『元気がでる詩の本 元気がでる詩2年生』 伊藤英治編, 篠崎三朗絵　理論社　2002.3　106p　21×15cm　1200円　Ⓘ4-652-03438-5

目次 けんかならこい（谷川俊太郎）,「ちびっこ」（まど・みちお）, ぼくの足（立石巌）, おとなマーチ（阪田寛夫）, 二ねんせいの子ども（佐藤義美）, おしっこ（糸井重里）, せんせいしかるのすきやなあ（新沢としひこ）, 大きな目（秋原秀夫）, あいしてる（谷川俊太郎）, なくしもの（木村信子）〔ほか〕

内容 詩を読むと、やさしい風がふいてくる。元気がでる詩、勇気がわいてくる詩。ぜんぶ、みんなの詩です。

『いちねんせい』 谷川俊太郎詩, 和田誠絵　小学館　1988.1　1冊　26cm　1000円　Ⓘ4-09-727012-5

内容 親子で読む詩の絵本。谷川俊太郎の詩と和田誠の絵が、みずみずしい子どもの心をうたいます。声を出して読んでください。明るく豊かなことばの世界が広がります。

「生きる」

『谷川俊太郎の問う言葉答える言葉』 谷川俊太郎著　新装版　イースト・プレス　2012.9　235p　18cm　857円　Ⓘ978-4-7816-0839-6

目次 自分, 生きる, こころとからだ, 愛, 青春, 暮らし, 年をとる, 死, 子ども, 詩と言葉

内容 永遠のマスターピース『朝のリレー』から老境の想いをつづった最新エッセイまで、珠玉の箴言の数々をこの1冊に凝縮。

『谷川俊太郎の問う言葉答える言葉』 谷川俊太郎著　イースト・プレス　2008.12　241p　18×11cm　1300円　Ⓘ978-4-7816-0048-2

目次 自分, 生きる, こころとからだ, 青春, 暮らし, 年をとる, 死, 子ども, 詩と言葉

内容 詩人が贈る、言葉。谷川俊太郎本人の想い出の写真も収録。装丁中島英樹。生きる、愛する、死ぬ、暮らす、自分自身に出会う一詩人の問う言葉から、世界は始まります。

『生きる―わたしたちの思い』 谷川俊太郎著　角川SSコミュニケーションズ　2008.8　174p　13×19cm　1200円

Ⓘ978-4-8275-3120-6

目次 生きる, ひだまり, あなた, 涙, 風, 命, 振り子, 明日

『二時間目 国語』 小川義男監修 宝島社 2004.2 191p 21cm 1200円 Ⓘ4-7966-3858-X

目次 朝のリレー(谷川俊太郎), スーホの白い馬(大塚勇三), トロッコ(芥川龍之介), スイミー(レオ・レオニ), 春の歌(草野心平), 注文の多い料理店(宮沢賢治), かわいそうなぞう(土家由岐雄), 高瀬舟(森鴎外), 永訣の朝(宮沢賢治), おみやげ(星新一), レモン哀歌(高村光太郎), 最後の授業(アルフォンス・ドーデ), 初恋(島崎藤村), 屋根の上のサワン(井伏鱒二), 蠅(横光利一), 野ばら(小川未明), 山月記(中島敦), 汚れつちまつた悲しみに…(中原中也), ごん狐(新美南吉), こころ(夏目漱石), 生きる(谷川俊太郎)

内容 本書では、時代を越えた小学・中学・高校の国語教科書の中から、かつての子供たちに愛された名作を収録している。

『元気がでる詩の本 元気がでる詩6年生』 伊藤英治編, 蕪木泰子絵 理論社 2002.3 107p 21×15cm 1200円 Ⓘ4-652-03442-3

目次 ぼくは何を(まど・みちお), 生きる(谷川俊太郎), 湖水(与田準一), 九月(薩摩忠), 友達(高丸もと子), レモン(高木あきこ), 誕生(高階杞一), 海のはじまり(工藤直子), 魚をたべる(土田明子), 天と地とが(まど・みちお)〔ほか〕

内容 詩を読むと、やさしい風がふいてくる。元気がでる詩、勇気がわいてくる詩。ぜんぶ、みんなの詩です。

「いしっころ」

『みんなの谷川俊太郎詩集』 谷川俊太郎著 角川春樹事務所 2010.7 252p 15cm (ハルキ文庫) 680円 Ⓘ978-4-7584-3492-8

目次 『十八歳』,『日本語のおけいこ』,『誰もしらない』,『どきん』,『ことばあそびうた』,『ことばあそびうたまた』,『わらべうた』,『わらべうた続』, アニメ「鉄腕アトム」テーマ曲,『谷川俊太郎 歌の本』〔ほか〕

内容 初期の作品からことばあそびうた・わらべうた、ノンセンス詩をはじめ、「鉄腕アトム」の歌や幼年・少年少女のつぶやきの詩まで、著者が自分の中の子どもをいまの子どもたちにかさねて詩にした一二九篇を厳選。知らなかったらもったいない文庫オリジナル。

『いしっころ―谷川俊太郎詩集』 谷川俊太郎著, 中山智介画, 北川幸比古編 岩崎書店 1995.11 102p 20×20cm (美しい日本の詩歌) 1500円 Ⓘ4-265-04046-2

内容 みずみしい詩情・美しいことば。ことばの魔術師・宇宙からやってきた新鮮な詩人の世界。

「いち」

『みんなの谷川俊太郎詩集』 谷川俊太郎著 角川春樹事務所 2010.7 252p 15cm (ハルキ文庫) 680円 Ⓘ978-4-7584-3492-8

目次 『十八歳』,『日本語のおけいこ』,『誰もしらない』,『どきん』,『ことばあそびうた』,『ことばあそびうたまた』,『わらべうた』,『わらべうた続』, アニメ「鉄腕アトム」テーマ曲,『谷川俊太郎 歌の本』〔ほか〕

内容 初期の作品からことばあそびうた・わらべうた、ノンセンス詩をはじめ、「鉄腕アトム」の歌や幼年・少年少女のつぶやきの詩まで、著者が自分の中の子どもをいまの子どもたちにかさねて詩にした一二九篇を厳選。知らなかったらもったいない文庫オリジナル。

『誰もしらない』 谷川俊太郎詩, 杉浦範茂絵 国土社 2002.11 77p 24×22cm (現代日本童謡詩全集 14) 1600円 Ⓘ4-337-24753-X

目次 まね, ひとくいどじんのサムサム, 一、二、三…, かわいそうなおばけたち, ポワポワーン, ハヒフペポ, だれ, 月火水木金土日のうた, はてな, かえるのぴょん〔ほか〕

『子どもの心に伝えたいお話365+1 1・2・3月』 こわせたまみ, 平山許江編 フレーベル館 2000.4 209p 26×21cm 2200円 Ⓘ4-577-80244-9

目次 おしょうがつさん(まど・みちお), 初夢長者(こわせ・たまみ), おに笑い(杉みき子), おもちのうた(関根栄一), おとしだまちょうだい(間瀬なおかた), こだぬきとやっこだこ(小沢正), マルーシカと十二の月(こわせ・たまみ), いち(谷川俊太郎), あわてうさぎ(本木洋子), たこたこあがれ(わたなべめぐみ)〔ほか〕

内容 『お話365+1』は、わくわくする世界、

子どもたちの心の成長に欠かせない世界を、毎日一つずつ楽しめるように一年分、365話プラス1つ集めた“読み聞かせのためのお話選集”です。一日一話のどれもが、子どもたちの冒険心を、知恵を、優しさを、思いやりを、そして何より幼児期に育んでほしい愛の心を、いつくしみ育てるお話たちです。美しい心と言葉で綴られた詩がたくさん入っているのも、本書の想いです。

『いち』 谷川俊太郎詩, 佐野洋子絵 国土社 1987.6 24p 26×21cm （しのえほん 6） 980円 ①4-337-00306-1

内容 うつくしいことば、心に語りかける絵。詩の絵本。

「いるか」

『みんなの谷川俊太郎詩集』 谷川俊太郎著 角川春樹事務所 2010.7 252p 15cm （ハルキ文庫） 680円 ①978-4-7584-3492-8

目次 『十八歳』,『日本語のおけいこ』,『誰もしらない』,『どきん』,『ことばあそびうた』,『ことばあそびうたまた』,『わらべうた』,『わらべうた続』, アニメ「鉄腕アトム」テーマ曲,『谷川俊太郎 歌の本』〔ほか〕

内容 初期の作品からことばあそびうた・わらべうた、ノンセンス詩をはじめ、「鉄腕アトム」の歌や幼年・少年少女のつぶやきの詩まで、著者が自分の中の子どもをいまの子どもたちにかさねて詩にした一二九篇を厳選。知らなかったらもったいない文庫オリジナル。

『谷川俊太郎詩集 続』 谷川俊太郎著 新版 思潮社 2002.1 909p 20cm 3800円 ①4-7837-2316-8 Ⓝ911.56

目次 二十億光年の孤独―拾遺, 落首九十九, 拾遺詩篇, 旅, 祈らなくていいのか, うつむく青年, 空に小鳥がいなくなった日, ことばあそびうた, ことばあそびうた―また

『みえる詩 あそぶ詩 きこえる詩』 はせみつこ編, 飯野和好絵 冨山房 1997.4 167p 21cm 2200円 ①4-572-00469-2

目次 いるか（谷川俊太郎）, かのいろいろ（阪田寛夫）, 春のこいうた（有馬敲）, ちょうちょう（はたなか・けいいち）, もぐら（まど・みちお）, へんてこ動物園（織田道代）, あっ、いいな（筏丸けいこ）, 名づけあそびうた（川崎洋）, なくしもの（木村信子）, ないてるんだい（香山美子）〔ほか〕

内容 心に見える詩のアンソロジー。小学校低学年からおとなまで。

『いるかいないか―ことばあそび』 新川和江編, 早川良雄絵 太平出版社 1987.12 66p 22cm （小学生・詩のくにへ 10） 1600円

目次 たんぽぽ（川崎洋）, ののはな（谷川俊太郎）, ことこ（谷川俊太郎）, あいうえお・ん（鶴見正夫）, がぎぐげごのうた（まど・みちお）, きゃきゅきょのうた（まど・みちお）, いるか（谷川俊太郎）, さる（谷川俊太郎）, 毛（川崎洋）, わらべうた 数えうた, 年めぐり（阪田寛夫）, らくだ（都築益世）, だぶだぶおばさん（木村信子）, たべもの（中江俊夫）, こわれたすいどう（谷川俊太郎）, もじさがしのうた（岸田衿子）, がいらいごじてん（まど・みちお）, きちきちばった（平原武蔵）, さかさのさかさは、さかさ（川崎洋）, 踏む（木村信子）

「かえるのぴょん」

『誰もしらない』 谷川俊太郎詩, 杉浦範茂絵 国土社 2002.11 77p 24×22cm （現代日本童謡詩全集 14） 1600円 ①4-337-24753-X

目次 まね, ひとくいどじんのサムサム, 一、二、三…, かわいそうなおばけたち, ポワポワーン, ハヒフペポ, だれ, 月火水木金土日のうた, はてな, かえるのぴょん〔ほか〕

『あめふりくまのこ（雨の日の詩）』 こわせたまみ編, 矢合直彦絵 あすなろ書房 2001.3 23p 25×21cm （季節の詩の絵本 2） 1400円 ①4-7515-2142-X

目次 あめのひのママ（こわせ・たまみ）, あめあめふるひ（まど・みちお）, 雨のうた（鶴見正夫）, あめふりくまのこ（鶴見正夫）, あめのねこ（関根栄一）, あめのひのまどに（富永佳与子）, あじさいの花（佐藤雅子）, なめくじとでんでんむし（関根栄一）, かえるのぴょん（谷川俊太郎）, ポスト（祐成智美）, あめのひのちょうちょ（こわせ・たまみ）

内容 はじめてであう、母と子の詩の絵本。

「かっぱ」

『みんなの谷川俊太郎詩集』 谷川俊太郎著 角川春樹事務所 2010.7 252p 15cm （ハルキ文庫） 680円 ①978-4-7584-3492-8

目次 『十八歳』,『日本語のおけいこ』,『誰もしらない』,『どきん』,『ことばあそびうた』,『ことばあそびうたまた』,『わらべう

た』,『わらべうた続』, アニメ「鉄腕アトム」テーマ曲,『谷川俊太郎 歌の本』〔ほか〕

内容 初期の作品からことばあそびうた・わらべうた、ノンセンス詩をはじめ、「鉄腕アトム」の歌や幼年・少年少女のつぶやきの詩まで、著者が自分の中の子どもをいまの子どもたちにかさねて詩にした一二九篇を厳選。知らなかったらもったいない文庫オリジナル。

『谷川俊太郎詩集　続』 谷川俊太郎著　新版　思潮社　2002.1　909p　20cm　3800円　Ⓘ4-7837-2316-8　Ⓝ911.56

「川」

『みんなの谷川俊太郎詩集』 谷川俊太郎著　角川春樹事務所　2010.7　252p　15cm　(ハルキ文庫)　680円　Ⓘ978-4-7584-3492-8

目次『十八歳』,『日本語のおけいこ』,『誰もしらない』,『どきん』,『ことばあそびうた』,『ことばあそびうたまた』,『わらべうた』,『わらべうた続』, アニメ「鉄腕アトム」テーマ曲,『谷川俊太郎 歌の本』〔ほか〕

内容 初期の作品からことばあそびうた・わらべうた、ノンセンス詩をはじめ、「鉄腕アトム」の歌や幼年・少年少女のつぶやきの詩まで、著者が自分の中の子どもをいまの子どもたちにかさねて詩にした一二九篇を厳選。知らなかったらもったいない文庫オリジナル。

『谷川俊太郎詩選集　1』 谷川俊太郎著, 田原編　集英社　2005.6　271p　15cm　(集英社文庫)　495円　Ⓘ4-08-747831-9

目次『二十億光年の孤独』より 1952,『十八歳』より 1993,『六十二のソネット』より 1953,『愛について』より 1955,『絵本』より 1956, エッセイ集『愛のパンセ』より 1957,『あなたに』より 1960,『21』より 1962—ゆるやかな視線 a portrait (全),『落首九十九』より 1964,「その他の落首」より 1968,「未刊詩篇 1961〜1964」より, うたのほん『日本語のおけいこ』より,「祈らなくていいのか」より, 詩画集『旅』より,『うつむく青年』より,『ことばあそびうた』より,『空に小鳥がいなくなた日』より

内容「…私はひとを呼ぶ すると世界がふり向く そして私がいなくなる」(『六十二のソネット』所収「62」より)。時代を超えて愛される谷川俊太郎の詩作のすべてから新たに編んだ21世紀初のアンソロジー。第1巻は処女詩集『二十億光年の孤独』『愛について』『日本語のおけいこ』『旅』『ことばあそびうた』など17冊の著作と未刊詩篇より、1950〜70年代の代表詩を厳選。巻末カラー付録に初版装幀選も。

『日本語のおけいこ—復刻版』 谷川俊太郎うた, 長新太え　理論社　1995.10　64,32p　28cm　(うたのほん)　2800円　Ⓘ4-652-04013-X

『みどりのしずく—自然』 新川和江編, 瀬戸好子絵　太平出版社　1987.7　66p　21cm　(小学生・詩のくにへ 5)　1600円

目次 雲 (山村暮鳥), 金のストロー (みずかみかずよ), 水たまり (武鹿悦子), 石ころ (まど・みちお), かいだん (渡辺美知子), すいれんのはっぱ (浦かずお), びわ (まど・みちお), かぼちゃのつるが (原田直友), 雑草のうた (鶴岡千代子), ことりのひな (北原白秋), 土 (三好達治), きいろいちょうちょう (こわせたまみ), すいっちょ (鈴木敏史), 川 (谷川俊太郎), 天 (山之口獏), 富士 (草野心平), 海 (川崎洋), なみは手かな (こわせたまみ), 石 (草野心平), 地球は (工藤直子), どうしていつも (まど・みちお)

「きもち」

『きもち』 谷川俊太郎ぶん, 長新太え　福音館書店　2008.2　27p　25cm　838円　Ⓘ978-4-8340-1488-4

「ことばあそびうた」

『みんなの谷川俊太郎詩集』 谷川俊太郎著　角川春樹事務所　2010.7　252p　15cm　(ハルキ文庫)　680円　Ⓘ978-4-7584-3492-8

目次『十八歳』,『日本語のおけいこ』,『誰もしらない』,『どきん』,『ことばあそびうた』,『ことばあそびうたまた』,『わらべうた』,『わらべうた続』, アニメ「鉄腕アトム」テーマ曲,『谷川俊太郎 歌の本』〔ほか〕

内容 初期の作品からことばあそびうた・わらべうた、ノンセンス詩をはじめ、「鉄腕アトム」の歌や幼年・少年少女のつぶやきの詩まで、著者が自分の中の子どもをいまの子どもたちにかさねて詩にした一二九篇を厳選。知らなかったらもったいない文庫オリジナル。

『谷川俊太郎詩選集　1』 谷川俊太郎著, 田原編　集英社　2005.6　271p　15cm　(集英社文庫)　495円　Ⓘ4-08-747831-9

目次 『二十億光年の孤独』より 1952,『十八歳』より 1993,『六十二のソネット』より 1953,『愛について』より 1955,『絵本』より 1956, エッセイ集『愛のパンセ』より 1957,『あなたに』より 1960,『21』より 1962—ゆるやかな視線 a portrait（全),『落首九十九』より 1964,「その他の落首」より 1968,「未刊詩篇 1961～1964」より, うたのほん『日本語のおけいこ』より,「祈らなくていいのか」より, 詩画集『旅』より,『うつむく青年』より,『ことばあそびうた』より,『空に小鳥がいなくなた日』より

内容 「…私はひとを呼ぶ すると世界がふり向く そして私がいなくなる」(『六十二のソネット』所収「62」より)。時代を超えて愛される谷川俊太郎の詩作のすべてから新たに編んだ21世紀初のアンソロジー。第1巻は処女詩集『二十億光年の孤独』『愛について』『日本語のおけいこ』『旅』『ことばあそびうた』など17冊の著作と未刊詩篇より、1950～70年代の代表詩を厳選。巻末カラー付録に初版装幀選も。

『谷川俊太郎詩集　続』 谷川俊太郎著　新版　思潮社　2002.1　909p　20cm　3800円　Ⓘ4-7837-2316-8　Ⓝ911.56

『いるかいないか—ことばあそび』 新川和江編，早川良雄絵　太平出版社　1987.12　66p　22cm　（小学生・詩のくにへ 10）1600円

目次 たんぽぽ（川崎洋），ののはな（谷川俊太郎），ことこ（谷川俊太郎），あいうえお・ん（鶴見正夫），がぎぐげごのうた（まど・みちお），きゃきゅきょのうた（まど・みちお），いるか（谷川俊太郎），さる（谷川俊太郎），毛（川崎洋），わらべうた 数えうた，年めぐり（阪田寛夫），らくだ（都築益世），だぶだぶおばさん（木村信子），たべもの（中江俊夫），こわれたすいどう（谷川俊太郎），もじさがしのうた（岸田衿子），がいらいごじてん（まど・みちお），きちきちばった（平原武蔵），さかさのさかさは、さかさ（川崎洋），踏む（木村信子）

「こわれたすいどう」

『みんなの谷川俊太郎詩集』 谷川俊太郎著　角川春樹事務所　2010.7　252p　15cm　（ハルキ文庫）680円　Ⓘ978-4-7584-3492-8

目次 『十八歳』，『日本語のおけいこ』，『誰もしらない』，『どきん』，『ことばあそびうた』，『ことばあそびうたまた』，『わらべうた』，『わらべうた続』，アニメ「鉄腕アトム」テーマ曲，『谷川俊太郎 歌の本』〔ほか〕

内容 初期の作品からことばあそびうた・わらべうた、ノンセンス詩をはじめ、「鉄腕アトム」の歌や幼年・少年少女のつぶやきの詩まで、著者が自分の中の子どもをいまの子どもたちにかさねて詩にした一二九篇を厳選。知らなかったらもったいない文庫オリジナル。

『誰もしらない』 谷川俊太郎詩，杉浦範茂絵　国土社　2002.11　77p　24×22cm　（現代日本童謡詩全集 14）1600円　Ⓘ4-337-24753-X

目次 まね，ひとくいどじんのサムサム，一、二、三…，かわいそうなおばけたち，ポワポワーン，ハヒフペポ，だれ，月火水木金土日のうた，はてな，かえるのぴょん〔ほか〕

『いるかいないか—ことばあそび』 新川和江編，早川良雄絵　太平出版社　1987.12　66p　22cm　（小学生・詩のくにへ 10）1600円

目次 たんぽぽ（川崎洋），ののはな（谷川俊太郎），ことこ（谷川俊太郎），あいうえお・ん（鶴見正夫），がぎぐげごのうた（まど・みちお），きゃきゅきょのうた（まど・みちお），いるか（谷川俊太郎），さる（谷川俊太郎），毛（川崎洋），わらべうた 数えうた，年めぐり（阪田寛夫），らくだ（都築益世），だぶだぶおばさん（木村信子），たべもの（中江俊夫），こわれたすいどう（谷川俊太郎），もじさがしのうた（岸田衿子），がいらいごじてん（まど・みちお），きちきちばった（平原武蔵），さかさのさかさは、さかさ（川崎洋），踏む（木村信子）

「サッカーによせて」

『みんなの谷川俊太郎詩集』 谷川俊太郎著　角川春樹事務所　2010.7　252p　15cm　（ハルキ文庫）680円　Ⓘ978-4-7584-3492-8

目次 『十八歳』，『日本語のおけいこ』，『誰もしらない』，『どきん』，『ことばあそびうた』，『ことばあそびうたまた』，『わらべうた』，『わらべうた続』，アニメ「鉄腕アトム」テーマ曲，『谷川俊太郎 歌の本』〔ほか〕

内容 初期の作品からことばあそびうた・わらべうた、ノンセンス詩をはじめ、「鉄腕アトム」の歌や幼年・少年少女のつぶやきの詩まで、著者が自分の中の子どもをいまの子どもたちにかさねて詩にした一二九篇を厳

選。知らなかったらもったいない文庫オリジナル。

『どきん』 谷川俊太郎詩，和田誠画 理論社 1986.7 146p 18cm （フォア文庫） 390円 Ⓘ4-652-07060-8

「どきん」

『みんなの谷川俊太郎詩集』 谷川俊太郎著 角川春樹事務所 2010.7 252p 15cm （ハルキ文庫） 680円 Ⓘ978-4-7584-3492-8

目次 『十八歳』，『日本語のおけいこ』，『誰もしらない』，『どきん』，『ことばあそびうた』，『ことばあそびうたまた』，『わらべうた』，『わらべうた続』，アニメ「鉄腕アトム」テーマ曲，『谷川俊太郎 歌の本』〔ほか〕

内容 初期の作品からことばあそびうた・わらべうた、ノンセンス詩をはじめ、「鉄腕アトム」の歌や幼年・少年少女のつぶやきの詩まで、著者が自分の中の子どもをいまの子どもたちにかさねて詩にした一二九篇を厳選。知らなかったらもったいない文庫オリジナル。

『光村ライブラリー 第18巻 おさるがふねをかきました ほか』 樺島忠夫，宮地裕，渡辺実監修，まどみちお，三井ふたばこ，阪田寛夫，川崎洋，河井酔茗ほか著，松永禎郎，杉田豊，平山英三，武田美穂，小野千世ほか画 光村図書出版 2004.11 83p 21cm 〈第4刷〉 1000円 Ⓘ4-89528-116-7

目次 おさるがふねをかきました（まど・みちお），みつばちぶんぶん（小林純一），あいうえお・ん（鶴見正夫），ぞうのかくれんぼ（高木あきこ），おうむ（鶴見正夫），あかいカーテン（みずかみかずよ），ガラスのかお（三井ふたばこ），せいのび（武鹿悦子），かぼちゃのつるが（原田直友），三日月（松谷みよ子），夕立（みずかみかずよ），さかさのさかさはさかさ（川崎洋），春（坂本遼），虻（嶋岡晨），若葉よ来年は海へゆこう（金子光春），われは草なり（高見順），くまさん（まど・みちお），おなかのへるうた（阪田寛夫），てんらん会（柴野民三），夕日がせなかをおしてくる（阪田寛夫），ひばりのす（木下夕爾），十時にね（新川和江），みいつけた（岸田衿子），どきん（谷川俊太郎），りんご（山村暮鳥），ゆずり葉（河井酔茗），雪（三好達治），影（八木重吉），楽器（北川冬彦），動物たちの恐ろしい夢のなかに（川崎洋），支度（黒田三郎）

『詩は宇宙 4年』 水内喜久雄編，太田大輔絵 ポプラ社 2003.4 157p 20×16cm （詩はうちゅう 4） 1300円 Ⓘ4-591-07590-7

目次 学ぶうた（朝の歌（小泉周二），朝がくると（まど・みちお） ほか），手紙がとどく（手紙（鈴木敏史），どきん（谷川俊太郎） ほか），おばあちゃんおじいちゃん（あいづち（北原宗積），八十さい（柘植愛子） ほか），木のうた（木（川崎洋），けやき（みずかみかずよ） ほか），生きものから（チョウチョウ（まど・みちお），シッポのちぎれたメダカ（やなせたかし） ほか），友だちのうた（ともだちになろう（垣内磯子），ともだち（須永博士） ほか），ちょう特急で（もぐら（まど・みちお），たいくつ（内田麟太郎） ほか），声に出して（かえるのうたのおけいこ（草野心平），ゆきふるるん（小野ルミ） ほか），不安になる（ぼくひとり（江口あけみ），うそつき（大洲秋登） ほか），がんばる（くじらにのまれて（糸井重里），春のスイッチ（高階杞一） ほか）

『どきん』 谷川俊太郎詩，和田誠画 理論社 1986.7 146p 18cm （フォア文庫） 390円 Ⓘ4-652-07060-8

「なくぞ」

『子どもの肖像』 谷川俊太郎詩，百瀬恒彦写真 紀伊国屋書店 1993.4 1冊 21×18cm 2000円 Ⓘ4-314-00591-2

内容 みずみずしい詩と写真で贈る、12組の子どもたちの姿。

「春に」

『みんなの谷川俊太郎詩集』 谷川俊太郎著 角川春樹事務所 2010.7 252p 15cm （ハルキ文庫） 680円 Ⓘ978-4-7584-3492-8

目次 『十八歳』，『日本語のおけいこ』，『誰もしらない』，『どきん』，『ことばあそびうた』，『ことばあそびうたまた』，『わらべうた』，『わらべうた続』，アニメ「鉄腕アトム」テーマ曲，『谷川俊太郎 歌の本』〔ほか〕

内容 初期の作品からことばあそびうた・わらべうた、ノンセンス詩をはじめ、「鉄腕アトム」の歌や幼年・少年少女のつぶやきの詩まで、著者が自分の中の子どもをいまの子どもたちにかさねて詩にした一二九篇を厳選。知らなかったらもったいない文庫オリジナル。

『どきん』 谷川俊太郎詩，和田誠画　理論社　1986.7　146p　18cm　（フォア文庫）390円　Ⓘ4-652-07060-8

丹野　節子
たんの・せつこ
《1903〜1976》

「動物のへんそう」

『新心にのこる4年生の読みもの』 長崎源之助監修，野村純三ほか編修　学校図書　1992.3　168p　21cm　Ⓘ4-7625-1924-3

千葉　省三
ちば・しょうぞう
《1892〜1975》

「たかの巣とり」

『三年生で読みたい10分のお話』 旺文社編，中村和弘監修　旺文社　2011.7　159p　21cm〈付属資料：別冊1〉700円　Ⓘ978-4-01-010977-9

目次 たかの巣とり（千葉省三作，飯野和好絵），ペラのりょうし―マレーシアの昔話（光吉夏弥訳，本間ちひろ絵），きまぐれロボット（星新一作，もとき理川絵），だれが化石をみつけたの？（今泉忠明作，茶畑和也絵），俳句を学ぼう！（中村和弘作，竹内彰子絵），ぶどう（与田準一作，山内和朗絵），まいおうぎ（川崎大治作，相川葉子絵），助けてやれなかった命（齋藤慶輔作，伊藤彰剛絵），うちゅうにおいでよ！（野口聡一・林公代作），おくやみ―日本の昔話（高村忠範作，北田哲也絵），父とじゅ業さんかん（水木悦子作，水木しげる絵），空のおはじき（工藤直子作，福岡季実子絵），うちの中のウシ（メイベル・ワッツ作，松岡享子訳，伊藤正道絵），小さなお友だち（椋鳩十作，たにもとなおこ絵），ろん語を学ぼう！（中村和弘作，竹内彰子絵），世界と日本の祭り，養老のたき―日本の昔話（柴野民三作，ベニペロ絵），時計のない村（小川未明作，三木謙次絵）

内容 「朝の読書」にぴったりな名作・話題作18話。三年生の漢字がすべて読める・書ける。

『世界の名作童話 三年生』 宮川健郎編著　偕成社　2001.4　166p　21cm　（学年別・新おはなし文庫）780円　Ⓘ4-03-923240-2

目次 トムのペンキぬり（マーク・トウェイン），小犬（フィリップ），さいごのひと葉（オー・ヘンリー），人にはどれだけの土地がいるか（トルストイ），アリ・ババと四十人のとうぞく（『アラビアン・ナイト』より），冬のおくりもの（島崎藤村），月夜とめがね（小川未明），コーカサスのはげたか（豊島与志雄），たかの巣とり（千葉省三）

内容 長く名作として読みつがれてきた物語には、生きていくための勇気ややさしさ、夢や希望が描かれています。この本には“外国のおはなし”“日本のおはなし”にわけて、世界じゅうの物語のなかから、ぜひ読んでほしい名作ばかりをおさめました。どうぞじっくりとおたのしみください。

『日本児童文学名作集　下』 桑原三郎，千葉俊二著　岩波書店　1994.3　303p　15cm　（岩波文庫）570円　Ⓘ4-00-311432-9

目次 蜘蛛の糸（芥川竜之介），三人兄弟（菊池寛），笛（小島政二郎），一房の葡萄（有島武郎），木の葉の小判（江口渙），三人の百姓（秋田雨雀），寂しき魚（室生犀星），幸福（島崎藤村），蝗の大旅行（佐藤春夫），でたらめ経（宇野浩二），手品師（豊島与志雄），ある島のきつね（浜田広介），水仙月の四日（宮沢賢治），オツベルと象（宮沢賢治），鷹の巣とり（千葉省三），影法師（内田百間），魔法（坪田譲治），大人の眼と子供の眼（水上滝太郎），がきのめし（壺井栄），月の輪グマ（椋鳩十），牛をつないだ椿の木（新美南吉）

内容 大正7年7月、鈴木三重吉によって創刊された『赤い鳥』は、日本の児童文学に新しいページを開いた。下巻には、この『赤い鳥』に掲載された芥川竜之介「蜘蛛の糸」、有島武郎「一房の葡萄」等の作品をはじめ、島崎藤村、浜田広介、宮沢賢治、内田百間、坪田譲治、椋鳩十、新美南吉など大正・昭和の名作21篇を収める。

「チックとタック」

『みんなが読んだ教科書の物語』 国語教科書鑑賞会編　名古屋　リベラル社，星雲社〔発売〕　2010.9　165p　21cm　1200円　Ⓘ978-4-434-14971-9

目次 おおきなかぶ（ロシア民話、西郷竹彦・再話），くじらぐも（中川李枝子），チックとタック（千葉省三），花いっぱいになあれ

(松谷みよ子), くまの子ウーフ (神沢利子), ろくべえまってろよ (灰谷健次郎), たんぽぽ (川崎洋), かさこ地ぞう (岩崎京子), ちいちゃんのかげおくり (あまんきみこ), モチモチの木 (斎藤隆介) 〔ほか〕

内容 大人になった今、読み返すと新しい発見がある！ 小学1年～6年生の授業で習った名作がズラリ。

『くじらぐもからチックタックまで』 石川文子編 武蔵野 フロネーシス桜蔭社, メディアパル〔発売〕 2008.11 222p 19cm 1400円 Ⓘ978-4-89610-746-3

目次 くじらぐも (中川李枝子), チックタック (千葉省三), 小さい白いにわとり ((ウクライナの民話) 光村図書出版編集部編), おおきなかぶ (内田莉莎子訳, A.トルストイ再話), かさこじぞう (岩崎京子), ハナイッパイになあれ (松谷みよ子), おてがみ (三木卓訳, アーノルド・ローベル原作), スイミー (谷川俊太郎訳, レオ＝レオニ原作), 馬頭琴 ((モンゴルの民話) 君島久子訳), おじさんのかさ (佐野洋子), 花とうぐいす (浜田広介), いちごつみ (神沢利子), おかあさんおめでとう (『くまの子ウーフ』より) (神沢利子), きつねのおきゃくさま (あまんきみこ), きつねの子のひろった定期券 (松谷みよ子), きつねの窓 (安房直子), やまなし (宮澤賢治), 最後の授業 (桜田佐訳 アルフォンス・ドーデ原作), 譲り葉 (河井酔茗), 雨ニモマケズ (宮澤賢治)

内容 昭和40年から現在までこくごの教科書のおはなしベスト20。「もう一度読みたい」リクエスト作品と、採用頻度の高い作品で作りました。教科書でしか読めなかった名作『くじらぐも』が、初めて教科書から飛び出しました。

『光村ライブラリー 第1巻 花いっぱいになあれ ほか』 樺島忠夫, 宮地裕, 渡辺実監修, くどうなおこ, ひらつかたけじ, まつたにみよこ, ちばしょうぞう, いまえよしとも作, 西巻茅子, かすや昌宏, 小野千世, 安野光雅, 田島征三絵 光村図書出版 2005.6 76p 21cm〈第7刷〉 1000円 Ⓘ4-89528-099-3

目次 だれにあえるかな (くどうなおこ), 春の子もり歌 (ひらつかたけじ), 花いっぱいになあれ (まつたにみよこ), チックとタック (ちばしょうぞう), 力太郎 (いまえよしとも)

中東 覚
ちゅうとう・かく

「すなはまに上がったアカウミガメ」

『私のウミガメ、もどっておいで』 中東覚文 文渓堂 1995.6 111p 21cm 1300円 Ⓘ4-89423-064-X

内容 アカウミガメが産卵に来る、徳島県日和佐町では、町全体でウミガメの成長を見守っている。ウミガメの生態、感動的な、産卵から旅立ちまでを、日和佐のうみがめ博物館前館長がわかりやすく語りかける。

土家 由岐雄
つちや・ゆきお

《1904～1999》

「かわいそうなぞう」

『二時間目 国語』 小川義男監修 宝島社 2008.8 219p 15cm (宝島社文庫) 438円 Ⓘ978-4-7966-6563-6

目次 朝のリレー 谷川俊太郎「この地球ではいつもどこかで朝がはじまっている」, スーホの白い馬 大塚勇三 (再話)「スーホは、じぶんのすぐわきに、白馬がいるような気がしました」, トロッコ 芥川龍之介「良平はしばらく無我夢中に線路の側を走り続けた」, スイミー レオ＝レオニ (作・絵)・谷川俊太郎 (訳)「スイミーはおよいだ、くらい海のそこを」, 春の歌 草野心平「ケルルンクック。ケルルンクック。」, 注文の多い料理店 宮沢賢治「当軒は注文の多い料理店ですからどうかそこはご承知下さい」, かわいそうなぞう 土家由岐雄「ぐったりとした体を、背中でもたれあって、芸当を始めたのです」, 高瀬舟 森鷗外「わたくしはとうとう、これは弟の言った通にして遣らなくてはならないと思いました」, 永訣の朝 宮沢賢治「けふのうちにとほくへいつてしまふわたくしのいもうとよ」, おみやげ 星新一「フロル星人たちは、その作業にとりかかった」〔ほか〕

内容「国語の教科書にこんな素晴らしい作品が載っていたなんて…」「懐かしくて涙が出ました」この本を読んだ読者の方からの感想です。授業中に先生が読んでくれた話、仲良しの同級生たちと斉唱した話…誰もがあの頃手にした国語の教科書から珠玉の名作を21作品収録。懐かしい中にも新しい発見があり、当時とは違う感情が深く染みてきます。あの頃に戻る“なつかしの国語問題”も付いています。

『かわいそうなぞう』 土家由岐雄著，小林和子画　金の星社　2006.12　173p　18×12cm　（フォア文庫）〈第40刷〉　540円　①4-323-01027-3

目次 かわいそうなぞう，めだかのおまつり，まほうつかいのろば，おじいさんのえほん　おばあさんのえほん，こおろぎサーカスだん，おまつりのおさる，古いランプ

内容 太平洋戦争末期、東京の上野動物園では、空襲下で市街に暴れ出したら危険だという理由で、三頭のぞうが殺された。戦争の悲惨さ、おろかさを問うロングセラー絵本の文庫化。

『かわいそうなぞう』 つちやゆきおぶん，たけべもといちろうえ　金の星社　1999.4　32p　50cm　（読みきかせ大型絵本）〈付属資料：7p（26cm）〉 9000円　①4-323-03301-X

壺井　栄
つぼい・さかえ
《1899～1967》

「朝の歌」

『壺井栄全集　9』 壺井栄著，鷺只雄編集・校訂　文泉堂出版　1997.6　576p　22cm〈肖像あり〉9524円　①4-8310-0055-8

「あしたの風」

『あしたの風』 壺井栄著　ポプラ社　1978.4　197p　18cm　（ポプラ社文庫）　390円

「あばら家の星」

『壺井栄全集　9』 壺井栄著，鷺只雄編集・校訂　文泉堂出版　1997.6　576p　22cm〈肖像あり〉9524円　①4-8310-0055-8

「石うすの歌」

『光村ライブラリー　第12巻　野ばら　ほか』 樺島忠夫，宮地裕，渡辺実監修，小松左京ほか著，吉田甲子太郎訳，たむらしげるほか画　光村図書出版　2004.4　84p　21cm〈3刷〉1000円　①4-89528-110-8

目次 宇宙人の宿題（小松左京），おみやげ（星新一），野ばら（小川未明），空にうかぶ騎士（アンブローズ・ビアス），石うすの歌（壷井栄），えぞまつ（神沢利子）

『石うすの歌』 壺井栄作，宮本順子絵　岩崎書店　1995.4　85p　22×19cm　（日本の名作童話 3）1500円　①4-265-03753-4

「お母さんのてのひら」

『もう一度読みたい国語教科書 小学校篇』 ダルマックス編　ぶんか社　2002.4　221p　19cm　1400円　①4-8211-0775-9

目次 小学一年生（ありとはと，一すんぼうし，げんごろうぶな），小学二年生（きかん車やえもん（あがわひろゆき），かわいそうなぞう（土屋由岐雄）），小学三年生（ピノキオ，かがみの中の犬），小学四年生（ごんぎつね（新美南吉），チワンのにしき（君島久子訳），はだかの王様（アンデルセン）），小学五年生（レナド（スクワイア作），おかあさんの手のひら（壷井栄），大きなしらかば（アルチューホワ　西郷竹彦訳）），小学六年生（めもあある美術館（大井三重子），桃花片（岡野薫子），最後の授業（アルフォンス＝ドーテ））

内容 本書は、現在20～50代の大人たちが、小学校で習った国語教科書から、記憶の片隅にある名作をそのままの形で抜粋したものである。

『世界の名作どうわ 二年生』 宮川健郎編著　偕成社　2001.4　160p　21cm　（学年別・新おはなし文庫）　780円　①4-03-923140-6

目次 かえるの王女（アファナーシェフ），パンのかけらと小あくま（トルストイ），仙人のしゅぎょう（『聊斉志異』より），長ぐつをはいたねこ（ペロー），カトリーヌのおきゃくさまの日（アナトール・フランス），こうふくな王子（オスカー・ワイルド），あしたは天気だ（岡本良雄），おかあさんのてのひら（壺井栄），ざしきぼっこのはなし（宮沢賢治），むくどりのゆめ（浜田広介），手ぶくろを買いに（新美南吉）

内容 長く名作として読みつがれてきた物語には、生きていくための勇気ややさしさ、夢

や希望が描かれています。この本には“外国のおはなし”“日本のおはなし”にわけて、世界じゅうの物語のなかから、ぜひ読んでほしい名作ばかりをおさめました。どうぞじっくりとおたのしみください。

『壺井栄全集 9』 壺井栄著，鷺只雄編集・校訂 文泉堂出版 1997.6 576p 22cm〈肖像あり〉9524円
Ⓘ4-8310-0055-8 Ⓝ918.68
目次 まつりご（A－児童），あひる，餓鬼の飯（A－児童），新ちゃんのおつかい，小さな先生大きな生徒，おみやげ，甲子と猫，十五夜の月，小さなお百姓，港の少女，ともしび，大荷はうち，夕顔の言葉，めがね（B－児童・克子もの），おるすばん，故郷のにおい，おふねのともだち，妙貞さんの萩の花，海のたましい，馬追日記，鶏と南瓜，千代紙，おばあさんの誕生日，露草，山茶花（A－児童・正子もの），寒椿（A－児童・美根子もの），石臼の歌，昔の学校，八津，山の神様のおみやげ，峠の一本松，「ベア」ちゃん，海辺の村の子供たち，花まつり，小さな物語，にわとりのとけい，たのしい日，お母さんのてのひら，お年玉（A－児童・克子もの），お年玉（B－児童・大ちゃんもの），朝の歌，ヤッチャン，あばらやの星，大きくなったら，白いおくりもの，あんずの花の咲くころ，朝夕の歌（A－児童），おべんとう，柳の糸，赤い頭巾，虎狼よりこわいもの，青空草紙，白い卵

『二十四の瞳』 壺井栄著 講談社 1986.3 333p 21cm （少年少女日本文学館 第13巻） 1400円
Ⓘ4-06-188263-5
目次 二十四の瞳，石臼の歌，お母さんのてのひら
内容 12人の生徒と先生、各々の人生を公平な眼とあたたかい心で描く！ 戦争による不幸を訴える傑作。

「柿の木のある家」

『坂道・柿の木のある家―壺井栄童話集』 壺井栄著，田中秀幸絵 講談社 1985.5 197p 18cm （講談社青い鳥文庫） 390円 Ⓘ4-06-147169-4

『二十四の瞳』 壺井栄著 偕成社 1982.10 312p 19cm （ジュニア版日本文学名作選 5） 580円
Ⓘ4-03-801050-3
目次 二十四の瞳，大根の葉，柿の木のある家，柳の糸

「二十四の瞳」

『読解力がグングンのびる！ 齋藤孝のゼッタイこれだけ！ 名作教室 小学5年』 齋藤孝編 朝日新聞出版 2012.6 229p 21cm 1000円
Ⓘ978-4-02-331087-2
目次 吾輩は猫である（抜粋）（夏目漱石），サーカス（向田邦子），女生徒（抜粋）（太宰治），マクベス（抜粋）（シェイクスピア松岡和子訳），言葉の成り立ちを学ぼう 故事成語「杞憂」，鼻（芥川龍之介），伊豆の踊子（抜粋）（川端康成），夜中の汽笛について、あるいは物語の効用について（村上春樹），清兵衛とひょうたん（志賀直哉），詩のひろば サーカス（中原中也），若草物語（抜粋）（L.M・オルコット），二十四の瞳（抜粋）（壺井栄），銀河鉄道の夜（抜粋）（宮沢賢治）

『二十四の瞳』 壺井栄著 講談社 2009.3 315p 19cm （21世紀版少年少女日本文学館 11） 1400円
Ⓘ978-4-06-282661-7
目次 二十四の瞳，石臼の歌
内容 瀬戸内の小さな島の分教書。ここに赴任した、「おなご先生」が出会ったのは、十二人の子どもたちだった。戦争へと向かう激動の時代を背景に、先生と子どもたち、それぞれの人生をあたたかな目で描き、映画化もされ、人々に感動を呼びつづけてきた壺井栄の代表作と、広島の原爆にふれた「石臼の歌」を収録。

『齋藤孝のイッキによめる！ 音読名作選 小学3年生』 齋藤孝編 講談社 2008.7 127p 21cm 1000円
Ⓘ978-4-06-214826-9
目次 初級編（銀河鉄道の夜（宮沢賢治），十五少年漂流記（ジュール・ベルヌ作，那須辰造訳），老人と海（アーネスト・ヘミングウェイ作，福田恆存訳） ほか），中級編（三銃士（アレクサンドル・デュマ作，桜井成夫訳），坊っちゃん（夏目漱石），二十四の瞳（壺井栄） ほか），上級編（マクベス（ウィリアム・シェイクスピア作，福田恆存訳），モモ（ミヒャエル・エンデ作，大島かおり訳），赤毛のアン（L・M・モンゴメリー作，掛川恭子訳） ほか）
内容 1日10分で、だれでもできる！ 音読で心も体も元気になる。

『二十四の瞳』 壺井栄著 改訂第2版 偕成社 2007.10 276p 18cm （偕成社

文庫）〈第17刷〉600円
Ⓘ978-4-03-850070-1
内容 美しい自然にかこまれた瀬戸内・小豆島。分教場に赴任してきた大石先生と十二人の教え子のたどったその後の二十年間を厳しい社会情勢を織りこみながら描いた名作。

『二十四の瞳』 壺井栄作，武田美穂絵 新装版 講談社 2007.10 278p 18cm （講談社青い鳥文庫）660円
Ⓘ978-4-06-148790-1
内容 昭和3年春。みさきの分教場に、若い女の先生が洋服を着て、新しい自転車に乗ってきた。新米のおなご先生をいじめようと待ちぶせていた子どもたちも、びっくり！先生が受けもった1年生12人の瞳は、希望と不安でかがやいていた―。瀬戸内海の小さな島を舞台に、先生と教え子たちとの心温まる生き方をえがいた名作。小学上級から。

『二十四の瞳』 壺井栄著 改版，新装版 角川書店，角川グループパブリッシング〔発売〕 2007.6 249p 15cm （角川文庫）324円 Ⓘ978-4-04-111311-0
内容 昭和のはじめ、瀬戸内海べりの一寒村の小学校に赴任したばかりの大石先生と、個性豊かな12人の教え子たちによる、人情味あふれる物語。分教場でのふれあいを通じて絆を深めていった新米教師と子どもたちだったが、戦争の渦に巻き込まれながら、彼らの運命は大きく変えられてしまう…。戦争がもたらす不幸と悲劇、そして貧しい者がいつも虐げられることに対する厳しい怒りを訴えた不朽の名作。

『二十四の瞳』 壺井栄著 ポプラ社 2005.11 278p 18cm （ポプラポケット文庫）〈2刷〉660円
Ⓘ4-591-08865-0
内容 著者の文学の特徴としてまずあげられるのは、貧しい人びとや不幸な運命の人たちと、悲しみとよろこびをともにしながら、明るい世界をもとめていこうという姿勢だといえましょう。また、例外はありますが、子どもが読んでもおとなが読んでも、ともに楽しめるという特徴もあり、本書などは、そのよい例といえます。

『シナリオ 二十四の瞳』 壺井栄原作，木下恵介脚本 新潮社 1987.5 212p 15cm （新潮文庫）320円
Ⓘ4-10-110204-X
内容 瀬戸の小島の分教場に赴任して来たおなご先生と12人の教え子たちの胸に迫る師弟愛を、郷土色豊かな抒情の中に謳いあげた名作「二十四の瞳」。戦争という不可抗力に圧し潰されながらも懸命に生きる女教師と生徒たちを描いたこの作品は、昭和29年、名匠・木下恵介により映画化され空前のヒットをとばし、“ヒトミ・ブーム”という言葉さえ生んだ。再映画化に応えて贈る不朽の名シナリオ。

坪田 譲治
つぼた・じょうじ
《1890〜1982》

「いたずら三平」

『いたずら三平』 坪田譲治著 岩崎書店 1986.10 277p 21cm （坪田譲治童話全集 9）1400円 Ⓘ4-265-02709-1
目次 正太の海，いたずら三平，リスとカシのみ，ナマズ，ネズミのかくれんぼ，しりとりあそび，水と火，キツネのさいころ，川はながれる，大きなもの，ウサギがり，ネズミとすず，石とカエル，ことりのやど，ひとつのビスケット，ふしぎないえ，いたずら，四月一日，きしゃイヌ，ネズミやトンボ，スズメと良介，小勇士，子ネコ，山の上の岩，小鳥と三平，三平ガエル，スズメのはなし，森のてじなし，カエル，ふしぎな森，牛の友だち，子ネコのかくれんぼ，キツツキ，キャラメル電車，ひとつのパン，ネコの太郎，キツネとブドウ，八郎とコイ，枝の上のカラス，スズメのそうしき，けんかタロウとけんかジロウ，ガマのげいとう，ニジとカニ，おじいさんとおばあさん，エンピツ，ネコとままごと，ままごと，よっちゃんとリンゴ，おべんとうのはなし，イタチのいる学校，びわの木学校，むかしのお正月，トンボと飛行機，スズメと牛，カワズのはなし，カエルとハガキ，道ばたの池のコイ，カラスとドジョウ，たこをとばす，トルコ人の夢，遠くにいる日本人，現代の児童文学短評，子供心とおとな心

「一日一分」

『善太と汽車』 坪田譲治著 岩崎書店 1986.10 278p 21cm （坪田譲治童話全集 1）1400円 Ⓘ4-265-02701-6
目次 河童の話，善太と汽車，正太とハチ，ロバと三平，木の下の宝，小川の葦，黒猫の家，バケツの中のクジラ，合田忠是君，おかあさん，村の子，ダイヤと電話，手品師と善太，コ

イ，スズメとカニ，イモ，ハヤ，城山探検，ハチの女王，スキー，異人屋敷，日曜学校，故園の情，1日1分

「おかあさんの字引」

『金のかぶと』 坪田譲治著　岩崎書店　1986.10　288p　21cm　（坪田譲治童話全集 8）1400円　Ⓘ4-265-02708-3

目次 金のかぶと，天狗の酒，武南倉造，楽師グッティラ物語，びわの木学校，おばけとゆうれい，カラスの礼儀，おかあさんの字引き，ころは万寿，ぬすびとをだます話，あたご山のいのしし

「合田忠是君」

『善太と汽車』 坪田譲治著　岩崎書店　1986.10　278p　21cm　（坪田譲治童話全集 1）1400円　Ⓘ4-265-02701-6

目次 河童の話，善太と汽車，正太とハチ，ロバと三平，木の下の宝，小川の葦，黒猫の家，バケツの中のクジラ，合田忠是君，おかあさん，村の子，ダイヤと電話，手品師と善太，コイ，スズメとカニ，イモ，ハヤ，城山探検，ハチの女王，スキー，異人屋敷，日曜学校，故園の情，1日1分

「小鳥と三平」

『いたずら三平』 坪田譲治著　岩崎書店　1986.10　277p　21cm　（坪田譲治童話全集 9）1400円　Ⓘ4-265-02709-1

目次 正太の海，いたずら三平，リスとカシのみ，ナマズ，ネズミのかくれんぼ，しりとりあそび，水と火，キツネのさいころ，川はながれる，大きなもの，ウサギがり，ネズミとすず，石とカエル，ことりのやど，ひとつのビスケット，ふしぎないえ，いたずら，四月一日，きしゃイヌ，ネズミやトンボ，スズメと良介，小勇士，子ネコ，山の上の岩，小鳥と三平，三平ガエル，スズメのはなし，森のてじなし，カエル，ふしぎな森，牛の友だち，子ネコのかくれんぼ，キツツキ，キャラメル電車，ひとつのパン，ネコの太郎，キツネとブドウ，八郎とコイ，枝の上のカラス，スズメのそうしき，けんかタロウとけんかジロウ，ガマのげいとう，ニジとカニ，おじいさんとおばあさん，エンピツ，ネコとままごと，ままごと，よっちゃんとリンゴ，おべんとうのはなし，イタチのいる学校，びわの木学校，むかしのお正月，トンボと飛行機，スズメと牛，カワズのはなし，カエルとハガキ，道ばたの池のコイ，カラスとドジョウ，たこをとばす，トルコ人の夢，遠くにいる日本人，現代の児童文学短評，子供心とおとな心

「ごんべえとかも」

『新版 日本のむかし話　5　こぶとりじいさんほか全19編』 坪田譲治著　新版　偕成社　2007.12　183p　19cm　（偕成社文庫）700円　Ⓘ978-4-03-551020-8

目次 源五郎の天のぼり，犬かいさんとたなばたさん，五郎とかけわん，ヒバリ金かし，ネズミとトビ，どっこいしょ，木ぼとけ長者，ワラビの恩，古屋のもり，ミソサザイ，権兵衛とカモ，ウグイスのほけきょう，米良の上ウルシ，竜宮のおよめさん，キツネとカワウソ，こぶとりじいさん，ネズミ経，サルとお地蔵さま，歌のじょうずなカメ

内容 ほっぺたにこぶのあるおじいさんが、天狗の歌につられておどりだす「こぶとりじいさん」のほか、「権兵衛とカモ」「ウグイスのほけきょう」「犬かいさんとたなばたさん」など十九編を収録。総ルビ、豊富なさし絵で楽しく読みやすいシリーズです。小学中級以上向き。

『親も子も読む名作 2年生の読みもの』 亀村五郎編集委員　学校図書　2005.7　151p　21cm　648円　Ⓘ4-7625-1962-6

目次 わにのバンポ（大石真），ごんべえとカモ（坪田譲治），きかん車やえもん（阿川弘之），ありの生活（栗林慧），おれはオニだぞ（今江祥智），ブレーメンの音楽師（グリム），うさぎとはりねずみ（島崎藤村），王さまびっくり（寺村輝夫），こおろぎとおきゃくさま（佐藤さとる），むく鳥のゆめ（浜田広介），ガラスのなかのお月さま（久保喬）

内容 すぐれた作家のすぐれた作品!!国語教科書でなじみのある作品も多数掲載。お子さんはもちろん、保護者の方にも楽しく、また、なつかしく読んでいただける名作選。

『魔法』 坪田譲治作，坪田理基男，松谷みよ子，砂田弘編，石倉欣二絵　小峰書店　2005.2　168p　21cm　（坪田譲治名作選）1800円　Ⓘ4-338-20401-X

目次 正太の汽車，蛙，河童の話，雪という字，小川の葦，どろぼう，お馬，異人屋敷，引っ越し，母ちゃん，村の子，魔法，権兵衛とカモ，山姥と小僧，ツルの恩がえし

「ニジとカニ」

『話のびっくり箱　1年　下』 学習研究社　2006.11　135p　26cm　（科学と学習増刊 読み物特集号）1120円　Ⓝ913.68

目次 よくばりくまさん(竹内通雅作・絵), ネコの学校(南部和也作, 中村陽子絵), シンドバッドのぼうけん(宮脇紀雄文, 岩本真槻絵), ニジとカニ(坪田譲治作, たかすかずみ絵), 王さまの耳はろばの耳(大石真文, 奥田怜子絵), とりのみじいさん(横笛太郎文, くすはら順子絵), りすかちゃんのおかいもの(北川チハル作, ミヤハラヨウコ絵), うんこをよーく見ると…?(村上八千世文, 小林治子絵), ばけものづかい(鶴川たくじ文, 吉見礼司絵), ひつじさんとあひるさん(村山籌子作, 小笠原まき絵)

『サバクの虹』 坪田譲治作, ささめやゆき絵　小峰書店　2005.2　175p　21cm　(坪田譲治名作選)　1800円

Ⓘ4-338-20403-6

目次 金の梅・銀の梅, ガマのゆめ, おじいさんおばあさん, サバクの虹, 山の友だち, ニジとカニ, こどもじぞう, ゆめ, 生まれたときもう歯がはえていたという話, エヘンの橋, 馬太郎とゴンベエ, かっぱのふん, よそのお母さん, 昔の子供, 門のはなし, その時, 歌のじょうずなカメ, だんご浄土, 天狗のかくれみの

「ふしぎな森」

『坪田譲治童話全集　第9巻　キツネとブドウ・ふしぎな森』 富永秀夫絵　岩崎書店　1969　277p　22cm

「魔法」

『読んでおきたい名作 小学5年』 川島隆太監修　成美堂出版　2011.4　199p　21cm　700円　Ⓘ978-4-415-31035-0

目次 注文の多い料理店(宮沢賢治), 魔法(坪田譲治), きつね物語(林芙美子), 短歌(若山牧水, 北原白秋, 与謝野晶子, 木下利玄), 月夜と眼鏡(小川未明), 月の輪ぐま(椋鳩十), うた時計(新美南吉), 道程(高村光太郎), さびしき魚(室生犀星), 鼻(芥川龍之介)

内容 朝の10分間読書にぴったり。どんどん読めて脳と心をはぐくむとっておきの10作品。

『赤いろうそくと人魚』 小川未明, 坪田譲治, 浜田広介著　講談社　2009.3　245p　19cm　(21世紀版少年少女日本文学館 12)　1400円　Ⓘ978-4-06-282662-4

目次 小川未明(赤いろうそくと人魚, 月夜と眼鏡, 金の輪, 野ばら, 青空の下の原っぱ, 雪くる前の高原の話), 坪田譲治(魔法, きつねとぶどう, 正太樹をめぐる, 善太と汽車, 狐狩り), 浜田広介(泣いた赤おに, ある島のきつね, むく鳥のゆめ, 花びらのたび, りゅうの目のなみだ)

内容 人間の世界に憧れた人魚がせめて我が子だけでもと陸に子どもを産み落とす。人魚の娘をひろった老夫婦は神様からの授かり物としてその子を大切に育てるが…。昭和の児童文学を代表する小川未明、坪田譲治、浜田広介の童話十六編を収録。

『赤い鳥2年生』 赤い鳥の会編　新装版　小峰書店　2008.2　151p　21cm　(新装版学年別赤い鳥)　1600円

Ⓘ978-4-338-23202-9

目次 ぞうさん(北原白秋), 金魚うり(小川未明), すずめのたまご(清水たみ子), こうま(秋葉喜代子), 風のふく日(佐藤義美), おふろ(堤文子), 風(寺田宋一), ふうせんだまうり(木内高音), ぶたの子(与田準一), まほう(坪田譲治)

内容 『赤い鳥』から生まれた童話・童謡のなかから、小学生に読んで欲しい名作をあつめました。

『魔法』 坪田譲治作, 坪田理基男, 松谷みよ子, 砂田弘編, 石倉欣二絵　小峰書店　2005.2　168p　21cm　(坪田譲治名作選)　1800円　Ⓘ4-338-20401-X

目次 正太の汽車, 蛙, 河童の話, 雪という字, 小川の葦, どろぼう, お馬, 異人屋敷, 引っ越し, 母ちゃん, 村の子, 魔法, 権兵衛とカモ, 山姥と小僧, ツルの恩がえし

「森のてじなし」

『ビワの実』 坪田譲治作, 坪田理基男, 松谷みよ子, 砂田弘編, 篠崎三朗絵　小峰書店　2005.2　199p　21cm　(坪田譲治名作選)　1800円　Ⓘ4-338-20402-8

目次 正太の海, 狐狩り, リスとカシのみ, かくれんぼ, ビワの実, 石屋さん, キツネのさいころ, ネズミのかくれんぼ, 池のクジラ, 雪ふる池, 森のてじなし, きつねとぶどう, 枝の上のからす, ナスビと氷山, 武南倉造, ウグイスのほけきょう, サルとお地蔵さま, 沢右衛門どんのウナギつり

「雪という字」

『魔法』 坪田譲治作, 坪田理基男, 松谷みよ子, 砂田弘編, 石倉欣二絵　小峰書店　2005.2　168p　21cm　(坪田譲治名作

選）1800円 ①4-338-20401-X

目次 正太の汽車, 蛙, 河童の話, 雪という字, 小川の葦, どろぼう, お馬, 異人屋敷, 引っ越し, 母ちゃん, 村の子, 魔法, 権兵衛とカモ, 山姥と小僧, ツルの恩がえし

『テストの前の日に読む本』 現代児童文学研究会編 偕成社 1992.3 206p 21cm （きょうはこの本読みたいな 12）1200円 ①4-03-539120-4

目次 詩 わたしのさんすう（まどみちお）, 学校うらのけっとう（大石真）, 少年探偵誕生（砂田弘）, 父の風船（向田邦子）, 詩 黒板（杉山平一）, 大工と鬼六（木下順二）, 杜子春（芥川龍之介）, 雪という字（坪田譲治）, うさぎのぎ、きつねのき（森山京）, 詩 ものさし（はたちよしこ）, ぼく、歯医者になんかならないよ（川島誠）, 洞熊学校を卒業した三人（宮沢賢治）, ゆめのゴールデンクイズ（那須正幹）

「リスとカシのみ」

『ビワの実』 坪田譲治作, 坪田理基男, 松谷みよ子, 砂田弘編, 篠崎三朗絵 小峰書店 2005.2 199p 21cm （坪田譲治名作選）1800円 ①4-338-20402-8

目次 正太の海, 狐狩り, リスとカシのみ, かくれんぼ, ビワの実, 石屋さん, キツネのさいころ, ネズミのかくれんぼ, 池のクジラ, 雪ふる池, 森のてじなし, きつねとぶどう, 枝の上のからす, ナスビと氷山, 武南倉造, ウグイスのほけきょう, サルとお地蔵さま, 沢右衛門どんのウナギつり

『火ようびのどうわ』 日本児童文学者協会編 国土社 1998.3 90p 21cm （よんでみようよ教科書のどうわ1しゅうかん 2）1200円 ①4-337-09602-7

目次 ゆめのきしゃ（きどのりこ）, 花いっぱいになぁれ（松谷みよ子）, リスとカシのみ（坪田譲治）, かもとりごんべえ（岩崎京子）, ピューンの花（平塚武二）, おかあさんの手（大石真）

鶴岡 千代子

つるおか・ちよこ

《1926～》

「雑草のうた」

『みどりのしずく―自然』 新川和江編, 瀬戸好子絵 太平出版社 1987.7 66p 21cm （小学生・詩のくにへ 5） 1600円

目次 雲（山村暮鳥）, 金のストロー（みずかみかずよ）, 水たまり（武鹿悦子）, 石ころ（まど・みちお）, かいだん（渡辺美知子）, すいれんのはっぱ（浦かずお）, びわ（まど・みちお）, かぼちゃのつるが（原田直友）, 雑草のうた（鶴岡千代子）, ことりのひな（北原白秋）, 土（三好達治）, きいろいちょうちょう（こわせたまみ）, すいっちょ（鈴木敏史）, 川（谷川俊太郎）, 天（山之口貘）, 富士（草野心平）, 海（川崎洋）, なみは手かな（こわせたまみ）, 石（草野心平）, 地球は（工藤直子）, どうしていつも（まど・みちお）

鶴見 正夫

つるみ・まさお

《1926～1995》

「あいうえお・ん」

『光村ライブラリー 第18巻 おさるがふねをかきました ほか』 樺島忠夫, 宮地裕, 渡辺実監修, まどみちお, 三井ふたばこ, 阪田寛夫, 川崎洋, 河井酔茗ほか著, 松永禎郎, 杉田豊, 平山英三, 武田美穂, 小野千世ほか画 光村図書出版 2004.11 83p 21cm〈第4刷〉1000円 ①4-89528-116-7

目次 おさるがふねをかきました（まど・みちお）, みつばちぶんぶん（小林純一）, あいうえお・ん（鶴見正夫）, ぞうのかくれんぼ（高木あきこ）, おうむ（鶴見正夫）, あかいカーテン（みずかみかずよ）, ガラスのかお（三井ふたばこ）, せいのび（武鹿悦子）, かぼちゃのつるが（原田直友）, 三日月（松谷みよ子）, 夕立（みずかみかずよ）, さかさのさかさはさかさ（川崎洋）, 春（坂本遼）, 虻（嶋岡晨）, 若葉よ来年は海へゆこう（金子光春）, われは草なり（高見順）, くまさん（まど・みちお）, おなかのへるうた（阪田寛夫）, てんらん会（柴野民三）, 夕日がせなかをおしてくる（阪田寛夫）, ひばりのす（木下夕爾）, 十時にね（新川和江）, みいつけた（岸田衿子）, どきん（谷川俊太郎）, りんご（山村暮鳥）, ゆずり葉（河井酔茗）, 雪（三好達治）, 影（八木重吉）, 楽器（北川冬彦）, 動物たちの恐ろしい夢のなかに（川崎洋）, 支度（黒田三郎）

「雨のうた」

『あめふりくまのこ』 鶴見正夫詩，鈴木康司絵 国土社 2002.12 77p 24×22cm （現代日本童謡詩全集 6）1600円 ①4-337-24756-4

目次 このはなひとつ，おうむ，はるがきたから，あめふりくまのこ，シャボンとズボン，さかなとさかな，おほしさん，ひよこちゃん，雨のうた，あまぐつながぐつ〔ほか〕

内容 『現代日本童謡詩全集』（全二十二巻）は、第二次大戦後に作られた数多くの童謡から、「詩」としてのこった作品の、作者別集大成です。一九七五年刊行の初版（全二十巻）は、画期的な出版と評価され、翌年「第六回赤い鳥文学賞」を受けました。詩の世界に新しい灯をともした有力な詩人、画家の登場を得、親しまれている曲の伴奏譜を収めて巻数をふやし、出典などの記録も可能なかぎり充実させて、時代にふさわしい新装版。

『あめふりくまのこ（雨の日の詩）』 こわせたまみ編，矢合直彦絵 あすなろ書房 2001.3 23p 25×21cm （季節の詩の絵本 2）1400円 ①4-7515-2142-X

目次 あめのひのママ（こわせ・たまみ），あめあめふるひ（まど・みちお），雨のうた（鶴見正夫），あめふりくまのこ（鶴見正夫），あめのねこ（関根栄一），あめのひのまどに（富永佳与子），あじさいの花（佐藤雅子），なめくじとでんでんむし（関根栄一），かえるのぴょん（谷川俊太郎），ポスト（祐成智美），あめのひのちょうちょ（こわせ・たまみ）

内容 はじめてであう、母と子の詩の絵本。

『日本海の詩―鶴見正夫少年詩集』 鶴見正夫著，篠原勝之絵 理論社 1997.10 155p 21cm （詩の散歩道・PART2） 1600円 ①4-652-03824-0

目次 ぼくと月（ぼくとイヌ，ぼくと月 ほか），忍者の笑い（一ぴきのカニ，ある日の日本海 ほか），こどものうたから（雨のうた，シャボンとズボン ほか），生きる（ウミガラス，ライチョウ ほか），歩く（ある日、山で…，ある日、夢で… ほか）

『雨のうた』 鶴見正夫詩，いわむらかずお絵 白泉社 1989.7 1冊 26cm 1010円 ①4-592-76052-2

内容 幼い心と自然への愛でいっぱい。やさしい詩人とすてきな画家の、たのしい詩の本。

「あめふりくまのこ」

『あめふりくまのこ』 鶴見正夫し，高見八重子え チャイルド本社 2011.6 24p 25×25cm （チャイルドブックアップル傑作選 vol.9-3）429円 ①978-4-8054-3564-9 Ⓝ726.6

『あめふりくまのこ』 鶴見正夫詩，鈴木康司絵 国土社 2002.12 77p 24×22cm （現代日本童謡詩全集 6）1600円 ①4-337-24756-4

目次 このはなひとつ，おうむ，はるがきたから，あめふりくまのこ，シャボンとズボン，さかなとさかな，おほしさん，ひよこちゃん，雨のうた，あまぐつながぐつ〔ほか〕

内容 『現代日本童謡詩全集』（全二十二巻）は、第二次大戦後に作られた数多くの童謡から、「詩」としてのこった作品の、作者別集大成です。一九七五年刊行の初版（全二十巻）は、画期的な出版と評価され、翌年「第六回赤い鳥文学賞」を受けました。詩の世界に新しい灯をともした有力な詩人、画家の登場を得、親しまれている曲の伴奏譜を収めて巻数をふやし、出典などの記録も可能なかぎり充実させて、時代にふさわしい新装版。

『あめふりくまのこ（雨の日の詩）』 こわせたまみ編，矢合直彦絵 あすなろ書房 2001.3 23p 25×21cm （季節の詩の絵本 2）1400円 ①4-7515-2142-X

目次 あめのひのママ（こわせ・たまみ），あめあめふるひ（まど・みちお），雨のうた（鶴見正夫），あめふりくまのこ（鶴見正夫），あめのねこ（関根栄一），あめのひのまどに（富永佳与子），あじさいの花（佐藤雅子），なめくじとでんでんむし（関根栄一），かえるのぴょん（谷川俊太郎），ポスト（祐成智美），あめのひのちょうちょ（こわせ・たまみ）

内容 はじめてであう、母と子の詩の絵本。

「あるけあるけ」

『日本海の詩―鶴見正夫少年詩集』 鶴見正夫著，篠原勝之絵 理論社 1997.10 155p 21cm （詩の散歩道・PART2） 1600円 ①4-652-03824-0

目次 ぼくと月（ぼくとイヌ，ぼくと月 ほか），忍者の笑い（一ぴきのカニ，ある日の日本海 ほか），こどものうたから（雨のうた，シャボンとズボン ほか），生きる（ウミガラス，ライチョウ ほか），歩く（ある日、山で…，ある日、夢で… ほか）

「おうむ」

『光村ライブラリー　第18巻　おさるがふねをかきました ほか』　樺島忠夫, 宮地裕, 渡辺実監修，まどみちお, 三井ふたばこ, 阪田寛夫, 川崎洋, 河井酔茗ほか著，松永禎郎, 杉田豊, 平山英三, 武田美穂, 小野千世ほか画　光村図書出版　2004.11　83p　21cm〈第4刷〉1000円　Ⓘ4-89528-116-7

目次 おさるがふねをかきました（まど・みちお）, みつばちぶんぶん（小林純一）, あいうえお・ん（鶴見正夫）, ぞうのかくれんぼ（高木あきこ）, おうむ（鶴見正夫）, あかいカーテン（みずかみかずよ）, ガラスのかお（三井ふたばこ）, せいのび（武鹿悦子）, かぼちゃのつるが（原田直友）, 三日月（松谷みよ子）, 夕立（みずかみかずよ）, さかさのさかさはさかさ（川崎洋）, 春（坂本遼）, 虻（嶋岡晨）, 若葉よ来年は海へゆこう（金子光春）, われは草なり（高見順）, くまさん（まど・みちお）, おなかのへるうた（阪田寛夫）, てんらん会（柴野民三）, 夕日がせなかをおしてくる（阪田寛夫）, ひばりのす（木下夕爾）, 十時にね（新川和江）, みいつけた（岸田衿子）, どきん（谷川俊太郎）, りんご（山村暮鳥）, ゆずり葉（河井酔茗）, 雪（三好達治）, 影（八木重吉）, 楽器（北川冬彦）, 動物たちの恐ろしい夢のなかに（川崎洋）, 支度（黒田三郎）

「スポーツ」

『あたらしい歯―自立・成長』　新川和江編，有元健二絵　太平出版社　1987.7　66p　21cm　（小学生・詩のくに 7）　1600円

目次 青い色（丸山薫）, まきばの子馬（高田敏子）, あたらしい歯（与田準一）, ミミコの独立（山之口貘）, にぎりこぶし（村野四郎）, 小さななみだ（やなせたかし）, 素直な疑問符（吉野弘）, 本のにおい（新川和江）, かぜのなかのおかあさん（阪田寛夫）, ゆずり葉（河井酔名）, われは草なり（高見順）, 山頂から（小野十三郎）, スポーツ（鶴見正夫）, 虻（嶋岡晨）, つばさをください（山上路夫）, 支度（黒田三郎）, 生きる（谷川俊太郎）

手島　圭三郎
てじま・けいざぶろう
《1935～》

「しまふくろうのみずうみ」

『しまふくろうのみずうみ』　手島圭三郎画・文　リブリオ出版　2005.7　1冊（ページ付なし）44cm　（リブリオ出版のビッグブック）〈付属資料：テキスト読本1冊〉6500円　Ⓘ4-86057-209-2　Ⓝ726.6

手塚　治虫
てずか・おさむ
《1928～1989》

「アニメーションとわたし」

『光村ライブラリー　第17巻　「わたし」とはだれか ほか』　樺島忠夫, 宮地裕, 渡辺実監修，亀井勝一郎ほか著，手塚治虫ほか画　光村図書出版　2004.4　89p　21cm〈3刷〉1000円　Ⓘ4-89528-115-9

目次 もう一度考える（亀井勝一郎）, 映像を見る目（山田太一）, アニメーションとわたし（手塚治虫）, ねむりについて（宮城音弥）, 「わたし」とはだれか（河合隼雄）, マカルーの旗（松尾伸）, 赤十字の創立者―アンリー＝デュナン（「国語」編集委員会編）

デスノス, ロベール
《1900～》

「あり」

『いきもののうた』　小海永二編，和歌山静子絵　ポプラ社　1996.4　141p　19×15cm　（みんなで読む詩・ひとりで読む詩 2）1200円　Ⓘ4-591-05075-0

内容 小学校中学年～中学生向き。

『ぎんいろの空―空想・おとぎ話』　新川和江編，降矢奈々絵　太平出版社　1987.7　66p　21cm　（小学生・詩のくにへ 2）1600円

目次 シャボン玉（ジャン・コクトー），なみとかいがら（まど・みちお），海水浴（堀口大学），白い馬（高田敏子），じっと見ていると（高田敏子），真昼（木村信子），ことり（まど・みちお），ちょうちょとハンカチ（宮沢章二），だれかが小さなベルをおす（やなせたかし），おもちゃのチャチャチャ（野坂昭如），なわ一本（高木あきこ），南の島のハメハメハ大王（伊藤アキラ），とんでったバナナ（片岡輝），チム・チム・チェリー（日本語詞・あらかわひろし），星の歌（片岡輝），あり（ロベール＝デスノス），お化けなんてないさ（槇みのり），マザー・グース せかいじゅうの海が（水谷まさる 訳）

デフォー，ダニエル
《1661〜1731》

「ロビンソン・クルーソー」

『ロビンソン・クルーソー』 ダニエル・デフォー著，武田将明訳 河出書房新社 2011.9 499p 15cm （河出文庫） 950円 Ⓘ978-4-309-46362-9

内容 十九歳ではじめて船出をしたロビンソンは、数々の苦難に襲われたあげく、南米の無人島に漂着する。日記を付け、聖書を読み、煙草をくゆらす孤独な日々のなか、彼は安全な住まいを築き、農耕や牧畜を営む工夫をこらす。近代的人間の典型として、多様なジャンルに影響を与え続ける古典的名作を、抜群に読みやすい新訳で。

『完訳 ロビンソン・クルーソー』 ダニエル・デフォー著，増田義郎訳 中央公論新社 2007.6 341p 19cm 2800円 Ⓘ978-4-12-003817-4

内容 ロビンソン・クルーソーは、「絶海の孤島」に漂着し、すべての社会的脈絡から切り離されたきびしい環境の中で、サーヴァイヴァルの技術を開拓し、近代的な経済人のエートス（倫理的規範）を発揮しながらたくましく生きた、と言われる。しかしそうだろうか。ロビンソン・クルーソーははたして「絶海の孤島」に生きたのだろうか。この訳書は、詳細な解説とともに、18世紀当時、4つの大陸の相関関係のうちに成立しつつあった大西洋世界の脈絡の中においてこそ、この作品の本質とデフォーの真意が理解されることを示そうとする。

『ロビンソン・クルーソー』 ダニエル・デフォー作，海保眞夫訳 岩波書店 2004.3 349p 18cm （岩波少年文庫） 720円 Ⓘ4-00-114566-9

内容 航海に出たロビンソン・クルーソーは、嵐にあい、たったひとり絶海の孤島に打ちあげられてしまう。わずかな食糧と道具をたよりに、どうしたら生きのびることができるだろうか—。近代小説の原点ともなった冒険物語の古典。中学以上。

『ロビンソン・クルーソー』 D.デフォー作，坂井晴彦訳，B.ピカール画 福音館書店 2003.6 445p 17cm （福音館文庫） 800円 Ⓘ4-8340-0623-9

内容 孤島物語の傑作としてあまりにも有名なこの作品は、世界じゅうの子どもたちに熱烈な支持を受け、読みつがれて、すでに足かけ四世紀の時をきざんでいます。ていねいに練られた読みやすい訳文と、一七二五年刊行のフランス語版から復刻した美麗な挿絵で贈る「ロビンソン・クルーソー決定版」を、じっくりとお楽しみください。

寺村 輝夫
てらむら・てるお
《1928〜2006》

「あなにおちたぞう」

『あなに おちた ぞう』 寺村輝夫文，村上勉絵 改訂版 偕成社 1989.3 1冊 25×21cm （はじめてよむ絵本 11） 780円 Ⓘ4-03-240110-1

内容 おおきなぞうが、おおきなあなにおちました。さるがきて、きつねがきて、カバがきて、サイがきて、みんなで「よいしょよいしょ。」ひっぱりましたがそれでもたすけだせません。やっとたすけたとおもったら、あらあらあら…。

「王さま出かけましょう」

『おうさま でかけましょう』 寺村輝夫作，和歌山静子絵 新装版 フレーベル館 2011.12 1冊 27×21cm （フレーベル館復刊絵本セレクション） 1200円 Ⓘ978-4-577-03943-4

内容 おかしなおかしなおうさまのはなしです。おうさまのへやの、まどのうえに、ことしもつばめがすをつくりました。おうさまは、かあさんつばめにききました。「かわいいひなをいちわくれないか」キンダーおはなしえほん1977年6月号初出。童話『王さまでかけましょう』の原典となる王さまシリーズオリジナル絵本、待望の復刊。

『光村ライブラリー　第2巻　空いろのたね ほか』 樺島忠夫, 宮地裕, 渡辺実監修, てらむらてるお, なかがわりえこ, マーガレット・ブラウン, いわさききょうこ作, 岩田みみ訳, 和歌山静子, 山脇百合子, クレメント・ハード, 梶山俊夫絵　光村図書出版　2004.11　69p　21cm　〈第5刷〉1000円　Ⓘ4-89528-100-0

目次 王さま出かけましょう（てらむらてるお）, 空いろのたね（なかがわりえこ）, ぼく、にげちゃうよ（マーガレット・ブラウン）, かさこ地ぞう（いわさききょうこ）

『たんけんたいと消防たい』 寺村輝夫作, 和歌山静子絵　〔新版〕　理論社　1998.9　149p　21cm　（寺村輝夫の王さまシリーズ 7）1000円　Ⓘ4-652-00667-5

目次 王さまでかけましょう, 王さまたんけんたい, 時計がぐるぐる, 王さましょうぼうたい

内容 「どこのおうちにもこんな王さまがひとりいるんですって」このことばをかかげ、1959年、毎日出版文化賞の受賞とともにスタートした王さまシリーズ。以来たくさん版を重ね、500万もの子どもたちに愛されてきました。わがままでくいしんぼの王さまが、お城でじけんをおこしたり、お城からとび出し宇宙や海の底に行ったり大活やく。誕生40年を記念して、「ぼくは王さま全集」の五十ものゆかいな話が、新編集で十一冊の本にうまれかわることになりました。文字を読みやすく組みかえ、さし絵も全部かきかえました。お話の面白さをたっぷり味わって下さい。

『王さまでかけましょう』 寺村輝夫作, 和歌山静子絵　理論社　1995.10　61p　21cm　（ぼくは王さま 3 - 2）980円　Ⓘ4-652-00652-7

「おしゃべりなたまごやき」

『おしゃべりなたまごやき』 寺村輝夫作, 和歌山静子絵　理論社　1998.4　157p　21cm　（寺村輝夫の王さまシリーズ 2）1000円　Ⓘ4-652-00662-4

『現代童話　1』 今江祥智, 山下明生編　福武書店　1991.2　415p　15cm　（福武文庫―JOYシリーズ）750円　Ⓘ4-8288-3182-7

目次 くまさん ほか（まどみちお）, おしゃべりなたまごやき（寺村輝夫）, べえくん（筒井敬介）, パパないない（松谷みよ子）, モチモチの木（斎藤隆介）, 四角い虫の話（佐藤さとる）, 見えなくなったクロ（大石真）, たぬきと山伏（木下順二）, 水泳のはじめ（平塚武二）, 白い帆船（庄野英二）, ヤン 抄（前川康男）, 焼けあとの白鳥（長崎源之助）, ひばりの子（庄野潤三）, 雪の夜の幻想（いぬいとみこ）, あるハンノキの話（今西祐行）, 子ども十二か月（坪田譲治）, 早い記憶（石井桃子）, 女か西瓜か（福永武彦）, 猫の親子（中勘助）, けんかえれじい 抄（鈴木隆）, 海の歌・科学的関心と美意識（佐野美津男）, 山太郎（川路重之, 和田誠）

内容 現代童話はどこから来て、どこへ行こうとしているのか…。戦後復興期に続々と創刊された同人誌を舞台に、自らの世界を築いていった童話作家たちの創作をはじめ、福永武彦、庄野潤三の小説、中勘助の随筆、佐野美津男の評論、川路重之・和田誠の私家版絵本「山太郎」など、ジャンルを超えて気鋭の児童文学者2人が編む出色のアンソロジー第1集。

「くじらのズボン」

『王さまばんざい―おしゃべりなたまごやき』 寺村輝夫作, 和歌山静子画　理論社　2009.2　186p　18cm　（フォア文庫）〈第79刷〉540円　Ⓘ978-4-652-07037-6

目次 おしゃべりなたまごやき, 木の上にベッド, くじらのズボン, 金のたまごが6つある, なんでもほしいほしがりや, パクパクとバタバタ, ニセモノばんざい, わすれたわすれんぼ, いいことないしょで, 一つぶころりチョコレート, 王さま動物園

内容 王さまは、たまごやきがだいすき。めだまやきもだいすき。そして、ちゅうしゃがだいきらい。かぜで39どもねつがあるのに、「いやだっ。ちゅうしゃをしたら、おまえをピストルでうってやる」なんていうのです。こまっている大臣に「ゾウのマスクをもってこい、だめならさかなの手ぶくろ」。いいだしたら、もうたいへん。ユーモラスなお話が11編。

『トランプは王さまぬき』 寺村輝夫作,

和歌山静子絵　新版　理論社　1998.11　149p　21cm　（寺村輝夫の王さまシリーズ 8）1000円　①4-652-00668-3

目次 トランプは王さまぬき, くじらのズボン, 王さまパトロール, なみだのピッチョン, 王さまタクシー

内容 1959年、毎日出版文化賞の受賞とともにスタートした王さまシリーズ。誕生40年を記念して、「ぼくは王さま全集」の50ものゆかいな話が、新編集で11冊の本にうまれかわることになりました。

『王さまくじらのズボン』　寺村輝夫作, 和歌山静子絵　理論社　1996.4　1冊　21cm　（ぼくは王さま 3 - 3）980円　①4-652-00653-5

目次 くじらのズボン, ゆめでカレーライス

トウェイン, マーク
《1835〜1910》

「トムのへいぬり」

『トム・ソーヤーの冒険』　マーク・トウェイン著, 柴田元幸訳　新潮社　2012.7　397p　15cm　（新潮文庫）590円　①978-4-10-210611-2

内容 ポリー伯母さんに塀塗りを言いつけられたわんぱく小僧のトム・ソーヤー。転んでもタダでは起きぬ彼のこと、いかにも意味ありげに塀を塗ってみせれば皆がぼくにもやらせてとやってきて、林檎も凧もせしめてしまう。ある夜親友のハックと墓場に忍び込んだら…殺人事件を目撃！　さて彼らは―。時に社会に皮肉な視線を投げかけつつ、少年時代をいきいきと描く名作を名翻訳家が新訳。

『トム・ソーヤーの冒険』　マーク・トウェイン著, 土屋京子訳　光文社　2012.6　540p　15cm　（光文社古典新訳文庫）933円　①978-4-334-75251-4

内容 トム・ソーヤーは悪さと遊びの天才だ。退屈な教会の説教をクワガタ一匹で忍び笑いの場に変えたり、家出して親友のハックたちと海賊になってみたり。だがある時、偶然に殺人現場を目撃してしまい…。小さな英雄たちの冒険を瑞々しく描いたアメリカ文学の金字塔。

『トム・ソーヤーの冒険』　マーク・トウェーン作, 飯島淳秀訳, にしけいこ絵　新装版　講談社　2012.4　290p　18cm　（講談社青い鳥文庫）670円　①978-4-06-285286-9

内容 舞台は、19世紀のアメリカの田舎町。わんぱく少年トムは、人一倍のいたずら者で、その毎日は冒険でいっぱい。あるときは家出をして、無人島でキャンプをしたり、またあるときは、夜中の墓場にしのびこみ、殺人現場を目撃したり。そして最後には、仲間のハックルベリ・フィンといっしょに、人殺しのインジャン・ジョーがかくした財宝を発見。アメリカ文学、不朽の名作。

『トム＝ソーヤーの冒険』　マーク・トウェーン著, 亀山龍樹訳　講談社　2010.12　321p　19cm　（21世紀版少年少女世界文学館 11）1400円　①978-4-06-283561-9

内容「大統領なんかになるよか、山賊のほうがよっぽどましだ。」少年少女の永遠のヒーロー、ここに誕生！　冒険といたずらの天才がまきおこす大騒動。

『トム・ソーヤーの冒険　上』　マーク・トウェイン作, 石井桃子訳　新版　岩波書店　2001.10　262p　18cm　（岩波少年文庫）680円　①4-00-114093-4

『トム・ソーヤーの冒険　下』　マーク・トウェイン作, 石井桃子訳　新版　岩波書店　2001.10　254p　18cm　（岩波少年文庫）680円　①4-00-114094-2

『世界の名作童話 三年生』　宮川健郎編著　偕成社　2001.4　166p　21cm　（学年別・新おはなし文庫）780円　①4-03-923240-2

目次 トムのペンキぬり（マーク・トウェイン）, 小犬（フィリップ）, さいごのひと葉（オー・ヘンリー）, 人にはどれだけの土地がいるか（トルストイ）, アリ・ババと四十人のとうぞく（『アラビアン・ナイト』より）, 冬のおくりもの（島崎藤村）, 月夜とめがね（小川未明）, コーカサスのはげたか（豊島与志雄）, たかの巣とり（千葉省三）

内容 長く名作として読みつがれてきた物語には、生きていくための勇気ややさしさ、夢や希望が描かれています。この本には“外国のおはなし”“日本のおはなし”にわけて、世界じゅうの物語のなかから、ぜひ読んでほしい名作ばかりをおさめました。どうぞじっくりとおたのしみください。

峠　兵太
とうげ・へいた
《1931～》

「ならなしとり」

『ならなしとり』　峠兵太文，井上洋介絵　佼成出版社　1993.4　1冊　25×26cm　（民話こころのふるさとシリーズ）1200円　Ⓘ4-333-01646-0

内容 太郎・次郎・三郎というなかのいい三人兄弟がいました。ある日、病気の母親が「ならなしのみがたべたい」といいました。ならなしの木は山おくのまものがすむという沼のほとりにあるのです。太郎はそのみをとりにでかけますが…。

ドストエフスキー，フョードル・M.
《1821～1881》

「少年イリューシャ」

『カラマーゾフの兄弟　5　エピローグ別巻』　フョードル・ミハイロヴィチ・ドストエフスキー著，亀山郁夫訳　光文社　2007.7　365p　15cm　（光文社古典新訳文庫）629円　Ⓘ978-4-334-75133-3

内容 「エピローグ」では、主人公たちのその後が描かれる。彼らそれぞれに、どんな未来が待ち受けているのか…。訳者・亀山郁夫が渾身の力で描いた「ドストエフスキーの生涯」と「解題」は、この至高の名作を味わうための傑出したすばらしいガイド＝指針となるにちがいない。

『カラマーゾフの兄弟　4』　フョードル・ミハイロヴィチ・ドストエフスキー著，亀山郁夫訳　光文社　2007.7　700p　15cm　（光文社古典新訳文庫）1029円　Ⓘ978-4-334-75132-6

内容 11月初め。フョードル殺害犯として逮捕されたミーチャのまわりで、さまざまな人々が動きだす。アリョーシャと少年たちは病気の友だちを見舞い、イワンはスメルジャコフと会って事件の「真相」を究明しようとする。そして裁判で下された驚愕の判決。ロシアの民衆の真意とは何か。

『カラマーゾフの兄弟　3』　フョードル・ミハイロヴィチ・ドストエフスキー著，亀山郁夫訳　光文社　2007.2　541p　15cm　（光文社古典新訳文庫）838円　Ⓘ978-4-334-75123-4

内容 ゾシマの死に呆然とするアリョーシャ。しかし長老の遺体には、信じられない異変が起こる。いっぽう、第2巻で「消えて」いたミーチャは、そのころ自分の恥辱をそそぐための金策に走り回っていた。そして、ついに恐れていた事態が。父フョードルが殺された！ 犯人は誰なのか。

『カラマーゾフの兄弟　2』　フョードル・ミハイロヴィチ・ドストエフスキー著，亀山郁夫訳　光文社　2006.11　501p　15cm　（光文社古典新訳文庫）781円　Ⓘ4-334-75117-2

内容 ゾシマの言葉にしたがって、アリョーシャは父の家に出かける。父と長男ミーチャとの確執は、激しさを増していくようだ。イリューシャとの出会い、スネギリョフ大尉の家で目にしたものなど、アリョーシャの心はさまざまに揺れ動き、イワンの「大審問官」で究極の衝撃を受ける。

『カラマーゾフの兄弟　1』　フョードル・ミハイロヴィチ・ドストエフスキー著，亀山郁夫訳　光文社　2006.9　443p　15cm　（光文社古典新訳文庫）724円　Ⓘ4-334-75106-7

内容 父親フョードル・カラマーゾフは、圧倒的に粗野で精力的、好色きわまりない男だ。ミーチャ、イワン、アリョーシャの3人兄弟が家に戻り、その父親とともに妖艶な美人をめぐって繰り広げる葛藤。アリョーシャは、慈愛あふれるゾシマ長老に救いを求めるが…。

ドーデ，アルフォンス
《1840～1897》

「最後の授業」

『くじらぐもからチックタックまで』　石川文子編　武蔵野　フロネーシス桜蔭社，メディアパル〔発売〕　2008.11　222p　19cm　1400円　Ⓘ978-4-89610-746-3

目次 くじらぐも（中川李枝子），チックタック（千葉省三），小さい白いにわとり（（ウクライナの民話）光村図書出版編集部編），おおきなかぶ（内田莉莎子訳,A.トルストイ再話），かさこじぞう（岩崎京子），ハナイッパイになあれ（松谷みよ子），おてがみ（三木卓訳，アーノルド・ローベル原作），スイミー（谷川俊太郎訳，レオ＝レオニ原作），馬頭琴（（モンゴルの民話）君島久子訳），おじさんのかさ（佐野洋子），花とうぐいす（浜田広介），いちごつみ（神沢利子），おかあさんおめでとう（『くまの子ウーフ』より）（神沢利子），きつねのおきゃくさま（あまんきみこ），きつねの子のひろった定期券（松谷みよ子），きつねの窓（安房直子），やまなし（宮澤賢治），最後の授業（桜田佐訳 アルフォンス・ドーデ原作），譲り葉（河井酔茗），雨ニモマケズ（宮澤賢治）

内容 昭和40年から現在までこくごの教科書のおはなしベスト20。「もう一度読みたい」リクエスト作品と、採用頻度の高い作品で作りました。教科書でしか読めなかった名作『くじらぐも』が、初めて教科書から飛び出しました。

『二時間目 国語』 小川義男監修 宝島社 2008.8 219p 16cm （宝島社文庫） 438円 ①978-4-7966-6563-6 Ⓝ918.6

目次 朝のリレー（谷川俊太郎著），スーホの白い馬（大塚勇三再話），トロッコ（芥川竜之介著），スイミー（レオ・レオニ作・絵，谷川俊太郎訳），春の歌（草野心平著），注文の多い料理店（宮沢賢治著），かわいそうなぞう（土家由岐雄著），高瀬舟（森鴎外著），永訣の朝（宮沢賢治著），おみやげ（星新一著），レモン哀歌（高村光太郎著），最後の授業（アルフォンス・ドーデ作，松田穣訳），初恋（島崎藤村著），屋根の上のサワン（井伏鱒二著），蠅（横光利一著），野ばら（小川未明著），山月記（中島敦著），汚れつちまつた悲しみに…（中原中也著），ごん狐（新美南吉著），こころ（夏目漱石著），生きる（谷川俊太郎著）

『最後の授業』 アルフォンス・ドーデ作，南本史訳 ポプラ社 2007.6 166p 18cm （ポプラポケット文庫） 570円 ①978-4-591-09852-3

目次 『月曜物語』，『風車小屋だより』

内容 緑の森にめぐまれ、太陽の光がふりそそぐ豊かなアルザス地方は、その場所のために、ドイツ領となったり、フランス領となったりしてきました。きょう、戦争によってこの地方はフランス領からドイツ領へとかわり、アメル先生は、フランス語による最後の授業をおこないます。そしてとうとう十二時、教会の鐘が鳴りはじめました…。小学校上級から。

『10分で読めるお話 六年生』 木暮正夫，岡信子選 学習研究社 2005.3 193p 21cm 700円 ①4-05-202208-4 Ⓝ913.68

目次 日本のお話：ハボンスの手品（豊島与志雄作，小林敏也絵），弟（宮口しづえ作，清重伸之絵），詩：てつがくのライオン（工藤直子作，スズキコージ絵），世界のお話：最後の授業（アルフォンス・ドーデ作，桜田佐訳，井江栄絵），一マイル競走（レスリー・M.カーク作，吉田甲子太郎訳著，イトウケイシ絵），日本のお話：宮本武蔵の子（童門冬二作，篠崎三朗絵），夕暮れの占い師（加藤純子作，大庭賢哉絵），ダンニャバーダわたしのネパール（井上こみち文），たまご焼きで勝負（上条さなえ作，小松良佳絵），詩：尾瀬の道（立松和平作，荒井良二絵），世界のお話：風水をみる先生（伊藤貴麿編訳，くすはら順子絵），ヘラクレスの怪物退治（鈴木武樹文，村田ミエコ絵）

『最後の授業』 アルフォンス・ドーデ作，桜田佐訳 偕成社 1993.7 201p 19cm （偕成社文庫） 620円 ①4-03-651960-3

ドーハティー，ジェームズ

《1889～1974》

「アンディとらいおん」

『アンディとらいおん』 ジェームズ・ドーハーティぶん・え，むらおかはなこやく 福音館書店 1961.8（40刷：1995.12） 1冊 27cm （世界傑作絵本シリーズ―アメリカの絵本） 1214円 ①4-8340-0003-6

冨田 博之

とみた・ひろゆき

《1922～1994》

「きっちょむさん」

『2年の読み物特集―学習・科学 1993上』 学習研究社 1993.7 216p 26cm

900円 Ⓝ913.68

目次 ふしぎなはっぱ（カワキタカズヒロ作・絵）, 大きなすいか（加藤晃作・絵）, おじいちゃんの見え見えぐすり（堀内純子作, 長谷川京平絵）, 家族でおしばい, ゆかいなきっちょむさん（冨田博之文, 三森明絵）, ちびまじょジョピの夏休み（山本和子作, ひらのてつお絵）, おばけなんだから（木村裕一作, 渡辺あきお絵）, とっても太ったアルマジロ（クリスチネ・レットル作, クリスチナ・オッパマン・ディモフ絵, レナーテ・レーブ, 藤井まなみ, なぎともこ共訳）, ぼくのカエルが金メダル（石原埴子作, 西村達馬絵）, 名たんていポチ（中野耕司作・絵, 中村晋指導）, おじいちゃんがたいへん（正岡慧子作, 水沢研絵）, ふしぎなハンカチ（茂市久美子作, 中村悦子絵）, おじいちゃんのだいこんものがたり（今西祐行作, 篠崎三朗絵）, にじの足（平井芳夫作, 伊藤悌夫絵）, ゆうことあそんだせっちゃんはだあれ？（宮川ひろ作, 土田義晴絵）, 本といい出会いをするための手作り絵本（木村研著）

「ねこが見分ける」

富山　和子
とみやま・かずこ
《1933～》

「あばれ川をおさめる」

『川は生きている』 富山和子作, 大庭賢哉絵　講談社　2012.6　156p　18cm　（講談社青い鳥文庫）580円　Ⓘ978-4-06-285291-3

目次 むかしの川（あばれ川をおさめる, 水と土のおくりもの, 森林のはたらき）, いまの川（いたちごっこ, ダムのかなしみ, 水をよごさないで）, 川を守る人びと（水となかよしの町, はげ山を緑に）

内容 日本の川はもともと、大雨がふれば洪水をおこす、「あばれ川」です。そこで、どの時代の人々も、川をじょうずにおさめるくふうをしてきました。では、これからわたしたちは、どうしたら、川となかよくできるのでしょう？ 教科書にも出てくる、小・中学生必読のノンフィクション。産経児童出版文化賞受賞作品。小学中級から。

『川は生きている』 富山和子著　講談社　1994.5　101p　21cm　（自然と人間）1100円　Ⓘ4-06-206966-0

目次 むかしの川（あばれ川をおさめる, 水と土のおくりもの, 森林のはたらき）, いまの川（いたちごっこ, ダムのかなしみ, 水をよごさないで）, 川を守る人びと（水となかよしの町, はげ山を緑に）

内容 水道のじゃぐちをひねるとき、あなたは、その水が、どこからはこばれてくるか考えたことがありますか。この本は、水の話であり、緑の話であり、そして土の話でもあります。人間と環境を考える小学生の必読書。

「いね」

『お米は生きている―自然と人間』 富山和子著　講談社　1995.5　140p　21cm　1300円　Ⓘ4-06-207558-X

目次 日本のお米, いね, 国のはじめ, ため池と古墳, まつりがそだてられる, 平野をつくる, 五庄屋の話, 森林をつくる, 風景をつくる, 新しい風景

内容 小学中級から。

外山　滋比古
とやま・しげひこ
《1923～》

「赤い風船」

『裏窓の風景』 外山滋比古著　展望社　2010.6　197p　19cm　1400円　Ⓘ978-4-88546-214-6

目次 縁日（同窓会, 縁日 ほか）, 柿の秋（柿の秋, 持病 ほか）, 赤い風船（赤い風船, 大文堂 ほか）, つくし（老舗, ひげ ほか）

『外山滋比古著作集　8　風の音・エッセイ集』 外山滋比古著　みすず書房　2002.8　362p　19cm　3400円　Ⓘ4-622-04858-2

目次 日々是日々（ボタンのはなし, 寄宿の子 ほか）, キケロ流（漱石の手紙, トイレ ほか）, 山茶花（あたり木,「集まれ」と「集合」 ほか）, 七分の天（夢のあと, 楽天的 ほか）, 風の音（すず風, 帽子 ほか）, 赤い風船（柿の色, ひつじ田 ほか）

内容 師弟や食べものから散歩にことばまで。人生万般について、その機微を声低くゆったりと語る。兼好やモンテーニュの伝統に連なるエッセイを自選によって集成。

『赤い風船』 外山滋比古著 福武書店 1986.9 246p 15cm （福武文庫） 420円 Ⓘ4-8288-3031-6

目次 柿の秋, 赤い風船, つくし, 縁日, ネクタイ

内容 赤い風船に託されて庭先に飛んできた見知らぬ少女からの便り。うつうつとした気分を払う小さな出来事をいとおしむ心情を鮮やかに描いた表題作をはじめとする75篇の珠玉のエッセイ。

豊島 与志雄

とよしま・よしお

《1890～1955》

「天下一の馬」

『天狗笑い―豊島与志雄童話集』 豊島与志雄著 オンデマンド版 晶文社 2007.6 279p 19cm （晶文社オンデマンド選書） 2800円

Ⓘ978-4-7949-1099-8

目次 天狗笑い, 天狗の鼻, 影法師, お山の爺さん, 風ばか, 雷神の珠, 天下一の馬, 人形使い, 正覚坊, 狸のお祭, ばかな汽車, 悪魔の宝, 彗星の話, シャボン玉, 活人形, 強い賢い王様の話, 銀の笛と金の毛皮, エミリアンの旅

『話のびっくり箱 6年 上』 学習研究社 2006.6 223p 21cm （科学と学習増刊 読み物特集号） 1120円 Ⓝ913.68

目次 またたびトラベル（茂市久美子作, 黒井健絵）, 親友になりたい（魚住直子作, 清田貴代絵）, どんぐりと山ねこ（宮澤賢治作, 高山ケンタ絵）, 遺言書のなぞ（アガサ・クリスティー作, 各務三郎訳, 星野イクミ絵）, カレンちゃん（花形みつる作, かたおかまなみ絵）, 虫は小さな天使たち（澤口たまみ文, 小池聡写真）, 天下一の馬（豊島与志雄作, 平きょうこ絵）, 『ドラキュラ城』の怪事件（石崎洋司作, 塚越文雄絵）, 戦争で消えた動物たち（井上こみち文, 福田ゆうこ絵）, 一の谷の戦い（木暮正夫文, 工藤ケン絵）

『日本の名作童話 3年生』 坪田譲治, 宮脇紀雄, 岡本良雄編 〔改装版〕 偕成社 1989.9 212p 21cm （学年別・おはなし文庫） 700円 Ⓘ4-03-907680-X

目次 月夜とめがね（小川未明）, くもの糸（芥川竜之介）, 木こりとそのいもうと（久保田万太郎）, ももの実（坪田譲治）, 冬のおくりもの（島崎藤村）, 花はだれのために（壷井栄）, むくどりのゆめ（浜田広介）, きりの花（宮脇紀雄）, やまなし（宮沢賢治）, つるのふえ（林芙美子）, 月夜のおまつり（土家由岐雄）, 子ぐまのくるくる（鈴木三重吉）, 春の海北のあら海（前川康男）, ゆびにんぎょうの世界（秋田雨雀）, ねずみのあそび（鈴木隆）, 天下一の馬（豊島与志雄）

「てんぐわらい」

『赤い鳥3年生』 赤い鳥の会編 新装版 小峰書店 2008.3 163p 21cm （新装版学年別赤い鳥） 1600円

Ⓘ978-4-338-23203-6

目次 サザナミ・詩（北原白秋）, 月夜とめがね（小川未明）, きこりとその妹（久保田万太郎）, ボール・詩（小林純一）, まほうのテーブル（平塚武二）, 病気の夜・詩（清水たみ子）, 丘の家（丹野てい子）, わに（小野浩）, 道・詩（与田準一）, ビワの実（坪田譲治）, 月と水・詩（原勝利）, 正坊とクロ（新美南吉）, てんぐわらい（豊島与志雄）, お山の大将・詩（西条八十）, 大時計（今井鑑三）, とらとこじき（鈴木三重吉）

内容 日本児童文学の原点。『赤い鳥』から生まれた童話・童謡のなかから、小学生に読んで欲しい名作をあつめました。

『天狗笑い―豊島与志雄童話集』 豊島与志雄著 オンデマンド版 晶文社 2007.6 279p 19cm （晶文社オンデマンド選書） 2800円

Ⓘ978-4-7949-1099-8

目次 天狗笑い, 天狗の鼻, 影法師, お山の爺さん, 風ばか, 雷神の珠, 天下一の馬, 人形使い, 正覚坊, 狸のお祭, ばかな汽車, 悪魔の宝, 彗星の話, シャボン玉, 活人形, 強い賢い王様の話, 銀の笛と金の毛皮, エミリアンの旅

トルストイ, レフ・N.

《1828～1910》

「スモモのたね」

『魔法にかかった少女の秘密』 日本児童文学者協会編 ポプラ社 1986.12 206p 18cm （ポプラ社文庫 C57） 420円 Ⓘ4-591-02402-4

目次 ふしぎの国のアリス（キャロル）, ゾウ

の鼻はなぜながい（キップリング），ガリバー『飛び島』へいく（スウィフト），スモモのたね（トルストイ），オーバーシューズ（ゾシチェンコ），魔法にかかった少女の秘密（カヴェーリン），ほらふき船長の冒険（ネクラーフ），おとっつぁんのすることはいつもいい（アンデルセン）

内容 この巻には、イギリス、ソ連、デンマークの作品を収めてあります。とくに、イギリスは、世界文学の傑作とされている作品をそろえました。

「とびこめ」

『10分で読める物語 四年生』 青木伸生選 学研教育出版，学研マーケティング〔発売〕 2010.8 159p 21cm 700円 ①978-4-05-203227-1

目次 谷間に光る緑の風（花岡大学），ツェねずみ（宮澤賢治），ぼくのこと好き？―少年の日のモーツァルト（大島かおり），心に太陽を持て（ツェーザル・フライシュレン），ぬすまれたハンマー―北欧の神話（鈴木徹郎），ノウサギのふしぎ（小宮輝之），貝がら（大石真），古典落語・転失気（三遊亭圓窓），あめ（山田今次），とびこみ（レフ・トルストイ），百人一首（持統天皇，紀友則，小野小町），ロボットそうどう（豊田有恒），古典・桃太郎（滝沢馬琴）

内容 名作から現代のお話、神話や科学、伝記などバラエティに富んでいます。

『光村ライブラリー 第6巻 太郎こおろぎ ほか』 樺島忠夫，宮地裕，渡辺実監修，山下明男ほか著，渡辺茂男ほか訳，杉浦範茂ほか画 光村図書出版 2004.4 84p 21cm〈3刷〉1000円 ①4-89528-104-3

目次 はまべのいす（山下明生），エルマー、とらに会う（ルース＝スタイルス・ガネット），とびこめ（レフ・トルストイ），太郎こおろぎ（今西祐行），貝がら（大石真），吉四六話（瀬川拓男）

「フカ」

『子どものための世界のお話』 福光えみ子，福知トシ，大江多慈子，福井研介編 新読書社 1994.7 239p 21cm 1545円 ①4-7880-9107-0

目次 どっこいしょ，おしょうさんのおもち，月のなかのようふくやさん，くまがしっぽをなくした話，おいしいおかゆ，しょうがぱんのぼうや，てんぐのかくれみの，ちいちゃい、ちいちゃい，ちびのふとっちょ，てんぐのはな，おくびょうなこぞうさん，ハメルンのふえふき，こぶとり，しりたがりやのちびぞう，めうしのぶっこら，おぼさりたーい、だかさりたーい，ぞうとくじらのつなひき，とらとほしがき，ガニガニ コソコソ，フカ（レフ・トルストイ），アラジィンとふしぎなランプ，月をいる，金のさかな，鬼六のはなし，やまんばのにしき

内容 先生やお母さんが読んであげたりお話してあげるのにぴったりの世界中のお話が25篇も満載。

「ライオンと小犬」

『トルストイの童話』 レフ・トルストイ原作，福井研介編訳 小学館 1979.4 119p 28cm 1800円

「わし」

『トルストイの童話』 レフ・トルストイ原作，福井研介編訳 小学館 1979.4 119p 28cm 1800円

中川 ひろたか

なかがわ・ひろたか

《1954～》

「あいうえおのうた」

『あいうえおのうた』 中川ひろたか詩，村上康成絵 のら書店 2004.7 101p 19cm （子どものための詩の本）1200円 ①4-931129-19-6

目次 あいうえおのうた，あさ，いろ，うがい，えんぴつのき，おにはそと，かえる，キツツキキツキツ，くもくもパクパク，けんか〔ほか〕

内容 「あ」から「ん」まで、50音ではじまるユーモラスな詩が、大集合！ 元気がでる詩、心にしみる詩、ゆかいなことばあそびのうたなど、あたたかくしたしみやすいことばで、子どもたちにまっすぐに語りかける、楽しい詩の本です。

中川　李枝子
なかがわ・りえこ
《1935～》

「くじらぐも」

『みんなが読んだ教科書の物語』　国語教科書鑑賞会編　名古屋　リベラル社, 星雲社〔発売〕　2010.9　165p　21cm　1200円　①978-4-434-14971-9

目次　おおきなかぶ（ロシア民話、西郷竹彦・再話）, くじらぐも（中川李枝子）, チックとタック（千葉省三）, 花いっぱいになあれ（松谷みよ子）, くまの子ウーフ（神沢利子）, ろくべえまってろよ（灰谷健次郎）, たんぽぽ（川崎洋）, かさこ地ぞう（岩崎京子）, ちいちゃんのかげおくり（あまんきみこ）, モチモチの木（斎藤隆介）〔ほか〕

内容　大人になった今、読み返すと新しい発見がある！ 小学1年～6年生の授業で習った名作がズラリ。

『くじらぐもからチックタックまで』　石川文子編　武蔵野　フロネーシス桜蔭社, メディアパル〔発売〕　2008.11　222p　19cm　1400円　①978-4-89610-746-3

目次　くじらぐも（中川李枝子）, チックタック（千葉省三）, 小さい白いにわとり（（ウクライナの民話）光村図書出版編集部編）, おおきなかぶ（内田莉莎子訳,A.トルストイ再話）, かさこじぞう（岩崎京子）, ハナイッパイになあれ（松谷みよ子）, おてがみ（三木卓訳, アーノルド・ローベル原作）, スイミー（谷川俊太郎訳, レオ＝レオニ原作）, 馬頭琴（（モンゴルの民話）君島久子訳）, おじさんのかさ（佐野洋子）, 花とうぐいす（浜田広介）, いちごつみ（神沢利子）, おかあさんおめでとう（『くまの子ウーフ』より）（神沢利子）, きつねのおきゃくさま（あまんきみこ）, きつねの子のひろった定期券（松谷みよ子）, きつねの窓（安房直子）, やまなし（宮澤賢治）, 最後の授業（桜田佐訳 アルフォンス・ドーデ原作）, 譲り葉（河井酔茗）, 雨ニモマケズ（宮澤賢治）

内容　昭和40年から現在までこくごの教科書のおはなしベスト20。「もう一度読みたい」リクエスト作品と、採用頻度の高い作品で作りました。教科書でしか読めなかった名作『くじらぐも』が、初めて教科書から飛び出しました。

『子どもの本―新しい日本の童話　1年生』　日本児童文学者協会編　金の星社　1979.4　157p　22cm　680円

「ぐりとぐらのおきゃくさま」

『ぐりとぐらのおきゃくさま』　なかがわりえこ文, やまわきゆりこ絵　福音館書店　2003.11　26p　50×36cm　（こどものとも劇場）8000円　①4-8340-0989-0

内容　ぐりとぐらが雪の上に見つけた大きな足あとは、自分たちの家までつづいていました。しかも、玄関にはまっかなコートが…。大型絵本。

『ぐりとぐらのおきゃくさま』　なかがわりえこ, やまわきゆりこ著　福音館書店　1967.6（78刷：1995.11）27p　26cm　（〈こどものとも〉傑作集 1）　680円　①4-8340-0101-6

「そらいろのたね」

『光村ライブラリー　第2巻　空いろのたね ほか』　樺島忠夫, 宮地裕, 渡辺実監修, てらむらてるお, なかがわりえこ, マーガレット・ブラウン, いわさききょうこ作, 岩田みみ訳, 和歌山静子, 山脇百合子, クレメント・ハード, 梶山俊夫絵　光村図書出版　2004.11　69p　21cm　〈第5刷〉1000円　①4-89528-100-0

目次　王さま出かけましょう（てらむらてるお）, 空いろのたね（なかがわりえこ）, ぼく、にげちゃうよ（マーガレット・ブラウン）, かさこ地ぞう（いわさききょうこ）

『そらいろのたね』　中川李枝子原話, 大村百合子絵, Sarah A.Nishié英訳　新装版　ラボ教育センター　2004.2　27p　19×26cm〈付属資料：CD1, 本文：日英両文〉2400円　①4-89811-077-0

内容　ゆうじが森のキツネにもらった、小さなそらいろのたねからはえてきたものは…？ 多くのこどもたちに親しまれるファンタジー作品です。英語と日本語のCD（22分）と絵本のセット。

『そらいろのたね』　なかがわりえこ文, おおむらゆりこ絵　改訂版　福音館書店　1979.5　27p　19×27cm　（〈こどものとも〉傑作集 25）①4-8340-0084-2

長崎　源之助

ながさき・げんのすけ

《1924～2011》

「えんぴつびな」

『戦争と平和子ども文学館　8』 日本図書センター　1995.2　270p　22cm　2719円　Ⓘ4-8205-7249-0

目次　じろはったん（森はな），兵隊ばあさん（赤座憲久），えんぴつびな（長崎源之助），ガラスの花嫁さん（長崎源之助），おばあさんのとっくり（砂田弘），ぐみ色の涙（最上一平），ともしび（杉みき子），猫は生きている（早乙女勝元）

『現代日本児童文学選―資料と研究』 上田信道，大藤幹夫，西嵜康雄，藤本芳則，向川幹雄共編著　森北出版　1994.9　216p　21cm　2266円　Ⓘ4-627-98240-2

目次　花はどこへいった―とのさまと女の子の話（今江祥智），おしゃべりなたまごやき（寺村輝夫），ウーフはおしっこでできているか??（神沢利子），おかあさんの紙びな　えんぴつびな（長崎源之助），ひとつの花（今西祐行），おしゃれさん（大石真），一つが二つ（小沢正），先生の目はエックスせん（古田足日），ベロ出しチョンマ（斎藤隆介），サーカスのライオン（川村たかし），白いぼうし（あまんきみこ），わらぐつの中の神様（杉みき子），きつねの窓（安房直子），かっぱの目だま（さねとうあきら），だれも知らない（灰谷健次郎）

内容　本書は、児童文学の第一線の研究者らが、現代を代表する作家の作品とその論評を種々取り上げて編纂した格好のテキスト。また、これから児童文学に初めて接しようとする人の入門書として、さらに児童文学作品の資料研究としても充実した内容となっている。

『つりばしわたれ』 長崎源之助著　偕成社　1987.11　216p　21cm　（長崎源之助全集 18）1500円　Ⓘ4-03-740180-0

目次　つりばしわたれ，たけのはさやさや，ゆうやけの女の子，おにはそと，きつねのはぶらし，きつねのじてんしゃ，小さな小さなキツネ，にげだした学者犬，ひろったかぎ，ゆきごんのおくりもの，ゆきの子うま，かめのこせんべい，大もりいっちょう，えんぴつびな，おかあさんの紙びな，つばめ，ちょうきょりトラックでかでかごう，はしれぼくらの市電たち

内容　トッコはひとり、おばあちゃんの家にあずけられた。山の子どもたちともなじめず、「つりばし」もこわくてわたれない。東京を恋しがるトッコの前に、とつぜん、カスリのきものを着た男の子が現われる。表題作「つりばしわたれ」のほか、「ゆきごんのおくりもの」「ゆうやけの女の子」「えんぴつびな」など18編を収録。

「おかあさんの顔」

『焼けあとの白鳥』 長崎源之助著　偕成社　1987.1　270p　21cm　（長崎源之助全集 第14巻）1500円　Ⓘ4-03-740140-1

目次　焼けあとの白鳥，クワとシャベル，おかあさんの顔，焼けあとの白鳥，ピアノとわたし，戦友，ペン富さん，トコトンヤレ，チャコベエ，風琴，影，海辺の柱時計，カーネーション

内容　終戦翌年の2月、復員した〈わたし〉を待っていたのは、家族全滅の知らせだった。わが家の焼けあとで〈わたし〉は浜さんと出会うが…。廃墟と絶望の中から生活をやり直す人びとの心をうたいあげた表題作をはじめ、「トコトンヤレ」「チャコベエ」「風琴」「影」など、初期の詩・短編あわせて12編を収録。

『おかあさんの顔』 長崎源之助著　偕成社　1977.6　218p　19cm　（偕成社文庫）390円

「お母さんの紙びな」

『心にひびく名作読みもの　3年―読んで、聞いて、声に出そう』 府川源一郎，佐藤宗子編　教育出版　2004.3　69p　21cm　〈付属資料：CD1〉2000円　Ⓘ4-316-80087-6

目次　お母さんの紙びな（長崎源之助），はまひるがおの「小さな海」（今西祐行），沢田さんのほくろ（宮川ひろ），りんごの花（後藤竜二），どちらが生たまごでしょう，ぎんなんの木（佐藤義美），かっぱ（谷川俊太郎）

内容　小学校国語教科書に掲載された名作（物語・説明文・詩）を学年別に収録。発達段階に応じた教科書表記を採用。難意語には注を記載。発展学習にも役立つよう、交ぜ書きから読み仮名付きの漢字へ適宜変更。当時の教科書に使用された挿絵を掲載。俳優・声優による格調高い朗読をCDに収め各巻に添付。

『戦争と平和子ども文学館　20』　日本図書センター　1995.2　366p　22cm　2719円　Ⓘ4-8205-7261-X

目次 二十四の瞳(壷井栄), 日本のお米(和久井晶代), おかあさんの紙びな(長崎源之助), 焼けあとの白鳥(長崎源之助), 村いちばんのさくらの木(来栖良夫), あしたは雨(佐々木赫子)

「かめのこせんべい」

『神奈川の童話』　リブリオ出版　1997.7　191p　22cm　(県別ふるさと童話館 愛蔵版 14　日本児童文学者協会編)〈日本児童文学者協会創立50周年記念出版〉　1700円　Ⓘ4-89784-515-7

目次 かめのこせんべい(長崎源之助著), 和にいちゃんのケーブルカー(河野礼子著), 古芳さんの肉まん(北村和江著), おまじないの大きな木(山室さやか著), カラフル・バスで大さんばしへ(前田絢子著), 鎌倉小町通りのクン(中島信子著), 三太ローレライ(青木茂著), 三番目の旅の衆(今西祐行著), 詩:はしけの劇場(ボートシアター)　ほか, 夜明けのはじまり(三矢晶子著), バテレンの魔法箱(清水友子著), 青い目のお客さま(貝賀美智子著), ビードロどっくり(大塚邦彦著), フェンスの向こう側(石橋まみ著), お祝儀の鯛(岩崎京子著), ヨコハマのサギ山(平塚武二著), 井戸のある谷間(佐藤さとる著), 解説(長崎源之助著)

『つりばしわたれ』　長崎源之助著　偕成社　1987.11　216p　21cm　(長崎源之助全集 18)　1500円　Ⓘ4-03-740180-0

目次 つりばしわたれ, たけのはさやさや, ゆうやけの女の子, おにはそと, きつねのはぶらし, きつねのじてんしゃ, 小さな小さなキツネ, にげだした学者犬, ひろったかぎ, ゆきごんのおくりもの, ゆきの子うま, かめのこせんべい, 大もりいっちょう, えんぴつびな, おかあさんの紙びな, つばめ, ちょうきょりトラックでかでかごう, はしれぼくらの市電たち

「ガラスの花よめさん」

『本は友だち3年生』　日本児童文学者協会編　偕成社　2005.3　151p　21cm　(学年別・名作ライブラリー 3)　1200円　Ⓘ4-03-924030-8

目次 きりの中のぶらんこ(あまんきみこ), たらばがにの春(安藤美紀夫), となりの女の子(大石真), ヒバリヒバリ(加藤多一), 少年と子ダヌキ(佐々木たづ), 詩・平泳ぎ(小泉周二), 詩・ねこのしっぽ(武鹿悦子), 発明発見ものがたり(古田足日), ガラスの花よめさん(長崎源之助), 大きな木がほしい(佐藤さとる), エッセイ・三年生のころ 楽しくさんぽをする方法(山口理)

内容 この本には、「国語」の教科書でおなじみの作品をはじめ、現代の子どもの文学の世界を代表する作家たちの作品が集められています。

『戦争と平和子ども文学館　8』　日本図書センター　1995.2　270p　22cm　2719円　Ⓘ4-8205-7249-0

目次 じろはったん(森はな), 兵隊ばあさん(赤座憲久), えんぴつびな(長崎源之助), ガラスの花嫁さん(長崎源之助), おばあさんのとっくり(砂田弘), ぐみ色の涙(最上一平), ともしび(杉みき子), 猫は生きている(早乙女勝元)

『ガラスの花よめさん』　長崎源之助文, 鈴木義治絵　偕成社　1978.5　1冊　21cm　(絵本・平和のために)　680円

「つばめ」

『つりばしわたれ』　長崎源之助著　偕成社　1987.11　216p　21cm　(長崎源之助全集 18)　1500円　Ⓘ4-03-740180-0

目次 つりばしわたれ, たけのはさやさや, ゆうやけの女の子, おにはそと, きつねのはぶらし, きつねのじてんしゃ, 小さな小さなキツネ, にげだした学者犬, ひろったかぎ, ゆきごんのおくりもの, ゆきの子うま, かめのこせんべい, 大もりいっちょう, えんぴつびな, おかあさんの紙びな, つばめ, ちょうきょりトラックでかでかごう, はしれぼくらの市電たち

内容 トッコはひとり、おばあちゃんの家にあずけられた。山の子どもたちともなじめず、「つりばし」もこわくてわたれない。東京を恋しがるトッコの前に、とつぜん、カスリのきものを着た男の子が現われる。表題作「つりばしわたれ」のほか、「ゆきごんのおくりもの」「ゆうやけの女の子」「えんぴつびな」など18編を収録。

「つりばしわたれ」

『齋藤孝の親子で読む国語教科書 3年生』　齋藤孝著　ポプラ社　2011.3　142p　21cm　(齋藤孝の親子で読む国語教科書 3)　1000円　Ⓘ978-4-591-12287-7

目次 いろはにほへと(今江祥智), のらねこ(三木卓), つりばしわたれ(長崎源之助), ちいちゃんのかげおくり(あまんきみこ), ききみみずきん(木下順二), ワニのおじいさんのたからもの(川崎洋), さんねん峠(李錦玉), サーカスのライオン(川村たかし), モチモチの木(斎藤隆介), 手ぶくろを買いに(新美南吉)

『10分で読める物語 三年生』 青木伸生選 学研教育出版, 学研マーケティング〔発売〕 2010.8 129p 21cm 700円 Ⓘ978-4-05-203226-4

目次 ひと朝だけの朝顔(井上靖), つり橋わたれ(長崎源之助), 心のあたたかい一休さん(武内孝夫), からっぽとは(まど・みちお), ジャックと豆の木―イギリスの民話(谷真介), 世界最北! 赤んぼうザルの一年(松岡史朗), そそっかしいのはだれですか?(佐々木赫子), こんこんこな雪ふる朝に(三好達治), むじな(小泉八雲), 星のぎんか―グリム童話(竹崎有斐), さるも木から落ちる、ほか, クリの実(椋鳩十), 宮古島のおに―沖縄の昔話(儀間比呂志)

内容 名作から現代のお話、昔話や科学、伝記などバラエティに富んでいます。

『教科書にでてくるお話 3年生』 西本鶏介監修 ポプラ社 2006.3 186p 18cm (ポプラポケット文庫) 570円 Ⓘ4-591-09169-4

目次 のらねこ(三木卓), きつつきの商売(林原玉枝), ウサギのダイコン(茂市久美子), きつねをつれてむらまつり(こわせたまみ), つりばしわたれ(長崎源之助), 手ぶくろを買いに(新美南吉), うみのひかり(緒島英二), サーカスのライオン(川村たかし), おにたのぼうし(あまんきみこ), 百羽のツル(花岡大学), モチモチの木(斎藤隆介), かあさんのうた(大野允子), ちいちゃんのかげおくり(あまんきみこ)

内容 現在使われている各社の国語教科書に掲載または紹介されている作品ばかりを集めたアンソロジーです。長く読みつがれている名作、心あたたまるお話、おもしろくて元気がでるお話など、すばらしい作品がいっぱい。作品の表記は原典に忠実にし、全文を掲載しています。教科書では気づかなかった作品の魅力を、新たに発見できるかもしれません。小学校中級から。

『光村ライブラリー 第7巻 つり橋わたれ ほか』 樺島忠夫, 宮地裕, 渡辺実監修, 長崎源之助ほか著, 徳田秀雄ほか画 光村図書出版 2004.4 77p 21cm〈3刷〉1000円 Ⓘ4-89528-105-1

目次 つり橋わたれ(長崎源之助), ねずみの作った朝ごはん(安房直子), あらしの夜に(木村裕一), うぐいすの宿(越後民話)

『おとなを休もう』 石川文子編 武蔵野 フロネーシス桜蔭社, メディアパル〔発売〕 2003.8 255p 19cm 1400円 Ⓘ4-89610-734-9

目次 おおきな木(シェル・シルヴァスタイン), モチモチの木(斎藤隆介), 白いぼうし(あまんきみこ), おにたのぼうし(あまんきみこ), ワニのおじいさんのたからもの(川崎洋), ソメコとオニ(斎藤隆介), 島ひきおに(山下明生), 一つの花(今西祐行), アディ・ニハァスの英雄(H.クランダー,W.レスロー), つりばしわたれ(長崎源之助), 花さき山(斎藤隆介), やまんばのにしき(松谷みよ子), チワンのにしき, サーカスのライオン(川村たかし), 青銅のライオン(瀬尾七重), 月の輪グマ(椋鳩十), はまひるがおの小さな海(今西祐行), うぐいすの宿, 手ぶくろを買いに(新美南吉), ごんぎつね(新美南吉)

内容 だれもが一度は読んだことのある、なつかしい作品集。

『つりばしわたれ』 長崎源之助作, 山中冬児絵 岩崎書店 1995.4 85p 22cm (日本の名作童話 10) 1500円 Ⓘ4-265-03760-7

『長崎源之助全集 第18巻 つりばしわたれ』 偕成社 1987.11 216p 22cm 1500円 Ⓘ4-03-740180-0

「とうちゃんの凧」

『齋藤孝の親子で読む国語教科書 5年生』 齋藤孝著 ポプラ社 2011.3 138p 21cm (齋藤孝の親子で読む国語教科書 5) 1000円 Ⓘ978-4-591-12289-1

目次 飴だま(新美南吉), ブレーメンの町の楽隊(グリム童話, 高橋健二・訳), とうちゃんの凧(長崎源之助), トゥーチカと飴(佐藤雅彦), 大造じいさんとガン(椋鳩十), 注文の多い料理店(宮沢賢治), わらぐつのなかの神様(杉みき子), 世界じゅうの海が(まざあ・ぐうす, 北原白秋・訳), 雪(三好達治), 素朴な琴(八木重吉)

『教科書にでてくるお話 5年生』 西本鶏介監修 ポプラ社 2006.3 196p 18cm (ポプラポケット文庫) 570円

Ⓘ4-591-09171-6

目次 とび出しちゅうい(杉みき子), かばんの中にかばんをいれて(安房直子), わらぐつのなかの神様(杉みき子), とうちゃんの凧(長崎源之助), まんじゅうこわい(西本鶏介), わらしべ長者(木下順二), 大造じいさんとガン(椋鳩十), 木竜うるし(木下順二), 雪渡り(宮沢賢治), 蜘蛛の糸(芥川龍之介), 注文の多い料理店(宮沢賢治)

内容 現在使われている各社の国語教科書に掲載または紹介されている作品ばかりを集めたアンソロジーです。長く読みつがれている名作、心あたたまるお話、おもしろくて元気がでるお話など、すばらしい作品がいっぱい。作品の表記は原典に忠実にし、全文を掲載しています。教科書では気づかなかった作品の魅力を、新たに発見できるかもしれません。小学校上級から。

『とうちゃんの凧』 長崎源之助作, 村上豊絵 ポプラ社 1992.12 31p 29cm (えほんはともだち 26) 1200円 Ⓘ4-591-04176-X

長沢 和俊

なかざわ・かずとし

《1928～》

「正倉院とシルクロード」

『講談社カラー科学大図鑑 C-10 正倉院とシルクロード』 長沢和俊著 講談社 1981.10 56p 25cm 850円

中園 敏之

なかぞの・としゆき

「阿蘇のキツネ」

『阿蘇のキツネ』 中園敏之著, 箕田源二郎等絵 学習研究社 1973 175p 21cm (動物の記録 10)

中西 悟堂

なかにし・ごどう

《1895～1984》

「野鳥と共に」

『野鳥と共に』 中西悟堂著 春秋社 2004.5 265p 20cm (野鳥記コレクション 1) 1800円 Ⓘ4-393-42130-2 Ⓝ488.04

目次 野鳥の譜, 山鳥叢談, 鳥と空, 野鳥賦, 富士探鳥行, 都会野鳥画譜, 野鳥の観察, 野冊の鳥

中西 敏夫

なかにし・としお

《1947～》

「みらくるミルク」

『みらくるミルク』 中西敏夫文, 米本久美子絵 福音館書店 2011.3 40p 26cm (たくさんのふしぎ傑作集)〈他言語標題：THE WONDER OF MILK 文献あり〉 1300円 Ⓘ978-4-8340-2649-8 Ⓝ648.1

中野 幸隆

なかの・ゆきたか

《1941～》

「赤いマフラー」

『読んでおきたい 5年生の読みもの』 長崎源之助監修, 亀村五郎, 谷川澄雄, 西岡房子, 藤田のぼる, 松岡三千代編 学校図書 1997.11 160p 21cm 648円 Ⓘ4-7625-1947-2

目次 わらぐつの中の神様(杉みき子), おかあさんの木(大川悦生), たわしのみそ汁(国分一太郎), くしゃくしゃ(次郎丸忍), 空気の重さを計るには(板倉聖宣), お父さんが25(国松俊英), 地図にない駅(木暮正夫), 十二色のつばさ(岡田貴久子), 源じいさんの竹とんぼ(斎藤了一), 赤いマフラー(中野幸

隆), 難破船(アミーチス)

中村　雨紅
なかむら・うこう
《1897～1972》

「夕やけ小やけ」

『童謡唱歌―スタンダード259曲』 野ばら社編集部編　野ばら社　2011.12　319p　21cm　1000円　Ⓘ978-4-88986-380-2

『童謡』 野ばら社編集部編　改版　野ばら社　2010.10　255p　21cm　800円　Ⓘ978-4-88986-372-7

目次 かごめかごめ, ずいずいずっころばし, こもりうた(江戸子守唄), ほたる来い, 通りゃんせ, 棒が一本あったとさ, ひらいたひらいた, 俵はごろごろ, あんたがたどこさ, どじょっこふなっこ〔ほか〕

内容 耳に馴染んだ名曲・童謡全212曲。わらべうた・ラジオ歌謡・みんなのうたも収載。

『夕焼小焼―草川信童謡曲集』 草川信作曲, 金勝裕子著　［新座］　こぶた出版　2001.2　149p　21cm　Ⓝ767.7

中谷　宇吉郎
なかや・うきちろう
《1900～1962》

「線香花火」

『六年生 声で味わう「五月の風」―自己表現としての朗読』 田近洵一監修, 牛山恵ほか編　国土社　2007.4　94p　24×21cm　(子ども朗読教室―声に出す・声で読む・言葉の力を育てるために)　1800円　Ⓘ978-4-337-52106-3

目次 五月の風(小野十三郎), ガマの油売り, アリババと四十人の盗賊(かのりゅう訳), きりんはきりん(まど・みちお), 線香花火(中谷宇吉郎), 植物の魔術師(板倉聖宣), 手のものさし、足のものさし―尺度(平尾大輔), 茶碗の湯(寺田寅彦),「これじゃこまる!」フン害にふんがい!, 魔女の料理教室, 子どもによる子どものための「子どもの権利条約」より, りんろろん, 夕立屋, 時そば, 心に太陽を持て, あいたくて, 最新かぞえ唄, 紙風船〔ほか〕

『心にひびく名作読みもの 6年―読んで、聞いて、声に出そう』 府川源一郎, 佐藤宗子編　教育出版　2004.3　68p　21cm　〈付属資料:CD1〉 2000円　Ⓘ4-316-80090-6

目次 加代の四季(杉みき子), ちょうの行方(高田桂子), 野の馬(今江祥智), せんこう花火(中谷宇吉郎), 素直な疑問符(吉野弘), 貝がら(新美南吉)

内容 小学校国語教科書に掲載された名作(物語・説明文・詩)を学年別に収録。発達段階に応じた教科書表記を採用。難意語には注を記載。発展学習にも役立つよう、交ぜ書きから読み仮名付きの漢字へ適宜変更。当時の教科書に使用された挿絵を掲載。俳優・声優による格調高い朗読をCDに収め各巻に添付。

『雪は天からの手紙―中谷宇吉郎エッセイ集』 中谷宇吉郎著, 池内了編　岩波書店　2002.6　285p　18cm　(岩波少年文庫)　720円　Ⓘ4-00-114555-3

目次 1 北国での研究(雪の十勝, 雪を作る話 ほか), 2 科学者たち(球皮事件,「茶碗の湯」のことなど ほか), 3 日常の科学(兎の耳, 米粒の中の仏様 ほか), 4 科学のこころ(千里眼その他, 立春の卵 ほか), 5 若き君たちに(「霜柱の研究」について, 地球の円い話 ほか)

内容 雪の結晶の美しさに魅せられた物理学者・中谷宇吉郎。「雪の十勝」「雷獣」「立春の卵」「線香花火」「地球の円い話」「イグアノドンの唄」「湯川秀樹さんのこと」など、科学のおもしろさや科学者たちとの交流について語るエッセイ21編。中学以上。

『たまごの立つ話』 中谷宇吉郎著, 板倉聖宣選　国土社　1991.4　109p　19cm　(科学入門名著全集 7)　1300円　Ⓘ4-337-20707-4

目次 雪を消す話, 冬ごもり, 霧退治, 線香花火, たまごの立つ話

名木田 恵子
なぎた・けいこ
《1949～》

「赤い実はじけた」

『光村ライブラリー 第15巻 ガラスの小びん ほか』 樺島忠夫, 宮地裕, 渡辺実監修, 森忠明ほか著, 杉浦範茂ほか画 光村図書出版 2004.4 89p 21cm〈3刷〉1000円 ①4-89528-113-2

目次 その日が来る(森忠明), 赤い実はじけた(名木田恵子), ガラスの小びん(阿久悠), どろんこ祭り(今江祥智), との様の茶わん(小川未明)

『赤い実はじけた』 名木田恵子作, 三村久美子絵 PHP研究所 1999.4 125p 21cm (PHP創作シリーズ) 1070円 ①4-569-68170-0

目次 赤い実はじけた, ジョージ, 秘密の日記, まぼろしの恋人, な・ぐ・ら・な・い, さよなら藤木くん, 好きなものは…

内容 「赤い実がはじけるって、どんな感じかしら。」想像するとなんだかどきどきしてくる。それは本当だった。まったく突然。急に胸が苦しくなって。パチン。思わず飛び上がるほど大きな音を立てて、胸の中で何かがはじけたのだ。予想もしていなかった。だって、相手が哲夫だったんだもの。小学上級以上向。

那須 貞太郎
なす・さだたろう

「丘の上の学校で」

『にんげん・へいわのうた』 小海永二編, 若山憲絵 ポプラ社 1996.4 174p 19×15cm (みんなで読む詩・ひとりで読む詩 6) 1200円 ①4-591-05079-3

内容 小学校中学年～中学生向き。

那須 正幹
なす・まさもと
《1942～》

「鬼」

『あやかし草子―現代変化物語』 那須正幹作, タカタカヲリ絵 日本標準 2011.5 197p 19cm (シリーズ 本のチカラ) 1500円 ①978-4-8208-0542-7

目次 約束, 鬼, やけあと, ヘビの目, ゲンゴロウブナ

内容 「約束」「鬼」「やけあと」「ヘビの目」「ゲンゴロウブナ」―江戸時代の怪談集、上田秋成の『雨月物語』から五編を選び、現代によみがえらせた、美しくも怖ろしい短編集。

『少年のブルース』 那須正幹著 偕成社 1993.1 283p 19cm (偕成社文庫 3194) 800円 ①4-03-651940-9

目次 すいとり神, ぼんやり病, そうじ当番, へんなアルバイト, ややこしい話, 山でまよって, 新しい町で, わるい夢, いたずら, 幽霊, ルリセンチコガネ, 無口なねこ, 三徳老師の伝説, 日記帳, 人の年, お星さまの涙, 収穫, もてもて教室, 学校おばけ, なぜ勉強しなければならないか, 十一個めのキャラメル, ふたご, 実験, 寝台列車, 羽ごろも, キリン, ラブレター, おまじない, ビスケット, しまった鬼, 虫歯幻想曲, 青田, 親友, 血ぬられた館, 「旧人類博物館」見学記, シャクナゲ山, 趣味の問題, いってらっしゃい, 超能力, 詩人先生, 赤いカブトムシ, たぬき, 移植時代, 桃太郎の誕生, 写真, 魚つり, きのこ, 名犬, ねずみ, 鬼, 港の見える丘, 自転車, ドリーム・ドリーム, かっぱ, タイムマシン, 目ざまし時計, 清潔な町, 高尾山, ああ、友情, ピアノ, いもどろぼう, あかぎれ, ビー玉, だれもいない, 現代人, 親子,UFOが来た, 首, 地球の滅亡, 風鈴, かくれんぼう, 世の常, 非行少年, 最後のバッターボックス

内容 科学・宇宙・未来・生物などへの子どもの果てしない夢、そして、日常の中にひそむ恐怖をユニークな発想でみごとに結晶させたショートショートの傑作集。エンタテイメントの精髄、74編収録。

『世にもふしぎな物語』 那須正幹著, 小林敏也絵 講談社 1991.10 199p 18cm (講談社KK文庫 A12‐1) 680

円　Ⓘ4-06-199021-7

目次 約束, 鬼, やけあと, へびの目, げんごろうぶな

内容 死んだはずの子が帰ってくる…。山奥にひとり住む老婆の悲しい運命とは？ ラブレターをくれた女の子の正体は？ 信じられない、ふしぎでこわーい5つの物語。

「子ねこをだいて」

『光村ライブラリー　第13巻　附子 ほか』　樺島忠夫, 宮地裕, 渡辺実監修, 那須正幹ほか著, 矢川澄子訳, 峰岸達ほか画　光村図書出版　2004.4　85p　21cm　〈3刷〉 1000円　Ⓘ4-89528-111-6

目次 子ねこをだいて（那須正幹）, 麦畑（アリスン・アトリー）, 母ぐま子ぐま（椋鳩十）, 附子（和泉元秀）

「そうじ当番」

『そうじ当番』　那須正幹作, 安藤由紀絵　岩崎書店　1995.4　77p　22×19cm　（日本の名作童話 19） 1500円　Ⓘ4-265-03769-0

『少年のブルース』　那須正幹著　偕成社　1993.1　283p　19cm　（偕成社文庫 3194） 800円　Ⓘ4-03-651940-9

目次 すいとり神, ぼんやり病, そうじ当番, へんなアルバイト, ややこしい話, 山でまよって, 新しい町で, わるい夢, いたずら, 幽霊, ルリセンチコガネ, 無口なねこ, 三徳老師の伝説, 日記帳, 人の年, お星さまの涙, 収穫, もてもて教室, 学校おばけ, なぜ勉強しなければならないか, 十一個めのキャラメル, ふたご, 実験, 寝台列車, 羽ごろも, キリン, ラブレター, おまじない, ビスケット, しまった鬼, 虫歯幻想曲, 青田, 親友, 血ぬられた館, 「旧人類博物館」見学記, シャクナゲ山, 趣味の問題, いってらっしゃい, 超能力, 詩人先生, 赤いカブトムシ, たぬき, 移植時代, 桃太郎の誕生, 写真, 魚つり, きのこ, 名犬, ねずみ, 鬼, 港の見える丘, 自転車, ドリーム・ドリーム, かっぱ, タイムマシン, 目ざまし時計, 清潔な町, 高尾山, ああ、友情, ピアノ, いもどろぼう, あかぎれ, ビー玉, だれもいない, 現代人, 親子,UFOが来た, 首, 地球の滅亡, 風鈴, かくれんぼう, 世の常, 非行少年, 最後のバッターボックス

「まぼろしの町」

『10分で読める物語 五年生』　青木伸生選　学研教育出版, 学研マーケティング〔発売〕　2010.12　179p　21cm　700円　Ⓘ978-4-05-203357-5

目次 野の馬（今江祥智）, 帰ってきたナチ（水上美佐雄）, ホームラン王物語（亀山龍樹）, もういいの（金子みすゞ）, さようならコルデーラ（クラリン）, すてきなたまご—カメムシ（ファーブル）, まぼろしの町（那須正幹）, 感動との出会い（戸川幸夫）, 雨ニモマケズ（宮澤賢治）, なぜふくろうは人間といわれるのか（フランスの昔話）, 面（横光利一）, 夜の魚（たつみや章）, 徒然草 "高名の木登り"

内容 名作から現代のお話、詩、伝記や科学、古典などバラエティに富んでいます。

『日本の童話名作選 現代篇』　講談社文芸文庫編　講談社　2007.12　361p　15cm　（講談社文芸文庫） 1400円　Ⓘ978-4-06-198498-1

目次 淋しいおさかな（別役実）, 凧になったお母さん（野坂昭如）, 桃次郎（阪田寛夫）, コジュケイ（舟崎克彦）, はんぶんちょうだい（山下明生）, 花がらもようの雨がさ（皿海達哉）, 月売りの話（竹下文子）, ひろしのしょうばい（舟崎靖子）, だれもしらない（灰谷健次郎）, ぽたぽた（抄）（三木卓）, おとうさんの庭（三田村信行）, ひょうのぼんやりおやすみをとる（角野栄子）, まぼろしの町（那須正幹）, 仁王小路の鬼（柏葉幸子）, 電話がなっている（川島誠）, 半魚人まで一週間（矢玉四郎）, 少年時代の画集（森忠明）, 絵はがき屋さん（池沢夏樹）, くるぞくるぞ（内田麟太郎）, 草之丞の話（江国香織）, 黒ばらさんと空からきた猫（末吉暁子）, 氷の上のひなたぼっこ（斉藤洋）, あしたもよかった（森山京）, 金色の象（岩瀬成子）, ピータイルねこ（岡田淳）, ふわふわ（村上春樹）

内容 七〇年代からの日本社会の激動は童話の世界を大きく変えた。大人が子どもに与える教訓的な物語は影をひそめ、子どもの空想を刺激し日常とは別の次元に誘う幼年童話、ファンタジーの名作が生まれる一方、いじめや受験戦争に蝕まれる十代の心を繊細に描くヤングアダルト文学も登場。若い才能ある書き手達が大人と子どもの文学の境界を双方から軽やかに突破していった。山下明生、灰谷健次郎、江国香織、村上春樹等の名品二六篇。

『The End of the World』　那須正幹著　ポプラ社　2003.4　141p　20×14cm　1200円　Ⓘ4-591-07693-8

目次 The End of the World, まぼろしの町, 約束, ガラスのライオン

内容 世界の終わりが近づくとき、少年は…涙の味を思い出す少年たちの4つのストーリー。

なだ　いなだ

《1929～》

「なぜ、おばけは夜に出る」

『心の底をのぞいたら』　なだいなだ著　筑摩書房　1992.1　203p　15cm　（ちくま文庫）　420円　①4-480-02595-2

目次 1 こころの底は深い, 2 おばけがこわいのは…, 3 二つのこわさ, 4 三十六計、逃げるにしかず, 5 痛いと、手をひっこめる, 6 あいつはくさいぞ, 7 人間と動物のこころ, 8 人間が忘れてきたこと, 9 無意識の世界, 10 自我の構造

内容 自分で自分がわからない、つかまえどころのない自分の心。知りたくてたまらない他人の心。動物の心と人間の心はどうちがう？ 身近で遠い、なぞにみちた心の中をわかりやすく案内し、無意識の世界へ誘う。若い人のための心の名著。

夏目　漱石

なつめ・そうせき

《1867～1916》

「蛇」

『夢十夜 他二篇』　夏目漱石作　岩波書店　2007.1　187p　19cm　（ワイド版岩波文庫）　900円　①978-4-00-007280-9

目次 夢十夜, 文鳥, 永日小品（元日, 蛇, 泥棒, 柿, 火鉢, 下宿, 過去の匂い, 猫の墓, 暖かい夢, 印象, 人間, 山鳥, モナリサ, 火事, 霧, 懸物, 紀元節, 儲口, 行列, 昔, 声, 金, 心, 変化, クレイグ先生）

「坊っちゃん」

『現代語で読む坊っちゃん』　夏目漱石作, 深澤晴彦現代語訳　理論社　2012.11　207p　19cm　（現代語で読む名作シリーズ 4）　1300円　①978-4-652-08004-7

内容 子どものころから無鉄砲な東京育ちの「坊っちゃん」は、中学校の教師になって四国の田舎町にやってきた。赴任早々、生徒たちの悪ふざけに遭い、卑怯な手口が許せないと腹を立てる。教師の中にも、陰でずるいことをしている者がいる。坊っちゃんは、無鉄砲と正義感をつらぬいて、不正に立ち向かっていく。

『坊っちゃん』　夏目漱石著　海王社　2012.11　190p　15cm　（海王社文庫）〈付属資料：CD1〉　952円　①978-4-7964-0367-2

内容 江戸っ子気質で無鉄砲な坊っちゃんは、赴任した四国の中学校で、悪戦苦闘の日々を送る。個性豊かな教師陣、生意気な生徒たち…しかし、そこでおとなしくしている坊っちゃんではなかった―。青年の奮闘を描く、ユーモアあふれる漱石の傑作。声優・木村良平が紡ぐ「坊っちゃん」名場面抜粋の朗読CD封入。

『齋藤孝のイッキによめる！ 小学生のための夏目漱石×太宰治』　齋藤孝編　講談社　2012.3　283p　21cm　1000円　①978-4-06-217575-3

目次 坊っちゃん（夏目漱石）, 夢十夜（夏目漱石）, 永日小品（夏目漱石）, 吾輩は猫である（夏目漱石）, 走れメロス（太宰治）, 葉桜と魔笛（太宰治）, 黄金風景（太宰治）, 眉山（太宰治）, 斜陽（太宰治）

内容 朝の10分間読書にぴったり。「坊っちゃん」「走れメロス」ほか、全9作品を収録。

『坊っちゃん』　夏目漱石作, 森川成美構成, 優絵　集英社　2011.5　269p　18cm　（集英社みらい文庫）　570円　①978-4-08-321020-4

内容 体は小さくっても、思いきりの良さは天下一品の江戸っ子“坊っちゃん”。生まれ故郷をあとにして、むかった先は、遠く離れた四国の中学校。数学の先生として、教師生活をスタートさせてみたものの、そこには個性的な服装や性格の先生や、手ごわい生徒たちがあふれていた。そんな彼らを相手に、“坊っちゃん”が親ゆずりのむてっぽうで数々の大騒動を巻き起こす！ 小学中級から。

『坊っちゃん』　夏目漱石著　講談社　2009.2　253p　19cm　（21世紀版少年少女日本文学館 2）　1400円　①978-4-06-282652-5

目次 坊っちゃん, 文鳥, 永日小品（柿, 火鉢,

猫の墓, 山鳥, 行列)

内容 親譲りの無鉄砲―。一本気な江戸っ子「坊っちゃん」が四国・松山の中学校の先生に。くせのある同僚教師と生意気な生徒たちのなか、持ち前の反骨精神で真正直に走り続ける痛快物語。時代を超えて愛されつづける漱石の傑作と、彼の才能が凝縮された短編二作を収録。

『齋藤孝のイッキによめる！ 音読名作選 小学3年生』 齋藤孝編 講談社 2008.7 127p 21cm 1000円 Ⓘ978-4-06-214826-9

目次 初級編（銀河鉄道の夜（宮沢賢治）, 十五少年漂流記（ジュール・ベルヌ作, 那須辰造訳）, 老人と海（アーネスト・ヘミングウェイ作, 福田恆存訳） ほか）, 中級編（三銃士（アレクサンドル・デュマ作, 桜井成夫訳）, 坊っちゃん（夏目漱石）, 二十四の瞳（壷井栄） ほか）, 上級編（マクベス（ウィリアム・シェイクスピア作, 福田恆存訳）, モモ（ミヒャエル・エンデ作, 大島かおり訳）, 赤毛のアン（L・M・モンゴメリー作, 掛川恭子訳） ほか）

内容 1日10分で、だれでもできる！ 音読で心も体も元気になる。

『坊っちゃん』 夏目漱石作, 福田清人編, にしけいこ絵 新装版 講談社 2007.10 247p 18cm （講談社青い鳥文庫） 570円 Ⓘ978-4-06-148789-5

内容 「親ゆずりのむてっぽうで、子どものときから、そんばかりしている。」そんな純情で江戸っ子かたぎの坊っちゃんが、東京から中学の先生として、はるばる四国へ。俗な教師の赤シャツ、野だいこ、ちょっと弱気なうらなり、正義漢の山あらしなど、ユニークな登場人物にかこまれて、坊っちゃんの新人教師生活は…!?夏目漱石のユーモア小説の傑作!!小学上級から。

「吾輩は猫である」

『読解力がグングンのびる！ 齋藤孝のゼッタイこれだけ！ 名作教室 小学5年』 齋藤孝編 朝日新聞出版 2012.6 229p 21cm 1000円 Ⓘ978-4-02-331087-2

目次 吾輩は猫である（抜粋）（夏目漱石）, サーカス（向田邦子）, 女生徒（抜粋）（太宰治）, マクベス（抜粋）（シェイクスピア松岡和子訳）, 言葉の成り立ちを学ぼう 故事成語「杞憂」, 鼻（芥川龍之介）, 伊豆の踊子（抜粋）（川端康成）, 夜中の汽笛について、あるいは物語の効用について（村上春樹）, 清兵衛とひょうたん（志賀直哉）, 詩のひろば サーカス（中原中也）, 若草物語（抜粋）（L.M・オルコット）, 二十四の瞳（抜粋）（壷井栄）, 銀河鉄道の夜（抜粋）（宮沢賢治）

『齋藤孝のイッキによめる！ 小学生のための夏目漱石×太宰治』 齋藤孝編 講談社 2012.3 283p 21cm 1000円 Ⓘ978-4-06-217575-3

目次 坊っちゃん（夏目漱石）, 夢十夜（夏目漱石）, 永日小品（夏目漱石）, 吾輩は猫である（夏目漱石）, 走れメロス（太宰治）, 葉桜と魔笛（太宰治）, 黄金風景（太宰治）, 眉山（太宰治）, 斜陽（太宰治）

内容 朝の10分間読書にぴったり。「坊っちゃん」「走れメロス」ほか、全9作品を収録。

『吾輩は猫である』 夏目漱石著 文藝春秋 2011.11 585p 15cm （文春文庫） 638円 Ⓘ978-4-16-715805-7

内容 苦沙弥先生の書斎に今日も集うのは、迷亭、寒月、三平ら、太平の逸民たち。人間どもの珍妙なやりとりを、猫は黙って聞いている。滑稽かつ冗舌な文体と痛烈な文明批評。発表当時から「とにかく変っている」という折り紙がついた、夏目漱石の処女小説。読んで笑うもよし、首をかしげるもよし、深く考えるもよし。

『吾輩は猫である 上』 夏目漱石作 講談社 2009.6 371p 18cm （講談社青い鳥文庫）〈第61刷〉 670円 Ⓘ4-06-147182-1

内容 中学の英語教師で、なんにでもよく手を出したがる、胃弱の珍野苦沙弥先生と、その家に出入りする美学者迷亭、教え子の水島寒月、詩人志望の越智東風など―明治の人間社会を、飼い猫の目をとおして、ユーモラスに諷刺した、漱石の最初の長編小説。

『吾輩は猫である 下』 夏目漱石作 講談社 2009.6 363p 18cm （講談社青い鳥文庫）〈第54刷〉 670円 Ⓘ4-06-147183-X

内容 中学の英語教師苦沙弥先生の家の飼い猫「吾輩」が猫の目をとおして見た人間社会を風刺したユーモア小説。この家に集まる友人の詩人、哲学者、美学者など明治の文化人が皮肉の精神で語る東西文化比較論、自覚心論、女性論…。文豪漱石の高い知性と道義心あふれる処女作。

『吾輩は猫である（抄）』 赤木かん子編，夏目漱石著 ポプラ社 2008.4 31p 21cm （ポプラ・ブック・ボックス 王冠の巻 3） Ⓘ978-4-591-10208-4 Ⓝ913.6

『吾輩は猫である 上』 夏目漱石著 ポプラ社 2005.11 390p 18cm （ポプラポケット文庫）〈2刷〉660円 Ⓘ4-591-08868-5

『吾輩は猫である 下』 夏目漱石著 ポプラ社 2005.11 386p 18cm （ポプラポケット文庫）〈2刷〉660円 Ⓘ4-591-08869-3

七尾 純
ななお・じゅん
《1936～》

「がんばれわたしのアリエル」

『がんばれわたしのアリエル―もうどう犬をそだてる』 七尾純文，渡辺あきお絵 学習研究社 1997.2 31p 27cm （ボランティアふれあいのえほん 2） 1648円 Ⓘ4-05-500270-X,4-05-810500-3

奈街 三郎
なまち・さぶろう
《1907～1978》

「ゴリラとたいほう」

『3年生の読みもの―親も子も読む名作』 亀村五郎編集代表 学校図書 2005.7 142p 21cm 648円 Ⓘ4-7625-1963-4 Ⓝ913.68

目次 ゴリラとたいほう（奈街三郎著），ふしぎなくもの糸（八木沼健夫著），りゅうの目のなみだ（浜田広介著），たんぽぽ（丘修三著），長ぐつをはいたネコ（ペロー作，今野一雄訳），りんご畑の九月（後藤竜二著），まほうのなしの木（鹿島鳴秋著），チロヌップのきつね（高橋宏幸著），ゾウの手ぶくろのはなし（前川康男著），きつねものがたり（林芙美子著）

『ゴリラとたいほう』 なまちさぶろうぶん，こばやしゆうじえ 福武書店 1983.10 1冊 31cm 1100円 Ⓘ4-8288-1212-1

「はしのうえのおおかみ」

『はしの うえの おおかみ』 奈街三郎作，花之内雅吉絵 鈴木出版 1991.11 25p 21×29cm （チューリップえほんシリーズ） 1000円 Ⓘ4-7902-6025-9

内容 いっぽんばしを、うさぎがわたっていくと、おおかみが、「おれがさきだ。もどれもどれ」とおおいばり。きつねもたぬきも、わたらせてもらえません。そんなあるひ、はしをわたってきたのは、おおきなくま。あわてたおおかみは…。

新美 南吉
にいみ・なんきち
《1913～1943》

「赤いろうそく」

『ごんぎつね』 新美南吉著 ポプラ社 2005.10 198p 18cm （ポプラポケット文庫 352-1）〈1978年刊の新装改訂〉 570円 Ⓘ4-591-08860-X Ⓝ913.6

目次 ごんぎつね，のら犬，和太郎さんと牛，花のき村と盗人たち，正坊とクロ，屁，蔵の中，いぼ，赤いろうそく

『あかいろうそく 他一編 かにのしょうばい』 新美南吉作，くすはら順子絵 チャイルド本社 2005.8 30p 25×21cm （新美南吉・幼年童話えほん 5） 571円 Ⓘ4-8054-2638-1

目次 あかいろうそく，かにのしょうばい

『赤いろうそく』 新美南吉作，太田大八絵 小峰書店 2004.7 62p 24×19cm （新美南吉童話傑作選） 1400円 Ⓘ4-338-20001-4

目次 でんでんむし，みちこさん，うまやのそばのなたね，里の春、山の春，赤いろうそく

『木の祭り―新美南吉ようねん童話絵本』 新美南吉作，司修絵，保坂重政編 国立 にっけん教育出版社，星雲社〔発売〕 2002.10 30p 23×19cm 1300円 Ⓘ4-434-02602-X

目次 木の祭り, 赤いろうそく

内容 新美南吉の、もぎたてのくだもののようにみずみずしい、ようねん童話絵本。

「おじいさんのランプ」

『読解力がグングンのびる！ 齋藤孝のゼッタイこれだけ！ 名作教室 小学3年 下巻』 齋藤孝編 朝日新聞出版 2012.4 211p 21cm 952円 ①978-4-02-331071-1

目次 祭の晩（宮沢賢治）, ネギよ来い（藤原正彦）, 詩のひろば 積った雪（金子みすゞ）, 耳なし芳一（抜粋）（小泉八雲, 保永貞夫訳）, 馬よ（高峰秀子）, 言葉の成り立ちを学ぼう 故事成語「井の中の蛙」, 大造じいさんとガン（椋鳩十）, 奇跡の人ヘレン・ケラー自伝（抜粋）（ヘレン・ケラー, 小倉慶郎訳）, 幸福の王子（抜粋）（オスカー・ワイルド, 井村君江訳）, 詩のひろば 朝のリレー（谷川俊太郎）, おじいさんのランプ（抜粋）（新美南吉）

内容 ふつうの“10分間読書”では身につかない、本当の「読解力」がつく。古今東西の名作11編を収録。

『ごんぎつね・夕鶴』 新美南吉, 木下順二著 講談社 2009.3 247p 19cm （21世紀版少年少女日本文学館 13） 1400円 ①978-4-06-282663-1

目次 新美南吉（ごんぎつね, 手袋を買いに, 赤い蝋燭, ごんごろ鐘, おじいさんのランプ, 牛をつないだ椿の木, 花のき村と盗人たち）, 木下順二（夕鶴, 木竜うるし, 山の背くらべ, 夢見小僧）

内容 ひとりぼっちの子ぎつねごんは川の中でうなぎをとる兵十をみてちょいと、いたずらを…。豊かな情感が読後にわき起こる新美南吉の「ごんぎつね」のほか、鶴の恩返しの物語を美しい戯曲にした木下順二の「夕鶴」など十一作を収録。

『新美南吉30選』 新美南吉著, 宮川健郎編 春陽堂書店 2009.2 349p 19cm （名作童話） 2500円 ①978-4-394-90267-6

目次 正坊とクロ, 張紅倫, ごん狐, 花を埋める, 久助君の話, 屁, 川, 嘘, ごんごろ鐘, おじいさんのランプ, 牛をつないだ椿の木, 手袋を買いに, 狐, 小さい太郎の悲しみ, 花のき村と盗人たち, 鳥右エ門諸国をめぐる, 百姓の足、坊さんの足, 赤い蝋燭, ひとつの火, こぞうさんのおきょう, 飴だま, 子供のすきな神様, 里の春、山の春, 去年の木, 狐のつかい, 一年生たちとひよめ, ひろったらっぱ, ぬすびととこひつじ, みちこさん, でんでんむしのかなしみ

内容 童話は、感情の「原型」を描く。いま、読み直す新美南吉。

『ごんぎつね―新美南吉傑作選』 新美南吉作, ささめやゆき絵 新装版 講談社 2008.3 237p 18×11cm （講談社青い鳥文庫） 570円 ①978-4-06-285008-7

目次 ごんぎつね, 手袋を買いに, 空気ポンプ, 久助君の話, 屁, おじいさんのランプ, 百姓の足、坊さんの足, 牛をつないだ椿の木, 花のき村と盗人たち, ひろったラッパ, 飴だま

『新美南吉童話集』 新美南吉著 角川春樹事務所 2006.11 221p 15cm （ハルキ文庫） 680円 ①4-7584-3263-5

目次 ごん狐, 手袋を買いに, 狐, 和太郎さんと牛, 牛をつないだ椿の木, 幼年童話（一年生たちとひよめ, うぐいすぶえをふけば, こぞうさんのおきょう, 里の春、山の春, くまのこ, げたにばける, さるとさむらい, ぬすびととこひつじ, おかあさんたち, でんでんむしのかなしみ）, 小さい太郎の悲しみ, 久助君の話, 疣, 花をうめる, おじいさんのランプ

『おじいさんのランプ―新美南吉童話傑作選』 新美南吉作, 篠崎三朗絵, 新美南吉の会編 小峰書店 2004.6 155p 21cm 1400円 ①4-338-20006-5

目次 牛をつないだ椿の木, うた時計, 最後の胡弓ひき, おじいさんのランプ

「貝がら」

『心にひびく名作読みもの 6年―読んで、聞いて、声に出そう』 府川源一郎, 佐藤宗子編 教育出版 2004.3 68p 21cm 〈付属資料：CD1〉 2000円 ①4-316-80090-6

目次 加代の四季（杉みき子）, ちょうの行方（高田桂子）, 野の馬（今江祥智）, せんこう花火（中谷宇吉郎）, 素直な疑問符（吉野弘）, 貝がら（新美南吉）

内容 小学校国語教科書に掲載された名作（物語・説明文・詩）を学年別に収録。発達段階に応じた教科書表記を採用。難意語には注を記載。発展学習にも役立つよう、交ぜ書きから読み仮名付きの漢字へ適宜変更。当時の教科書に使用された挿絵を掲載。俳優・声優による格調高い朗読をCDに収め各巻に添付。

「ごんぎつね」

『ごんぎつね』 新美南吉作，南伸坊絵，宮川健郎編　岩崎書店　2012.6　61p　21cm　(1年生からよめる日本の名作絵どうわ) 1000円　Ⓘ978-4-265-07114-2

[内容] きつねのごんは、兵十のうなぎをいたずら心からとってしまいます。ごんは兵十のために罪のつぐないをしますが…。新美南吉代表作の絵童話化。名作がより親しみやすくなる解説つき。

『ごんぎつね』 新美南吉作，鈴木靖将絵　新樹社　2012.3　1冊　31×23cm　1400円　Ⓘ978-4-7875-8621-6

[内容] いたずら小狐「ごん」村人の心によりそいたくてひとの世界にちかづきますが…。

『齋藤孝の親子で読む国語教科書 4年生』 齋藤孝著　ポプラ社　2011.3　150p　21cm　(齋藤孝の親子で読む国語教科書 4) 1000円　Ⓘ978-4-591-12288-4

[目次] やいトカゲ(舟崎靖子)，白いぼうし(あまんきみこ)，木竜うるし(木下順二)，こわれた1000の楽器(野呂昶)，一つの花(今西祐行)，りんご畑の九月(後藤竜二)，ごんぎつね(新美南吉)，せかいいちうつくしいぼくの村(小林豊)，寿限無(興津要)，初雪のふる日(安房直子)

『読んでおきたい名作 小学3年』 川島隆太監修　成美堂出版　2010.4　200p　21cm　700円　Ⓘ978-4-415-30816-6

[目次] どんぐりと山ねこ(宮沢賢治)，かいじゅうランドセルゴン(大石真)，ごんぎつね(新美南吉)，ひらめの目の話(浜田廣介)，サバクのにじ(坪田譲治)，小学生ときつね(武者小路実篤)，手品師(豊島与志雄)，ひとふさのぶどう(有島武郎)，野ばら(小川未明)，清兵衛とひょうたん(志賀直哉)

[内容] 朝の10分間読書にぴったり。どんどん読めて脳と心をはぐくむとっておきの10作品。

『日本の名作童話絵本　上』 主婦と生活社編　主婦と生活社　2009.11　98p　26×21cm　1500円　Ⓘ978-4-391-13797-2

[目次] ごんぎつね(新美南吉)，注文の多い料理店(宮澤賢治)，光の星(浜田廣介)，野ばら(小川未明)，泣いた赤おに(浜田廣介)

『ごんぎつね―新美南吉傑作選』 新美南吉作，ささめやゆき絵　新装版　講談社　2008.3　237p　18×11cm　(講談社青い鳥文庫) 570円　Ⓘ978-4-06-285008-7

[目次] ごんぎつね，手袋を買いに，空気ポンプ，久助君の話，屁，おじいさんのランプ，百姓の足、坊さんの足，牛をつないだ椿の木，花のき村と盗人たち，ひろったラッパ，飴だま

『新美南吉童話集』 新美南吉著　角川春樹事務所　2006.11　221p　15cm　(ハルキ文庫) 680円　Ⓘ4-7584-3263-5

[目次] ごん狐，手袋を買いに，狐，和太郎さんと牛，牛をつないだ椿の木，幼年童話(一年生たちとひよめ，うぐいすぶえをふけば，こぞうさんのおきょう，里の春、山の春，くまのこ，げたにばける，さるとさむらい，ぬすびととこひつじ，おかあさんたち，でんでんむしのかなしみ)，小さい太郎の悲しみ，久助君の話，疣，花をうめる，おじいさんのランプ

『ごんぎつね』 新美南吉作，いもとようこ絵　金の星社　2005.5　40p　31×23cm　(大人になっても忘れたくないいもとようこ名作絵本) 1400円　Ⓘ4-323-03886-0

「里の春、山の春」

『新美南吉30選』 新美南吉著，宮川健郎編　春陽堂書店　2009.2　349p　19cm　(名作童話) 2500円　Ⓘ978-4-394-90267-6

[目次] 正坊とクロ，張紅倫，ごん狐，花を埋める，久助君の話，屁，川，嘘，ごんごろ鐘，おじいさんのランプ，牛をつないだ椿の木，手袋を買いに，狐，小さい太郎の悲しみ，花のき村と盗人たち，鳥右エ門諸国をめぐる，百姓の足、坊さんの足，赤い蝋燭，ひとつの火，こぞうさんのおきょう，飴だま，子供のすきな神様，里の春、山の春，去年の木，狐のつかい，一年生たちとひよめ，ひろったらっぱ，ぬすびととこひつじ，みちこさん，でんでんむしのかなしみ

[内容] 童話は、感情の「原型」を描く。いま、読み直す新美南吉。

『新美南吉童話集』 新美南吉著　角川春樹事務所　2006.11　221p　15cm　(ハルキ文庫) 680円　Ⓘ4-7584-3263-5

[目次] ごん狐，手袋を買いに，狐，和太郎さんと牛，牛をつないだ椿の木，幼年童話(一年生たちとひよめ，うぐいすぶえをふけば，こぞうさんのおきょう，里の春、山の春，くまのこ，げたにばける，さるとさむらい，ぬすびと

とこひつじ, おかあさんたち, でんでんむしのかなしみ), 小さい太郎の悲しみ, 久助君の話, 疣, 花をうめる, おじいさんのランプ

『里の春、山の春』 新美南吉作, 石倉欣二絵, 保坂重政編 国立 にっけん教育出版社, 星雲社〔発売〕 2002.3 30p 24×19cm 1300円 ①4-434-01870-1

内容 新美南吉の、もぎたてのくだもののようにみずみずしい、ようねん童話絵本です。

「手ぶくろを買いに」

『読解力がグングンのびる! 齋藤孝のゼッタイこれだけ! 名作教室 小学1年 下巻』 齋藤孝編 朝日新聞出版 2012.4 189p 21cm 952円 ①978-4-02-331059-9

目次 手ぶくろを買いに(新美南吉), ねずみ経(日本民話 稲田和子), 星の銀貨(グリム童話 佐々木田鶴子訳), 詩のひろば 雲(山村暮鳥), めくらぶどうと虹(宮沢賢治), あとかくしの雪(日本民話 木下順二), さやからとび出た五つのエンドウ豆(アンデルセン童話 大畑末吉訳), 泣いた赤おに(抜粋)(浜田広介), ことばの成り立ちを学ぼう! 故事成語「蛇足」, ロバの耳になった王さま(ギリシャ神話 箕浦万里子訳), 野ばら(小川未明)

内容 ふつうの“10分間読書”では身につかない、本当の「読解力」がつく。古今東西の名作11編を収録。

『齋藤孝の親子で読む国語教科書 3年生』 齋藤孝著 ポプラ社 2011.3 142p 21cm (齋藤孝の親子で読む国語教科書 3) 1000円 ①978-4-591-12287-7

目次 いろはにほへと(今江祥智), のらねこ(三木卓), つりばしわたれ(長崎源之助), ちいちゃんのかげおくり(あまんきみこ), ききみみずきん(木下順二), ワニのおじいさんのたからもの(川崎洋), さんねん峠(李錦玉), サーカスのライオン(川村たかし), モチモチの木(斎藤隆介), 手ぶくろを買いに(新美南吉)

『読んでおきたい名作 小学2年』 川島隆太監修 成美堂出版 2010.4 175p 21cm 700円 ①978-4-415-30815-9

目次 じゃんけんねこ(佐藤さとる), 金魚のおつかい(与謝野晶子), むく鳥のゆめ(浜田廣介), スイッチョねこ(大佛次郎), 幸福(島崎藤村), はととわし(武者小路実篤), 花いっぱいになぁれ(松谷みよ子), かげぼうし(内田百閒), やまなし(宮沢賢治), 手ぶくろを買いに(新美南吉)

内容 朝の10分間読書にぴったり。どんどん読めて脳と心をはぐくむとっておきの10作品。

『日本の名作童話絵本 下』 主婦と生活社編 主婦と生活社 2009.11 98p 26×21cm 1500円 ①978-4-391-13798-9

目次 手ぶくろを買いに(新美南吉), 月夜とめがね(小川未明), むく鳥のゆめ(浜田廣介), でんでん虫の悲しみ(新美南吉), セロひきのゴーシュ(宮澤賢治)

『ごんぎつね―新美南吉傑作選』 新美南吉作, ささめやゆき絵 新装版 講談社 2008.3 237p 18×11cm (講談社青い鳥文庫) 570円 ①978-4-06-285008-7

目次 ごんぎつね, 手袋を買いに, 空気ポンプ, 久助君の話, 屁, おじいさんのランプ, 百姓の足、坊さんの足, 牛をつないだ椿の木, 花のき村と盗人たち, ひろったラッパ, 飴だま

『新美南吉童話集』 新美南吉著 角川春樹事務所 2006.11 221p 15cm (ハルキ文庫) 680円 ①4-7584-3263-5

目次 ごん狐, 手袋を買いに, 狐, 和太郎さんと牛, 牛をつないだ椿の木, 幼年童話(一年生たちとひよめ, うぐいすぶえをふけば, こぞうさんのおきょう, 里の春、山の春, くまのこ, げたにばける, さるとさむらい, ぬすびととこひつじ, おかあさんたち, でんでんむしのかなしみ), 小さい太郎の悲しみ, 久助君の話, 疣, 花をうめる, おじいさんのランプ

「二ひきのかえる」

『10分で読める名作 二年生』 岡信子, 木暮正夫選 学習研究社 2007.5 199p 21cm 700円 ①978-4-05-202676-8

目次 二ひきのかえる(新美南吉), きしゃいぬ(坪田譲治), おちばの絵本(成本和子), どうぶつたちの冬ごもり(アファナーシエフ), わがままな大男(オスカー・ワイルド), 岩あなのサル(椋鳩十), まんまる月夜のパトロール(正岡慧子), きつねのクイズはへんてこクイズ(小沢正), 福田屋のプリン(花田鳩子), おばけ(内山登美子), 空とぶハヌマーン―インドの神話(鈴木千歳), シンドバッドのぼうけん―アラビアン・ナイトより(岡信子)

内容 日本と世界の感動の短編名作をたっぷり読める。朝の10分間読書にぴったり! 12

作品収録。

『ながれぼし―他一編にひきのかえる』 新美南吉作，渡辺有一絵 チャイルド本社 2005.11 30p 25cm （新美南吉・幼年童話えほん 8 新美南吉作，西本鶏介責任編集）〈シリーズ責任表示：新美南吉作 シリーズ責任表示：西本鶏介責任編集 年譜あり〉571円
Ⓘ4-8054-2641-1 Ⓝ726.6
目次 ながれぼし，にひきのかえる

『新美南吉童話集―心に残るロングセラー名作10話』 新美南吉著，北川幸比古，鬼塚りつ子責任編集 世界文化社 2004.3 135p 25×19cm 1000円
Ⓘ4-418-04807-3
目次 ごんぎつね，牛をつないだつばきの木，花のき村とぬすびとたち，おじいさんのランプ，手ぶくろを買いに，がちょうのたんじょう日，でんでんむしの悲しみ，二ひきのかえる，去年の木，一年生たちとひよめ
内容 子どもたちにぜひ読んでほしい新美南吉の名作のベスト10話を収録している。小学生向き。

錦 三郎
にしき・さぶろう
《1914～1997》

「空を飛ぶクモ」

『空を飛ぶクモの話 人間のからだのしくみ』 錦三郎著，井川幸雄，増田允著 ラボ国際交流センター 1978.12 203p 22cm （ラボ土曜講座 5）1200円

西村 まり子
にしむら・まりこ

「ポレポレ」

『教科書にでてくるお話 4年生』 西本鶏介監修 ポプラ社 2006.3 206p 18cm （ポプラポケット文庫）570円
Ⓘ4-591-09170-8
目次 いろはにほへと（今江祥智），ポレポレ（西村まり子），やいトカゲ（舟崎靖子），白いぼうし（あまんきみこ），りんご畑の九月（後藤竜二），るすばん（川村たかし），せかいいちうつくしいぼくの村（小林豊），こわれた1000の楽器（野呂昶），のれたよ、のれたよ、自転車のれたよ（井上美由紀），夏のわすれもの（福田岩緒），ならなしとり（峠兵太），寿限無（西本鶏介），ごんぎつね（新美南吉），一つの花（今西祐行）
内容 現在使われている各社の国語教科書に掲載または紹介されている作品ばかりを集めたアンソロジーです。長く読みつがれている名作、心あたたまるお話、おもしろくて元気がでるお話など、すばらしい作品がいっぱい。作品の表記は原典に忠実にし、全文を掲載しています。教科書では気づかなかった作品の魅力を、新たに発見できるかもしれません。小学校中学年から。

『ポレポレ』 西村まり子作，はやしまり絵 神戸 BL出版 1998.11 1冊 26cm 1300円 Ⓘ4-89238-694-4
内容 いじめで困ったり、地球の温暖化が叫ばれたり、またダイオキシンが問題になると、すぐちゃんとそれらを上手に取り入れた童話や絵本があらわれます。つまり現実の後追いをするということです。ほんとうの作品は、現実の問題の前を歩く、先取りしてこそ「新しい」といえるのです。こういう状況の中で、このグランプリ作品は、そういう問題を超えて楽しめる興味深い童話でしょう。第14回ニッサン童話と絵本のグランプリ童話大賞受賞作品。

西村 祐見子
にしむら・ゆみこ
《1965～》

「木の葉」

『せいざのなまえ―西村祐見子童謡集』 西村祐見子著，矢崎節夫選 JULA出版局 2000.12 119p 18cm 1000円
Ⓘ4-88284-077-4
目次 澄んだまなざし，ことり，こくばん，せいざの なまえ，小さな林，ほたるぶくろ
内容 金子みすゞにつながる童謡の世界に、長い間待たれていた新人が、ついに登場しました。どうぞ頁をひらいてください。
きっと、あたたかい、やさしい気持ちにつつまれることでしょう。

「小さな林」

『せいざのなまえ―西村祐見子童謡集』 西村祐見子著, 矢崎節夫選 JULA出版局 2000.12 119p 18cm 1000円 ①4-88284-077-4

目次 澄んだまなざし, ことり, こくばん, せいざの なまえ, 小さな林, ほたるぶくろ

内容 金子みすゞにつながる童謡の世界に、長い間待たれていた新人が、ついに登場しました。どうぞ頁をひらいてください。きっと、あたたかい、やさしい気持ちにつつまれることでしょう。

西本 鶏介

にしもと・けいすけ

《1934～》

「石ごえ三年」

『日本の昔ばなし』 西本鶏介編 〔新装版〕 学習研究社 1991.10 223p 26×21cm （学研・カセットえほん 2）〈付属資料, カセットテープ2〉 2500円 ①4-05-105764-X

目次 一休さんのとんちばなし,（どくの水あめ, おはぎとほとけさま, ついたてのとら, うしろむきのおきょう）, ひこいちとんちばなし（つむじまがり, 石ごえ3年）, 吉四六さんのとんちばなし（ねずみのほりもの, そんなことはあるまい）, かにむかし（さるかにがっせん）, うらしまたろう, 花さかじいさま, いっすんぼうし, ぶんぶくちゃがま, おむすびころりん（ねずみじょう土）, ねずみのよめいり, うりこひめ, かもとりごんべえ, きき耳ずきん, ばけものでら, たぬきのしかえし, あめかいゆうれい, はな、のびろ, ばけくらべ

内容 短いお話を毎日一話。読み聞かせ・1人読みもできる昔話絵本。幼児～小学校低学年向。

「宮沢賢治」

『宮沢賢治』 西本鶏介著 講談社 1989.7 277p 22cm （少年少女伝記文学館 23） 2000円 ①4-06-194623-4

目次 1 少年の日の感激（宮沢家の宝もの, あの子はやさしすぎる ほか）, 2 なやみ多い青年（鉱石の話が宇宙の話に, 純粋で身がってな手紙 ほか）, 3 故郷を愛する教師（「トシコビョウキ スグカエレ」, 農学校の教壇に立つ ほか）, 4 土にまみれて（先生をやめる, 井戸の中の米 ほか）

野口 雨情

のぐち・うじょう

《1882～1945》

「あの町この町」

『お空の海へ―唄って味わう野口雨情の世界』 西條和子監修, 野口不二子解説, 春日麻江切り絵 長野 ほおずき書籍, 星雲社〔発売〕 2008.11 57p 30cm 1300円 ①978-4-434-12510-2

目次 兎のダンス, 黄金虫, 四丁目の犬, かもめ, 雨降りお月さん, 七つの子, あの町この町, 證城寺の狸囃子, 青い眼の人形, 赤い靴, 十五夜お月さん, シャボン玉, 船頭小唄, 波浮の港, 磯原節

『声に出して読もう！ 野口雨情の童謡』 向山洋一監修, TOSS著 金の星社 2007.3 39p 30×22cm （読む・聞く・感じる！ 美しい童謡と唱歌） 3000円 ①978-4-323-05591-6

目次 七つの子, あの町この町, 四丁目の犬, 十五夜お月さん, シャボン玉, こがねむし, うさぎのダンス, トマト畑, 落ち葉, 青い眼の人形, 虹の橋, 證城寺のたぬきばやし, こおろぎ, 雨ふりお月さん, 俵はごろごろ, 風鈴, おばけの行列, 赤いくつ

『定本野口雨情 第4巻 童謡 2』 未来社 1986.5 333p 22cm 〈監修：秋山清ほか 著者の肖像あり〉 3500円 Ⓝ911.56

野口 聡一

のぐち・そういち

《1965～》

「宇宙飛行士―ぼくがいだいた夢」

『ぼくのしょうらいのゆめ』 市川準, 内田裕也, 大竹伸朗, 関野吉晴, 祖父江慎, 高橋悠治, 田中泯, 谷川俊太郎, 野口聡一, 舟越桂, 吉本隆明, 和田誠著 文藝春秋 2009.5 197p 15cm （文春文庫） 714

円　①978-4-16-775379-5

目次 市川準(映画監督), 内田裕也(ロックンローラー・俳優), 大竹伸朗(画家), 関野吉晴(医師・探検家・人類学者), 祖父江慎(グラフィックデザイナー), 高橋悠治(作曲家・ピアニスト), 田中泯(舞踊家), 谷川俊太郎(詩人), 野口聡一(宇宙飛行士), 舟越桂(彫刻家), 吉本隆明(詩人・文芸批評家・思想家), 和田誠(イラストレーター)

内容 子どもの頃に思い描いていた未来の自分、将来の夢。月日がたち大人になったとき、それはどのように自分のなかに残っているのだろう—アート、科学、映画、文学からロックまで、各界の第一線で活躍する12人が、少年時代といま抱く未来への思いを語ってくれた。当時の作文や絵、写真等も収録した、何度も読み直したくなる一冊。

『ぼくのしょうらいのゆめ』 プチグラパブリッシング　2006.7　155p　21cm　1640円　①4-903267-33-4

目次 市川準(映画監督), 内田裕也(ロックンローラー・俳優), 大竹伸朗(画家), 関野吉晴(医師・探検家・人類学者), 祖父江慎(グラフィックデザイナー), 高橋悠治(作曲家・ピアニスト), 田中泯(舞踏家), 谷川俊太郎(詩人), 野口聡一(宇宙飛行士), 吉本隆明(詩人・文芸批評家・思想家), 和田誠(イラストレーター)

内容 大人になった今、ふりかえるあのころ、夢みていたこと。子ども時代に思い描いた未来の自分、将来の夢。月日がたち大人になったとき、それはどのように自分の中に残っているのだろうか。アート、科学、文学からロックまで、各界の第一線で活躍する11人の少年時代を、当時の作文や絵、写真など貴重な資料とともに収録。かつて子どもだった、すべての大人に贈る一冊。

野尻　抱影

のじり・ほうえい

《1885～1977》

「星の神話」

『星の神話・伝説集成』 野尻抱影著　〔新装版〕　恒星社　1987.8　304p　19cm　1800円　①4-7699-0594-7

目次 1 星の神話伝説—日本篇, 2 星の神話伝説—海外篇(春の星座, 夏の星座, 秋の星座, 冬の星座), 3 惑星の神話伝説, 4 星座とその歴史

ノーソフ, ニコライ

《1908～》

「ひとりでとけた問題」

『ヴィーチャと学校友だち・トーリャの冒険』 ノーソフ著, 福井研介訳, ゲ・ボージン等絵　岩波書店　1961　333p 図版　23cm　(岩波少年少女文学全集 8)

野長瀬　正夫

のながせ・まさお

《1906～1984》

「海を見に行く」

『とんでいきたい—あこがれ・思い出』 新川和江編, 三木由記子絵　太平出版社　1987.7　66p　21cm　(小学生・詩のくにへ 1)　1600円

目次 ふしぎなポケット(まど・みちお), 空へのぼった風船(三枝ますみ), ある朝(宮沢章二), わた毛の玉(牧野文子), 橋(まど・みちお), 鳥と少年(中野郁子), 白鳥の夢(新川和江), 矢車草(名取和彦), 耳(ジャン・コクトー, 堀口大学・訳), ぞうとえんそくしてみたい(筒井敬介), 夕日(こわせたまみ), まりをついてると(八木重吉), おほしさん(鶴見正夫), 白い道(海野洋司), あこがれ(新川和江), 海を見にいく(野長瀬正夫), 山頂(原田直友), 紙風船(黒田三郎)

「ぼくの家だけあかりがともらない」

『ガラスにかいたかお—生活』 新川和江編, 多田治良絵　太平出版社　1987.10　66p　21cm　(小学生・詩のくにへ 6)　1600円

目次 おなかのへるうた(阪田寛夫), コップのうた(真田亀久代), てんぷらぴりぴり(まど・みちお), ピーマン(工藤直子), あわてんぼうの歌(まど・みちお), ガラスのかお(三井ふたばこ), お魚(金子みすゞ), 帰宅(吉田定一), つけもののおもし(まど・みちお), 山芋(大関松三郎), あめ(山田今次), ふるさとの(石川啄木), リンゴとポンカン(赤岡江里子), ぼくの家だけあかりがともらない(野

長瀬正夫), いなかのあいさつ (新川和江), 小さなみなとの町 (木下夕爾), 茂作じいさん (小林純一), 夜のくだもの (草野心平), とうげ (石垣りん), はんぶんおりたところ (アレグザンダー＝ミルン, 小田島雄志・若子訳), 夕日がせなかをおしてくる (阪田寛夫)

野村 昇司
のむら・しょうじ
《1933〜》

「羽田の水船」

『羽田の水舟』 野村昇司作, 阿部公洋絵 ほるぷ出版 2000.11 1冊 27cm 1400円 Ⓘ4-593-56044-6

『羽田の水舟』 野村昇司作, 阿部公洋絵 ぬぷん児童図書出版 1982.8 1冊 27cm (ぬぷんふるさと絵本シリーズ) 950円 Ⓘ4-88975-401-6

野村 雅一
のむら・まさいち
《1942〜》

「身ぶりでつたえる」

『身ぶりとしぐさの人類学―身体がしめす社会の記憶』 野村雅一著 中央公論社 1996.7 225p 18cm (中公新書) 700円 Ⓘ4-12-101311-5

目次 1 歩行とディスプレイ, 2 接触人間と非接触人間, 3 お辞儀と握手, 4 自己演技と表情, 5 ホンモノへのこだわり, 6 Vサインの図像学, 7 親指の主張, 8 しぐさの逸脱

内容 人の身ぶりやしぐさはたいへん多様であるが、歴史にもまれながら形づくられてきた集団ごとの共通性もまた多い。ひとつひとつの動作、表情には長い社会的文化的経験が凝縮されているのである。しかし、そのように伝承されてきた無言の身体的知識は、情報化や技術革新の高波のなかで、今日、一挙に忘れ去られようとしている。本書は、世界各地で観察された身体伝承を記録し、その文脈を探り、変容の方向を示唆しようとする試みである。

『ボディランゲージの世界―あいことばは身ぶりで』 野村雅一著 ポプラ社 1993.4 157p 19cm (10代の教養図書館 7) 1600円 Ⓘ4-591-04484-X

目次 1 歩く・走る・立つ・すわるのボディランゲージ, 2 ふれあいのボディランゲージ, 3 あいさつのボディランゲージ, 4 記憶する身体, 5 自分自身を演じる, 6 ボディランゲージのさまざまな顔, 7 あいことばは手ぶりで

内容 すわる、歩く、みる、ふれる。なにげないしぐさ、ちょっとした身ぶりが、ことばよりも雄弁にその人自身を語っている。わたしたちの生活のなかに、さまざまなかたちでみられるしぐさと身ぶりをとおして、ボディランゲージのもつ社会的意味をかんがえる。

野呂 昶
のろ・さかん
《1936〜》

「こわれた千の楽器」

『齋藤孝の親子で読む国語教科書 4年生』 齋藤孝著 ポプラ社 2011.3 150p 21cm (齋藤孝の親子で読む国語教科書 4) 1000円 Ⓘ978-4-591-12288-4

目次 やいトカゲ (舟崎靖子), 白いぼうし (あまんきみこ), 木竜うるし (木下順二), こわれた1000の楽器 (野呂昶), 一つの花 (今西祐行), りんご畑の九月 (後藤竜二), ごんぎつね (新美南吉), せかいいちうつくしいぼくの村 (小林豊), 寿限無 (興津要), 初雪のふる日 (安房直子)

『教科書にでてくるお話 4年生』 西本鶏介監修 ポプラ社 2006.3 206p 18cm (ポプラポケット文庫) 570円 Ⓘ4-591-09170-8

目次 いろはにほへと (今江祥智), ポレポレ (西村まり子), やいトカゲ (舟崎靖子), 白いぼうし (あまんきみこ), りんご畑の九月 (後藤竜二), るすばん (川村たかし), せかいいちうつくしいぼくの村 (小林豊), こわれた1000の楽器 (野呂昶), のれたよ、のれたよ、自転車のれたよ (井上美由紀), 夏のわすれもの (福田岩緒), ならなしとり (峠兵太), 寿限無 (西本鶏介), ごんぎつね (新美南吉), 一つの花 (今西祐行)

内容 現在使われている各社の国語教科書に

掲載または紹介されている作品ばかりを集めたアンソロジーです。長く読みつがれている名作、心あたたまるお話、おもしろくて元気がでるお話など、すばらしい作品がいっぱい。作品の表記は原典に忠実にし、全文を掲載しています。教科書では気づかなかった作品の魅力を、新たに発見できるかもしれません。小学校中学年から。

『こわれた1000のがっき』 野呂昶作，渡辺あきお画　カワイ出版　1993.3　1冊　27×22cm　1300円　Ⓘ4-7609-4510-5

内容 こわれてたって、あきらめちゃいけない。みんなで力を合わせれば、きっとまたすてきな音楽が、きこえてくる。

「みえないストロー」

『野呂昶詩集』 野呂昶著　いしずえ　2003.3　172p　19cm　（現代児童文学詩人文庫 1）1200円　Ⓘ4-900747-81-5

目次 詩篇（詩集『天のたて琴』（全篇），詩集『ふたりしずか』から，詩集『おとのかだん』から），童話篇，エッセイ・評論篇，詩人論・作品論他

内容 自然の奏でる音楽と美しい意匠に微笑し合う詩篇たち。

『銀の矢ふれふれ―野呂昶詩集』 野呂昶著，方振寧絵　教育出版センター　1993.7　63p　21cm　（ジュニア・ポエム双書 86）1200円　Ⓘ4-7632-4292-X

「ゆうひのてがみ」

『本は友だち4年生』 日本児童文学者協会編　偕成社　2005.3　143p　21cm　（学年別・名作ライブラリー 4）1200円　Ⓘ4-03-924040-5

目次 八本足のイカと十本足のタコ（斉藤洋），飛べ！ あげはちょう（高井節子），電車にのって（竹下文子），花咲き山（斎藤隆介），やい、とかげ（舟崎靖子），きつね（佐野洋子），詩・ピーマン（はたちよしこ），詩・ゆうひのてがみ（野呂昶），まだ、もう、やっと（那須正幹），月の輪グマ（椋鳩十），エッセイ・四年生のころ 兄と姉の思い出（上条さなえ）

内容 この本には、「国語」の教科書でおなじみの作品をはじめ、現代の子どもの文学の世界を代表する作家たちの作品が集められています。

『心にひびく名作読みもの 4年―読んで、聞いて、声に出そう』 府川源一郎，佐藤宗子編　教育出版　2004.3　70p　21cm　〈付属資料：CD1〉2000円　Ⓘ4-316-80088-4

目次 青銅のライオン（瀬尾七重），走れ（村中李衣），八郎（斎藤隆介），飛び方のひみつ（東昭），ゆうひのてがみ（野呂昶），『のはらうた』より―さんぽ、おがわのマーチ（工藤直子）

内容 小学校国語教科書に掲載された名作（物語・説明文・詩）を学年別に収録。発達段階に応じた教科書表記を採用。難意語には注を記載。発展学習にも役立つよう、交ぜ書きから読み仮名付きの漢字へ適宜変更。当時の教科書に使用された挿絵を掲載。俳優・声優による格調高い朗読をCDに収め各巻に添付。

『おとのかだん―少年詩集』 のろさかん詩，ふくしまひふみ絵　教育出版センター　1983.10　79p　22cm　1000円

灰谷　健次郎

はいたに・けんじろう

《1934～2006》

「だれも知らない」

『夏ものがたり―ものがたり12か月』 野上暁編　偕成社　2008.6　216p　21cm　1800円　Ⓘ978-4-03-539320-7

目次 蝸牛の道（清岡卓行），お母さんはかたつむり（矢玉四郎），さそりの井戸（北村薫），雨あがり（竹下文子），電信柱に花が咲く（杉みき子），教科書（松永伍一），のんのんばあ（水木しげる），七月の卵（江国香織），だれも知らない（灰谷健次郎），百まいめのきっぷ（たかどのほうこ），光る（阪田寛夫），縁日の夜（上橋菜穂子），げげのぶし（内海隆一郎），蚊取線香（村上春樹），林檎（舟崎靖子）

内容 なつ―つゆあけ、なつやすみ、うみ、まつり、さまざまな夏をえがいた短編と詩十五編を収録。

『読書の時間に読む本　中学1年生』 西本鶏介編　ポプラ社　2003.3　157p　21cm　（読書の時間に読む本 中学生版 1）700円　Ⓘ4-591-07584-2

目次 天の町やなぎ通り（あまんきみこ），くちびるに歌を持て（山本有三），だれも知らない（灰谷健次郎），すずめのおくりもの（安房

直子），千代とまり（松谷みよ子），ラブレター（那須正幹），百年の蝉（上矢津），しゃみせんの木（今西祐行），酒のかす（桂文我），月夜と眼鏡（小川未明）

内容 いま注目の「朝の読書、朝読」に最適の読書入門。読んでおきたい名作・傑作を、学年別に10編収録。

『灰谷健次郎のどうわ5年生　全』 灰谷健次郎作，長新太絵　理論社　1995.2　195p　21cm　（灰谷健次郎童話館）　1700円　①4-652-02142-9

目次 だれも知らない，オシメちゃんは六年生，ベンケイさんの友だち，ひとりぼっちの動物園，三ちゃんかえしてんか

「ろくべえまってろよ」

『齋藤孝の親子で読む国語教科書 1年生』 齋藤孝著　ポプラ社　2011.3　138p　21cm　（齋藤孝の親子で読む国語教科書 1）1000円　①978-4-591-12285-3

目次 タヌキのじてんしゃ（東君平），おおきなかぶ（トルストイ），サラダでげんき（角野栄子），いなばの白うさぎ（福永武彦），しましま（森山京），はじめは「や！」（香山美子），まのいいりょうし（稲田和子，筒井悦子），ゆうひのしずく（あまんきみこ），だってだってのおばあさん（佐野洋子），ろくべえまってろよ（灰谷健次郎）

『どきどきする話』 野上暁編　大月書店　2011.1　87p　21cm　（はじめてよむ童話集 2）1300円　①978-4-272-40822-1

目次 なけないゆかちゃん（山中恒），なみだをふいてこぎつねちゃん（今江祥智），かいじゅうランドセル（山中恒），るすばんの夜のこと（大石真），ふみこのおともだち・なつ（三木卓），ろくべえまってろよ（灰谷健次郎）

内容 えっ、ほんとう？ うわっ、びっくり。選び抜かれた現代の名作童話。

『みんなが読んだ教科書の物語』 国語教科書鑑賞会編　名古屋　リベラル社，星雲社〔発売〕　2010.9　165p　21cm　1200円　①978-4-434-14971-9

目次 おおきなかぶ（ロシア民話、西郷竹彦・再話），くじらぐも（中川李枝子），チックとタック（千葉省三），花いっぱいになあれ（松谷みよ子），くまの子ウーフ（神沢利子），ろくべえまってろよ（灰谷健次郎），たんぽぽ（川崎洋），かさこ地ぞう（岩崎京子），ちいちゃんのかげおくり（あまんきみこ），モチモチの木（斎藤隆介）〔ほか〕

内容 大人になった今、読み返すと新しい発見がある！ 小学1年～6年生の授業で習った名作がズラリ。

『本は友だち2年生』 日本児童文学者協会編　偕成社　2005.3　163p　21cm　（学年別・名作ライブラリー 2）1200円　①4-03-924020-0

目次 「えいっ」（三木卓），ろくべえまってろよ（灰谷健次郎），海をあげるよ（山下明生），きばをなくすと（小沢正），詩・おなかのへるうた（阪田寛夫），詩・おおきくなったら（菅原優子），ふるさとの空に帰った馬（小暮正夫），わすれたわすれんぼ（寺村輝夫），あめだま（新美南吉），とっくたっくとっくたっく（神沢利子），エッセイ・二年生のころ 夜店だいすき（越水利江子）

内容 この本には、「国語」の教科書でおなじみの作品をはじめ、現代の子どもの文学の世界を代表する作家たちの作品が集められています。

『ろくべえ まってろよ』 灰谷健次郎著　角川書店　1998.3　219p　15cm　（角川文庫）457円　①4-04-352003-4

目次 ろくべえ まってろよ，マコチン，マコチンとマコタン，なんやななちゃん なきべそしゅんちゃん，子どもになりたいパパとおとなになりたいぼく，しかられなかった子のしかられかた，さよならからみきぼうはうまれた，ふたりはふたり

内容 犬のろくべえが穴に落ちてしまった。なんとかしてろくべえを助けなきゃ！ 一年生の子どもたちがみんなで考え出した「めいあん」とは？ 表題策「ろくべえ まってろよ」の他、天真爛漫な男の子・マコチンの生活を描いた「マコチン」、何でも同じになってしまうのが悩みのふたごの女の子の物語「ふたりはふたり」など、八編の童話を収録。子どもたちのみずみずしい感性がきらめく一冊。

ハイネ，ヘルメ

《1941～》

「王さまはとびはねるのがすき」

『王さまは とびはねるのがすき』 ヘルメ・ハイネ作，松代洋一訳　佑学社

1991.4　1冊　23×25cm　1200円
①4-8416-0064-7

羽曽部　忠
はそべ・ただし
《1923～》

「おむすびころりん」

『世界で一番、夕焼けが美しい町のできごと』 羽曽部忠詩・絵　越谷　かど創房　1993.2　106p　23cm　（創作文学シリーズ詩歌 31）1300円　①4-87598-037-X

「草の実」

『詩のランドセル 4ねん』 吉田瑞穂，こわせたまみ，吉田定一，渡辺増治編　らくだ出版　1986.4　129p　22×20cm　1300円　①4-89777-228-1　ⓃK911

「けやきの空」

『けやきの空』 羽曽部忠詩・絵　越谷　かど創房　1988.5　127p　23cm　（創作文学シリーズ詩歌 20）1545円　①4-87598-026-4

畑島　喜久生
はたじま・きくお
《1930～》

「平和へのいのり―北村西望と平和祈念像」

『授業・ナガサキ―平和への祈りの授業』 畑島喜久生著　国土社　1990.3　201p　19cm　1800円　①4-337-45449-7

目次 8月9日 6年生の授業（いま、原爆被爆体験の生々しさを！），平和へのいのり―平和祈念像と北村西望 5年生の授業（平和への祈りを、世界一の巨像づくりに託した男の生について），マンジュシャゲ 4年生の授業（狂気した母のいのちにせまる），キョウチクトウ 3年生の授業（ピカ・ドンと幼女とキョウチクトウと），よみがえったすずむしのうた 2年生の授業（いのちのかぎり鳴きつづける），かげになったいちろう 1年生の授業（「かげになったいちろう」への衝撃，子どもたちが考えたこと思ったこと）

内容 原子爆弾被爆校長が40年の歳月を経て、自らの体験をもとに教材を創り、はじめて行い得た授業。

はたち　よしこ
《1944～》

「風」

『またすぐに会えるから―はたちよしこ詩集』 はたちよしこ詩，佐野洋子画，水内喜久雄編　大日本図書　2000.1　103p　19cm　（詩を読もう！）1200円　①4-477-01061-3

「レモン」

『遠くへ行きたい日に読む本』 現代児童文学研究会編　偕成社　1990.7　230p　21cm　（きょうはこの本読みたいな 6）1200円　①4-03-539060-7

目次 詩 レモン（はたちよしこ），らくだはさばくへ（三田村信行），月どろぼう（立原えりか），星へのやくそく（大石真），いじわるな町（柏葉幸子），詩 空の広さ（原田直友），オレンジいろのでんわ（さとうわきこ），落とし穴（眉村卓），女の子とライオン（今江祥智），オーロラ通信（きどのりこ），ふしぎなふろしきづつみ（前川康男），風にふかれて（丘修三），詩 磁石（小林純一），天の町やなぎ通り（あまんきみこ），星へいった汽車（安藤美紀夫）

花岡　大学
はなおか・だいがく
《1909～1988》

「子牛の話」

『光村ライブラリー　第10巻　空飛ぶライオン ほか』 樺島忠夫，宮地裕，渡辺実監修，佐野洋子ほか著，田谷多枝子訳，長新太ほか画　光村図書出版　2004.4　85p　21cm〈3刷〉1000円　①4-89528-108-6

目次 空飛ぶライオン（佐野洋子），アナトール、工場へ行く（イブ・タイタス），子牛の話

（花岡大学），ひと朝だけの朝顔（井上靖），茂吉のねこ（松谷みよ子）

『子うしのはなし』 花岡大学さく，井口文秀え　PHP研究所　1987.1　1冊　24cm　（PHPのえほん）　980円　Ⓘ4-569-28349-7

「さるのてぶくろ」

『10分で読める名作 一年生』 岡信子，木暮正夫選　学習研究社　2007.5.1　167p　21cm　700円　Ⓘ978-4-05-202675-1

目次 さるのてぶくろ（花岡大学），たぬきのからつづみ（巖谷小波），春夏秋冬のうた（葉祥明），スプーンおばさんピクニックにいく（アルフ・プリョイセン），ウサギとハリネズミ（グリム），たこにゅうどうとうきぶくろ（土家由岐雄），とりかえっこちびぞう（工藤直子），おべんとうばこのはなし（神津カンナ），ねずみのはいしゃさん（末吉暁子），「ありがとう」の花（織江りょう），はちみつをなめたウサギ－ケニアのむかし話（さくまゆみこ），まほうのひきうす－ロシア民話（内田莉莎子）

内容 日本と世界の感動の短編名作をたっぷり読める。朝の10分間読書にぴったり！ 12作品収録。

「百羽のつる」

『教科書にでてくるお話 3年生』 西本鶏介監修　ポプラ社　2006.3　186p　18cm　（ポプラポケット文庫）　570円　Ⓘ4-591-09169-4

目次 のらねこ（三木卓），きつつきの商売（林原玉枝），ウサギのダイコン（茂市久美子），きつねをつれてむらまつり（こわせたまみ），つりばしわたれ（長崎源之助），手ぶくろを買いに（新美南吉），うみのひかり（緒島英二），サーカスのライオン（川村たかし），おにたのぼうし（あまんきみこ），百羽のツル（花岡大学），モチモチの木（斎藤隆介），かあさんのうた（大野允子），ちいちゃんのかげおくり（あまんきみこ）

内容 現在使われている各社の国語教科書に掲載または紹介されている作品ばかりを集めたアンソロジーです。長く読みつがれている名作、心あたたまるお話、おもしろくて元気がでるお話など、すばらしい作品がいっぱい。作品の表記は原典に忠実にし、全文を掲載しています。教科書では気づかなかった作品の魅力を、新たに発見できるかもしれません。小学校中級から。

『ゾウのてぶくろのはなし』 日本児童文学者協会編　小峰書店　1986.3　119p　21cm　（新選 子どもの文学 16―愛とまごころものがたり 1）　980円　Ⓘ4-338-06116-2

目次 こだま峠（斎藤隆介），やい トカゲ（船崎靖子），母ちゃんとのやくそく（植松要作），ゾウのてぶくろのはなし（前川康男），とうちゃんのバカ（猪野省三），百羽のつる（花岡大学），百枚めのきもの（神戸淳吉），だれも知らない（灰谷健次郎）

「ぼうしいっぱいのさくらんぼ」

『花岡大学童話文学全集』 京都　法蔵館　1980.5　6冊　22cm　全16800円

浜田　広介
はまだ・ひろすけ
《1893～1973》

「赤い夕やけ」

『浜田広介全集　第1巻　童話　1』 集英社　1975　254p 肖像　22cm〈編集：創美社〉2300円　Ⓝ918.6

目次 黒猫物語，青い蛙，赤い夕やけ，雨と風，ある晩のキューピー，お糸小糸，お月さまとこいの子，お日さまとむすめ，からすの手紙，こがねのいなたば，こりすのおかあさん，燕の約束，花びらのたび，光の星，ひとつのねがい，昼の花夜の花，三日めのかやの実，むく鳥のゆめ，やさしい星，よしのはどり，よぶこどり，ある母さまと蛾と，いちばんにいいおくりもの，からかねのつる，じぞうさまとはたおり虫，砂山の松，たましいが見にきて二どとこない話，誰にやるか，豆ランプの話したこと，みそさざい，青いマント，明るいろうそく，麻の衣，一枚のはがき，いもむすめ，からすになった子ども，黒いきこりと白いきこり，字をよんだペエ，ただ飛ぶ羽虫，電信ばしらと子ども，ふしぎな帯，ますとおじいさん，松夫さんと金魚，窓，桃の葉梨の葉，りゅうの目のなみだ，ある島のきつね，いちょうの実，うりひめものがたり，木の下のあみ，黒んぼと花，子供と小石，小さなかしの実．解説（福田清人）

「あるいていこう」

『浜田広介全集　第2巻　童話　2』 集英社　1975　254p 肖像　22cm〈編集：

創美社〉2300円　Ⓝ918.6

目次 投げられたびん, ほたると子ども, 虫一つ, あるくつの話, 石の下のあり, お月さまのきもの, 狐の神さま, 金の靴を, にんぎょうの目のしらせ, 残された者, 野鳩とかささぎ, 一つの小石, 町にきたばくの話, まぼろしの鳥, 目とはなと耳, 弓の名人, 一本のマッチぼう, 狼は何を食べたか, おばあさんの花, きつねもおりこう, さらわれたお人形, とんで来い, 名のない名人, 花と子ども, 二人の子供, はらのたいこ, めぐる因果妙々車, しゃちほこ立ちの先生, 赤いぼうしをもらう話, おじいさんと竹のとび, お正月はまるいもの, 胡桃の木となめくじ, くれがたのあわてもの, とばれないにわとり, のみの歌, のらくら蛇, ひらめの目の話, 豆がほしい子ばと, メッカの花, もも色のえさ, 雪の下の木ねずみ, アラスカの母さん, ある詩人の手紙, あるばんのねずみ, いものきょうだい, お月さまのごさいなん, 駈け出した木偶坊, 風のふえ, きしゃのひよこ, さむい子もり歌, すっぽんと小石, 太陽とアリのかげ, つきよのこがに, となりのじじいと灰, 二匹の狐, はえの目と花, ひと粒のたね, 二つの釣瓶, ポチのしくじり, 椋鳥と胡麻, あるいていこう, おさるとかえる, くるみとり, こいぬとこねこ, こぶたのとことこ, こまったとのさま, さかなのほね, はえの砂糖なめ, めんどりのおばね, あなのもぐら, あひるのひよこ, いたちのキチキチ, いちょうの木まで, おもちゃきんぎょ, かえるつばめ, 風とけむり, かめのこの首, かめのひるね, きつね, くさのとげ, 子ねずみと子ねこ, 小りすの話, さかの車, さるのくりもぎ, 三ばの子すずめ, すずめの日の丸, せみのうた, そらのひばり, ただのたろうとかめのこ, 太郎さんのちえ, つばめとすずめ, つよいたんぽぽ, 倍の神さま. 解説(村松定孝)

「あるくつの話」

『泣いた赤おに』 浜田広介著　小学館　2004.6　249p　15cm　(小学館文庫―新撰クラシックス) 533円

Ⓘ4-09-404211-3

目次 りゅうの目のなみだ, あるくつの話, ある島のきつね, おばあさんの花, こがねのいなたば, さむい子もり歌, じぞうさまとはたおり虫, トカゲの星, ますとおじいさん, みそさざい, むく鳥のゆめ, よぶこどり, 花びらのたび, 泣いた赤おに, 琴の名人, 月夜のきつね, 犬と少年, ひとつのねがい, 光の星, 黒いきこりと白いきこり, 三日めのかやの実, 第三のさら, 豆ランプの話したこと

内容 日本のアンデルセンとも称される浜田広介。彼は、子ども心だけでなく、大人の心にも訴える、善意や理想に基づいた名作を数多く遺し、それまでは勧善懲悪の形式でしか存在しなかった子どもの読みものに新風を起こした。本書では、人間たちと友達になりたい赤おにと、赤おにのために自己を犠牲にする青おにの友情の物語「泣いた赤おに」、恐ろしい外見を持つ竜が、少年に優しい心を注がれて、子どもたちのために尽くそうと決意する「りゅうの目のなみだ」などの代表作を含む、「ひろすけ童話」珠玉の二十三篇を収録した。

「おかの上のきりん」

『泣いた赤おに』 浜田廣介著　ポプラ社　2006.3　198p　18cm　(ポプラポケット文庫)〈3刷〉570円

Ⓘ4-591-08862-6

目次 こがねのいなたば, よぶこ鳥, 花びらのたび, 一つの願い, むく鳥のゆめ, じぞうさまとハタオリ虫, 砂山の松, ますとおじいさん, 犬と少年, りゅうの目のなみだ, 五ひきのヤモリ, さむい子もり歌, 泣いた赤おに, 第三のさら, おかの上のきりん

「木のえだのボール」

『浜田広介全集　第3巻　童話　3』 集英社　1975　254p　肖像　22cm〈編集：創美社〉2300円　Ⓝ918.6

目次 春の山びこ, 星の歌, もとのとおりに, 森のふくろう, 山の村, よしぶえ, らんぷとぺん, あなにおちたけものども, うさぎさがし, おおかみのびっくり, きつねとおんどり, くまと犬, こうしのわらじ, 子どもとからす, ことりと子ども, さるとくま, さるのものまね, しゃぼんだまのとびあるき, せん生とくま, たのしい遠足, どこまではしるか, はえとろうそく, はしの上のおどり, ぶらりひょうたん, むしのがっこう, やっきもっきそっきの木, 屋ねの上の小やぎ, 六階の狸, 赤いさくらんぼ, おとむらい, 風の吹いた日, たけのことかし, ばく, 窓に来た少年, 見えないおかた, おさるの大しょう, かぜのいたずら, 川ばたの蛙, くまときつね, 小人のごちそう, 白いゆき玉, はちのきんぎょ, ひばりのよろこび, 大うみがめの見たものは, 子さがしのリス, 親切なペンギン, 大木の猿, 人と鼠, 人のさまざま, 南からふく風の歌, むぎは畑に, あなにおちたおじいさん, うさぎのきょうだい, うさぎのふえ, おじいさんと子ぐま, かきのみのいったこと, 川をこえたしゃぼん玉, きつねとたぬき, 木のえだのボール, くま先生と子ぐまのせいと, 子がにのげいとう, こねこと

かえる，こまったくま，三びきのやぎ，ぞうとくじら，ねことねずみ，ねずみのかくれんぼ，春の雨，まぶしいひかり，らくがきのばら，赤いもち白いもち，ありのきょうだい，犬と少年，おたまじゃくしのおとうさん，おいどりとワン，かげのふみっこ，きんぎょの日がさ，子だぬきのびっくり，五ひきのやもり，はつかねずみのお母さん，ほうせんかの種まき，まごのこおろぎ，うさぎの郵便，おけしょうとおそうじ，おもいてっぽう，かにのあわふき，かみくずのしんぱい，かめのスケート，くものびっくり，とり小屋のはる，ねこずきとねこぎらい，のみのぴょんぴょん，もぐらとともだち，花の勲章，赤いしん，青いしん，あひるのこ，あめ玉とキャラメル，一本のはり，うさぎのもち，かあさんどりのいったこと，かえるのかけっこ，かえるのしんぱい，かごの目白，かたつむりのから．解説（西本鶏介）

「子牛のつの」

『浜田広介全集　第4巻　童話　4』　集英社　1976　254p 肖像 図　22cm〈編集：創美社〉2300円　Ⓝ918.6

目次 かちかち山の春，かぶとむしのかぶと，かまきりのかま，からすのせんたく，がんのながれ木，きりのきのみ，くまのことはちみつ，げんきなこども，子牛のつの，じどうしゃのかお，しんせつなかめ，炭と灰，そこらをかぎかぎ，つばめのおそうじ，電車のお客，とうせんぼう，とんびの子ども，のみのはねくら，花とちょう，はやおきはと，ぱんとばた，ふゆのいけ，まつの木と雲，みずかまきりにあった話，みつばちの答え，やぎのめ，やさしいすみれ，やねうらのくも，山のうぐいす，やまのりすでも，あわてることはありません，お日さまの子ども，きじのむらのひなまつり，子ざるのお正月，子ざるのかげぼうし，春がくるまで，もりのにゅうどう，荒野の人と二羽の鶴，兎の画家，うさぎのにげかた，牛のちから，赤いポケット，あめざいく花ざいく，あゆと花，いちょうの木の下，いどばたのかき，うさぎのひこうき，うさぎの耳しばり，おかしなめんどり，おさるの虫ぼし，お宿を訪ねたおじいさん，かばのふき雨，かまきり先生とかんかん帽，カンガルーの大わらい，木の下のちょうちん，黒い帽子，黒豹のある日の話，子ざるの橋わたり，子どもさざえと青い空，三びきのあまがえる，じゃがいものおしり，すずめのはねつき，蝉のてつかぶと，だいこんとかぶ，チューリップと蜜蜂，チョコレートの兵隊さん，とらのひげじまん，なすときゅうり，波の上の子もり歌，ねずみの書きぞめ，ねずみのまめまき，野原のつぐみ，はえと尻尾，はえのだんす，橋の下のこいのぼり，星のおどりは雲の上，まいまい虫の木っぱし，まつたけとどんぐり，もぐらのおじぎ，もとのとおりのおばあさん，ももたろうの足あと，夜あけの唄，ふたりの太郎，うさぎとぼうし，川ばたのかわおそ，くりのきょうだい，こたろうさんのてがら，にげたかめのこ，ばあさんろばのお花見，はなのはりえ，ふしぎな山のおじいさん，雪にうずめておいたもの，らっこのだっこ，ありのよろこび，子ぎつねのおふりそで．解説（福田清人）

「こがねのいなたば」

『泣いた赤おに』　浜田広介著　小学館　2004.6　249p　15cm　（小学館文庫―新撰クラシックス）533円

Ⓘ4-09-404211-3

目次 りゅうの目のなみだ，あるくつの話，ある島のきつね，おばあさんの花，こがねのいなたば，さむい子もり歌，じぞうさまとはたおり虫，トカゲの星，ますとおじいさん，みそさざい，むく鳥のゆめ，よぶこどり，花びらのたび，泣いた赤おに，琴の名人，月夜のきつね，犬と少年，ひとつのねがい，光の星，黒いきこりと白いきこり，三日めのかやの実，第三のさら，豆ランプの話したこと

「泣いた赤鬼」

『泣いた赤おに』　浜田広介作，西村敏雄絵，宮川健郎編　岩崎書店　2012.7　69p　21cm　（1年生からよめる日本の名作絵どうわ 3）1000円

Ⓘ978-4-265-07113-5

内容 人間たちとなかよくくらしたい赤おには、家のまえに「どなたでもおいでください」と立て札を立てますが、だれもきませんでした。赤おにと青おにの友情を描く名作童話。

『読解力がグングンのびる！ 齋藤孝のゼッタイこれだけ！ 名作教室 小学1年 下巻』　齋藤孝編　朝日新聞出版　2012.4　189p　21cm　952円

Ⓘ978-4-02-331059-9

目次 手ぶくろを買いに（新美南吉），ねずみ経（日本民話 稲田和子），星の銀貨（グリム童話 佐々木田鶴子訳），詩のひろば 雲（山村暮鳥），めくらぶどうと虹（宮沢賢治），あとかくしの雪（日本民話 木下順二），さやからとび出た五つのエンドウ豆（アンデルセン童話 大畑末吉訳），泣いた赤おに（抜粋）（浜田広介），ことばの成り立ちを学ぼう！　故

事成語「蛇足」, ロバの耳になった王さま（ギリシャ神話　箕浦万里子訳）, 野ばら（小川未明）

内容 ふつうの“10分間読書”では身につかない、本当の「読解力」がつく。古今東西の名作11編を収録。

『泣いた赤鬼』 浜田廣介文, 浦沢直樹画, 長崎尚志プロデュース　小学館　2011.12　1冊　27×22cm　1400円　Ⓘ978-4-09-179127-6

『齋藤孝の親子で読む国語教科書　2年生』 斎藤孝著　ポプラ社　2011.3　142p　21cm　（齋藤孝の親子で読む国語教科書 2）1000円　Ⓘ978-4-591-12286-0

目次 ちょうちょだけになぜなくの（神沢利子）, きいろいばけつ（森山京）, 三まいのおふだ（瀬田貞二）, にゃーご（宮西達也）, きつねのおきゃくさま（あまんきみこ）, スーホの白い馬（大塚勇三）, かさこじぞう（岩崎京子）, 十二支のはじまり（谷真介）, 泣いた赤おに（浜田廣介）

『日本の名作童話絵本　上』 主婦と生活社編　主婦と生活社　2009.11　98p　26×21cm　1500円　Ⓘ978-4-391-13797-2

目次 ごんぎつね（新美南吉）, 注文の多い料理店（宮澤賢治）, 光の星（浜田廣介）, 野ばら（小川未明）, 泣いた赤おに（浜田廣介）

『赤いろうそくと人魚』 小川未明, 坪田譲治, 浜田広介著　講談社　2009.3　245p　19cm　（21世紀版少年少女日本文学館 12）1400円　Ⓘ978-4-06-282662-4

目次 小川未明（赤いろうそくと人魚, 月夜と眼鏡, 金の輪, 野ばら, 青空の下の原っぱ, 雪くる前の高原の話）, 坪田譲治（魔法, きつねとぶどう, 正太樹をめぐる, 善太と汽車, 狐狩り）, 浜田広介（泣いた赤おに, ある島のきつね, むく鳥のゆめ, 花びらのたび, りゅうの目のなみだ）

内容 人間の世界に憧れた人魚がせめて我が子だけでもと陸に子どもを産み落とす。人魚の娘をひろった老夫婦は神様からの授かり物としてその子を大切に育てるが…。昭和の児童文学を代表する小川未明、坪田譲治、浜田広介の童話十六編を収録。

『浜田広介童話集』 浜田広介著　角川春樹事務所　2006.11　220p　15cm　（ハルキ文庫）680円　Ⓘ4-7584-3264-3

目次 泣いた赤おに, むく鳥のゆめ, 五ひきのやもり, よぶこどり, かっぱと平九郎, ひとつのねがい, 砂山の松, アラスカの母さん, 豆がほしい子ばと, お月さまのごさいなん, 波の上の子もり歌, たましいが見にきて二どとこない話, からかねのつる, まぼろしの鳥, 南からふく風の歌, 投げられたびん, ひらめの目の話, 町にきたばくの話, いもむすめ, ふしぎな花

『心に残るロングセラー名作10話　浜田広介童話集』 浜田広介著, 鬼塚りつ子責任編集　世界文化社　2006.7　143p　24×19cm　1100円　Ⓘ4-418-06835-X

目次 泣いた赤おに, むく鳥のゆめ, りゅうの目のなみだ, ますとおじいさん, 花びらのたび, ある島のきつね, よぶこどり, 子ざるのかげぼうし, 星の光, たぬきのちょうちん

内容 子どもたちにぜひ読んでほしい浜田広介の名作ベスト10話を収録しています。漢字にはすべてひらがなをふってあるので、小さい子から読めます。難しい言葉や、難しい言い回しには、ていねいな解説をつけました。小学生向き。

『泣いた赤おに』 浜田廣介著　ポプラ社　2006.3　198p　18cm　（ポプラポケット文庫）〈3刷〉570円　Ⓘ4-591-08862-6

目次 こがねのいなたば, よぶこ鳥, 花びらのたび, 一つの願い, むく鳥のゆめ, じぞうさまとハタオリ虫, 砂山の松, ますとおじいさん, 犬と少年, りゅうの目のなみだ, 五ひきのヤモリ, さむい子もり歌, 泣いた赤おに, 第三のさら, おかの上のきりん

『泣いた赤鬼』 浜田広介作, 狩野ふきこ絵　船橋　小さな出版社, 星雲社〔発売〕　2000.10　1冊　19cm　（絵本・日本のココロ 14）1300円　Ⓘ4-434-00491-3

内容 自分をみつめて、他者への愛を！　いつでも、どこでも、サッと読めて、ジュワッと心にしみる小さな出版社の新・感覚絵本。

「にじは遠い」

『浜田広介全集　第7巻　童話 7』 集英社　1976　254p　肖像　22cm〈編集：創美社〉2300円　Ⓝ918.6

目次 ちらちらオルガン, 手をつなぎざる, ねえさん星, 日かげのこな雪, みみずくとお月さま, やさしいおばあさん, 海へいったくるみ, きのこ取りのおじいさん, ことりのおう

ち, 土の下のおじいさん, にじは遠い, 二だんとびのかえる, ほそい道ひろい道, はまのひばり, かえるのきょうだい, 草とトンカツ, 柱時計とこいのぼり, ろばたのもち, 月夜のゴンベエ, ねむり人形, ハチのおうち, 山の雪とバスの歌, カエルのなきごえ, かかしのわらい, 月よのりんご, 二ほんのもみの木, ひとつぶのよろこび, ふうせん玉と花びら, もぐらのひろいもの, たんぽのおうじ, さるのつなわたり, たぬきのゆきだるま, なかないいなご, ひばりともぐら, はるのはたけ, 五郎くんのだんごの木, 雪だるまとポチ, 夜の「コロコロ」, おとなりのはと, みじかい夜のお月さま, ひろい世界, くさくないニンニク, 八福の神, 月夜のきつね, やぶのたんぽぽ, 花と水, きのこのかさ, お月さまと雲, お日さまのパン. 解説 (村松定孝)

「花とうぐいす」

『くじらぐもからチックタックまで』 石川文子編　武蔵野　フロネーシス桜蔭社, メディアパル〔発売〕　2008.11　222p　19cm　1400円

Ⓘ978-4-89610-746-3

目次 くじらぐも (中川李枝子), チックタック (千葉省三), 小さい白いにわとり ((ウクライナの民話) 光村図書出版編集部編), おおきなかぶ (内田莉莎子訳,A.トルストイ再話), かさこじぞう (岩崎京子), ハナイッパイになあれ (松谷みよ子), おてがみ (三木卓訳, アーノルド・ローベル原作), スイミー (谷川俊太郎訳, レオ＝レオニ原作), 馬頭琴 ((モンゴルの民話) 君島久子訳), おじさんのかさ (佐野洋子), 花とうぐいす (浜田広介), いちごつみ (神沢利子), おかあさんおめでとう (『くまの子ウーフ』より) (神沢利子), きつねのおきゃくさま (あまんきみこ), きつねの子のひろった定期券 (松谷みよ子), きつねの窓 (安房直子), やまなし (宮澤賢治), 最後の授業 (桜田佐訳 アルフォンス・ドーデ原作), 譲り葉 (河井酔茗), 雨ニモマケズ (宮澤賢治)

内容 昭和40年から現在までこくごの教科書のおはなしベスト20。「もう一度読みたい」リクエスト作品と、採用頻度の高い作品で作りました。教科書でしか読めなかった名作『くじらぐも』が、初めて教科書から飛び出しました。

『浜田広介全集　第5巻　童話　5』 集英社　1976　254p 肖像　22cm〈編集：創美社〉2300円　Ⓝ918.6

目次 かにの体操, 空のうさぎと山のうさぎ, 第三のさら, 泣いた赤おに, ねずみとぼうし, かきの木の下, くまがさるから聞いた話, 三本足のけだもの, チッチネおたか, 犬と雪玉, 子ざるのブランコ, どまのジャガいも, 初霜の朝, ぼちとがくたい, みつばちのあまやどり, やぎのくるま, 新しいまり, こおろぎのちえ, かなかな蝉, 琴の名人, おとうさんとおかあさん, 船長さんと鳩, むじなと栗, 馬と兵隊, 村のつばめ, 夏の夜のゆめ, 石のかえるとひきがえる, 牛のよろこび, ぶたごやの夕やけ, おかあさんと花, ありのえもの, くまのやすみば, じいさんぐまのよろこび, たぬきのさかだち, つるのさきの葉, 花とうぐいす, ぶたの高とび, もちのにおい, 雪のふる国, 火なかの穂, たわしの答え, 春の氏神, はりと石うす, ひばりとたんぽぽ, いなぼはつよい, おもちゃの小鳥, かかしのよろこび, さかさまのたこ, たのしい村. 解説 (村松定孝)

「光の星」

『日本の名作童話絵本　上』 主婦と生活社編　主婦と生活社　2009.11　98p　26×21cm　1500円

Ⓘ978-4-391-13797-2

目次 ごんぎつね (新美南吉), 注文の多い料理店 (宮澤賢治), 光の星 (浜田廣介), 野ばら (小川未明), 泣いた赤おに (浜田廣介)

『光の星』 浜田広介作, メリンダ・パイノ絵　集英社　2005.7　1冊　27×22cm (ひろすけ童話絵本) 1600円

Ⓘ4-08-299012-7

内容 小さな小さな星の可憐な可憐な物語。どの星があなたの光の星？ やさしいこころの星？ 空に輝く星をお子さんと一緒に見上げて自分だけのやさしさの星を見つけてあげてください。

『泣いた赤おに』 浜田広介著　小学館　2004.6　249p　15cm (小学館文庫―新撰クラシックス) 533円

Ⓘ4-09-404211-3

目次 りゅうの目のなみだ, あるくつの話, ある島のきつね, おばあさんの花, こがねのいなたば, さむい子もり歌, じぞうさまとはたおり虫, トカゲの星, ますとおじいさん, みそさざい, むく鳥のゆめ, よぶこどり, 花びらのたび, 泣いた赤おに, 琴の名人, 月夜のきつね, 犬と少年, ひとつのねがい, 光の星, 黒いきこりと白いきこり, 三日めのかやの実, 第三のさら, 豆ランプの話したこと

「むくどりのゆめ」

『むくどりのゆめ』 浜田廣介作，いもとようこ絵　金の星社　2005.9　31p　31×23cm　（大人になっても忘れたくないいもとようこ名作絵本）1300円
Ⓘ4-323-03885-2

『世界の名作どうわ 二年生』 宮川健郎編著　偕成社　2001.4　160p　21cm　（学年別・新おはなし文庫）780円
Ⓘ4-03-923140-6

目次 かえるの王女（アファナーシェフ），パンのかけらと小あくま（トルストイ），仙人のしゅぎょう（『聊斉志異』より），長ぐつをはいたねこ（ペロー），カトリーヌのおきゃくさまの日（アナトール・フランス），こうふくな王子（オスカー・ワイルド），あしたは天気だ（岡本良雄），おかあさんのてのひら（壺井栄），ざしきぼっこのはなし（宮沢賢治），むくどりのゆめ（浜田広介），手ぶくろを買いに（新美南吉）

内容 長く名作として読みつがれてきた物語には、生きていくための勇気ややさしさ、夢や希望が描かれています。この本には“外国のおはなし”“日本のおはなし”にわけて、世界じゅうの物語のなかから、ぜひ読んでほしい名作ばかりをおさめました。どうぞじっくりとおたのしみください。

『むくどりのゆめ』 浜田廣介作，ふりや・かよこ絵　チャイルド本社　1999.12（2刷）30p　25cm　（チャイルド絵本館―日本の名作 9）581円
Ⓘ4-8054-2216-5

「ゆうびんやさん」

『浜田広介全集　第8巻　童話　8』 集英社　1976　254p 肖像　22cm〈編集：創美社〉2300円　Ⓝ918.6

目次 お山の子ぐま，風のおたのみ，からすがもちをふんづけました，からすのえだゆすり，がんがしぎからきいたこと，こくばんと子どもたち，しんせつなふくろう，すいせんのはな，ちえと力，どんぐりはこび，にひきのごめん，はたけの中の話，はつ夏の風，ふたつのしゃつとぼけのはな，豆もおりこう，三つのたいそう，ゆうびんやさん，うさぎのそり，お月さまのあかるいかげ，お日さまとかみなり，すずめとくまさん，たぬきさんの一とうしょう，トカゲの星，三つもらったびすけっと，むらさきのこい，やけどのしっぽ，月夜の庭の雪うさぎ，青い五月，イモリとキツネ，かしこいつばめ，くるみの木のふくろう，子ネズミのお祝い，しちめんちょうの輝き，竹とひるがお，つるバラの思うこと，花の下のかまきり，イタチのキチキチ，おもいがけないねんがじょう，こいぬのひげ，こおろぎのたき火，ざしきの毛皮，はちのよろこび，春にさく花，たけちゃん日記，あめの日のてるてるぼうず，一ねんせいのこぶたくん，かえるのおいわい，木の上のはた，たろうさんのこたえ，三つのおもちゃ，母のうたごえ，いいおにいさん，月とおじいさん，にんじんの花，カが生きている話，雪国のカラス，雨ふりきのこ，いっさくさん，かしの木のいったこと，しめわすれたまど，仙人とサル，はこの中のいれ歯，房州のくも，なの花ときつね，どんどん川の河太郎，たぬきのちょうちん，秋ばれの山．補遺 小雀の日記，探したシャッポ，お猿の瓢箪，キリストの誕生，イエス様と蜘蛛，おつきさまとふうせんだま，あちらをむいたお月さま，春の川，こぐまとみつばち，ねずみのとなりぐみ．浜田広介研究文献目録：p.240-246 解説（西本鶏介）

ハムズン，マリー
《1881～1969》

「小さい牛追い」

『小さい牛追い』 マリー・ハムズン作，石井桃子訳　新版　岩波書店　2005.10　283p　18cm　（岩波少年文庫 134）680円　Ⓘ4-00-114134-5　Ⓝ949.63

目次 春がきた，五月十七日，ブタ小屋の上のオーラ，インディアンのキャンプ，シラカバ・ラルス，1-2，山の牧場へ，山でむかえた最初の日，小さい牛追い，山の精，お客さま，エイナールの魚釣り会，守護神，誕生日，つむじ風，牛をさがして，ミカエル祭

『小さい牛追い』 マリー・ハムズン作，石井桃子訳　〔改版〕　岩波書店　1990.11　268p　18cm　（岩波少年文庫 1050）〈第12刷（第1刷：50.12.25）〉570円　Ⓘ4-00-111050-4

内容 ノールウェイの農場に住む4人きょうだいは、両親といっしょに村じゅうの牛をあずかって山の牧場で夏をすごします。オーラとエイナールは、雨の日も風の日も牛をつれて山の奥深く分け入り、牛追いの大任を果たします。子どもたちの素朴な日常生活をあたたかく描いた名作。小学中級以上。

林　芙美子
はやし・ふみこ
《1903〜1951》

「蛙」

『日本の童話名作選—昭和篇』　講談社文芸文庫編　講談社　2005.7　328p　15cm　（講談社文芸文庫）1300円　①4-06-198411-X

目次 ある日の鬼ケ島（江口渙），王様の背中（内田百閒），狼の魂（内田百閒），級長の探偵（川端康成），面（横光利一），グスコーブドリの伝説（宮沢賢治），蛙（林芙美子），ションベン稲荷（千葉省三），走れメロス（太宰治），煉瓦の煙突（下畑卓），大造爺さんと雁（椋鳩十），おじいさんのランプ（新美南吉），機械になったこども（国分一太郎），スイッチョねこ（大仏次郎），サバクの虹（坪田譲治），ふたりのおばさん（室生犀星），ラクダイ横町（岡本良雄），ヨコハマのサギ山（平塚武二），八郎（斎藤隆介），坂道（壺井栄）

内容 「赤い鳥」により芸術性を獲得した童話は、昭和に入ると、「少年倶楽部」に代表される大衆化の道を辿った。一方、子どものリアルな現実をとらえる生活童話が書かれ、宮沢賢治、新美南吉など童話作家も登場、独創的な日本のファンタジーが誕生した。お伽噺から文芸の豊かな一ジャンルに変貌をとげる時代の、川端康成、林芙美子、太宰治、坪田譲治、室生犀星、壺井栄など十九作家の名品を収録する。

『日本ジュニア文学名作全集　7』　日本ペンクラブ編，井上ひさし選　汐文社　2000.3　219p　19cm　1600円　①4-8113-7334-0

目次 ごん狐（新美南吉），ちかてつ工事（巽聖歌），魔法（坪田譲治），トンネル路地（岡本良雄），蛙（林芙美子），綴方教室（豊田正子），港の子供たち（武田亜公），秋空晴れて（朝日壮吉），八号館（岡本良雄）

『赤い鳥代表作集　6』　安倍能成，小宮豊隆監修，坪田譲治，与田準一，森三郎，鈴木珊吉，赤い鳥の会編　新版　小峰書店　1998.4　282p　21cm　3500円　①4-338-15006-8

目次 五銭の白銅（坪田洋吉），雪（森三郎），鉄橋（大山春樹），楯（堤みどり），たばこ（清水重道），すえッ子（塩野百合子），お馬（坪田譲治），おとうと（小松淑郎），あたまでッかち（下村千秋），線路（平方久直），クラムバンブリ（小山東一），ビワの実（坪田譲治），かえる（林芙美子），修学旅行（木内高音）

「つるのふえ」

『日本の名作童話　3年生』　坪田譲治，宮脇紀雄，岡本良雄編　〔改装版〕　偕成社　1989.9　212p　21cm　（学年別・おはなし文庫）700円　①4-03-907680-X

目次 月夜とめがね（小川未明），くもの糸（芥川龍之介），木こりとそのいもうと（久保田万太郎），ももの実（坪田譲治），冬のおくりもの（島崎藤村），花はだれのために（壷井栄），むくどりのゆめ（浜田広介），きりの花（宮脇紀雄），やまなし（宮沢賢治），つるのふえ（林芙美子），月夜のおまつり（土家由岐雄），子ぐまのくるくる（鈴木三重吉），春の海北のあら海（前川康男），ゆびにんぎょうの世界（秋田雨雀），ねずみのあそび（鈴木隆），天下一の馬（豊島与志雄）

『くもの糸』　小学館　1989.8　111p　27×22cm　（日本おはなし名作全集 10）　1230円　①4-09-238010-0

目次 くもの糸（芥川龍之介），つるのふえ（林芙美子），童謡（北原白秋），木こりとその妹（久保田万太郎），おさなものがたり（島崎藤村）

内容 神話・昔話から近代童話まで1度は読んでおきたい日本のお話。

林原　玉枝
はやしばら・たまえ

「きつつきの商売」

『教科書にでてくるお話 3年生』　西本鶏介監修　ポプラ社　2006.3　186p　18cm　（ポプラポケット文庫）570円　①4-591-09169-4

目次 のらねこ（三木卓），きつつきの商売（林原玉枝），ウサギのダイコン（茂市久美子），きつねをつれてむらまつり（こわせたまみ），つりばしわたれ（長崎源之助），手ぶくろを買いに（新美南吉），うみのひかり（緒島英二），サーカスのライオン（川村たかし），おにたのぼうし（あまんきみこ），百羽のツル（花岡大学），モチモチの木（斎藤隆介），かあさんのうた（大野允子），ちいちゃんのかげお

くり（あまんきみこ）

内容 現在使われている各社の国語教科書に掲載または紹介されている作品ばかりを集めたアンソロジーです。長く読みつがれている名作、心あたたまるお話、おもしろくて元気がでるお話など、すばらしい作品がいっぱい。作品の表記は原典に忠実にし、全文を掲載しています。教科書では気づかなかった作品の魅力を、新たに発見できるかもしれません。小学校中級から。

『森のお店やさん』 林原玉枝文，はらだたけひで絵　アリス館　1998.10　101p　21cm　（おはなしさいた）1300円　Ⓘ4-7520-0109-8

目次 きつつきの商売, 幸福のおみくじや, ぽけっとや, ぎんめっきごみぐもの伝言板, かげ売り, 空のおふねや, おやおやや

原　国子
はら・くにこ
《1939～》

「山」

『ゆうべのうちに―原国子詩集』 原国子著，高畠純絵　教育出版センター　1995.11　103p　22cm　（ジュニア・ポエム双書 112）〈企画編集：銀の鈴社〉1200円　Ⓘ4-7632-4331-4

原　民喜
はら・たみき
《1905～1951》

「誕生日」

『光村ライブラリー　第14巻　木龍うるしほか』 樺島忠夫，宮地裕，渡辺実監修，石井睦美ほか著，猪熊葉子訳，福山小夜ほか画　光村図書出版　2004.4　77p　21cm〈3刷〉1000円　Ⓘ4-89528-112-4

目次 南に帰る（石井睦美），三人の旅人たち（ジョーン・エイキン），たん生日（原民喜），かくれんぼう（志賀直哉），木龍うるし（木下順二）

『原民喜戦後全小説　下』 原民喜著　講談社　1995.8　353p　15cm　（講談社文芸文庫）980円　Ⓘ4-06-196335-X

目次 小さな村, 氷花, 飢え, 火の踵, 災厄の日, 火の唇, 鎮魂歌, 火の子供, 永遠のみどり, 二つの死, 星のわななき, 昔の店, 翳, 曲者, 西南北東, 山へ登った毬, 気絶人形, うぐいす, 二つの頭, 屋根の上, もぐらとコスモス, 誕生日

内容 水のなかに浸って死んでいる子供の眼はガラス玉のようにパッと水のなかで見ひらいていた。…まるでそこへ捨てられた死の標本のように子供は河淵に横わっていた。（「鎮魂歌」）――九四五年八月六日の「死の風景」に立ち合わされ、死者の嘆きを抱え込んでしまった作家の苦悩を刻む「氷花」「飢え」「災厄の日」「火の子供」ほか童話六篇を含む原民喜戦後全小説下、二十一篇。

原田　直友
はらだ・なおとも
《1923～》

「かぼちゃのつるが」

『光村ライブラリー　第18巻　おさるがふねをかきました ほか』 樺島忠夫，宮地裕，渡辺実監修，まどみちお，三井ふたばこ，阪田寛夫，川崎洋，河井酔茗ほか著，松永禎郎，杉田豊，平山英三，武田美穂，小野千世ほか画　光村図書出版　2004.11　83p　21cm〈第4刷〉1000円　Ⓘ4-89528-116-7

目次 おさるがふねをかきました（まど・みちお），みつばちぶんぶん（小林純一），あいうえお・ん（鶴見正夫），ぞうのかくれんぼ（高木あきこ），おうむ（鶴見正夫），あかいカーテン（みずかみかずよ），ガラスのかお（三井ふたばこ），せいのび（武鹿悦子），かぼちゃのつるが（原田直友），三日月（松谷みよ子），夕立（みずかみかずよ），さかさのさかさはさかさ（川崎洋），春（坂本遼），虻（嶋岡晨），若葉よ来年は海へゆこう（金子光春），われは草なり（高見順），くまさん（まど・みちお），おなかのへるうた（阪田寛夫），てんらん会（柴野民三），夕日がせなかをおしてくる（阪田寛夫），ひばりのす（木下夕爾），十時にね（新川和江），みいつけた（岸田衿子），どきん（谷川俊太郎），りんご（山村暮鳥），ゆずり葉（河井酔茗），雪（三好達治），影（八木重吉），楽器（北川冬彦），動物たちの恐ろしい

夢のなかに（川崎洋）, 支度（黒田三郎）

「山頂」

『本は友だち5年生』 日本児童文学者協会編 偕成社 2005.3 161p 21cm （学年別・名作ライブラリー 5） 1200円 Ⓘ4-03-924050-2

目次 龍（今江祥智）, かものたまご（岩崎京子）, わすれもの（古世古和子）, おじょうさん、おはいんなさい（石井睦美）, やってきた男（三田村信行）, 詩・山頂（原田直友）, 詩・観覧車（みずかみかずよ）, その日が来る（森忠明）, 手の中のもの、なあんだ？―夜警員室ネズミの話（岡田淳）, 父さんの宿敵（柏葉幸子）, 色紙（村中李衣）, エッセイ・五年生のころ わたしの宝（最上一平）

内容 この本には、「国語」の教科書でおなじみの作品をはじめ、現代の子どもの文学の世界を代表する作家たちの作品が集められています。

『とんでいきたい―あこがれ・思い出』 新川和江編, 三木由記子絵 太平出版社 1987.7 66p 21cm （小学生・詩のくにへ 1） 1600円

目次 ふしぎなポケット（まど・みちお）, 空へのぼった風船（三枝ますみ）, ある朝（宮沢章二）, わた毛の玉（牧野文子）, 橋（まど・みちお）, 鳥と少年（中野郁子）, 白鳥の夢（新川和江）, 矢車草（名取和彦）, 耳（ジャン・コクトー, 堀口大学・訳）, ぞうとえんそくしてみたい（筒井敬介）, 夕日（こわせたまみ）, まりをついてると（八木重吉）, おほしさん（鶴見正夫）, 白い道（海野洋司）, あこがれ（新川和江）, 海を見にいく（野長瀬正夫）, 山頂（原田直友）, 紙風船（黒田三郎）

「大木」

『スイッチョの歌』 原田直友詩, 吉田翠絵 教育出版センター 1980.10 126p 22cm （ジュニア・ポエム双書） 1000円

バーレイ, スーザン
《1961～》

「わすれられないおくりもの」

『わすれられないおくりもの』 スーザン・バーレイさく・え, 小川仁央やく 評論社 1991.9 1冊 22×27cm （児童図書館・絵本の部屋）〈付属資料（録音ディスク1枚 12cm） 外箱入〉 3420円 Ⓘ4-566-00264-0

『わすれられないおくりもの』 スーザン・バーレイ作・絵, 小川仁央訳 評論社 1986.10 1冊 22×27cm （児童図書館・絵本の部屋） 890円 Ⓘ4-566-00264-0

内容 アナグマは、もの知りでかしこく、みんなからとてもたよりにされていた。冬のはじめ、アナグマは死んだ。かけがえのない友を失った悲しみで、みんなはどうしていいかわからない…。友だちの素晴しさ、生きるためのちえやくふうを伝えあっていくことの大切さを語り、心にしみる感動をのこす絵本です。

バンナーマン, ヘレン
《1862～1946》

「ちびくろ・さんぼ」

『ちびくろ・さんぼ』 ヘレン・バンナーマン文, フランク・ドビアス絵, 光吉夏弥訳 瑞雲舎 2005.4 30p 21×17cm 1000円 Ⓘ4-916016-55-6

ビアス, アンブローズ
《1842～1913》

「空にうかぶ騎士」

『光村ライブラリー 第12巻 野ばら ほか』 樺島忠夫, 宮地裕, 渡辺実監修, 小松左京ほか著, 吉田甲子太郎訳, たむらしげるほか画 光村図書出版 2004.4 84p 21cm 〈3刷〉 1000円 Ⓘ4-89528-110-8

目次 宇宙人の宿題（小松左京）, おみやげ（星新一）, 野ばら（小川未明）, 空にうかぶ騎士（アンブローズ・ビアス）, 石うすの歌（壺井栄）, えぞまつ（神沢利子）

ビアンキ, ヴィタリー
《1894〜1959》

「カゲロウのたん生日」

『ビアンキの動物ものがたり』 ヴィタリー・ビアンキ作, 内田莉莎子訳, いたやさとし絵 日本標準 2007.6 109p 21cm （シリーズ本のチカラ） 1200円 ①978-4-8208-0291-4

目次 何をつかまえようか, おのはなくても, ねむたいねむたい, 雪の本, カゲロウのたんじょう日

内容 子犬に追いかけられた生きものたち…どうやってにげるのかな？ 雪にあしあとをのこす動物のゆくえは？…動物が生きるすがたや、自然界のきびしいおきてがえがかれた5つのものがたり。リアルなイラストとミニ図鑑で、動物のことがよくわかる。ロシアの動物文学者ビアンキの、するどい観察力とユーモアから生まれたものがたり。小学校低学年から。

『しっぽ くらべ』 ヴィタリー・ビアンキ文, 内田莉莎子, 田中かな子訳 理論社 1992.10 106p 21cm （名作動物ランド 6） 1200円 ①4-652-02916-0

目次 空色のけもの, かげろうのたんじょう日, しっぽは何のために？ ,夜、起きているのはだれ？ ,せいうちりょう, 赤いおかのチック

東 君平
ひがし・くんぺい
《1940〜1986》

「おつきさま」

『東君平のおはようどうわ―秋のおはなしいろいろなたね』 東君平絵・おはなし 新日本出版社 2010.10 92p 21cm 1400円 ①978-4-406-05403-4

目次 ホオズキ, おつきさま, 七くさ, あきのよる, やまあそび, ヤマネ, おおかぜあらし, サルのめがね, イモほり, いろいろなたね, あきのネコ, ざんしょ, ミカンかご, シイのみ, おちば, カメ, あめのひに, とうふ, センダングサ, びょうき, おかあさん, カラスウリ, ふゆじたく, ユキムシのころ, カエルとヘビ, クリのき, キツネ, あきのごご

『君とぼく』 東君平著 サンリオ 1992.2 157p 19cm （おはようどうわ 1） 1200円 ①4-387-91205-7

目次 おやこカバ, リスのいのちびろい, タヌキのじてんしゃ, ザルつくりのサル, こブタのすもう, キッテのゆめ, トラのひるごはん, アヒル, しんゆう, ウメの木, おふろ, ウシ, やさしいネコ, はるのてがみ, おこめ, タヌキのカバン, るすばん, にたものどうし, こヘビ, クマのおじいさん, ニシキゴイ, リスくん, おなか, きょうそう, かみなり, クルミトー, ながれぼし, はなび, ひるね, ホタルこい, セミたち, あさがお, かぜのしっぱい, べにしょうが, しゅくだい, しかえし, おつきさま, おまつり, こブタ, ダイヤモンド, クリひろい, 山はゆき, ミミズ, 風, てがみ, だましあい, 馬, ミノムシ, 小さな石, しぶいカー, おおそうじ, おおみそか, かきぞめ, やっこダコ, かがやきさん, おやつ, リンゴ, たまねぎ, はがいはい, べんきょう, アリのいえ, イモムシさん, ゾウのおしり, ネズミとり, しわ, キツツキ, 上の子と下の子, おとこのこ, 犬, こスズメ, ちからじまん, ぶしょうもの

内容 14年間にわたる毎日新聞の連載から生まれたくんぺいさんの千夜一夜物語。

「かげ」

『おはようどうわ 6 よぞらのほしに』 東君平著 サンリオ 1996.8 159p 19cm 1300円 ①4-387-95069-2

目次 おおそうじの日, おしょうがつのあと, ゆきの日, かげ, トンビ, やさしいひざし, シチュー, ひかげみち, ふうふげんか, あしのうら, ももの花, シマリスのはる, ゴムだん, ほしぞら, こうえんのいけ, ことり, ウシとヒバリ, ペンキやさん, チューリップ, ひるさがり, びょういん, ストロー, まひるのイヌ, あめあがり, メダカすくい, つゆ, のんびりハエ, たんぼ, トマトばたけ, とこや, 水あそび, カラス, できふでき, もしも, インコ, カナブン, しんがっき, クリごはん, ざんしょ, なつもの, とうふ, キンモクセイ, あきのごご, やさしいこえ, ふゆじたく, ケンポナシ, タラバガニ, セーター, ごくらくこたつ, イヌごや, にマメ, よまわり, リンゴのきばこ, はつゆめ, せき, ときのながれ, マラソン, よそのイヌ, ダイコン, おとこのこ, ぎんせかい, せいぞろい, きたぐにのてがみ, まちあいしつ, かいじゅう, は, はるののやま, アリのおはなし, フリージア, ザリガニ, しゃぼんだまとん

だ, ちいさないきもの

「シマリスのはる」

『東君平のおはようどうわ―春のおはなし しあわせネコ』 東君平絵・おはなし 新日本出版社 2010.10 92p 21cm 1400円 Ⓘ978-4-406-05401-0

目次 るすばん, おひなさま, タンポポ, アマリリス, ざいさん, タヌキモ, こへビ, ゴイチ, かえってきたツバメ, カマキリのタマゴ, カエルのこども, ハエトリグモ, ウシ, ガミガミじいさん, はるぼかぜ, はるのうみ, なぞなぞてがみ, しあわせネコ, イモムシさん, モモのはな, カキのはな, あしのうら, ミノガ, キツツキ, シマリスのはる, ストロー, せいぞろい, きたぐにのてがみ

『おはようどうわ 6 よぞらのほしに』 東君平著 サンリオ 1996.8 159p 19cm 1300円 Ⓘ4-387-95069-2

目次 おおそうじの日, おしょうがつのあと, ゆきの日, かげ, トンビ, やさしいひざし, シチュー, ひかげみち, ふうふげんか, あしのうら, ももの花, シマリスのはる, ゴムだん, ほしぞら, こうえんのいけ, ことり, ウシとヒバリ, ペンキやさん, チューリップ, ひるさがり, びょういん, ストロー, まひるのイヌ, あめあがり, メダカすくい, つゆ, のんびりハエ, たんぼ, トマトばたけ, とこや, 水あそび, カラス, できふでき, もしも, インコ, カナブン, しんがっき, クリごはん, ざんしょ, なつもの, とうふ, キンモクセイ, あきのごご, やさしいこえ, ふゆじたく, ケンポナシ, タラバガニ, セーター, ごくらくこたつ, イヌごや, にマメ, よまわり, リンゴのきばこ, はつゆめ, せき, ときのながれ, マラソン, よそのイヌ, ダイコン, おとこのこ, ぎんせかい, せいぞろい, きたぐにのてがみ, まちあいしつ, かいじゅう, は, はるののやま, アリのおはなし, フリージア, ザリガニ, しゃぼんだまとんだ, ちいさないきもの

樋口 広芳

ひぐち・ひろよし

《1948～》

「宇宙からツルを追う」

『宇宙からツルを追う―ツルの渡りの衛星追跡』 樋口広芳編 読売新聞社 1994.5 207p 19cm 1600円 Ⓘ4-643-94044-1

目次 1 ツルと渡り, 2 ツルが飛びたった, 3 衛星追跡の仕組みと問題点, 4 ツルの里を探る

内容 ツルと環境の未来を守るため、日本野鳥の会が中心になって実施された、国際協力プロジェクトの全貌。

肥塚 彰

ひずか・あきら

「こびとといもむし」

『こびとといもむし』 肥塚彰原作, 黒崎義介文・絵 フレーベル館 2009.2 32p 27×21cm (おはなしえほんシリーズ 16) 1200円 Ⓘ978-4-577-03594-8

内容 なつでもゆきのあるたかいやまに、おはなばたけがありました。はなのかげをそうっとみると…そこにはこびとのむらがありました。

日高 敏隆

ひだか・としたか

《1930～2009》

「からすの学校」

『光村ライブラリー 第5巻 からすの学校 ほか』 樺島忠夫, 宮地裕, 渡辺実監修, かわたけん, ひだかとしたか, たけたづみのる, さとうゆうこう, まつざわてつろうほか文, 藪内正幸, 内藤貞夫, 伊藤正道, 五味太郎, 森津和嘉子絵 光村図書出版 2004.11 77p 21cm〈第4刷〉 1000円 Ⓘ4-89528-103-5

目次 しっぽのやくめ(かわたけん), からすの学校(ひだかとしたか), きたきつねの子ども(たけたづみのる), あきあかねの一生(さとうゆうこう),「ことば」をおぼえたチンパンジー(まつざわてつろう), おへそって、なあに(やまだまこと), わたしたちとどうぐ(おおぬまてつろう), あつまれ、楽器(よしおかしげみ)

「人類は滅びるか」

『日高敏隆選集 6 人間についての寓話』 日高敏隆著 ランダムハウス講談社

2008.4　263p　19cm　2000円
Ⓘ978-4-270-00336-7

目次 ホモ・サピエンスは反逆する, 愛の神話, 人間についての覚え書き（代理本能論, 悲しき天性—攻撃衝動, 動物における記号行動, 虫がついてこそ本物のリンゴだ, 赤ん坊の角度, 花鳥, 飛行機が虫けらに学ぶもの, スタインベックの「生物学」, 地球の安全, 人類は滅びるか）, チョウ—その世界（シデムシからチョウへ, アゲハチョウ—サナギの保護色のしくみ, チョウという昆虫, そよ風がないときチョウは死ぬ）, さかだちをしてはならない（さかだちをしてはならない,「博物学」的な思考, いわゆる「基礎」, 人間の生物額の示唆するもの, フランスの動物学, 大学は何をするところか）, 生態学をめぐって

内容 ときに軽妙に、ときに痛烈に、人々があたりまえのように信じている価値観を問う。単純な思考安っぽい感情を打ち砕く怜悧な知性。人間、社会、世相について縦横無尽に語った傑作。

ピート, ビル
《1915～》

「ちいさなリスのだいりょこう」

『ちいさなリスのだいりょこう』 ビル・ピート作絵, 山下明生訳　佼成出版社　1982.3　32p　26cm　（ピートの絵本シリーズ 7）1100円　Ⓘ4-333-01065-9

日野　生三
ひの・しょうぞう
《1951～》

「ランナー」

『10分で読める名作 六年生』 木暮正夫, 岡信子選　学習研究社　2007.11　197p　21cm　700円　Ⓘ978-4-05-202680-5

目次 小僧の神様（志賀直哉）, 玉虫厨子の物語（平塚武二）, ランナー（日野生三）, 身体検査（ソログーブ）, ジュールおじ（モーパッサン）, みんな魔法使い（二宮由紀子）, 竜がほんとうに現れた話—日本の民話（木下順二）, お父さんのカッパ落語（中島らも）, 月見草（さとうまきこ）, りんりんりんごの（北原白秋）, 黒いブッカと白いブッカ—イギリスの昔話（山室静）, 二十年後（O.ヘンリ）

内容 短い時間で読める、日本と世界の短編名作。六年生にぜひ読んでほしい国内外の優れた読み物を十編と、二編の詩を収めました。

日野原　重明
ひのはら・しげあき
《1911～》

「いのち」

『いのちのバトン—97歳のぼくから君たちへ』 日野原重明詩・文, いわさきちひろ絵　ダイヤモンド社　2008.11　33p　17×17cm　（絆シリーズ）1100円　Ⓘ978-4-478-00680-1

目次 海辺の時間,2万2千個の遺伝子, けんか, チームワーク, やればできるよ, 天空の大冒険, お母さんはぼくのもの？ , 家族みんなで夕食, おばあちゃんの死, 戦争—世界中の子どもたちの願い, 未来, いのち

内容 親子の心をつなぐ絆シリーズ第3弾。小学生とそのお母さん方に優しく語る「いのち」「平和」「家族」の大切さ。

「君たちに伝えたいこと」

『十歳のきみへ—九十五歳のわたしから』 日野原重明著　冨山房インターナショナル　2006.4　185p　19cm　1200円　Ⓘ4-902385-24-4

目次 詩ぼくが十歳だった時のこと, 1 寿命ってなに？ , 2 人間はすごい, 3 十歳だったころのわたし, 4 家族のなかで育まれるもの, 5 きみに託したいこと

内容 いのちとは家族とは人間とは—若いきみたちに託したいこと。かつて十歳だったあなたにもぜひ読んでほしい。はじめての子ども向けメッセージ。

ヒューエット, アニタ
《1918～》

「かげをみつけたカンガルーぼうや」

『かげをみつけたカンガルーぼうや』 アニタ・ヒューエットさく, 清水真砂子や

く，マージェリー・ジルえ　大日本図書　1986.1　113p　21cm　（ヒューエット・どうぶつのお話）900円　Ⓘ4-477-16354-1

ビーラー，セルビー

「はがぬけたらどうするの」

『はがぬけたらどうするの？―せかいのこどもたちのはなし』 セルビー・ビーラー文，ブライアン・カラス絵，こだまともこ訳，石川烈監修　フレーベル館　1999.5　32p　27×28cm　1400円　Ⓘ4-577-01987-6

内容 乳歯が抜けたとき、その抜けた歯をみんなどうしているのでしょうか。世界じゅうの64の地域から集めた66のさまざまな興味深い言い伝えや風習をご紹介します。

平塚　武二

ひらつか・たけじ

《1904〜1971》

「馬ぬすびと」

『日本ジュニア文学名作全集　10』 日本ペンクラブ編，井上ひさし選　汐文社　2000.3　220p　19cm　1600円　Ⓘ4-8113-7337-5

目次 山びこ学校（無着成恭），風信器（大石真），ツグミ（いぬいとみこ），馬ぬすびと（平塚武二）

『児童文学名作全集　5』 井上ひさし選，日本ペンクラブ編　福武書店　1987.7　461p　15cm　（福武文庫）680円　Ⓘ4-8288-3052-9

目次 鉄工所の2少年（吉田甲子太郎），花のき村と盗人たち（新美南吉），桃太郎出陣（百田宗治），軍曹の手紙（下畑卓），子供のための文学のこと（中野重治），小さな物語（壷井栄），ふたりのおばさん（室生犀星），ラクダイ横丁（岡本良雄），たまむしのずしの物語（平塚武二），彦次（長崎源之助），山芋（大関松三郎），山びこ学校（無着成恭），原爆の子（長田新），八郎（斎藤隆介），風信器（大石真），ツグミ（いぬいとみこ），馬ぬすびと（平塚武二）

内容 太平洋戦争を経て、混迷のなかで萌芽し胎動する戦後児童文学の流れを追い、数々の名作のうち17篇を厳選、収録する第5巻。本全集この巻にて完結。

「玉虫のずしの物語」

『10分で読める名作　六年生』 木暮正夫，岡信子選　学習研究社　2007.11　197p　21cm　700円　Ⓘ978-4-05-202680-5

目次 小僧の神様（志賀直哉），玉虫厨子の物語（平塚武二），ランナー（日野生三），身体検査（ソログーブ），ジュールおじ（モーパッサン），みんな魔法使い（二宮由紀子），竜がほんとうに現れた話―日本の民話（木下順二），お父さんのカッパ落語（中島らも），月見草（さとうまきこ），りんりんりんごの（北原白秋），黒いブッカと白いブッカ―イギリスの昔話（山室静），二十年後（O.ヘンリ）

内容 短い時間で読める、日本と世界の短編名作。六年生にぜひ読んでほしい国内外の優れた読み物を十編と、二編の詩を収めました。

『日本ジュニア文学名作全集　9』 日本ペンクラブ編，井上ひさし選　汐文社　2000.3　213p　19cm　1600円　Ⓘ4-8113-7336-7

目次 子供のための文学のこと（中野重治），小さな物語（壺井栄），ふたりのおばさん（室生犀星），ラクダイ横丁（岡本良雄），たまむしのずしの物語（平塚武二），彦次（長崎源之助），山芋（大関松三郎），原爆の子（長田新），八郎（斎藤隆介）

「にじが出た」

『どくしょのじかんによむ本　小学1年生』 西本鶏介編　ポプラ社　2003.3　158p　21cm　（読書の時間によむ本・小学生版 1）700円　Ⓘ4-591-07578-8

目次 にじが出た（平塚武二），ぞうくんのぶらんこ（大石真），ふしぎなはなや（竹下文子），いたずらかこちゃん（関根栄一），うさぎの耳しばり（浜田広介），じろきちおおかみ（矢玉四郎），のねずみくんは一ねんせい（和田玲子），ほそいほそいきんのいと（立原えりか），クマコフさん、もういちど（森山京），あおいむぎわらぼうし（武鹿悦子）

内容 いま注目の「朝の読書朝読」に最適の読書入門。よんでおきたい名作・傑作を、学年別に10編収録。

「ピューンの花」

『火ようびのどうわ』　日本児童文学者協会編　国土社　1998.3　90p　21cm　（よんでみようよ教科書のどうわ1しゅうかん 2）　1200円　Ⓘ4-337-09602-7

目次　ゆめのきしゃ（きどのりこ），花いっぱいになぁれ（松谷みよ子），リスとカシのみ（坪田譲治），かもとりごんべえ（岩崎京子），ピューンの花（平塚武二），おかあさんの手（大石真）

『シャベルでホイ』　国土社　1985.4　125p　22cm　（新・文学の本だな 小学校低学年 2）　1200円　Ⓘ4-337-25204-5

目次　ちょうちょ（のろさかん），アレクサンダとぜんまいねずみ（レオ・レオニ），ピューンの花（平塚武二），なんでもロボット（寺村輝夫），くさいろのマフラー（後藤竜二），三まいのおふだ（日本の昔話），シャベルでホイ（サトウハチロー），はんてんをなくしたヒョウ（ヒューエット），ウーフはおしっこでできてるか??（神沢利子）

『ピューンの花―ほか』　平塚武二著，駒宮録郎絵　講談社　1978.1　79p　22cm　（講談社の幼年文庫）　540円

『平塚武二童話全集　1　ピューンの花』　遠藤てるよ絵　遠藤てるよ絵　童心社　1972　242p　22cm

平山　和子
ひらやま・かずこ
《1934～》

「たんぽぽ」

『たんぽぽ』　平山和子ぶん・え，北村四郎監修　福音館書店　1976.4（34刷：2000.5）　23p　26cm　（かがくのとも傑作集―どきどきしぜん）　838円　Ⓘ4-8340-0470-8

広井　敏男
ひろい・としお
《1933～》

「林のどんぐり」

『林のどんぐり』　広井敏男文，伏原納知子絵　新日本出版社　2001.3　31p　21cm　（新日本動物植物えほん 15）〈第9刷〉1068円　Ⓘ4-406-00886-1

内容　秋の雑木林で、1本のコナラの木からおちるどんぐりの量をしらべたら、ばけつ5はいぶんもありました。このうち、りっぱな木に成長するのは、1つか2つあればよいほう。見すごされがちな雑木林が、どのようにたもたれているかを、四季の林のうつくしさをおいながら描きます。

『林のどんぐり』　広井敏男ぶん，伏原納知子え　新日本出版社　1982.10　31p　21cm　（新日本動物植物えほん）　880円

ファティオ，ルイーズ
《1904～1993》

「ごきげんならいおん」

『ごきげんならいおん』　ルィーズ・ファティオ文，ロジャー・デュボアザン絵，村岡花子訳　福音館書店　2006.5　32p　26cm〈第39刷〉1000円　Ⓘ4-8340-0021-4

ファーブル，アンリ
《1823～1915》

「ファーブル昆虫記」

『ファーブル昆虫記―ここがスゴイぞ！虫のふしぎ』　ファーブル作，舟崎克彦訳，小玉絵　集英社　2011.4.10　153p　18cm　（集英社みらい文庫）　560円　Ⓘ978-4-08-321015-0

目次　はじめに，セミ，タマオシコガネ（フンコロガシ），ジガバチ，虫たちとのであい，サムライアリ，カニグモ，カミキリムシ，ミノム

シ, おしまいに, この物語にでてきた虫たち

内容 動物のフンをころがすフンコロガシ（タマオシコガネ）、自分よりも大きなえものを狩るハチ、空を飛ぶクモ…ファーブルがかんさつした虫たちは、さまざまな秘密、生きていく知恵をもっていました。「なに？」「なぜ？」「どうして？」知りたがりだったファーブルののこしたかんさつ記録にはたくさんの“発見”がひそんでいます。おどろきの発見と自伝をおりまぜた大けっさく。小学初級・中級から。

『ファーブル昆虫記』 ファーブル原作, 古川晴男文, 熊田千佳慕絵　世界文化社　2001.4　83p　27cm　（世界の名作 3）1200円　Ⓘ4-418-01805-0

『ファーブルの昆虫記　上』 ファーブル著, 大岡信編訳　岩波書店　2000.6.16　314p　18cm　（岩波少年文庫）720円　Ⓘ4-00-114513-8

目次 セミ, コオロギ, カマキリ, コハナバチ, オオタマオシコガネ, キンイロオサムシ

内容 わたしたちのまわりにいる虫はどんな暮らし方をしているのだろう？ ファーブルの著した『昆虫記』のなかから、上巻では、幼虫時代の長いセミ、狩りのうまいカマキリ、ふんをころがすオオタマオシコガネなど、興味深い虫の話を選んだ。中学以上。

『ファーブルの昆虫記　下』 ファーブル著, 大岡信編訳　岩波書店　2000.6.16　331p　18cm　（岩波少年文庫）720円　Ⓘ4-00-114514-6

目次 シデムシ（シデムシの埋葬, シデムシと実験）, ツチスガリ（タマムシツチスガリ, コブツチスガリ ほか）, キゴシジガバチ（キゴシジガバチのすみか, ヒメベッコウバチとキゴシジガバチの食べもの）, クモ（クモの巣立ち, クモのあみのはりかた ほか）, ラングドックサソリ（サソリのすみか, サソリの食べもの ほか）

内容 虫たちは、なんとすばらしい知恵をもっていることだろう！ 下巻では、野原のそうじ屋シデムシ、みごとな猟をするツチスガリ、美しいあみを張るクモたち、おそろしい毒をもつサソリなど、驚異にみちたかれらの生活の秘密に迫る。中学以上。

『ファーブル昆虫記』 アンリ・ファーブル作, 舟崎克彦訳・絵　集英社　1994.3.23　142p　21cm　（子どものための世界文学の森 20）〈原書名：Souvenirs Entomologiques〈Henri Fabre〉〉880円　Ⓘ4-08-274020-1

目次 セミ, ヒジリタマコガネ, ジガバチ, 虫たちとのであい, サムライアリ, カニグモ, カミキリムシ, ミノムシ

内容 タマコガネは、なんのためにフンをころがすのでしょうか？ 自然を愛し、虫たちとともに一生をおくったファーブル。この本は、ファーブルの代表的なかんさつ記録のほかに、「ファーブル自伝」を一部加えてあります。ファーブルが、どうして昆虫にきょうみをもち、虫のことを、どう考えていたのかよくわかります。

『ファーブル昆虫記―完訳　1～10』 山田吉彦, 林達夫訳　岩波書店　1993　15cm　（岩波文庫）〈著者の肖像あり　原タイトル：Souvenirs entomologiques.〉

黄　明杰
ふぁん・みょんごる

「銀のはしとさじ」

『韓国現代詩選』 茨木のり子訳編　新装版　花神社　2004.9　203p　22cm〈著作目録あり〉2500円　Ⓘ4-7602-1766-5　Ⓝ929.11

福沢　諭吉
ふくざわ・ゆきち

《1834～1901》

「アメリカへわたる―福沢諭吉の自伝から」

『新訂 福翁自伝』 福沢諭吉著, 富田正文校訂　岩波書店　2002.10　346p　15cm　（岩波文庫）〈第48刷〉700円　Ⓘ4-00-331022-5

目次 幼少の時, 長崎遊学, 大阪修業, 緒方の塾風, 大阪を去って江戸に行く, 初めてアメリカに渡る, ヨーロッパ各国に行く, 攘夷論, 再度米国行, 王政維新, 暗殺の心配, 雑記, 一身一家経済の由来, 品行家風, 老余の半生

内容 明治30年、福沢は速記者を前にして60年の生涯を口述し、のちその速記文に全面加筆をほどこして『自伝』を書きあげた。近

代日本の激動期を背景に、常に野にあって独立不羈をつらぬいた精神の歩みが大らかに自在に語られている。語るに値する生涯、自らそれを生きた秀れた語り手という希有な条件がここに無類の自伝文学を生んだ。

福田　岩緒
ふくだ・いわお
《1950～》

「夏のわすれもの」

『教科書にでてくるお話 4年生』 西本鶏介監修　ポプラ社　2006.3　206p　18cm　（ポプラポケット文庫）570円
①4-591-09170-8

目次 いろはにほへと（今江祥智），ポレポレ（西村まり子），やいトカゲ（舟崎靖子），白いぼうし（あまんきみこ），りんご畑の九月（後藤竜二），るすばん（川村たかし），せかいいちうつくしいぼくの村（小林豊），こわれた1000の楽器（野呂昶），のれたよ、のれたよ、自転車のれたよ（井上美由紀），夏のわすれもの（福田岩緒），ならなしとり（峠兵太），寿限無（西本鶏介），ごんぎつね（新美南吉），一つの花（今西祐行）

内容 現在使われている各社の国語教科書に掲載または紹介されている作品ばかりを集めたアンソロジーです。長く読みつがれている名作、心あたたまるお話、おもしろくて元気がでるお話など、すばらしい作品がいっぱい。作品の表記は原典に忠実にし、全文を掲載しています。教科書では気づかなかった作品の魅力を、新たに発見できるかもしれません。小学校中学年から。

『夏のわすれもの』 福田岩緒作・絵　文研出版　2001.7　48p　24×20cm　（文研の創作えどうわ）1200円
①4-580-81291-3

内容 ぼくはおじいちゃんが大好きだった。小学校へ行くまではいつだって、ぼくはおじいちゃんにくっついていた。でもいつからか、ぼくはおじいちゃんからはなれていた。そのおじいちゃんがとつぜん死んだ。悲しいのに、どうしてなみだが出ないの？小学1年生以上。

藤　哲生
ふじ・てっせい
《1929～》

「とびばこ だんだん」

『秋いっぱい―藤哲生詩集』 藤哲生著，武田淑子絵　銀の鈴社，教育出版センター〔発売〕　1991.11　119p　21cm　（ジュニア・ポエム双書 69）1200円
①4-7632-4275-X

目次 天と地，はてはてはてな，とびばこだんだん，もそもそもじょもじょ，うたからうたを

武鹿　悦子
ぶしか・えつこ
《1928～》

「うぐいす」

『雲の窓』 武鹿悦子詩，牧野鈴子絵　大日本図書　1991.2　115p　19cm　（小さい詩集）950円　①4-477-00065-0

「きりんはゆらゆら」

『新・詩のランドセル 1ねん』 江口季好，小野寺寛，菊永謙，吉田定一編　らくだ出版　2005.1　131p　21×19cm　2200円　①4-89777-415-2

目次 1 せんせいのおまじない（こどもの詩（おかあさんのぼけっと（ひろびきやすのり），いぬ（ひろしまりょう） ほか），おとなの詩（きりんはゆらゆら（武鹿悦子），ともだち（まど・みちお） ほか）），2 おとうさんのにおい（こどもの詩（おしっこ（たかはしこうき），人（はらしままい） ほか），おとなの詩（すずめ（有馬敲），さかなやのおっちゃん（畑中圭一） ほか））

内容 小学校での詩の教育は、詩を読むこと、詩を味わうこと、詩を書くことです。詩をたくさん読んでいくと、詩とは高尚な言葉で思いをつづるのではなく、自分の感じたこと、思ったことを自分の言葉で易しく書くことだ、ということが分かります。「新・詩のランドセル」を使って、全国の小学校の教室で、詩を読み、詩を味わい、詩を書く活動が活発に行われるようにしましょう。

『こころにひびくめいさくよみもの 1ねん―よんで、きいて、こえにだそう』 府川源一郎, 佐藤宗子編　教育出版　2004.3　75p　21cm〈付属資料：CD1〉 2000円　①4-316-80085-X

目次 花いっぱいになあれ(松谷みよ子), おじさんのかさ(佐野洋子), はなび(森山京), 雨つぶ(あべ弘士), 天に上ったおけやさん(水谷章三), おもしろいことば, きりんはゆらゆら(武鹿悦子), ひらいたひらいた

内容 小学校国語教科書に掲載された名作(物語・説明文・詩)を学年別に収録。発達段階に応じた教科書表記を採用。難意語には注を記載。発展学習にも役立つよう、交ぜ書きから読み仮名付きの漢字へ適宜変更。当時の教科書に使用された挿絵を掲載。俳優・声優による格調高い朗読をCDに収め各巻に添付。

『詩はうちゅう 1年』 水内喜久雄編, 太田大輔絵　ポプラ社　2003.4　155p　20×16cm　(詩はうちゅう 1)　1300円　①4-591-07587-7

目次 さあ、一ねんせい(あさだ(小野寺悦子), ひみつ(谷川俊太郎) ほか), あいうえおのうた(あいうえお(神沢利子), おがわのはる(青戸かいち) ほか), かぞくのうた(おかあさんってふしぎ(川崎洋子), とくとうせき(神沢利子) ほか), どうぶつのうた(きりんはゆらゆら(武鹿悦子), ぞうのかくれんぼ(高木あきこ) ほか), しょくぶつのうた(たけのこぐん！(武鹿悦子), つくし(山中利子) ほか), おなら・うんこ・おしり(ぞうさんのおなら(菅原優子), うんこ(谷川俊太郎) ほか), 口のうんどう(ことばのけいこ(与田準一), ヤダくん(小野ルミ) ほか), たのしいうた(もしも(谷川俊太郎), むしば(関根栄一) ほか), またあいうえお(あいうえお(新井竹子), あいうえおうた(谷川俊太郎) ほか), ぼく・わたし(ぼく(秋原秀夫), わたしはいいね(本間ちひろ) ほか)

「せいのび」

『たけのこぐん！―武鹿悦子詩集』 武鹿悦子著, 伊藤英治編　岩崎書店　2010.2　95p　18×19cm　(豊かなことば現代日本の詩 8)　1500円　①978-4-265-04068-1

目次 1 あくしゅ(かず, だいちゃん ほか), 2 ほし(はるのみち, 秋 ほか), 3 かぶとむし(お花見, かたつむり ほか), 4 わたげ(たまねぎ, たけのこぐん！ ほか)

内容 「たけのこぐん！」「せいのび」「うぐいす」など代表作五十六編を収録。

『光村ライブラリー 第18巻 おさるがふねをかきました ほか』 樺島忠夫, 宮地裕, 渡辺実監修, まどみちお, 三井ふたばこ, 阪田寛夫, 川崎洋, 河井酔茗ほか著, 松永禎郎, 杉田豊, 平山英三, 武田美穂, 小野千世ほか画　光村図書出版　2004.11　83p　21cm〈第4刷〉 1000円　①4-89528-116-7

目次 おさるがふねをかきました(まど・みちお), みつばちぶんぶん(小林純一), あいうえお・ん(鶴見正夫), ぞうのかくれんぼ(高木あきこ), おうむ(鶴見正夫), あかいカーテン(みずかみかずよ), ガラスのかお(三井ふたばこ), せいのび(武鹿悦子), かぼちゃのつるが(原田直友), 三日月(松谷みよ子), 夕立(みずかみかずよ), さかさのさかさはさかさ(川崎洋), 春(坂本遼), 虻(嶋岡晨), 若葉よ来年は海へゆこう(金子光春), われは草なり(高見順), くまさん(まど・みちお), おなかのへるうた(阪田寛夫), てんらん会(柴野民三), 夕日がせなかをおしてくる(阪田寛夫), ひばりのす(木下夕爾), 十時にね(新川和江), みいつけた(岸田衿子), どきん(谷川俊太郎), りんご(山村暮鳥), ゆずり葉(河井酔茗), 雪(三好達治), 影(八木重吉), 楽器(北川冬彦), 動物たちの恐ろしい夢のなかに(川崎洋), 支度(黒田三郎)

『こわれたおもちゃ』 武鹿悦子詩, 中谷千代子絵　国土社　2003.2　77p　25cm　(現代日本童謡詩全集 4)　1600円　①4-337-24754-8

「たけのこぐん！」

『たけのこぐん！―武鹿悦子詩集』 武鹿悦子著, 伊藤英治編　岩崎書店　2010.2　95p　18×19cm　(豊かなことば現代日本の詩 8)　1500円　①978-4-265-04068-1

目次 1 あくしゅ(かず, だいちゃん ほか), 2 ほし(はるのみち, 秋 ほか), 3 かぶとむし(お花見, かたつむり ほか), 4 わたげ(たまねぎ, たけのこぐん！ ほか)

内容 「たけのこぐん！」「せいのび」「うぐいす」など代表作五十六編を収録。

『詩はうちゅう 1年』 水内喜久雄編, 太田大輔絵　ポプラ社　2003.4　155p　20×16cm　(詩はうちゅう 1)　1300円

①4-591-07587-7

目次 さあ、一ねんせい（あさだ（小野寺悦子），ひみつ（谷川俊太郎） ほか），あいうえおのうた（あいうえお（神沢利子），おがわのはる（青戸かいち） ほか），かぞくのうた（おかあさんってふしぎ（川崎洋子），とくとうせき（神沢利子） ほか），どうぶつのうた（きりんはゆらゆら（武鹿悦子），ぞうのかくれんぼ（高木あきこ） ほか），しょくぶつのうた（たけのこぐん！（武鹿悦子），つくし（山中利子） ほか），おなら・うんこ・おしり（ぞうさんのおなら（菅原優子），うんこ（谷川俊太郎） ほか），口のうんどう（ことばのけいこ（与田凖一），ヤダくん（小野ルミ） ほか），たのしいうた（もしも（谷川俊太郎），むしば（関根栄一） ほか），またあいうえお（あいうえお（新井竹子），あいうえおうた（谷川俊太郎） ほか），ぼく・わたし（ぼく（秋原秀夫），わたしはいいね（本間ちひろ） ほか）

『雲の窓』 武鹿悦子詩，牧野鈴子絵 大日本図書 1991.2 115p 19cm （小さい詩集） 950円 ①4-477-00065-0

「ねこぜんまい」

『きりんきりりん—動物 1』 新川和江編，安田卓矢絵 太平出版社 1987.10 66p 21cm （小学生・詩のくにへ 8） 1600円

目次 ねこじたの犬（村田さち子），いぬのおまわりさん（さとうよしみ），黒いこいぬ（谷川俊太郎），おさるがふねをかきました（まど・みちお），ゆかいな木きん（小林純一），シャベルでホイ（サトウハチロー），小ぎつね（勝承夫），まいごのカンガルー（柴田陽平），雨ふりくまの子（鶴見正夫），ぱんださん（立石巌），キリン（まど・みちお），ねこぜんまい（武鹿悦子），ねこふんじゃった（阪田寛夫），ゴーゴーゴリラ（摩耶翠子），うし（吉田定一），うしのそば（まど・みちお），まきばの子牛（小林純一），ドナドナ（安井かずみ），動物たちのおそろしいゆめの中に（川崎洋）

『詩集ねこぜんまい』 武鹿悦子著，高畠純絵 越谷 かど創房 1982.12 92p 23cm （かど創房創作文学シリーズ詩歌） 1000円

「はくさいぎしぎし」

『はるのみち—武鹿悦子童謡集』 武鹿悦子著，矢崎節夫選 JULA出版局 1997.3 169p 18×13cm 1200円 ①4-88284-076-6

目次 きりんはゆらゆら，のはら，わたげ，さかな，なしもぎ，けむし，あおむし，はくさいぎしぎし，おたまじゃくしは…，つき，とんびがかいた，せいのび〔ほか〕

「水たまり」

『みどりのしずく—自然』 新川和江編，瀬戸好子絵 太平出版社 1987.7 66p 21cm （小学生・詩のくにへ 5） 1600円

目次 雲（山村暮鳥），金のストロー（みずかみかずよ），水たまり（武鹿悦子），石ころ（まど・みちお），かいだん（渡辺美知子），すいれんのはっぱ（浦かずお），びわ（まど・みちお），かぼちゃのつるが（原田直友），雑草のうた（鶴岡千代子），ことりのひな（北原白秋），土（三好達治），きいろいちょうちょう（こわせたまみ），すいっちょ（鈴木敏史），川（谷川俊太郎），天（山之口貘），富士（草野心平），海（川崎洋），なみは手かな（こわせたまみ），石（草野心平），地球は（工藤直子），どうしていつも（まど・みちお）

プーシキン，アレクサンドル

《1799～1837》

「金のさかな」

『金のさかな—ロシアの民話』 アレクサンドル・プーシキン作，松谷さやか訳，ワレーリー・ワシーリエフ絵 偕成社 2003.11 1冊 29×25cm （世界のお話傑作選） 1400円 ①4-03-963820-4

内容 おじいさんが海にあみをなげると、人間のことばをはなす金のさかながかかりました。海へかえしてあげたおれいにと、つぎつぎによくばりなねがいごとをするおばあさんでしたが…？ 5歳から。

藤原 定

ふじわら・さだむ

《1905～1990》

「なわ飛びする少女」

『藤原定全詩集』 沖積舎 1992.10 536p 22cm 〈著者の肖像あり 付（8p）：栞 限定版〉 ①4-8060-0579-7 Ⓝ911.56

目次 天地の間, 距離, 僕はいる僕はいない, 吸景, 環, 言葉, 年譜・著作一覧：p525〜536

フックス, ウルズラ

「塔の時計」

『おじいさんのマフラー―小さな心のスケッチ』 ウルズラ・フックス作, かんざきいわお訳, 金井塚道栄絵 さ・え・ら書房 1987.1 127p 21cm 1100円 Ⓘ4-378-00722-3

目次 塔の時計, 高層アパート, ゆき、ゆき、ゆき, ティルマンとブッパータールの町, おばあさんのケーキ, クリスティンの石油ランプ, 鯉のメトセラ, うーむとシュミット先生がうなる, 面会時間は、あと十分, 窓のむこうの顔, おじいさんのマフラー, すばらしい日曜日, また来年きていいよ, ぼくは花を持っている, だめだめだめ！, バイクさわぎ

内容 子どもたちの心のぬくもりを伝える16の物語。小学中級から。

ブッセ, カール

《1872〜1918》

「山のあなた」

『土井晩翠/上田敏』 土井晩翠, 上田敏著 京都 新学社 2006.12 319p 15cm （新学社近代浪漫派文庫） 1305円 Ⓘ4-7868-0070-8

目次 土井晩翠（土井晩翠詩抄（天地有情暁鐘, 東海遊子吟, 曙光, 天馬の道に）, 雨の降る日は天気が悪い, 漱石さんのロンドンにおけるエピソード―夏目夫人にまゐらす, 名犬の由来, 学生時代の高山樗牛, 新詩発生時代の思ひ出,「イーリアス」訳の跋）, 上田敏（海潮音, 忍岡演奏会,『みだれ髪』を読む, 民謡, 飛行機と文芸）

『脳を鍛える大人の名作読本 詩―初恋・汚れっちまった悲しみに…』 川島隆太監修 くもん出版 2006.10 108p 26cm 600円 Ⓘ4-7743-1160-X

目次 初恋（島崎藤村）, 望郷（島崎藤村）, 千曲川旅情の歌（島崎藤村）, 椰子の実（島崎藤村）, 山のあなた（カアル・ブッセ）, 落葉（ポオル・ヴェルレエヌ）, 春の朝（ロバアト・ブラウニング）, 智慧の相者は我を見て（蒲原有明）, ああ大和にしあらましかば（薄田泣菫）, 君死にたもうことなかれ（与謝野晶子）〔ほか〕

『海潮音―上田敏訳詩集』 上田敏訳 新潮社 2006.9 181p 19cm （新潮文庫） 324円 Ⓘ4-10-119401-7

目次 燕の歌（ガブリエル・ダンヌンチオ）, 声曲（ガブリエル・ダンヌンチオ）, 真昼（ルコント・ドゥ・リイル）, 大饑餓（ルコント・ドゥ・リイル）, 象（ルコント・ドゥ・リイル）, 珊瑚礁（ホセ・マリヤ・デ・エレディヤ）, 床（ホセ・マリヤ・デ・エレディヤ）, 出征（ホセ・マリヤ・デ・エレディヤ）, 夢（シュリ・プリュドン）, 信天翁（シャルル・ボドレエル）〔ほか〕

内容 ヴェルレーヌ、ボードレール、マラルメ、ブラウニング…。清新なフランス近代詩を紹介して、日本の詩檀に根本的革命をもたらした上田敏は、藤村、晩翠ら当時の新体詩にあきたらず、「一世の文芸を指導せん」との抱負に発して、至難な西欧近代詩の翻訳にたずさわり、かずかずの名訳を遺した。本書は、その高雅な詩語をもって、独立した創作とも見られる訳詩集である。

『詩画集 ゆめのあしおと』 BOOKの会編, ガブリエル・ルフェーブル画 講談社 2006.2 63p 19cm （Kodansha Gift Book 夢の本棚） 1200円 Ⓘ4-06-213308-3

目次 風景（山村暮鳥）, 山のあなた（ブッセ）, 海のあなたの（オーバネル）, わすれなぐさ（アレント）, 光（八木重吉）, 涙（八木重吉）, 天景（萩原朔太郎）, のちのおもひに（立原道造）, 北の海（中原中也）, 無限（北村初雄）〔ほか〕

内容 欧米で人気の絵師ガブリエル・ルフェーブル日本初登場！ その魔法の筆先から、いま甦る日本の美しい詩と言葉。

『光村ライブラリー・中学校編 第5巻 朝のリレー ほか』 谷川俊太郎ほか著 光村図書出版 2005.11 104p 21cm 1000円 Ⓘ4-89528-373-9

目次 朝のリレー（谷川俊太郎）, 野原はうたう（工藤直子）, 野のまつり（新川和江）, 白い馬（高田敏子）, 足どり（竹中郁）, 花（村野四郎）, 春よ、来い（松任谷由実）, ちょう（百田宗治）, 春の朝（R.ブラウニング）, 山のあなた（カール・ブッセ）, ふるさと（室生犀星）〔ほか〕

内容 昭和30年度版～平成14年度版教科書から厳選。

『日本少国民文庫 世界名作選 1』 山本有三編 新潮社 2003.1 371p 15cm (新潮文庫) 514円 Ⓘ4-10-106012-6

目次 たとえばなし(レッシング), リッキ・ティキ・タヴィ物語(ラッディアード・キプリング), 身体検査(ソログープ), 牧場(詩)(ロバート・フロスト), 人は何で生きるか(レフ・トルストイ), 日本の小学児童たちへ 他一篇(アルベルト・アインシュタイン), 母の話(アナトール・フランス), 笑いの歌(詩)(ウィリアム・ブレイク), 私の少年時代(ベンジャミン・フランクリン), 山のあなた(詩)(カルル・ブッセ), 母への手紙(シャルル・フィリップ), ジャン・クリストフ(ロマン・ローラン), 二つの歎き(詩)(フランシス・ジャム), 点子ちゃんとアントン(エーリヒ・ケストナー), 赤ノッポ青ノッポ・スキーの巻(漫画)(武井武雄)

内容 皇后・美智子様も戦時中に疎開先で愛読されていた本書は、昭和十一年という文学的良心を発揮できた戦前最後の時代に、作家・山本有三のもとで企画・編集された。子供に大きな世界があることを伝えたいという熱意から、ケストナーなどの名作物語の他、あのアインシュタイン博士が日本の子供に宛てた手紙まで幅広く作品を収録。その良質な文章たちは、現代日本でもますます光り輝く。

舟崎 靖子
ふなざき・やすこ
《1944～》

「やい トカゲ」

『齋藤孝の親子で読む国語教科書 4年生』 齋藤孝著 ポプラ社 2011.3 150p 21cm (齋藤孝の親子で読む国語教科書 4) 1000円 Ⓘ978-4-591-12288-4

目次 やいトカゲ(舟崎靖子), 白いぼうし(あまんきみこ), 木竜うるし(木下順二), こわれた1000の楽器(野呂昶), 一つの花(今西祐行), りんご畑の九月(後藤竜二), ごんぎつね(新美南吉), せかいいちうつくしいぼくの村(小林豊), 寿限無(興津要), 初雪のふる日(安房直子)

『本は友だち4年生』 日本児童文学者協会編 偕成社 2005.3 143p 21cm (学年別・名作ライブラリー 4) 1200円 Ⓘ4-03-924040-5

目次 八本足のイカと十本足のタコ(斉藤洋), 飛べ! あげはちょう(高井節子), 電車にのって(竹下文子), 花咲き山(斎藤隆介), やい、とかげ(舟崎靖子), きつね(佐野洋子), 詩・ピーマン(はたちよしこ), 詩・ゆうひのてがみ(野呂昶), まだ、もう、やっと(那須正幹), 月の輪グマ(椋鳩十), エッセイ・四年生のころ 兄と姉の思い出(上条さなえ)

内容 この本には、「国語」の教科書でおなじみの作品をはじめ、現代の子どもの文学の世界を代表する作家たちの作品が集められています。

『ゾウのてぶくろのはなし―愛とまごころものがたり1』 日本児童文学者協会編 小峰書店 1986.3 119p 22cm (新選・こどもの文学) 980円 Ⓘ4-338-06116-2

フライシュレン, ツェーザル
《1864～1920》

「心に太陽を持て」

『10分で読める物語 四年生』 青木伸生選 学研教育出版, 学研マーケティング〔発売〕 2010.8 159p 21cm 700円 Ⓘ978-4-05-203227-1

目次 谷間に光る緑の風(花岡大学), ツェねずみ(宮澤賢治), ぼくのこと好き?―少年の日のモーツァルト(大島かおり), 心に太陽を持て(ツェーザル・フライシュレン), ぬすまれたハンマー―北欧の神話(鈴木徹郎), ノウサギのふしぎ(小宮輝之), 貝がら(大石真), 古典落語・転失気(三遊亭圓窓), あめ(山田今次), とびこみ(レフ・トルストイ), 百人一首(持統天皇, 紀友則, 小野小町), ロボットそうどう(豊田有恒), 古典・桃太郎(滝沢馬琴)

内容 名作から現代のお話、神話や科学、伝記などバラエティに富んでいます。

『六年生 声で味わう「五月の風」―自己表現としての朗読』 田近洵一監修, 牛山恵ほか編 国土社 2007.4 94p 24×21cm (子ども朗読教室―声に出す・声で読む・言葉の力を育てるために)

1800円 Ⓘ978-4-337-52106-3

目次 五月の風（小野十三郎），ガマの油売り，アリババと四十人の盗賊（かのりゅう訳），きりんはきりん（まど・みちお），線香花火（中谷宇吉郎），植物の魔術師（板倉聖宣），手のものさし、足のものさし―尺度（平尾大輔），茶碗の湯（寺田寅彦），「これじゃこまる！」フン害にふんがい！，魔女の料理教室，子どもによる子どものための「子どもの権利条約」より，りんろろん，夕立屋，時そば，心に太陽を持て，あいたくて，最新かぞえ唄，紙風船〔ほか〕

『なかよし―心を豊かに、優しく』 大久保昇編 京都 日本漢字能力検定協会 2005.7 247p 21cm （心を耕すシリーズ） 1000円 Ⓘ4-89096-112-7

目次 第1章 心を豊かに―なかよく、たのしく（山本有三訳詩「心に太陽を持て」（正しく豊かに伸び伸び生きよう），島崎藤村「小さなみやげ話」（みんな、お互いに、優しく親切に），大山義夫「みかんやさん」（優しさが心を温かくする），鈴木三重吉「おなかのかわ」（自分勝手は、いけません） ほか），第2章 本を読もう―知る・分かる・考える（大川悦生『びんぼうがみとふくのかみ』，内田麟太郎『あしたもともだち』，ルイス・スロボトキン（渡辺茂男訳）『ありがとう…どういたしまして』，宮川ひろ『天使のいる教室』 ほか）

『心に太陽を持て』 山本有三著 ポプラ社 2001.7 243p 19cm 1400円 Ⓘ4-591-06922-2

目次 心に太陽を持て，くちびるに歌を持て，一日本人，ライオンと子犬，キティの一生，どうせ、おんなじ，動物好きのトマス，製本屋の小僧さん，リンゴのなみ木，ナポレオンと新兵，ミヤケ島の少年，スコットの南極探検，エリザベスの疑問，見せもののトラ，ミレーの発奮，油断，フリードリヒ大王と風車小屋，バイソンの道，パナマ運河物語

内容 本当に大切なものはあなたのすぐそばにあります。勇気を失うな。心に太陽を持て。1935年に出版されてから66年。世代を超えて読み継がれてきた青春の1冊。21世紀も、大切な誰かに伝えたい。勇気がでる。喜びがわく。19篇の小さな話。

ブラウン，マーガレット
《1910～1952》

「ぼく、にげちゃうよ」

『光村ライブラリー 第2巻 空いろのたね ほか』 樺島忠夫，宮地裕，渡辺実監修，てらむらてるお，なかがわりえこ，マーガレット・ブラウン，いわさききょうこ作，岩田みみ訳，和歌山静子，山脇百合子，クレメント・ハード，梶山俊夫絵 光村図書出版 2004.11 69p 21cm 〈第5刷〉 1000円 Ⓘ4-89528-100-0

目次 王さま出かけましょう（てらむらてるお），空いろのたね（なかがわりえこ），ぼく、にげちゃうよ（マーガレット・ブラウン），かさこ地ぞう（いわさききょうこ）

『ぼくにげちゃうよ』 マーガレット・ワイズ・ブラウンぶん，クレメント・ハードえ，いわたみみやく ほるぷ出版 2003.7 1冊（ページ付なし） 33×38cm （ほるぷ出版の大きな絵本） 4750円 Ⓘ4-593-72026-5 Ⓝ726.6

『ぼくにげちゃうよ』 マーガレット・W.ブラウンぶん，クレメント・ハードえ，いわたみみやく ほるぷ出版 1976.9 1冊 18×21cm 780円

プリョイセン，アルフ
《1914～》

「スプーンおばさん」

『お話びっくり箱1年―読み物特集号 科学と学習の増刊 上』 学習研究社 2000.6 139p 26cm Ⓝ913.68

目次 とらよりこわいほしがき（かみやにじ再話，金正愛絵），スプーンおばさん（プリョイセン原作，田中史子文），ガネーシャものがたり（鈴木千歳再話，マノジュ・マントリ絵），とうふのびょうき（松谷みよ子文，飯野和好絵），ききたがりやのエルンストくん（エリサ・クレヴェン作・絵，香山美子訳），カンガルーとイルカ（アグネス・リッポ語り，パメラ・ロフツ編，左近蘭子訳，ベリューエン小学校のじどうたち絵），六わのとりたちの

うた（ルネ・ディートレフス作, リン・ギルバート絵, おかだよしえ訳）, アイスのおばけ（長新太作・絵）, いろいろじゃんけんぽん（浜田るり子絵）, どうぶつのもんだい（あべ弘士作・絵）, タッピーと夏バテ王さま（水野はるみ作・絵）, ハムちゃんのなつやすみ（でいれいこ作, せとよしみ絵）, あのねねこなの（なかむらとおる作, なかむらようこ絵）, えりこのたからもの（あまんきみこ作, 長野ヒデ子絵）

『スプーンおばさん―きゅうにちいさくなっちゃった』 プリョイセン作, 塩野米松文, 白川忠志絵 学習研究社 1994.10 55p 21cm （おやすみまえにママよんでね 8巻） 880円 ①4-05-200352-7

古田 足日
ふるた・たるひ
《1927～》

「大きい一年生と小さな二年生」

『古田足日子どもの本』 古田足日著 童心社 1993.11 14冊（セット） 26cm 53200円 ①4-494-00012-4

目次 ロボット・カミイ, れいぞうこロボット, くいしんぼうのロボット, ロボット・ロボののぼりぼう, ぽんこつロボット, 大きい1年生と小さな2年生, まぬけな犬・クロ, ダンプえんちょうやっつけた, さくらんぼクラブのおばけ大会, モグラ原っぱのなかまたち, 夏子先生とゴイサギ・ボーイズ, 犬散歩めんきょしょう, サクラ団地の夏まつり, さくらんぼクラブにクロがきた, 子犬がこわい一年生, ねこねここねこおまえはどこだ, おしいれのぼうけん, せかいいち大きなケーキ, へび山のあい子, まちがいカレンダー, 水の上のタケル, ミゲル孫右衛門のまほう, 月の上のガラスの町, 宿題ひきうけ株式会社, 忍術らくだい生, ぼくらは機関車太陽号, ぼくらの教室フライパン, 海賊島探検株式会社, 山ぞくとりでの宝, うずしお丸の少年たち, 雲取谷の少年忍者, 戦国武士, 南十字星の少年, コロンブス物語, 豊臣秀吉物語, ぬすまれた町, 甲賀三郎・根の国の物語

「せかい一大きなケーキ」

『古田足日子どもの本』 古田足日著 童心社 1993.11 14冊（セット） 26cm 53200円 ①4-494-00012-4

目次 ロボット・カミイ, れいぞうこロボット, くいしんぼうのロボット, ロボット・ロボののぼりぼう, ぽんこつロボット, 大きい1年生と小さな2年生, まぬけな犬・クロ, ダンプえんちょうやっつけた, さくらんぼクラブのおばけ大会, モグラ原っぱのなかまたち, 夏子先生とゴイサギ・ボーイズ, 犬散歩めんきょしょう, サクラ団地の夏まつり, さくらんぼクラブにクロがきた, 子犬がこわい一年生, ねこねここねこおまえはどこだ, おしいれのぼうけん, せかいいち大きなケーキ, へび山のあい子, まちがいカレンダー, 水の上のタケル, ミゲル孫右衛門のまほう, 月の上のガラスの町, 宿題ひきうけ株式会社, 忍術らくだい生, ぼくらは機関車太陽号, ぼくらの教室フライパン, 海賊島探検株式会社, 山ぞくとりでの宝, うずしお丸の少年たち, 雲取谷の少年忍者, 戦国武士, 南十字星の少年, コロンブス物語, 豊臣秀吉物語, ぬすまれた町, 甲賀三郎・根の国の物語

「モグラ原っぱのなかまたち」

『木ようびのどうわ』 日本児童文学者協会編 国土社 1998.3 98p 21cm （よんでみようよ教科書のどうわ1しゅうかん 4） 1200円 ①4-337-09604-3

目次 ガラスのなかのお月さま（久保喬）, つりばしわたれ（長崎源之助）, かっぱのかげぼうし（清水達也）, ハンモック（立原えりか）, 夜のくすのき（大野允子）, モグラ原っぱのなかまたち（古田足日）

『古田足日子どもの本』 古田足日著 童心社 1993.11 14冊（セット） 26cm 53200円 ①4-494-00012-4

目次 ロボット・カミイ, れいぞうこロボット, くいしんぼうのロボット, ロボット・ロボののぼりぼう, ぽんこつロボット, 大きい1年生と小さな2年生, まぬけな犬・クロ, ダンプえんちょうやっつけた, さくらんぼクラブのおばけ大会, モグラ原っぱのなかまたち, 夏子先生とゴイサギ・ボーイズ, 犬散歩めんきょしょう, サクラ団地の夏まつり, さくらんぼクラブにクロがきた, 子犬がこわい一年生, ねこねここねこおまえはどこだ, おしいれのぼうけん, せかいいち大きなケーキ, へび山のあい子, まちがいカレンダー, 水の上のタケル, ミゲル孫右衛門のまほう, 月の上のガラスの町, 宿題ひきうけ株式会社, 忍術らくだい生, ぼくらは機関車太陽号, ぼくらの教室フライパン, 海賊島探検株式会社, 山ぞくとりでの宝, うずしお丸の少年たち, 雲

取谷の少年忍者, 戦国武士, 南十字星の少年, コロンブス物語, 豊臣秀吉物語, ぬすまれた町, 甲賀三郎・根の国の物語

ヘイエルダール, トール
《1914～2002》

「コンチキ号漂流記」

『コン・ティキ号探検記』 トール・ヘイエルダール著, 水口志計夫訳　筑摩書房　1996.8　358p　15cm　（ちくま文庫）　950円　Ⓘ4-480-03169-3

目次　学説, 探検隊の誕生, 南米へ, 太平洋横断, 途の半ば, 南海の島々, ポリネシア人たちの間で

内容　古代の筏で太平洋を漂流する―人類学上の仮説を自ら立証した冒険の記録。奇抜な着想と貴重な体験、ユーモアあふれる文章で大評判になった古典的名著の文庫化。

『世界の名作図書館　48　コンチキ号漂流記 白い大陸南極へ 中央アジア探検記』 ハイエルダール作, 石川光男訳 スコット記, 白柳美彦訳・編 ヘディン作, 保永貞夫訳　講談社　1969　292p　24cm

ヘイス, ウィリアム

「冬の星座」

『童謡唱歌―スタンダード259曲』 野ばら社編集部編　野ばら社　2011.12　319p　21cm　1000円　Ⓘ978-4-88986-380-2

『唱歌―明治・大正・昭和』 野ばら社編集部編　改版　野ばら社　2009.10　254p　21cm　800円　Ⓘ978-4-88986-371-0

目次　明治（蝶々, むすんでひらいて（見わたせば）, つりがね草（美しき） ほか）, 大正（木の葉, 春の小川, 村の鍛冶屋 ほか）, 昭和（スキー, 明治節, 田舎の冬 ほか）

内容　明治・大正・昭和に学校で教えた195曲収載。全曲数字譜・メロディー譜つき。

ヘルトリング, ペーター
《1933～》

「かえるのぼうけん」

『家出する少年―ヘルトリング短編集』 ペーター・ヘルトリング作, ペーター・クノル絵, 田尻三千夫訳　さ・え・ら書房　1988.11　183p　21cm　1200円　Ⓘ4-378-00725-8

目次　家出する少年, カエルのぼうけん, ウサギのテオドール, 小さな木の旅, 雲っこ, これがダンスさ, もうひとつのめっけ鳥, さすらう人形, ニンジン, トランク, 車いすの人, ベルントとフリーダーが話す, 黄色い少年, ひとつ目のおじょうさん

内容　この本は、ペーター・ヘルトリングが子どもにむけて書いた短編をのこらず集めたものです。家庭生活や、いろんな夢、家出少年のことや、毎日出会うできごとがテーマになっています。なかには、大戦前後の苦しかった時代の飢えのことや、むかしばなしと現実がいりまじって不思議な体験を読者にあたえる作品もあります。ヘルトリングと子どもたちとのユーモアたっぷりな日常生活の記録もそえられています。

「ヨーンじいちゃんの返事」

『ヨーンじいちゃん』 ペーター・ヘルトリング作, 上田真而子訳　偕成社　1985.7　206p　20cm　880円　Ⓘ4-03-726280-0

ポーケ, ギーナ・ルック
《1931～》

「小さなえんとつそうじ屋さんと作曲家」

『小さなえんとつそうじ屋さんと作曲家』 ギーナ・ルック・ポーケ文, 関みなみ訳, 葉祥明絵　サンリオ　1998.10　1冊　27cm　1200円　Ⓘ4-387-98080-X

星　新一
ほし・しんいち
《1926～1997》

「おみやげ」

『宇宙の声―星新一ジュブナイル・セレクション』 星新一作，片山若子絵　角川書店，角川グループパブリッシング〔発売〕　2009.11　173p　18cm　（角川つばさ文庫）580円　①978-4-04-631061-3

目次 ショートショート（ふしぎな放送，おみやげ，歓迎ぜめ，ヘビとロケット，廃屋，サーカスのひみつ，宝島，へんな怪獣，変な侵入者，地球のみなさん），宇宙の声

内容 日本のSF（サイエンス・フィクション）は、星新一の物語から始まりました。そのなかでも、「まぼろしの星」（『まぼろしの星』収録）と「宇宙の声」は、少年少女のために書かれた名作。宇宙船、研究所、ロボット、調査隊員、不思議な装置、そしてまだ見ぬ惑星、宇宙の冒険…と、星作品のエッセンスがちりばめられています。みんなが夢中になったジュブナイル・セレクション。小学中級から。

『二時間目 国語』 小川義男監修　宝島社　2008.8　219p　15cm　（宝島社文庫）438円　①978-4-7966-6563-6

目次 朝のリレー 谷川俊太郎「この地球ではいつもどこかで朝がはじまっている」，スーホの白い馬 大塚勇三（再話）「スーホは、じぶんのすぐわきに、白馬がいるような気がしました」，トロッコ 芥川龍之介「良平はしばらく無我夢中に線路の側を走り続けた」，スイミー レオ＝レオニ（作・絵）・谷川俊太郎（訳）「スイミーはおよいだ、くらい海のそこを」，春の歌 草野心平「ケルルンクック。ケルルンクック。」，注文の多い料理店 宮沢賢治「当軒は注文の多い料理店ですからどうかそこはご承知下さい」，かわいそうなぞう 土家由岐雄「ぐったりとした体を、背中でもたれあって、芸当を始めたのです」，高瀬舟 森鴎外「わたくしはとうとう、これは弟の言った通にして遣らなくてはならないと思いました」，永訣の朝 宮沢賢治「けふのうちにとほくへいつてしまふわたくしのいもうとよ」，おみやげ 星新一「フロル星人たちは、その作業にとりかかった」〔ほか〕

内容 「国語の教科書にこんな素晴らしい作品が載っていたなんて…」「懐かしくて涙が出ました」この本を読んだ読者の方からの感想です。授業中に先生が読んでくれた話、仲良しの同級生たちと斉唱した話…誰もがあの頃手にした国語の教科書から珠玉の名作を21作品収録。懐かしい中にも新しい発見があり、当時とは違う感情が深く染みてきます。あの頃に戻る“なつかしの国語問題”も付いています。

『勇気―愛・信頼・協調』 大久保昇編，日本漢字能力検定協会監修　京都　日本漢字能力検定協会　2006.11　282p　21cm　（漢検―心を耕すシリーズ）1100円　①4-89096-138-0

目次 野ばら（小川未明），おみやげ（星新一），手袋を買いに（新美南吉），片耳の大シカ（椋鳩十），雪おんな（小泉八雲），見えなくなったクロ（大石真），少年駅伝夫（鈴木三重吉），魔術（芥川龍之介），よだかの星（宮澤賢治），注文の多い料理店（宮澤賢治），風の又三郎（宮澤賢治），第2章 詩―心の琴線に触れる（金子みすゞ『大漁』ほか，野口雨情『しゃぼん玉』ほか，北原白秋『この道』ほか）

『きまぐれロボット』 星新一著　改版　角川書店　2006.1　215p　15cm　（角川文庫）362円　①4-04-130318-4

目次 新発明のマクラ，試作品，薬のききめ，悪魔，災難，九官鳥作戦，きまぐれロボット，博士とロボット，便利な草花，夜の事件，地球のみなさん，ラッパの音，おみやげ，夢のお告げ，失敗，目薬，リオン，ボウシ，金色の海草，盗んだ書類，薬と夢，なぞのロボット，へんな薬，サーカスの秘密，鳥の歌，火の用心，スピード時代，キツツキ計画，ユキコちゃんのしかえし，ふしぎな放送，ネコ，花とひみつ，とりひき，へんな怪獣，鏡のなかの犬，あーん。あーん

内容 おなかがすいたら料理をつくり、あとかたづけに、へやのそうじ、退屈すれば話し相手に。なんでもできるロボットを連れて離れ島の別荘に出かけたお金持ちのエヌ氏。だがロボットはしだいにおかしな行動を…。博士の不思議な発明、発見が様様な騒動を巻き起こす。傑作ショートショート集。

『きまぐれロボット』 星新一作，和田誠画　理論社　2005.6　203p　18cm　（フォア文庫）600円　①4-652-07467-0

目次 新発明のマクラ，試作品，薬のききめ，悪魔，災難，九官鳥作戦，きまぐれロボット，博士とロボット，便利な草花，夜の事件，地球のみなさん，ラッパの音，おみやげ，夢のお告げ，失敗，目薬，リオン，ボウシ，金色の海草，

盗んだ書類, 薬と夢, なぞのロボット, へんな薬, サーカスの秘密, 鳥の歌, 火の用心, スピード時代, キツツキ計画, ユキコちゃんのしかえし, ふしぎな放送, ネコ

[内容] お金持ちのエヌ氏は、博士からロボットを買った。優秀で、なんにでも役に立つというロボットをつれて、離れ島の別荘へ行ったのだが…。シャープでスリリング、そしてやさしさに満ちた星新一のSF。宇宙に、未来に、現代に—子どもたちに読みつがれ、生きつづけていくショートショート31編。小学校中・高学年向き。

「鏡のなかの犬」

『きまぐれロボット』 星新一著　改版　角川書店　2006.1　215p　15cm　（角川文庫） 362円　①4-04-130318-4

[目次] 新発明のマクラ, 試作品, 薬のききめ, 悪魔, 災難, 九官鳥作戦, きまぐれロボット, 博士とロボット, 便利な草花, 夜の事件, 地球のみなさん, ラッパの音, おみやげ, 夢のお告げ, 失敗, 目薬, リオン, ボウシ, 金色の海草, 盗んだ書類, 薬と夢, なぞのロボット, へんな薬, サーカスの秘密, 鳥の歌, 火の用心, スピード時代, キツツキ計画, ユキコちゃんのしかえし, ふしぎな放送, ネコ, 花とひみつ, とりひき, へんな怪獣, 鏡のなかの犬, あーん。あーん

『読書の時間によむ本　2 小学6年生』 西本鶏介編, 星新一著, 木内達朗画　ポプラ社　2004.2　174p　21cm　（読書の時間によむ本・小学生版 2-6） 700円　①4-591-08005-6

[目次] 鏡のなかの犬（星新一）, おばけのかんづめ（佐藤さとる）, 少年時代の画集（森忠明）, 赤い蝶（花岡大学）, 屁っぷり嫁さま（松谷みよ子）, みち（千葉省三）, 大力の女（水上勉）, オニユリ（森詠）, 火の鳥（斎藤隆介）, 月の輪グマ（椋鳩十）

『へんな怪獣』 星新一作, 和田誠絵　理論社　2001.3　193p　21cm　（新・名作の愛蔵版） 1200円　①4-652-00511-3

[目次] とりひき, 鏡のなかの犬, へんな怪獣, 花とひみつ, あーん。あーん, みやげの品, 飲みますか, 夜の音, 抑制心, ヘビとロケット, 接着剤, 廃屋, なぞの贈り物, 足あとのなぞ, いじわるな星, 歓迎ぜめ, 神, 変な侵入者, 宝島

[内容] 星新一ショートショート・子ども版。卓越した発想と想像力。簡潔であたたかいユーモア。長年読みつがれてきた名作SFを今の子どもたちへ。

「花とひみつ」

『和田誠 私家版絵本ボックス』 和田誠絵, 高橋睦郎, 今江祥智, 川路重之, 星新一, 谷川俊太郎, 広島市の保育園児たち文　完全復刻版　復刊ドットコム　2011.7　7冊（セット） 20×20cm　18000円　①978-4-8354-4756-8

[目次] がらすのお城（高橋睦郎）, ちょうちょむすび（今江祥智）, 山太郎（川路重之）, 花とひみつ（星新一）, しりとり（谷川俊太郎）, すすめチーター（広島市の保育園児たち）,17のこもりうた（高橋睦郎）

[内容] 新人時代のイラストレーター和田誠が、1963年から66年まで自費で作り続けた全7冊の、今や伝説となった絵本を完全復刻。

『まぼろしの星』 星新一作, 片山若子絵　角川書店, 角川グループパブリッシング〔発売〕 2009.7　173p　18cm　（角川つばさ文庫） 580円　①978-4-04-631036-1

[目次] まぼろしの星, あーん。あーん, ネコ, ユキコちゃんのしかえし, 花とひみつ

[内容] 宇宙は広く、いろんな星がある。黄色い花の咲く星。自動装置で動いている星。みどり色のネズミが襲ってくる星。ノブオ少年と愛犬ペロは、調査に出かけたきり戻ってこないお父さんをさがしに、宇宙へ旅立つ。日本のSF小説を開拓した星新一のジュブナイル小説「まぼろしの星」、ユーモアあふれる「ユキコちゃんのしかえし」「花とひみつ」など4つのショートショートを収録。

『きまぐれロボット』 星新一著　改版　角川書店　2006.1　215p　15cm　（角川文庫） 362円　①4-04-130318-4

[目次] 新発明のマクラ, 試作品, 薬のききめ, 悪魔, 災難, 九官鳥作戦, きまぐれロボット, 博士とロボット, 便利な草花, 夜の事件, 地球のみなさん, ラッパの音, おみやげ, 夢のお告げ, 失敗, 目薬, リオン, ボウシ, 金色の海草, 盗んだ書類, 薬と夢, なぞのロボット, へんな薬, サーカスの秘密, 鳥の歌, 火の用心, スピード時代, キツツキ計画, ユキコちゃんのしかえし, ふしぎな放送, ネコ, 花とひみつ, とりひき, へんな怪獣, 鏡のなかの犬, あーん。あーん

『へんな怪獣』 星新一作, 和田誠絵　理論社　2001.3　193p　21cm　（新・名

作の愛蔵版） 1200円 Ⓘ4-652-00511-3

目次 とりひき, 鏡のなかの犬, へんな怪獣, 花とひみつ, あーん。あーん, みやげの品, 飲みますか, 夜の音, 抑制心, ヘビとロケット, 接着剤, 廃屋, なぞの贈り物, 足あとのなぞ, いじわるな星, 歓迎ぜめ, 神, 変な侵入者, 宝島

内容 星新一ショートショート・子ども版。卓越した発想と想像力。簡潔であたたかいユーモア。長年読みつがれてきた名作SFを今の子どもたちへ。

「冬きたりなば」

『10分で読める名作 五年生』 木暮正夫, 岡信子選 学習研究社 2007.11 177p 21cm 700円 Ⓘ978-4-05-202679-9

目次 一ふさのぶどう（有島武郎）, トロッコ（芥川龍之介）, おかあさんの庭（高崎乃理子）, 赤毛組合（コナン・ドイル）, カキ（アントン・チェーホフ）, 冬きたりなば（星新一）, 水守じいさん（内海隆一郎）, 雨ふり山の雨ふらせ天狗（さねとうあきら）, 冬の熱帯魚（長崎夏海）, 太陽（八木重吉）, こうのとりになったシリアーン―ブルガリア民話（八百板洋子）, まほうのナシの木―『聊斎志異』より（小出正吾）

内容 短い時間で読める、日本と世界の短編名作。五年生にぜひ読んでほしい日本と外国の読み物を十編、そして二編の詩をおさめました。

『星新一ちょっと長めのショートショート 7 そして、だれも…』 星新一作, 和田誠絵 理論社 2006.7 212p 19cm 1200円 Ⓘ4-652-02357-X

目次 マイ国家, そして、だれも…, なりそこない王子, だまされ保険, コレクター, 友情の杯, 冬きたりなば, 親善キッス, 事実

『教科書にでてくるお話 6年生』 西本鶏介監修 ポプラ社 2006.3 220p 18cm （ポプラポケット文庫） 570円 Ⓘ4-591-09172-4

目次 きつねの窓（安房直子）, 桃花片（岡野薫子）, 海のいのち（立松和平）, やまなし（宮沢賢治）, ヨースケくんの秘密（那須正幹）, 冬きたりなば（星新一）, このすばらしい世界（山口タオ）, 川とノリオ（いぬいとみこ）, 山へいく牛（川村たかし）, ロシアパン（高橋正亮）, ヒロシマの歌（今西祐行）, 赤いろうそくと人魚（小川未明）

内容 現在使われている各社の国語教科書に掲載または紹介されている作品ばかりを集めたアンソロジーです。長く読みつがれている名作、心あたたまるお話、おもしろくて元気がでるお話など、すばらしい作品がいっぱい。作品の表記は原典に忠実にし、全文を掲載しています。教科書では気づかなかった作品の魅力を、新たに発見できるかもしれません。小学校上級から。

星野 道夫
ほしの・みちお
《1952～1996》

「森へ」

『森へ』 星野道夫文・写真 福音館書店 1996.9 40p 26cm （たくさんのふしぎ傑作集） 1339円 Ⓘ4-8340-1227-1

ボースト, ジュディス
《1931～》

「ぼくはねこのバーニーがだいすきだった」

『ぼくはねこのバーニーがだいすきだった』 ジュディス＝ボーストさく, エリック＝ブレグバッドえ, なかむらたえこやく 偕成社 1979.4 27p 18cm 680円

ホーソン, ナサニエル
《1804～1864》

「人面の大岩」

『新編バベルの図書館 1 アメリカ編』 ホルヘ・ルイス・ボルヘス編, ナサニエル・ホーソーン, エドガー・アラン・ポー, ジャック・ロンドン, ヘンリー・ジェイムズ, ハーマン・メルヴィル著, 酒本雅之, 竹村和子, 富士川義之, 井上謙治, 大津栄一郎, 林節雄訳 国書刊行会 2012.8 551p 21cm 5800円 Ⓘ978-4-336-05527-9

目次 ナサニエル・ホーソーン（序文, ウェイ

クフィールド, 人面の大岩, 地球の大燔祭, ヒギンボタム氏の災難, 牧師の黒いベール), エドガー・アラン・ポー(序文, 盗まれた手紙, 壜のなかの手記, ヴァルドマル氏の病症の真相, 群集の人, 落し穴と振子), ジャック・ロンドン(序文, マプヒの家, 生命の掟, 恥っかき, 死の同心円, 影の光), ヘンリー・ジェイムズ(序文, 私的生活, オウエン・ウィングレイヴの悲劇, 友だちの友だち, ノーモア卿夫妻の転落), ハーマン・メルヴィル(序文, 代書人バートルビー)

内容 ある日突然に妻のもとから失踪し、大都会のなかで「宇宙の孤児」と化した一人の男の物語―『ウェイクフィールド』ほか、全20編を収録。

『世界の幻想ミステリー 2 ザ・ミステリアス』 江河徹著, ひらいたかこ画 新装版 くもん出版 2008.4 210p 19cm 900円 ①978-4-7743-1377-1

目次 消えたオノレ・シュブラック(アポリネール), ブライトン街道にて(ミドルトン), 夢の子ども(ラム), 銅版画(ジェイムズ), アウル・クリーク鉄道橋のできごと(ビアス), 信号係(ディケンズ), 開いている窓(サキ), 人面の大岩(ホーソーン)

内容 なぞめいた不思議な話。

「パンドラのはこ」

『パンドラのはこ』 ホーソン作, 岡信子文, 福原ゆきお絵 チャイルド本社 1981.5 32p 25cm (チャイルド絵本館 . 世界の名作) 500円 ①4-8054-7181-6

堀 淳一

ほり・じゅんいち

《1926～》

「地図は語る」

『地図は語る―自然と歴史と手づくりの旅』 堀淳一著 創隆社 1981.5 259p 20cm (創隆社ジュニアブックス) 1200円

堀口 大学

ほりぐち・だいがく

《1892～1981》

「海水浴」

『ぎんいろの空―空想・おとぎ話』 新川和江編, 降矢奈々絵 太平出版社 1987.7 66p 21cm (小学生・詩のくにへ 2) 1600円

目次 シャボン玉(ジャン・コクトー), なみとかいがら(まど・みちお), 海水浴(堀口大学), 白い馬(高田敏子), じっと見ていると(高田敏子), 真昼(木村信子), ことり(まど・みちお), ちょうちょとハンカチ(宮沢章二), だれかが小さなベルをおす(やなせたかし), おもちゃのチャチャチャ(野坂昭如), なわ一本(高木あきこ), 南の島のハメハメハ大王(伊藤アキラ), とんでったバナナ(片岡輝), チム・チム・チェリー(日本語詞・あらかわひろし), 星の歌(片岡輝), あり(ロベール＝デスノス), お化けなんてないさ(槙みのり), マザー・グース せかいじゅうの海が(水谷まさる 訳)

ホン・シュンタオ

《1928～》

「マーリャンとまほうの筆」

『おともだちよみきかせえほん 世界名作30話』 講談社編 講談社 2003.4 131p 24×19cm (おともだちピース) 1000円 ①4-06-314658-8

目次 三びきのこぶた, あかずきん, ジャックとまめのき, ヘンゼルとグレーテル, はだかのおうさま, うさぎとかめ, きつねとつる, おおきなかぶ, おやゆびひめ, きんのがちょう, しあわせのおうじ, ながぐつをはいたねこ, ブレーメンのおんがくたい, マーリャンとまほうのふで, まちのねずみといなかのねずみ, よくばりないぬ, おおかみと七ひきのこやぎ, 三びきのくま, ほしのきんか, てぶくろ, 三つのおねがい, ありときりぎりす, のどのかわいたからす, にげだしたパンケーキ, こびとのくつや, みにくいあひるのこ, うさぎどんきつねどん, マッチうりのしょうじょ, ライオンとねずみ, うそつきのこども

『魔法の筆』 ホン・シュンタオぶん，ワン・レイミンえ，もりずみかずひろやく　ほるぷ出版　1981.5　1冊　19×22cm　1150円

『マーリャンとまほうのふで—中国のむかし話』 ホン＝シュンタオぶん，きみしまひさこやく，わかなけいえ　改訂新版　偕成社　1981.1　32p　26cm　880円

ボンゼルス，ワルデマル

《1881～1952》

「みつばちマーヤ」

『みつばちマーヤ』 ボンゼルス原作，熊田千佳慕絵，正岡慧子文　世界文化社　2011.12　1冊　27×23cm　1200円
Ⓘ978-4-418-11818-2

『みつばちマーヤの冒険』 ワルデマル・ボンゼルス原作，高橋健二訳　国土社　2004.3　200p　21cm　（世界名作文学集）1600円　Ⓘ4-337-21306-6

内容　みつばちのマーヤは自然の中に飛び出してさまざまの冒険をし、そのときどきに生きるよろこびを強く感じます。そして冒険をかさねるごとに、生きる知恵をゆたかにしていきます。空や水や、木や花など、自然の美しさを、そしてまたさまざまの昆虫類、みつばちだけでなく、ちょうちょや、かぶとむしや、ばったなどの生態のおもしろさを、生き生きと、みずみずしく描いた物語。

『日本少国民文庫 世界名作選　2』 山本有三編　新潮社　2003.1　366p　15cm　（新潮文庫）514円　Ⓘ4-10-106013-4

目次　シャベルとつるはし（ジョン・ラスキン），一握りの土（ヘンリー・ヴァン・ダイク），郵便配達の話（カレル・チャペック），塀を塗るトム・ソーヤー（マーク・トウェイン），断章（詩）（ポール・クローデル），スポーツについて、わが子へ（シオドー・ルースヴェルト），北海の医師（メアリ・パークマン），わが橇犬ブリン（サー・ウィルフレッド・グレンフェル），スガンさんの山羊（アルフォンス・ドーデー），職業を選ぼうとする人への手紙（トマス・ヘンリ・ハクスリ），絶望No.1（詩）（エーリヒ・ケストナー），日本紀行（アン・モロー・リンドバーグ），幸福の王子（オスカー・ワイルド），鮪釣り（ビセンテ・ブラスコ・イバーニェス），一粒の麦（アンドレ・ジイド），兄への手紙（アントン・チュエーホフ），フェルディナンドおじさん（クリスチャン・エルスター），花の学校（詩）（ラビンドラナート・タゴール），蜜蜂マーやの冒険（ワルデマル・ボンゼルス），赤ノッポ青ノッポ・年賀状の巻（漫画）

内容　マーク・トウェイン、カレル・チャペック、チェーホフ…世界のすぐれた名作を子供に届けたい—本書の編集に参加していたのは、昭和を代表する作家、翻訳家たち。その努力の成果は、戦前から子供たちだけでなく、大人までも魅了しつづけている。初刊行時の昭和十年代の雰囲気を伝えるため、挿絵や漫画に至るまで可能なかぎり忠実に収録。読書の喜びの原点が、まさにここにある。

『みつばちマーヤ』 ボンゼルスさく，高橋健二やく，奥田怜子え　集英社　1993.3　84p　22cm　（こどものための世界童話の森 9）800円　Ⓘ4-08-259009-9

マイルズ，ミスカ

「アニーとおばあちゃん」

『アニーとおばあちゃん』 ミスカ・マイルズ作，ピーター・パーノール絵，北面・ジョーンズ和子訳　あすなろ書房　1993.12　48p　24×22cm　1300円
Ⓘ4-7515-1441-5

内容　ナバホ・インディアンの少女アニーは愛する祖母の死が近づいたことを知り最初は恐れるが、祖母に自然の摂理を説かれ、やがてはそれを受けいれる。少女にとってはじめての“身近な人の死”を通して心の成長を描く。

前川　康男

まえかわ・やすお

《1921～2002》

「エッフェルとうの足音」

『エッフェルとうの足音』 前川康男作，堀川理万子絵　岩崎書店　1995.4　77p　22×19cm　（日本の名作童話 6）1500円　Ⓘ4-265-03756-9

「大自然にいどむ」

『黒部ダム物語』 前川康男著 あかね書房 1987.7（53刷） 227p 22cm （少年少女20世紀の記録）

目次 黒部ダム物語，マンモス・タンカー物語

「ふしぎなふろしきづつみ」

『土ようびのどうわ』 日本児童文学者協会編 国土社 1998.3 114p 21cm （よんでみようよ教科書のどうわ1しゅうかん 6） 1200円 Ⓘ4-337-09606-X

目次 ヒバリ ヒバリ（加藤多一），ねずみのつくったあさごはん（安房直子），モチモチの木（斎藤隆介），おこりじぞう（山口勇子），ふしぎなふろしきづつみ（前川康男）

『遠くへ行きたい日に読む本』 現代児童文学研究会編 偕成社 1990.7 230p 21cm （きょうはこの本読みたいな 6） 1200円 Ⓘ4-03-539060-7

目次 詩 レモン（はたちよしこ），らくだはさばくへ（三田村信行），月どろぼう（立原えりか），星へのやくそく（大石真），いじわるな町（柏葉幸子），詩 空の広さ（原田直友），オレンジいろのでんわ（さとうわきこ），落とし穴（眉村卓），女の子とライオン（今江祥智），オーロラ通信（きどのりこ），ふしぎなふろしきづつみ（前川康男），風にふかれて（丘修三），詩 磁石（小林純一），天の町やなぎ通り（あまんきみこ），星へいった汽車（安藤美紀夫）

槇 有恒

まき・ありつね

《1894～1989》

「ピッケルの思い出」

『情熱』 槇有恒著 五月書房 1991.7 375p 19cm （槇有恒全集 2） 3800円 Ⓘ4-7727-0157-5

目次 マナスル通信，ピッケルの思い出，小登山家におくる，世界の山日本の山，人物評，山

内容 深淵なる大自然に人間の限りないロマンと情熱が溶け込む…。日本山岳界の巨人が残した足跡はあまりにも大きい。小登山家におくる世界の山、日本の山人物評。

巻 左千夫

まき・さちお

《1948～》

「あひるのあくび」

『あいうえおちえあそび』 大阪 ひかりのくに 1989.10 25p 27cm （幼児のがくしゅう百科絵本 1）〈監修：小田豊〉 600円 Ⓘ4-564-00320-8

牧 ひでを

まき・ひでお

《1917～1987》

「コンクリートのくつあと」

『本は友だち1年生』 日本児童文学者協会編 偕成社 2005.3 139p 21cm （学年別・名作ライブラリー 1） 1200円 Ⓘ4-03-924010-3

目次 花いっぱいになぁれ（松谷みよ子），雨くん（村山籌子），のんびり森のぞうさん（川北亮司），ぱちんぱちんきらり（矢崎節夫），コンクリートのくつあと（牧ひでを），たくやくん（森山京），詩・ジュース（高木あきこ），詩・はしるのだいすき（まどみちお），おふとんになったきのこ（工藤直子），おやおやや（林原玉枝），ノリオのはひふへほ（たかどのほうこ），エッセイ・一年生のころ 「〇〇〇じけん」に気をつけて（薫くみこ）

内容 この本には、「国語」の教科書でおなじみの作品をはじめ、現代の子どもの文学の世界を代表する作家たちの作品が集められています。

牧田 茂

まきた・しげる

「おにの話」

『光村ライブラリー 第11巻 ニホンザルのなかまたち ほか』 樺島忠夫，宮地裕，渡辺実監修，今江祥智ほか著，安田尚樹ほか画，宮崎学ほか写真 光村図書出版 2004.4 69p 21cm〈3刷〉 1000

円　①4-89528-109-4
目次　森に生きる（今江祥智），キョウリュウをさぐる（小畠郁生），ニホンザルのなかまたち（河合雅雄），おにの話（牧田茂），まん画（手塚治虫），一本の鉛筆の向こうに（谷川俊太郎）

「柳田国男」

『柳田国男』　牧田茂著　中央公論社　1972　222p　18cm　（中公新書）　Ⓝ289.1

牧野　文子
まきの・ふみこ
《1904～1983》

「わた毛の玉」

『とんでいきたい―あこがれ・思い出』　新川和江編，三木由記子絵　太平出版社　1987.7　66p　21cm　（小学生・詩のくにへ　1）　1600円
目次　ふしぎなポケット（まど・みちお），空へのぼった風船（三枝ますみ），ある朝（宮沢章二），わた毛の玉（牧野文子），橋（まど・みちお），鳥と少年（中野郁子），白鳥の夢（新川和江），矢車草（名取和彦），耳（ジャン・コクトー，堀口大学・訳），ぞうとえんそくしてみたい（筒井敬介），夕日（こわせたまみ），まりをついてると（八木重吉），おほしさん（鶴見正夫），白い道（海野洋司），あこがれ（新川和江），海を見にいく（野長瀬正夫），山頂（原田直友），紙風船（黒田三郎）

マクレーラン，アリス

「小鳥を好きになった山」

『ことりをすきになった山』　エリック・カール絵，アリス・マクレーラン文，ゆあさふみえ訳　偕成社　1987.10　1冊　30cm　1200円　①4-03-327340-9

マーシャル，ジェームズ
《1942～1992》

「やねのうかれねずみたち」

『やねのうかれねずみたち』　ジェイムズ・マーシャル作・絵，安藤紀子訳　偕成社　1995.12　102p　21cm　（偕成社・ほん訳童話―おかしな動物ものがたり　1）　1000円　①4-03-521220-2
目次　やねのうかれねずみたち，あてがはずれたおおかみ，世界一すてきなねずみ，友だちって、いいなあ，おしゃべりな白鳥，うぬぼれやのかえる，ジョーンズさんのクリスマス
内容　やねの上で、まい晩ねずみがさわぐので、犬の夫婦はぜんぜんねむれません。もうふらふら。なんとかしなくちゃ。そこで「ねこを求む」と新聞広告をだしました。ところが、やってきたねこときたら…。ペアレンツ・チョイス賞受賞、アメリカ図書館協会選定年間優秀作品。

松居　直
まつい・ただし
《1926～》

「桃源郷ものがたり」

『桃源郷ものがたり』　松居直文，蔡皋画　福音館書店　2002.2　1冊　30×31cm　（世界傑作絵本シリーズ）　1600円　①4-8340-1799-0

松尾　伸
まつお・しん
《1939～》

「マカルーの旗」

『光村ライブラリー　第17巻　「わたし」とはだれか　ほか』　樺島忠夫，宮地裕，渡辺実監修，亀井勝一郎ほか著，手塚治虫ほか画　光村図書出版　2004.4　89p　21cm　〈3刷〉　1000円　①4-89528-115-9
目次　もう一度考える（亀井勝一郎），映像を見る目（山田太一），アニメーションとわたし

（手塚治虫），ねむりについて（宮城音弥），「わたし」とはだれか（河合隼雄），マカルーの旗（松尾伸），赤十字の創立者―アンリー＝デュナン（「国語」編集委員会編）

松兼　功
まつかね・いさお
《1960～》

「ボランティアしあおうよ」

『ボランティアしあおうよ―車イスのぼくから君へ』 松兼功著，渡辺則子絵　岩崎書店　1997.2　78p　21cm　（おとなになること）1300円　①4-265-03828-X

目次 ボランティアとの出会い，アワと消えないボランティア，あたりまえのこと，ボランティアしあう関係，屋台のふたり，「自分はこうしたい」を応援する，心のアンテナを伸ばそう，みんなの力を引きだす，カッコだけのパフォーマンスはノー，受験のためのボランティア!?〔ほか〕

内容 ボランティアって、何ですか？ ボランティアの「心」って？ まわりの人たちや社会全体に役立つことだろう。そんな中でボランティアしている人自身の喜びや、生きがいもうまれてくるものさ。だから、ボランティアって「世のため、人のため、自分のため」なんだ。ボランティアって、決して一方的なものでなく、お互いのやさしさ、知恵と情熱さえあれば、その上、自分のできることを生かせばいいのさ。きっと、胸がワクワクする新しい世界が待っているよ。

松沢　哲郎
まつざわ・てつろう
《1950～》

「ことばをおぼえたチンパンジー」

『チンパンジーの心』 松沢哲郎著　岩波書店　2000.7　341p　15cm　（岩波現代文庫）〈『チンパンジー・マインド―心と認識の世界』加筆・改題書〉1100円　①4-00-600021-9

目次 1 野生チンパンジーの世界（チンパンジーの生態，他人を助ける ほか），2 他者とのかけひき（社会的な知能，宝探しゲーム ほか），3 認識の発達をくらべる（比較の視点，ヒト・チンパンジー・ニホンザル ほか），4 ことばをおぼえたチンパンジー（ことばと数の認識，ことばの教育 ほか），5 チンパンジーから見たヒト（アイ・プロジェクトの展開，文化の研究の展望 ほか）

内容 チンパンジーは道具を使い、利他的行動をし、仲間同士で駆け引きや欺くこともする。ことばを習得させると、物の形や色、数などに深い認識をもつことも明らかになった。長期の観察からチンパンジーの心と認識の世界を考察し、もっともヒトに近い存在の探究を通して、人間の理解をも深める比較認知科学の試み。

『ことばをおぼえたチンパンジー』 松沢哲郎文，藪内正幸絵　福音館書店　1989.2　39p　26cm　（たくさんのふしぎ傑作集）1000円　①4-8340-0653-0

松谷　みよ子
まつたに・みよこ
《1926～》

「赤神と黒神」

『決定版 心をそだてる松谷みよ子の日本の神話』 松谷みよ子文　講談社　2010.10　255p　26×21cm　2800円　①978-4-06-216524-2

目次 天地の始まりのお話（国生み，ヨモツヒラサカ ほか），地上をおさめたオオクニヌシのお話（ふくろをせおった神，オオナムジ、根の国へ ほか），アマテラスの子孫が地上をおさめたころのお話（ニニギ天下る，コノハナサクヤヒメ ほか），高千穂から大和へうつったあとのお話（ノミノスクネ，ヤマトタケル、討伐の旅に ほか），日本各地につたわるお話（赤神と黒神，つばきの湖 ほか）

内容 松谷みよ子の美しい文章で、昔話を読むように神話を楽しめる。第一線の絵本作家の美しい挿画がふんだんに入り、絵本のように読みやすい。この1冊で日本の神話のおもだったお話がすべて読める。写真・図版・コラムを豊富に掲載。時代背景やいまの暮らしとのつながりがわかる。

『やまんばのにしき―日本昔ばなし』 松谷みよ子文，梶山俊夫絵　新装版　ポプラ社　2006.1　206p　18cm　（ポプラポケット文庫）570円　①4-591-09034-5

[目次] やまんばのにしき, 山男の手ぶくろ, イタチの子守うた, 竜宮のおよめさん, かちかち山, 舌切りすずめ, おにの目玉, ねこのよめさま, 七男太郎のよめ, 六月のむすこ, 三人兄弟, 弥三郎ばさ, 沼神の使い, 死人のよめさん, 雪女, 赤神と黒神

[内容] 「ちょうふくやまの山んばが子どもうんだで、もちついてこう。ついてこねば、人も馬もみな食い殺すどお。」って、だれかがさけぶ声がした。さあ、むらじゅうがおおさわぎだ。—表題作ほか、「かちかち山」「舌切りすずめ」など、日本の昔ばなし十五編を収録。

「海にしずんだおに」

『松谷みよ子おはなし集　5』 松谷みよ子作, 梅田俊作絵　ポプラ社　2010.3　133p　21cm　1200円　Ⓘ978-4-591-11640-1

[目次] やまんばのにしき, 山男の手ぶくろ, ねこのよめさま, 六月のむすこ, 弥三郎ばさ, 海にしずんだ鬼, 七男太郎のよめ, 三人兄弟, 鬼の目玉

[内容] むかしむかし、あるところに、ちょうふく山という高い山があったと(「やまんばのにしき」より)。民話の心をつたえる再話作品集。

『海にしずんだおに　水のたね—ほか』 松谷みよ子文, 西山三郎絵, 松谷みよ子文, 二俣英五郎絵　講談社　1992.2　96p　28cm　(講談社のおはなし童話館 16)　1300円　Ⓘ4-06-197916-7

『海にしずんだ鬼』 松谷みよ子文, 斎藤博之絵　ポプラ社　1975　35p　27cm　(日本のみんわえほん 1(四国))

「きつねの子のひろったていきけん」

『きつねとたんぽぽ』 松谷みよ子作, いせひでこ絵　新装版　小峰書店　2009.7　63p　25×19cm　(はじめてよむどうわ)　1400円　Ⓘ978-4-338-24701-6

[目次] きつねとたんぽぽ, どうしてそういうなまえなの？, きつねのこのひろったていきけん, ぞうとりんご

[内容] コーン、きつねがひとこえなきました。と、どうでしょう。もりのなかのちいさなはらっぱいっぱいにさいていたたんぽぽが、ゆれながら、いっせいにあかりをともしたのです。

『光村ライブラリー　第3巻　小さい白いにわとり ほか』 樺島忠夫, 宮地裕, 渡辺実監修, まどみちお, みやわきとしお, まつたにみよこ作, 杉浦範茂, 白根美代子, 井江春代, 篠崎三朗絵　光村図書出版　2004.4　69p　21cm　〈第4刷〉　1000円　Ⓘ4-89528-101-9

[目次] 小さい白いにわとり, きりかぶの赤ちゃん(まどみちお), ことりと木のは(みやわきとしお), きつねの子のひろったていきけん(まつたにみよこ)

「三まいのおふだ」

『さんまいのおふだ』 松谷みよ子, 遠藤てるよ著　童心社　2008.2　1冊　25×20cm　(松谷みよ子むかしむかし)　1100円　Ⓘ978-4-494-00296-2

「大工とおに」

『さるかに のっぺらぼう ほか』 松谷みよ子文, 南伸坊絵　講談社　1997.11　79p　21cm　(むかしむかし 5)　1000円　Ⓘ4-06-267855-1

[目次] さるかに, のっぺらぼう, だいくとおに, ふくろうのそめものや, やまんばのにしき

『花いっぱいになあれ』 松谷みよ子作, 西山三郎絵　岩崎書店　1995.4　77p　22×19cm　(日本の名作童話 13)　1500円　Ⓘ4-265-03763-1

「化けくらべ」

『こどものとも　101号 - 150号』 復刻版　福音館書店　2012.9　50冊(セット)　28×21cm　32000円　Ⓘ978-4-8340-4144-6

[目次] しょうぼうていしゅつどうせよ(渡辺茂男, 柳原良平), ばけくらべ(松谷みよ子, 瀬川康男), うみからきたちいさなひと(瀬田貞二, 寺島龍一), たからさがし(なかがわりえこ, おおむらゆりこ), クリスマスのほし(上沢謙二, 富山妙子), ふるやのもり(瀬田貞二, 田島征三), きんいろのつののしか(安藤美紀夫, 吉井忠), まいごのちろ(中谷千代子), しんせつなともだち(方軼羣, 君島久子, 村山知義), ぐるんぱのようちえん(西内みなみ, 堀内誠一)〔ほか〕

[内容] 月刊絵本「こどものとも」101号から150号までを、刊行当時のままの形で復刻。

『読んであげたいおはなし―松谷みよ子の民話』 松谷みよ子著　筑摩書房　2011.11　297p　15cm　（ちくま文庫）　840円　Ⓘ978-4-480-42892-9

目次 風の兄にゃ, 流されてきたオオカミ, 月の夜ざらし, 山男の手ぶくろ, 食べられた山んば, あずきとぎのお化け, しょっぱいじいさま, 山んばの錦, 米福粟福, 狐の嫁とり, こぶとり, ばあさまと踊る娘たち, ばけもの寺, 蛇の嫁さん, 鬼六と庄屋どん, 山の神と乙姫さん, うたうされこうべ, なら梨とり, 三人兄弟, 三味線をひく化けもの, 天にがんがん 地にどうどう, しっぺい太郎, じいよ、じいよ, 魔物退治, 猿蟹, とっくりじさ, 狐と坊さま, 化けくらべ, 舌切り雀, 鐘つき鳥, 打ち出の小槌, 女房の首, かんすにばけたたぬき, とうきちとむじな, 牛方と山んば, 一つ目一本足の山んじい, 雪女, 灰坊の嫁とり, 三味線の木, 座頭の木, 貧乏神と福の神, 貧乏神, 大みそかの嫁のたのみ, ねずみ にわとり ねこ いたち, その夢、買った, 正月二日の初夢, ピピンピヨドリ, 雪おなご, セツブーン

内容 くり返し、何度でも、楽しめるはなしばかり。選びぬかれた100篇。見事な語りの松谷民話決定版。下巻には秋と冬のはなしを収録。

『つるのよめさま―日本のむかし話　1　23話』 松谷みよ子作, ささめやゆき絵　新装版　講談社　2008.10　219p　18cm　（講談社青い鳥文庫）　570円　Ⓘ978-4-06-285046-9

目次 つるのよめさま, 力太郎, ばけくらべ, きつねとかわうそ, 無筆の手紙, 花さかじい, じゅみょうのろうそく, ねずみのくれたふくべっこ, 玉のみのひめ, きつねとぼうさま, こじきのくれた手ぬぐい, 夢買い長者, びんぼう神と福の神, えんまさまと団十郎, こぶとり, てんぐのかくれみの, お月とお星, かねつきどり, 水のたね, わかがえりの水, 天にどうどう地にがんがん, 桃太郎, 山んばのにしき

内容 遠いむかしに生まれ、長く人々のあいだに語りつがれてきた、むかし話の数々。たのしい話、かわいそうな話、おそろしい話など、ひとつひとつの話のなかに、人間の生きる知恵や、生きざまが息づいています。児童文学者・松谷みよ子が日本各地に採集し、美しい語り口で再話した『つるのよめさま』をはじめ、『花さかじい』『夢買い長者』『こぶとり』『お月とお星』『桃太郎』ほか。小学中級から。

『読んであげたいおはなし―松谷みよ子の民話』 松谷みよ子著　筑摩書房　2002.2　291p　21cm　2400円　Ⓘ4-480-85772-9

目次 秋の部（風の兄にゃ, 流されてきたオオカミ, 月の夜ざらし, 山男の手ぶくろ, 食べられた山んば, あずきとぎのお化け, しょっぱいじいさま, 山んばの錦, 米福粟福, 狐の嫁とり, こぶとり, ばあさまと踊る娘たち, ばけもの寺, 鬼六と庄屋どん, 山の神と乙姫さん, うたうされこうべ, なら梨とり, 三人兄弟, 三味線をひく化けもの, 天にがんがん 地にどうどう, しっぺい太郎, じいよ、じいよ, 魔物退治, 猿蟹）, 冬の部（とっくりじさ, 狐と坊さま, 化けくらべ, 豆こばなし, 舌切り雀, 鐘つき鳥, 打ち出の小槌, 女房の首, かんすにばけたたぬき, とうきちとむじな, 牛方と山んば, 一つ目一本足の山んじい, 雪女, 灰坊の嫁とり, 三味線の木, 座頭の木, 貧乏神と福の神, 貧乏神, 大みそかの嫁のたのみ, ねずみ にわとり ねこ いたち, その夢、買った, 正月二日の初夢, ピピンピヨドリ, 雪おなご, セツブーン）

「花いっぱいになあれ」

『みんなが読んだ教科書の物語』 国語教科書鑑賞会編　名古屋　リベラル社, 星雲社〔発売〕　2010.9　165p　21cm　1200円　Ⓘ978-4-434-14971-9

目次 おおきなかぶ（ロシア民話、西郷竹彦・再話）, くじらぐも（中川李枝子）, チックとタック（千葉省三）, 花いっぱいになあれ（松谷みよ子）, くまの子ウーフ（神沢利子）, ろくべえまってろよ（灰谷健次郎）, たんぽぽ（川崎洋）, かさこ地ぞう（岩崎京子）, ちいちゃんのかげおくり（あまんきみこ）, モチモチの木（斎藤隆介）〔ほか〕

内容 大人になった今、読み返すと新しい発見がある！ 小学1年〜6年生の授業で習った名作がズラリ。

『読んでおきたい名作 小学2年』 川島隆太監修　成美堂出版　2010.4　175p　21cm　700円　Ⓘ978-4-415-30815-9

目次 じゃんけんねこ（佐藤さとる）, 金魚のおつかい（与謝野晶子）, むく鳥のゆめ（浜田廣介）, スイッチョねこ（大佛次郎）, 幸福（島崎藤村）, はととわし（武者小路実篤）, 花いっぱいになぁれ（松谷みよ子）, かげぼうし（内田百閒）, やまなし（宮沢賢治）, 手ぶくろを買いに（新美南吉）

内容 朝の10分間読書にぴったり。どんどん読めて脳と心をはぐくむとっておきの10

作品。

『松谷みよ子おはなし集　2』　松谷みよ子作，石井勉絵　ポプラ社　2010.3　125p　21cm　1200円　Ⓘ978-4-591-11637-1

目次 どうしてそういう名前なの，ジャムねこさん，コンのしっぱい，花いっぱいになぁれ，おなかのすいたコン，お日さまはいつでも，りすのわすれもの，ふくろうのエレベーター，うさぎのざんねん賞，高原にとまった汽車，うさぎさんの冬ふく

内容 「ようし、なにかおいしいもの、さがしにいこうっと。」そういって、コンはトコトコ、トコトコ、遊びにでかけました（「おなかのすいたコン」より）。動物を主人公に、子どもの世界をえがく作品集。

『教科書にでてくるお話 2年生』　西本鶏介監修　ポプラ社　2006.3　190p　18cm　（ポプラポケット文庫）　570円　Ⓘ4-591-09168-6

目次 にゃーご（宮西達也），野原のシーソー（竹下文子），花いっぱいになぁれ（松谷みよ子），おおきなキャベツ（岡信子），名まえをみてちょうだい（あまんきみこ），いいものもらった（森山京），ワニのおじいさんのたからもの（川崎洋），コスモスさんからおでんわです（杉みき子），せなかをとんとん（最上一平），きつねのおきゃくさま（あまんきみこ），あたまにかきのき（望月新三郎），かさこじぞう（岩崎京子），きいろいばけつ（森山京），くま一ぴきぶんはねずみ百ぴきぶんか（神沢利子）

内容 現在使われている各社の国語教科書に掲載または紹介されている作品ばかりを集めたアンソロジーです。長く読みつがれている名作、心あたたまるお話、おもしろくて元気がでるお話など、すばらしい作品がいっぱい。作品の表記は原典に忠実にし、全文を掲載しています。教科書では気づかなった作品の魅力を、新たに発見できるかもしれません。小学校初・中級から。

『光村ライブラリー　第1巻　花いっぱいになあれ ほか』　樺島忠夫，宮地裕，渡辺実監修，くどうなおこ，ひらつかたけじ，まつたにみよこ，ちばしょうぞう，いまえよしとも作，西巻茅子，かすや昌宏，小野千世，安野光雅，田島征三絵　光村図書出版　2005.6　76p　21cm〈第7刷〉1000円　Ⓘ4-89528-099-3

目次 だれにあえるかな（くどうなおこ），春の子もり歌（ひらつかたけじ），花いっぱいになあれ（まつたにみよこ），チックとタック（ちばしょうぞう），力太郎（いまえよしとも）

『本は友だち1年生』　日本児童文学者協会編　偕成社　2005.3　139p　21cm　（学年別・名作ライブラリー 1）1200円　Ⓘ4-03-924010-3

目次 花いっぱいになぁれ（松谷みよ子），雨くん（村山籌子），のんびり森のぞうさん（川北亮司），ぱちんぱちんきらり（矢崎節夫），コンクリートのくつあと（牧ひでを），たくやくん（森山京），詩・ジュース（高木あきこ），詩・はしるのだいすき（まどみちお），おふとんになったきのこ（工藤直子），おやおやや（林原玉枝），ノリオのはひふへほ（たかどのほうこ），エッセイ・一年生のころ 「○○○じけん」に気をつけて（薫くみこ）

内容 この本には、「国語」の教科書でおなじみの作品をはじめ、現代の子どもの文学の世界を代表する作家たちの作品が集められています。

『こころにひびくめいさくよみもの 1ねん—よんで、きいて、こえにだそう』　府川源一郎，佐藤宗子編　教育出版　2004.3　75p　21cm〈付属資料：CD1〉2000円　Ⓘ4-316-80085-X

目次 花いっぱいになあれ（松谷みよ子），おじさんのかさ（佐野洋子），はなび（森山京），雨つぶ（あべ弘士），天に上ったおけやさん（水谷章三），おもしろいことば，きりんはゆらゆら（武鹿悦子），ひらいたひらいた

内容 小学校国語教科書に掲載された名作（物語・説明文・詩）を学年別に収録。発達段階に応じた教科書表記を採用。難意語には注を記載。発展学習にも役立つよう、交ぜ書きから読み仮名付きの漢字へ適宜変更。当時の教科書に使用された挿絵を掲載。俳優・声優による格調高い朗読をCDに収め各巻に添付。

『花いっぱいになあれ』　松谷みよ子作，西山三郎絵　岩崎書店　1995.4　77p　22×19cm　（日本の名作童話 13）1500円　Ⓘ4-265-03763-1

「火をぬすむ犬」

『火をぬすむ犬』　松谷みよ子文，司修絵　太平出版社　2000.5　1冊　26cm　（絵本 かんこく・ちょうせんのみんわ）1300円　Ⓘ4-8031-3505-3

「三日月」

『光村ライブラリー　第18巻　おさるがふねをかきました ほか』 樺島忠夫, 宮地裕, 渡辺実監修，まどみちお, 三井ふたばこ, 阪田寛夫, 川崎洋, 河井酔茗ほか著，松永禎郎, 杉田豊, 平山英三, 武田美穂, 小野千世ほか画　光村図書出版　2004.11　83p　21cm〈第4刷〉1000円　①4-89528-116-7

目次 おさるがふねをかきました（まど・みちお）, みつばちぶんぶん（小林純一）, あいうえお・ん（鶴見正夫）, ぞうのかくれんぼ（高木あきこ）, おうむ（鶴見正夫）, あかいカーテン（みずかみかずよ）, ガラスのかお（三井ふたばこ）, せいのび（武鹿悦子）, かぼちゃのつるが（原田直友）, 三日月（松谷みよ子）, 夕立（みずかみかずよ）, さかさのさかさはさかさ（川崎洋）, 春（坂本遼）, 虻（嶋岡晨）, 若葉よ来年は海へゆこう（金子光春）, われは草なり（高見順）, くまさん（まど・みちお）, おなかのへるうた（阪田寛夫）, てんらん会（柴野民三）, 夕日がせなかをおしてくる（阪田寛夫）, ひばりのす（木下夕爾）, 十時にね（新川和江）, みいつけた（岸田衿子）, どきん（谷川俊太郎）, りんご（山村暮鳥）, ゆずり葉（河井酔茗）, 雪（三好達治）, 影（八木重吉）, 楽器（北川冬彦）, 動物たちの恐ろしい夢のなかに（川崎洋）, 支度（黒田三郎）

「茂吉のねこ」

『松谷みよ子童話集』 松谷みよ子著　角川春樹事務所　2011.3　219p　15cm（ハルキ文庫）680円　①978-4-7584-3531-4

目次 貝になった子ども, スカイの金メダル, こけしの歌, とかげのぼうや, カナリヤと雀, 灰色の国へきた老人の話, 黒い蝶, 草原, おしになった娘, 黒ねこ四代, 茂吉のねこ, むささびのコロ, センナじいとくま, いたちと菜の花, おいでおいで

内容 子を失った母親の悲しみを描いた「貝になった子ども」、鉄砲打ちのセンナじいが、自分が仕留めた大熊の遺した小熊を育てる、人間と動物の宿命を綴った「センナじいとくま」など、初期作品を中心とした短編全15篇を収録。生きとし生けるものへの限りない愛情に、心を打たれる名作アンソロジー。

『松谷みよ子おはなし集　4』 松谷みよ子作，石倉欣二絵　ポプラ社　2010.3　142p　21cm　1200円　①978-4-591-11639-5

目次 オバケちゃんと走るおばあさん, 日本は二十四時間, おばあちゃんのビヤホールはこわいよ, ねずみのお正月, 千代とまり, 茂吉のねこ, いたちの子もりうた, 鯨小学校

内容 むかしむかし、きのうの、もうひとつきのうくらいむかしのこと、あるところに、小さな小さなおばあさんがいたって（「日本は二十四時間」より）。ユーモアあふれる創作民話の世界。

『光村ライブラリー　第10巻　空飛ぶライオン ほか』 樺島忠夫, 宮地裕, 渡辺実監修，佐野洋子ほか著，田谷多枝子訳，長新太ほか画　光村図書出版　2004.4　85p　21cm〈3刷〉1000円　①4-89528-108-6

目次 空飛ぶライオン（佐野洋子）, アナトール、工場へ行く（イブ・タイタス）, 子牛の話（花岡大学）, ひと朝だけの朝顔（井上靖）, 茂吉のねこ（松谷みよ子）

『読書の時間によむ本　小学4年生』 西本鶏介編　ポプラ社　2003.3　221p　21cm（読書の時間によむ本・小学生版 4）700円　①4-591-07581-8

目次 陽介くんのデート（那須正幹）, 贈りもの（岡野薫子）, ゴジラのウィンク（さねとうあきら）, ねずみのいびき（坪田譲治）, ねこのおんせん（別役実）, 手品師（豊島与志雄）, 霜のふる夜に（茂市久美子）, 茂吉のねこ（松谷みよ子）, カットハウスのお客さま（瀬尾七重）, おせんべ焼けたかな（上条さなえ）

内容 この本には、ふしぎな話、心をうつ話、ゆかいな話など、読書の時間によめるみじかい話があつめてあります。どれもすてきな話で、読書の時間がまちどおしくなるにちがいありません。

「モモちゃんが生まれたとき」

『カレーをたべたい日の本』 現代児童文学研究会編　偕成社　1996.4　113p　22×18cm（きょうもおはなしよみたいな 1）1200円　①4-03-539170-0

目次 ピアノは夢をみる・森のにおい（工藤直子, あべ弘士）, モモちゃんが生まれたとき（松谷みよ子）, カステラ・マーチはいいにおい（森山京）, おいしいおにぎりをたべるには（今西祐行）, おいしいトラカツをたべるまで（筒井敬介）, 一年生でもないていいよ（宮川ひろ）, シンバくんのライオンカレー（寺村輝夫）

「山なし取り」

『ふるさとの民話―語り伝えたい 5(東北地方2)』 世界文化社 2003.2 34p 29cm〈付属資料:CD1枚(12cm)〉838円 Ⓝ388.1

目次 花さかじい(辺見じゅん文, 北島新平絵), ならなしとり(松谷みよ子文, 箕田源二郎絵)

『おむすびころりん―ほか 日本むかし話』 松谷みよ子著, 儀間比呂志, 矢車涼絵 講談社 1977.8 79p 22cm (講談社の幼年文庫) 540円

「やまんばのにしき」

『松谷みよ子おはなし集 5』 松谷みよ子作, 梅田俊作絵 ポプラ社 2010.3 133p 21cm 1200円 Ⓘ978-4-591-11640-1

目次 やまんばのにしき, 山男の手ぶくろ, ねこのよめさま, 六月のむすこ, 弥三郎ばさ, 海にしずんだ鬼, 七男太郎のよめ, 三人兄弟, 鬼の目玉

内容 むかしむかし、あるところに、ちょうふく山という高い山があったと(「やまんばのにしき」より)。民話の心をつたえる再話作品集。

『つるのよめさま―日本のむかし話 1 23話』 松谷みよ子作, ささめやゆき絵 新装版 講談社 2008.10 219p 18cm (講談社青い鳥文庫) 570円 Ⓘ978-4-06-285046-9

目次 つるのよめさま, 力太郎, ばけくらべ, きつねとかわうそ, 無筆の手紙, 花さかじい, じゅみょうのろうそく, ねずみのくれたふくべっこ, 玉のみのひめ, きつねとぼうさま, こじきのくれた手ぬぐい, 夢買い長者, びんぼう神と福の神, えんまさまと団十郎, こぶとり, てんぐのかくれみの, お月とお星, かねつきどり, 水のたね, わかがえりの水, 天にどうどう地にがんがん, 桃太郎, 山んばのにしき

内容 遠いむかしに生まれ、長く人々のあいだに語りつがれてきた、むかし話の数々。たのしい話、かわいそうな話、おそろしい話など、ひとつひとつの話のなかに、人間の生きる知恵や、生きざまが息づいています。児童文学者・松谷みよ子が日本各地に採集し、美しい語り口で再話した『つるのよめさま』をはじめ、『花さかじい』『夢買い長者』『こぶとり』『お月とお星』『桃太郎』ほか。小学中級から。

『やまんばのにしき―日本昔ばなし』 松谷みよ子文, 梶山俊夫絵 新装版 ポプラ社 2006.1 206p 18cm (ポプラポケット文庫) 570円 Ⓘ4-591-09034-5

目次 やまんばのにしき, 山男の手ぶくろ, イタチの子守うた, 竜宮のおよめさん, かちかち山, 舌切りすずめ, おにの目玉, ねこのよめさま, 七男太郎のよめ, 六月のむすこ, 三人兄弟, 弥三郎ばさ, 沼神の使い, 死人のよめさん, 雪女, 赤神と黒神

内容 「ちょうふくやまの山んばが子どもうんだで、もちついてこう。ついてこねば、人も馬もみな食い殺すどお。」って、だれかがさけぶ声がした。さあ、むらじゅうがおおさわぎだ。―表題作ほか、「かちかち山」「舌切りすずめ」など、日本の昔ばなし十五編を収録。

『おとなを休もう』 石川文子編 武蔵野 フロネーシス桜蔭社, メディアパル〔発売〕 2003.8 255p 19cm 1400円 Ⓘ4-89610-734-9

目次 おおきな木(シェル・シルヴァスタイン), モチモチの木(斎藤隆介), 白いぼうし(あまんきみこ), おにたのぼうし(あまんきみこ), ワニのおじいさんのたからもの(川崎洋), ソメコとオニ(斎藤隆介), 島ひきおに(山下明生), 一つの花(今西祐行), アディ・ニハァスの英雄(H.クランダー,W.レスロー), つりばしわたれ(長崎源之助), 花さき山(斎藤隆介), やまんばのにしき(松谷みよ子), チワンのにしき, サーカスのライオン(川村たかし), 青銅のライオン(瀬尾七重), 月の輪グマ(椋鳩十), はまひるがおの小さな海(今西祐行), うぐいすの宿, 手ぶくろを買いに(新美南吉), ごんぎつね(新美南吉)

内容 だれもが一度は読んだことのある、なつかしい作品集。

「指きり」

『松谷みよ子全集 4 黒ねこ四代・火星のりんご』 丸木俊絵 講談社 1972 173p 23cm

「りすのわすれもの」

『一年生で読みたい10分のお話』 旺文社編, 中村和弘監修 旺文社 2011.7 143p 21cm〈付属資料:別冊1〉700円 Ⓘ978-4-01-010975-5

目次 ウサギとライオン―ミャンマーのむか

しばなし(光吉夏弥訳, もとき理川絵), かぞえうた(和田誠作・絵), パンダのひみつ, 五年ぶんのプレゼント(桂文我作, 小島真樹絵), さとのはる、山のはる(新美南吉作, ひだかきょうこ絵), おいしいおかゆ—グリムむかしばなし(石井桃子訳, 布川愛子絵), ぼくが小さかったころ(北島康介作, 茶畑和也絵), りすのわすれもの(松谷みよ子作, 福岡季実子絵), ユキコちゃんのしかえし(星新一作, 山内和朗絵), はいくを学ぼう!(中村和弘作, 竹内彰子絵), たぬきねいり—日本のむかしばなし(那須田稔作, 北田哲也絵), どうしていつも(まどみちお作, かおかおパンダ絵), ざしきぼっこのおはなし(宮澤賢治作, 三木謙次絵), おかのいえ(鈴木三重吉作, 伊藤正道絵)

内容 「朝の読書」にぴったりな名作・話題作14話。一年生の漢字がすべて読める・書ける。

『松谷みよ子おはなし集 2』 松谷みよ子作, 石井勉絵 ポプラ社 2010.3 125p 21cm 1200円 Ⓘ978-4-591-11637-1

目次 どうしてそういう名前なの, ジャムねこさん, コンのしっぱい, 花いっぱいになぁれ, おなかのすいたコン, お日さまはいつでも, りすのわすれもの, ふくろうのエレベーター, うさぎのざんねん賞, 高原にとまった汽車, うさぎさんの冬ふく

内容 「ようし、なにかおいしいもの、さがしにいこうっと。」そういって、コンはトコトコ、トコトコ、遊びにでかけました(「おなかのすいたコン」より)。動物を主人公に、子どもの世界をえがく作品集。

『花いっぱいになあれ』 松谷みよ子作, 西山三郎絵 岩崎書店 1995.4 77p 22×19cm (日本の名作童話 13) 1500円 Ⓘ4-265-03763-1

松野 正子
まつの・まさこ
《1935~》

「ふしぎなたけのこ」

『ふしぎなたけのこ』 松野正子さく, 瀬川康男え 福音館書店 1966.9(60刷:1995.6) 27p 19×26cm (〈こどものとも〉傑作集 30) 680円 Ⓘ4-8340-0068-0

松山 史郎
まつやま・しろう
《1950~》

「糸でいきる虫たち」

『糸でいきる虫たち』 松山史郎, 小川宏文・写真 大日本図書 1990.2 31p 26cm (みつけた! しぜんのなかで) 1200円 Ⓘ4-477-17727-5

内容 虫たちは、しぜんのなかで生きています。そして、生きつづけるためにさまざまなほうほうをとっています。そのひとつの“糸”のつかいかたをみてみましょう。小学初級から中級向き。

マーティン, ビル(ジュニア)
《1916~》

「青い馬の少年」

『青い馬の少年』 ビル・マーティン, ジュニア, ジョン・アーシャンボルト文, テッド・ランド絵, 金原瑞人訳 アスラン書房 1995.2 1冊 21×26cm 1442円 Ⓘ4-900656-09-7

まど・みちお
《1909~》

「ああ、どこかから」

『THE ANIMALS「どうぶつたち」』 まどみちお詩, 美智子選・訳, 安野光雅絵 復刊 文藝春秋 2012.4 45p 27×21cm 2200円 Ⓘ978-4-16-375330-0

目次 ことり, スワン, クジャク, ヒバリ, いいけしき, ああどこかから, ぞうさん, シマウマ, キリン, トンボ, チョウチョウ, チョウチョウ, イヌが歩く, なみとかいがら, ねむり, イナゴ, ナマコ, アリ, ヤマバト, どうぶつたち

内容 日本の子どもたちの大好きな童謡『ぞうさん』の作者、まど・みちおさんの詩が英語に訳されて日本とアメリカで絵本になりました。まど・みちおさんの楽しい動物たちの詩20篇と、美智子さまによる英訳を収録。

『まど・みちお詩の本―まどさん100歳100詩集』 まどみちお著, 伊藤英治編 理論社 2010.3 147p 19cm 1000円 ①978-4-652-03523-8

目次 1 やさしい景色, 2 うたううた, 3 宇宙のこだま, 4 もののかずかず, 5 ことばのさんぽ, 6 いのちのうた

内容 NHKスペシャル「ふしぎがり～まど・みちお百歳の詩～」全国放送で日本中に感動が広がっています。「ぞうさん」「やぎさんゆうびん」「1ねんせいになったら」から宇宙・いのちの詩まで、『まど・みちお全詩集』1200編から生まれた珠玉の175編。

『どうぶつたち』 まどみちお詩, 美智子選・訳, 安野光雅絵 すえもりブックス 1992.9 47p 26×21cm 1545円 ①4-915777-06-5

『せんねんまんねん―まど・みちお詩集』 まどみちお著, 工藤直子編 童話屋 1990.6 157p 15cm 979円 ①4-924684-54-6

「アサガオ」

『メロンのじかん』 まどみちお詩, 広瀬弦絵 理論社 1999.8 107p 19cm 1300円 ①4-652-07177-9

目次 なにもかにもが, ヒナギク, すみれ, ムラサキハナナ, 黄, キジバト, はなとはげと, ニラの花, 花ざかり, ノミ〔ほか〕

内容 '94国際アンデルセン賞・作家賞を、日本人で初めて受賞した詩人まど・みちおの、新詩集は全編書き下ろし! ヒト、イヌ、花のそれぞれの時間を想い、生命のすばらしさをうたった感動の詩集。

「石ころ」

『宇宙はよぶ』 まどみちお著, 長新太絵 理論社 1997.4 91p 19cm (まどさんの詩の本) 1300円 ①4-652-03514-4

目次 とおいところ, いちばんぼし, 一ばん星, ほし, 天, こんなにたしかに, 今ここで見ることは, いま! , どうしてあんなに, 石ころ, 大きな岩, 空, 雲〔ほか〕

『新版 てんぷらぴりぴり』 まどみちお作, 杉田豊絵 大日本図書 1990.4 57p 21cm (子ども図書館) 1000円 ①4-477-17601-5

『みどりのしずく―自然』 新川和江編, 瀬戸好子絵 太平出版社 1987.7 66p 21cm (小学生・詩のくにへ 5) 1600円

目次 雲(山村暮鳥), 金のストロー(みずかみかずよ), 水たまり(武鹿悦子), 石ころ(まど・みちお), かいだん(渡辺美知子), すいれんのはっぱ(浦かずお), びわ(まど・みちお), かぼちゃのつるが(原田直友), 雑草のうた(鶴岡千代子), ことりのひな(北原白秋), 土(三好達治), きいろいちょうちょう(こわせたまみ), すいっちょ(鈴木敏史), 川(谷川俊太郎), 天(山之口貘), 富士(草野心平), 海(川崎洋), なみは手かな(こわせたまみ), 石(草野心平), 地球は(工藤直子), どうしていつも(まど・みちお)

「いちばんぼし」

『齋藤孝の親子で読む詩・俳句・短歌・童謡 1・2年生』 齋藤孝著 ポプラ社 2012.3 134p 21cm (齋藤孝の親子で読む詩・俳句・短歌・古典 1) 1000円 ①978-4-591-12788-9

目次 詩(たんぽぽ(川崎洋), おさるがふねをかきました(まど・みちお), いちばんぼし(まど・みちお) ほか), 童謡・唱歌(大漁(金子みすゞ), かごめかごめ, 通りゃんせ ほか), やさしい俳句・短歌(古池や蛙…(松尾芭蕉), やれ打つな蝿が…(小林一茶), 菜の花や月は…(与謝蕪村) ほか)

内容 詩や俳句・短歌のなかから、おもしろくて心にのこるものをえらんでいます。1・2年生の場合は、ことばにであうこともたいせつです。いろいろな詩を、リズムをつけてうたうような感じで音読してみてください。

『まど・みちお詩の本―まどさん100歳100詩集』 まどみちお著, 伊藤英治編 理論社 2010.3 147p 19cm 1000円 ①978-4-652-03523-8

目次 1 やさしい景色, 2 うたううた, 3 宇宙のこだま, 4 もののかずかず, 5 ことばのさんぽ, 6 いのちのうた

内容 NHKスペシャル「ふしぎがり～まど・みちお百歳の詩～」全国放送で日本中に感動が広がっています。「ぞうさん」「やぎさんゆうびん」「1ねんせいになったら」から宇宙・いのちの詩まで、『まど・みちお全詩集』1200編から生まれた珠玉の175編。

『だいすきまどさん』 まどみちお作, 篠崎三朗絵, 伊藤英治編 理論社 2004.6 205p 21cm (まど・みちお詩集 2)

1500円　Ⓘ4-652-03522-5

目次 1 宇宙のこだま(てつぼう, いちばんぼし, どうしていつも ほか), 2 いのちのうた(アリ, じめん, 人間の目 ほか), 3 もののかずかず(たまごがさきか, いす, かぞえたくなる ほか)

内容 『まど・みちお全詩集』から生まれた新しい詩集。

『まど・みちお全詩集』 まどみちお著, 伊藤英治編　新訂版　理論社　2001.5　735,65p　21cm　5500円　Ⓘ4-652-04231-0

目次 第1部 詩(一九三四〜一九四四, 一九四五〜一九五九, 一九六〇〜一九六九, 一九七〇〜一九七九, 一九八〇〜一九八九), 第2部 散文詩(さようなら, 煎餅と子供, 魚を食べる, 黒板, 少年の日 ほか)

『宇宙はよぶ』 まどみちお著, 長新太絵　理論社　1997.4　91p　19cm　(まどさんの詩の本)　1300円　Ⓘ4-652-03514-4

目次 とおいところ, いちばんぼし, 一ばん星, ほし, 天, こんなにたしかに, 今ここで見ることは, いま！ , どうしてあんなに, 石ころ, 大きな岩, 空, 雲〔ほか〕

『いちばんぼし』 まどみちお詩, スズキコージ絵　童心社　1990.8　39p　19cm　(うたうたうたう)　980円　Ⓘ4-494-00273-9

「イナゴ」

『THE ANIMALS「どうぶつたち」』 まどみちお詩, 美智子選・訳, 安野光雅絵　復刊　文藝春秋　2012.4　45p　27×21cm　2200円　Ⓘ978-4-16-375330-0

目次 ことり, スワン, クジャク, ヒバリ, いいけしき, ああどこかから, ぞうさん, シマウマ, キリン, トンボ, チョウチョウ, チョウチョウ, イヌが歩く, なみとかいがら, ねむり, イナゴ, ナマコ, アリ, ヤマバト, どうぶつたち

内容 日本の子どもたちの大好きな童謡『ぞうさん』の作者、まど・みちおさんの詩が英語に訳されて日本とアメリカで絵本になりました。まど・みちおさんの楽しい動物たちの詩20篇と、美智子さまによる英訳を収録。

『まど・みちお詩の本―まどさん100歳100詩集』 まどみちお著, 伊藤英治編　理論社　2010.3　147p　19cm　1000円　Ⓘ978-4-652-03523-8

目次 1 やさしい景色, 2 うたううた, 3 宇宙のこだま, 4 もののかずかず, 5 ことばのさんぽ, 6 いのちのうた

内容 NHKスペシャル「ふしぎがり〜まど・みちお百歳の詩〜」全国放送で日本中に感動が広がっています。「ぞうさん」「やぎさんゆうびん」「1ねんせいになったら」から宇宙・いのちの詩まで、『まど・みちお全詩集』1200編から生まれた珠玉の175編。

『ことり』 まどみちお詩, 南塚直子絵　小峰書店　2009.11　1冊　24×25cm　(まど・みちお詩の絵本 4)　1600円　Ⓘ978-4-338-13504-7

内容 「ことり」「アリ」「デンデンムシ」「イナゴ」「たんぽぽ」「いきもののくに」など11編を収録。

『こんなにたしかに―まど・みちお詩集』 まどみちお著, 高畠純絵, 水内喜久雄選・著　理論社　2005.3　127p　21×16cm　(詩と歩こう)　1400円　Ⓘ4-652-03848-8

目次 やさしいけしき(こんなにたしかに, やさしいけしき ほか), よかったなあ(よかったなあ, リンゴ ほか), なにもかにもが(つぼ・1, スリッパ ほか), いま！(きんの光のなかに, はっとする ほか)

『新・詩のランドセル 6ねん』 江口季好, 小野寺寛, 菊永謙, 吉田定一編　らくだ出版　2005.1　141p　21×19cm　2200円　Ⓘ4-89777-420-9

目次 1 僕は漁師になる(こどもの詩(結婚前と後のお母さん(石峰加菜), おせいぼ(宮崎智子) ほか), おとなの詩(さくら(茨木のり子), 風景純銀もざいく(山村暮鳥) ほか)), 2 「チョムカ」(こどもの詩(決とう状が来た(世良貴子), ち刻してよかった(隅田裕子) ほか), おとなの詩(泳いだ日(間中ケイ子), イナゴ(まど・みちお) ほか))

内容 小学校での詩の教育は、詩を読むこと、詩を味わうこと、詩を書くことです。詩をたくさん読んでいくと、詩とは高尚な言葉で思いをつづるのではなく、自分の感じたこと、思ったことを自分の言葉で易しく書くことだ、ということが分かります。「新・詩のランドセル」を使って、全国の小学校の教室で、詩を読み、詩を味わい、詩を書く活動が活発に行われるようにしましょう。

『まど・みちお全詩集』 まどみちお著, 伊藤英治編　新訂版　理論社　2001.5

735,65p　21cm　5500円
①4-652-04231-0

目次 第1部 詩（一九三四〜一九四四, 一九四五〜一九五九, 一九六〇〜一九六九, 一九七〇〜一九七九, 一九八〇〜一九八九）, 第2部 散文詩（さようなら, 煎餅と子供, 魚を食べる, 黒板, 少年の日 ほか）

内容 少年詩、童謡、散文詩など、まど・みちおの全詩を収録。国際アンデルセン賞、芸術選奨文部大臣賞、産経児童出版文化賞大賞、路傍の石文学賞特別賞受賞。

「イヌがあるく」

『THE ANIMALS「どうぶつたち」』 まどみちお詩，美智子選・訳，安野光雅絵　復刊　文藝春秋　2012.4　45p　27×21cm　2200円　①978-4-16-375330-0

目次 ことり, スワン, クジャク, ヒバリ, いいけしき, ああどこかから, ぞうさん, シマウマ, キリン, トンボ, チョウチョウ, チョウチョウ, イヌが歩く, なみとかいがら, ねむり, イナゴ, ナマコ, アリ, ヤマバト, どうぶつたち

内容 日本の子どもたちの大好きな童謡『ぞうさん』の作者、まど・みちおさんの詩が英語に訳されて日本とアメリカで絵本になりました。まど・みちおさんの楽しい動物たちの詩20篇と、美智子さまによる英訳を収録。

『まど・みちお詩の本―まどさん100歳100詩集』 まどみちお著，伊藤英治編　理論社　2010.3　147p　19cm　1000円　①978-4-652-03523-8

目次 1 やさしい景色, 2 うたううた, 3 宇宙のこだま, 4 もののかずかず, 5 ことばのさんぽ, 6 いのちのうた

内容 NHKスペシャル「ふしぎがり〜まど・みちお百歳の詩〜」全国放送で日本中に感動が広がっています。「ぞうさん」「やぎさんゆうびん」「1ねんせいになったら」から宇宙・いのちの詩まで、『まど・みちお全詩集』1200編から生まれた珠玉の175編。

『地球の用事―まど・みちお童謡集』 まどみちお著　JULA出版局　1990.11　164p　18cm　1200円　①4-88284-072-3

目次 生まれて来た時（ランタナの籬, 雨ふれば ほか）, 髯もじゃもじゃ（女の子, 鉛筆 ほか）, ぞうさん（イヌが歩く, つみき ほか）, 地球の用事（ちいさなゆき, はながさいた ほか）

『新版 てんぷらぴりぴり』 まどみちお作，杉田豊絵　大日本図書　1990.4　57p　21cm　（子ども図書館）1000円　①4-477-17601-5

「いびき」

『つぶつぶうた』 まどみちお著，長新太絵　理論社　1994.2　91p　19cm　（まどさんの詩の本）1300円　①4-652-03501-2

「うしのそば」

『いきいき動物』 まどみちお著，長新太絵　理論社　1996.3　91p　19cm　（まどさんの詩の本）1300円　①4-652-03507-1

『きりんきりりん―動物　1』 新川和江編，安田卓矢絵　太平出版社　1987.10　66p　21cm　（小学生・詩のくにへ 8）1600円

目次 ねこじたの犬（村田さち子）, いぬのおまわりさん（さとうよしみ）, 黒いこいぬ（谷川俊太郎）, おさるがふねをかきました（まど・みちお）, ゆかいな木きん（小林純一）, シャベルでホイ（サトウハチロー）, 小ぎつね（勝承夫）, まいごのカンガルー（柴田陽平）, 雨ふりくまの子（鶴見正夫）, ぱんださん（立石巌）, キリン（まど・みちお）, ねこぜんまい（武鹿悦子）, ねこふんじゃった（阪田寛夫）, ゴーゴーゴリラ（摩耶翠子）, うし（吉田定一）, うしのそば（まど・みちお）, まきばの子牛（小林純一）, ドナドナ（安井かずみ）, 動物たちのおそろしいゆめの中に（川崎洋）

「おさるがふねをかきました」

『齋藤孝の親子で読む詩・俳句・短歌・童謡　1・2年生』 齋藤孝著　ポプラ社　2012.3　134p　21cm　（齋藤孝の親子で読む詩・俳句・短歌・古典 1）1000円　①978-4-591-12788-9

目次 詩（たんぽぽ（川崎洋）, おさるがふねをかきました（まど・みちお）, いちばんぼし（まど・みちお） ほか）, 童謡・唱歌（大漁（金子みすゞ）, かごめかごめ, 通りゃんせ ほか）, やさしい俳句・短歌（古池や蛙…（松尾芭蕉）, やれ打つな蝿が…（小林一茶）, 菜の花や月は…（与謝蕪村） ほか）

内容 詩や俳句・短歌のなかから、おもしろくて心にのこるものをえらんでいます。1・2年生の場合は、ことばにであうこともたいせつです。いろいろな詩を、リズムをつけてうたうような感じで音読してみてください。

『まど・みちお詩の本―まどさん100歳

100詩集』 まどみちお著，伊藤英治編 理論社 2010.3 147p 19cm 1000円 Ⓘ978-4-652-03523-8

[目次] 1 やさしい景色，2 うたううた，3 宇宙のこだま，4 もののかずかず，5 ことばのさんぽ，6 いのちのうた

[内容] NHKスペシャル「ふしぎがり～まど・みちお百歳の詩～」全国放送で日本中に感動が広がっています。「ぞうさん」「やぎさんゆうびん」「1ねんせいになったら」から宇宙・いのちの詩まで、『まど・みちお全詩集』1200編から生まれた珠玉の175編。

『光村ライブラリー 第18巻 おさるがふねをかきました ほか』 樺島忠夫，宮地裕，渡辺実監修，まどみちお，三井ふたばこ，阪田寛夫，川崎洋，河井酔茗ほか著，松永禎郎，杉田豊，平山英三，武田美穂，小野千世ほか画 光村図書出版 2004.11 83p 21cm〈第4刷〉1000円 Ⓘ4-89528-116-7

[目次] おさるがふねをかきました（まど・みちお），みつばちぶんぶん（小林純一），あいうえお・ん（鶴見正夫），ぞうのかくれんぼ（高木あきこ），おうむ（鶴見正夫），あかいカーテン（みずかみかずよ），ガラスのかお（三井ふたばこ），せいのび（武鹿悦子），かぼちゃのつるが（原田直友），三日月（松谷みよ子），夕立（みずかみかずよ），さかさのさかさはさかさ（川崎洋），春（坂本遼），虻（嶋岡晨），若葉よ来年は海へゆこう（金子光春），われは草なり（高見順），くまさん（まど・みちお），おなかのへるうた（阪田寛夫），てんらん会（柴野民三），夕日がせなかをおしてくる（阪田寛夫），ひばりのす（木下夕爾），十時にね（新川和江），みいつけた（岸田衿子），どきん（谷川俊太郎），りんご（山村暮鳥），ゆずり葉（河井酔茗），雪（三好達治），影（八木重吉），楽器（北川冬彦），動物たちの恐ろしい夢のなかに（川崎洋），支度（黒田三郎）

『ぞうさん』 まどみちお詩，東貞美絵 国土社 2002.11 77p 24×22cm（現代日本童謡詩全集 14）1600円 Ⓘ4-337-24764-5

[目次] なのはなとちょうちょう（なのはなとちょうちょう，たんたんたんぽぽ，はながさいた ほか），一ばんぼし（うさぎ，おさるがふねをかきました，こぶたのブブがラッパをふく ほか），あしよリズムで（かんがるー，スワン，おにぎりころりん ほか）

「音」

『THE MAGIC POCKET「ふしぎなポケット」』 まどみちお詩，美智子皇后選・訳，安野光雅絵 すえもりブックス 1998.6 31p 26×21cm〈本文：日英両文〉2000円 Ⓘ4-915777-21-9

[目次] うさぎ，ひよこちゃんのやまのぼり，ゆび，あそびましょ，ふしぎなポケット，かさのうた，あられ，やぎさんゆうびん，やどかりさん，ジャングルジムのうた，音，うさぎさんがきてね，どんぐりのうた，おはようおやすみ

『新版 てんぷらぴりぴり』 まどみちお作，杉田豊絵 大日本図書 1990.4 57p 21cm （子ども図書館）1000円 Ⓘ4-477-17601-5

「かき」

『たんぽぽヘリコプター』 まどみちお詩，南塚直子絵 小峰書店 1996.11 1冊 24×25cm （まど・みちお 詩のえほん）1380円 Ⓘ4-338-13501-8

「木」

『まど・みちお詩の本―まどさん100歳100詩集』 まどみちお著，伊藤英治編 理論社 2010.3 147p 19cm 1000円 Ⓘ978-4-652-03523-8

[目次] 1 やさしい景色，2 うたううた，3 宇宙のこだま，4 もののかずかず，5 ことばのさんぽ，6 いのちのうた

[内容] NHKスペシャル「ふしぎがり～まど・みちお百歳の詩～」全国放送で日本中に感動が広がっています。「ぞうさん」「やぎさんゆうびん」「1ねんせいになったら」から宇宙・いのちの詩まで、『まど・みちお全詩集』1200編から生まれた珠玉の175編。

「きゃきゅきょのうた」

『ことばあそび3年生』 伊藤英治編，大塚いちお絵 理論社 2001.4 106p 21cm （ことばあそびの本 3）1200円 Ⓘ4-652-03433-4

[目次] バナナのじこしょうかい（まど・みちお），いのち（谷川俊太郎），くしゃみかぞえうた（有馬敲），かぞえうた（川崎洋），先へ進まない数えうた（川崎洋），あられ（中江俊夫），あざらしのあさめし（木島始），いか（谷川俊太郎），いちごのかぞえうた（岸田衿子），イグアナのゆめ（木島始）〔ほか〕

『いるかいないか―ことばあそび』 新川和江編，早川良雄絵 太平出版社 1987.12 66p 22cm （小学生・詩のくにへ 10） 1600円

目次 たんぽぽ（川崎洋），ののはな（谷川俊太郎），ことこ（谷川俊太郎），あいうえお・ん（鶴見正夫），がぎぐげごのうた（まど・みちお），きゃきゅきょのうた（まど・みちお），いるか（谷川俊太郎），さる（谷川俊太郎），毛（川崎洋），わらべうた 数えうた，年めぐり（阪田寛夫），らくだ（都築益世），だぶだぶおばさん（木村信子），たべもの（中江俊夫），こわれたすいどう（谷川俊太郎），もじさがしのうた（岸田衿子），がいらいごじてん（まど・みちお），きちきちばった（平原武蔵），さかさのさかさは、さかさ（川崎洋），踏む（木村信子）

「今日」

『こんなにたしかに―まど・みちお詩集』 まどみちお著，高畠純絵，水内喜久雄選・著 理論社 2005.3 127p 21×16cm （詩と歩こう） 1400円 Ⓘ4-652-03848-8

目次 やさしいけしき（こんなにたしかに，やさしいけしき ほか），よかったなあ（よかったなあ，リンゴ ほか），なにもかにもが（つぼ・1，スリッパ ほか），いま！（きんの光のなかに，はっとする ほか）

『おなかの大きい小母さん―まど・みちお詩集』 まどみちお著 大日本図書 2000.1 93p 19cm （詩を読もう！） 1200円 Ⓘ4-477-01060-5

目次 おなかの大きい小母さん，白い雲，にじ，はな，アルストロメリア，今日，力，力よ，このよでは，けしき〔ほか〕

『メロンのじかん』 まどみちお詩，広瀬弦絵 理論社 1999.8 107p 19cm 1300円 Ⓘ4-652-07177-9

目次 なにもかにもが，ヒナギク，すみれ，ムラサキハナナ，黄，キジバト，はなとはげと，ニラの花，花ざかり，ノミ〔ほか〕

「きりかぶの赤ちゃん」

『光村ライブラリー 第3巻 小さい白いにわとり ほか』 樺島忠夫，宮地裕，渡辺実監修，まどみちお，みやわきとしお，まつたにみよこ作，杉浦範茂，白根美代子，井江春代，篠崎三朗絵 光村図書出版 2004.4 69p 21cm 〈第4刷〉 1000円 Ⓘ4-89528-101-9

目次 小さい白いにわとり，きりかぶの赤ちゃん（まどみちお），ことりと木のは（みやわきとしお），きつねの子のひろったていきけん（まつたにみよこ）

「きりん」

『THE ANIMALS「どうぶつたち」』 まどみちお詩，美智子選・訳，安野光雅絵 復刊 文藝春秋 2012.4 45p 27×21cm 2200円 Ⓘ978-4-16-375330-0

目次 ことり，スワン，クジャク，ヒバリ，いいけしき，ああどこかから，ぞうさん，シマウマ，キリン，トンボ，チョウチョウ，チョウチョウ，イヌが歩く，なみとかいがら，ねむり，イナゴ，ナマコ，アリ，ヤマバト，どうぶつたち

内容 日本の子どもたちの大好きな童謡『ぞうさん』の作者、まど・みちおさんの詩が英語に訳されて日本とアメリカで絵本になりました。まど・みちおさんの楽しい動物たちの詩20篇と、美智子さまによる英訳を収録。

『教科書の詩をよみかえす』 川崎洋著 筑摩書房 2011.3 214p 15cm （ちくま文庫） 580円 Ⓘ978-4-480-42802-8

目次 峠（石垣りん），素直な疑問符（吉野弘），春（草野心平），紙風船（黒田三郎），歌（中野重治），棒論（辻征夫），小景異情（室生犀星），あんたがたどこさ，どうかして（川崎洋），きりん（まど・みちお）〔ほか〕

内容 もっと自由に、もっと楽しく。堅苦しい先入観を捨てて向き合ってみよう。教科書から選び抜かれた31篇の詩たちが、言葉の翼をひろげて待っている。

『まど・みちお詩の本―まどさん100歳100詩集』 まどみちお著，伊藤英治編 理論社 2010.3 147p 19cm 1000円 Ⓘ978-4-652-03523-8

目次 1 やさしい景色，2 うたううた，3 宇宙のこだま，4 もののかずかず，5 ことばのさんぽ，6 いのちのうた

内容 NHKスペシャル「ふしぎがり～まど・みちお百歳の詩～」全国放送で日本中に感動が広がっています。「ぞうさん」「やぎさんゆうびん」「1ねんせいになったら」から宇宙・いのちの詩まで、『まど・みちお全詩集』1200編から生まれた珠玉の175編。

『いきいき動物』 まどみちお著，長新太絵 理論社 1996.3 91p 19cm （まどさ

んの詩の本）1300円　Ⓘ4-652-03507-1

「くじゃく」

『THE ANIMALS「どうぶつたち」』 まどみちお詩，美智子選・訳，安野光雅絵　復刊　文藝春秋　2012.4　45p　27×21cm　2200円　Ⓘ978-4-16-375330-0

目次 ことり，スワン，クジャク，ヒバリ，いいけしき，ああどこかから，ぞうさん，シマウマ，キリン，トンボ，チョウチョウ，チョウチョウ，イヌが歩く，なみとかいがら，ねむり，イナゴ，ナマコ，アリ，ヤマバト，どうぶつたち

内容 日本の子どもたちの大好きな童謡『ぞうさん』の作者、まど・みちおさんの詩が英語に訳されて日本とアメリカで絵本になりました。まど・みちおさんの楽しい動物たちの詩20篇と、美智子さまによる英訳を収録。

『まど・みちお詩の本―まどさん100歳100詩集』 まどみちお著，伊藤英治編　理論社　2010.3　147p　19cm　1000円　Ⓘ978-4-652-03523-8

目次 1 やさしい景色，2 うたううた，3 宇宙のこだま，4 もののかずかず，5 ことばのさんぽ，6 いのちのうた

内容 NHKスペシャル「ふしぎがり～まど・みちお百歳の詩～」全国放送で日本中に感動が広がっています。「ぞうさん」「やぎさんゆうびん」「1ねんせいになったら」から宇宙・いのちの詩まで、『まど・みちお全詩集』1200編から生まれた珠玉の175編。

『キリンさん』 まどみちお詩，南塚直子絵　小峰書店　1998.11　1冊　24×25cm　（まど・みちお 詩のえほん 2）1400円　Ⓘ4-338-13502-6

内容 キリンさん、キリンさん、くびがさむくはないですか。そらをかぜがふいて。生きものの命をうたうまどさんの詩の絵本。

『鳥いっぱい』 まどみちお著，長新太絵　理論社　1997.4　91p　19cm　（まどさんの詩の本）1300円　Ⓘ4-652-03513-6

目次 鳥，クジャク，しちめんちょうのうた，みずとり，スワン，ダチョウ，ツル，ハト，ヤマバト，キジバト，ちいさな おうむさん，コジュケイ，にわとり こけこは，おんどり めんどり〔ほか〕

「くまさん」

『まど・みちお詩の本―まどさん100歳100詩集』 まどみちお著，伊藤英治編　理論社　2010.3　147p　19cm　1000円　Ⓘ978-4-652-03523-8

目次 1 やさしい景色，2 うたううた，3 宇宙のこだま，4 もののかずかず，5 ことばのさんぽ，6 いのちのうた

内容 NHKスペシャル「ふしぎがり～まど・みちお百歳の詩～」全国放送で日本中に感動が広がっています。「ぞうさん」「やぎさんゆうびん」「1ねんせいになったら」から宇宙・いのちの詩まで、『まど・みちお全詩集』1200編から生まれた珠玉の175編。

『みみずのたいそう』 市河紀子編，西巻茅子絵　のら書店　2006.11　125p　19cm　（詩はともだち）1200円　Ⓘ4-931129-24-2

目次 あさのおひさま，森の夜明け，ろんぐらんぐ，くまさん，へびのあかちゃん，みみずのたいそう，なのはなとちょうちょう，たんたんたんぽぽ，たんぽぽさん，うさぎ〔ほか〕

内容 幼いときから、美しく豊かな日本のことばに親しんでほしいと願って編んだ、子どもたちがはじめて出会うのにぴったりの詩のアンソロジー。神沢利子、岸田衿子、工藤直子、阪田寛夫、谷川俊太郎、まど・みちお、与田準一作の詩、四十六編を収録しています。

『光村ライブラリー　第18巻　おさるがふねをかきました ほか』 樺島忠夫，宮地裕，渡辺実監修，まどみちお，三井ふたばこ，阪田寛夫，川崎洋，河井酔茗ほか著，松永禎郎，杉田豊，平山英三，武田美穂，小野千世ほか画　光村図書出版　2004.11　83p　21cm〈第4刷〉1000円　Ⓘ4-89528-116-7

目次 おさるがふねをかきました（まど・みちお），みつばちぶんぶん（小林純一），あいうえお・ん（鶴見正夫），ぞうのかくれんぼ（高木あきこ），おうむ（鶴見正夫），あかいカーテン（みずかみかずよ），ガラスのかお（三井ふたばこ），せいのび（武鹿悦子），かぼちゃのつるが（原田直友），三日月（松谷みよ子），夕立（みずかみかずよ），さかさのさかさはさかさ（川崎洋），春（坂本遼），虻（嶋岡晨），若葉よ来年は海へゆこう（金子光春），われは草なり（高見順），くまさん（まど・みちお），おなかのへるうた（阪田寛夫），てんらん会（柴野民三），夕日がせなかをおしてくる（阪田寛夫），ひばりのす（木下夕爾），十時にね（新川和江），みいつけた（岸田衿子），どきん（谷川俊太郎），りんご（山村暮鳥），ゆず

り葉（河井酔茗），雪（三好達治），影（八木重吉），楽器（北川冬彦），動物たちの恐ろしい夢のなかに（川崎洋），支度（黒田三郎）

『こんにちはまどさん』 まどみちお作，村上康成絵，伊藤英治編　理論社　2004.6　221p　21cm　（まど・みちお詩集 1）1500円　Ⓘ4-652-03521-7

目次 1 うたううた（ふしぎなポケット，アリくん，くまさん ほか），2 ことばのさんぽ（おならはえらい，くち，うそ ほか），3 やさしい景色（おかあさん，てんぷらぴりぴり，おとうさん ほか）

内容 『まど・みちお全詩集』から生まれた新しい詩集。

『ポケット詩集』 田中和雄編　童話屋　1998.11　157p　15cm　1250円　Ⓘ4-88747-003-7

目次 雨ニモマケズ（宮沢賢治），聴く力（茨木のり子），くまさん（まど・みちお），学校（辻征夫），虫の夢（大岡信），I was born（吉野弘），系図（三木卓），ぼくがここに（まど・みちお），秋の夜の会話（草野心平），練習問題（阪田寛夫）〔ほか〕

内容 昔の少年は詩をよく読んだものだ。それも、とびきり上等の詩ばかりを、だ。そしてよく考え、「足る」を知った。みんなへっぴり腰を恥じて涼しげな目の下に、素朴な正義感をひそかにかくしていた。子どもよ、そして子どもの心を持った大人たちよ、この時代にとびきり志の高い詩を読みなさい。

『まど・みちお詩集 ぞうさん・くまさん』 まどみちお著，仁科幸子画，北川幸比古編　岩崎書店　1995.10　102p　20×19cm　（美しい日本の詩歌 5）1500円　Ⓘ4-265-04045-4

「ケムシ」

『えいご・まどさん』 まどみちお作，ウィリアム・I.エリオット，西原克政訳　童話屋　2011.12　126p　15cm〈本文：日英両文〉1250円　Ⓘ978-4-88747-110-8

目次 やぎさんゆうびん，ぞうさん，ふたあつ，たんたんたんぽぽ，ケムシ・—，ふしぎなポケット，ニンジン・—，ちゃわん・—，ぷるるんるん，あそびましょ〔ほか〕

『せんねんまんねん』 まどみちお詩，柚木沙弥郎絵　理論社　2008.3　1冊　28×23cm　1500円　Ⓘ978-4-652-04066-9

内容 あらゆる生命は、つながっている。あらゆるできごとは、つながっている。これまでも、そして、これからも…。童謡「ぞうさん」で知られる詩人は、いつも、宇宙のなかでうたってきた。ちいさなもの、ものいわぬもの、目に見えないものも、見のがさずに。まど・みちおの言葉が、柚木沙弥郎の絵によって、雫のように深く胸におちてくる。

「タンポポ」

『まど・みちお詩の本—まどさん100歳100詩集』 まどみちお著，伊藤英治編　理論社　2010.3　147p　19cm　1000円　Ⓘ978-4-652-03523-8

目次 1 やさしい景色，2 うたううた，3 宇宙のこだま，4 もののかずかず，5 ことばのさんぽ，6 いのちのうた

内容 NHKスペシャル「ふしぎがり〜まど・みちお百歳の詩〜」全国放送で日本中に感動が広がっています。「ぞうさん」「やぎさんゆうびん」「1ねんせいになったら」から宇宙・いのちの詩まで、『まど・みちお全詩集』1200編から生まれた珠玉の175編。

『ことり』 まどみちお詩，南塚直子絵　小峰書店　2009.11　1冊　24×25cm　（まど・みちお詩の絵本 4）1600円　Ⓘ978-4-338-13504-7

内容 「ことり」「アリ」「デンデンムシ」「イナゴ」「たんぽぽ」「いきもののくに」など11編を収録。

『せんねんまんねん』 まどみちお詩，柚木沙弥郎絵　理論社　2008.3　1冊　28×23cm　1500円　Ⓘ978-4-652-04066-9

『こころにひびく名さくよみもの 2年—よんで、きいて、こえに出そう』 府川源一郎，佐藤宗子編　教育出版　2004.3　74p　21cm〈付属資料：CD1〉2000円　Ⓘ4-316-80086-8

目次 わにのおじいさんのたからもの（川崎洋），ちょうちょだけに、なぜなくの（神沢利子），ろくべえまってろよ（灰谷健次郎），そして、トンキーもしんだ（たなべまもる），つばめ（内田康夫），タンポポ（まどみちお）

内容 小学校国語教科書に掲載された名作（物語・説明文・詩）を学年別に収録。発達段階に応じた教科書表記を採用。難意語には注を記載。発展学習にも役立つよう、交ぜ書きから読み仮名付きの漢字へ適宜変更。

当時の教科書に使用された挿絵を掲載。俳優・声優による格調高い朗読をCDに収め各巻に添付。

「チョウチョウ」

『THE ANIMALS「どうぶつたち」』 まどみちお詩，美智子選・訳，安野光雅絵 復刊 文藝春秋 2012.4 45p 27×21cm 2200円 ①978-4-16-375330-0

目次 ことり，スワン，クジャク，ヒバリ，いいけしき，ああどこかから，ぞうさん，シマウマ，キリン，トンボ，チョウチョウ，チョウチョウ，イヌが歩く，なみとかいがら，ねむり，イナゴ，ナマコ，アリ，ヤマバト，どうぶつたち

内容 日本の子どもたちの大好きな童謡『ぞうさん』の作者、まど・みちおさんの詩が英語に訳されて日本とアメリカで絵本になりました。まど・みちおさんの楽しい動物たちの詩20篇と、美智子さまによる英訳を収録。

『やさしいけしき』 市河紀子選詩，保手濱拓絵 理論社 2012.4 92p 18×13cm 1400円 ①978-4-652-07991-1

目次 やさしいけしき（まど・みちお），春（安西冬衛），ふるさと（室生犀星），水はうたいます（まど・みちお），ひばりのす（木下夕爾），春（八木重吉），豚（八木重吉），うしのこと（東君平），チョウチョウ（まど・みちお），地球へのピクニック（谷川俊太郎）〔ほか〕

『まど・みちお詩の本―まどさん100歳100詩集』 まどみちお著，伊藤英治編 理論社 2010.3 147p 19cm 1000円 ①978-4-652-03523-8

目次 1 やさしい景色，2 うたううた，3 宇宙のこだま，4 もののかずかず，5 ことばのさんぽ，6 いのちのうた

内容 NHKスペシャル「ふしぎがり～まど・みちお百歳の詩～」全国放送で日本中に感動が広がっています。「ぞうさん」「やぎさんゆうびん」「1ねんせいになったら」から宇宙・いのちの詩まで、『まど・みちお全詩集』1200編から生まれた珠玉の175編。

『詩は宇宙 4年』 水内喜久雄編，太田大輔絵 ポプラ社 2003.4 157p 20×16cm （詩はうちゅう 4） 1300円 ①4-591-07590-7

目次 学ぶうた（朝の歌（小泉周二），朝がくると（まど・みちお） ほか），手紙がとどく（手紙（鈴木敏史），どきん（谷川俊太郎） ほか），おばあちゃんおじいちゃん（あいづち（北原宗積），八十さい（柘植愛子） ほか），木のうた（木（川崎洋），けやき（みずかみかずよ） ほか），生きものから（チョウチョウ（まど・みちお），シッポのちぎれたメダカ（やなせたかし） ほか），友だちのうた（ともだちになろう（垣内磯子），ともだち（須永博士） ほか），ちょう特急で（もぐら（まど・みちお），たいくつ（内田麟太郎） ほか），声に出して（かえるのうたのおけいこ（草野心平），ゆきふるるん（小野ルミ） ほか），不安になる（ぼくひとり（江口あけみ），うそつき（大洲秋登） ほか），がんばる（くじらにのまれて（糸井重里），春のスイッチ（高階杞一） ほか）

『キリンさん』 まどみちお詩，南塚直子絵 小峰書店 1998.11 1冊 24×25cm （まど・みちお 詩のえほん 2） 1400円 ①4-338-13502-6

「つけもののおもし」

『まど・みちお詩の本―まどさん100歳100詩集』 まどみちお著，伊藤英治編 理論社 2010.3 147p 19cm 1000円 ①978-4-652-03523-8

目次 1 やさしい景色，2 うたううた，3 宇宙のこだま，4 もののかずかず，5 ことばのさんぽ，6 いのちのうた

内容 NHKスペシャル「ふしぎがり～まど・みちお百歳の詩～」全国放送で日本中に感動が広がっています。「ぞうさん」「やぎさんゆうびん」「1ねんせいになったら」から宇宙・いのちの詩まで、『まど・みちお全詩集』1200編から生まれた珠玉の175編。

『ガラスにかいたかお―生活』 新川和江編，多田治良絵 太平出版社 1987.10 66p 21cm （小学生・詩のくにへ 6） 1600円

目次 おなかのへるうた（阪田寛夫），コップのうた（真田亀久代），てんぷらぴりぴり（まど・みちお），ピーマン（工藤直子），あわてんぼうの歌（まど・みちお），ガラスのかお（三井ふたばこ），お魚（金子みすゞ），帰宅（吉田定一），つけもののおもし（まど・みちお），山芋（大関松三郎），あめ（山田今次），ふるさとの（石川啄木），リンゴとポンカン（赤岡江里子），ぼくの家だけあかりがともらない（野長瀬正夫），いなかのあいさつ（新川和江），小さなみなとの町（木下夕爾），茂作じいさん（小林純一），夜のくだもの（草野心平），とうげ（石垣りん），はんぶんおりたところ（アレグザンダー＝ミルン，小田島雄志・若子

訳), 夕日がせなかをおしてくる(阪田寛夫)

『つけもののおもし―まど・みちお少年詩集』 まど・みちお著, 小海永二編, 白根美代子絵 ポプラ社 1979.2 166p 18cm (ポプラ社文庫) 390円

「てつぼう」

『まど・みちお詩の本―まどさん100歳100詩集』 まどみちお著, 伊藤英治編 理論社 2010.3 147p 19cm 1000円 Ⓘ978-4-652-03523-8

目次 1 やさしい景色, 2 うたううた, 3 宇宙のこだま, 4 もののかずかず, 5 ことばのさんぽ, 6 いのちのうた

内容 NHKスペシャル「ふしぎがり～まど・みちお百歳の詩～」全国放送で日本中に感動が広がっています。「ぞうさん」「やぎさんゆうびん」「1ねんせいになったら」から宇宙・いのちの詩まで、『まど・みちお全詩集』1200編から生まれた珠玉の175編。

『だいすきまどさん』 まどみちお作, 篠崎三朗絵, 伊藤英治編 理論社 2004.6 205p 21cm (まど・みちお詩集 2) 1500円 Ⓘ4-652-03522-5

目次 1 宇宙のこだま(てつぼう, いちばんぼし, どうしていつも ほか), 2 いのちのうた(アリ, じめん, 人間の目 ほか), 3 もののかずかず(たまごがさきか, いす, かぞえたくなる ほか)

内容 『まど・みちお全詩集』から生まれた新しい詩集。

「てんぷらぴりぴり」

『まど・みちお詩の本―まどさん100歳100詩集』 まどみちお著, 伊藤英治編 理論社 2010.3 147p 19cm 1000円 Ⓘ978-4-652-03523-8

目次 1 やさしい景色, 2 うたううた, 3 宇宙のこだま, 4 もののかずかず, 5 ことばのさんぽ, 6 いのちのうた

内容 NHKスペシャル「ふしぎがり～まど・みちお百歳の詩～」全国放送で日本中に感動が広がっています。「ぞうさん」「やぎさんゆうびん」「1ねんせいになったら」から宇宙・いのちの詩まで、『まど・みちお全詩集』1200編から生まれた珠玉の175編。

『こんにちはまどさん』 まどみちお作, 村上康成絵, 伊藤英治編 理論社 2004.6 221p 21cm (まど・みちお詩集 1) 1500円 Ⓘ4-652-03521-7

目次 1 うたううた(ふしぎなポケット, アリくん, くまさん ほか), 2 ことばのさんぽ(おならはえらい, くち, うそ ほか), 3 やさしい景色(おかあさん, てんぷらぴりぴり, おとうさん ほか)

内容 『まど・みちお全詩集』から生まれた新しい詩集。

『家族と友だち』 まどみちお著, 長新太絵 理論社 1997.4 91p 19cm (まどさんの詩の本) 1300円 Ⓘ4-652-03512-8

目次 おかあさん, ははのひ, ほっぺのうた, ひるねのゆめ, ママの笑い, てんぷら ぴりぴり, 秋空, あかちゃん, とうさんのくつ わたしのくつ, おとうさん, つまようじ, パパ〔ほか〕

『新版 てんぷらぴりぴり』 まどみちお作, 杉田豊絵 大日本図書 1990.4 57p 21cm (子ども図書館) 1000円 Ⓘ4-477-17601-5

『ガラスにかいたかお―生活』 新川和江編, 多田治良絵 太平出版社 1987.10 66p 21cm (小学生・詩のくにへ 6) 1600円

目次 おなかのへるうた(阪田寛夫), コップのうた(真田亀久代), てんぷらぴりぴり(まど・みちお), ピーマン(工藤直子), あわてんぼうの歌(まど・みちお), ガラスのかお(三井ふたばこ), お魚(金子みすゞ), 帰宅(吉田定一), つけもののおもし(まど・みちお), 山芋(大関松三郎), あめ(山田今次), ふるさとの(石川啄木), リンゴとポンカン(赤岡江里子), ぼくの家だけあかりがともらない(野長瀬正夫), いなかのあいさつ(新川和江), 小さなみなとの町(木下夕爾), 茂作じいさん(小林純一), 夜のくだもの(草野心平), とうげ(石垣りん), はんぶんおりたところ(アレグザンダー＝ミルン, 小田島雄志・若子訳), 夕日がせなかをおしてくる(阪田寛夫)

「どうしていつも」

『一年生で読みたい10分のお話』 旺文社編, 中村和弘監修 旺文社 2011.7 143p 21cm〈付属資料：別冊1〉700円 Ⓘ978-4-01-010975-5

目次 ウサギとライオン―ミャンマーのむかしばなし(光吉夏弥訳, もとき理川絵), かぞえうた(和田誠作・絵), パンダのひみつ, 五年ぶんのプレゼント(桂文我作, 小島真樹絵), さとのはる、山のはる(新美南吉作, ひ

だかきょうこ絵），おいしいおかゆ―グリムむかしばなし（石井桃子訳，布川愛子絵），ぼくが小さかったころ（北島康介作，茶畑和也絵），りすのわすれもの（松谷みよ子作，福岡季実子絵），ユキコちゃんのしかえし（星新一作，山内和朗絵），はいくを学ぼう！（中村和弘作，竹内彰子絵），たぬきねいり―日本のむかしばなし（那須田稔作，北田哲也絵），どうしていつも（まどみちお作，かおかおパンダ絵），ざしきぼっこのおはなし（宮澤賢治作，三木謙次絵），おかのいえ（鈴木三重吉作，伊藤正道絵）

内容 「朝の読書」にぴったりな名作・話題作14話。一年生の漢字がすべて読める・書ける。

『まど・みちお詩の本―まどさん100歳100詩集』 まどみちお著，伊藤英治編 理論社 2010.3 147p 19cm 1000円 Ⓘ978-4-652-03523-8

目次 1 やさしい景色，2 うたううた，3 宇宙のこだま，4 もののかずかず，5 ことばのさんぽ，6 いのちのうた

内容 NHKスペシャル「ふしぎがり～まど・みちお百歳の詩～」全国放送で日本中に感動が広がっています。「ぞうさん」「やぎさんゆうびん」「1ねんせいになったら」から宇宙・いのちの詩まで、『まど・みちお全詩集』1200編から生まれた珠玉の175編。

『せんねんまんねん』 まどみちお詩，柚木沙弥郎絵 理論社 2008.3 1冊 28×23cm 1500円 Ⓘ978-4-652-04066-9

『だいすきまどさん』 まどみちお作，篠崎三朗絵，伊藤英治編 理論社 2004.6 205p 21cm （まど・みちお詩集 2） 1500円 Ⓘ4-652-03522-5

目次 1 宇宙のこだま（てつぼう，いちばんぼし，どうしていつも ほか），2 いのちのうた（アリ，じめん，人間の目 ほか），3 もののかずかず（たまごがさきか，いす，かぞえたくなる ほか）

「ともだち」

『新・詩のランドセル 1ねん』 江口季好，小野寺寛，菊永謙，吉田定一編 らくだ出版 2005.1 131p 21×19cm 2200円 Ⓘ4-89777-415-2

目次 1 せんせいのおまじない（こどもの詩（おかあさんのぼけっと（ひろびきやすのり），いぬ（ひろしまりょう） ほか），おとなの詩（きりんはゆらゆら（武鹿悦子），ともだち（まど・みちお） ほか）），2 おとうさんのにおい（こどもの詩（おしっこ（たかはしこうき），人（はらしままい） ほか），おとなの詩（すずめ（有馬敲），さかなやのおっちゃん（畑中圭一） ほか））

内容 小学校での詩の教育は、詩を読むこと、詩を味わうこと、詩を書くことです。詩をたくさん読んでいくと、詩とは高尚な言葉で思いをつづるのではなく、自分の感じたこと、思ったことを自分の言葉で易しく書くことだ、ということが分かります。「新・詩のランドセル」を使って、全国の小学校の教室で、詩を読み、詩を味わい、詩を書く活動が活発に行われるようにしましょう。

「はしるのだいすき」

『まど・みちお詩の本―まどさん100歳100詩集』 まどみちお著，伊藤英治編 理論社 2010.3 147p 19cm 1000円 Ⓘ978-4-652-03523-8

目次 1 やさしい景色，2 うたううた，3 宇宙のこだま，4 もののかずかず，5 ことばのさんぽ，6 いのちのうた

内容 NHKスペシャル「ふしぎがり～まど・みちお百歳の詩～」全国放送で日本中に感動が広がっています。「ぞうさん」「やぎさんゆうびん」「1ねんせいになったら」から宇宙・いのちの詩まで、『まど・みちお全詩集』1200編から生まれた珠玉の175編。

『本は友だち1年生』 日本児童文学者協会編 偕成社 2005.3 139p 21cm （学年別・名作ライブラリー 1） 1200円 Ⓘ4-03-924010-3

目次 花いっぱいになぁれ（松谷みよ子），雨くん（村山籌子），のんびり森のぞうさん（川北亮司），ぱちんぱちんきらり（矢崎節夫），コンクリートのくつあと（牧ひでを），たくやくん（森山京），詩・ジュース（高木あきこ），詩・はしるのだいすき（まどみちお），おふとんになったきのこ（工藤直子），おやおやや（林原玉枝），ノリオのはひふへほ（たかどのほうこ），エッセイ・一年生のころ 「〇〇〇じけん」に気をつけて（薫くみこ）

内容 この本には、「国語」の教科書でおなじみの作品をはじめ、現代の子どもの文学の世界を代表する作家たちの作品が集められています。

「ヒョウタン」

『ことばあそび6年生』 伊藤英治編，かみやしん絵 理論社 2001.4 106p

21cm　（ことばあそびの本 6） 1200円
①4-652-03436-9
[目次] まちかど（まど・みちお），まくら（まど・みちお），ひょうたん（まど・みちお），「お」ことば（吉野弘），「では」と「でも」（織田道代），へんてこりん（まど・みちお），「けむり」と「ねむり」（まど・みちお），ウソ（川崎洋），うそとほんと（谷川俊太郎），せかいびょういんまちあいしつ（阪田寛夫）〔ほか〕

『つぶつぶうた』 まどみちお著，長新太絵　理論社　1994.2　91p　19cm　（まどさんの詩の本） 1300円　①4-652-03501-2

「ぼくがここに」

『こんなにたしかに―まど・みちお詩集』 まどみちお著，高畠純絵，水内喜久雄選・著　理論社　2005.3　127p　21×16cm　（詩と歩こう） 1400円
①4-652-03848-8
[目次] やさしいけしき（こんなにたしかに，やさしいけしき ほか），よかったなあ（よかったなあ，リンゴ ほか），なにもかにもが（つぼ・1，スリッパ ほか），いま！（きんの光のなかに，はっとする ほか）

『元気がでる詩の本 元気がでる詩4年生』 伊藤英治編，大塚いちお絵　理論社　2002.3　107p　21cm　1200円
①4-652-03440-7
[目次] あくび（谷川俊太郎），ぼくがここに（まど・みちお），ぼくっていったい何だろう（小林純一），木（与田準一），こころのすみっこにイスをおいて（木坂涼），ひとり（木村信子），ごめんなさい（間中ケイ子），あいたくて（工藤直子），あい（谷川俊太郎），海からの手紙（こわせ・たまみ）〔ほか〕
[内容] 詩を読むと、やさしい風がふいてくる。元気がでる詩、勇気がわいてくる詩。ぜんぶ、みんなの詩です。

『ポケット詩集』 田中和雄編　童話屋　1998.11　157p　15cm　1250円
①4-88747-003-7
[目次] 雨ニモマケズ（宮沢賢治），聴く力（茨木のり子），くまさん（まど・みちお），学校（辻征夫），虫の夢（大岡信），I was born（吉野弘），系図（三木卓），ぼくがここに（まど・みちお），秋の夜の会話（草野心平），練習問題（阪田寛夫）〔ほか〕
[内容] 昔の少年は詩をよく読んだものだ。それも、とびきり上等の詩ばかりを、だ。そしてよく考え、「足る」を知った。みんなへっぴり腰を恥じて涼しげな目の下に、素朴な正義感をひそかにかくしていた。子どもよ、そして子どもの心を持った大人たちよ、この時代にとびきり志の高い詩を読みなさい。

『ぼくがここに』 まどみちお著　童話屋　1993.1　148p　16cm　1185円
①4-924684-70-8
[内容] 詩人まど・みちおの最新詩集。

「ポポン…」

『まど・みちお詩の本―まどさん100歳100詩集』 まどみちお著，伊藤英治編　理論社　2010.3　147p　19cm　1000円
①978-4-652-03523-8
[目次] 1 やさしい景色，2 うたううた，3 宇宙のこだま，4 もののかずかず，5 ことばのさんぽ，6 いのちのうた
[内容] NHKスペシャル「ふしぎがり～まど・みちお百歳の詩～」全国放送で日本中に感動が広がっています。「ぞうさん」「やぎさんゆうびん」「1ねんせいになったら」から宇宙・いのちの詩まで、『まど・みちお全詩集』1200編から生まれた珠玉の175編。

『せんねんまんねん』 まどみちお詩，柚木沙弥郎絵　理論社　2008.3　1冊　28×23cm　1500円　①978-4-652-04066-9

「よかったなあ」

『こんなにたしかに―まど・みちお詩集』 まどみちお著，高畠純絵，水内喜久雄選・著　理論社　2005.3　127p　21×16cm　（詩と歩こう） 1400円
①4-652-03848-8
[目次] やさしいけしき（こんなにたしかに，やさしいけしき ほか），よかったなあ（よかったなあ，リンゴ ほか），なにもかにもが（つぼ・1，スリッパ ほか），いま！（きんの光のなかに，はっとする ほか）

『詩は宇宙 5年』 水内喜久雄編，大滝まみ絵　ポプラ社　2003.4　145p　20×16cm　（詩はうちゅう 5） 1300円
①4-591-07591-5
[目次] 学ぶうた（教室はまちがうところだ（蒔田晋治），扉（前山敬子） ほか），友だちと（糸電話（寺山富三），きみとぼく（大洲秋登） ほか），ファースト・ラブ（小さな愛のうた（抄）（野長瀬正夫），練習問題（阪田寛夫） ほか），植物によせて（よかったなあ（まど・

みちお), おげんきですか(新川和江) ほか), 社会を見つめる(ほうれんそう(津崎優子), サイン(新井竹子) ほか), ふしぎな言葉(わたしのアルファベット(薩摩忠), ごびらっふの独白(草野心平) ほか), 不安な気持ち(ぼくをさがして一十一歳(坂本のこ), 鼓動(高階杞一) ほか), 言葉から(言葉(新井和), いってしまった言葉は返らない…(みつはしちかこ) ほか), 変わる予感(今ぼくは…(三島慶子), もうちょっとだけ(垣内磯子) ほか), 人生を見つめる(あいたくて(工藤直子), 生きているって…(葉祥明) ほか)

『いいけしき』 まど・みちお詩, 赤坂三好画 理論社 1993.10 153p 18cm (フォア文庫) 550円 ①4-652-07099-3

間所 ひさこ
まどころ・ひさこ
《1938〜》

「春」

『新・詩のランドセル 3ねん』 江口季好, 小野寺寛, 菊永謙, 吉田定一編 らくだ出版 2005.1 129p 21×19cm 2200円 ①4-89777-417-9

目次 1 にじがきれいだった(こどもの詩(トマトとり(ゆあさ洋子), とんび(戸ざわたかのぶ) ほか), おとなの詩(春(間所ひさこ), 手紙(鈴木敏史) ほか)), 2 ほたるのきょうだい(こどもの詩(えらくなったみたい(しょうじなつこ), いいなあ(こだてみよこ) ほか), おとなの詩(なっとうのうた(吉田定一), なわとび(永窪綾子) ほか))

内容 小学校での詩の教育は、詩を読むこと、詩を味わうこと、詩を書くことです。詩をたくさん読んでいくと、詩とは高尚な言葉で思いをつづるのではなく、自分の感じたこと、思ったことを自分の言葉で易しく書くことだ、ということが分かります。「新・詩のランドセル」を使って、全国の小学校の教室で、詩を読み、詩を味わい、詩を書く活動が活発に行われるようにしましょう。

『山が近い日—間所ひさこ少年詩集』 間所ひさこ著, 服部竜男画 新装版 理論社 1997.9 163p 21cm (詩の散歩道・PART2) 1600円 ①4-652-03822-4

目次 りんご畑で, 春とひつじ, 太海にて, あかるい昼, 山が近い日

「ひばり」

『ペンギンのさんぽ—動物 2』 新川和江編, かながわていこ絵 太平出版社 1987.12 66p 21cm (小学生・詩のくにへ 9) 1600円

目次 みつばつぶんぶん(小林純一), 蜂と神さま(金子みすゞ), かたつむり(リューユーイ・出沢万紀人訳), ばったのうた(おうちやすゆき), いっぷ にっぷ じゃんぷ(井出隆夫), トノサマガエル(大西貢), ヘビのうた(室生犀星), へび(川崎洋), ひばり(間所ひさこ), 海雀(北原白秋), 空とぶにわとり(おうちやすゆき), きつつきとみみずく(野上彰), 雁(千家元麿), わらべうた 1羽のからす, ノガモのお針箱(新川和江), こじゅけいの父さん(赤岡江里子), ごろすけホッホー(岩井春彦), ペンギンちゃん(まど・みちお), 虫けら(大関松三郎), アリ(まど・みちお)

マーヒー, マーガレット
《1936〜》

「魔法使いのチョコレート・ケーキ」

『魔法使いのチョコレート・ケーキ—マーガレット・マーヒーお話集』 マーガレット・マーヒー作, シャーリー・ヒューズ絵, 石井桃子訳 福音館書店 2004.8 181p 17cm (福音館文庫) 600円 ①4-8340-1999-3

目次 たこあげ大会, 葉っぱの魔法, 遊園地, 魔法使いのチョコレート・ケーキ, 家のなかにぼくひとり, メリー・ゴウ・ラウンド, 鳥の子, ミドリノハリ, 幽霊をさがす, ニュージーランドのクリスマス

内容 これは、『マーガレット・マーヒーの第一お話集』『第二お話集』『第三お話集』の三冊の中から、石井桃子さんがお好きな、ふしぎなことの出てくるお話を選んで、訳出したものです。八編のお話と二編の詩を収録。魔法と驚きにみちた世界へ子どもたちを案内し、夢と願いを存分に満たしてくれるお話集です。

黛　まどか
まゆずみ・まどか
《1962～》

「薫風」

『ここにあなたのいる不思議』　黛まどか著　PHP研究所　1999.3　203p　21cm　1300円　①4-569-60531-1

目次　ここにあなたのいる不思議,B面の夏休,夢の中まで恋をして,あなたしか見ていない,会いたくて逢いたくて,あしたの私連れてくる,飛ぶ夢を見たくて,十七文字の深呼吸

マルシャーク,サムイル
《1887～1964》

「しずかなおはなし」

『しずかなおはなし』　サムイル・マルシャーク文，ウラジミル・レーベデフ絵　福音館書店　1982.10　1冊　28cm　（世界傑作絵本シリーズ・ソビエトの絵本）800円　①4-8340-0017-6

丸山　薫
まるやま・かおる
《1899～1974》

「青い色」

『あたらしい歯―自立・成長』　新川和江編，有元健二絵　太平出版社　1987.7　66p　21cm　（小学生・詩のくに 7）1600円

目次　青い色（丸山薫），まきばの子馬（高田敏子），あたらしい歯（与田準一），ミミコの独立（山之口貘），にぎりこぶし（村野四郎），小さななみだ（やなせたかし），素直な疑問符（吉野弘），本のにおい（新川和江），かぜのなかのおかあさん（阪田寛夫），ゆずり葉（河井酔名），われは草なり（高見順），山頂から（小野十三郎），スポーツ（鶴見正夫），虻（嶋岡晨），つばさをください（山上路夫），支度（黒田三郎），生きる（谷川俊太郎）

「北の春」

『おぼえておきたい日本の名詩100』　水内喜久雄編著　たんぽぽ出版　2003.2　199p　21cm　2000円　①4-901364-29-4

目次　1897～1945（山林に自由存す（国木田独歩），初恋（島崎藤村），星と花（土居晩翠），小諸なる古城のほとり（島崎藤村），君死にたまふことなかれ（与謝野晶子）ほか），1945～（生ましめんかな（栗原貞子），北の春（丸山薫），ゆき（草野心平），戦争（金子光晴），るす（高橋新吉）ほか）

内容　80人の詩人による、100篇の詩を収録。

三木　卓
みき・たく
《1935～》

「えいっ」

『本は友だち2年生』　日本児童文学者協会編　偕成社　2005.3　163p　21cm　（学年別・名作ライブラリー 2）1200円　①4-03-924020-0

目次　「えいっ」（三木卓），ろくべえまってろよ（灰谷健次郎），海をあげるよ（山下明生），きばをなくすと（小沢正），詩・おなかのへるうた（阪田寛夫），詩・おおきくなったら（菅原優子），ふるさとの空に帰った馬（小暮正夫），わすれたわすれんぼ（寺村輝夫），あめだま（新美南吉），とっくたっくとっくたっく（神沢利子），エッセイ・二年生のころ 夜店だいすき（越水利江子）

内容　この本には、「国語」の教科書でおなじみの作品をはじめ、現代の子どもの文学の世界を代表する作家たちの作品が集められています。

『光村ライブラリー　第4巻　くまの子ウーフ ほか』　樺島忠夫,宮地裕,渡辺実監修，みきたく,やましたはるお,おかもとよしお,かんざわとしこ作，新野めぐみ,村上勉,井口文秀,井上洋介絵　光村図書出版　2004.11　81p　21cm〈第4刷〉1000円　①4-89528-102-7

目次　えいっ（みきたく），海をあげるよ（やましたはるお），みかんの木の寺（おかもとよしお），くまの子ウーフ（かんざわとしこ）

「のらねこ」

『齋藤孝の親子で読む国語教科書 3年生』 齋藤孝著 ポプラ社 2011.3 142p 21cm （齋藤孝の親子で読む国語教科書 3） 1000円 Ⓘ978-4-591-12287-7

目次 いろはにほへと（今江祥智）, のらねこ（三木卓）, つりばしわたれ（長崎源之助）, ちいちゃんのかげおくり（あまんきみこ）, ききみみずきん（木下順二）, ワニのおじいさんのたからもの（川崎洋）, さんねん峠（李錦玉）, サーカスのライオン（川村たかし）, モチモチの木（斎藤隆介）, 手ぶくろを買いに（新美南吉）

『教科書にでてくるお話 3年生』 西本鶏介監修 ポプラ社 2006.3 186p 18cm （ポプラポケット文庫） 570円 Ⓘ4-591-09169-4

目次 のらねこ（三木卓）, きつつきの商売（林原玉枝）, ウサギのダイコン（茂市久美子）, きつねをつれてむらまつり（こわせたまみ）, つりばしわたれ（長崎源之助）, 手ぶくろを買いに（新美南吉）, うみのひかり（緒島英二）, サーカスのライオン（川村たかし）, おにたのぼうし（あまんきみこ）, 百羽のツル（花岡大学）, モチモチの木（斎藤隆介）, かあさんのうた（大野允子）, ちいちゃんのかげおくり（あまんきみこ）

内容 現在使われている各社の国語教科書に掲載または紹介されている作品ばかりを集めたアンソロジーです。長く読みつがれている名作、心あたたまるお話、おもしろくて元気がでるお話など、すばらしい作品がいっぱい。作品の表記は原典に忠実にし、全文を掲載しています。教科書では気づかなかった作品の魅力を、新たに発見できるかもしれません。小学校中級から。

『ぽたぽた』 三木卓作, 杉浦範茂絵 筑摩書房 1983.9 142p 21cm 980円

みずかみ かずよ

《1935〜1988》

「あかいカーテン」

『みずかみかずよ詩集 ねぎぼうず』 みずかみかずよ著 岩崎書店 2010.3 94p 18×19cm （豊かなことば現代日本の詩 9） 1500円 Ⓘ978-4-265-04069-8

目次 1 夕立（金のストロー, あかいカーテン ほか）, 2 おじいさんの畑（まどをあけといて, まるぼうず ほか）, 3 うまれたよ（うまれたよ, ほたる ほか）, 4 ふきのとう（ねぎぼうず, ふきのとう ほか）, 5 よろこび（夾竹桃―若松の脇田海岸, ポプラの海で ほか）

内容 「ねぎぼうず」「金のストロー」「こおろぎでんわ」など代表作四十二編を収録。

『光村ライブラリー 第18巻 おさるがふねをかきました ほか』 樺島忠夫, 宮地裕, 渡辺実監修, まどみちお, 三井ふたばこ, 阪田寛夫, 川崎洋, 河井酔茗ほか著, 松永禎郎, 杉田豊, 平山英三, 武田美穂, 小野千世ほか画 光村図書出版 2004.11 83p 21cm 〈第4刷〉 1000円 Ⓘ4-89528-116-7

目次 おさるがふねをかきました（まど・みちお）, みつばちぶんぶん（小林純一）, あいうえお・ん（鶴見正夫）, ぞうのかくれんぼ（高木あきこ）, おうむ（鶴見正夫）, あかいカーテン（みずかみかずよ）, ガラスのかお（三井ふたばこ）, せいのび（武鹿悦子）, かぼちゃのつるが（原田直友）, 三日月（松谷みよ子）, 夕立（みずかみかずよ）, さかさのさかさはさかさ（川崎洋）, 春（坂本遼）, 虻（嶋岡晨）, 若葉よ来年は海へゆこう（金子光春）, われは草なり（高見順）, くまさん（まど・みちお）, おなかのへるうた（阪田寛夫）, てんらん会（柴野民三）, 夕日がせなかをおしてくる（阪田寛夫）, ひばりのす（木下夕爾）, 十時にね（新川和江）, みいつけた（岸田衿子）, どきん（谷川俊太郎）, りんご（山村暮鳥）, ゆずり葉（河井酔茗）, 雪（三好達治）, 影（八木重吉）, 楽器（北川冬彦）, 動物たちの恐ろしい夢のなかに（川崎洋）, 支度（黒田三郎）

「馬でかければ」

『馬でかければ―少年詩集』 みずかみかずよ著 福岡 葦書房 1977.5 83p 22cm 1200円

「金のストロー」

『みずかみかずよ詩集 ねぎぼうず』 みずかみかずよ著 岩崎書店 2010.3 94p 18×19cm （豊かなことば現代日本の詩 9） 1500円 Ⓘ978-4-265-04069-8

目次 1 夕立（金のストロー, あかいカーテンほか）, 2 おじいさんの畑（まどをあけといて, まるぼうず ほか）, 3 うまれたよ（うまれたよ, ほたる ほか）, 4 ふきのとう（ねぎ

ぼうず, ふきのとう ほか), 5 よろこび(夾竹桃—若松の脇田海岸, ポプラの海で ほか)

内容 「ねぎぼうず」「金のストロー」「こおろぎでんわ」など代表作四十二編を収録。

『うまれたよ—詩集』 みずかみかずよ著 グランまま社 1988.9 103p 17cm 1200円 Ⓘ4-906195-12-1 Ⓝ911.56

『みどりのしずく—自然』 新川和江編, 瀬戸好子絵 太平出版社 1987.7 66p 21cm (小学生・詩のくにへ 5) 1600円

目次 雲(山村暮鳥), 金のストロー(みずかみかずよ), 水たまり(武鹿悦子), 石ころ(まど・みちお), かいだん(渡辺美知子), すいれんのはっぱ(浦かずお), びわ(まど・みちお), かぼちゃのつるが(原田直友), 雑草のうた(鶴岡千代子), ことりのひな(北原白秋), 土(三好達治), きいろいちょうちょう(こわせたまみ), すいっちょ(鈴木敏史), 川(谷川俊太郎), 天(山之口貘), 富士(草野心平), 海(川崎洋), なみは手かな(こわせたまみ), 石(草野心平), 地球は(工藤直子), どうしていつも(まど・みちお)

「ケヤキの新芽」

『しぜんのうた』 小海永二編, 村上康成絵 ポプラ社 1996.4 139p 19cm (みんなで読む詩・ひとりで読む詩 1) 1200円 Ⓘ4-591-05074-2

「ねぎぼうず」

『みずかみかずよ詩集 ねぎぼうず』 みずかみかずよ著 岩崎書店 2010.3 94p 18×19cm (豊かなことば現代日本の詩 9) 1500円 Ⓘ978-4-265-04069-8

目次 1 夕立(金のストロー, あかいカーテン ほか), 2 おじいさんの畑(まどをあけといて, まるぼうず ほか), 3 うまれたよ(うまれたよ, ほたる ほか), 4 ふきのとう(ねぎぼうず, ふきのとう ほか), 5 よろこび(夾竹桃—若松の脇田海岸, ポプラの海で ほか)

内容 「ねぎぼうず」「金のストロー」「こおろぎでんわ」など代表作四十二編を収録。

『こえがする—みずかみかずよ少年詩集』 みずかみかずよ著, 箕田源二郎絵 理論社 1983.4 124p 21cm (詩の散歩道) 1500円

「ふきのとう」

『みずかみかずよ詩集 ねぎぼうず』 みずかみかずよ著 岩崎書店 2010.3 94p 18×19cm (豊かなことば現代日本の詩 9) 1500円 Ⓘ978-4-265-04069-8

目次 1 夕立(金のストロー, あかいカーテン ほか), 2 おじいさんの畑(まどをあけといて, まるぼうず ほか), 3 うまれたよ(うまれたよ, ほたる ほか), 4 ふきのとう(ねぎぼうず, ふきのとう ほか), 5 よろこび(夾竹桃—若松の脇田海岸, ポプラの海で ほか)

内容 「ねぎぼうず」「金のストロー」「こおろぎでんわ」など代表作四十二編を収録。

「夕立」

『光村ライブラリー 第18巻 おさるがふねをかきました ほか』 樺島忠夫, 宮地裕, 渡辺実監修, まどみちお, 三井ふたばこ, 阪田寛夫, 川崎洋, 河井酔茗ほか著, 松永禎郎, 杉田豊, 平山英三, 武田美穂, 小野千世ほか画 光村図書出版 2004.11 83p 21cm〈第4刷〉1000円 Ⓘ4-89528-116-7

目次 おさるがふねをかきました(まど・みちお), みつばちぶんぶん(小林純一), あいうえお・ん(鶴見正夫), ぞうのかくれんぼ(高木あきこ), おうむ(鶴見正夫), あかいカーテン(みずかみかずよ), ガラスのかお(三井ふたばこ), せいのび(武鹿悦子), かぼちゃのつるが(原田直友), 三日月(松谷みよ子), 夕立(みずかみかずよ), さかさのさかさはさかさ(川崎洋), 春(坂本遼), 虻(嶋岡晨), 若葉よ来年は海へゆこう(金子光春), われは草なり(高見順), くまさん(まど・みちお), おなかのへるうた(阪田寛夫), てんらん会(柴野民三), 夕日がせなかをおしてくる(阪田寛夫), ひばりのす(木下夕爾), 十時にね(新川和江), みいつけた(岸田衿子), どきん(谷川俊太郎), りんご(山村暮鳥), ゆずり葉(河井酔茗), 雪(三好達治), 影(八木重吉), 楽器(北川冬彦), 動物たちの恐ろしい夢のなかに(川崎洋), 支度(黒田三郎)

水谷　章三
みずたに・しょうぞう
《1934～》

「天に上ったおけやさん」

『こころにひびくめいさくよみもの 1ねん―よんで、きいて、こえにだそう』 府川源一郎, 佐藤宗子編　教育出版　2004.3　75p　21cm〈付属資料：CD1〉　2000円　①4-316-80085-X

目次 花いっぱいになあれ（松谷みよ子）, おじさんのかさ（佐野洋子）, はなび（森山京）, 雨つぶ（あべ弘士）, 天に上ったおけやさん（水谷章三）, おもしろいことば, きりんはゆらゆら（武鹿悦子）, ひらいたひらいた

内容 小学校国語教科書に掲載された名作（物語・説明文・詩）を学年別に収録。発達段階に応じた教科書表記を採用。難意語には注を記載。発展学習にも役立つよう、交ぜ書きから読み仮名付きの漢字へ適宜変更。当時の教科書に使用された挿絵を掲載。俳優・声優による格調高い朗読をCDに収め各巻に添付。

三田村　信行
みたむら・のぶゆき
《1939～》

「らくだはさばくへ」

『遠くへ行きたい日に読む本』 現代児童文学研究会編　偕成社　1990.7　230p　21cm　（きょうはこの本読みたいな 6）　1200円　①4-03-539060-7

目次 詩 レモン（はたちよしこ）, らくだはさばくへ（三田村信行）, 月どろぼう（立原えりか）, 星へのやくそく（大石真）, いじわるな町（柏葉幸子）, 詩 空の広さ（原田直友）, オレンジいろのでんわ（さとうわきこ）, 落とし穴（眉村卓）, 女の子とライオン（今江祥智）, オーロラ通信（きどのりこ）, ふしぎなふろしきづつみ（前川康男）, 風にふかれて（丘修三）, 詩 磁石（小林純一）, 天の町やなぎ通り（あまんきみこ）, 星へいった汽車（安藤美紀夫）

三井　ふたばこ
みつい・ふたばこ
《1918～1990》

「ガラスのかお」

『光村ライブラリー　第18巻　おさるがふねをかきました ほか』 樺島忠夫, 宮地裕, 渡辺実監修, まどみちお, 三井ふたばこ, 阪田寛夫, 川崎洋, 河井酔茗ほか著, 松永禎郎, 杉田豊, 平山英三, 武田美穂, 小野千世ほか画　光村図書出版　2004.11　83p　21cm〈第4刷〉1000円　①4-89528-116-7

目次 おさるがふねをかきました（まど・みちお）, みつばちぶんぶん（小林純一）, あいうえお・ん（鶴見正夫）, ぞうのかくれんぼ（高木あきこ）, おうむ（鶴見正夫）, あかいカーテン（みずかみかずよ）, ガラスのかお（三井ふたばこ）, せいのび（武鹿悦子）, かぼちゃのつるが（原田直友）, 三日月（松谷みよ子）, 夕立（みずかみかずよ）, さかさのさかさはさかさ（川崎洋）, 春（坂本遼）, 虻（嶋岡晨）, 若葉よ来年は海へゆこう（金子光春）, われは草なり（高見順）, くまさん（まど・みちお）, おなかのへるうた（阪田寛夫）, てんらん会（柴野民三）, 夕日がせなかをおしてくる（阪田寛夫）, ひばりのす（木下夕爾）, 十時にね（新川和江）, みいつけた（岸田衿子）, どきん（谷川俊太郎）, りんご（山村暮鳥）, ゆずり葉（河井酔茗）, 雪（三好達治）, 影（八木重吉）, 楽器（北川冬彦）, 動物たちの恐ろしい夢のなかに（川崎洋）, 支度（黒田三郎）

『ガラスにかいたかお―生活』 新川和江編, 多田治良絵　太平出版社　1987.10　66p　21cm　（小学生・詩のくにへ 6）　1600円

目次 おなかのへるうた（阪田寛夫）, コップのうた（真田亀久代）, てんぷらぴりぴり（まど・みちお）, ピーマン（工藤直子）, あわてんぼうの歌（まど・みちお）, ガラスのかお（三井ふたばこ）, お魚（金子みすゞ）, 帰宅（吉田定一）, つけもののおもし（まど・みちお）, 山芋（大関松三郎）, あめ（山田今次）, ふるさとの（石川啄木）, リンゴとポンカン（赤岡江里子）, ぼくの家だけあかりがともらない（野長瀬正夫）, いなかのあいさつ（新川和江）, 小さなみなとの町（木下夕爾）, 茂作じいさん（小林純一）, 夜のくだもの（草野心平）, とう

げ（石垣りん）, はんぶんおりたところ（アレグザンダー＝ミルン, 小田島雄志・若子訳）, 夕日がせなかをおしてくる（阪田寛夫）

三越　左千夫
みつこし・さちお

《1916〜1992》

「おちば」

『どこかへ行きたい―三越左千夫少年詩集』 三越左千夫著, こぐれけんじろう画, 北川幸比古編　岩崎書店　1997.4　102p　19×19cm　（美しい日本の詩歌 18）　1500円　①4-265-04058-6

目次 めだか, りすさん ぞうさん, きりぎりすとおに, あり, おちば, 私らのところでは, いなごたちにもこだわって, 功罪相半ば, 利根川, 春の岬に来て〔ほか〕

内容 潮騒が歌うように話かけてくる。菜の花が風にゆすられて…みずみずしい詩情・美しいことば。

みつはし　ちかこ

《1941〜》

「今日はきのうの続きだけれど」

『贈る詩 あなたへの言の葉』 二瓶弘行編　東洋館出版社　2012.6　167p　19cm　2000円　①978-4-491-02815-6

目次 こころ（工藤直子）, 今日はきのうの続きだけれど（みつはしちかこ）, 歌っていいですか（谷川俊太郎）, もしも一輪残ったら（井上灯美子）, ファイト！（中島みゆき）, エッセイ 美しい時間（二瓶弘行）, 素直なままで（折原みと）, 知命（茨木のり子）, コスモス（関根清子）, あなたを（三島慶子）〔ほか〕

内容 あの日、くたくたに黒ずんだ私のこころをたった一つの言の葉が、ほんの少しだけ優しくなでてくれた。あの日、ざらざらに砕けた私のこころにたった一つの言の葉が、来ないと思っていた明日を見させてくれた。いまを生きている、たった一人のあなたへたった一つだけの言の葉を贈ります。

『元気がでる詩の本 元気がでる詩5年生』 杉浦範茂絵, 伊藤英治編　理論社　2002.4　104p　21×16cm　1200円　①4-652-03441-5

目次 今日はきのうの続きだけれど（みつはしちかこ）, 発見（高階杞一）, ひとりぼっち（谷川俊太郎）, ひみつの箱（おーなり由子）, 好きなこと（小泉周二）, 約束（高丸もと子）, 愛（木村信子）, 手紙（千川あゆ子）, すきなひとの名前（坂本京子）, あなたが好き（立原えりか）〔ほか〕

『あなたの名を呼ぶだけで―Love Story』 みつはしちかこ著　立風書房　1997.9　125p　19cm　1300円　①4-651-11015-0

目次 恋はどこからやってくるの, 風のあとに雪がきて, 春のくす玉が割れたよ, わたしはたんぽぽ, 雨の朝は水のいろ, 東の空に低く低く, 雨が歩いてゆきます, あじさいの花にかくれて泣いたの, ちいさいかたつむりになりたい, 魚たちが〔ほか〕

内容 「小さな恋のものがたり」のみつはしちかこがうたうせつなく胸キューンのひとを想いはじめるころ。

湊　秋作
みなと・しゅうさく

《1953〜》

「森のスケーター ヤマネ」

『森のスケーターヤマネ』 湊秋作著, 金尾恵子絵　文研出版　2000.9　78p　23×20cm　（文研科学の読み物）　1200円　①4-580-81274-3

内容 「生きた化石」といわれるヤマネの神秘的で興味深い習性・生態を、生き生きと描いた作品。清里の森で、のびのびとくらしているヤマネのようすが、浮かび上がってきます。小さなヤマネが、たくましく生きのびてきたそのわけは…。小学4年生以上。

南 洋一郎

→池田宣政（いけだ・のぶまさ）を見よ

宮川　ひろ
みやかわ・ひろ
《1923～》

「おはじき」

『おはじき』　宮川ひろ作，太田大八絵　岩崎書店　1995.4　85p　22×19cm　（日本の名作童話 8）1500円　Ⓘ4-265-03758-5

「クロはぼくのいぬ」

『クロはぼくのいぬ』　宮川ひろ文，鈴木まもる絵　国立　にっけん教育出版社，星雲社（発売）1998.7　31p　26cm　1300円　Ⓘ4-7952-0297-4

「沢田さんのほくろ」

『心にひびく名作読みもの 3年―読んで、聞いて、声に出そう』　府川源一郎，佐藤宗子編　教育出版　2004.3　69p　21cm　〈付属資料：CD1〉2000円　Ⓘ4-316-80087-6

目次　お母さんの紙びな（長崎源之助），はまひるがおの「小さな海」（今西祐行），沢田さんのほくろ（宮川ひろ），りんごの花（後藤竜二），どちらが生たまごでしょう，ぎんなんの木（佐藤義美），かっぱ（谷川俊太郎）

内容　小学校国語教科書に掲載された名作（物語・説明文・詩）を学年別に収録。発達段階に応じた教科書表記を採用。難意語には注を記載。発展学習にも役立つよう、交ぜ書きから読み仮名付きの漢字へ適宜変更。当時の教科書に使用された挿絵を掲載。俳優・声優による格調高い朗読をCDに収め各巻に添付。

「地図のある手紙」

『地図のある手紙』　日本児童文学者協会編　小峰書店　1986.3　163p　21cm　（新選・子どもの文学 18―ふるさとものがたり）980円　Ⓘ4-338-06118-9

目次　地図のある手紙（宮川ひろ），夕やけ牧場（長野京子），湯かぶり仁太（宮下和男），トマトとパチンコ（後藤竜二），鬼のげた（角田光男），野がも（溝井英雄），ノロシをもやせ（須藤克三），健にいのミカン（岸武雄）

宮城　音弥
みやぎ・おとや
《1908～2005》

「ねむりについて」

『光村ライブラリー　第17巻　「わたし」とはだれか ほか』　樺島忠夫，宮地裕，渡辺実監修，亀井勝一郎ほか著，手塚治虫ほか画　光村図書出版　2004.4　89p　21cm　〈3刷〉1000円　Ⓘ4-89528-115-9

目次　もう一度考える（亀井勝一郎），映像を見る目（山田太一），アニメーションとわたし（手塚治虫），ねむりについて（宮城音弥），「わたし」とはだれか（河合隼雄），マカルーの旗（松尾伸），赤十字の創立者―アンリー＝デュナン（「国語」編集委員会編）

宮沢　賢治
みやざわ・けんじ
《1896～1933》

「いちょうの実」

『未来へむかう心が育つおはなし』　主婦の友社編　主婦の友社　2012.8　253p　27×22cm　（頭のいい子を育てる）〈付属資料：シール〉2200円　Ⓘ978-4-07-283498-5

目次　はじめは「や！」（香山美子），ムカデの医者むかえ―日本の昔話，三つのことば（グリム），耳なし芳一のはなし（小泉八雲），イチョウの実（宮沢賢治），シーソーにのったら（岸田衿子），三枚のおふだ―日本の昔話，郵便屋さんのおはなし（チャペック），こんび太郎―日本の昔話，はだかの王さま（アンデルセン）〔ほか〕

内容　未知の世界へとびこんでいく勇気、失敗をしてもくじけずに立ちあがってまた進もうとするたくましさ、小さな枠におさまらない好奇心―子どもたちにつちかってほしい力を育てるお話を集めました。

『読解力がグングンのびる！ 齋藤孝のゼッタイこれだけ！ 名作教室 小学1年

上巻』 斎藤孝編 朝日新聞出版 2012.3 189p 21cm 952円 Ⓘ978-4-02-331047-6

目次 飴だま, きまぐれロボット, むじな, キツネとブドウ, ヘンゼルとグレーテル, 花咲き山, 私と小鳥と鈴と, いちょうの実, 坊っちゃん, 金になってしまったごちそう, 故事成語「矛盾」, くもの糸

内容 坊っちゃん、きまぐれロボット、花咲き山、くもの糸、ヘンゼルとグレーテル、そのほか全12編。ふつうの“10分間読書”では身につかない、本当の「読解力」がつく。

『注文の多い料理店―宮沢賢治童話集珠玉選』 宮沢賢治作, 太田大八絵 講談社 2009.9 237p 18cm 850円 Ⓘ978-4-06-215738-4

目次 星めぐりの歌, 注文の多い料理店, 鳥箱先生とフウねずみ, ツェねずみ, クンねずみ, ありときのこ, やまなし, めくらぶどうと虹, いちょうの実, まなづるとダァリヤ, 月夜のけだもの, おきなぐさ, 雪渡り, シグナルとシグナレス, 狼森と笊森、盗森

『セロ弾きのゴーシュ―宮沢賢治童話集』 宮沢賢治著 改訂2版 偕成社 2008.12 195p 19cm (偕成社文庫)〈第9刷〉600円 Ⓘ978-4-03-550190-9

目次 どんぐりとやまねこ, やまなし, さるのこしかけ, よだかの星, 虔十公園林, 祭りのばん, ざしき童子のはなし, オツベルとぞう, まなづるとダァリヤ, いちょうの実, 気のいい火山弾, 雨ニモマケズ, セロ弾きのゴーシュ

内容 演奏会まであと10日しかないのにゴーシュはどうしてもセロをうまく弾けません。音楽の心を描いた表題作のほか、「どんぐりとやまねこ」「オツベルとぞう」「やまなし」など詩情ゆたかな名作13編を収録。

『いちょうの実』 宮沢賢治作, 及川賢治絵 三起商行 2008.10 1冊 26×25cm (ミキハウスの宮沢賢治の絵本) 1500円 Ⓘ978-4-89588-119-7

内容 いちょうの実はみんな一度に目をさましました。そしてドキッとしたのです。今日こそはたしかに旅立ちの日でした。

『注文の多い料理店―宮沢賢治童話集』 宮沢賢治作, 太田大八絵 新装版 講談社 2008.10 216p 18cm (講談社青い鳥文庫) 570円 Ⓘ978-4-06-285049-0

目次 星めぐりの歌, 注文の多い料理店, 鳥箱先生とフウねずみ, ツェねずみ, クンねずみ, ありときのこ, やまなし, めくらぶどうと虹, いちょうの実, まなづるとダァリヤ, 月夜のけだもの, おきなぐさ, シグナルとシグナレス, 狼森と笊森、盗森

内容 ふたりのわかい紳士が猟にでて、山おくの西洋料理店にはいったところ、かえって自分たちが料理されそうになってしまうという、宮沢賢治の代表作『注文の多い料理店』をはじめ、『鳥箱先生とフウねずみ』『ツェねずみ』『クンねずみ』『ありときのこ』『やまなし』『雪渡り』『シグナルとシグナレス』『狼森と笊森、盗森』ほか、詩と名作童話15編を収録。小学中級から。

『斎藤孝のイッキによめる! 名作選 小学1年生』 斎藤孝編 講談社 2005.3 203p 21cm 952円 Ⓘ4-06-212827-6

目次 アメリカザリガニ(さくらももこ), いちょうの実(宮沢賢治), 二人の兄弟(島崎藤村), 地球はおおさわぎ(筒井康隆), 手ぶくろを買いに(新美南吉), アラビアンナイト・うそつきブハイト(川真田純子), 落語 けちくらべ(興津要), グリム童話・いばら姫(阿川佐和子), くもの糸(芥川龍之介)

内容 21世紀の画期的な名作アンソロジーが登場! かならず、感動にであえます。芥川龍之介、宮沢賢治、阿川佐和子、さくらももこ、筒井康隆ほか全9編。

『やまなし/いちょうの実』 宮沢賢治作, 川村みづえ絵 岩崎書店 2004.12 68p 21cm (宮沢賢治のおはなし 3) 1000円 Ⓘ4-265-07103-1

目次 やまなし, いちょうの実

内容 「クラムボンはわらったよ。」谷川の底で、かにの兄弟がはなしていると、とつぜん、お魚が…。(『やまなし』)ユニークな視点から見た、季節の変化と生命のいとなみの物語、二編。小学校1年生から楽しくよめる宮沢賢治のおはなし。

『ポラーノの広場』 宮沢賢治著 新潮社 1995.2 474p 15cm (新潮文庫) 560円 Ⓘ4-10-109208-7

目次 いちょうの実, まなづるとダァリヤ, 鳥箱先生とフウねずみ, 林の底, 十力の金剛石, とっこべとら子, 若い木霊, 風野又三郎

内容 つめくさのあかりを辿って訪ねた伝説の広場をめぐる顛末を、自伝的思い深く描いた表題作、ブルカニロ博士が現れる「銀河鉄道の夜〔初期形第三次稿〕」、本物の風の子又三郎の話「風野又三郎」、「いちょうの実」

など童話17編。多彩な作品の複雑な成立の秘密もうかがい知れて、魅力をさらに堪能できる一冊。

「狼森と笊森、盗森」

『注文の多い料理店』 宮沢賢治著 海王社 2012.11 219p 15cm (海王社文庫)〈付属資料:CD1〉952円 Ⓘ978-4-7964-0366-5

目次 イーハトヴ童話『注文の多い料理店』(どんぐりと山猫,狼森と笊森、盗森,注文の多い料理店,鳥の北斗七星,水仙月の四日,山男の四月,かしわばやしの夜,月夜のでんしんばしら,鹿踊りのはじまり),グスコーブドリの伝記

内容 だいぶ山奥、お腹を空かせた紳士が二人。ちょうど目の前に西洋料理店「山猫軒」の看板があったので店に入ると、なぜか服を脱いだり、身体を念入りにお手入れしたり。なにやら怪しい気配が?—表題作に加え、名作『グスコーブドリの伝記』を収録。声優・宮野真守が紡ぐ『注文の多い料理店』名場面朗読CDを封入。

『注文の多い料理店』 宮澤賢治著 ぶんか社 2010.12 187p 15cm (ぶんか社文庫) 467円 Ⓘ978-4-8211-5373-2

目次 イーハトヴ童話『注文の多い料理店』(どんぐりと山猫,狼森と笊森、盗森,注文の多い料理店,鳥の北斗七星,水仙月の四日,山男の四月,かしわばやしの夜,月夜のでんしんばしら,鹿踊りのはじまり),おきなぐさ

内容 宮澤賢治が慈しんだ岩手県の風景が、生き生きと描き出された九篇の短編童話を収録した童話集『注文の多い料理店』。生前に刊行された唯一の童話集である。そして生命の輝きを感じさせてくれる『おきなぐさ』も収録した一冊。

『注文の多い料理店・セロひきのゴーシュ—宮沢賢治童話集』 宮沢賢治作,たちもとみちこ絵 角川書店,角川グループパブリッシング〔発売〕 2010.6 213p 18cm (角川つばさ文庫) 560円 Ⓘ978-4-04-631104-7

目次 注文の多い料理店,セロひきのゴーシュ,雪渡り,オツベルと象,やまなし,なめとこ山の熊,どんぐりと山ねこ,水仙月の四日,狼森と笊森、盗森,シグナルとシグナレス

内容 やってきたお客に、「コートを脱いで」「体にクリームをぬって、塩をつけて」など、次々とおかしな注文をするレストラン…『注文の多い料理店』。ねこ、鳥、たぬき、ねずみの親子から「チェロをひいて」と、おねだりされた演奏家は…『セロひきのゴーシュ』など、代表作10編。人気画家たちもとみちこイラスト、あまんきみこ解説による宮沢賢治の決定版! 小学中級から。

『名作童話 宮沢賢治20選』 宮沢賢治著,宮川健郎編 春陽堂 2008.11 382p 19cm 2600円 Ⓘ978-4-394-90266-9

目次 毒もみのすきな署長さん,雪渡り,革トランク,谷,やまなし,氷河鼠の毛皮,シグナルとシグナレス,イギリス海岸,紫紺染について,どんぐりと山猫,狼森と笊森、盗森,注文の多い料理店,かしわばやしの夜,ざしき童子のはなし,グズコーブドリの伝記,風の又三郎,セロ弾きゴーシュ,葡萄水,よだかの星,ひかりの素足

『狼森と笊森、盗森』 宮沢賢治作,片山健絵 三起商行 2008.10 1冊 26×25cm (ミキハウスの宮沢賢治の絵本) 1500円 Ⓘ978-4-89588-118-0

内容 「ここへ畑起こしてもいいかあ。」「いいぞお。」森が一斉にこたえました。みんなは又叫びました。「ここに家建ててもいいかあ。」「ようし。」森は一ぺんにこたえました。人が自然の声にちゃんと耳をすまし、礼儀をつくしていた時代、人と自然との仲は、豊かで温かくユーモアに満ちたものだった…。

『注文の多い料理店—宮沢賢治童話集』 宮沢賢治作,太田大八絵 新装版 講談社 2008.10 216p 18cm (講談社青い鳥文庫) 570円 Ⓘ978-4-06-285049-0

目次 星めぐりの歌,注文の多い料理店,鳥箱先生とフウねずみ,ツェねずみ,クンねずみ,ありときのこ,やまなし,めくらぶどうと虹,いちょうの実,まなづるとダァリヤ,月夜のけだもの,おきなぐさ,シグナルとシグナレス,狼森と笊森、盗森

内容 ふたりのわかい紳士が猟にでて、山おくの西洋料理店にはいったところ、かえって自分たちが料理されそうになってしまうという、宮沢賢治の代表作『注文の多い料理店』をはじめ、『鳥箱先生とフウねずみ』『ツェねずみ』『クンねずみ』『ありときのこ』『やまなし』『雪渡り』『シグナルとシグナレス』『狼森と笊森、盗森』ほか、詩と名作童話15編を収録。小学中級から。

「風の又三郎」

『新編 風の又三郎』 宮沢賢治著 改版

新潮社　2011.12　405p　15cm　（新潮文庫）520円　Ⓘ978-4-10-109204-1

目次 やまなし, 貝の火, 蜘蛛となめくじと狸, ツェねずみ, クンねずみ, 蛙のゴム靴, 二十六夜, 雁の童子, 十月の末, フランドン農学校の豚, 虔十公園林, 谷, 鳥をとるやなぎ, 祭の晩, グスコーブドリの伝記, 風の又三郎

内容 「やっぱりあいづ又三郎だぞ」谷川の岸の小学校に風のように現われ去っていった転校生に対する、子供たちの親しみと恐れのいりまじった気持を生き生きと描く表題作や、「やまなし」「二十六夜」「祭の晩」「グスコーブドリの伝記」など16編を収録。多くの人々を魅了しつづける賢治童話の世界から、自然の息づきの中で生きる小動物や子供たちの微妙な心の動きを活写する作品を中心に紹介。

『注文の多い料理店・銀河鉄道の夜』　宮沢賢治作，北沢夕芸絵　集英社　2011.9　242p　18cm　（集英社みらい文庫）600円　Ⓘ978-4-08-321045-7

目次 やまなし, どんぐりとやまねこ, 注文の多い料理店, セロ弾きのゴーシュ, よだかの星, 風の又三郎, 銀河鉄道の夜, 雨ニモマケズ

内容 賢治の作品の中でもっとも有名で、ユーモアにあふれた傑作『注文の多い料理店』、銀河鉄道に乗って宇宙を旅するファンタジー『銀河鉄道の夜』、大風の日に現れた転校生の物語『風の又三郎』、そのほか、いろいろな動物たちによる不思議な物語『どんぐりとやまねこ』『よだかの星』『やまなし』『セロ弾きのゴーシュ』や、『雨ニモマケズ』の8編を収録。

『風の又三郎―宮沢賢治童話集珠玉選』　宮沢賢治作，太田大八絵　講談社　2009.9　246p　18cm　850円　Ⓘ978-4-06-215739-1

目次 詩・高原, 風の又三郎, 洞熊学校を卒業した三人, 気のいい火山弾, ねこの事務所, 虔十公園林, からすの北斗七星, よだかの星, ふたごの星

「気のいい火山弾」

『銀河鉄道の夜』　宮沢賢治著　海王社　2012.12　158p　15cm　（海王社文庫）〈付属資料：CD1〉952円　Ⓘ978-4-7964-0377-1

目次 銀河鉄道の夜, セロ弾きのゴーシュ, ざしき童子のはなし, 気のいい火山弾

内容 お祭りの夜、ふと聞こえてきた汽車の音。気づけばジョバンニとカムパネルラは銀河鉄道に乗りこんでいた。汽車はどこへ向かうのか？ 少年たちの儚くも美しい不思議な旅が始まる―。未完ながらも永く人々を魅了する表題作ほか、童話4編を収録。声優・櫻井孝宏が紡ぐ「銀河鉄道の夜」名場面抜粋の朗読CD封入。

『気のいい火山弾』　宮沢賢治作，田中清代絵　三起商行　2010.10　1冊　26×25cm　（ミキハウスの宮沢賢治絵本）1500円　Ⓘ978-4-89588-123-4

内容 「ベゴ」という名前は、稜のある石どもがつけた名前だ。石どもは、退屈な日には、みんなでベゴ石を、からかって遊んでいた。石どもばかりではない。くうんくうんと飛んできた蚊までが、「どうも、この野原には、むだなものが沢山あっていかんな。たとえば、このベゴ石のようなものだ。ベゴ石のごときは、何のやくにもたたない。」と馬鹿にするのだ。―ところが、ある日のこと…。

『風の又三郎―宮沢賢治童話集珠玉選』　宮沢賢治作，太田大八絵　講談社　2009.9　246p　18cm　850円　Ⓘ978-4-06-215739-1

目次 詩・高原, 風の又三郎, 洞熊学校を卒業した三人, 気のいい火山弾, ねこの事務所, 虔十公園林, からすの北斗七星, よだかの星, ふたごの星

『セロ弾きのゴーシュ―宮沢賢治童話集』　宮沢賢治著　改訂2版　偕成社　2008.12　195p　19cm　（偕成社文庫）〈第9刷〉600円　Ⓘ978-4-03-550190-9

目次 どんぐりとやまねこ, やまなし, さるのこしかけ, よだかの星, 虔十公園林, 祭りのばん, ざしき童子のはなし, オツベルとぞう, まなづるとダァリヤ, いちょうの実, 気のいい火山弾, 雨ニモマケズ, セロ弾きのゴーシュ

内容 演奏会まであと10日しかないのにゴーシュはどうしてもセロをうまく弾けません。音楽の心を描いた表題作のほか、「どんぐりとやまねこ」「オツベルとぞう」「やまなし」など詩情ゆたかな名作13編を収録。

『気のいい火山弾』　宮沢賢治作，たなかよしかず版画　未知谷　2003.12　30p　21cm　1200円　Ⓘ4-89642-090-X

内容 岩手山から飛んだ火山弾であろうともかく大きいきちんとした帯も二本持っている些事に動ぜずおおらかこの上ない草原を取り巻く悠久の時の中で彼に起こるのは。

「虔十公園林」

『読解力がグングンのびる！ 齋藤孝のゼッタイこれだけ！ 名作教室 小学2年下巻』 齋藤孝編 朝日新聞出版 2012.4 195p 21cm 952円 Ⓘ978-4-02-331060-5

目次 金のおの銀のおの（イソップ童話），大工と鬼六（日本民話 木下順二），詩のひろば あわて床屋（北原白秋），雪女（小泉八雲，保永貞夫訳），でんでんむしのかなしみ（新美南吉），言葉の成り立ちを学ぼう 故事成語「庖丁」，赤毛のアン（抜粋）（L.M.モンゴメリ，村岡花子訳），ベロ出しチョンマ（斎藤隆介），詩のひろば 大漁（金子みすゞ），虔十公園林（宮沢賢治）

内容 ふつうの“10分間読書”では身につかない、本当の「読解力」がつく。古今東西の名作10編を収録。

『新編 風の又三郎』 宮沢賢治著 改版 新潮社 2011.12 405p 15cm （新潮文庫） 520円 Ⓘ978-4-10-109204-1

目次 やまなし，貝の火，蜘蛛となめくじと狸，ツェねずみ，クンねずみ，蛙のゴム靴，二十六夜，雁の童子，十月の末，フランドン農学校の豚，虔十公園林，谷，鳥をとるやなぎ，祭の晩，グスコーブドリの伝記，風の又三郎

内容 「やっぱりあいづ又三郎だぞ」谷川の岸の小学校に風のように現われ去っていった転校生に対する、子供たちの親しみと恐れのいりまじった気持を生き生きと描く表題作や、「やまなし」「二十六夜」「祭の晩」「グスコーブドリの伝記」など16編を収録。多くの人々を魅了しつづける賢治童話の世界から、自然の息づきの中で生きる小動物や子供たちの微妙な心の動きを活写する作品を中心に紹介。

『風の又三郎―宮沢賢治童話集珠玉選』 宮沢賢治作，太田大八絵 講談社 2009.9 246p 18cm 850円 Ⓘ978-4-06-215739-1

目次 詩・高原，風の又三郎，洞熊学校を卒業した三人，気のいい火山弾，ねこの事務所，虔十公園林，からすの北斗七星，よだかの星，ふたごの星

『まごころ、お届けいたします。』 くもん出版 2009.2 157p 19cm （読書がたのしくなる・ニッポンの文学） 1000円 Ⓘ978-4-7743-1404-4

目次 キンショキショキ（豊島与志雄），日輪草（竹久夢二），虔十公園林（宮沢賢治），利根の渡（岡本綺堂），家霊（岡本かの子），名人伝（中島敦），最後の一句（森鷗外）

内容 これだけはゆずれない。そんな思いが、もしあれば、人は、人を大切にできる。大切にされた人は、また違うだれかを、もっと大切にできる。何かを心から願い、まごころを込めて追い求めた人々の物語群。十代から。

『セロ弾きのゴーシュ―宮沢賢治童話集』 宮沢賢治著 改訂2版 偕成社 2008.12 195p 19cm （偕成社文庫） 〈第9刷〉 600円 Ⓘ978-4-03-550190-9

目次 どんぐりとやまねこ，やまなし，さるのこしかけ，よだかの星，虔十公園林，祭りのばん，ざしき童子のはなし，オツベルとぞう，まなづるとダァリヤ，いちょうの実，気のいい火山弾，雨ニモマケズ，セロ弾きのゴーシュ

内容 演奏会まであと10日しかないのにゴーシュはどうしてもセロをうまく弾けません。音楽の心を描いた表題作のほか、「どんぐりとやまねこ」「オツベルとぞう」「やまなし」など詩情ゆたかな名作13編を収録。

『風の又三郎』 宮沢賢治著 ポプラ社 2005.11 204p 18cm （ポプラポケット文庫） 〈2刷〉 570円 Ⓘ4-591-08857-X

目次 雪渡り，とっこべとら子，ざしき童子のはなし，よだかの星，虔十公園林，なめとこ山のくま，風の又三郎

『虔十公園林/ざしきぼっこのはなし』 宮沢賢治作，はたこうしろう絵 岩崎書店 2005.3 77p 21cm （宮沢賢治のおはなし 6） 1000円 Ⓘ4-265-07106-6

目次 虔十公園林，ざしきぼっこのはなし

内容 みなにばかにされながらも虔十がうえた七百本の杉苗。そだった杉林は…（『虔十公園林』）。方言のひびきが物語の味わいを深める、地方色豊かな二話。

『宮沢賢治童話集―心に残るロングセラー名作10話』 宮沢賢治著，北川幸比古，鬼塚りつ子責任編集 世界文化社 2004.3 183p 24×19cm 1100円 Ⓘ4-418-04805-7

目次 注文の多い料理店，どんぐりと山ねこ，オツベルと象，ツェねずみ，よだかの星，やまなし，水仙月の四日，雪わたり，虔十公園林，セロひきのゴーシュ

「セロひきのゴーシュ」

『銀河鉄道の夜』 宮沢賢治著 海王社 2012.12 158p 15cm （海王社文庫）〈付属資料：CD1〉952円 Ⓘ978-4-7964-0377-1

目次 銀河鉄道の夜, セロ弾きのゴーシュ, ざしき童子のはなし, 気のいい火山弾

内容 お祭りの夜、ふと聞こえてきた汽車の音。気づけばジョバンニとカムパネルラは銀河鉄道に乗りこんでいた。汽車はどこへ向かうのか？ 少年たちの儚くも美しい不思議な旅が始まる―。未完ながらも永く人々を魅了する表題作ほか、童話4編を収録。声優・櫻井孝宏が紡ぐ「銀河鉄道の夜」名場面抜粋の朗読CD封入。

『セロ弾きのゴーシュ』 宮沢賢治作, さとうあや絵 三起商行 2012.10 1冊 26×24cm （ミキハウスの宮沢賢治絵本） 1500円 Ⓘ978-4-89588-128-9

内容 「おいゴーシュ君。君には困るんだがなあ。表情というものがまるで、できてない。怒るも喜ぶも感情というものがさっぱり出ないんだ。」―楽長に怒鳴られ、深夜までけいめいに練習するゴーシュのもとに、その日から、毎夜毎夜つぎつぎに、動物たちがやってきた…。

『注文の多い料理店・銀河鉄道の夜』 宮沢賢治作, 北沢夕芸絵 集英社 2011.9 242p 18cm （集英社みらい文庫） 600円 Ⓘ978-4-08-321045-7

目次 やまなし, どんぐりとやまねこ, 注文の多い料理店, セロ弾きのゴーシュ, よだかの星, 風の又三郎, 銀河鉄道の夜, 雨ニモマケズ

内容 賢治の作品の中でもっとも有名で、ユーモアにあふれた傑作『注文の多い料理店』、銀河鉄道に乗って宇宙を旅するファンタジー『銀河鉄道の夜』、大風の日に現れた転校生の物語『風の又三郎』、そのほか、いろいろな動物たちによる不思議な物語『どんぐりとやまねこ』『よだかの星』『やまなし』『セロ弾きのゴーシュ』や、『雨ニモマケズ』の8編を収録。

『注文の多い料理店・セロひきのゴーシュ―宮沢賢治童話集』 宮沢賢治作, たちもとみちこ絵 角川書店, 角川グループパブリッシング〔発売〕 2010.6 213p 18cm （角川つばさ文庫） 560円 Ⓘ978-4-04-631104-7

目次 注文の多い料理店, セロひきのゴーシュ, 雪渡り, オツベルと象, やまなし, なめとこ山の熊, どんぐりと山ねこ, 水仙月の四日, 狼森と笊森、盗森, シグナルとシグナレス

内容 やってきたお客に、「コートを脱いで」「体にクリームをぬって、塩をつけて」など、次々とおかしな注文をするレストラン…『注文の多い料理店』。ねこ、鳥、たぬき、ねずみの親子から「チェロをひいて」と、おねだりされた演奏家は…『セロひきのゴーシュ』など、代表作10編。人気画家たちもとみちこイラスト、あまんきみこ解説による宮沢賢治の決定版！ 小学中級から。

『日本の名作童話絵本 下』 主婦と生活社編 主婦と生活社 2009.11 98p 26×21cm 1500円 Ⓘ978-4-391-13798-9

目次 手ぶくろを買いに（新美南吉）, 月夜とめがね（小川未明）, むく鳥のゆめ（浜田廣介）, でんでん虫の悲しみ（新美南吉）, セロひきのゴーシュ（宮澤賢治）

『セロひきのゴーシュ―宮沢賢治童話集珠玉選』 宮沢賢治作, 太田大八絵 講談社 2009.9 182p 18cm 850円 Ⓘ978-4-06-215741-4

目次 詩・林と思想, セロひきのゴーシュ, どんぐりと山猫, 貝の火, グスコーブドリの伝記

『名作童話 宮沢賢治20選』 宮沢賢治著, 宮川健郎編 春陽堂 2008.11 382p 19cm 2600円 Ⓘ978-4-394-90266-9

目次 毒もみのすきな署長さん, 雪渡り, 革トランク, 谷, やまなし, 氷河鼠の毛皮, シグナルとシグナレス, イギリス海岸, 紫紺染について, どんぐりと山猫, 狼森と笊森、盗森, 注文の多い料理店, かしわばやしの夜, ざしき童子のはなし, グズコーブドリの伝記, 風の又三郎, セロ弾きゴーシュ, 葡萄水, よだかの星, ひかりの素足

『セロひきのゴーシュ』 宮沢賢治作, いもとようこ絵 金の星社 2005.12 48p 31×23cm （大人になっても忘れたくない いもとようこ名作絵本） 1400円 Ⓘ4-323-03889-5

「注文の多い料理店」

『注文の多い料理店』 宮沢賢治著 海王社 2012.11 219p 15cm （海王社文庫）〈付属資料：CD1〉952円

Ⓘ978-4-7964-0366-5

目次 イーハトヴ童話『注文の多い料理店』(どんぐりと山猫, 狼森と笊森、盗森, 注文の多い料理店, 鳥の北斗七星, 水仙月の四日, 山男の四月, かしわばやしの夜, 月夜のでんしんばしら, 鹿踊りのはじまり), グスコーブドリの伝記

内容 だいぶ山奥、お腹を空かせた紳士が二人。ちょうど目の前に西洋料理店「山猫軒」の看板があったので店に入ると、なぜか服を脱いだり、身体を念入りにお手入れしたり。なにやら怪しい気配が?―表題作に加え、名作『グスコーブドリの伝記』を収録。声優・宮野真守が紡ぐ『注文の多い料理店』名場面朗読CDを封入。

『注文の多い料理店・銀河鉄道の夜』 宮沢賢治作, 北沢夕芸絵 集英社 2011.9 242p 18cm (集英社みらい文庫) 600円 Ⓘ978-4-08-321045-7

目次 やまなし, どんぐりとやまねこ, 注文の多い料理店, セロ弾きのゴーシュ, よだかの星, 風の又三郎, 銀河鉄道の夜, 雨ニモマケズ

内容 賢治の作品の中でもっとも有名で、ユーモアにあふれた傑作『注文の多い料理店』、銀河鉄道に乗って宇宙を旅するファンタジー『銀河鉄道の夜』、大風の日に現れた転校生の物語『風の又三郎』、そのほか、いろいろな動物たちによる不思議な物語『どんぐりとやまねこ』『よだかの星』『やまなし』『セロ弾きのゴーシュ』や、『雨ニモマケズ』の8編を収録。

『読んでおきたい名作 小学5年』 川島隆太監修 成美堂出版 2011.4 199p 21cm 700円 Ⓘ978-4-415-31035-0

目次 注文の多い料理店(宮沢賢治), 魔法(坪田譲治), きつね物語(林芙美子), 短歌(若山牧水, 北原白秋, 与謝野晶子, 木下利玄), 月夜と眼鏡(小川未明), 月の輪ぐま(椋鳩十), うた時計(新美南吉), 道程(高村光太郎), さびしき魚(室生犀星), 鼻(芥川龍之介)

内容 朝の10分間読書にぴったり。どんどん読めて脳と心をはぐくむとっておきの10作品。

『齋藤孝の親子で読む国語教科書 5年生』 齋藤孝著 ポプラ社 2011.3 138p 21cm (齋藤孝の親子で読む国語教科書 5) 1000円 Ⓘ978-4-591-12289-1

目次 飴だま(新美南吉), ブレーメンの町の楽隊(グリム童話, 高橋健二・訳), とうちゃんの凧(長崎源之助), トゥーチカと飴(佐藤雅彦), 大造じいさんとガン(椋鳩十), 注文の多い料理店(宮沢賢治), わらぐつのなかの神様(杉みき子), 世界じゅうの海が(まざあ・ぐうす, 北原白秋・訳), 雪(三好達治), 素朴な琴(八木重吉)

『食べる話』 松田哲夫編 あすなろ書房 2011.3 283p 22×14cm (中学生までに読んでおきたい日本文学 9) 1800円 Ⓘ978-4-7515-2629-3

目次 くらし(石垣りん), 鮨(岡本かの子), 小僧の神様(志賀直哉), 芋粥(芥川龍之介), 茶粥の記(矢田津世子), 冷や飯に沢庵(子母沢寛), 野道(幸田露伴), いのちのともしび(深沢七郎), ビスケット(森茉莉), 幻の料理(種村季弘), 富士屋ホテル(古川緑波), 大喰いでなければ(色川武大), ごはん(向田邦子), 枇杷夏の終わり(武田百合子), 注文の多い料理店(宮沢賢治)

内容 ミートソースかナポリタンか? 名作短編がぎっしりつまった一冊。

『注文の多い料理店』 宮澤賢治著 ぶんか社 2010.12 187p 15cm (ぶんか社文庫) 467円 Ⓘ978-4-8211-5373-2

目次 イーハトヴ童話『注文の多い料理店』(どんぐりと山猫, 狼森と笊森、盗森, 注文の多い料理店, 鳥の北斗七星, 水仙月の四日, 山男の四月, かしわばやしの夜, 月夜のでんしんばしら, 鹿踊りのはじまり), おきなぐさ

内容 宮澤賢治が慈しんだ岩手県の風景が、生き生きと描き出された九篇の短編童話を収録した童話集『注文の多い料理店』。生前に刊行された唯一の童話集である。そして生命の輝きを感じさせてくれる『おきなぐさ』も収録した一冊。

『注文の多い料理店・セロひきのゴーシュ―宮沢賢治童話集』 宮沢賢治作, たちもとみちこ絵 角川書店, 角川グループパブリッシング〔発売〕 2010.6 213p 18cm (角川つばさ文庫) 560円 Ⓘ978-4-04-631104-7

目次 注文の多い料理店, セロひきのゴーシュ, 雪渡り, オツベルと象, やまなし, なめとこ山の熊, どんぐりと山ねこ, 水仙月の四日, 狼森と笊森、盗森, シグナルとシグナレス

内容 やってきたお客に、「コートを脱いで」「体にクリームをぬって、塩をつけて」など、次々とおかしな注文をするレストラン…『注文の多い料理店』。ねこ、鳥、たぬき、ねずみの親子から「チェロをひいて」と、おね

だりされた演奏家は…『セロひきのゴーシュ』など、代表作10編。人気画家たちもとみちこイラスト、あまんきみこ解説による宮沢賢治の決定版！ 小学中級から。

『日本の名作童話絵本　上』 主婦と生活社編　主婦と生活社　2009.11　98p　26×21cm　1500円
Ⓘ978-4-391-13797-2

[目次] ごんぎつね（新美南吉），注文の多い料理店（宮澤賢治），光の星（浜田廣介），野ばら（小川未明），泣いた赤おに（浜田廣介）

『注文の多い料理店―宮沢賢治童話集珠玉選』 宮沢賢治作，太田大八絵　講談社　2009.9　237p　18cm　850円
Ⓘ978-4-06-215738-4

[目次] 星めぐりの歌，注文の多い料理店，鳥箱先生とフウねずみ，ツェねずみ，クンねずみ，ありときのこ，やまなし，めくらぶどうと虹，いちょうの実，まなづるとダァリヤ，月夜のけだもの，おきなぐさ，雪渡り，シグナルとシグナレス，狼森と笊森、盗森

『名作童話 宮沢賢治20選』 宮沢賢治著，宮川健郎編　春陽堂　2008.11　382p　19cm　2600円　Ⓘ978-4-394-90266-9

[目次] 毒もみのすきな署長さん，雪渡り，革トランク，谷，やまなし，氷河鼠の毛皮，シグナルとシグナレス，イギリス海岸，紫紺染について，どんぐりと山猫，狼森と笊森、盗森，注文の多い料理店，かしわばやしの夜，ざしき童子のはなし，グズコーブドリの伝記，風の又三郎，セロ弾きゴーシュ，葡萄水，よだかの星，ひかりの素足

『注文の多い料理店―宮沢賢治童話集』 宮沢賢治作，太田大八絵　新装版　講談社　2008.10　216p　18cm　（講談社青い鳥文庫）570円　Ⓘ978-4-06-285049-0

[目次] 星めぐりの歌，注文の多い料理店，鳥箱先生とフウねずみ，ツェねずみ，クンねずみ，ありときのこ，やまなし，めくらぶどうと虹，いちょうの実，まなづるとダァリヤ，月夜のけだもの，おきなぐさ，シグナルとシグナレス，狼森と笊森、盗森

『齋藤孝のイッキによめる！ 小学生のための宮沢賢治』 齋藤孝編　講談社　2007.8　268p　21cm　1000円
Ⓘ978-4-06-214146-8

[目次] 宮沢賢治の詩，めくらぶどうと虹，月夜のけだもの，気のいい火山弾，やまなし，注文の多い料理店，雪渡り，月夜のでんしんばしら，祭の晩，銀河鉄道の夜，貝の火

[内容] 朝の10分間読書にぴったり!!低学年から高学年まで3段階でステップアップ。宮沢賢治で美しい日本語とやさしい心を育てよう！「銀河鉄道の夜」「注文の多い料理店」「雪渡り」「月夜のけだもの」「祭の晩」「やまなし」ほか、全11作品。

「月夜のでんしんばしら」

『注文の多い料理店』 宮沢賢治著　海王社　2012.11　219p　15cm　（海王社文庫）〈付属資料：CD1〉952円
Ⓘ978-4-7964-0366-5

[目次] イーハトヴ童話『注文の多い料理店』（どんぐりと山猫，狼森と笊森、盗森，注文の多い料理店，鳥の北斗七星，水仙月の四日，山男の四月，かしわばやしの夜，月夜のでんしんばしら，鹿踊りのはじまり），グスコーブドリの伝記

[内容] だいぶ山奥、お腹を空かせた紳士が二人。ちょうど目の前に西洋料理店「山猫軒」の看板があったので店に入ると、なぜか服を脱いだり、身体を念入りにお手入れしたり。なにやら怪しい気配が？―表題作に加え、名作『グスコーブドリの伝記』を収録。声優・宮野真守が紡ぐ『注文の多い料理店』名場面朗読CDを封入。

『月夜のでんしんばしら』 宮沢賢治作，竹内通雅絵　三起商行　2009.10　1冊　26×24cm　（ミキハウスの宮沢賢治絵本）1500円　Ⓘ978-4-89588-121-0

[内容] ドッテテドッテテ、ドッテテド、ドッテテドッテテ、ドッテテド。でんしんばしらが歩きだす。黄いろい顔の電気総長がやってくる。恭一が遭遇した奇妙きてれつ不思議な夜―。

『齋藤孝のイッキによめる！ 小学生のための宮沢賢治』 齋藤孝編　講談社　2007.8　268p　21cm　1000円
Ⓘ978-4-06-214146-8

[目次] 宮沢賢治の詩，めくらぶどうと虹，月夜のけだもの，気のいい火山弾，やまなし，注文の多い料理店，雪渡り，月夜のでんしんばしら，祭の晩，銀河鉄道の夜，貝の火

[内容] 朝の10分間読書にぴったり!!低学年から高学年まで3段階でステップアップ。宮沢賢治で美しい日本語とやさしい心を育てよう！「銀河鉄道の夜」「注文の多い料理店」「雪渡り」「月夜のけだもの」「祭の晩」「やま

なし」ほか、全11作品。

『10分で読めるお話 五年生』 木暮正夫, 岡信子選 学習研究社 2005.3 175p 21cm 700円 Ⓘ4-05-202207-6

目次 月夜のでんしんばしら（宮沢賢治）, 鬼の嫁（斎藤隆介）, 林のなか（高田敏子）, 最後の一葉（O.ヘンリー）, 青い鳥（モーリス・メーテルリンク）, 海が消える（佐藤さとる）, 飛ぶゆめ（三田村信行）, 魔術師とよばれた男（はやみねかおる）, 空へ（山口理）, …できるなら（川越文子）, 塩―ロシア民話, きみならどうする―（フランク・R.ストックタン）

内容 小学生のために選びぬかれた日本と世界の感動の名作や人気作、12作品収録。

『注文の多い料理店』 宮沢賢治著 三心堂出版社 1999.5 236p 19cm （大活字文芸選書―宮沢賢治 2） 1300円 Ⓘ4-88342-262-3

目次 どんぐりと山猫, 狼森と笊森、盗森, 注文の多い料理店, 烏の北斗七星, 水仙月の四日, 山男の四月, かしわばやしの夜, 月夜のでんしんばしら, 鹿踊りのはじまり, 北守将軍と三人兄弟の医者

内容 賢治の生前に刊行された唯一の童話集、『注文の多い料理店』の全編と「北守将軍と三人兄弟の医者」を収録。イーハトーブの豊かな自然の中で人や動物たちがいきいきと活躍する一巻。林や野原、鉄道線路で月明りからもらってきたおはなし。

「どんぐりと山猫」

『注文の多い料理店』 宮沢賢治著 海王社 2012.11 219p 15cm （海王社文庫）〈付属資料：CD1〉 952円 Ⓘ978-4-7964-0366-5

目次 イーハトヴ童話『注文の多い料理店』（どんぐりと山猫, 狼森と笊森、盗森, 注文の多い料理店, 烏の北斗七星, 水仙月の四日, 山男の四月, かしわばやしの夜, 月夜のでんしんばしら, 鹿踊りのはじまり）, グスコーブドリの伝記

内容 だいぶ山奥、お腹を空かせた紳士が二人。ちょうど目の前に西洋料理店「山猫軒」の看板があったので店に入ると、なぜか服を脱いだり、身体を念入りにお手入れしたり。なにやら怪しい気配が？―表題作に加え、名作『グスコーブドリの伝記』を収録。声優・宮野真守が紡ぐ『注文の多い料理店』名場面朗読CDを封入。

『注文の多い料理店・銀河鉄道の夜』 宮沢賢治作, 北沢夕芸絵 集英社 2011.9 242p 18cm （集英社みらい文庫） 600円 Ⓘ978-4-08-321045-7

目次 やまなし, どんぐりとやまねこ, 注文の多い料理店, セロ弾きのゴーシュ, よだかの星, 風の又三郎, 銀河鉄道の夜, 雨ニモマケズ

内容 賢治の作品の中でもっとも有名で、ユーモアにあふれた傑作『注文の多い料理店』、銀河鉄道に乗って宇宙を旅するファンタジー『銀河鉄道の夜』、大風の日に現れた転校生の物語『風の又三郎』、そのほか、いろいろな動物たちによる不思議な物語『どんぐりとやまねこ』『よだかの星』『やまなし』『セロ弾きのゴーシュ』や、『雨ニモマケズ』の8編を収録。

『ふしぎな話』 松田哲夫編 あすなろ書房 2011.3 279p 22×14cm （中学生までに読んでおきたい日本文学 10） 1800円 Ⓘ978-4-7515-2630-9

目次 死なない蛸（萩原朔太郎）, 全骨類の少女たち（寺山修司）, 化粧（川端康成）, 愛撫（梶井基次郎）, 心（夏目漱石）, 尽頭子（内田百閒）, どんぐりと山猫（宮沢賢治）, 怪夢抄（夢野久作）, おーいでてこーい（星新一）, 侵入者（梅崎春生）, 美神（三島由紀夫）, 魔術（芥川龍之介）, 秘密（谷崎潤一郎）, 立札（豊島与志雄）, 名人芸（中島敦）, 黄漠奇聞（稲垣足穂）

内容 夢の世界はあるのかな？ 名作短編がぎっしりつまった一冊。

『注文の多い料理店』 宮澤賢治著 ぶんか社 2010.12 187p 15cm （ぶんか社文庫） 467円 Ⓘ978-4-8211-5373-2

目次 イーハトヴ童話『注文の多い料理店』（どんぐりと山猫, 狼森と笊森、盗森, 注文の多い料理店, 烏の北斗七星, 水仙月の四日, 山男の四月, かしわばやしの夜, 月夜のでんしんばしら, 鹿踊りのはじまり）, おきなぐさ

内容 宮澤賢治が慈しんだ岩手県の風景が、生き生きと描き出された九篇の短編童話を収録した童話集『注文の多い料理店』。生前に刊行された唯一の童話集である。そして生命の輝きを感じさせてくれる『おきなぐさ』も収録した一冊。

『注文の多い料理店・セロひきのゴーシュ―宮沢賢治童話集』 宮沢賢治作, たちもとみちこ絵 角川書店, 角川グループパブリッシング〔発売〕 2010.6 213p 18cm （角川つばさ文庫） 560円

Ⓘ978-4-04-631104-7

目次 注文の多い料理店, セロひきのゴーシュ, 雪渡り, オツベルと象, やまなし, なめとこ山の熊, どんぐりと山ねこ, 水仙月の四日, 狼森と笊森、盗森, シグナルとシグナレス

内容 やってきたお客に、「コートを脱いで」「体にクリームをぬって、塩をつけて」など、次々とおかしな注文をするレストラン…『注文の多い料理店』。ねこ、鳥、たぬき、ねずみの親子から「チェロをひいて」と、おねだりされた演奏家は…『セロひきのゴーシュ』など、代表作10編。人気画家たちもとみちこイラスト、あまんきみこ解説による宮沢賢治の決定版！ 小学中級から。

『読んでおきたい名作 小学3年』 川島隆太監修 成美堂出版 2010.4 200p 21cm 700円 Ⓘ978-4-415-30816-6

目次 どんぐりと山ねこ（宮沢賢治）, かいじゅうランドセルゴン（大石真）, ごんぎつね（新美南吉）, ひらめの目の話（浜田廣介）, サバクのにじ（坪田譲治）, 小学生ときつね（武者小路実篤）, 手品師（豊島与志雄）, ひとふさのぶどう（有島武郎）, 野ばら（小川未明）, 清兵衛とひょうたん（志賀直哉）

内容 朝の10分間読書にぴったり。どんどん読めて脳と心をはぐくむとっておきの10作品。

『セロひきのゴーシュ―宮沢賢治童話集珠玉選』 宮沢賢治作, 太田大八絵 講談社 2009.9 182p 18cm 850円 Ⓘ978-4-06-215741-4

目次 詩・林と思想, セロひきのゴーシュ, どんぐりと山猫, 貝の火, グスコーブドリの伝記

『銀河鉄道の夜』 宮沢賢治著 講談社 2009.2 297p 19cm （21世紀版少年少女日本文学館 8） 1400円 Ⓘ978-4-06-282658-7

目次 セロ弾きのゴーシュ, どんぐりと山猫, よだかの星, 雪渡り, 注文の多い料理店, 水仙月の四日, 狼森と笊森、盗森, 風の又三郎, 銀河鉄道の夜

内容 ジョバンニとカムパネルラを乗せた汽車ははるか銀河の彼方へ―。二人の旅は、豊かな詩情をたたえた一編の物語に結実した。美しき理想にささえられた、宮沢賢治の幻想の世界。表題作をはじめ、時代を超えて、今も私たちの心のなかに生きつづける九編を収録。ふりがなと行間注で、最後までスラスラ。児童向け文学全集の決定版。

『セロ弾きのゴーシュ―宮沢賢治童話集』 宮沢賢治著 改訂2版 偕成社 2008.12 195p 19cm （偕成社文庫） 〈第9刷〉 600円 Ⓘ978-4-03-550190-9

目次 どんぐりとやまねこ, やまなし, さるのこしかけ, よだかの星, 虔十公園林, 祭りのばん, ざしき童子のはなし, オツベルとぞう, まなづるとダァリヤ, いちょうの実, 気のいい火山弾, 雨ニモマケズ, セロ弾きのゴーシュ

内容 演奏会まであと10日しかないのにゴーシュはどうしてもセロをうまく弾けません。音楽の心を描いた表題作のほか、「どんぐりとやまねこ」「オツベルとぞう」「やまなし」など詩情ゆたかな名作13編を収録。

『名作童話 宮沢賢治20選』 宮沢賢治著, 宮川健郎編 春陽堂 2008.11 382p 19cm 2600円 Ⓘ978-4-394-90266-9

目次 毒もみのすきな署長さん, 雪渡り, 革トランク, 谷, やまなし, 氷河鼠の毛皮, シグナルとシグナレス, イギリス海岸, 紫紺染について, どんぐりと山猫, 狼森と笊森、盗森, 注文の多い料理店, かしわばやしの夜, ざしき童子のはなし, グスコーブドリの伝記, 風の又三郎, セロ弾きゴーシュ, 葡萄水, よだかの星, ひかりの素足

「林の底」

『まなづるとダアリヤ』 宮沢賢治著 角川書店 1996.3 247p 15cm （角川文庫） 470円 Ⓘ4-04-104010-8

目次 蜘蛛となめくじと狸, めくらぶどうと虹, 「ツェ」ねずみ, 鳥箱先生とフゥねずみ, クンねずみ, けだもの運動会, カイロ団長, 寓話 洞熊学校を卒業した三人, 畑のへり, 蛙のゴム靴, 林の底, 黒ぶどう, 月夜のけだもの

内容 傲慢なダリヤ。女々しいねずみ。ウイスキーに酔っぱらうあまがえるたち。話好きのフクロウ。染物屋をするとんび。きつねの小学校。勇気をふるって旅立つ、いちょうの子どもたち…。賢治の心象世界において、いきいきとした魂を与えられた動物たち、植物たちを主人公とする童話を集める。賢治自身が「花鳥童話・動物寓話」と呼び、あまたの童話のなかでもとりわけユーモアと風刺にあふれる作品集である。

『新 校本 宮沢賢治全集 第9巻 童話 2』 宮沢賢治著 筑摩書房 1995.6 1冊 21cm 5800円 Ⓘ4-480-72829-5

目次 風野又三郎, 三人兄弟の医者と北守将軍, 猫の事務所, 毒蛾, フランドン農学校の

豚, みあげた, 谷, 二人の役人, 鳥をとるやなぎ, 化物丁場, 茨海小学校, 二十六夜, 革トランク, おきなぐさ, 黄いろのトマト, チュウリップの幻術, ビヂテリアン大祭, 土神ときつね, 林の底, マグノリアの木, インドラの網, 雁の童子, 三人兄弟の医者と北守将軍, 学者アラムハラドの見た着物, ガドルフの百合, 楢ノ木大学士の野宿, 葡萄水, みぢかい木ぺん, バキチの仕事

内容 のちに、大きな変容をとげる作品の初期形「風野又三郎」「フランドン農学校の豚」「猫の事務所」をはじめ、「ビヂテリアン大祭」など、賢治、26歳頃の童話を収録。

『ポラーノの広場』 宮沢賢治著 新潮社 1995.2 474p 15cm (新潮文庫) 560円 Ⓘ4-10-109208-7

目次 いちょうの実, まなづるとダァリヤ, 烏箱先生とフウねずみ, 林の底, 十力の金剛石, とっこべとら子, 若い木霊, 風野又三郎

内容 つめくさのあかりを辿って訪ねた伝説の広場をめぐる顛末を、自伝的思い深く描いた表題作、ブルカニロ博士が現れる「銀河鉄道の夜〔初期形第三次稿〕」、本物の風の子又三郎の話「風野又三郎」、「いちょうの実」など童話17編。多彩な作品の複雑な成立の秘密もうかがい知れて、魅力をさらに堪能できる一冊。

『よだかの星』 宮沢賢治著 くもん出版 1993.4 69p 27×22cm (宮沢賢治絵童話集 2) 2000円 Ⓘ4-87576-702-1

目次 よだかの星, とっこべとら子, 林の底, 月夜のでんしんばしら

内容 鷹に殺される自分が、毎晩虫たちを殺している。よだかはたえきれず、天をめざすが—。表題作をふくむ4編を収録。

「祭りのばん」

『セロ弾きのゴーシュ—宮沢賢治童話集』 宮沢賢治著 改訂2版 偕成社 2008.12 195p 19cm (偕成社文庫) 〈第9刷〉 600円 Ⓘ978-4-03-550190-9

目次 どんぐりとやまねこ, やまなし, さるのこしかけ, よだかの星, 虔十公園林, 祭りのばん, ざしき童子のはなし, オツベルとぞう, まなづるとダァリヤ, いちょうの実, 気のいい火山弾, 雨ニモマケズ, セロ弾きのゴーシュ

内容 演奏会まであと10日しかないのにゴーシュはどうしてもセロをうまく弾けません。音楽の心を描いた表題作のほか、「どんぐりとやまねこ」「オツベルとぞう」「やまなし」など詩情ゆたかな名作13編を収録。

『童話集 風の又三郎 他十八篇』 宮沢賢治作, 谷川徹三編 岩波書店 2003.4 309p 15cm (岩波文庫) 〈改版第77刷〉 560円 Ⓘ4-00-310762-4

目次 風の又三郎, セロひきのゴーシュ, 雪渡り, 蛙のゴム靴, カイロ団長, 猫の事務所, ありときのこ, やまなし, 十月の末, 鹿踊りのはじまり, 狼森と笊森、盗森, ざしき童子のはなし, とっこべとら子, 水仙月の四日, 祭りの晩, なめとこ山の熊, 虔十公園林, グスコーブドリの伝記

「やまなし」

『自然のちから』 松田哲夫編 あすなろ書房 2012.11 243p 21×14cm (中学生までに読んでおきたい哲学 5) 1800円 Ⓘ978-4-7515-2725-2

目次 やまなし (宮沢賢治), 春 (吉野せい), 雑草世界の近代化 (杉浦明平), 大自然と人間 (渡辺一夫), いろんな生き方があっていい (日高敏隆), 自然と人間 (湯川秀樹), 自分をつくる 抄 (臼井吉見), 山 (今西錦司), 山は迷うものキノコの人生論 (森毅), 瞬間の大河 (開高健), 生神 (小泉八雲), 神話と地球物理学 (寺田寅彦), ナマズ考 (花田清輝), ミソサザイの神が語った話 (山本多助), 内海 (茨木のり子), 望郷と海 (石原吉郎), アンドロメダ星雲 (埴谷雄高), 法師蝉に学ぶ (梅崎春生)

内容 大きすぎてわからない。考える楽しみに満ちた18編。

『読解力がグングンのびる! 齋藤孝のゼッタイこれだけ! 名作教室 小学2年上巻』 齋藤孝編 朝日新聞出版 2012.3 205p 21cm 952円 Ⓘ978-4-02-331048-3

目次 やまなし, ネコ, ロウソク, 星とたんぽぽ, ごんぎつね, 北風と太陽, 故事成語「五十歩百歩」, 天の火をぬすんだプロメテウス, ダイハッケン, 天まで, 杜子春

内容 やまなし、北風と太陽、杜子春、ごんぎつね、ギリシャ神話、そのほか全11編。ふつうの“10分間読書”では身につかない、本当の「読解力」がつく。

『新編 風の又三郎』 宮沢賢治著 改版 新潮社 2011.12 405p 15cm (新潮文庫) 520円 Ⓘ978-4-10-109204-1

目次 やまなし, 貝の火, 蜘蛛となめくじと

狸, ツェねずみ, クンねずみ, 蛙のゴム靴, 二十六夜, 雁の童子, 十月の末, フランドン農学校の豚, 虔十公園林, 谷, 鳥をとるやなぎ, 祭の晩, グスコーブドリの伝記, 風の又三郎

内容 「やっぱりあいづ又三郎だぞ」谷川の岸の小学校に風のように現われ去っていった転校生に対する、子供たちの親しみと恐れのいりまじった気持を生き生きと描く表題作や、「やまなし」「二十六夜」「祭の晩」「グスコーブドリの伝記」など16編を収録。多くの人々を魅了しつづける賢治童話の世界から、自然の息づきの中で生きる小動物や子供たちの微妙な心の動きを活写する作品を中心に紹介。

『おもしろい物語 10分読書 めやす小学6年—朝読・夕読 もっともっと本がすきになる。』 川北亮司編 大阪 教学研究社 〔2011.11〕 93p 21cm 476円 Ⓘ978-4-318-00992-4

目次 野バラ—哈尼族(中島久美子), 日本は二十四時間(松谷みよ子), やまなし(宮沢賢治), ゆめであいましょう(三田村信行)

『注文の多い料理店・銀河鉄道の夜』 宮沢賢治作, 北沢夕芸絵 集英社 2011.9 242p 18cm (集英社みらい文庫) 600円 Ⓘ978-4-08-321045-7

目次 やまなし, どんぐりとやまねこ, 注文の多い料理店, セロ弾きのゴーシュ, よだかの星, 風の又三郎, 銀河鉄道の夜, 雨ニモマケズ

内容 賢治の作品の中でもっとも有名で、ユーモアにあふれた傑作『注文の多い料理店』、銀河鉄道に乗って宇宙を旅するファンタジー『銀河鉄道の夜』、大風の日に現れた転校生の物語『風の又三郎』、そのほか、いろいろな動物たちによる不思議な物語『どんぐりとやまねこ』『よだかの星』『やまなし』『セロ弾きのゴーシュ』や、『雨ニモマケズ』の8編を収録。

『齋藤孝の親子で読む国語教科書 6年生』 齋藤孝著 ポプラ社 2011.3 150p 21cm (齋藤孝の親子で読む国語教科書 6) 1000円 Ⓘ978-4-591-12290-7

目次 海のいのち(立松和平), 仙人(芥川龍之介), やまなし(宮沢賢治), 変身したミンミンゼミ(河合雅雄), ヒロシマの歌(今西祐行), 柿山伏(狂言), 字のない葉書(向田邦子), きつねの窓(安房直子), ロシアパン(高橋正亮), 初めての魚釣り(阿部夏丸)

『注文の多い料理店・セロひきのゴーシュ—宮沢賢治童話集』 宮沢賢治作, たちもとみちこ絵 角川書店, 角川グループパブリッシング〔発売〕 2010.6 213p 18cm (角川つばさ文庫) 560円 Ⓘ978-4-04-631104-7

目次 注文の多い料理店, セロひきのゴーシュ, 雪渡り, オツベルと象, やまなし, なめとこ山の熊, どんぐりと山ねこ, 水仙月の四日, 狼森と笊森、盗森, シグナルとシグナレス

内容 やってきたお客に、「コートを脱いで」「体にクリームをぬって、塩をつけて」など、次々とおかしな注文をするレストラン…『注文の多い料理店』。ねこ、鳥、たぬき、ねずみの親子から「チェロをひいて」と、おねだりされた演奏家は…『セロひきのゴーシュ』など、代表作10編。人気画家たちもとみちこイラスト、あまんきみこ解説による宮沢賢治の決定版！ 小学中級から。

『読んでおきたい名作 小学2年』 川島隆太監修 成美堂出版 2010.4 175p 21cm 700円 Ⓘ978-4-415-30815-9

目次 じゃんけんねこ(佐藤さとる), 金魚のおつかい(与謝野晶子), むく鳥のゆめ(浜田廣介), スイッチョねこ(大佛次郎), 幸福(島崎藤村), はととわし(武者小路実篤), 花いっぱいになぁれ(松谷みよ子), かげぼうし(内田百閒), やまなし(宮沢賢治), 手ぶくろを買いに(新美南吉)

内容 朝の10分間読書にぴったり。どんどん読めて脳と心をはぐくむとっておきの10作品。

『注文の多い料理店—宮沢賢治童話集珠玉選』 宮沢賢治作, 太田大八絵 講談社 2009.9 237p 18cm 850円 Ⓘ978-4-06-215738-4

目次 星めぐりの歌, 注文の多い料理店, 鳥箱先生とフウねずみ, ツェねずみ, クンねずみ, ありときのこ, やまなし, めくらぶどうと虹, いちょうの実, まなづるとダァリヤ, 月夜のけだもの, おきなぐさ, 雪渡り, シグナルとシグナレス, 狼森と笊森、盗森

『宮沢賢治童話集』 宮沢賢治著 角川春樹事務所 2009.3 229p 15cm (ハルキ文庫) 680円 Ⓘ978-4-7584-3401-0

目次 雁の童子, カイロ団長, よだかの星, やまなし, フランドン農学校の豚, 猫の事務所…ある小さな官衙に関する幻想…, なめとこ山の熊, 注文の多い料理店, セロ弾きのゴーシュ, ビジテリアン大祭

内容 山奥に狩猟に出かけた二人の紳士が、空腹を満たそうと入った西洋料理店での身も凍る恐怖を描いた「注文の多い料理店」、谷川の底で蟹の兄弟が交わす会話と生命の巡りを豊かな感性で表現した「やまなし」をはじめ、「フランドン農学校の豚」「セロ弾きのゴーシュ」など全10篇を収録。賢治の優しさとセンスが溢れる名作アンソロジー。

『名作童話 宮沢賢治20選』 宮沢賢治著，宮川健郎編　春陽堂　2008.11　382p　19cm　2600円　Ⓘ978-4-394-90266-9

目次 毒もみのすきな署長さん, 雪渡り, 革トランク, 谷, やまなし, 氷河鼠の毛皮, シグナルとシグナレス, イギリス海岸, 紫紺染について, どんぐりと山猫, 狼森と笊森、盗森, 注文の多い料理店, かしわばやしの夜, ざしき童子のはなし, グズコーブドリの伝記, 風の又三郎, セロ弾きゴーシュ, 葡萄水, よだかの星, ひかりの素足

『注文の多い料理店―宮沢賢治童話集』 宮沢賢治作，太田大八絵　新装版　講談社　2008.10　216p　18cm　（講談社青い鳥文庫）570円　Ⓘ978-4-06-285049-0

目次 星めぐりの歌, 注文の多い料理店, 鳥箱先生とフウねずみ, ツェねずみ, クンねずみ, ありときのこ, やまなし, めくらぶどうと虹, いちょうの実, まなづるとダァリヤ, 月夜のけだもの, おきなぐさ, シグナルとシグナレス, 狼森と笊森、盗森

『齋藤孝のイッキによめる！ 小学生のための宮沢賢治』 齋藤孝編　講談社　2007.8　268p　21cm　1000円　Ⓘ978-4-06-214146-8

目次 宮沢賢治の詩, めくらぶどうと虹, 月夜のけだもの, 気のいい火山弾, やまなし, 注文の多い料理店, 雪渡り, 月夜のでんしんばしら, 祭の晩, 銀河鉄道の夜, 貝の火

内容 朝の10分間読書にぴったり!!低学年から高学年まで3段階でステップアップ。宮沢賢治で美しい日本語とやさしい心を育てよう！「銀河鉄道の夜」「注文の多い料理店」「雪渡り」「月夜のけだもの」「祭の晩」「やまなし」ほか、全11作品。

「雪渡り」

『注文の多い料理店・セロひきのゴーシュ―宮沢賢治童話集』 宮沢賢治作，たちもとみちこ絵　角川書店，角川グループパブリッシング〔発売〕　2010.6　213p　18cm　（角川つばさ文庫）560円　Ⓘ978-4-04-631104-7

目次 注文の多い料理店, セロひきのゴーシュ, 雪渡り, オツベルと象, やまなし, なめとこ山の熊, どんぐりと山ねこ, 水仙月の四日, 狼森と笊森、盗森, シグナルとシグナレス

内容 やってきたお客に、「コートを脱いで」「体にクリームをぬって、塩をつけて」など、次々とおかしな注文をするレストラン…『注文の多い料理店』。ねこ、鳥、たぬき、ねずみの親子から「チェロをひいて」と、おねだりされた演奏家は…『セロひきのゴーシュ』など、代表作10編。人気画家たちもとみちこイラスト、あまんきみこ解説による宮沢賢治の決定版！ 小学中級から。

『注文の多い料理店―宮沢賢治童話集珠玉選』 宮沢賢治作，太田大八絵　講談社　2009.9　237p　18cm　850円　Ⓘ978-4-06-215738-4

目次 星めぐりの歌, 注文の多い料理店, 鳥箱先生とフウねずみ, ツェねずみ, クンねずみ, ありときのこ, やまなし, めくらぶどうと虹, いちょうの実, まなづるとダァリヤ, 月夜のけだもの, おきなぐさ, 雪渡り, シグナルとシグナレス, 狼森と笊森、盗森

『銀河鉄道の夜』 宮沢賢治著　講談社　2009.2　297p　19cm　（21世紀版少年少女日本文学館 8）1400円　Ⓘ978-4-06-282658-7

目次 セロ弾きのゴーシュ, どんぐりと山猫, よだかの星, 雪渡り, 注文の多い料理店, 水仙月の四日, 狼森と笊森、盗森, 風の又三郎, 銀河鉄道の夜

内容 ジョバンニとカムパネルラを乗せた汽車ははるか銀河の彼方へ―。二人の旅は、豊かな詩情をたたえた一編の物語に結実した。美しき理想にささえられた、宮沢賢治の幻想の世界。表題作をはじめ、時代を超えて、今も私たちの心のなかに生きつづける九編を収録。ふりがなと行間注で、最後までスラスラ。児童向け文学全集の決定版。

『名作童話 宮沢賢治20選』 宮沢賢治著，宮川健郎編　春陽堂　2008.11　382p　19cm　2600円　Ⓘ978-4-394-90266-9

目次 毒もみのすきな署長さん, 雪渡り, 革トランク, 谷, やまなし, 氷河鼠の毛皮, シグナルとシグナレス, イギリス海岸, 紫紺染について, どんぐりと山猫, 狼森と笊森、盗森, 注文の多い料理店, かしわばやしの夜, ざしき童子のはなし, グズコーブドリの伝記, 風の

又三郎, セロ弾きゴーシュ, 葡萄水, よだかの星, ひかりの素足

『注文の多い料理店―宮沢賢治童話集』 宮沢賢治作, 太田大八絵 新装版 講談社 2008.10 216p 18cm （講談社青い鳥文庫） 570円 ①978-4-06-285049-0

目次 星めぐりの歌, 注文の多い料理店, 鳥箱先生とフウねずみ, ツェねずみ, クンねずみ, ありときのこ, やまなし, めくらぶどうと虹, いちょうの実, まなづるとダァリヤ, 月夜のけだもの, おきなぐさ, シグナルとシグナレス, 狼森と笊森、盗森

内容 ふたりのわかい紳士が猟にでて、山おくの西洋料理店にはいったところ、かえって自分たちが料理されそうになってしまうという、宮沢賢治の代表作『注文の多い料理店』をはじめ、『鳥箱先生とフウねずみ』『ツェねずみ』『クンねずみ』『ありときのこ』『やまなし』『雪渡り』『シグナルとシグナレス』『狼森と笊森、盗森』ほか、詩と名作童話15編を収録。小学中級から。

『風の又三郎―宮沢賢治童話集』 宮沢賢治著 改訂版 偕成社 2008.4 268p 19cm （偕成社文庫）〈第22刷〉 700円 ①978-4-03-650140-3

目次 雪渡り, かしわばやしの夜, 猫の事務所, シグナルとシグナレス, 水仙月の四日, 鹿踊りのはじまり, グスコーブドリの伝記, 風の又三郎

内容 高原の分教場に三郎が転校してきた。子どもたちは彼を風の子・又三郎だと思いこむ。子どもの夢の世界をいきいきと描いた表題作のほか、「雪渡り」「グスコーブドリの伝記」など詩情あふれる賢治童話8編を収録。

『齋藤孝のイッキによめる！ 小学生のための宮沢賢治』 齋藤孝編 講談社 2007.8 268p 21cm 1000円 ①978-4-06-214146-8

目次 宮沢賢治の詩, めくらぶどうと虹, 月夜のけだもの, 気のいい火山弾, やまなし, 注文の多い料理店, 雪渡り, 月夜のでんしんばしら, 祭の晩, 銀河鉄道の夜, 貝の火

内容 朝の10分間読書にぴったり!!低学年から高学年まで3段階でステップアップ。宮沢賢治で美しい日本語とやさしい心を育てよう！「銀河鉄道の夜」「注文の多い料理店」「雪渡り」「月夜のけだもの」「祭の晩」「やまなし」ほか、全11作品。

『宮沢賢治童話集―心に残るロングセラー名作10話』 宮沢賢治著, 北川幸比古, 鬼塚りつ子責任編集 世界文化社 2004.3 183p 24×19cm 1100円 ①4-418-04805-7

目次 注文の多い料理店, どんぐりと山ねこ, オツベルと象, ツェねずみ, よだかの星, やまなし, 水仙月の四日, 雪わたり, 虔十公園林, セロひきのゴーシュ

内容 子どもたちにぜひ読んでほしい宮沢賢治の名作のベスト10話を収録。小学生向き。

『どんぐりと山猫・雪渡りほか』 宮沢賢治著 教育出版 2003.9 194p 18cm （読んでおきたい日本の名作） 800円 ①4-316-80034-5

目次 どんぐりと山猫, 注文の多い料理店, 雪渡り, よだかの星, オツベルと象, グスコーブドリの伝記, セロ弾きのゴーシュ

「よだかの星」

『銀河鉄道の夜―宮沢賢治童話集』 宮沢賢治作, ヤスダスズヒト絵 角川書店, 角川グループパブリッシング〔発売〕 2012.6 222p 18cm （角川つばさ文庫） 560円 ①978-4-04-631215-0

目次 詩 雨ニモマケズ, 銀河鉄道の夜, グスコーブドリの伝記, ふたごの星, よだかの星

内容 祭りの夜、ジョバンニは、草むらにねころんで、星空をながめていた。すると、ふしぎな声と明るい光につつまれたと思うと、幼なじみのカムパネルラと、銀河鉄道に乗っていた…。二人は、美しい宇宙の旅へ。宮沢賢治の最高傑作「銀河鉄道の夜」のほか、「雨ニモマケズ」「グスコーブドリの伝記」「ふたごの星」「よだかの星」が入った日本を代表する名作。小学中級から。

『読解力がグングンのびる！ 齋藤孝のゼッタイこれだけ！ 名作教室 小学4年上巻』 齋藤孝編 朝日新聞出版 2012.5 213p 21cm 952円 ①978-4-02-331078-0

目次 よだかの星（宮沢賢治）―よだかはなぜ、星になろうとしたのでしょうか？，壊れたと壊したは違う（向田邦子）―お父さんは、なぜ厳しく怒ったのでしょうか？，ロミオとジュリエット・抜粋（シェイクスピア，松岡和子訳）―「どうしてあなたはロミオなの？」とは、どういう意味でしょうか？，言葉の成り立ちを学ぼう 故事成語「愚公山を移す」，月の輪グマ（椋鳩十）―二人の人間の

気持ちが、どのように変化していったでしょうか？ ，詩のひろば こだまでしょうか（金子みすゞ），五体不満足・抜粋（乙武洋匡）高木先生は、なぜ電動車椅子の使用を禁止したのでしょうか？ ，三銃士・抜粋（A.デュマ，藤本ひとみ文）―ダルタニャンとアトスたちは、それぞれどのような関係でしょうか？ ，夢十夜・第一夜（夏目漱石）―不思議な夢の世界を、頭の中でじっくりイメージできるかな？ ，詩のひろば 道程（高村光太郎），魔術（芥川龍之介）―魔術を使うときの「条件」は何だったでしょうか？

『注文の多い料理店・銀河鉄道の夜』 宮沢賢治作，北沢夕芸絵 集英社 2011.9 242p 18cm （集英社みらい文庫） 600円 ①978-4-08-321045-7

目次 やまなし，どんぐりとやまねこ，注文の多い料理店，セロ弾きのゴーシュ，よだかの星，風の又三郎，銀河鉄道の夜，雨ニモマケズ

内容 賢治の作品の中でもっとも有名で、ユーモアにあふれた傑作『注文の多い料理店』、銀河鉄道に乗って宇宙を旅するファンタジー『銀河鉄道の夜』、大風の日に現れた転校生の物語『風の又三郎』、そのほか、いろいろな動物たちによる不思議な物語『どんぐりとやまねこ』『よだかの星』『やまなし』『セロ弾きのゴーシュ』や、『雨ニモマケズ』の8編を収録。

『読んでおきたい名作 小学4年』 川島隆太監修 成美堂出版 2011.4 191p 21cm 700円 ①978-4-415-31034-3

目次 ふたりのおばさん（室生犀星），秋の夜の会話（草野心平），ねむい町（小川未明），菜の花と小むすめ（志賀直哉），てんぐ笑（豊島与志雄），この道（北原白秋），くもの糸（芥川龍之介），大きなこうもりがさ（竹久夢二），よだかの星（宮沢賢治），花のき村とぬすびとたち（新美南吉）

内容 朝の10分間読書にぴったり。どんどん読めて脳と心をはぐくむとっておきの10作品。

『風の又三郎―宮沢賢治童話集珠玉選』 宮沢賢治作，太田大八絵 講談社 2009.9 246p 18cm 850円 ①978-4-06-215739-1

目次 詩・高原，風の又三郎，洞熊学校を卒業した三人，気のいい火山弾，ねこの事務所，虔十公園林，からすの北斗七星，よだかの星，ふたごの星

『銀河鉄道の夜』 宮沢賢治著 講談社 2009.2 297p 19cm （21世紀版少年少女日本文学館 8） 1400円 ①978-4-06-282658-7

目次 セロ弾きのゴーシュ，どんぐりと山猫，よだかの星，雪渡り，注文の多い料理店，水仙月の四日，狼森と笊森、盗森，風の又三郎，銀河鉄道の夜

内容 ジョバンニとカムパネルラを乗せた汽車ははるか銀河の彼方へ―。二人の旅は、豊かな詩情をたたえた一編の物語に結実した。美しき理想にささえられた、宮沢賢治の幻想の世界。表題作をはじめ、時代を超えて、今も私たちの心のなかに生きつづける九編を収録。ふりがなと行間注で、最後までスラスラ。児童向け文学全集の決定版。

『セロ弾きのゴーシュ―宮沢賢治童話集』 宮沢賢治著 改訂2版 偕成社 2008.12 195p 19cm （偕成社文庫）〈第9刷〉 600円 ①978-4-03-550190-9

目次 どんぐりとやまねこ，やまなし，さるのこしかけ，よだかの星，虔十公園林，祭りのばん，ざしき童子のはなし，オツベルとぞう，まなづるとダァリヤ，いちょうの実，気のいい火山弾，雨ニモマケズ，セロ弾きのゴーシュ

内容 演奏会まであと10日しかないのにゴーシュはどうしてもセロをうまく弾けません。音楽の心を描いた表題作のほか、「どんぐりとやまねこ」「オツベルとぞう」「やまなし」など詩情ゆたかな名作13編を収録。

宮沢 章二

みやざわ・しょうじ

《1919〜2005》

「うめの花」

『知らない子』 宮沢章二詩，駒宮録郎絵 国土社 2003.1 77p 25×22cm （現代日本童謡詩全集 10） 1600円 ①4-337-24760-2

目次 知らない子，うめの花，めっめっめっ，ひばりのかあさん，はるをつまんで，ちょうちょとハンカチ，くうき，子ぐまが二ひき，いいのにね，おたまじゃくしはなかないね〔ほか〕

「知らない子」

『知らない子』 宮沢章二詩，駒宮録郎絵 国土社 2003.1 77p 25×22cm （現

代日本童謡詩全集 10） 1600円
①4-337-24760-2
目次 知らない子, うめの花, めっめっめっ, ひばりのかあさん, はるをつまんで, ちょうちょとハンカチ, くうき, 子ぐまが二ひき, いいのにね, おたまじゃくしはなかないね〔ほか〕

「ちょうちょとハンカチ」

『知らない子』 宮沢章二詩, 駒宮録郎絵 国土社 2003.1 77p 25×22cm （現代日本童謡詩全集 10） 1600円
①4-337-24760-2
目次 知らない子, うめの花, めっめっめっ, ひばりのかあさん, はるをつまんで, ちょうちょとハンカチ, くうき, 子ぐまが二ひき, いいのにね, おたまじゃくしはなかないね〔ほか〕

宮中　雲子
みやなか・くもこ
《1935〜》

「くもはがようし」

『どんな音がするでしょか―宮中雲子詩集』 宮中雲子著, 西真里子絵 教育出版センター 1996.7 93p 21cm （ジュニア・ポエム双書） 1200円
①4-7632-4338-1

宮西　達也
みやにし・たつや
《1956〜》

「にゃーご」

『齋藤孝の親子で読む国語教科書 2年生』 斎藤孝著 ポプラ社 2011.3 142p 21cm （齋藤孝の親子で読む国語教科書 2） 1000円 ①978-4-591-12286-0
目次 ちょうちょだけになぜなくの（神沢利子）, きいろいばけつ（森山京）, 三まいのおふだ（瀬田貞二）, にゃーご（宮西達也）, きつねのおきゃくさま（あまんきみこ）, スーホの白い馬（大塚勇三）, かさこじぞう（岩崎京子）, 十二支のはじまり（谷真介）, 泣いた赤おに（浜田廣介）

『教科書にでてくるお話 2年生』 西本鶏介監修 ポプラ社 2006.3 190p 18cm （ポプラポケット文庫） 570円
①4-591-09168-6
目次 にゃーご（宮西達也）, 野原のシーソー（竹下文子）, 花いっぱいになぁれ（松谷みよ子）, おおきなキャベツ（岡信子）, 名まえをみてちょうだい（あまんきみこ）, いいものもらった（森山京）, ワニのおじいさんのたからもの（川崎洋）, コスモスさんからおでんわです（杉みき子）, せなかをとんとん（最上一平）, きつねのおきゃくさま（あまんきみこ）, あたまにかきのき（望月新三郎）, かさこじぞう（岩崎京子）, きいろいばけつ（森山京）, くま一ぴきぶんはねずみ百ぴきぶんか（神沢利子）
内容 現在使われている各社の国語教科書に掲載または紹介されている作品ばかりを集めたアンソロジーです。長く読みつがれている名作、心あたたまるお話、おもしろくて元気がでるお話など、すばらしい作品がいっぱい。作品の表記は原典に忠実にし、全文を掲載しています。教科書では気づかなった作品の魅力を、新たに発見できるかもしれません。小学校初・中級から。

『にゃーご』 宮西達也作・絵 鈴木出版 1997.2 29p 26×21cm （ひまわりえほんシリーズ） 1030円
①4-7902-6077-1
内容 さんびきのねずみのまえにとつぜんあらわれたおおきなねこ。にゃーご！…ところが、ねずみたちは「いっしょにももをとりにいかない？」とねこをさそって…。

宮部　みゆき
みやべ・みゆき
《1960〜》

「内気な友達」

『みんな本を読んで大きくなった』 朝の読書推進協議会編 メディアパル 2002.12 199,7p 19cm 950円
①4-89610-059-X
目次 想像する力を育もう（青木和雄）, 本の中に自分がいる（赤川次郎）, 五百万円のプレゼント（阿刀田高）, 一生を多生に―思い出すままに（あまんきみこ）, 本を読むと、自分の

声が聞こえてくるんだ。(井上路望), 読むことと書くことと(今江祥智), 好きな本を読める幸せ(いわむらかずお), 本という装置(内海隆一郎), いつだって、私の傍らには本があった(落合恵子), 見えないものを知りたくて(神沢利子)〔ほか〕

内容 「朝の読書」で人気の作家があなたに贈るメッセージ！ 本との出会いを語る32篇。

宮脇　紀雄
みやわき・としお
《1907〜1986》

「ことりと木のは」

『光村ライブラリー　第3巻　小さい白いにわとり ほか』 樺島忠夫, 宮地裕, 渡辺実監修, まどみちお, みやわきとしお, まつたにみよこ作, 杉浦範茂, 白根美代子, 井江春代, 篠崎三朗絵　光村図書出版　2004.4　69p　21cm〈第4刷〉1000円　①4-89528-101-9

目次 小さい白いにわとり, きりかぶの赤ちゃん(まどみちお), ことりと木のは(みやわきとしお), きつねの子のひろったていきけん(まつたにみよこ)

三好　達治
みよし・たつじ
《1900〜1964》

「こんこんこな雪ふる朝に」

『10分で読める物語 三年生』 青木伸生選　学研教育出版, 学研マーケティング〔発売〕　2010.8　129p　21cm　700円　①978-4-05-203226-4

目次 ひと朝だけの朝顔(井上靖), つり橋わたれ(長崎源之助), 心のあたたかい一休さん(武内孝夫), からっぽとは(まど・みちお), ジャックと豆の木―イギリスの民話(谷真介), 世界最北！ 赤んぼうザルの一年(松岡史朗), そそっかしいのはだれですか？(佐々木赫子), こんこんこな雪ふる朝に(三好達治), むじな(小泉八雲), 星のぎんか―グリム童話(竹崎有斐), さるも木から落ちる、ほか, クリの実(椋鳩十), 宮古島のおに―沖縄の昔話(儀間比呂志)

内容 名作から現代のお話、昔話や科学、伝記などバラエティに富んでいます。

『三好達治詩集』 神保光太郎編　白鳳社　1975　206p 図 肖像　18cm　(青春の詩集 日本篇 8)〈新装版　三好達治年譜：p.187-201〉480円

「土」

『三好達治詩集』 三好達治著　角川春樹事務所　2012.11　221p　15cm　(ハルキ文庫)　680円　①978-4-7584-3703-5

目次 測量船, 南窗集, 間花集, 山果集, 艸千里, 一点鐘, 花筐, 故郷の花, 砂の砦, 日光月光集, ラクダの瘤にまたがって, 百たびののち,「百たびののち」以後

内容 「太郎を眠らせ、太郎の屋根に雪ふりつむ。次郎を眠らせ、次郎の屋根に雪ふりつむ。」豊かなイメージを呼び起こすわずか二行の代表作「雪」を収録した第一詩集『測量船』から、『百たびののち』以後の作まで、昭和期を代表する最大の詩人・三好達治が、澄み切った知性と精確な表現で綴った全一三六篇を新仮名遣いで収録。教科書でもおなじみの「蟻が 蝶の羽をひいて行く ああヨットのようだ」(「土」)など、時を超えて、いまなお私たちの心を揺さぶる名詩の世界。文庫オリジナル版。

『丸山薫・三好達治』 萩原昌好編　あすなろ書房　2012.8　95p　20×16cm　(日本語を味わう名詩入門 10)　1500円　①978-4-7515-2650-7

目次 丸山薫(青い黒板, 水の精神, 嘘, 汽車に乗って, 練習船, 早春, 未明の馬, 未来へ, 母の傘, ほんのすこしの言葉で, 詩人の言葉, 海という女), 三好達治(雪, 春, 村, Enfance finie, 昨日はどこにもありません, 祖母, 土, チューリップ, 石榴, 大阿蘇, 涙, かよわい花, 浅春偶語)

『雪』 三好達治著　童話屋　2010.2　156p　15cm　1250円　①978-4-88747-101-6

目次 雪, 乳母車, 春の岬, 甃のうへ, 少年, 燕, 春といふ, 草の上, 春, 土〔ほか〕

『みどりのしずく―自然』 新川和江編, 瀬戸好子絵　太平出版社　1987.7　66p　21cm　(小学生・詩のくにへ 5)　1600円

目次 雲(山村暮鳥), 金のストロー(みずかみかずよ), 水たまり(武鹿悦子), 石ころ(ま

ど・みちお), かいだん (渡辺美知子), すいれんのはっぱ (浦かずお), びわ (まど・みちお), かぼちゃのつるが (原田直友), 雑草のうた (鶴岡千代子), ことりのひな (北原白秋), 土 (三好達治), きいろいちょうちょう (こわせたまみ), すいっちょ (鈴木敏史), 川 (谷川俊太郎), 天 (山之口貘), 富士 (草野心平), 海 (川崎洋), なみは手かな (こわせたまみ), 石 (草野心平), 地球は (工藤直子), どうしていつも (まど・みちお)

「雪」

『三好達治詩集』 三好達治著　角川春樹事務所　2012.11　221p　15cm　(ハルキ文庫)　680円　①978-4-7584-3703-5

目次 測量船, 南窗集, 閒花集, 山果集, 艸千里, 一点鐘, 花筐, 故郷の花, 砂の砦, 日光月光集, ラクダの瘤にまたがって, 百たびののち, 「百たびののち」以後

内容 「太郎を眠らせ、太郎の屋根に雪ふりつむ。次郎を眠らせ、次郎の屋根に雪ふりつむ。」豊かなイメージを呼び起こすわずか二行の代表作「雪」を収録した第一詩集『測量船』から、『百たびののち』以後の作まで、昭和期を代表する最大の詩人・三好達治が、澄み切った知性と精確な表現で綴った全一三六篇を新仮名遣いで収録。教科書でもおなじみの「蟻が 蝶の羽をひいて行く ああヨットのようだ」(「土」) など、時を超えて、いまなお私たちの心を揺さぶる名詩の世界。文庫オリジナル版。

『丸山薫・三好達治』 萩原昌好編　あすなろ書房　2012.8　95p　20×16cm　(日本語を味わう名詩入門 10)　1500円　①978-4-7515-2650-7

目次 丸山薫 (青い黒板, 水の精神, 嘘, 汽車に乗って, 練習船, 早春, 未明の馬, 未来へ, 母の傘, ほんのすこしの言葉で, 詩人の言葉, 海という女), 三好達治 (雪, 春, 村, Enfance finie, 昨日はどこにもありません, 祖母, 土, チューリップ, 石榴, 大阿蘇, 涙, かよわい花, 浅春偶語)

『齋藤孝の親子で読む国語教科書 5年生』 齋藤孝著　ポプラ社　2011.3　138p　21cm　(齋藤孝の親子で読む国語教科書 5)　1000円　①978-4-591-12289-1

目次 飴だま (新美南吉), ブレーメンの町の楽隊 (グリム童話, 高橋健二・訳), とうちゃんの凧 (長崎源之助), トゥーチカと飴 (佐藤雅彦), 大造じいさんとガン (椋鳩十), 注文の多い料理店 (宮沢賢治), わらぐつのなかの神様 (杉みき子), 世界じゅうの海が (まざあ・ぐうす, 北原白秋・訳), 雪 (三好達治), 素朴な琴 (八木重吉)

『雪』 三好達治著　童話屋　2010.2　156p　15cm　1250円　①978-4-88747-101-6

目次 雪, 乳母車, 春の岬, 甃のうへ, 少年, 燕, 春といふ, 草の上, 春, 土〔ほか〕

『光村ライブラリー　第18巻　おさるがふねをかきました ほか』 樺島忠夫, 宮地裕, 渡辺実監修, まどみちお, 三井ふたばこ, 阪田寛夫, 川崎洋, 河井酔茗ほか著, 松永禎郎, 杉田豊, 平山英三, 武田美穂, 小野千世ほか画　光村図書出版　2004.11　83p　21cm〈第4刷〉1000円　①4-89528-116-7

目次 おさるがふねをかきました (まど・みちお), みつばちぶんぶん (小林純一), あいうえお・ん (鶴見正夫), ぞうのかくれんぼ (高木あきこ), おうむ (鶴見正夫), あかいカーテン (みずかみかずよ), ガラスのかお (三井ふたばこ), せいのび (武鹿悦子), かぼちゃのつるが (原田直友), 三日月 (松谷みよ子), 夕立 (みずかみかずよ), さかさのさかさはさかさ (川崎洋), 春 (坂本遼), 虻 (嶋岡晨), 若葉よ来年は海へゆこう (金子光春), われは草なり (高見順), くまさん (まど・みちお), おなかのへるうた (阪田寛夫), てんらん会 (柴野民三), 夕日がせなかをおしてくる (阪田寛夫), ひばりのす (木下夕爾), 十時にね (新川和江), みいつけた (岸田衿子), どきん (谷川俊太郎), りんご (山村暮鳥), ゆずり葉 (河井酔茗), 雪 (三好達治), 影 (八木重吉), 楽器 (北川冬彦), 動物たちの恐ろしい夢のなかに (川崎洋), 支度 (黒田三郎)

『三好達治詩集―日本詩人選 15』 三好達治著, 村野四郎編　小沢書店　1997.9　250p　19cm　(小沢クラシックス 世界の詩)　1400円　①4-7551-4075-7

目次 乳母車, 雪, 甃のうへ, 村, 庭, 草の上, 燕, Enfance finie, アヴェ・マリア, 郷愁, 玻璃盤の胎児, 私の猫, 昨日はどこにもありません, 蟋蟀, 信号〔ほか〕

『測量船』 三好達治著　講談社　1996.9　226p　15cm　(講談社文芸文庫)　880円　①4-06-196387-2

内容 太郎を眠らせ、太郎の屋根に雪ふりつむ。次郎を眠らせ、次郎の屋根に雪ふりつむ。無限のイメージを喚起するわずか二行

の詩「雪」他を収録の第一詩集『測量船』。「乳母車」「甃のうへ」、「鳥語」「獅子」等、日本古典の詩風と西欧象徴詩風が混然と融合し、魅了する全九十二篇（「測量船拾遺」を含む）。新詩の可能性を追究する若き詩人・達治が“現代抒情詩”を展開させた画期的詩集。

ミルン, アラン・アレクサンダー

《1882〜1956》

「はんぶんおりたところ」

『ガラスにかいたかお—生活』 新川和江編, 多田治良絵 太平出版社 1987.10 66p 21cm （小学生・詩のくにへ 6） 1600円

目次 おなかのへるうた（阪田寛夫）, コップのうた（真田亀久代）, てんぷらぴりぴり（まど・みちお）, ピーマン（工藤直子）, あわてんぼうの歌（まど・みちお）, ガラスのかお（三井ふたばこ）, お魚（金子みすゞ）, 帰宅（吉田定一）, つけもののおもし（まど・みちお）, 山芋（大関松三郎）, あめ（山田今次）, ふるさとの（石川啄木）, リンゴとポンカン（赤岡江里子）, ぼくの家だけあかりがともらない（野長瀬正夫）, いなかのあいさつ（新川和江）, 小さなみなとの町（木下夕爾）, 茂作じいさん（小林純一）, 夜のくだもの（草野心平）, とうげ（石垣りん）, はんぶんおりたところ（アレグザンダー＝ミルン, 小田島雄志・若子訳）, 夕日がせなかをおしてくる（阪田寛夫）

椋 鳩十

むく・はとじゅう

《1905〜1987》

「片耳の大鹿」

『勇気—愛・信頼・協調』 大久保昇編, 日本漢字能力検定協会監修 京都 日本漢字能力検定協会 2006.11 282p 21cm （漢検—心を耕すシリーズ） 1100円 Ⓘ4-89096-138-0

目次 野ばら（小川未明）, おみやげ（星新一）, 手袋を買いに（新美南吉）, 片耳の大シカ（椋鳩十）, 雪おんな（小泉八雲）, 見えなくなったクロ（大石真）, 少年駅伝夫（鈴木三重吉）, 魔術（芥川龍之介）, よだかの星（宮澤賢治）, 注文の多い料理店（宮澤賢治）, 風の又三郎（宮澤賢治）, 第2章 詩—心の琴線に触れる（金子みすゞ『大漁』ほか, 野口雨情『しゃぼん玉』ほか, 北原白秋『この道』ほか）

『話のびっくり箱 5年 上』 学習研究社 2006.6 223p 21cm （科学と学習増刊 読み物特集号） 1120円 Ⓝ913.68

目次 告白（たからしげる作, 小松良佳絵）, 夏の風（長崎夏海作, 入江めぐみ絵）, 片耳の大鹿（椋鳩十作, 山内和則絵）, 黄金虫（エドガー・アラン・ポー原作, 生田信夫訳, 岐部たかし絵）, ドンちゃんのハト（最上一平作, 水野ぷりん絵）, あしたはあしたの天気予報（森田正光文, 岡村治栄絵）, 魔術（芥川龍之介作, 村田エミコ絵）, 怪盗ブルードラゴン事件（松原秀行作, 陸原一樹絵）, 思い出のリンゴ並木（ゆうきえみ文, 中村頼子絵）, よだかの星（宮澤賢治作, 山口まさよし絵）

『親も子も読む名作 5年生の読みもの』 亀村五郎編集委員 学校図書 2005.7 151p 21cm 648円 Ⓘ4-7625-1965-0

目次 旗（杉みき子）, 三コ（斎藤隆介）, ケンカ博士がけんかをしてしまった話（猪野省三）, 一房のぶどう（有島武郎）, かっぱの三太（青木茂）, 天使のさかな（大石真）, 蚊とんぼ物語（宇野浩二）, 片耳の大シカ（椋鳩十）, 山にささげた一生（山本栄一）, 銅像になった犬（関英雄）

内容 すぐれた作家のすぐれた作品!!国語教科書でなじみのある作品も多数掲載。お子さんはもちろん、保護者の方にも楽しく、また、なつかしく読んでいただける名作選。

『一冊で読む日本の名作童話』 小川義男編著 小学館 2004.11 223p 21cm 1200円 Ⓘ4-09-387530-8

目次 第1章 童話の夜明け—明治（十二月の苺（巌谷小波）, 金魚のお使（与謝野晶子））, 第2章 「赤い鳥」がもたらした創作の息吹—大正（蜘蛛の糸（芥川龍之介）, 二人の兄弟（島崎藤村）, 納豆合戦（菊池寛）, 一房の葡萄（有島武郎）, おもちゃの蝙蝠（佐藤春夫）, 赤い蝋燭と人魚（小川未明）, 岡の家（鈴木三重吉）, 一夜の宿（山村暮鳥）, ごん狐（新美南吉））, 第3章 子どもたちの半数が農家に生まれていた—昭和初期（欲しくない指輪（徳永直）, 瓦斯灯と子供（川崎大治）, きんまくわ（槇本楠郎）, お母さんの思い出（室生犀星）, 捕虜の子（吉田絃二郎）, よだかの星（宮沢賢治）, 泣いた赤おに（浜田広介）, 赤いペン皿（岡野博）, 金の梅銀の梅（坪田譲治））,

第4章 戦争と平和の童話―戦中・戦後（白い封筒（吉田甲子太郎），煉瓦の煙突（下畑卓），峠の一本松（壺井栄），片耳の大鹿（椋鳩十），椿（川端康成））

内容 明治から昭和まで、とくに大正時代以降は、わが国の童話や児童文学の黄金時代だったのではないでしょうか。雑誌「赤い鳥」を中心に、芥川龍之介、菊池寛など、一流の作家たちが子どものための作品を執筆しました。この流れのなかで、小川未明、坪田譲治、新美南吉、浜田広介などのすぐれた作家が誕生しました。その成果は戦後にも引き継がれ、多くのすぐれた作家が作品を生み出しています。本書では、それらの作品のなかから、四十八編を選び、その作品のもつ息吹そのものを感じていただきたいという思いから、二十七編は全文を掲載しました。

『山の太郎熊』 椋鳩十著 小学館 2004.4 250p 15cm （小学館文庫新撰クラシックス） 533円 Ⓘ4-09-404110-9

目次 山の太郎熊，金色の足跡，大造爺さんと雁，月の輪熊，金色の川，暗い土の中でおこなわれたこと，父とシジュウカラ，母グマ子グマ，片耳の大鹿，底なし谷のカモシカ，犬太郎物語，いたずらサル，犬塚

内容 本書では、野性味あふれる少年たちと子熊の交流を通して命の尊さを謳う表題作「山の太郎熊」、猟師とその獲物である雁の間にいつしか芽生えた交情が感動を呼ぶ「大造爺さんと雁」、激しい風雨のなか、生きるもの同士が助けあう様を描いた「片耳の大鹿」など、名作十三篇を収録した。

『動物たちのメッセージ―生きものたちの物語』 松本 郷土出版社 2002.7 334p 22cm （信州・こども文学館 第4巻 小宮山量平監修，和田登責任編集，小西正保［ほか］編） Ⓘ4-87663-571-4

目次 雪の夜の子馬（酒井朝彦著），天に昇った螢（酒井朝彦著），ことこと虫（酒井朝彦著），犬のものがたり（塚原健二郎著），鶴の笛（林芙美子著），狐物語（林芙美子著），亀さん（林芙美子著），とおい道（羽生田敏著），月の輪グマ（椋鳩十著），片耳の大シカ（椋鳩十著），大造爺さんと雁（椋鳩十著），黒ものがたり（椋鳩十著），マヤの一生（椋鳩十著），解説（宮下和男著）

『椋鳩十まるごとシカ物語』 椋鳩十作，町和生画 理論社 1999.10 150p 18cm （フォア文庫）〈『椋鳩十のシカ物語』改題書〉 560円 Ⓘ4-652-07439-5

目次 子ジカほしたろう，島のシカたち，山のえらぶつ，底なし谷のカモシカ，たたかうカモシカ，片耳の大シカ，森の中のシカ，森の住人

内容 ぼくはシカ狩りの名人・吉助おじさんにさそわれ、屋久島の山に入ります。千メートル以上の山々がならびたつそこは、サルとシカの天国のような島でした。と、そこへ十二、三頭のむれをしたがえ、ブドウ色の美しい目をした片耳の大シカがあらわれます。…代表作「片耳の大シカ」など椋鳩十の動物文学八編を収録。小学校中・高学年向き。

「黒ものがたり」

『アルプスの猛犬―椋鳩十名作選』 椋鳩十作，小泉澄夫絵 理論社 2010.9 153p 20×16cm 1300円 Ⓘ978-4-652-02276-4

目次 アルプスの猛犬，黒ものがたり，熊野犬，愛犬カヤ，丘の野犬

内容 南アルプスを舞台に少年と山犬の友情を描く「アルプスの猛犬」など5編。教科書で、家庭で、はぐくまれ、読みつがれて70年、椋鳩十ベストセレクション決定版。

『動物ども』 椋鳩十著 長野 一草舎 2008.10 237p 20cm （信州の名著復刊シリーズ 4―信州の伝説と子どもたち 長野県図書館協会編）〈原本：三光社昭和18年刊〉 1800円 Ⓘ978-4-902842-54-8 Ⓝ913.6

目次 大造爺さんと雁，片足の母雀，かいつぶり万歳，栗野岳の主，月の輪熊，雉と山鳩，二人の兄弟と五位鷺，金色の川，屋根裏の猫，黒ものがたり，山へ帰る，まことの強さ，猫ものがたり，鶏通信，ふるす

『動物たちのメッセージ―生きものたちの物語』 松本 郷土出版社 2002.7 334p 22cm （信州・こども文学館 第4巻 小宮山量平監修，和田登責任編集，小西正保［ほか］編） Ⓘ4-87663-571-4

目次 雪の夜の子馬（酒井朝彦著），天に昇った螢（酒井朝彦著），ことこと虫（酒井朝彦著），犬のものがたり（塚原健二郎著），鶴の笛（林芙美子著），狐物語（林芙美子著），亀さん（林芙美子著），とおい道（羽生田敏著），月の輪グマ（椋鳩十著），片耳の大シカ（椋鳩十著），大造爺さんと雁（椋鳩十著），黒ものがたり（椋鳩十著），マヤの一生（椋鳩十著），解

説（宮下和男著）

『椋鳩十まるごと名犬物語』 椋鳩十作，中川大輔画　理論社　1997.1　179p　18cm　（フォア文庫）〈『椋鳩十の名犬物語』改題書〉550円　Ⓘ4-652-07426-3

目次 犬塚，名犬（佐々木さんの話），黒ものがたり，アルプスの猛犬，太郎とクロ

内容 本書には、椋鳩十の動物文学の五編が収録されています。狩人の清どんにひろわれた子犬のアカが、やがてイノシシ狩りの名犬に成長する「犬塚」。十五歳の少年三吉は、灰坊太郎と名づけた山犬の子をそだてます。野性の山犬と少年とのかたい友情を描いた「アルプスの猛犬」…。物語からは、犬と人間との友愛が深く、そして厳しくせまってきます。

『黒ものがたり』 椋鳩十作，中釜浩一郎絵　理論社　1995.3　125p　21cm　（椋鳩十学年別童話．5年生の童話 2）1200円　Ⓘ4-652-02252-2

「大造じいさんとガン」

『大造じいさんと雁』 椋鳩十作，網中いづる絵，宮川健郎編　岩崎書店　2012.9　61p　21cm　（1年生からよめる日本の名作絵どうわ 5）1000円　Ⓘ978-4-265-07115-9

内容 狩人の大造じいさんとりこうな雁、残雪のちえくらべを描く。―椋鳩十の名作を絵童話に。

『読解力がグングンのびる！ 齋藤孝のゼッタイこれだけ！ 名作教室 小学3年下巻』 齋藤孝編　朝日新聞出版　2012.4　211p　21cm　952円　Ⓘ978-4-02-331071-1

目次 祭の晩（宮沢賢治），ネギよ来い（藤原正彦），詩のひろば 積った雪（金子みすゞ），耳なし芳一（抜粋）（小泉八雲，保永貞夫訳），馬よ（高峰秀子），言葉の成り立ちを学ぼう 故事成語「井の中の蛙」，大造じいさんとガン（椋鳩十），奇跡の人ヘレン・ケラー自伝（抜粋）（ヘレン・ケラー，小倉慶郎訳），幸福の王子（抜粋）（オスカー・ワイルド，井村君江訳），詩のひろば 朝のリレー（谷川俊太郎），おじいさんのランプ（抜粋）（新美南吉）

内容 ふつうの“10分間読書”では身につかない、本当の「読解力」がつく。古今東西の名作11編を収録。

『齋藤孝の親子で読む国語教科書 5年生』 齋藤孝著　ポプラ社　2011.3　138p　21cm　（齋藤孝の親子で読む国語教科書 5）1000円　Ⓘ978-4-591-12289-1

目次 飴だま（新美南吉），ブレーメンの町の楽隊（グリム童話，高橋健二・訳），とうちゃんの凧（長崎源之助），トゥーチカと飴（佐藤雅彦），大造じいさんとガン（椋鳩十），注文の多い料理店（宮沢賢治），わらぐつのなかの神様（杉みき子），世界じゅうの海が（まざあ・ぐうす，北原白秋・訳），雪（三好達治），素朴な琴（八木重吉）

『大造じいさんとガン―椋鳩十名作選』 椋鳩十作，小泉澄夫絵　理論社　2010.5　143p　21×16cm　1300円　Ⓘ978-4-652-02273-3

目次 大造じいさんとガン，片あしの母スズメ，キジと山バト，カイツブリばんざい，羽のある友だち，ツル帰る，ぎんいろの巣

『動物ども』 椋鳩十著　長野　一草舎　2008.10　237p　20cm　（信州の名著復刊シリーズ 4―信州の伝説と子どもたち　長野県図書館協会編）〈原本：三光社昭和18年刊〉1800円　Ⓘ978-4-902842-54-8　Ⓝ913.6

目次 大造爺さんと雁，片足の母雀，かいつぶり万歳，栗野岳の主，月の輪熊，雉と山鳩，二人の兄弟と五位鷺，金色の川，屋根裏の猫，黒ものがたり，山へ帰る，まことの強さ，猫ものがたり，鶏通信，ふるす

『教科書にでてくるお話 5年生』 西本鶏介監修　ポプラ社　2006.3　196p　18cm　（ポプラポケット文庫）570円　Ⓘ4-591-09171-6

目次 とび出しちゅうい（杉みき子），かばんの中にかばんをいれて（安房直子），わらぐつのなかの神様（杉みき子），とうちゃんの凧（長崎源之助），まんじゅうこわい（西本鶏介），わらしべ長者（木下順二），大造じいさんとガン（椋鳩十），木竜うるし（木下順二），雪渡り（宮沢賢治），蜘蛛の糸（芥川龍之介），注文の多い料理店（宮沢賢治）

内容 現在使われている各社の国語教科書に掲載または紹介されている作品ばかりを集めたアンソロジーです。長く読みつがれている名作、心あたたまるお話、おもしろくて元気がでるお話など、すばらしい作品がいっぱい。作品の表記は原典に忠実にし、全文を掲載しています。教科書では気づかなかった作品の魅力を、新たに発見できる

かもしれません。小学校上級から。

『日本の童話名作選―昭和篇』 講談社文芸文庫編　講談社　2005.7　328p　15cm　（講談社文芸文庫）1300円
Ⓘ4-06-198411-X

目次 ある日の鬼ケ島（江口渙）, 王様の背中（内田百閒）, 狼の魂（内田百閒）, 級長の探偵（川端康成）, 面（横光利一）, グスコーブドリの伝説（宮沢賢治）, 蛙（林芙美子）, ションベン稲荷（千葉省三）, 走れメロス（太宰治）, 煉瓦の煙突（下畑卓）, 大造爺さんと雁（椋鳩十）, おじいさんのランプ（新美南吉）, 機械になったこども（国分一太郎）, スイッチョねこ（大仏次郎）, サバクの虹（坪田譲治）, ふたりのおばさん（室生犀星）, ラクダイ横町（岡本良雄）, ヨコハマのサギ山（平塚武二）, 八郎（斎藤隆介）, 坂道（壺井栄）

内容「赤い鳥」により芸術性を獲得した童話は、昭和に入ると、「少年倶楽部」に代表される大衆化の道を辿った。一方、子どものリアルな現実をとらえる生活童話が書かれ、宮沢賢治、新美南吉など童話作家も登場、独創的な日本のファンタジーが誕生した。お伽噺から文芸の豊かな一ジャンルに変貌をとげる時代の、川端康成、林芙美子、太宰治、坪田譲治、室生犀星、壺井栄など十九作家の名品を収録する。

『山の太郎熊』 椋鳩十著　小学館　2004.4　250p　15cm　（小学館文庫新撰クラシックス）533円
Ⓘ4-09-404110-9

目次 山の太郎熊, 金色の足跡, 大造爺さんと雁, 月の輪熊, 金色の川, 暗い土の中でおこなわれたこと, 父とシジュウカラ, 母グマ子グマ, 片耳の大鹿, 底なし谷のカモシカ, 犬太郎物語, いたずらサル, 犬塚

「月の輪グマ」

『読解力がグングンのびる！ 齋藤孝のゼッタイこれだけ！ 名作教室 小学4年上巻』 齋藤孝編　朝日新聞出版　2012.5　213p　21cm　952円
Ⓘ978-4-02-331078-0

目次 よだかの星（宮沢賢治）―よだかはなぜ、星になろうとしたのでしょうか？ ,壊れたと壊したは違う（向田邦子）―お父さんは、なぜ厳しく怒ったのでしょうか？ ,ロミオとジュリエット・抜粋（シェイクスピア, 松岡和子訳）―「どうしてあなたはロミオなの？」とは、どういう意味でしょうか？ ,言葉の成り立ちを学ぼう 故事成語「愚公山を移す」, 月の輪グマ（椋鳩十）―二人の人間の気持ちが、どのように変化していったでしょうか？ ,詩のひろば こだまでしょうか（金子みすゞ）, 五体不満足・抜粋（乙武洋匡）高木先生は、なぜ電動車椅子の使用を禁止したのでしょうか？ ,三銃士・抜粋（A.デュマ, 藤本ひとみ文）―ダルタニャンとアトスたちは、それぞれどのような関係でしょうか？ ,夢十夜・第一夜（夏目漱石）―不思議な夢の世界を、頭の中でじっくりイメージできるかな？ ,詩のひろば 道程（高村光太郎）, 魔術（芥川龍之介）―魔術を使うときの「条件」は何だったでしょうか？

『読んでおきたい名作 小学5年』 川島隆太監修　成美堂出版　2011.4　199p　21cm　700円　Ⓘ978-4-415-31035-0

目次 注文の多い料理店（宮沢賢治）, 魔法（坪田譲治）, きつね物語（林芙美子）, 短歌（若山牧水, 北原白秋, 与謝野晶子, 木下利玄）, 月夜と眼鏡（小川未明）, 月の輪ぐま（椋鳩十）, うた時計（新美南吉）, 道程（高村光太郎）, さびしき魚（室生犀星）, 鼻（芥川龍之介）

内容 朝の10分間読書にぴったり。どんどん読めて脳と心をはぐくむとっておきの10作品。

『山の太郎グマ―椋鳩十名作選』 椋鳩十著，小泉澄夫絵　理論社　2010.6　149p　21×16cm　1300円
Ⓘ978-4-652-02274-0

目次 山の太郎グマ, 月の輪グマ, 母グマ子グマ, アルプスのクマ, あばれグマ金こぶ, クマほえる

『本は友だち4年生』 日本児童文学者協会編　偕成社　2005.3　143p　21cm　（学年別・名作ライブラリー 4）1200円
Ⓘ4-03-924040-5

目次 八本足のイカと十本足のタコ（斉藤洋）, 飛べ！ あげはちょう（高井節子）, 電車にのって（竹下文子）, 花咲き山（斎藤隆介）, やい、とかげ（舟崎靖子）, きつね（佐野洋子）, 詩・ピーマン（はたちよしこ）, 詩・ゆうひのてがみ（野呂昶）, まだ、もう、やっと（那須正幹）, 月の輪グマ（椋鳩十）, エッセイ・四年生のころ 兄と姉の思い出（上条さなえ）

内容 この本には、「国語」の教科書でおなじみの作品をはじめ、現代の子どもの文学の世界を代表する作家たちの作品が集められています。

『山の太郎熊』 椋鳩十著　小学館　2004.4　250p　15cm　（小学館文庫新撰クラシックス）533円
①4-09-404110-9
目次 山の太郎熊, 金色の足跡, 大造爺さんと雁, 月の輪熊, 金色の川, 暗い土の中でおこなわれたこと, 父とシジュウカラ, 母グマ子グマ, 片耳の大鹿, 底なし谷のカモシカ, 犬太郎物語, いたずらサル, 犬塚

『読書の時間によむ本　2 小学6年生』 西本鶏介編, 星新一著, 木内達朗画　ポプラ社　2004.2　174p　21cm　（読書の時間によむ本・小学生版 2-6）700円
①4-591-08005-6
目次 鏡のなかの犬（星新一）, おばけのかんづめ（佐藤さとる）, 少年時代の画集（森忠明）, 赤い蝶（花岡大学）, 屁っぷり嫁さま（松谷みよ子）, みち（千葉省三）, 大力の女（水上勉）, オニユリ（森詠）, 火の鳥（斎藤隆介）, 月の輪グマ（椋鳩十）

『おとなを休もう』 石川文子編　武蔵野フロネーシス桜蔭社, メディアパル〔発売〕　2003.8　255p　19cm　1400円
①4-89610-734-9
目次 おおきな木（シェル・シルヴァスタイン）, モチモチの木（斎藤隆介）, 白いぼうし（あまんきみこ）, おにたのぼうし（あまんきみこ）, ワニのおじいさんのたからもの（川崎洋）, ソメコとオニ（斎藤隆介）, 島ひきおに（山下明生）, 一つの花（今西祐行）, アディ・ニハァスの英雄（H.クランダー,W.レスロー）, つりばしわたれ（長崎源之助）, 花さき山（斎藤隆介）, やまんばのにしき（松谷みよ子）, チワンのにしき, サーカスのライオン（川村たかし）, 青銅のライオン（瀬尾七重）, 月の輪グマ（椋鳩十）, はまひるがおの小さな海（今西祐行）, うぐいすの宿, 手ぶくろを買いに（新美南吉）, ごんぎつね（新美南吉）
内容 だれもが一度は読んだことのある、なつかしい作品集。

「ねこ物語」

『動物ども』 椋鳩十著　長野　一草舎　2008.10　237p　20cm　（信州の名著復刊シリーズ 4―信州の伝説と子どもたち　長野県図書館協会編）〈原本：三光社昭和18年刊〉1800円
①978-4-902842-54-8　Ⓝ913.6
目次 大造爺さんと雁, 片足の母雀, かいつぶり万歳, 栗野岳の主, 月の輪熊, 雉と山鳩, 二人の兄弟と五位鷺, 金色の川, 屋根裏の猫, 黒ものがたり, 山へ帰る, まことの強さ, 猫ものがたり, 鶏通信, ふるす

『椋鳩十のネコ物語』 椋鳩十著, 宮沢英子画　理論社　1996.1　221p　21cm　（椋鳩十まるごと動物ものがたり 4）1500円　①4-652-02264-6
目次 のらネコ　コマ子, みけの病気, ネコ物語, 屋根うらのネコ, ネコの話, ヤマネコ, ゆかいな七ひきのネコ, りかとネコのアン, のらネコの記

「母ぐま子ぐま」

『山の太郎グマ―椋鳩十名作選』 椋鳩十著, 小泉澄夫絵　理論社　2010.6　149p　21×16cm　1300円
①978-4-652-02274-0
目次 山の太郎グマ, 月の輪グマ, 母グマ子グマ, アルプスのクマ, あばれグマ金こぶ, クマほえる

『光村ライブラリー　第13巻　附子 ほか』 樺島忠夫, 宮地裕, 渡辺実監修, 那須正幹ほか著, 矢川澄子訳, 峰岸達ほか画　光村図書出版　2004.4　85p　21cm　〈3刷〉1000円　①4-89528-111-6
目次 子ねこをだいて（那須正幹）, 麦畑（アリスン・アトリー）, 母ぐま子ぐま（椋鳩十）, 附子（和泉元秀）

『山の太郎熊』 椋鳩十著　小学館　2004.4　250p　15cm　（小学館文庫新撰クラシックス）533円
①4-09-404110-9
目次 山の太郎熊, 金色の足跡, 大造爺さんと雁, 月の輪熊, 金色の川, 暗い土の中でおこなわれたこと, 父とシジュウカラ, 母グマ子グマ, 片耳の大鹿, 底なし谷のカモシカ, 犬太郎物語, いたずらサル, 犬塚

「ふたりの少年とごいさぎ」

『月の輪グマ』 椋鳩十著　ポプラ社　1982.3　229p　23cm　（椋鳩十全集 1）1165円　①4-591-00348-5
目次 大造じいさんとガン, 片足の母スズメ, カイツブリばんざい, 栗野岳の主, 月の輪グマ, キジと山バト, ふたりの兄弟とゴイサギ, 金色の川, 屋根うらのネコ, 黒ものがたり, 山へ帰る, まことの強さ, ネコものがたり, ニワトリ通信, 古巣

『椋鳩十集』 椋鳩十著 ポプラ社 1965.8 309p 23cm （新日本少年少女文学全集）〈シリーズ責任表示：安倍能成［ほか］監修 田中豊太郎,山本和夫,馬場正男編 肖像あり 年譜あり 著作目録あり〉

武者小路 実篤
むしゃのこうじ・さねあつ
《1885～1976》

「だるま」

『武者小路実篤全集 第6巻』 武者小路実篤著 小学館 1988.10 624p 21cm 6800円 Ⓘ4-09-656006-5

目次 神と男と女,人間万歳,秀吉と曽呂利,楠正成,父と娘,秋の曲,愛慾,孤独の魂,ある画室の主―愛慾後日譚,西伯と呂尚,仏陀と孫悟空,一日の素盞嗚尊,張男の最後の日,桃源にて,だるま,尭,呑気な親子,断片,はね子の夢,楽園の一隅,地獄の姉,浦島と乙姫,或る犬の品評会,或る画室の午後,想像の世界では,ある物語,夢の国,出鱈目,運命と碁をする男,一休の独白,みない鳥,須世理姫,生命の王,Aと幻影

村中 李衣
むらなか・りえ
《1958～》

「走れ」

『心にひびく名作読みもの 4年―読んで、聞いて、声に出そう』 府川源一郎,佐藤宗子編 教育出版 2004.3 70p 21cm 〈付属資料：CD1〉 2000円 Ⓘ4-316-80088-4

目次 青銅のライオン（瀬尾七重）,走れ（村中李衣）,八郎（斎藤隆介）,飛び方のひみつ（東昭）,ゆうひのてがみ（野呂昶）,『のはらうた』より―さんぽ、おがわのマーチ（工藤直子）

内容 小学校国語教科書に掲載された名作（物語・説明文・詩）を学年別に収録。発達段階に応じた教科書表記を採用。難意語には注を記載。発展学習にも役立つよう、交ぜ書きから読み仮名付きの漢字へ適宜変更。当時の教科書に使用された挿絵を掲載。俳優・声優による格調高い朗読をCDに収め各巻に添付。

『走れ』 村中李衣作,宮本忠夫絵 岩崎書店 1997.4 85p 22×19cm （日本の名作童話 30） 1500円 Ⓘ4-265-03780-1

目次 走れ,おしりのあくび

村野 四郎
むらの・しろう
《1901～1975》

「白い建物」

『遠いこえ近いこえ―村野四郎詩集』 扶川茂編 越谷 かど創房 1994.3 85p 21cm 1300円 Ⓘ4-87598-400-6

目次 1 のばら,2 白い建物,3 霧（訳詩）,4 白の空間

内容 この詩集『遠いこえ近いこえ』には、『村野四郎こども詩集』からの作品のほか、小学校の国語教科書などに書いた子どものための詩と、今までどの詩集にも収められなかった詩（A4判のスクラップブック四冊に、新聞・雑誌等に発表されたものの切り抜きと手書きの詩がはりつけられ残されています）のなかから、年少の人たちにもわかっていただけそうなものを選び、さらに同じような視点で訳詩のなかからも四編を選んで一冊にしたものです。

「にぎりこぶし」

『あたらしい歯―自立・成長』 新川和江編,有元健二絵 太平出版社 1987.7 66p 21cm （小学生・詩のくに 7） 1600円

目次 青い色（丸山薫）,まきばの子馬（高田敏子）,あたらしい歯（与田準一）,ミミコの独立（山之口貘）,にぎりこぶし（村野四郎）,小さななみだ（やなせたかし）,素直な疑問符（吉野弘）,本のにおい（新川和江）,かぜのなかのおかあさん（阪田寛夫）,ゆずり葉（河井酔名）,われは草なり（高見順）,山頂から（小野十三郎）,スポーツ（鶴見正夫）,虻（嶋岡晨）,つばさをください（山上路夫）,支度（黒田三郎）,生きる（谷川俊太郎）

「花」

『光村ライブラリー・中学校編　第5巻　朝のリレー ほか』 谷川俊太郎ほか著　光村図書出版　2005.11　104p　21cm　1000円　Ⓘ4-89528-373-9

目次 朝のリレー（谷川俊太郎），野原はうたう（工藤直子），野のまつり（新川和江），白い馬（高田敏子），足どり（竹中郁），花（村野四郎），春よ、来い（松任谷由実），ちょう（百田宗治），春の朝（R.ブラウニング），山のあなた（カール・ブッセ），ふるさと（室生犀星）〔ほか〕

内容 昭和30年度版～平成14年度版教科書から厳選。

『ポケット詩集　2』 田中和雄編　童話屋　2001.10　157p　15cm　1250円　Ⓘ4-88747-024-X

目次 道程（高村光太郎），二十億光年の孤独（谷川俊太郎），山林に自由存す（国木田独歩），六月（茨木のり子），雲の信号（宮沢賢治），花（村野四郎），素朴な琴（八木重吉），ひとり林に（立原道造），われは草なり（高見順），うさぎ（まど・みちお）〔ほか〕

室生　犀星

むろう・さいせい

《1889～1962》

「からすのうた」

『日本児童文学大系　9　島崎藤村・有島武郎・宇野浩二・室生犀星・相馬泰三・土田耕平集』 ほるぷ出版　1977.11　586p　23cm

「五月」

『室生犀星』 室生犀星著，萩原昌好編　あすなろ書房　1986.9　77p　23×19cm　（少年少女のための日本名詩選集 6）　1200円

目次 ふるさと，寂しき春，氷柱，朝の歌，郊外の春，鮎のかげ，子守唄，室内，明日〔ほか〕

『日本の詩集　第6　室生犀星詩集』 角川書店　1968　270p 図版　18cm〈監修者：河上徹太郎，吉田精一，串田孫一　付：ソノシート1枚〉Ⓝ911.56

「蝉頃」

『室生犀星詩集』 室生犀星著　角川春樹事務所　2007.11　252p　15cm　（ハルキ文庫）　680円　Ⓘ978-4-7584-3315-0

目次 抒情小曲集，青い魚を釣る人，鳥雀集，愛の詩集，第二愛の詩集，寂しき都会，忘春詩集，鶴，鉄集，哈爾浜詩集〔ほか〕

「はたはたのうた」

『動物詩集』 室生犀星著　日本図書センター　2006.4　175p　21cm　（わくわく！ 名作童話館 8）〈画：恩地孝四郎〉　2400円　Ⓘ4-284-70025-1　Ⓝ911.56

『日本児童文学館―名著複刻　第2集 32　動物詩集』 室生犀星著　ほるぷ出版　1974　144p 図　22cm〈日本絵雑誌社昭和18年刊の複製〉Ⓝ913.8

「ふるさと」

『やさしいけしき』 市河紀子選詩，保手濱拓絵　理論社　2012.4　92p　18×13cm　1400円　Ⓘ978-4-652-07991-1

目次 やさしいけしき（まど・みちお），春（安西冬衛），ふるさと（室生犀星），水はうたいます（まど・みちお），ひばりのす（木下夕爾），春（八木重吉），豚（八木重吉），うしのこと（東君平），チョウチョウ（まど・みちお），地球へのピクニック（谷川俊太郎）〔ほか〕

『室生犀星詩集』 室生犀星著　角川春樹事務所　2007.11　252p　15cm　（ハルキ文庫）　680円　Ⓘ978-4-7584-3315-0

目次 抒情小曲集，青い魚を釣る人，鳥雀集，愛の詩集，第二愛の詩集，寂しき都会，忘春詩集，鶴，鉄集，哈爾浜詩集〔ほか〕

『光村ライブラリー・中学校編　第5巻　朝のリレー ほか』 谷川俊太郎ほか著　光村図書出版　2005.11　104p　21cm　1000円　Ⓘ4-89528-373-9

目次 朝のリレー（谷川俊太郎），野原はうたう（工藤直子），野のまつり（新川和江），白い馬（高田敏子），足どり（竹中郁），花（村野四郎），春よ、来い（松任谷由実），ちょう（百田宗治），春の朝（R.ブラウニング），山のあなた（カール・ブッセ），ふるさと（室生犀星）〔ほか〕

内容 昭和30年度版～平成14年度版教科書から厳選。

『抒情小曲集・愛の詩集』 室生犀星著

講談社　1995.11　338p　15cm　（講談社文芸文庫）980円　Ⓘ4-06-196345-7

内容 「ふるさとは遠きにありて思ふものそして悲しくうたふもの」—十八歳頃よりの初期抒情詩集『抒情小曲集』。ドストエフスキーや聖書を読み、都会の中の孤独なる人びと、女への愛をうたう『愛の詩集』。亡き母への想いその他の心象風景『忘春詩集』。詩人犀星の代表的な三詩集の全詩を収め、著者序文、北原白秋、萩原朔太郎、佐藤春夫の推薦文等をも全て収録した文庫版完全詩集。

「ヘビのうた」

『ペンギンのさんぽ—動物　2』 新川和江編，かながわていこ絵　太平出版社　1987.12　66p　21cm　（小学生・詩のくにへ 9）1600円

目次 みつばつぶんぶん（小林純一），蜂と神さま（金子みすゞ），かたつむり（リューユーイ・出沢万紀人訳），ばったのうた（おうちやすゆき），いっぷ にっぷ じゃんぷ（井出隆夫），トノサマガエル（大西貢），ヘビのうた（室生犀星），へび（川崎洋），ひばり（間所ひさこ），海雀（北原白秋），空とぶにわとり（おうちやすゆき），きつつきとみみずく（野上彰），雁（千家元麿），わらべうた 1羽のからす，ノガモのお針箱（新川和江），こじゅけいの父さん（赤岡江里子），ごろすけホッホー（岩井春彦），ペンギンちゃん（まど・みちお），虫けら（大関松三郎），アリ（まど・みちお）

「ほこりの中」

『室生犀星詩集』 室生犀星著　角川春樹事務所　2007.11　252p　16cm　（ハルキ文庫）〈肖像あり　年譜あり〉680円　Ⓘ978-4-7584-3315-0　Ⓝ911.56

茂市　久美子
もいち・くみこ

「ゆうすげ村の小さな旅館」

『ゆうすげ村の小さな旅館』 茂市久美子作，菊池恭子絵　講談社　2000.7　162p　21cm　（わくわくライブラリー）1400円　Ⓘ4-06-195696-5

目次 ウサギのダイコン，満月の水，天の川のたんざく，ゆうすげ平の盆踊り，おだんごのすきなお客さま，霜のふる夜に，干し柿，お正月さんのぽち袋，七草，帽子をとらないお客さま，花の旅の添乗員，クマの風船

内容 ゆうすげ村のゆうすげ旅館の12か月。つぼみさんは1人で旅館をきりもりしています。お客さんも、ちょっと変わっていて、こんな旅館があったらステキです。心暖まる、ファンタジーのはじまりです。小学中級から。

望月　新三郎
もちずき・しんざぶろう

《1931～》

「あたまにかきのき」

『あたまにかきのき』 望月新三郎文，赤坂三好絵　フレーベル館　1988.9　32p　27×21cm　（むかしむかしばなし 2）980円　Ⓘ4-577-00268-X

内容 頭やおなかに芽を出す木は、みかんやさくらんぼなど、いろいろです。私は、東北地方に伝わる柿の木を選びました。土に生きる農民の気持ちで私なりに語り、文章を刈り込み、読んで楽しい、頭に柿の木にいたしました。幼児～小学校低学年向。

百田　宗治
ももた・そうじ

《1893～1955》

「どこかで春が」

『童謡唱歌—スタンダード259曲』 野ばら社編集部編　野ばら社　2011.12　319p　21cm　1000円　Ⓘ978-4-88986-380-2

『童謡の風景　3』 合田道人文，村上保絵　名古屋　中日新聞社　2010.5.16　219p　18×18cm　1429円　Ⓘ978-4-8062-0610-1

目次 春（どこかで春が，からたちの花 ほか），夏（この道，雨 ほか），秋（紅葉，うさぎとかめ ほか），冬（冬の夜，おしくらまんじゅう ほか）

内容 父、母、友と過ごした幼い日の情景がよみがえる。童謡、唱歌、わらべ歌などを分かりやすい解説と情感あふれる切り絵で紹介。中日新聞に連載された「童謡の風景」

2009年4月〜2010年3月の53編を収載。

『しぜんのうた』 小海永二編, 村上康成絵 ポプラ社 1996.4 139p 19cm (みんなで読む詩・ひとりで読む詩 1) 1200円 ①4-591-05074-2

「にれの町」

『にれの町』 百田宗治詩, 小野州一絵 金の星社 1985.6 1冊 27cm (絵本のおくりもの) 980円 ①4-323-00289-0

森 忠明
もり・ただあき
《1948〜》

「その日が来る」

『本は友だち5年生』 日本児童文学者協会編 偕成社 2005.3 161p 21cm (学年別・名作ライブラリー 5) 1200円 ①4-03-924050-2

目次 龍(今江祥智), かものたまご(岩崎京子), わすれもの(古世古和子), おじょうさん、おはいんなさい(石井睦美), やってきた男(三田村信行), 詩・山頂(原田直友), 詩・観覧車(みずかみかずよ), その日が来る(森忠明), 手の中のもの、なあんだ?—夜警員室ネズミの話(岡田淳), 父さんの宿敵(柏葉幸子), 色紙(村中李衣), エッセイ・五年生のころ わたしの宝(最上一平)

内容 この本には、「国語」の教科書でおなじみの作品をはじめ、現代の子どもの文学の世界を代表する作家たちの作品が集められています。

『光村ライブラリー 第15巻 ガラスの小びん ほか』 樺島忠夫, 宮地裕, 渡辺実監修, 森忠明ほか著, 杉浦範茂ほか画 光村図書出版 2004.4 89p 21cm 〈3刷〉 1000円 ①4-89528-113-2

目次 その日が来る(森忠明), 赤い実はじけた(名木田恵子), ガラスの小びん(阿久悠), どろんこ祭り(今江祥智), との様の茶わん(小川未明)

『三振をした日に読む本』 現代児童文学研究会編 偕成社 1992.3 219p 21cm (きょうはこの本読みたいな 14) 1200円 ①4-03-539140-9

目次 詩 審判(重清良吉), その日が来る(森忠明), 夜のスタジアム(陶山公子), 詩 テニス(竹中郁), 詩 ランナー(日野生三), 6分30秒3(平野厚), くつひも(日比茂樹), マイ・スニーカー・ストーリー(村上春樹), アウトかセーフか(三田村信行), 野口くんの勉強べや(皿海達哉), 詩 いえばよかったよ(三保みずえ), 代筆(竹田まゆみ), 冬のマウンド(最上一平)

『その日が来る』 森忠明著, 阿部中夫画 国土社 1987.10 164p 21cm (国土社の新創作童話 10) 980円 ①4-337-13310-0

目次 その日が来る, わが一族, Uちゃん, リボンをつけて, 外寝人, 雲はまたくるわけじゃない, 雪のハードラー, これをしるす, ちぎれた地図, 月夜四郎

内容 表題作『その日が来る』をはじめとして、まぶしくもうつろいやすい少年像を、鮮明に描き分けた10の物語。

「ふたりのバッハ」

『春ものがたり—ものがたり12か月』 野上暁編 偕成社 2009.2 213p 21cm 1800円 ①978-4-03-539310-8

目次 3月(春に(谷川俊太郎), 大坊峠の赤ん坊(柏葉幸子), 花かんざし(立原えりか), ふたりのバッハ(森忠明)待ち合わせ(末吉暁子))),4月(わらび(山中利子), 二十年目のお客(岡田貴久子), ジャンケンゆうれい(三田村信行), 春に届く絵葉書(斉藤洋), ぼくのお姉さん(丘修三)),5月(もんくたらたら(ねじめ正一), 兄やん(笹山久三), レンゲ畑の羽音(今森光彦), トチノキ山のロウソク(茂市久美子), 春の絵(川上弘美))

内容 はる—めばえ、はるかぜ、そつぎょう、であい。さわやかに春をえがいた短編と詩十五編を収録。小学校中学年から。

『音楽をききながら読む本』 現代児童文学研究会編 偕成社 1990.8 204p 22cm (きょうはこの本読みたいな 8) 1200円 ①4-03-539080-1

目次 詩・ねこふんじゃった(阪田寛夫), さようならふゆくん(はたたかし), スカイハイツ・オーケストラ(岡田淳), 小さなワルツ(大石真), ふたりのバッハ(森忠明), バイオリンの音は山の音(今西祐行), 小さな町の六(与田準一), 詩・鼓笛隊が(小泉周二), おこんじょうるり(さねとうあきら), どうしたんだろ(斉藤洋), ギターナ・ロマンティカ(武

川みづえ), 星とトランペット (竹下文子), セロひきのゴーシュ (宮沢賢治)

森枝　卓士
もりえだ・たかし
《1955～》

「カレーの旅」

『カレーライスがやってきた』　森枝卓士文・写真　福音館書店　1996.9　39p　26cm　（たくさんのふしぎ傑作集）　1339円　Ⓘ4-8340-1129-1

森久保　安美
もりくぼ・やすみ
《1924～》

「歩み入る者にやすらぎを」

『ことばに力を』　森久保安美著　第一法規出版　1987.11　244p　19cm　（甦る教育 2）　1500円　Ⓘ4-474-14822-3

目次 1 子どものことばを聴く (ラジオ放送と子ども, 子どもの心を感じとる), 2 大人のことばを変える (子どもを左右する教師のことば, 教師のことばのあり方, 理想的言語生活者), 3 社会のことばをとらえる (ことばと人間関係, 家族の対話), 4 小さな文章の大きな力 (古ぼけた1枚のはがき, 遺書におもう, 歩み入る者にやすらぎを)

森下　晶
もりした・あきら
《1922～1990》

「富士は生きている」

『光村ライブラリー　第16巻　田中正造ほか』　樺島忠夫, 宮地裕, 渡辺実監修, 大竹政和ほか著, 内藤貞夫ほか画　光村図書出版　2004.4　92p　21cm〈3刷〉　1000円　Ⓘ4-89528-114-0

目次 大陸は動く (大竹政和), 富士は生きている (森下晶), またとない天敵 (金光不二夫), 自然を守る (伊藤和明), 守る、みんなの尾瀬を (後藤允), 田中正造 (上笙一郎)

森山　京
もりやま・みやこ
《1929～》

「いいものもらった」

『もりやまみやこ童話選　5』　もりやまみやこ作, 太田大八絵　ポプラ社　2009.3　145p　21cm　1200円　Ⓘ978-4-591-10790-4

目次 いいものもらった, ねぼけてなんかいませんよ, あやとりひめ―五色の糸の物語, ほんとにほんとのくまたろうくん, おばあちゃんどこにいますか

内容 こだぬきも、くまくんも、りすさんも、そして人間だっていつでも、どこでも相手を思う気もちは同じ。どんな小さなこともたいせつに思えます―心の成長をやさしく語る童話『もりやまみやこ童話選5』。

『教科書にでてくるお話　2年生』　西本鶏介監修　ポプラ社　2006.3　190p　18cm　（ポプラポケット文庫）　570円　Ⓘ4-591-09168-6

目次 にゃーご (宮西達也), 野原のシーソー (竹下文子), 花いっぱいになぁれ (松谷みよ子), おおきなキャベツ (岡信子), 名まえをみてちょうだい (あまんきみこ), いいものもらった (森山京), ワニのおじいさんのたからもの (川崎洋), コスモスさんからおでんわです (杉みき子), せなかをとんとん (最上一平), きつねのおきゃくさま (あまんきみこ), あたまにかきのき (望月新三郎), かさこじぞう (岩崎京子), きいろいばけつ (森山京), くま一ぴきぶんはねずみ百ぴきぶんか (神沢利子)

内容 現在使われている各社の国語教科書に掲載または紹介されている作品ばかりを集めたアンソロジーです。長く読みつがれている名作、心あたたまるお話、おもしろくて元気がでるお話など、すばらしい作品がいっぱい。作品の表記は原典に忠実にし、全文を掲載しています。教科書では気づかなった作品の魅力を、新たに発見できるかもしれません。小学校初・中級から。

『コスモス』　森山京作, 新野めぐみ絵　岩崎書店　1997.4　75p　22×19cm　（日本の名作童話 21）　1500円

①4-265-03771-2

目次 コスモス, ブランコ, ねぼけてなんかいませんよ, みずたま, いいものもらった, こうさぎのジャムつくり

『いいもの もらった』 森山京作, 村上勉絵 小峰書店 1987.12 1冊 25×22cm （えほん・こどもとともに） 980円 ①4-338-06904-X

内容 こだぬきタンゴのもらった、いいものってなんでしょう？ 森山・村上の初コンビがおくる、こころほかほかのえほんです。

「おとうとねずみチロ」

『もりやまみやこ童話選 3』 もりやまみやこ作, 黒井健絵 ポプラ社 2009.3 145p 21cm 1200円
①978-4-591-10788-1

目次 おはなしぽっちり, こぶたブンタのネコフンジャッタ, おとうとねずみチロの話, おとうとねずみチロは元気, こうさぎのあいうえお, けんかのあとのごめんなさい,12の月のちいさなお話

内容 春には春のたのしさがあります。夏には夏の…それぞれの季節がまちどおしくてみんなわくわくしているのです。みんな元気に、みんな大きくなって—自然とともによろこびをかんじる童話『もりやまみやこ童話選3』。

『おとうとねずみチロのはなし』 森山京作, 門田律子絵 講談社 1996.7 77p 21cm 1200円 ①4-06-208264-0

目次 しましま, すうすう, くんくん, ずきずき, ぶかぶか

内容 もりのなかのちいさないえに、のねずみのかぞくがすんでいます。がんばりやのすえっこチロは、まいにち、なにをしているのかな。

「きいろいばけつ」

『齋藤孝の親子で読む国語教科書 2年生』 斎藤孝著 ポプラ社 2011.3 142p 21cm （齋藤孝の親子で読む国語教科書 2） 1000円 ①978-4-591-12286-0

目次 ちょうちょだけになぜなくの（神沢利子）, きいろいばけつ（森山京）, 三まいのおふだ（瀬田貞二）, にゃーご（宮西達也）, きつねのおきゃくさま（あまんきみこ）, スーホの白い馬（大塚勇三）, かさこじぞう（岩崎京子）, 十二支のはじまり（谷真介）, 泣いた赤おに（浜田廣介）

『もりやまみやこ童話選 1』 もりやまみやこ作, はたこうしろう絵 ポプラ社 2009.3 141p 21cm 1200円
①978-4-591-10786-7

目次 きいろいばけつ, つりばしゆらゆら, あのこにあえた, ドレミファドーナツふきならせ, ほんとはともだち, 赤いクレヨン, ポケットのなか, おおきくなったら

内容 きつねのこも、うさぎのこも、りすのこも、みんないっしょに楽しくあそんで、おしゃべりして、かんがえて、大きくなります。友だちっていつもそばにいてくれる—あたたかな心があふれる童話『もりやまみやこ童話選1』。

『現代童話 5』 今江祥智, 山下明生編 福武書店 1991.3 401p 15cm （福武文庫—JOYシリーズ） 750円
①4-8288-3192-4

目次 でんせつ（工藤直子）, はせがわくんきらいや（長谷川集平）, きいろいばけつ（森山京）, へんなこといった？（内田麟太郎）, イモムシは…（岡田淳）, かくれんぼ（紀伊万年）, ゆめのおはなしきいてェなあ（吉村敬子）, 五月のはじめ、日曜日の朝（石井睦美）, 草之丞の話（江国香織）, ぼく、おにっ子でいくんだ（高田桂子）, へびいちごをめしあがれ（森忠明）, はしか（佐野洋子）, デブの四、五日（村中李衣）, 田舎生活〈カントリー・ライフ〉（川島誠）, いのちの火（松下竜一）, チャンバラゴッコの終わった日（柴田隆）, きんもくせい（椎名誠）, 帰りたい、と呟く子どもたち ほか（落合恵子）,GOOD NIGHT, SLEEP TIGHT（景山民夫）, 読書年譜（鶴見俊輔）, 「まがり角」の発想（上野瞭）

内容 モチーフそれ自体がすでにジャンルの垣根を越えてしまう、新しい世代の書き手たち。衝撃の絵本「はせがわくんきらいや」はじめ、景山民夫、落合恵子のエッセイ、上野瞭の評論から鶴見俊輔の異色年譜までを収録する大胆な試み。

『きいろいばけつ』 もりやまみやこ作, つちだよしはる絵 あかね書房 1985.4 75p 22cm （あかね幼年どうわ） 680円 ①4-251-00693-3

「コスモス」

『月ようびのどうわ』 日本児童文学者協会編 国土社 1998.3 99p 21cm （よんでみようよ教科書のどうわ1しゅうかん 1） 1200円 ①4-337-09601-9

(山村暮鳥) ほか), 4 旅上(旅上(萩原朔太郎), はじめてのものに(立原道造) ほか)

内容 選びぬかれた名詩45篇。下重暁子さんの情感溢れる朗読。ひとことエッセイで珠玉の言葉をより深く鑑賞できる。

『ポケット詩集 2』 田中和雄編 童話屋 2001.10 157p 15cm 1250円 Ⓘ4-88747-024-X

目次 道程(高村光太郎), 二十億光年の孤独(谷川俊太郎), 山林に自由存す(国木田独歩), 六月(茨木のり子), 雲の信号(宮沢賢治), 花(村野四郎), 素朴な琴(八木重吉), ひとり林に(立原道造), われは草なり(高見順), うさぎ(まど・みちお)〔ほか〕

八木沼 健夫
やぎぬま・たけお
《1916～1995》

「ふしぎなくもの糸」

『親も子も読む名作 3年生の読みもの』 亀村五郎編集委員 学校図書 2005.7 140p 21cm 648円 Ⓘ4-7625-1963-4

目次 ゴリラとたいほう(奈街三郎), ふしぎなくもの糸(八木沼健夫), りゅうの目のなみだ(浜田広介), たんぽぽ(丘修三), 長ぐつをはいたネコ(ペロー), りんご畑の九月(後藤竜二), まほうのなしの木(鹿島鳴秋), チロヌップのきつね(高橋宏幸), ゾウの手ぶくろのはなし(前川康男), きつねものがたり(林芙美子)

内容 すぐれた作家のすぐれた作品!!国語教科書でなじみのある作品も多数掲載。お子さんはもちろん、保護者の方にも楽しく、また、なつかしく読んでいただける名作選。

矢崎 節夫
やざき・せつお
《1947～》

「うしろのまきちゃん」

『うしろのまきちゃん』 矢崎節夫作, 高畠純絵 フレーベル館 1987.1 32p 26×20cm 980円 Ⓘ4-577-01014-3

内容 まきちゃんのせきは、ぼくのせきのうしろになった。となりのまきちゃんが、うしろのまきちゃんになった。

「かとりせんこう」

『わすれものをした日に読む本』 現代児童文学研究会編 偕成社 1992.3 188p 21cm (きょうはこの本読みたいな 11) 1200円 Ⓘ4-03-539110-7

目次 詩 とんぼの目(桧きみこ), しゅくだいをわすれて(赤座憲久), 20年まえのサンマの化石(川北亮司), 詩 かとりせんこう(矢崎節夫), 佐橋さんのこと(皿海達哉), わすれもの(来栖良夫), 詩 鉄棒(長田弘), いじめっこに、ごようじん(石井睦美), にぎやかさんのかさ(清水法子), 平林(柳亭燕路), こぶたとうさぎのハイキング(小沢正), 詩 生れた年(寺山修司), 遺失物係と探偵(北村正裕), 北風のわすれたハンカチ(安房直子)

「ぱちんぱちんきらり」

『本は友だち1年生』 日本児童文学者協会編 偕成社 2005.3 139p 21cm (学年別・名作ライブラリー 1) 1200円 Ⓘ4-03-924010-3

目次 花いっぱいになぁれ(松谷みよ子), 雨くん(村山籌子), のんびり森のぞうさん(川北亮司), ぱちんぱちんきらり(矢崎節夫), コンクリートのくつあと(牧ひでを), たくやくん(森山京), 詩・ジュース(高木あきこ), 詩・はしるのだいすき(まどみちお), おふとんになったきのこ(工藤直子), おやおやや(林原玉枝), ノリオのはひふへほ(たかどのほうこ), エッセイ・一年生のころ 「〇〇〇じけん」に気をつけて(薫くみこ)

内容 この本には、「国語」の教科書でおなじみの作品をはじめ、現代の子どもの文学の世界を代表する作家たちの作品が集められています。

矢間 芳子
やざま・よしこ

「すみれとあり」

『すみれとあり―どきどきしぜん』 矢間芳子作, 森田竜義監修 福音館書店 2002.3 27p 24×25cm (かがくのとも傑作集) 838円 Ⓘ4-8340-1817-2

矢島　稔
やじま・みのる
《1930～》

「自然のかくし絵」

『謎とき昆虫ノート』 矢島稔著　日本放送出版協会　2003.6　285p　16cm（NHKライブラリー）920円
Ⓘ4-14-084163-X

目次 昆虫の体とその世界, ホタルはなぜ光るのか, なぜ黒いバッタになったか, いつでもチョウを！ , ガはチョウとどこが違うか, 樹液をめぐる闘い, 水辺に生きる, 自然のかくし絵, 家族集団へのステップ, 虫はなぜ鳴くのか, あこがれの昆虫をたずねて, 昆虫を見せる

内容 「ホタルはなぜ光るのか？」「チョウとガの違いは」「黒いバッタはなぜできる」など、地球の小さな住人・昆虫たちをめぐる「なぜ？」は楽しく限りない。長年、野山で実際に様々な虫たちに接してきた体験から、昆虫が築いた不思議な世界の謎をときあかす。

『自然のかくし絵―昆虫の保護色と擬態写真絵本』 矢島稔作　改訂新版　偕成社　1999.4　68p　23×26cm　2800円
Ⓘ4-03-966110-9

谷田貝　光克
やたがい・みつよし
《1943～》

「森林と健康」

『心にひびく名作読みもの 5年―読んで、聞いて、声に出そう』 府川源一郎, 佐藤宗子編　教育出版　2004.3　62p　21cm〈付属資料：CD1〉2000円
Ⓘ4-316-80089-2

目次 五月の初め、日曜日の朝（石井睦美）, 木竜うるし・人形げき（木下順二）, 森林と健康（谷田貝光克）, どいてんか（島田陽子）, あめ（山田今次）

内容 小学校国語教科書に掲載された名作（物語・説明文・詩）を学年別に収録。発達段階に応じた教科書表記を採用。難意語には注を記載。発展学習にも役立つよう、交ぜ書きから読み仮名付きの漢字へ適宜変更。当時の教科書に使用された挿絵を掲載。俳優・声優による格調高い朗読をCDに収め各巻に添付。

柳　宗悦
やなぎ・むねよし
《1889～1961》

「民芸の美」

『教科書でおぼえた名文』 文春ネスコ編　文春ネスコ, 文藝春秋〔発売〕　2002.8　270p　19cm　1400円　Ⓘ4-89036-163-4

目次 序にかえて よい文章とは―『心の小径』から（金田一京助）, 1 ことばに学ぶ、文章を考える（心と言葉―『偶像再興』から（和辻哲郎）, 文章とは何か―『文章読本』から（谷崎潤一郎） ほか）, 2 随筆を味わう（母の思い出―『硝子戸の中』から（夏目漱石）, 墨汁一滴（正岡子規） ほか）, 3 思索を深める1（民芸の美（柳宗悦）, 花―『茶の本』から（岡倉覚三） ほか）, 4 思索を深める2（「人間らしさ」ということ―『日本人とは？』から（岸田国士）, 人間の過ちについて―『君たちはどう生きるか』から（吉野源三郎） ほか）, 5 古典に親しむ（海幸山幸―『新釈・古事記』から（石川淳訳）, 春はあけぼの―『枕草子』から（清少納言） ほか）, 6 読書のすすめ（読書とエンピツ―『この日この時』から（高橋義孝）, 福翁自伝（福沢諭吉） ほか）, おわりに はなむけのことば―青年期の話（柳田国男）

内容 全29人・名文32編を収録。あの日、あの教室で出会った名文がいま甦る！ 昭和二十～五十年代までの小学高学年～中学の国語教科書から再読したい作品を集めた待望の「教科書シリーズ」第二弾。

やなぎや　けいこ
《1942～》

「いなばの白うさぎのお話」

『一日一話・読み聞かせ おはなし366 前巻』 小学館　1995.11　1冊　27×22cm　2400円　Ⓘ4-09-255101-0

目次 ねこがねずみをおいかけるわけ, ねず

みのすもう, ふたをとらずに, ぶんぶく茶がま, しっぽのつり, ほんとうの親はどっち？, おかわり、いかがですか, いなばの白うさぎ, うそつきの名人, つるのおんがえし〔ほか〕

内容 語りつがれた日本昔話が26話。グリム・イソップ・アンデルセンなど、世界名作・民話が38話。季節の行事・動物や植物・星座や遊びなど、あらゆる分野のお話がいっぱい。前巻は、182話収録。

山口　タオ
やまぐち・たお

「このすばらしい世界」

『教科書にでてくるお話 6年生』 西本鶏介監修　ポプラ社　2006.3　220p　18cm　（ポプラポケット文庫）570円

①4-591-09172-4

目次 きつねの窓（安房直子）, 桃花片（岡野薫子）, 海のいのち（立松和平）, やまなし（宮沢賢治）, ヨースケくんの秘密（那須正幹）, 冬きたりなば（星新一）, このすばらしい世界（山口タオ）, 川とノリオ（いぬいとみこ）, 山へいく牛（川村たかし）, ロシアパン（高橋正亮）, ヒロシマの歌（今西祐行）, 赤いろうそくと人魚（小川未明）

内容 現在使われている各社の国語教科書に掲載または紹介されている作品ばかりを集めたアンソロジーです。長く読みつがれている名作、心あたたまるお話、おもしろくて元気がでるお話など、すばらしい作品がいっぱい。作品の表記は原典に忠実にし、全文を掲載しています。教科書では気づかなかった作品の魅力を、新たに発見できるかもしれません。小学校上級から。

『このすばらしい世界―ロバが語った宇宙飛行士の話』 山口タオ文, 葉祥明絵　講談社　2002.12　1冊　21cm　1300円

①4-06-211655-3

内容 どうして地球は青かったか。ロバとリンゴと宇宙飛行士が20世紀最大の謎にせまる。

山口　勇子
やまぐち・ゆうこ
《1916～2000》

「おこりじぞう」

『かあさんの野菊』 山口勇子著, 東本つね, 倉石琢也絵　新日本出版社　2002.1　206p　22cm〈第17刷〉1456円

①4-406-00255-3

目次 かあさんの野菊, おこりじぞう, いりたまご, 月夜のラッカショウ, 草のなかの踏切, あおい、あおい海

『土ようびのどうわ』 日本児童文学者協会編　国土社　1998.3　114p　21cm（よんでみようよ教科書のどうわ1しゅうかん 6）1200円　①4-337-09606-X

目次 ヒバリ ヒバリ（加藤多一）, ねずみのつくったあさごはん（安房直子）, モチモチの木（斎藤隆介）, おこりじぞう（山口勇子）, ふしぎなふろしきづつみ（前川康男）

『おこりじぞう』 山口勇子さく, 四国五郎え　新日本出版社　1982.6　67p　22cm　（新日本おはなし文庫）780円

『おこりじぞう―絵本』 山口勇子原作, 沼田曜一語り, 四国五郎絵　金の星社　1979.11　1冊　24×25cm　880円

山下　欣一
やました・きんいち
《1929～》

「ななしの雲の子」

『ななしの雲の子』 山下欣一文, 斎藤博之絵　小峰書店　1977.1　1冊　28cm（民話のえほん）880円

山下　明生
やました・はるお
《1937～》

「海をあげるよ」

『山下明生・童話の島じま　5　村上勉の島・たんじょうびのにおい』　山下明生作，村上勉画　あかね書房　2012.3　126p　21cm　1300円　①978-4-251-03055-9

目次　手紙をください，海をあげるよ，カモメがくれた三角の海，たんじょうびのにおい，ダイコン船海をゆく

内容　ペチャクチャチャプチャプタプタプザブザブ、波たちのおしゃべりがきこえる童話の島じま。たっぷりの絵といっしょに海いっぱいのお話を。

『カモメがくれた三かくの海』　山下明生作，古屋洋絵　日本標準　2008.4　86p　21cm　（シリーズ 本のチカラ）1300円　①978-4-8208-0317-1

目次　海をあげるよ，カメモがくれた三かくの海，海のたんすパーティー

内容　ブランコにうまくのれないワタルは、ひとりでこっそりれんしゅうするために、朝早く、だれもいない公園にでかけた。そこで見つけたすてきなものとは…？―「海をあげるよ」「カモメがくれた三かくの海」「海のたんすパーティー」海からピョンとでてきた三つのお話を収録。小学校低学年から。

『本は友だち2年生』　日本児童文学者協会編　偕成社　2005.3　163p　21cm　（学年別・名作ライブラリー 2）1200円　①4-03-924020-0

目次　「えいっ」（三木卓），ろくべえまってろよ（灰谷健次郎），海をあげるよ（山下明生），きばをなくすと（小沢正），詩・おなかのへるうた（阪田寛夫），詩・おおきくなったら（菅原優子），ふるさとの空に帰った馬（小暮正夫），わすれたわすれんぼ（寺村輝夫），あめだま（新美南吉），とっくたっくとっくたっく（神沢利子），エッセイ・二年生のころ 夜店だいすき（越水利江子）

内容　この本には、「国語」の教科書でおなじみの作品をはじめ、現代の子どもの文学の世界を代表する作家たちの作品が集められています。

『うみをあげるよ』　山下明生作，村上勉絵　偕成社　1999.6　31p　26×21cm　1200円　①4-03-204910-6

内容　あおいバスタオルがかぜにとばされました。ワタルくんとおかあさんがもりへさがしにいくと、「や、みーつけた。いいものみーつけた。」「うみだうみだ！ ぼくたちのうみだぞお！」と、うれしそうなこえがきこえてきました。二ひきのカエルのきょうだいがあめにぬれたバスタオルをみてはなしているのです。

「海をかっとばせ」

『山下明生・童話の島じま　2　杉浦範茂の島・海をかっとばせ』　山下明生作，杉浦範茂画　あかね書房　2012.3　126p　21cm　1300円　①978-4-251-03052-8

目次　ありんこぞう，まつげの海のひこうせん，海をかっとばせ，たんていタコタン，波のうらがわの国

『海をかっとばせ』　山下明生作，杉浦範茂絵　偕成社　2000.7　1冊　26×21cm　1200円　①4-03-330790-7

内容　野球少年ワタルが、特訓を決意します。毎朝、早起きして海辺まで走ってゆこう！ うち寄せる波をめがけてバットを振ろう！ ピンチヒッターでもいいからなんとしても夏の大会にでよう！―と。その純真な少年の心と行動を描く絵本。きめこまかで、鮮やかで、文と絵とが共鳴しあった、さわやかなファンタジー絵本です。

「かもめがくれた三角の海」

『山下明生・童話の島じま　5　村上勉の島・たんじょうびのにおい』　山下明生作，村上勉画　あかね書房　2012.3　126p　21cm　1300円　①978-4-251-03055-9

目次　手紙をください，海をあげるよ，カモメがくれた三角の海，たんじょうびのにおい，ダイコン船海をゆく

内容　ペチャクチャチャプチャプタプタプザブザブ、波たちのおしゃべりがきこえる童話の島じま。たっぷりの絵といっしょに海いっぱいのお話を。

『カモメがくれた三かくの海』　山下明生作，古屋洋絵　日本標準　2008.4　86p　21cm　（シリーズ 本のチカラ）1300円　①978-4-8208-0317-1

目次 海をあげるよ, カメモがくれた三かくの海, 海のたんすパーティー

「島引きおに」

『山下明生・童話の島じま 3 梶山俊夫の島・島ひきおに』 山下明生作, 梶山俊夫画 あかね書房 2012.3 142p 21cm 1300円 Ⓘ978-4-251-03053-5

目次 みんなで海へいきました, 島ひきおに, 島ひきおにとケンムン, いたずらきつねおさん, ケンムン・ケンとあそんだ海

内容 ペチャクチャチャプチャプタプタプザブザブ、波たちのおしゃべりが聞こえる。童話の島じま、たっぷりの絵といっしょに海いっぱいのお話を。

『おとなを休もう』 石川文子編 武蔵野 フロネーシス桜蔭社, メディアパル〔発売〕 2003.8 255p 19cm 1400円 Ⓘ4-89610-734-9

目次 おおきな木(シェル・シルヴァスタイン), モチモチの木(斎藤隆介), 白いぼうし(あまんきみこ), おにたのぼうし(あまんきみこ), ワニのおじいさんのたからもの(川崎洋), ソメコとオニ(斎藤隆介), 島ひきおに(山下明生), 一つの花(今西祐行), アディ・ニハァスの英雄(H.クランダー,W.レスロー), つりばしわたれ(長崎源之助), 花さき山(斎藤隆介), やまんばのにしき(松谷みよ子), チワンのにしき, サーカスのライオン(川村たかし), 青銅のライオン(瀬尾七重), 月の輪グマ(椋鳩十), はまひるがおの小さな海(今西祐行), うぐいすの宿, 手ぶくろを買いに(新美南吉), ごんぎつね(新美南吉)

内容 だれもが一度は読んだことのある、なつかしい作品集。

『読んでおきたい 4年生の読みもの』 長崎源之助監修, 亀村五郎, 谷川澄雄, 西岡房子, 藤田のぼる, 松岡三千代編 学校図書 1997.11 152p 21cm 648円 Ⓘ4-7625-1946-4

目次 おぼえていろよおおきな木(佐野洋子), はだかの王さま(アンデルセン), デマ(丘修三), 村一番のさくらの木(来栖良夫), まだ、もう、やっと(那須正幹), いばらひめ(グリム), すなの中に消えたタンネさん(乙骨淑子), 茂吉のねこ(松谷みよ子), 星とトランペット(竹下文子), 金色の川(椋鳩十), ベーゴマ(いぬいとみこ), 島引きおに(山下明生)

「手紙をください」

『山下明生・童話の島じま 5 村上勉の島・たんじょうびのにおい』 山下明生作, 村上勉画 あかね書房 2012.3 126p 21cm 1300円 Ⓘ978-4-251-03055-9

目次 手紙をください, 海をあげるよ, カモメがくれた三角の海, たんじょうびのにおい, ダイコン船海をゆく

内容 ペチャクチャチャプチャプタプタプザブザブ、波たちのおしゃべりがきこえる童話の島じま。たっぷりの絵といっしょに海いっぱいのお話を。

『てがみをください』 山下明生著, 村上勉画 大阪 文研出版 2005.2 24p 29cm (ぽっぽライブラリ みるみる絵本) 1300円 Ⓘ4-580-81394-4

『水ようびのどうわ』 日本児童文学者協会編 国土社 1998.3 122p 21cm (よんでみようよ教科書のどうわ1しゅうかん 3) 1200円 Ⓘ4-337-09603-5

目次 てがみをください(山下明生), 小さな水たまり(生源寺美子), きんいろのつののしか(安藤美紀夫), ふえふき小ぞう(小野和子), ろくべえまってろよ(灰谷健次郎), ふるさとの空に帰った馬(木暮正夫)

『てがみをください』 山下明生作, 村上勉絵 文研出版 1995.1 24p 29×23cm (ぽっぽライブラリー—みるみる絵本) 1280円 Ⓘ4-580-81139-9

「はまべのいす」

『山下明生・童話の島じま 4 渡辺洋二の島・ふとんかいすいよく』 山下明生作, 渡辺洋二絵 あかね書房 2012.3 126p 21cm 1300円 Ⓘ978-4-251-03054-2

目次 はまべのいす, なづけのにいちゃん, ふとんかいすいよく, メロンのメロディー, どろんこロン

『光村ライブラリー 第6巻 太郎こおろぎ ほか』 樺島忠夫, 宮地裕, 渡辺実監修, 山下明男ほか著, 渡辺茂男ほか訳, 杉浦範茂ほか画 光村図書出版 2004.4 84p 21cm〈3刷〉1000円 Ⓘ4-89528-104-3

目次 はまべのいす(山下明生), エルマー、

とらに会う（ルース＝スタイルス・ガネット），とびこめ（レフ・トルストイ），太郎こおろぎ（今西祐行），貝がら（大石真），吉四六話（瀬川拓男）

『読書の時間によむ本　2 小学3年生』 西本鶏介編　ポプラ社　2004.2　150p　21cm　（読書の時間によむ本 小学生版 2-3）　700円　Ⓘ4-591-08002-1　Ⓝ913.68

目次 ひめりんごの木の下で（安房直子著），海賊モーガンはぼくの友だち（那須正幹著），天狗笑い（豊島与志雄著），むく鳥のゆめ（浜田広介著），とまった電車（花岡大学著），あな（最上一平著），たいこのすきな赤鬼（松谷みよ子著），おさびし山のさくらの木（宮内婦貴子著），はるふぶき（加藤多一著），はまべのいす（山下明生著）

『はまべのいす』 山下明生作，渡辺洋二絵　あかね書房　1979.12　1冊　29cm　（あかね創作えほん）　980円

山田　今次
やまだ・いまじ
《1912～1998》

「あめ」

『10分で読める物語 四年生』 青木伸生選　学研教育出版，学研マーケティング〔発売〕　2010.8　159p　21cm　700円　Ⓘ978-4-05-203227-1

目次 谷間に光る緑の風（花岡大学），ツェねずみ（宮澤賢治），ぼくのこと好き？―少年の日のモーツァルト（大島かおり），心に太陽を持て（ツェーザル・フライシュレン），ぬすまれたハンマー―北欧の神話（鈴木徹郎），ノウサギのふしぎ（小宮輝之），貝がら（大石真），古典落語・転失気（三遊亭圓窓），あめ（山田今次），とびこみ（レフ・トルストイ），百人一首（持統天皇，紀友則，小野小町），ロボットそうどう（豊田有恒），古典・桃太郎（滝沢馬琴）

内容 名作から現代のお話、神話や科学、伝記などバラエティに富んでいます。

『心にひびく名作読みもの 5年―読んで、聞いて、声に出そう』 府川源一郎，佐藤宗子編　教育出版　2004.3　62p　21cm　〈付属資料：CD1〉　2000円　Ⓘ4-316-80089-2

目次 五月の初め、日曜日の朝（石井睦美），木竜うるし・人形げき（木下順二），森林と健康（谷田貝光克），どいてんか（島田陽子），あめ（山田今次）

内容 小学校国語教科書に掲載された名作（物語・説明文・詩）を学年別に収録。発達段階に応じた教科書表記を採用。難意語には注を記載。発展学習にも役立つよう、交ぜ書きから読み仮名付きの漢字へ適宜変更。当時の教科書に使用された挿絵を掲載。俳優・声優による格調高い朗読をCDに収め各巻に添付。

『山田今次全詩集』 『山田今次全詩集』刊行会編　思潮社　1999.9　393p　21cm　7000円　Ⓘ4-7837-1150-X

目次 行く手，手帖，でっかい地図，技師，少年詩集，風景異風景，塵，戦中未刊詩篇，未刊詩篇，歴程，歴程

内容 戦中戦後、激動の時代を生きて詩の宇宙に思想と抒情の旋律を響かせた山田今次の70年にわたる全詩業集成。既刊詩集7冊と未刊詩篇、エッセイ、年譜その他、書き下ろし「山田今次論」（野村喜和夫）で構成。別刷「栞」付。

『雨ふりの日に読む本』 現代児童文学研究会編　偕成社　1992.3　187p　21cm　（きょうはこの本読みたいな 15）　1200円　Ⓘ4-03-539150-6

目次 詩 雨がふる日には（まどみちお），くま一ぴきぶんはねずみ百ぴきぶんか（神沢利子），かんたとかわじ（中川李枝子），さかな石ゆうれいばなし（奥田継夫），雪渡り（宮沢賢治），詩 あめ（山田今次），かみなり雲がでたぞ（最上一平），詩 あめのひせんせいにあった（糸井重里），春さきのひょう（杉みき子），雨（国松俊英），名なしの童子（佐藤さとる）

内容 雨がふったら、仕事も学校も休むことにしたらどうだろう。雨の日には、みんな、家で、雨の音を聞き、「晴れの日」の自分をしずかにふりかえる…。窓から雨がぬらす木々の緑をながめ、にぎやかな街のなかにも、まだ自然が息づいていることに気づく…。いいなあ、そういうの。

山田　太一
やまだ・たいち
《1934～》

「映像を見る目」

『光村ライブラリー　第17巻　「わたし」とはだれか ほか』 樺島忠夫, 宮地裕, 渡辺実監修, 亀井勝一郎ほか著, 手塚治虫ほか画　光村図書出版　2004.4　89p　21cm〈3刷〉1000円　①4-89528-115-9

目次 もう一度考える（亀井勝一郎）, 映像を見る目（山田太一）, アニメーションとわたし（手塚治虫）, ねむりについて（宮城音弥）,「わたし」とはだれか（河合隼雄）, マカルーの旗（松尾伸）, 赤十字の創立者―アンリー＝デュナン（「国語」編集委員会編）

山田　真
やまだ・まこと
《1941～》

「おへそって、なあに」

『光村ライブラリー　第5巻　からすの学校 ほか』 樺島忠夫, 宮地裕, 渡辺実監修, かわたけん, ひだかとしたか, たけたづみのる, さとうゆうこう, まつざわてつろうほか文, 藪内正幸, 内藤貞夫, 伊藤正道, 五味太郎, 森津和嘉子絵　光村図書出版　2004.11　77p　21cm〈第4刷〉1000円　①4-89528-103-5

目次 しっぽのやくめ（かわたけん）, からすの学校（ひだかとしたか）, きたきつねの子ども（たけたづみのる）, あきあかねの一生（さとうゆうこう）,「ことば」をおぼえたチンパンジー（まつざわてつろう）, おへそって、なあに（やまだまこと）, わたしたちとどうぐ（おおぬまてつろう）, あつまれ、楽器（よしおかしげみ）

山中　恒
やまなか・ひさし
《1931～》

「ノボルとソイツ」

『ぐずのぶのホームラン』 山中恒作, 水沢研絵　偕成社　1986.4　158p　21cm（山中恒みんなの童話 12）780円　①4-03-517360-6

目次 ユキオのかあさん, ケンジの家出, ノボルとソイツ, 見えない犯人, ぐずのぶのホームラン, よい子になりそこなった子, 光子

山之口　貘
やまのくち・ばく
《1903～1963》

「天」

『みどりのしずく―自然』 新川和江編, 瀬戸好子絵　太平出版社　1987.7　66p　21cm　（小学生・詩のくにへ 5）1600円

目次 雲（山村暮鳥）, 金のストロー（みずかみかずよ）, 水たまり（武鹿悦子）, 石ころ（まど・みちお）, かいだん（渡辺美知子）, すいれんのはっぱ（浦かずお）, びわ（まど・みちお）, かぼちゃのつるが（原田直友）, 雑草のうた（鶴岡千代子）, ことりのひな（北原白秋）, 土（三好達治）, きいろいちょうちょう（こわせたまみ）, すいっちょ（鈴木敏史）, 川（谷川俊太郎）, 天（山之口貘）, 富士（草野心平）, 海（川崎洋）, なみは手かな（こわせたまみ）, 石（草野心平）, 地球は（工藤直子）, どうしていつも（まど・みちお）

山村　暮鳥
やまむら・ぼちょう
《1884～1924》

「馬」

『おうい雲よゆうゆうと馬鹿にのんきさうぢやないか』 山村暮鳥詩　童話屋　2009.3　157p　15cm　1250円

①978-4-88747-090-3

目次 春の河, 蝶々, 野良道, 雲, こども, 馬, 朝顔, 驟雲, 病牀の詩, 月〔ほか〕

内容『山村暮鳥全集 第一巻』より選び、一部の文字にルビを振り、本文の下に新かなづかいを記しました。

『雲』 山村暮鳥著 日本図書センター 2000.1 193p 19cm (愛蔵版詩集シリーズ) 2200円 ①4-8205-2724-X

目次 春の河, 蝶々, 野良道, 雲, ある時, こども, 馬, 朝顔, 驟雨, 病牀の詩, 月, 西瓜の詩〔ほか〕

内容 心を解き放ち自由な雲になる。初刊のデザインの香りをつたえる新しい愛蔵版シリーズ。

「雲」

『特選 小さな名詩集』 世界の名詩鑑賞会編 再版, 新装版 名古屋 リベラル社, 星雲社〔発売〕 2012.8 158p 15cm 1200円 ①978-4-434-17013-3

目次 雲 (山村暮鳥), 風景 (山村暮鳥), 太陽 (八木重吉), 母をおもう (八木重吉), 私と小鳥と鈴と (金子みすゞ), お魚 (金子みすゞ), 雨ニモマケズ (宮沢賢治), 永訣の朝 (宮沢賢治), サーカス (中原中也), 汚れっちまった悲しみに… (中原中也)〔ほか〕

『10分で読める音読 二年生』 対崎奈美子, 中島晶子選 学研教育出版, 学研マーケティング〔発売〕 2012.7 165p 21cm 800円 ①978-4-05-203566-1

目次 春 (うるうるぷるるん! (宇部京子、絵・熊本奈津子), 土 (金子みすゞ、絵・とよたかずひこ) ほか), 夏 (茶つみ (文部省唱歌、絵・こころ美保子), 雲 (山村暮鳥、絵・正一) ほか), 秋 (竹とんぼ (金子みすゞ、絵・村田エミコ), バスの歌 (佐藤義美、絵・もりあやこ) ほか), 冬 (ちいさなゆき (まど・みちお、絵・たかすかずみ), たき火 (巽聖歌、絵・長田恵子) ほか)

『読解力がグングンのびる! 齋藤孝のゼッタイこれだけ! 名作教室 小学1年 下巻』 齋藤孝編 朝日新聞出版 2012.4 189p 21cm 952円 ①978-4-02-331059-9

目次 手ぶくろを買いに (新美南吉), ねずみ経 (日本民話 稲田和子), 星の銀貨 (グリム童話 佐々木田鶴子訳), 詩のひろば 雲 (山村暮鳥), めくらぶどうと虹 (宮沢賢治), あとかくしの雪 (日本民話 木下順二), さやからとび出た五つのエンドウ豆 (アンデルセン童話 大畑末吉訳), 泣いた赤おに (抜粋) (浜田広介), ことばの成り立ちを学ぼう! 故事成語「蛇足」, ロバの耳になった王さま (ギリシャ神話 箕浦万里子訳), 野ばら (小川未明)

内容 ふつうの“10分間読書”では身につかない、本当の「読解力」がつく。古今東西の名作11編を収録。

『おうい雲よゆうゆうと馬鹿にのんきさうぢやないか』 山村暮鳥詩 童話屋 2009.3 157p 15cm 1250円 ①978-4-88747-090-3

目次 春の河, 蝶々, 野良道, 雲, こども, 馬, 朝顔, 驟雲, 病牀の詩, 月〔ほか〕

内容『山村暮鳥全集 第一巻』より選び、一部の文字にルビを振り、本文の下に新かなづかいを記しました。

『特選 小さな名詩集』 世界の名詩鑑賞会編 名古屋 リベラル社 2003.6 158p 16cm 1200円 ①4-434-03355-7

目次 雲 (山村暮鳥), 風景 (山村暮鳥), 太陽 (八木重吉), 母をおもう (八木重吉), 私と小鳥と鈴と (金子みすゞ), お魚 (金子みすゞ), 雨ニモマケズ (宮沢賢治), 永訣の朝 (宮沢賢治), サーカス (中原中也), 汚れちまった悲しみに (中原中也)〔ほか〕

『雲』 山村暮鳥著 日本図書センター 2000.1 193p 19cm (愛蔵版詩集シリーズ) 2200円 ①4-8205-2724-X

目次 春の河, 蝶々, 野良道, 雲, ある時, こども, 馬, 朝顔, 驟雨, 病牀の詩, 月, 西瓜の詩〔ほか〕

「月」

『おうい雲よゆうゆうと馬鹿にのんきさうぢやないか』 山村暮鳥詩 童話屋 2009.3 157p 15cm 1250円 ①978-4-88747-090-3

目次 春の河, 蝶々, 野良道, 雲, こども, 馬, 朝顔, 驟雲, 病牀の詩, 月〔ほか〕

内容『山村暮鳥全集 第一巻』より選び、一部の文字にルビを振り、本文の下に新かなづかいを記しました。

『雲』 山村暮鳥著 日本図書センター 2000.1 193p 19cm (愛蔵版詩集シリーズ) 2200円 ①4-8205-2724-X

目次 春の河, 蝶々, 野良道, 雲, ある時, こども, 馬, 朝顔, 驟雨, 病牀の詩, 月, 西瓜の詩〔ほか〕

内容 心を解き放ち自由な雲になる。初刊のデザインの香りをつたえる新しい愛蔵版シリーズ。

「春の河」

『おうい雲よゆうゆうと馬鹿にのんきさうぢやないか』 山村暮鳥詩　童話屋

2009.3　157p　15cm　1250円

①978-4-88747-090-3

目次 春の河, 蝶々, 野良道, 雲, こども, 馬, 朝顔, 驟雲, 病牀の詩, 月〔ほか〕

内容『山村暮鳥全集 第一巻』より選び、一部の文字にルビを振り、本文の下に新かなづかいを記しました。

『雲』 山村暮鳥著　日本図書センター

2000.1　193p　19cm　（愛蔵版詩集シリーズ）2200円　①4-8205-2724-X

目次 春の河, 蝶々, 野良道, 雲, ある時, こども, 馬, 朝顔, 驟雨, 病牀の詩, 月, 西瓜の詩〔ほか〕

「風景 純銀もざいく」

『ピカピカ名詩―こころをピカピカにする、親子で読みたい美しいことば』 齋藤孝著　パイ インターナショナル

2011.11　63p　26cm　1600円

①978-4-7562-4155-9

目次 ピカピカの心になろう！（わたしと小鳥とすずと（金子みすゞ）, 朝のリレー（谷川俊太郎）, 心よ（八木重吉） ほか）, 自然や生き物が大好き！（おれはかまきり（かまきりりゅうじ）, 星とたんぽぽ（金子みすゞ）, アリ（まど・みちお） ほか）, ことばを楽しもう！（風景―純銀モザイク（山村暮鳥）, こだまでしょうか（金子みすゞ）, かんがえごと（こねずみしゅん） ほか）

内容 感情をゆたかにする約30の詩を、わかりやすく解説。

『山村暮鳥』 山村暮鳥著, 萩原昌好編, 谷山彩子画　あすなろ書房　2011.6　95p　20×16cm　（日本語を味わう名詩入門 4）1500円　①978-4-7515-2644-6

目次 風景 純銀もざいく, 人間に与える詩, 子どもは泣く, 先駆者の詩, 此の世界のはじめもこんなであったか, 或る日の詩, 道, 麦畑, わたしたちの小さな畑のこと, 友におくる詩〔ほか〕

内容 日本の民衆詩を代表する詩人、山村暮鳥。その初期の前衛的な詩から、晩年の人道主義的な詩までわかりやすく紹介します。

『名詩の絵本』 川口晴美編　ナツメ社

2009.7　207p　15cm　1300円

①978-4-8163-4716-0

目次 恋するこころ 愛するかたち（あいたくて（工藤直子）, 湖上（中原中也） ほか）, 大切なひと つよい絆（レモン哀歌（高村光太郎）, 畳（山之口貘） ほか）, 生きる身体 いとしい暮らし（表札（石垣りん）, 一人称（与謝野晶子） ほか）, 動きだすことば あたらしい世界（花のかず（岸田衿子）, 風景 純銀もざいく（山村暮鳥） ほか）

内容 今を生きるわたしたちのリアルな感覚をゆさぶる名詩100篇。オールカラーのイラストと写真でつづった美しい詩集。

『新・詩のランドセル 6ねん』 江口季好, 小野寺寛, 菊永謙, 吉田定一編　らくだ出版　2005.1　141p　21×19cm　2200円　①4-89777-420-9

目次 1 僕は漁師になる（こどもの詩（結婚前と後のお母さん（石峰加菜）, おせいぼ（宮崎智子） ほか）, おとなの詩（さくら（茨木のり子）, 風景純銀もざいく（山村暮鳥） ほか））, 2 「チョムカ」（こどもの詩（決とう状が来た（世良貴子）, ち刻してよかった（隅田裕子） ほか）, おとなの詩（泳いだ日（間中ケイ子）, イナゴ（まど・みちお） ほか））

内容 小学校での詩の教育は、詩を読むこと、詩を味わうこと、詩を書くことです。詩をたくさん読んでいくと、詩とは高尚な言葉で思いをつづるのではなく、自分の感じたこと、思ったことを自分の言葉で易しく書くことだ、ということが分かります。「新・詩のランドセル」を使って、全国の小学校の教室で、詩を読み、詩を味わい、詩を書く活動が活発に行われるようにしましょう。

「りんご」

『光村ライブラリー 第18巻 おさるがふねをかきました ほか』 樺島忠夫, 宮地裕, 渡辺実監修, まどみちお, 三井ふたばこ, 阪田寛夫, 川崎洋, 河井酔茗ほか著, 松永禎郎, 杉田豊, 平山英三, 武田美穂, 小野千世ほか画　光村図書出版

2004.11　83p　21cm〈第4刷〉1000円

①4-89528-116-7

目次 おさるがふねをかきました（まど・み

ちお), みつばちぶんぶん（小林純一）, あいうえお・ん（鶴見正夫）, ぞうのかくれんぼ（高木あきこ）, おうむ（鶴見正夫）, あかいカーテン（みずかみかずよ）, ガラスのかお（三井ふたばこ）, せいのび（武鹿悦子）, かぼちゃのつるが（原田直友）, 三日月（松谷みよ子）, 夕立（みずかみかずよ）, さかさのさかさはさかさ（川崎洋）, 春（坂本遼）, 虻（嶋岡晨）, 若葉よ来年は海へゆこう（金子光春）, われは草なり（高見順）, くまさん（まど・みちお）, おなかのへるうた（阪田寛夫）, てんらん会（柴野民三）, 夕日がせなかをおしてくる（阪田寛夫）, ひばりのす（木下夕爾）, 十時にね（新川和江）, みいつけた（岸田衿子）, どきん（谷川俊太郎）, りんご（山村暮鳥）, ゆずり葉（河井酔茗）, 雪（三好達治）, 影（八木重吉）, 楽器（北川冬彦）, 動物たちの恐ろしい夢のなかに（川崎洋）, 支度（黒田三郎）

『おうい 雲よ―山村暮鳥詩集』 山村暮鳥著, 新井リコ画, 北川幸比古編　岩崎書店　1995.9　102p　20×19cm　（美しい日本の詩歌 4）1500円
Ⓘ4-265-04044-6

内容 みずみずしい詩情・美しいことば。没後70年、いまなお新鮮で、かつ深い暮鳥詩の世界。

山本　栄一
やまもと・えいいち

「山にささげた一生」

『親も子も読む名作 5年生の読みもの』 亀村五郎編集委員　学校図書　2005.7　151p　21cm　648円　Ⓘ4-7625-1965-0

目次 旗（杉みき子）, 三コ（斎藤隆介）, ケンカ博士がけんかをしてしまった話（猪野省三）, 一房のぶどう（有島武郎）, かっぱの三太（青木茂）, 天使のさかな（大石真）, 蚊とんぼ物語（宇野浩二）, 片耳の大シカ（椋鳩十）, 山にささげた一生（山本栄一）, 銅像になった犬（関英雄）

内容 すぐれた作家のすぐれた作品!!国語教科書でなじみのある作品も多数掲載。お子さんはもちろん、保護者の方にも楽しく、また、なつかしく読んでいただける名作選。

山元　加津子
やまもと・かつこ
《1957～》

「きいちゃん」

『きいちゃん』 山元加津子作　全国学校図書館協議会　2008.4　19p　21cm　（集団読書テキスト A54　全国SLA集団読書テキスト委員会編）〈絵：篠遠すみこ　年譜あり〉180円
Ⓘ978-4-7933-7054-0　Ⓝ913.6

『きいちゃん』 山元加津子著, 多田順絵　アリス館　1999.5　31p　21cm　1000円　Ⓘ4-7520-0127-6

内容 養護学校の教員をしている著者が、そこで出会った、大切な友だち。きいちゃんは、きいちゃんとして生まれ、きいちゃんとして生きてきました。そしてこれからも、きいちゃんとして生きていくのです。

山本　有三
やまもと・ゆうぞう
《1887～1974》

「一日本人」

『心に太陽を持て』 山本有三著　ポプラ社　2001.7　243p　19cm　1400円
Ⓘ4-591-06922-2

目次 心に太陽を持て, くちびるに歌を持て, 一日本人, ライオンと子犬, キティの一生, どうせ、おんなじ, 動物好きのトマス, 製本屋の小僧さん, リンゴのなみ木, ナポレオンと新兵, ミヤケ島の少年, スコットの南極探検, エリザベスの疑問, 見せもののトラ, ミレーの発奮, 油断, フリードリヒ大王と風車小屋, バイソンの道, パナマ運河物語

内容 本当に大切なものはあなたのすぐそばにあります。勇気を失うな。心に太陽を持て。1935年に出版されてから66年。世代を超えて読み継がれてきた青春の1冊。21世紀も、大切な誰かに伝えたい。勇気がでる。喜びがわく。19篇の小さな話。

「兄弟」

『ウミヒコヤマヒコ』 山本有三, 菊池寛,

宇野浩二, 豊島与志雄著　講談社　1987.6　251p　21cm　（少年少女日本文学館 7）1400円　①4-06-188257-0

目次 兄弟（山本有三）, ウミヒコヤマヒコ（山本有三）, こぶ（山本有三）, 納豆合戦（菊池寛）, 三人兄弟（菊池寛）, 身投げ救助業（菊池寛）, 春を告げる鳥（宇野浩二）, 海の夢山の夢（宇野浩二）, 王様の嘆き（宇野浩二）, 天狗笑い（豊島与志雄）, 天下一の馬（豊島与志雄）

山本　瓔子
やまもと・ようこ

「出発するのです」

『あすという日が』 山本瓔子著　アスコム　2011.8　157p　19cm　1600円　①978-4-7762-0686-6

目次 あすという日が, 心に花を咲かせよう, ありがとう, しあわせってなんだろう, あたりまえのこと, 一秒の短いことば, 出発するのです, いのこづち, 風のくれち萩の花, だれが見ていなくても〔ほか〕

内容 人間のやさしさと希望にあふれた心に響く詩集（全72編）。仙台の中学生が歌い、復興のシンボル曲として話題の「あすという日が」の歌詞も収録。

湯川　秀樹
ゆかわ・ひでき
《1907～1981》

「原子と人間」

『茶わんの湯・霧退治・クシャミと太陽・原子と人間』 寺田寅彦, 中谷宇吉郎, 緒方富雄, 湯川秀樹著　国土社　1982.3　259p　23cm　（少年少女科学名著全集 19）1500円　①4-337-19819-9

目次 茶わんの湯―寺田寅彦集（茶わんの湯, トンボ ほか）, 霧退治―中谷宇吉郎集（雪を消す話, 冬ごもり ほか）, クシャミと太陽―緒方富雄著（クシャミと太陽（放送その一）, クシャミと太陽 その後（放送その二） ほか）, 原子と人間―湯川秀樹集（原子と人間, 詩と科学―子どもたちのために ほか）

ユーゴー, ヴィクトル
《1802～1885》

「銀の燭台」

『レ・ミゼラブル―ああ無情』 ビクトル・ユーゴー作, 塚原亮一訳, 片山若子絵　新装版　講談社　2012.11　285p　18cm　（講談社青い鳥文庫）670円　①978-4-06-285316-3

内容 たった一切れのパンを盗んだために、19年間も牢獄に入っていたジャン・バルジャン。彼のすさんだ心は、ミリエル司教の大きな愛によって目覚めます。良心に恥じない人間として懸命に生きたジャン・バルジャン。その生き様、そして真実の愛とは!?ミュージカルや映画の原作にもなっている名作。小学中級から。

『読解力がグングンのびる！ 齋藤孝のゼッタイこれだけ！ 名作教室 小学6年』 齋藤孝編　朝日新聞出版　2012.7　237p　21cm　1000円　①978-4-02-331091-9

目次 「バカの壁」とは何か（抜粋）（養老孟司）, ハムレット（抜粋）（シェイクスピア, 松岡和子訳）, 詩のひろば わたしが一番きれいだったとき（茨木のり子）, 羅生門（芥川龍之介）, 無口な手紙（向田邦子）, 雪国（抜粋）（川端康成）, 高瀬舟（森鴎外）, 言葉の成り立ちを学ぼう 故事成語「朝三暮四」, チャップリン自伝（抜粋）（チャップリン, 中野好夫訳）, 永訣の朝（宮沢賢治）, 詩のひろば この道（北原白秋）, レ・ミゼラブル（抜粋）（ユーゴー, 豊島与志雄）, 駆込み訴え（太宰治）

『ああ無情』 ビクトル・ユーゴー著, 塚原亮一訳　講談社　2011.1　300p　19cm　（21世紀版少年少女世界文学館 17）1400円　①978-4-06-283567-1

内容 この物語（原題「レ＝ミゼラブル」）は、19世紀前半のフランスが舞台の作品です。作者ビクトル＝ユーゴーは、フランス革命以来の伝統である自由主義を踏みにじろうとするルイ＝ナポレオンに反対して、19年間も国外に追放されていましたが、この間に数多くの作品を発表しました。5年の年月をかけて1862年に完成した、この作品もその1つです。発表以来、この物語は広く世界じゅうの人々に深い感動を与えてきました。それは、作者の創造した2人の中心人物—ジャン＝バルジャンとミリエル司教の愛と正義、それらを実現するための勇気ある行動を通して、私たちに人間の理想を示しているからです。

『レ・ミゼラブル—ああ無情』 ビクトル・ユゴー作，大久保昭男訳　ポプラ社　2007.3　238p　18cm　（ポプラポケット文庫）〈『ああ無情』新装版・改題書〉　570円　Ⓘ978-4-591-09708-3

内容 長い刑期をおえ、希望を胸に町へやってきたジャン・バルジャンでしたが、世間の冷たい仕打ちにうちのめされ、ついに親切にしてくれた教会で盗みをはたらいてしまいます。ところが司教は、それはさしあげたものだというのです—その後ジャンの行方はぷっつりとだえ…。激動期のフランスを舞台に波乱の人生をおくるジャン・バルジャンの物語。小学校上級から。

『レ・ミゼラブル ああ無情　1　怪しい男と司教様』 ヴィクトル・ユーゴー原作，平川陽一編著，里中満智子絵　汐文社　2006.11　172p　19cm　1600円　Ⓘ4-8113-8103-3

内容 ジャン・バルジャンは、一切れのパンを盗んだために十九年間も刑務所に入れられてしまいます。再び社会に出てからも、波乱の人生が待ちかまえていました。

『レ・ミゼラブル　上』 ヴィクトル・ユゴー作，清水正和編・訳，G.ブリヨンほか絵　福音館書店　1996.1　628p　21cm　（古典童話シリーズ）2400円　Ⓘ4-8340-1352-9

内容 逃亡の果てにジャン・ヴァルジァンが見出したものは—。19世紀前半のフランス。過酷な運命を背負った一徒刑囚と社会の底辺に生きる人びとが織りなす人間ドラマ。小学校上級以上。

『レ・ミゼラブル　下』 ヴィクトル・ユゴー作，清水正和編・訳，G.ブリヨンほか絵　福音館書店　1996.1　658p　21cm　（古典童話シリーズ）2400円　Ⓘ4-8340-1353-7

内容 幸福へと向かうコゼット、しかしジャン・ヴァルジァンの心中は—。激動する社会を背景に、真実を生きる人間の姿と、魂の叫びを壮大に描いた叙事詩。小学校上級以上。

『ああ無情』 ユゴー著，榊原晃三訳　新装版　ぎょうせい　1995.2　182p　21cm　（少年少女世界名作全集 26）　1300円　Ⓘ4-324-04353-1

『ああ無情』 ビクトル・ユゴー作，菊池章一訳　集英社　1994.3　142p　21cm　（子どものための世界文学の森 22）880円　Ⓘ4-08-274022-8

内容 フランスの若き弁護士マリウスが心から愛した美しい娘コゼット。そのコゼットの父親はおだやかな紳士でしたが、なにかひみつがありそうでした。じつはかれの本名はジャン・バルジャン。わずかなパンをぬすんだ罪で十九年間もろうやに入れられていらい、さまざまなできごととたたかい勝ってきた偉大な人物だったのです。

横田　順彌
よこた・じゅんや
《1945～》

「百年前の二十世紀」

『百年前の二十世紀—明治・大正の未来予測』 横田順弥著　筑摩書房　1994.11　204p　19cm　（ちくまプリマーブックス 86）1100円　Ⓘ4-480-04186-9

目次 1 西暦2000年未来の旅，2 未来予測の的中度—『二十世紀の予言』，3 『二十世紀の予言』は誰が書いたのか，4 その他の未来予測，5 『百年後の日本』，6 なぜ、予測は的中したか？，7 ぼくの『二十一世紀の予言』十項目

内容 今から百年前、二十世紀が始まったばかりの頃、未来予測や未来小説が流行した。予測は、科学技術、日常生活、社会・環境など多岐にわたり、現在驚くほど的中しているものも数多い反面、コンピュータのように全く予測しえなかったものもある。明治・大正を生きた人々は、来るべき「未来」に対して、どのようなイマジネーションを働かせ、ビジョンを抱いていたのだろうか。

吉井　正
よしい・まさし
《1921～》

「わたり鳥」

『わたり鳥』 吉井正解説，叶内拓哉写真

東海大学出版会　1979.2　103p　27cm　2800円　Ⓝ488

吉岡　しげ美
よしおか・しげみ
《1949～》

「あつまれ、楽器」

『光村ライブラリー　第5巻　からすの学校 ほか』 樺島忠夫, 宮地裕, 渡辺実監修, かわたけん, ひだかとしたか, たけたづみのる, さとうゆうこう, まつざわてつろうほか文, 藪内正幸, 内藤貞夫, 伊藤正道, 五味太郎, 森津和嘉子絵　光村図書出版　2004.11　77p　21cm〈第4刷〉　1000円　①4-89528-103-5

目次 しっぽのやくめ（かわたけん）, からすの学校（ひだかとしたか）, きたきつねの子ども（たけたづみのる）, あきあかねの一生（さとうゆうこう）,「ことば」をおぼえたチンパンジー（まつざわてつろう）, おへそって、なあに（やまだまこと）, わたしたちとどうぐ（おおぬまてつろう）, あつまれ、楽器（よしおかしげみ）

吉沢　和夫
よしざわ・かずお
《1924～》

「八郎」

『最後の授業』 ポプラ社　1981.1　222p　23cm　（よんでおきたい文学 5）800円　①4-591-01771-0

目次 りゅうの目の涙（浜田廣介）, 赤いろうそくと人魚（小川未明）, 火事とポチ（有島武郎）, 八郎（吉沢和夫）, 乗合馬車（千葉省三）, 犬（志賀直哉）, ツグミ（いぬいとみこ）, 牛をつないだ椿の木（新美南吉）, 気のいい火山弾（宮沢賢治）, 最後の授業（ドーデー）, タカの子（さがわみちお）, トロッコ（芥川龍之介）

吉田　甲子太郎
よしだ・きねたろう
《1894～1957》

「星野君の二塁打」

『新版 星野くんの二塁打』 吉田甲子太郎作, こさかしげる画　大日本図書　1988.1　117p　21cm　（子ども図書館）　1000円　①4-477-17593-0

目次 秋空晴れて, 夏の太陽, 美しき元旦, 星野くんの二塁打

吉田　定一
よしだ・ていいち
《1941～》

「帰宅」

『ガラスにかいたかお―生活』 新川和江編, 多田治良絵　太平出版社　1987.10　66p　21cm　（小学生・詩のくにへ 6）　1600円

目次 おなかのへるうた（阪田寛夫）, コップのうた（真田亀久代）, てんぷらぴりぴり（まど・みちお）, ピーマン（工藤直子）, あわてんぼうの歌（まど・みちお）, ガラスのかお（三井ふたばこ）, お魚（金子みすゞ）, 帰宅（吉田定一）, つけもののおもし（まど・みちお）, 山芋（大関松三郎）, あめ（山田今次）, ふるさとの（石川啄木）, リンゴとポンカン（赤岡江里子）, ぼくの家だけあかりがともらない（野長瀬正夫）, いなかのあいさつ（新川和江）, 小さなみなとの町（木下夕爾）, 茂作じいさん（小林純一）, 夜のくだもの（草野心平）, とうげ（石垣りん）, はんぶんおりたところ（アレグザンダー＝ミルン, 小田島雄志・若子訳）, 夕日がせなかをおしてくる（阪田寛夫）

吉田　瑞穂
よしだ・みずほ
《1898～1996》

「しおまねきと少年」

『佐賀の童話』 日本児童文学者協会編

愛蔵版 リブリオ出版 2001.5 191p 21cm (県別ふるさと童話館 41) 1700円 ①4-89784-810-5

目次 ふなんこぐい(広橋信子), おじいちゃんの地球儀(西村恵美子), 呼子の朝市(樋渡喜美子), 梧竹さん祭り(芦原雅子), ばけネコ温泉のひみつ(古賀悦子), すってんどうじ(しらいしすみほ), 柿のカーテンの向こうに(ななせれん), いなごと少年(白武留康), エベスさんと暮らす町(とがわふさよ), 浩一のいちご(よしだひろこ), 佐代川にひびく猿笛(中村悠美子), ムツゴロウになって(迎絹子), わんぱく大将のなみだ(前田和茂), 空のありか ふるさとのありか(おのりえん), 弥生びとの伝言(ごんどうちあき), 詩・しおまねきと少年(吉田瑞穂), 詩・引き潮のあとで(古賀哲二), 詩・伽羅柿(川内夕子), 波戸岬にて(井上保)

内容 佐賀県は東は福岡県、西は長崎県と接しています。南は有明海、北は玄海灘。海の幸も山の幸も豊富です。また、伊万里、有田、唐津などの焼き物や、吉野ヶ里の遺跡でも広く知られ、古代から新しい文明の窓口になってきました。広い平野の空にうかぶ熱気球も、有明海のガタリンピックも、子どもたちの心の風景として記憶されていくことでしょう。―さあ、佐賀の話をはじめましょう。

『しおまねきと少年』 吉田瑞穂詩, 吉田翠絵 教育出版センター 1976.11 154p 22cm (少年詩集 4) Ⓝ911.56

吉田 洋一
よしだ・よういち
《1898〜1989》

「零の発見」

『零の発見―数学の生い立ち』 吉田洋一著 改版 岩波書店 2003.4 181p 18cm (岩波新書)〈第95刷〉700円 ①4-00-400013-0

目次 零の発見―アラビア数字の由来, 直線を切る―連続の問題

内容 インドにおけるゼロの発見は、人類文化史上に巨大な一歩をしるしたものといえる。その事実および背景から説き起こし、エジプト、ギリシァ、ローマなどにおける数を書き表わすためのさまざまな工夫、ソロバンや計算尺の意義にもふれながら、数字と計算法の発達の跡をきわめて平明に語った、数の世界への楽しい道案内書。

吉野 源三郎
よしの・げんざぶろう
《1899〜1981》

「石段の思い出」

『君たちはどう生きるか』 吉野源三郎著 ポプラ社 2011.8 308p 18cm (ポプラポケット文庫)〈『ジュニア版 吉野源三郎全集(1)君たちはどう生きるか』新装改訂・改題書〉760円 ①978-4-591-12540-3

目次 コペル君とおじさん, へんな経験, 勇ましい友, ニュートンのりんごと粉ミルク, 貧しい友, ナポレオンと四人の少年, 雪の日のできごと, 石段の思い出, がいせん, すいせんの芽とガンダーラの仏像, 春の朝

内容 「どう生きてゆこうか」と考えたり、「どう生きてゆくのが正しいのだろうか」と疑ったりするのは、人間が人間であるという証拠ともいえることなのです。

『君たちはどう生きるか』 吉野源三郎著 岩波書店 2003.1 339p 15cm (岩波文庫)〈第49刷〉700円 ①4-00-331581-2

目次 1 へんな経験, 2 勇ましき友, 3 ニュートンの林檎と粉ミルク, 4 貧しき友, 5 ナポレオンと四人の少年, 6 雪の日の出来事, 7 石段の思い出, 8 凱旋, 9 水仙の芽とガンダーラの仏像, 10 春の朝

内容 著者がコペル君の精神的成長に託して語り伝えようとしたものは何か。それは、人生いかに生くべきかと問うとき、常にその問いが社会科学的認識とは何かという問題と切り離すことなく問われねばならぬ、というメッセージであった。著者の没後追悼の意をこめて書かれた「『君たちはどう生きるか』をめぐる回想」(丸山真男)を付載。

『君たちはどう生きるか』 吉野源三郎著 ポプラ社 2000.7 267p 19cm (ジュニア版 吉野源三郎全集 1) 1200円 ①4-591-06532-4

目次 1 へんな経験, 2 勇ましい友, 3 ニュートンのりんごと粉ミルク, 4 貧しい友, 5 ナポレオンと四人の少年, 6 雪の日の

できごと, 7 石段の思い出, 8 がいせん, 9 すいせんの芽とガンダーラの仏像, 10 春の朝

内容 40年以上、なぜ読み継がれてきたのだろうか。永遠のベストセラーが、今世に真意を問う。

「人間の尊さ」

『人間の尊さを守ろう』 吉野源三郎著 ポプラ社 2000.7 257p 19cm （ジュニア版 吉野源三郎全集 3） 1200円 Ⓘ4-591-06534-0

目次 人間の尊さを守ろう（ひとりひとりの人間, 人民の、人民による、人民のための政治, いちばん大切なことは何か, 働く者は手をつなぐ, 戦争のない時代を, 原子力と平和）, 思い出より（小学生のころ, バトンを渡すもの受けるもの, 若い日の読書, 目からうろこの落ちる話, 東京の屋根の下）, 青年のために（高校の諸君へ, 若い看護婦さんへ, ヒューマニズムについて）

内容 40年以上、なぜ読み継がれてきたのだろうか。永遠のベストセラーが、今世に真意を問う。

「ひとりひとりの人間」

『人間の尊さを守ろう』 吉野源三郎著 ポプラ社 2000.7 257p 19cm （ジュニア版 吉野源三郎全集 3） 1200円 Ⓘ4-591-06534-0

目次 人間の尊さを守ろう（ひとりひとりの人間, 人民の、人民による、人民のための政治, いちばん大切なことは何か, 働く者は手をつなぐ, 戦争のない時代を, 原子力と平和）, 思い出より（小学生のころ, バトンを渡すもの受けるもの, 若い日の読書, 目からうろこの落ちる話, 東京の屋根の下）, 青年のために（高校の諸君へ, 若い看護婦さんへ, ヒューマニズムについて）

内容 40年以上、なぜ読み継がれてきたのだろうか。永遠のベストセラーが、今世に真意を問う。

「星空」

『星空は何を教えたか―あるおじさんの話したこと』 赤木かん子編, 吉野源三郎著 ポプラ社 2008.4 25p 21cm （ポプラ・ブック・ボックス 王冠の巻 1） Ⓘ978-4-591-10206-0 Ⓝ159

『人間の尊さを守ろう』 吉野源三郎著 ポプラ社 2000.7 257p 19cm （ジュニア版 吉野源三郎全集 3） 1200円 Ⓘ4-591-06534-0

目次 人間の尊さを守ろう（ひとりひとりの人間, 人民の、人民による、人民のための政治, いちばん大切なことは何か, 働く者は手をつなぐ, 戦争のない時代を, 原子力と平和）, 思い出より（小学生のころ, バトンを渡すもの受けるもの, 若い日の読書, 目からうろこの落ちる話, 東京の屋根の下）, 青年のために（高校の諸君へ, 若い看護婦さんへ, ヒューマニズムについて）

吉野　弘

よしの・ひろし

《1926～》

「素直な疑問符」

『心にひびく名作読みもの 6年―読んで、聞いて、声に出そう』 府川源一郎, 佐藤宗子編 教育出版 2004.3 68p 21cm 〈付属資料：CD1〉 2000円 Ⓘ4-316-80090-6

目次 加代の四季（杉みき子）, ちょうの行方（高田桂子）, 野の馬（今江祥智）, せんこう花火（中谷宇吉郎）, 素直な疑問符（吉野弘）, 貝がら（新美南吉）

内容 小学校国語教科書に掲載された名作（物語・説明文・詩）を学年別に収録。発達段階に応じた教科書表記を採用。難意語には注を記載。発展学習にも役立つよう、交ぜ書きから読み仮名付きの漢字へ適宜変更。当時の教科書に使用された挿絵を掲載。俳優・声優による格調高い朗読をCDに収め各巻に添付。

『素直な疑問符―吉野弘詩集』 吉野弘著, 葉祥明画, 水内喜久雄選・著 理論社 2004.1 115p 21×16cm （詩と歩こう） 1400円 Ⓘ4-652-03842-9

目次 素直な疑問符（素直な疑問符, みずすまし, 岩が ほか）, ほぐす（紹介, 変「お」喋々, 元日の夕日に ほか）, 生命は（生命は, 虹の足, 眼・空・恋 ほか）

吉橋 通夫
よしはし・みちお
《1944～》

「さんちき」

『京のかざぐるま』 吉橋通夫作，なかはまさおり絵 日本標準 2007.6 175p 21cm （シリーズ本のチカラ） 1400円 Ⓘ978-4-8208-0297-6

目次 筆，さんちき，おけ，かがり火，夏だいだい，マタギ，船宿

内容 激動の幕末。長州藩の京やしきへ水おけをとどけることになった太吉。さむらいにおけをばらすことを命じられかっとうする姿を描く「おけ」など。さむらいたちが血なまぐさい戦いを繰り広げる京都を舞台に、働くことを通して成長する子どもたちを描いた作品7編。小学校高学年から。

『本は友だち6年生』 日本児童文学者協会編 偕成社 2005.3 163p 21cm （学年別・名作ライブラリー 6） 1200円 Ⓘ4-03-924060-X

目次 青い花（安房直子），紅鯉（丘修三），あるハンノキの話（今西祐行），おまつり村（後藤竜二），詩・卵（三越左千夫），詩・再生（関今日子），そよ風のうた（砂田弘），あの坂をのぼれば（杉みき子），くじらの海（川村たかし），気のいい火山弾（宮沢賢治），さんちき（吉橋通夫），エッセイ・六年生のころ 初めの一歩が踏みだせなくて（三輪裕子）

内容 この本には、「国語」の教科書でおなじみの作品をはじめ、現代の子どもの文学の世界を代表する作家たちの作品が集められています。

『さんちき』 吉橋通夫作，東菜奈絵 岩崎書店 1997.4 85p 22×19cm （日本の名作童話 27） 1500円 Ⓘ4-265-03777-1

目次 さんちき，筆，けん玉うり

吉原 順平
よしはら・じゅんぺい

「もうどう犬の訓練」

『盲導犬ものがたり―人間との暖かい交流』 吉原順平文 金の星社 1980.9 38p 25cm （生きものばんざい 12） 〈監修：太田次郎〉 980円

吉丸 一昌
よしまる・かずまさ
《1873～1916》

「早春賦」

『齋藤孝の親子で読む詩・俳句・短歌・童謡 5・6年生』 齋藤孝著 ポプラ社 2012.3 142p 21cm （齋藤孝の親子で読む詩・俳句・短歌・古典 3） 1000円 Ⓘ978-4-591-12790-2

目次 詩（耳（ジャン・コクトー），シャボン玉（ジャン・コクトー） ほか），童謡・唱歌（早春賦（吉丸一昌），夏は来ぬ（佐佐木信綱） ほか），漢詩（春暁（孟浩然），春夜（蘇軾） ほか），俳句・短歌（むめ一輪一りんほどの…（服部嵐雪），目には青葉山ほとゝぎす…（山口素堂） ほか）

内容 この巻では、おとながあじわうような詩や俳句・短歌を集めました。ほかにも漢詩という、中国の詩を紹介しています。

『童謡唱歌―スタンダード259曲』 野ばら社編集部編 野ばら社 2011.12 319p 21cm 1000円 Ⓘ978-4-88986-380-2

『唱歌―明治・大正・昭和』 野ばら社編集部編 改版 野ばら社 2009.10 254p 21cm 800円 Ⓘ978-4-88986-371-0

目次 明治（蝶々，むすんでひらいて（見わたせば），つりがね草（美しき） ほか），大正（木の葉，春の小川，村の鍛冶屋 ほか），昭和（スキー，明治節，田舎の冬 ほか）

内容 明治・大正・昭和に学校で教えた195曲収載。全曲数字譜・メロディー譜つき。

与田 準一
よだ・じゅんいち
《1905～1997》

「あたらしい歯」

『森の夜あけ―与田準一童謡集』 与田準一著，矢崎節夫撰 JULA出版局

1992.5　159p　18cm　1200円
①4-88284-073-1
目次　森の夜あけ（かあさんの顔, 森の夜あけ ほか）, 山羊とお皿（山の話, 谷間 ほか）, 遠い景色（時間, ぼくのいぬころ ほか）, あたらしい歯（山とぼく, 空とぼく ほか）, うたのなかのはたのように（空がある, ゆめのなかの ほか）, ぼくたち大きくなってから（小学校, 四ばんめの板 ほか）

『あたらしい歯―自立・成長』　新川和江編, 有元健二絵　太平出版社　1987.7　66p　21cm　（小学生・詩のくに 7）　1600円
目次　青い色（丸山薫）, まきばの子馬（高田敏子）, あたらしい歯（与田準一）, ミミコの独立（山之口貘）, にぎりこぶし（村野四郎）, 小さななみだ（やなせたかし）, 素直な疑問符（吉野弘）, 本のにおい（新川和江）, かぜのなかのおかあさん（阪田寛夫）, ゆずり葉（河井酔名）, われは草なり（高見順）, 山頂から（小野十三郎）, スポーツ（鶴見正夫）, 虻（嶋岡晨）, つばさをください（山上路夫）, 支度（黒田三郎）, 生きる（谷川俊太郎）

「おと」

『与田準一の珠玉の詩―その“魂”の真実』　畑島喜久生著　大阪　リトル・ガリヴァー社　2001.11　211p　19cm　1800円　①4-947683-51-1
目次　1 童謡詩（雨の日, 風から来る鶴, 空がある ほか）, 2 幼年詩（おと, 時間, おかしいな ほか）, 3 少年詩（山羊とお皿, 牛のツノ, 夜と太陽 ほか）
内容　少年詩の開祖・与田準一が贈る童謡詩・幼年詩・少年詩。戦前・戦後を通じて、子どもたちに詩の“ことば”を届けようとした与田準一の選りすぐった作品を詩人でもある畑島喜久生が“案内役”となって、その素晴らしい“香り”と“ことばのリズム”を余すところなく伝える。

「かえるのあまがさ」

『かえるのあまがさ』　与田準一著, 那須良輔画　あい書房　1977.6　1冊　21cm　（与田準一おはなしえほん）　600円

「空がある」

『10分で読める物語 二年生』　青木伸生選　学研教育出版, 学研マーケティング〔発売〕　2010.5　187p　21cm　700円
①978-4-05-203225-7
目次　きつねのしゃしん（あまんきみこ）, 半日村（斎藤隆介）, さるじぞう（西郷竹彦）, お月夜（北原白秋）, パンのかけらと小さなあくま―リトアニア民話（内田莉莎子）, カンガルーの赤ちゃん（中川志郎）, 夏休み、ぼくはおばあちゃんちに行った（ゆうきえみ）, 空がある（与田準一）, 三月の風（ミリアン・C・ポッター）, みどり色の宝石―ヒマラヤの民話（茂市久美子）, 松尾芭蕉の俳句（あべ弘士）, 算数の時間です（寺村輝夫）, かぐやひめ（円地文子）
内容　名作から現代のお話昔話や科学、俳句などバラエティに富んでいます。13作品収録。

『赤い鳥4年生』　赤い鳥の会編　新装版　小峰書店　2008.2　175p　21cm　（新装版学年別赤い鳥）　1600円
①978-4-338-23204-3
目次　ばら・詩（北原白秋）, くもの糸（芥川竜之介）, 空がある・詩（与田準一）, ごんぎつね（新美南吉）, 病気・詩（小林純一）, やかんぐま（江口渙）, どろぼう（久米正雄）, 月・詩（清水たみ子）, ばあやの話（有島生馬）, かなりあ・詩（西条八十）, ろうそくをつぐ話（大木篤夫）, おもちゃは野にも畑にも（島崎藤村）, 風・詩（巽聖歌）, 三びきの小羊（細田民樹）, もちつき（森田草平）
内容　日本児童文学の原点。『赤い鳥』から生まれた童話・童謡のなかから、小学生に読んで欲しい名作をあつめました。

「ちくたくてくはみつごのぶただ」

『ちくたくてくは みつごのぶただ』　与田準一, 太田大八作　童心社　1990.4　1冊　19cm　680円　①4-494-00261-5

「ハモニカじま」

『月ようびのどうわ』　日本児童文学者協会編　国土社　1998.3　99p　21cm　（よんでみようよ教科書のどうわ1しゅうかん 1）　1200円　①4-337-09601-9
目次　どうぞのいす（香山美子）, 春のくまたち（神沢利子）, うみへのながいたび（今江祥智）, コスモス（森山京）, すずめのてがみ（神戸淳吉）, 天にのぼったおけや（川村たかし）, サラダでげんき（角野栄子）, ハモニカじま（与田準一）

「はるですよ」

『ぼくがかいたまんが』　與田準一詩, 山

高登絵　国土社　2003.1　77p　25cm（現代日本童謡詩全集 17）1600円
Ⓘ4-337-24767-X

「ポプラ星」

『ポプラ星』 与田凖一文，朝倉摂絵　講談社　1974　40p　29cm　（日本の名作）

「山とぼく」

『森の夜あけ―与田凖一童謡集』 与田凖一著，矢崎節夫撰　JULA出版局　1992.5　159p　18cm　1200円
Ⓘ4-88284-073-1

目次 森の夜あけ（かあさんの顔, 森の夜あけ ほか）, 山羊とお皿（山の話, 谷間 ほか）, 遠い景色（時間, ぼくのいぬころ ほか）, あたらしい歯（山とぼく, 空とぼく ほか）, うたのなかのはたのように（空がある, ゆめのなかの ほか）, ぼくたち大きくなってから（小学校, 四ばんめの板 ほか）

ヨーレン, ジェイン
《1939～》

「月夜のみみずく」

『月夜のみみずく』 ジェイン・ヨーレン詩，ジョン・ショーエンヘール絵，工藤直子訳　偕成社　1989.3　1冊　29×23cm　1200円　Ⓘ4-03-328300-5

内容 父親とみみずく探しに出かけるのを心待ちにしていた少女の心の動きが詩情ゆたかに語られる。月夜の雪の森で、わしみみずくに会った少女は、大自然との交歓を味わう。1988年度コルデコット賞受賞。

ラベル, ウィニフレッド

「小さな犬の小さな青い服」

『光村ライブラリー　第9巻　手ぶくろを買いに ほか』 樺島忠夫, 宮地裕, 渡辺実監修，ウィニフレッド・ラベルほか著，神宮輝夫訳，梅田俊作ほか画　光村図書出版　2004.4　69p　21cm〈3刷〉1000円　Ⓘ4-89528-107-8

目次 小さな犬の小さな青い服（ウィニフレッド・ラベル）, 手ぶくろを買いに（新美南吉）, つばきの木から（佐藤さとる）, 世界一の話（北彰介）

李　錦玉
り・くむおぎ

「さんねん峠」

『齋藤孝の親子で読む国語教科書 3年生』 齋藤孝著　ポプラ社　2011.3　142p　21cm　（齋藤孝の親子で読む国語教科書 3）1000円　Ⓘ978-4-591-12287-7

目次 いろはにほへと（今江祥智）, のらねこ（三木卓）, つりばしわたれ（長崎源之助）, ちいちゃんのかげおくり（あまんきみこ）, きき みみずきん（木下順二）, ワニのおじいさんのたからもの（川崎洋）, さんねん峠（李錦玉）, サーカスのライオン（川村たかし）, モチモチの木（斎藤隆介）, 手ぶくろを買いに（新美南吉）

『さんねん峠―朝鮮のむかしばなし』 李錦玉作，朴民宜画　岩崎書店　1996.7　150p　18cm　（フォア文庫）550円
Ⓘ4-265-06304-7

目次 へらない稲たば, ことばを話すやぎ, 金のふで, 海の水はどうしてからいの, ポンイミとおとのさま, かいこになったおひめさま, 天に帰らなかった山の精, トルセのきびもち, かわうそとうさぎのちえ, ウサギのさいばん, ケドリのろば, よわむしごうけつ, 牛のお面, 家族なかよしのひみつ, ネギをたべた人, さんねん峠

内容 家族愛や正直・勇気・思いやり・労働などのたいせつなことを訴える「さんねん峠」「へらない稲たば」や、庶民が権力者への抵抗を機知で成功させる「うさぎのさいばん」などとともに、悲しい恋物語「天に帰らなかった山の精」なども収められたバラエティに富んだ朝鮮の民話集。在日朝鮮人二世の作家と画家が心をこめて日本の読者に贈る佳品十六編。

「へらない稲たば」

『さんねん峠―朝鮮のむかしばなし』 李錦玉作，朴民宜画　岩崎書店　1996.7　150p　18cm　（フォア文庫）550円
Ⓘ4-265-06304-7

目次 へらない稲たば, ことばを話すやぎ, 金のふで, 海の水はどうしてからいの, ポンイ

ミととのさま, かいこになったおひめさま, 天に帰らなかった山の精, トルセのきびもち, かわうそとうさぎのちえ, ウサギのさいばん, ケドリのろば, よわむしごうけつ, 牛のお面, 家族なかよしのひみつ, ネギをたべた人, さんねん峠

リーフ, マンロー

《1905～1976》

「はなのすきなうし」

『はなのすきなうし』 マンロー・リーフ著, ロバート・ローソン画, 光吉夏弥訳　岩波書店　2004.7　70p　21cm　（岩波の子どもの本）〈第53刷〉640円　Ⓘ4-00-115111-1

『文学の本だな―愛と勇気・真実と平和の物語　小学編2 低学年』 沢田慶輔編, 鳥越信編　国土社　1963　270p　22cm

リヤーズ, ローラ

「おかの家」

『おかの家』 子どもの文学研究会編, ローラ・リヤーズ等作, 鈴木三重吉等訳　ポプラ社　1972　222p　22cm　（よんでおきたい物語 6）

劉　卿

りゅー・ゆい

「かたつむり」

『ペンギンのさんぽ―動物　2』 新川和江編, かながわていこ絵　太平出版社　1987.12　66p　21cm　（小学生・詩のくにへ 9）1600円

目次 みつばつぶんぶん (小林純一), 蜂と神さま (金子みすゞ), かたつむり (リューユーイ・出沢万紀人訳), ばったのうた (おうちやすゆき), いっぷ にっぷ じゃんぷ (井出隆夫), トノサマガエル (大西貢), へビのうた (室生犀星), へび (川崎洋), ひばり (間所ひさこ), 海雀 (北原白秋), 空とぶにわとり (おうちやすゆき), きつつきとみみずく (野上彰), 雁 (千家元麿), わらべうた 1羽のからす, ノガモのお針箱 (新川和江), こじゅけいの父さん (赤岡江里子), ごろすけホッホー (岩井春彦), ペンギンちゃん (まど・みちお), 虫けら (大関松三郎), アリ (まど・みちお)

ルナール, ジュール

《1864～1910》

「蝶」

『博物誌』 ルナール著, 岸田国士訳　改版　新潮社　2001.6　224p　16cm　（新潮文庫）438円　Ⓘ4-10-206701-9　Ⓝ954.6

『博物誌 田園詩』 ジュール・ルナール著, 佃裕文訳, 柏木隆雄, 住谷裕文編　京都　臨川書店　1994.11　375p　19cm　（ジュール・ルナール全集 5）4635円　Ⓘ4-653-02783-8

内容 真実を見つめた作家、ルナールの日本初の全集。『博物誌』―自然の風物を鮮やかなイメージでスケッチした珠玉の小品集。『田園詩』―家族や村人等、身近な人々に題材を取った作品。どちらも受情溢れる繊細な目で世界を見つめたルナールのエッセンズが凝縮している。

「ヘビ」

『博物誌』 ルナール著, 岸田国士訳　改版　新潮社　2001.6　224p　16cm　（新潮文庫）438円　Ⓘ4-10-206701-9　Ⓝ954.6

『博物誌 田園詩』 ジュール・ルナール著, 佃裕文訳, 柏木隆雄, 住谷裕文編　京都　臨川書店　1994.11　375p　19cm　（ジュール・ルナール全集 5）4635円　Ⓘ4-653-02783-8

内容 真実を見つめた作家、ルナールの日本初の全集。『博物誌』―自然の風物を鮮やかなイメージでスケッチした珠玉の小品集。『田園詩』―家族や村人等、身近な人々に題材を取った作品。どちらも受情溢れる繊細な目で世界を見つめたルナールのエッセンズが凝縮している。

「ミドリカナヘビ」

『博物誌』 ルナール著，岸田国士訳　改版　新潮社　2001.6　224p　16cm　（新潮文庫）　438円　Ⓘ4-10-206701-9　Ⓝ954.6

『博物誌 田園詩』 ジュール・ルナール著，佃裕文訳，柏木隆雄，住谷裕文編　京都　臨川書店　1994.11　375p　19cm　（ジュール・ルナール全集 5）　4635円　Ⓘ4-653-02783-8

内容 真実を見つめた作家、ルナールの日本初の全集。『博物誌』—自然の風物を鮮やかなイメージでスケッチした珠玉の小品集。『田園詩』—家族や村人等、身近な人々に題材を取った作品。どちらも受情溢れる繊細な目で世界を見つめたルナールのエッセンズが凝縮している。

レオニ，レオ

《1910〜1999》

「アレクサンダとぜんまいねずみ」

『アレクサンダとぜんまいねずみ—ともだちをみつけたねずみのはなし』 レオ・レオニ作，谷川俊太郎訳　好学社　2012.10　1冊　52×41cm　（ビッグブック）　9800円　Ⓘ978-4-7690-2026-4

『シャベルでホイ』 国土社　1985.4　125p　22cm　（新・文学の本だな 小学校低学年 2）　1200円　Ⓘ4-337-25204-5

目次 ちょうちょ（のろさかん），アレクサンダとぜんまいねずみ（レオ・レオニ），ピューンの花（平塚武二），なんでもロボット（寺村輝夫），くさいろのマフラー（後藤竜二），三まいのおふだ（日本の昔話），シャベルでホイ（サトウハチロー），はんてんをなくしたヒョウ（ヒューエット），ウーフはおしっこでできてるか??（神沢利子）

「スイミー」

『スイミー—ちいさなかしこいさかなのはなし』 レオ・レオニ作，谷川俊太郎訳　好学社　2010.11　1冊　52×41cm　（ビッグブック）　9800円　Ⓘ978-4-7690-2020-2

内容 小さな黒い魚スイミーは、広い海で仲間と暮らしていました。ところがある日、仲間たちがまぐろに食べられてしまい…。

『くじらぐもからチックタックまで』 石川文子編　武蔵野　フロネーシス桜蔭社，メディアパル〔発売〕　2008.11　222p　19cm　1400円　Ⓘ978-4-89610-746-3

目次 くじらぐも（中川李枝子），チックタック（千葉省三），小さい白いにわとり（（ウクライナの民話）光村図書出版編集部編），おおきなかぶ（内田莉莎子訳,A.トルストイ再話），かさこじぞう（岩崎京子），ハナイッパイになあれ（松谷みよ子），おてがみ（三木卓訳，アーノルド・ローベル原作），スイミー（谷川俊太郎訳，レオ＝レオニ原作），馬頭琴（（モンゴルの民話）君島久子訳），おじさんのかさ（佐野洋子），花とうぐいす（浜田広介），いちごつみ（神沢利子），おかあさんおめでとう（『くまの子ウーフ』より）（神沢利子），きつねのおきゃくさま（あまんきみこ），きつねの子のひろった定期券（松谷みよ子），きつねの窓（安房直子），やまなし（宮澤賢治），最後の授業（桜田佐訳 アルフォンス・ドーデ原作），譲り葉（河井酔茗），雨ニモマケズ（宮澤賢治）

内容 昭和40年から現在までこくごの教科書のおはなしベスト20。「もう一度読みたい」リクエスト作品と、採用頻度の高い作品で作りました。教科書でしか読めなかった名作『くじらぐも』が、初めて教科書から飛び出しました。

『二時間目 国語』 小川義男監修　宝島社　2008.8　219p　16cm　（宝島社文庫）　438円　Ⓘ978-4-7966-6563-6　Ⓝ918.6

目次 朝のリレー（谷川俊太郎著），スーホの白い馬（大塚勇三再話），トロッコ（芥川竜之介著），スイミー（レオ・レオニ作・絵，谷川俊太郎訳），春の歌（草野心平著），注文の多い料理店（宮沢賢治著），かわいそうなぞう（土家由岐雄著），高瀬舟（森鴎外著），永訣の朝（宮沢賢治著），おみやげ（星新一著），レモン哀歌（高村光太郎著），最後の授業（アルフォンス・ドーデ作，松田穣訳），初恋（島崎藤村著），屋根の上のサワン（井伏鱒二著），蠅（横光利一著），野ばら（小川未明著），山月記（中島敦著），汚れつちまつた悲しみに…（中原中也著），ごん狐（新美南吉著），こころ（夏目漱石著），生きる（谷川俊太郎著）

『スイミー—ちいさなかしこいさかなのはなし』 レオ・レオニ作，谷川俊太郎訳　好学社　1994.1（52刷）　1冊　28cm

1456円　Ⓘ4-7690-2001-5

「ニコラス、どこに行ってたの？」

『ニコラスどこにいってたの？』 レオ・レオーニ作，谷川俊太郎訳　あすなろ書房　2009.1　1冊　28×23cm　1500円　Ⓘ978-4-7515-2518-0

内容 せかいいちあまくて、おいしいのいちごをみつけるんだ。みんなにないしょでしゅっぱつした、ニコラスをまっていたのは…。

『ニコラスどこにいってたの？』 レオ・レオニ作・絵，谷川俊太郎訳　佑学社　1988.9　1冊　30cm　1200円　Ⓘ4-8416-0526-6

「フレデリック」

『フレデリック―ちょっとかわったのねずみのはなし』 レオ・レオニ作，谷川俊太郎訳　好学社　2000.4（48刷）1冊　29cm　1456円　Ⓘ4-7690-2002-3

「ぼくのだ！ わたしのよ！」

『ぼくのだ！ わたしのよ！―3びきの けんかずきの かえるの はなし』 レオ・レオニ作，谷川俊太郎訳　好学社　1989.5　1冊　28×23cm　1236円　Ⓘ4-7690-2016-3

任　大霖
れん・たーりん

「チイ兄ちゃん」

『チュイホアねえさん―戦火のなかで子どもたちは…』 日中児童文学美術交流センター編　フレーベル館　1994.4　269p　21cm　1600円　Ⓘ4-577-00844-0

目次 赤ちゃんのおへや（松谷みよ子），露地うらの虹（安藤美紀夫），気をつけ！ バリケン分隊（しかたしん），あるハンノキの話（今西祐行），チイ兄ちゃん（任大霖），たかおちゃん（劉厚明），はるかなる道（李楚城），チュイホアねえさん（楊嘯）

内容 戦争は、兵隊と兵隊とだけがやるものではありません。おとしよりも、お母さんも、子どもも、みんなまきこんでしまうものなのです。〈戦争のとき、日本と中国の子どもたちは、どんなめにあい、どんなふうに生き、どんなことを考え、どんな遊びをしていたのでしょうか。〉日本と中国の、すぐれた16人の作家と画家がえがいた、戦火のなかの8編の物語。

ロフティング，ヒュー
《1886～1947》

「ドリトル先生」

『齋藤孝のイッキによめる！ 音読名作選 小学2年生』 齋藤孝編　講談社　2008.7　127p　21cm　1000円　Ⓘ978-4-06-214825-2

目次 初級編（ルドルフとイッパイアッテナ（斉藤洋），飴だま（新美南吉），ドン・キホーテ（ミゲル・デ・セルバンテス作，安藤美紀夫訳）ほか），中級編（クリスマスキャロル（チャールズ・ディケンズ作，こだまともこ訳），霧のむこうのふしぎな町（柏葉幸子），海底2万マイル（ジュール・ベルヌ作，加藤まさし訳）ほか），上級編（夏の夜の夢（ウィリアム・シェイクスピア作，福田恆存訳），ドリトル先生アフリカゆき（ヒュー・ロフティング作，井伏鱒二訳），巌窟王（アレクサンドル・デュマ作，矢野徹訳）ほか）

内容 名文&名場面を音読して国語力アップ。1日10分でできる。音読で読書力アップ。

『ドリトル先生アフリカゆき』 ヒュー・ロフティング作，井伏鱒二訳　新版　岩波書店　2000.6　252p　18cm　（岩波少年文庫）680円　Ⓘ4-00-114021-7

ローベル，アーノルド
《1933～1987》

「おてがみ」

『くじらぐもからチックタックまで』 石川文子編　武蔵野　フロネーシス桜蔭社，メディアパル〔発売〕　2008.11　222p　19cm　1400円　Ⓘ978-4-89610-746-3

目次 くじらぐも（中川李枝子），チックタック（千葉省三），小さい白いにわとり（（ウクライナの民話）光村図書出版編集部編），おおきなかぶ（内田莉莎子訳,A.トルストイ再話）, かさこじぞう（岩崎京子）, ハナイッパイになあれ（松谷みよ子）, おてがみ（三木卓訳, アーノルド・ローベル原作）, スイミー（谷川俊太郎訳, レオ＝レオニ原作）, 馬頭琴（（モンゴルの民話）君島久子訳）, おじさんのかさ（佐野洋子）, 花とうぐいす（浜田広介）, いちごつみ（神沢利子）, おかあさんおめでとう（『くまの子ウーフ』より）（神沢利子）, きつねのおきゃくさま（あまんきみこ）, きつねの子のひろった定期券（松谷みよ子）, きつねの窓（安房直子）, やまなし（宮澤賢治）, 最後の授業（桜田佐訳 アルフォンス・ドーデ原作）, 譲り葉（河井酔茗）, 雨ニモマケズ（宮澤賢治）

内容 昭和40年から現在までこくごの教科書のおはなしベスト20。「もう一度読みたい」リクエスト作品と、採用頻度の高い作品で作りました。教科書でしか読めなかった名作『くじらぐも』が、初めて教科書から飛び出しました。

『ふたりはともだち』 アーノルド・ローベル作, 三木卓訳　文化出版局　1972　64p　22cm　（ミセスこどもの本）

ロラン, ロマン

《1866～1944》

「農民画家ミレー」

『ロマン・ロラン全集　14　伝記　1』 片山敏彦ほか共訳　みすず書房　1981.5　540p　20cm　3000円　Ⓘ4-622-00734-7　Ⓝ958

目次 ベートーヴェンの生涯（片山敏彦訳）, ミケランジェロの生涯（蛯原徳夫訳）, トルストイの生涯（宮本正清訳）, ミレー（蛯原徳夫訳）, マハトマ・ガンジー（宮本正清訳）, 各章末：文献

ローリングズ, マージョリー

《1896～1953》

「子鹿物語」

『仔鹿物語　上』 マージョリー・キナン・ローリングズ著, 土屋京子訳　光文社　2012.11　420p　15cm　（光文社古典新訳文庫）〈『鹿と少年』改題書〉　895円　Ⓘ978-4-334-75260-6

内容 19世紀後半のフロリダ。人里での摩擦を避け、矮樹林が広がる土地で厳しい開墾生活を送るバクスター一家。ある日、父ペニーがとっさに撃ち殺した雌ジカの傍らに、母を失った仔ジカが立ち尽くしていた。息子ジョディは仔ジカに魅了され育てたいと両親に懇願する…。

『仔鹿物語　下』 マージョリー・キナン・ローリングズ著, 土屋京子訳　光文社　2012.11　433p　15cm　（光文社古典新訳文庫）〈『鹿と少年』改題書〉　914円　Ⓘ978-4-334-75261-3

内容 フラッグと名づけられた仔ジカは、ジョディの無二の親友となった。だが、育ちざかりのフラッグは次第に一家の大事な畑を食い荒らすようになり、父はジョディに厳しい決断を迫る…美しくも苛酷な自然の中で、逞しく生きる人々の姿を力強く描いたアメリカ文学屈指の名作。

『子鹿物語』 ローリングス原作, 小林純一文, 柏村由利子絵　新装再版　世界文化社　2001.7　83p　27×22cm　（世界の名作 11）1200円　Ⓘ4-418-01813-1

『子鹿物語』 ローリングズ原作, 永井萠二訳・文　新装版　ぎょうせい　1995.2　204p　21cm　（少年少女世界名作全集 23）1300円　Ⓘ4-324-04350-7

『子鹿物語』 ローリングス作, 大久保康雄訳　偕成社　1983.11　3冊　19cm　（偕成社文庫）各450円　Ⓘ4-03-651120-3

ワイルダー, ローラ・インガルス

《1867～1957》

「大きな森の小さな家」

『大きな森の小さな家―大草原の小さな家シリーズ』 ローラ・インガルス・ワイルダー作, こだまともこ, 渡辺南都子訳, 丹地陽子絵　講談社　2012.8　214p　18cm　（講談社青い鳥文庫）600円　Ⓘ978-4-06-285302-6

内容 アメリカ北部の大きな森の中、インガ

ルス一家は父さんが建てた小さな家で暮らしはじめました。冬は氷と雪に閉ざされ、時には恐ろしい狼や熊が近づいてくるという厳しい大自然の生活です。でも、ローラや姉さんのメアリーは毎日が楽しくて仕方ない。父さんと母さんの大きな愛にいつも守られていると感じるから。家族が力を合わせて生きていくすばらしさを伝える名作シリーズ。

『大きな森の小さな家』 ローラ・インガルス・ワイルダー作，中村凪子訳，椎名優絵　角川書店，角川グループパブリッシング〔発売〕　2012.1　234p　18cm　（角川つばさ文庫）620円

Ⓘ978-4-04-631187-0

内容 町もなく人もいない、どこまでも続く大きな森に、小さな家が1軒。そこに住む元気いっぱいの少女ローラとその家族は、長い冬を乗りきるための食料あつめで大忙し！ つかまえた豚をさばいたり、パンを焼いたり、チーズやバターにメープルシロップ作りまで。時には恐ろしいクマやパンサーが出ることもあるけれど、ここでは毎日が楽しいキャンプ！ 大自然の中で力強く生きる一家の1年を描いた、世界的な名作。小学中級から。

『大きな森の小さな家』 ローラ・インガルス・ワイルダー作，足沢良子訳，むかいながまさ画　草炎社　2005.7　287p　19cm　（大草原の小さな家 1）1600円

Ⓘ4-88264-182-8

内容 アメリカ19世紀後半、開拓時代をたくましく生きたローラとその家族の物語が、21世紀の現代に、鮮やかに甦る。

『大きな森の小さな家―インガルス一家の物語　1』 ローラ・インガルス・ワイルダー作，恩地三保子訳，ガース・ウィリアムズ画　福音館書店　2002.6　250p　18cm　（福音館文庫）600円

Ⓘ4-8340-1808-3

内容 ウィスコンシン州の「大きな森」の丸太小屋に、ローラと、とうさん、かあさん、姉のメアリイ、妹のキャリーが住んでいます。物語は、冬がくるまえの食料作りからはじまり、ローラ五歳から六歳までの、一年間の森での生活が、好奇心いっぱいのローラの目を通して生き生きとものがたられます。小学校中級以上。

「プラム・クリークの土手で」

『プラム・クリークの土手で―インガルス一家の物語　3』 ローラ・インガルス・ワイルダー著，ガース・ウィリアムズ画，恩地三保子訳　福音館書店　2002.11　210p　18cm　（福音館文庫）750円　Ⓘ4-8340-1814-8

内容 「大草原の小さな家」を出て、長い旅のすえ、インガルス一家はようやく、ミネソタ州のプラム・クリークの土手にできた横穴の家におちつきます。七歳のローラは、姉のメアリイといっしょに、町の小学校へはじめて通うことになり、ローラの世界はすこしずつ外へ向かってひろがっていきます。

ワイルド，オスカー

《1854～1900》

「幸福の王子」

『読解力がグングンのびる！ 齋藤孝のゼッタイこれだけ！ 名作教室 小学3年下巻』 齋藤孝編　朝日新聞出版　2012.4　211p　21cm　952円

Ⓘ978-4-02-331071-1

目次 祭の晩（宮沢賢治），ネギよ来い（藤原正彦），詩のひろば 積った雪（金子みすゞ），耳なし芳一（抜粋）（小泉八雲，保永貞夫訳），馬よ（高峰秀子），言葉の成り立ちを学ぼう 故事成語「井の中の蛙」，大造じいさんとガン（椋鳩十），奇跡の人ヘレン・ケラー自伝（抜粋）（ヘレン・ケラー，小倉慶郎訳），幸福の王子（抜粋）（オスカー・ワイルド，井村君江訳），詩のひろば 朝のリレー（谷川俊太郎），おじいさんのランプ（抜粋）（新美南吉）

内容 ふつうの“10分間読書”では身につかない、本当の「読解力」がつく。古今東西の名作11編を収録。

『幸福の王子』 オスカー・ワイルド原作，原マスミ絵・抄訳　ブロンズ新社　2010.4　1冊　28×23cm　1500円

Ⓘ978-4-89309-487-2

内容 不朽の名作、宝石と黄金を身にまとった幸福の王子像とツバメの感動の物語。

『幸福の王子』 オスカー・ワイルド原作，曽野綾子訳，建石修志画　バジリコ　2006.12　52p　21cm　1000円

①4-86238-036-0

内容 現在だからこそ、多くの人に読んでもらいたい不朽の名作。王子とつばめが紡ぐ愛と自己犠牲の物語。曽野綾子、入魂の新訳でお贈りする決定版。

『日本少国民文庫 世界名作選 2』 山本有三編 新潮社 2003.1 366p 15cm (新潮文庫) 514円 ①4-10-106013-4

目次 シャベルとつるはし(ジョン・ラスキン), 一握りの土(ヘンリー・ヴァン・ダイク), 郵便配達の話(カレル・チャペック), 塀を塗るトム・ソーヤー(マーク・トウェイン), 断章(詩)(ポール・クローデル), スポーツについて、わが子へ(シオドー・ルースヴェルト), 北海の医師(メアリ・パークマン), わが橇犬ブリン(サー・ウィルフレッド・グレンフェル), スガンさんの山羊(アルフォンス・ドーデー), 職業を選ぼうとする人への手紙(トマス・ヘンリ・ハクスリ), 絶望No.1(詩)(エーリヒ・ケストナー), 日本紀行(アン・モロー・リンドバーグ), 幸福の王子(オスカー・ワイルド), 鮪釣り(ビセンテ・ブラスコ・イバーニェス), 一粒の麦(アンドレ・ジイド), 兄への手紙(アントン・チェエーホフ), フェルディナンドおじさん(クリスチャン・エルスター), 花の学校(詩)(ラビンドラナート・タゴール), 蜜蜂マーヤの冒険(ワルデマル・ボンゼルス), 赤ノッポ青ノッポ・年賀状の巻(漫画)

『幸福の王子』 オスカー・ワイルド原作, 小野忠男文, 井上ゆかり絵 国立 にっけん教育出版社, 星雲社〔発売〕 2002.7 61p 24×19cm 1200円 ①4-434-02283-0

内容 本書は、オスカー・ワイルド原作の『幸福の王子』を、教育的な観点から、幼児、小学生にわかりやすく翻訳し、書き直したものである。

渡辺 茂男
わたなべ・しげお
《1928〜2006》

「しょうぼうじどうしゃじぷた」

『しょうぼうじどうしゃじぷた』 渡辺茂男さく, 山本忠敬え 福音館書店 1966.6(77刷:1995.8) 27p 19×27cm (〈こどものとも〉傑作集 22) 680円 ①4-8340-0060-5

渡辺 美知子
わたなべ・みちこ

「かいだん」

『みどりのしずく—自然』 新川和江編, 瀬戸好子絵 太平出版社 1987.7 66p 21cm (小学生・詩のくにへ 5) 1600円

目次 雲(山村暮鳥), 金のストロー(みずかみかずよ), 水たまり(武鹿悦子), 石ころ(まど・みちお), かいだん(渡辺美知子), すいれんのはっぱ(浦かずお), びわ(まど・みちお), かぼちゃのつるが(原田直友), 雑草のうた(鶴岡千代子), ことりのひな(北原白秋), 土(三好達治), きいろいちょうちょう(こわせたまみ), すいっちょ(鈴木敏史), 川(谷川俊太郎), 天(山之口獏), 富士(草野心平), 海(川崎洋), なみは手かな(こわせたまみ), 石(草野心平), 地球は(工藤直子), どうしていつも(まど・みちお)

わたり むつこ
《1939〜》

「ピザ・パイの歌」

『ピザ・パイの歌—作りそだてるものがたり』 日本児童文学者協会編 小峰書店 1986.3 143p 22cm (新選・こどもの文学) 980円 ①4-338-06119-7

作者不詳

「いっすんぼうし」

『ワクワク☆かっこいい 男の子のおはなし冒険島』 山田理加子著 ナツメ社 2012.10.1 152p 26×22cm 1280円 ①978-4-8163-5299-7

目次 ジャックとまめのき, ももたろう, ブレーメンのおんがくたい, アリババと40にんのとうぞく, さるかにかっせん, ガリバーのぼうけん, いっすんぼうし, そんごくう, みみなしほういち, ながぐつをはいたねこ, アラジンとまほうのランプ, ピーターパン

内容 人気作家の絵で読むドキドキの12話。

『いっすんぼうし』 松谷みよ子作，太田大八絵 国立 にっけん教育出版社，星雲社〔発売〕 2008.8 1冊 25×21cm （日本むかしばなし絵本） 1200円
Ⓘ978-4-434-12160-9

内容 むかし、子どものいない、じいさまとばあさまがいてね、子どもがほしい、どうか子どもをさずけてくだされと、かみさまにおねがいしたって。そうしたら、さずかった。さずかったけれど、ゆびにもたらん、ちいさな子がうまれた。いっすんぼうしと名をつけた。昭和十七年に出版された全国昔話記録『磐城昔話集』という資料をもとにした絵本。

『新版 日本のむかし話 1 一寸法師ほか全19編』 坪田譲治著 新版 偕成社 2007.10 192p 19cm （偕成社文庫） 700円 Ⓘ978-4-03-550980-6

目次 ネズミの国，キツネとタヌキ，きき耳ずきん，うりひめこ，コウノトリの恩がえし，ものいうカメ，初夢と鬼の話，田野久と大蛇，本取山，ヒョウタンからでた金七孫七，一寸法師，腰おれスズメ，牛方と山んば，ハチとアリのひろいもの，酒の泉，山の神のうつぼ，竜宮の馬，天狗の衣，サルのおむこさん

内容 語りつがれ愛されてきたむかし話を集大成。指にもたりない子どもが、鬼退治をして出世する「一寸法師」のほか、「牛方と山んば」「きき耳ずきん」「田野久と大蛇」など十九編を収録。総ルビ、豊富なさし絵で楽しく読みやすいシリーズです。小学中級以上向き。

『いっすんぼうし』 関根栄一文，村上豊絵 チャイルド本社 2007.4 32p 23×20cm （みんなでよもう！ 日本の昔話 1） 448円 Ⓘ978-4-8054-2464-3

「海さちひこと山さちひこ」

『日本の神さまたちの物語―はじめての「古事記」』 奥山景布子著，佐嶋真実絵 集英社 2012.12.10 189p 18cm （集英社みらい文庫） 600円
Ⓘ978-4-08-321132-4

目次 伊邪那岐と伊邪那美－すべてのはじまり（国生み、神生み，黄泉の国），天照と須佐之男－姉と弟（乱暴者、須佐之男，天の石屋戸，八俣の大蛇），大国主－“大”きな“国”の“主”になる（稲羽の白ウサギ，根の国へ），天から地へ－天照の子孫たち（国譲り，岩の姫、花の姫，海さち、山さち，のぞかないでください），沙本毘売－兄か、夫か（蛇と涙，悲しい決心），倭武－さまよう英雄（西へ－熊曾征討，東へ－東国征討，最後の戦い）

内容 今から1300年前にまとめられた、日本最古の歴史書「古事記」。本書ではその中から、有名エピソードを厳選して紹介します。「天の石屋戸」「八俣の大蛇」「稲羽の白ウサギ」など、個性的でおもしろい神々の物語から、伝説の英雄・倭建の活躍まで。わかりやすい言葉で書かれたお話と、丁寧な解説で、おどろくほど楽しく読める、小・中学生のための「はじめての古事記」決定版です。小学中級から。

『アジアむかしばなし A-3 まほうのランプ ほか6編』 日本ブックエース，日本図書センター〔発売〕 2010.11.25 96p 27×22cm 2800円
Ⓘ978-4-284-80130-0

目次 まほうのランプ・西南アジア（土家由岐雄），りこうな小ジカ・マレーシア（平野ますみ），つりがねどろぼう・中国（松山晴彦），おひめさまのかんむり・インド（花岡大学），海さち山さち・日本（柴野民三），王さまの耳はロバの耳・朝鮮（久保喬），おともが三人・中国－“そんごくう”より（鈴木徹郎）

『日本の神話』 平山忠義著 町田 玉川大学出版部 2003.9.10 119p 21cm （玉川学園こどもの本） 1400円
Ⓘ4-472-90503-5

目次 日本のはじめ，天の岩屋，八またのおろち，いなばの白うさぎ，国ゆずり，海さちひこ、山さちひこ，金のとび

内容 日本と日本人のなりたちを、わかりやすく述べました。天の岩屋、八またのおろち、いなばの白うさぎなど、かつて日本人の情操を養った物語を、読み聞かせにも適したやさしいことばでつづります。世界にはばたく日本の子どもたちに、ぜひ読んでおいてほしい一冊です。

『海さちひこ山さちひこ』 たかしよいち作，若菜珪絵 あすなろ書房 1987.3.5 74p 21cm （おはなし なぞとき 日本の神話 7） 900円 Ⓘ4-7515-1407-5

目次 おばあちゃんもびっくり，海さちひこ山さちひこ，隼人のふるさと

内容「海さちひこと、山さちひこは、せっかくのきょうだいなのに、けんかするなんてばかだねえ。弟の山さちひこが釣針をなくし

たとき、ゆるしてあげりゃよかったのに…。」

「うらしまたろう」

『斉藤洋の日本むかし話―ふしぎな国の巻』 斉藤洋文，小中大地絵 ひさかたチャイルド 2012.9 160p 21cm 1400円 Ⓘ978-4-89325-965-3

目次 ねずみ浄土, 風の兄弟, うぐいす御殿, 浦島太郎

内容 知らない場所にいって帰った4つのふしぎなお話のはじまり、はじまり－祖父からきいたむかし話を、斉藤洋が子どもたちに語る。

『よみきかせおはなし集ベストチョイス 日本のおはなし』 西本鶏介編・著 ポプラ社 2011.11 248p 25×21cm 1600円 Ⓘ978-4-591-12648-6

目次 かぐやひめ, さるとかに, 三まいのおふだ, ももたろう, かさじぞう, うりこひめとあまんじゃく, 金太郎, 花咲かじじい, かもとりごんべえ, くらげのおつかい, きき耳ずきん, かちかち山, おむすびころりん, 浦島太郎, こんな顔とちがいますか, 日本一のへっこきよめさん, ぶんぶく茶がま, 見るなのざしき, 子そだてゆうれい, ねずみのすもう, つるのおんがえ, 一休さん, わらしべ長者, 力太郎, 牛若丸と弁慶, 大工さんと鬼六, ねずみのよめいり, おぶさりてぇー, したきりすずめ, 福の神とびんぼう神

内容 よみきかせで、親子のあたたかな時間を。子どもの時に出会っておきたいおはなしが、すべて入っています。

『浦島太郎』 小澤俊夫監修，小澤昔ばなし大学再話研究会再話，唐仁原教久絵 小峰書店 2011.2.22 211p 19cm （語りつぎたい日本の昔話 2）1500円 Ⓘ978-4-338-25802-9

目次 浦島太郎, 笹舟の子, 天竺女房の鬼退治, こぶとりじいさん, 扇子女房, 金でこ八郎, 運の良いにわか侍, 弥七の話, くさった風, 河童の文使い〔ほか〕

『うらしまたろう』 木島始文，スズキコージ絵 復刊 ブッキング 2008.5 1冊 21×19cm 1500円 Ⓘ978-4-8354-4388-1

『うらしまたろう』 おざわとしお，まみやふみこ再話，あべはじめ編 くもん出版 2006.11 1冊 15×19cm （子どもとよむ日本の昔ばなし 24）450円 Ⓘ4-7743-1198-7

「大きなかぶ（ロシアの話）」

『子どもと大人のための童話集 1 ウシンスキーの「母語読本」』 コンスタンチン・ドミトリエヴィチ・ウシンスキー著，柴田義松訳，麻生信子翻訳協力 新読書社 2009.3.24 115p 19cm 〈原書名：РОДНОЕ СЛОВО 〈К.Д.Ушинский〉〉 1500円 Ⓘ978-4-7880-0053-7

目次 おもちゃのにわとり, 兄と妹, 子どものめがね, もののおきばしょ, 強いものが正しいの？ ,水, 犬のビーシカ, ねこのワーシカ, 四つのねがい, 大きなかぶ, おじいさんとおおかみ, 子やぎとおおかみ, きのこたちの戦争, 小さなボール・パン, 熊の足, まちなさい, つるとあおさぎ, みつばちの偵察, くつねとつる, 百姓と熊, もん白ちょう, いちごとチューリップ, 春をまつ, わしとねこ, さる, からすとえび, かえると牛, ひでり, 植物の栄養, 立ち木のけんか, はえ, 秋のきざし

内容 これらの童話は、百年以上も前に、そう、あなたのお父さんやお母さんどころか、おじいさんやおばあさんのそのお父さん・お母さんが生まれる前に書かれたものです。けれども、この本の詩や童話を通して、みなさんは、自然ってどんなに豊かですばらしいものかということについて科学的で、しかもわかりやすい説明を、たくさん学ぶことができるでしょう。小学校低中学年生向き。

『わらいばなし』 寺村輝夫著，ヒサクニヒコ画 あかね書房 2007.3 111p 22cm （寺村輝夫のむかし話）〈注記：第98刷〉 951円 Ⓘ4-251-06015-6

目次 かさやのかさうり, ねこの名まえ, ほりもののねずみ, まめを二つぶずつ, さかさのかいだん, やどやのめじるし, 京のかえる, かしわもち, へびになれ, 大きなかぶ, おかねをひろう, くさかった, 火のこもやらん, きものをぬげ, なくなったおやじ, すいかのち, おはつけるな, 平林, ふるかね, だいこんのしっぽ, しろなすのおや, ねずみとり, ころがるいも, はとがきいてる, ばかのひとつおぼえ, たくわんぶろ, そこぬけのつぼ, からすかきの木, あわてむこどん, 山は火事, あいずのひも, おてんとうさま, 小ばんにしょうべん, しりをおさえろ, とおめがね, ながあいわらじ, けちのかなづち, まんじゅう, てうちとはんごろし, 耳のとおいばあさま, きなこのへ

『ロシアの昔話』 アレクサンドル・H.アファナーシエフ再話，内田莉莎子編・訳，タチヤーナ・マブリナ画　福音館書店　2002.6　414p　18cm　（福音館文庫）950円　Ⓘ4-8340-1807-5

目次 魔法の馬，つるとあおさぎ，うさぎのなみだ，まぬけなおおかみ，ババヤガーの白い鳥，かえるの王女，マーシャとくま，空をとぶ船，小鳥のことば，かますのいいつけ，白いかも，イワン王子とはいいろおおかみ，おおきなかぶ，雪むすめ，動物たちの冬ごもり，ねことキつね，魔法の指輪，おんどりとまめ，金のとさかのおんどりと魔法のひきうす，金の魚，魔女と太陽の妹，はいいろおでことやぎとひつじ，魔法のシャツ，銅の国、銀の国、金の国，おおかみと子やぎたち，海のマリア姫，ねことおんどり，海の王とかしこいワシリーサ，牛の子イワン，うそつきやぎ，魔法をかけられた王女，ふたりのイワン，どこかしらんが、そこへ行け、なにかしらんが、それをもってこい！

内容 「魔法の馬」から「マーシャとくま」や「おおきなかぶ」まで、全三十三編。個性あふれる動物が活躍するお話、素朴で単純なお話、ふしぎな魔法にみちたお話…。どのお話にも、ロシアの人々の豊かな知恵や勇気やユーモアがいっぱい。世界的な絵本画家マブリナの挿絵が魅力的です。小学校中級以上。

『おおきなかぶ』 A.トルストイ再話，内田莉莎子訳，佐藤忠良画　福音館書店　1998.3　1冊　36×50cm　（こどものとも劇場）8000円　Ⓘ4-8340-1478-9

「おむすびころりん」

『おんなのこはじめてのめいさくえほん―ゆめいっぱいみんなだいすき』 ささきあり著　西東社　2012.12.10　215p　24×19cm　1600円　Ⓘ978-4-7916-2059-3

目次 おおかみと7ひきのこやぎ,3びきのこぶた，おむすびころりん，おおきなかぶ，はなさかじいさん，みにくいあひるのこ，ブレーメンのおんがくたい，うさぎとかめ，きたかぜとたいよう，よくばりないぬ,3びきのやぎ,3びきのくま，おいしいおかゆ，にげだしたパンケーキ，きんのおの、ぎんのおの，ありときりぎりす，つるのおんがえし，かさじぞう，ほしのぎんか，すずのへいたい，こびととくつや，きんのがちょう，まめのうえにねたおひめさま，かえるのおうじさま，はだかのおうさま

内容 子どもは絵本が大好きです。ゆかいでふしぎなストーリー、チャーミングな登場人物－。おうちの方のあたたかな語りとかわいい絵にひきこまれて、心ときめく物語の世界へ。

『よみきかせおはなし集ベストチョイス日本のおはなし』 西本鶏介編・著　ポプラ社　2011.11　248p　25×21cm　1600円　Ⓘ978-4-591-12648-6

目次 かぐやひめ，さるとかに，三まいのおふだ，ももたろう，かさじぞう，うりこひめとあまんじゃく，金太郎，花咲かじじい，かもとりごんべえ，くらげのおつかい，きき耳ずきん，かちかち山，おむすびころりん，浦島太郎，こんな顔とちがいますか，日本一のへっこきよめさん，ぶんぶく茶がま，見るなのざしき，子そだてゆうれい，ねずみのすもう，つるのおんがえ，一休さん，わらしべ長者，力太郎，牛若丸と弁慶，大工さんと鬼六，ねずみのよめいり，おぶさりてぇー，したきりすずめ，福の神とびんぼう神

内容 よみきかせで、親子のあたたかな時間を。子どもの時に出会っておきたいおはなしが、すべて入っています。

『おむすびころりん』 わらべきみか絵　ひさかたチャイルド　2007.12　27p　20×20cm　（はじめてめいさく）950円　Ⓘ978-4-89325-022-3

『おむすびころりん』 いもとようこ文・絵　金の星社　2007.12　1冊　29×23cm　1300円　Ⓘ978-4-323-03711-0

内容 だれもがしっている『おむすびころりん』のおはなし。おむすびころりんすっとんとん、おじいさんころりんすっとんとーん―たのしいこのうたは、おむすびをたべるたびにおもいだすでしょう。

「かぐや姫」

『おんなのこのめいさくえほん―ゆめいっぱいみんなプリンセス』 ささきあり著　西東社　2012.5.15　215p　24×19cm　1600円　Ⓘ978-4-7916-1966-5

目次 しらゆきひめ－グリム童話，シンデレラ－ペロー童話，にんぎょひめ－アンデルセン童話，おやゆびひめ－アンデルセン童話，ヘンゼルとグレーテル－グリム童話，あかずきん－グリム童話，ねむれるもりのびじょ－グリム童話，マッチうりのしょうじょ－アンデルセン童話，かぐやひめ－日本の昔話，ねずみのよめいり－日本の昔話〔ほか〕

内容 子どもは絵本が大好きです。キラキラすてきなプリンセス、ドキドキわくわくふしぎな国－。おうちの方のあたたかな語りとかわいい絵にひきこまれて、心ときめく物語の世界へ。

『よみきかせおはなし集ベストチョイス 日本のおはなし』 西本鶏介編・著 ポプラ社 2011.11 248p 25×21cm 1600円 Ⓘ978-4-591-12648-6

目次 かぐやひめ, さるとかに, 三まいのおふだ, ももたろう, かさじぞう, うりこひめとあまんじゃく, 金太郎, 花咲かじじい, かもとりごんべえ, くらげのおつかい, きき耳ずきん, かちかち山, おむすびころりん, 浦島太郎, こんな顔とちがいますか, 日本一のへっこきよめさん, ぶんぶく茶がま, 見るなのざしき, 子そだてゆうれい, ねずみのすもう, つるのおんがえ, 一休さん, わらしべ長者, 力太郎, 牛若丸と弁慶, 大工さんと鬼六, ねずみのよめいり, おぶさりてぇー, したきりすずめ, 福の神とびんぼう神

内容 よみきかせで、親子のあたたかな時間を。子どもの時に出会っておきたいおはなしが、すべて入っています。

『かぐやひめ』 いもとようこ文・絵 金の星社 2008.8 1冊 29×23cm （いもとようこの日本むかしばなし） 1300円 Ⓘ978-4-323-03716-5

内容 おじいさんが竹ばやしでみつけた、ひかりかがやく竹。ふしぎにおもってその竹を切ってみると、なかには小さな女の子がちょこんとすわっていました―。日本で最初にうまれたお話。

『日本昔ばなし絵本』 主婦と生活社編 主婦と生活社 2007.7 74p 26×21cm （3歳から親子で楽しむ本） 1200円 Ⓘ978-4-391-13450-6

目次 ももたろう, さるかにかっせん, おむすびころりん, いっすんぼうし, ねずみのよめ入り, つるのおんがえし, 花さかじいさん, かちかち山, かぐやひめ, かさじぞう

内容 日本の昔話から『ももたろう』など10作品を収録。

『かぐや姫』 中村和子文, 加藤道子絵 勉誠社 1996.5 113p 21cm （親子で楽しむ歴史と古典 2） 1236円 Ⓘ4-585-09003-7

内容 知と創造の宝庫へご招待。祖先たちのひたむきな生きざま、古典を楽しく味わい、歴史の事実を正確に知る。

「かさじぞう」

『よみきかせおはなし集ベストチョイス 日本のおはなし』 西本鶏介編・著 ポプラ社 2011.11 248p 25×21cm 1600円 Ⓘ978-4-591-12648-6

目次 かぐやひめ, さるとかに, 三まいのおふだ, ももたろう, かさじぞう, うりこひめとあまんじゃく, 金太郎, 花咲かじじい, かもとりごんべえ, くらげのおつかい, きき耳ずきん, かちかち山, おむすびころりん, 浦島太郎, こんな顔とちがいますか, 日本一のへっこきよめさん, ぶんぶく茶がま, 見るなのざしき, 子そだてゆうれい, ねずみのすもう, つるのおんがえ, 一休さん, わらしべ長者, 力太郎, 牛若丸と弁慶, 大工さんと鬼六, ねずみのよめいり, おぶさりてぇー, したきりすずめ, 福の神とびんぼう神

内容 よみきかせで、親子のあたたかな時間を。子どもの時に出会っておきたいおはなしが、すべて入っています。

『日本昔ばなし絵本』 主婦と生活社編 主婦と生活社 2007.7 74p 26×21cm （3歳から親子で楽しむ本） 1200円 Ⓘ978-4-391-13450-6

目次 ももたろう, さるかにかっせん, おむすびころりん, いっすんぼうし, ねずみのよめ入り, つるのおんがえし, 花さかじいさん, かちかち山, かぐやひめ, かさじぞう

内容 日本の昔話から『ももたろう』など10作品を収録。

『かさじぞう』 松谷みよ子作, 黒井健絵 童心社 2006.12 1冊 26cm （松谷みよ子むかしむかし） 1100円 Ⓘ4-494-00246-1

内容 「かさじぞう」のお話は、子育ての難しかった時代の、辛い思いを抱えて生きている、じいとばあのお話でした。寒かろ、と笠をかぶせる地蔵は、死んだ我が子の姿だったのでしょう。

「かもとりごんべえ」

『よみきかせおはなし集ベストチョイス 日本のおはなし』 西本鶏介編・著 ポプラ社 2011.11 248p 25×21cm 1600円 Ⓘ978-4-591-12648-6

目次 かぐやひめ, さるとかに, 三まいのおふだ, ももたろう, かさじぞう, うりこひめとあ

まんじゃく, 金太郎, 花咲かじじい, かもとりごんべえ, くらげのおつかい, きき耳ずきん, かちかち山, おむすびころりん, 浦島太郎, こんな顔とちがいますか, 日本一のへっこきよめさん, ぶんぶく茶がま, 見るなのざしき, 子そだてゆうれい, ねずみのすもう, つるのおんがえ, 一休さん, わらしべ長者, 力太郎, 牛若丸と弁慶, 大工さんと鬼六, ねずみのよめいり, おぶさりてぇー, したきりすずめ, 福の神とびんぼう神

内容 よみきかせで、親子のあたたかな時間を。子どもの時に出会っておきたいおはなしが、すべて入っています。

『かもとりごんべえ』 いもとようこ文・絵　金の星社　2008.5　1冊　29×23cm（いもとようこの日本むかしばなし）1300円　Ⓘ978-4-323-03715-8

内容「一度にたくさんのかもをつかまえたい」とおもったかもとりごんべえさん。ちえをしぼってかんがえました。さあ、ごんべえさんのかんがえた方法でうまくいくのでしょうか…。なんともゆかいなごんべえさんをおたのしみください。

『かもとりごんべえ』 鈴木悦夫文，太田大八絵　第2版　チャイルド本社　2007.2　32p　23×20cm（みんなでよもう！ 日本の昔話 11）448円　Ⓘ978-4-8054-2398-1

『かもとりごんべえ』 大石真文，長新太絵　改訂版　偕成社　2004.1　102p　21cm（日本むかし話 12）800円　Ⓘ4-03-449320-8

目次 かもとりごんべえ, 天にのぼったげんごろう

内容 いちどに百ぱのかもをつかまえようとわなをしかけたよくばりごんべえは、はんたいに百ぱのかもに、空へひきあげられてしまいます。ごんべえのおもみで、わなのつながきれたから、さあたいへん！ ごんべえは、まっさかさまにおちていきます（『かもとりごんべえ』）。げんごろうが、町でかったなすのなえは、ぐんぐんそだって、天までとどく木になりました。たなばたの日に、げんごろうがのぼっていくと、くものうえには、ごてんがあって、白いひげのおじいさんや、うつくしいむすめたちが、すばらしいごちそうをしてくれましたが…（『天にのぼったげんごろう』）。小学校1・2・3年以上。

「菊の精」

『聊斎志異』 蒲松齢著，立間祥介編訳　新版　岩波書店　2000.6.16　282p　18cm（岩波少年文庫）680円　Ⓘ4-00-114507-3

目次 道士と梨の木, コオロギと少年, 義理固い亡者, 桃ぬすびと, 耳の中の小人, 仙術修行, 宿屋の怪, 九官鳥, 狐の嫁入り, 菊の姉弟, 犬神, 亡者の金もうけ, 呉王廟のカラス軍団, 古戦場の化け物, 化けの皮, 小さな狆犬, 飲み仲間, 雲が湧く石, ネズミの友情, 首のすげかえ, 緑衣の人, 大地震, 兄と弟, 冥土の試験, 酒の精, かわいい幽鬼たち, 水を噴く妖婆, 生き返った美女, 人食い虎の罪滅ぼし, 幽鬼の村, 鬼の国と竜宮城

内容 こおろぎになった少年、菊の精の姉弟、豆つぶのように小さい犬、美女に化けた狐、なぞの仙人－伝説をもとに、人間と幽霊・妖精・動物たちのふしぎな交流をえがいた中国清時代の短編集。中学以上。

『死霊の恋』 蒲松齢作，新谷雅樹文，三五康治絵　ポプラ社　1987.1　174p　18cm（ポプラ社文庫 54―怪奇・推理シリーズ）420円　Ⓘ4-591-02421-0

目次 死霊の恋, 化けの皮, おいかけてくる死体, 王六郎, 菊の精

内容 本書は、蒲松齢の世界的に有名な怪異短篇小説集「聊斎志異」から代表的な作品を選んだものである。

「こぶとり」

『読んであげたいおはなし―松谷みよ子の民話』 松谷みよ子著　筑摩書房　2011.11　297p　15cm（ちくま文庫）840円　Ⓘ978-4-480-42892-9

目次 風の兄にゃ, 流されてきたオオカミ, 月の夜ざらし, 山男の手ぶくろ, 食べられた山んば, あずきとぎのお化け, しょっぱいじいさま, 山んばの錦, 米福粟福, 狐の嫁とり, こぶとり, ばあさまと踊る娘たち, ばけもの寺, 蛇の嫁さん, 鬼六と庄屋どん, 山の神と乙姫さん, うたうされこうべ, なら梨とり, 三人兄弟, 三味線をひく化けもの, 天にがんがん 地にどうどう, しっぺい太郎, じいよ、じいよ, 魔物退治, 猿蟹, とっくりじさ, 狐と坊さま, 化けくらべ, 舌切り雀, 鐘つき鳥, 打ち出の小槌, 女房の首, かんすにばけたたぬき, とうきちとむじな, 牛方と山んば, 一つ目一本足の山んじい, 雪女, 灰坊の嫁とり, 三味線の木, 座頭の木, 貧乏神と福の神, 貧乏神, 大みそか

の嫁のたのみ, ねずみ にわとり ねこ いたち, その夢、買った, 正月二日の初夢, ピピンピヨドリ, 雪おなご, セツブーン

内容 くり返し、何度でも、楽しめるはなしばかり。選びぬかれた100篇。見事な語りの松谷民話決定版。下巻には秋と冬のはなしを収録。

『浦島太郎』 小澤俊夫監修, 小澤昔ばなし大学再話研究会再話, 唐仁原教久絵 小峰書店 2011.2.22 211p 19cm (語りつぎたい日本の昔話 2) 1500円 ①978-4-338-25802-9

目次 浦島太郎, 笹舟の子, 天竺女房の鬼退治, こぶとりじいさん, 扇子女房, 金でこ八郎, 運の良いにわか侍, 弥七の話, くさった風, 河童の文使い〔ほか〕

『こぶとり』 松谷みよ子作, 村上康成絵 童心社 2006.12 1冊 26cm (松谷みよ子むかしむかし) 1100円 ①4-494-00249-6

内容 真夜中の山の中、踊る天狗たち。面白くてつい仲間に入って踊り出す楽天的な爺。おろおろと泣き虫の隣の爺。その対比に人生がくっきりと浮かび上がります。

『こぶとりじい』 おざわとしお, きくちあやこ文, くまだいさむ絵 くもん出版 2005.11 1冊 15×19cm (子どもとよむ日本の昔ばなし 7) 450円 ①4-7743-1097-2

内容 酒もりでおじいさんがいっしょにおどると、ばけものたちは大喜び。ほっぺのこぶが大切なものだと思い、ばけものたちは今夜も来てほしいといって、こぶをとってしまいました。語りやすく耳で聞いて覚えやすい昔話絵本。

「したきりすずめ」

『読んであげたいおはなし―松谷みよ子の民話』 松谷みよ子著 筑摩書房 2011.11 297p 15cm (ちくま文庫) 840円 ①978-4-480-42892-9

目次 風の兄にゃ, 流されてきたオオカミ, 月の夜ざらし, 山男の手ぶくろ, 食べられた山んば, あずきとぎのお化け, しょっぱいじいさま, 山んばの錦, 米福粟福, 狐の嫁とり, こぶとり, ばあさまと踊る娘たち, ばけもの寺, 蛇の嫁さん, 鬼六と庄屋どん, 山の神と乙姫さん, うたうされこうべ, なら梨とり, 三人兄弟, 三味線をひく化けもの, 天にがんがん 地にどうどう, しっぺい太郎, じいよ、じいよ, 魔物退治, 猿蟹, とっくりじさ, 狐と坊さま, 化けくらべ, 舌切り雀, 鐘つき鳥, 打ち出の小槌, 女房の首, かんすにばけたたぬき, とうきちとむじな, 牛方と山んば, 一つ目一本足の山んじい, 雪女, 灰坊の嫁とり, 三味線の木, 座頭の木, 貧乏神と福の神, 貧乏神, 大みそかの嫁のたのみ, ねずみ にわとり ねこ いたち, その夢、買った, 正月二日の初夢, ピピンピヨドリ, 雪おなご, セツブーン

内容 くり返し、何度でも、楽しめるはなしばかり。選びぬかれた100篇。見事な語りの松谷民話決定版。下巻には秋と冬のはなしを収録。

『よみきかせおはなし集ベストチョイス 日本のおはなし』 西本鶏介編・著 ポプラ社 2011.11 248p 25×21cm 1600円 ①978-4-591-12648-6

目次 かぐやひめ, さるとかに, 三まいのおふだ, ももたろう, かさじぞう, うりこひめとあまんじゃく, 金太郎, 花咲かじじい, かもとりごんべえ, くらげのおつかい, きき耳ずきん, かちかち山, おむすびころりん, 浦島太郎, こんな顔とちがいますか, 日本一のへっこきよめさん, ぶんぶく茶がま, 見るなのざしき, 子そだてゆうれい, ねずみのすもう, つるのおんがえ, 一休さん, わらしべ長者, 力太郎, 牛若丸と弁慶, 大工さんと鬼六, ねずみのよめいり, おぶさりてぇー, したきりすずめ, 福の神とびんぼう神

内容 よみきかせで、親子のあたたかな時間を。子どもの時に出会っておきたいおはなしが、すべて入っています。

『したきりすずめ』 松谷みよ子作, 片山健絵 童心社 2006.12 1冊 26cm (松谷みよ子むかしむかし) 1100円 ①4-494-00248-8

内容 雀をかわいがるじいさま。ふん、と横をむくばあさま。じいさまの愛の深さと、ばあさまの欲の深さを昔話はりくつをいわず、繰り返しというかたちで鮮やかに伝えます。

『したきりすずめ』 おざわとしお, おのよしこ文, たいらきょうこ絵 くもん出版 2005.11 1冊 15×19cm (子どもとよむ日本の昔ばなし 6) 450円 ①4-7743-1096-4

内容 舌を切られたすずめを探しにいったおじいさんが、すずめの家でもらったつづらを開けると大判小判がどっさり。今度は欲の深いおばあさんがもらいにき、つづらを

開けると……！

「ジャックとまめの木」

『ジャックと豆の木―イギリスの昔話』 ジョン・シェリー再話・絵，おびかゆうこ訳　福音館書店　2012.9.10　44p　30×23cm〈原書名：JACK AND THE BEANSTALK：An English Folktale〈John Shelley〉〉1400円
Ⓘ978-4-8340-2741-9

『ラング世界童話全集　11　さくらいろの童話集』 アンドリュー・ラング編著，川端康成，野上彰編訳　改訂版　偕成社　2009.4　301p　19cm　（偕成社文庫）　800円　Ⓘ978-4-03-551160-1

目次 赤ずきんはほんとうはどうなったか（フランス），白い国の三人の王女，ふしぎなかばの木（ロシア），ジャックと豆の木（イギリス），七ひきの子馬（北ヨーロッパ），呪いをかけられたぶた（ルーマニア），いらくさむすめ（ベルギー），まだらの馬（北ヨーロッパ），ミニキン，ファーマー・ウェザーバード（北ヨーロッパ），グラシオーサとパーシネット（フランス），ジーグルド（北ヨーロッパ）

内容 アンドリュー・ラングがあつめた世界の妖精物語を定評ある名訳でおくります。『さくらいろの童話集』には「ジャックと豆の木」イギリス「呪いをかけられたぶた」ルーマニア「いらくさむすめ」ベルギー「ミニキン」など全12編がおさめられています。

『ジャックとまめの木』 森山京文，村上勉絵　小学館　2007.5　1冊　27×22cm　（世界名作おはなし絵本）　1000円
Ⓘ978-4-09-726234-3

内容 ある日、牛と引きかえに、ふしぎなまめを手に入れたジャック。庭にまかれたまめからは、次の日、つるがぐんぐんのびていました。空までつづく、そのまめの木をのぼってみると、そこには宝物をもった、おそろしい大男がいて…。

『ジャックとまめの木』 片山健絵，神宮輝夫文　講談社　2000.3　32p　27×22cm　（えほん世界のおはなし　6）　1200円　Ⓘ4-06-267056-9

内容 「ジャックとまめの木」は、不思議がいっぱいです。牝牛と交換した豆から一夜にして天までとどく豆の木が育つこと、その木を登ると天上に別の国があって、そこには巨人が住んでいること、そしてその巨人が魔力のある宝を持っていることなど、読む者聞く者にとって驚きの連続です。それに加えて、はらはらどきどきするジャックの冒険―ほんとうによくできた物語で、これがイギリスの昔話の代表作の一つといわれるのもよくわかります。

「白い馬（モンゴルの話）」

『スーフと白い馬―モンゴル民話より』 いもとようこ文絵　金の星社　2012.4　1冊　29×29cm　1500円
Ⓘ978-4-323-07244-9

内容 きょうだいのいないスーフが、まるでいもうとかおとうとのようにかわいがり、せわをし、たいせつにそだてたしろいうま。しかし、やくそくをたがえたおうさまによって、スーフはきずつけられ、しろいうまはいのちをうばわれてしまいます。かなしみにくれるスーフのゆめのなかで、しろいうまはじぶんのからだでがっきをつくってほしいとねがうのでした。－モンゴルの楽器・馬頭琴が馬の形をしているのにはこんな哀しい話があるのです。40年以上愛されている哀しく美しいモンゴル民話、いもとようこ流に魂をこめて贈る物語。

『アジアむかしばなし　A‐4　おっかないたび ほか5編』 日本ブックエース，日本図書センター〔発売〕　2010.11.25　96p　27×22cm　2800円
Ⓘ978-4-284-80131-7

目次 おっかないたび・中国－“そんごくう”より（鈴木徹郎），トッカピと少年・朝鮮（平野ますみ），青い山犬・インド（小口ミツコ），こまったトルコぐつ・西南アジア（土家由岐雄），こぶとりじいさん・日本（松山晴彦），モンゴルの白い馬・モンゴル（槇皓志）

『モンゴルの白い馬』 原子修作，たかたのりこ絵，平倫子英訳，バヨード・フホムチルモンゴル語・中国語訳　札幌　柏艪舎，星雲社〔発売〕　2006.7.15　80p　22×31cm〈注記：本文：日本語・英語・モンゴル語・中国語〉2200円
Ⓘ4-434-07307-9

『子どもに語るモンゴルの昔話』 蓮見治雄訳・再話，平田美恵子再話　こぐま社　2004.11　190p　18×14cm　1600円
Ⓘ4-7721-9041-4

目次 ツバメとアブ，石になった狩人，マンガスと七人のじいさん，ラクダとネズミの争い，

ネズミのむこさがし, かしこい嫁, 北斗七星の話, だれがいちばん兄さんか, 狩人と花の精, 一万歳生きた男, 赤ギツネの恩返し, みなしごの白いラクダ, あし毛馬に乗ったヤガンドラン, ばかなオオカミ, 草原の白い馬

内容 ゲルに住み、馬や羊と共に暮らす遊牧民。深い山に入って獲物を追いかける狩人。家畜や野生動物との深いかかわりの中から生れてきた昔話には、人と動物のあたたかい心の交流や、知恵と勇気で困難を乗り越える人びとの姿が描かれています。馬頭琴の由来話「草原の白い馬」を含め、全15話を収録。語ることを意識した訳文で、読みやすく、聞いてわかりやすい。読んであげるなら4、5歳から。自分で読むなら小学中学年以上。

「赤十字の父―アンリー＝デュナン」

『光村ライブラリー　第17巻　「わたし」とはだれか ほか』 樺島忠夫, 宮地裕, 渡辺実監修, 亀井勝一郎ほか著, 手塚治虫ほか画　光村図書出版　2004.4　89p　21cm〈3刷〉1000円　①4-89528-115-9

目次 もう一度考える（亀井勝一郎）, 映像を見る目（山田太一）, アニメーションとわたし（手塚治虫）, ねむりについて（宮城音弥）, 「わたし」とはだれか（河合隼雄）, マカルーの旗（松尾伸）, 赤十字の創立者―アンリー＝デュナン（「国語」編集委員会編）

「だいくとおにろく」

『岩手 岩手のむがしッコ』 野村純一監修, 加藤ゆりいか編　星の環会　2006.6.10　199p　21cm　（ふるさとお話の旅）1300円　①4-89294-438-6

目次 遠野・細越さんの昔話（上の爺と下の爺の（ど）ッコかげ, 地獄極楽見できた婆さま ほか）, 今に語りつぐ遠野のお話（語り・細越雅子さん）,（遠野三山, おしらさま ほか）, 盛岡・小野寺さんの昔話と伝説（ソバの根の赤いわけ, 大工と鬼六 ほか）, 西和賀・加藤さんの昔話と北上の伝説（山々のへっぴり爺さ, 三枚の木札ッコ ほか）, 平泉・千葉さんの昔話（猿むこ, 漆ぬり婆んば）

内容 現代の語り手たちによるむかしむかしにようこそ。

『だいくとおにろく』 三田村信行文, 北田卓史絵　改訂版　偕成社　2003.12　106p　21cm　（日本むかし話 10）800円　①4-03-449300-3

目次 だいくとおにろく, くわずにょうぼう

内容 となり村から、川にはしをかけてほしいとたのまれて、きやすくひきうけたうでじまんのだいく。ながれのはやさをみて、とてもむりだとこまっていると、おにがでてきてかわりにかけてくれるというのです。ところがそのひきかえに、とんでもないやくそくをさせられてしまいました…（『だいくとおにろく』）。しごとねっしんで、うでのいいおけやがいました。この男はとてもけちんぼうで、およめさんにはごはんをたべないはたらきものがよいというのです。あるばん、きれいなむすめさんがたずねてきて、おけやのおよめさんになりました。よくはたらくし、ごはんもたべない、のぞみどおりのひとだったのですが…（『くわずにょうぼう』）。小学1・2・3年以上。

『だいくとおにろく―日本昔話より』 今西祐行文, 和歌山静子絵　フレーベル館　2002.9　27p　24×24cm　（日本むかしばなしライブラリー 9）676円

『日本のむかし話 二年生』 千世繭子編著　偕成社　2001.3　166p　21cm　（学年別・新おはなし文庫）780円　①4-03-923150-3

目次 かさじぞう, 竜宮のはなたれさま, 一寸法師, 十二支のはじまり, きき耳ずきん, 大工とおに六, ぶんぶく茶がま, くらげほねなし, 力太郎, へっこきよめ, 花さかじいさま, カチカチ山, 水の種, 馬のくそだんご

内容 長い年月をかけて語りつがれ、人びとにしたしまれてきたむかし話。日本の各地につたわるむかし話のなかから、ぜひ一度は読んでおきたい話ばかりをえらびました。ゆかいな話、とんち話、かなしい話、ためになる話など、おもしろ話がいっぱいです。親子で楽しんでください。小学二年生向き。

「ちからたろう」

『よみきかせおはなし集ベストチョイス 日本のおはなし』 西本鶏介編・著　ポプラ社　2011.11　248p　25×21cm　1600円　①978-4-591-12648-6

目次 かぐやひめ, さるとかに, 三まいのおふだ, ももたろう, かさじぞう, うりこひめとあまんじゃく, 金太郎, 花咲かじじい, かもとりごんべえ, くらげのおつかい, きき耳ずきん, かちかち山, おむすびころりん, 浦島太郎, こんな顔とちがいますか, 日本一のへっこきよめさん, ぶんぶく茶がま, 見るなのざしき, 子そだてゆうれい, ねずみのすもう, つるのお

んがえ，一休さん，わらしべ長者，力太郎，牛若丸と弁慶，大工さんと鬼六，ねずみのよめいり，おぶさりてぇー，したきりすずめ，福の神とびんぼう神

内容 よみきかせで、親子のあたたかな時間を。子どもの時に出会っておきたいおはなしが、すべて入っています。

『ちからたろう』 杉山亮文，伊藤秀男絵 小学館 2010.2.6 1冊 27×22cm （日本名作おはなし絵本） 1000円 Ⓘ978-4-09-726884-0

内容 むかし、むかし。おじいさんとおばあさんが、あかをあつめてにんぎょうをこしらえました。すると、にんぎょうは、ちからもちのほんとうの子どもになりました。ちからたろうはたびに出て、ついにはばけものたいじをすることに。あかから生まれたちからたろうが、大かつやく。

『つるのよめさま―日本のむかし話 1 23話』 松谷みよ子作，ささめやゆき絵 新装版 講談社 2008.10 219p 18cm （講談社青い鳥文庫） 570円 Ⓘ978-4-06-285046-9

目次 つるのよめさま，力太郎，ばけくらべ，きつねとかわうそ，無筆の手紙，花さかじい，じゅみょうのろうそく，ねずみのくれたふくべっこ，玉のみのひめ，きつねとぼうさま，こじきのくれた手ぬぐい，夢買い長者，びんぼう神と福の神，えんまさまと団十郎，こぶとり，てんぐのかくれみの，お月とお星，かねつきどり，水のたね，わかがえりの水，天にどうどう地にがんがん，桃太郎，山んばのにしき

内容 遠いむかしに生まれ、長く人々のあいだに語りつがれてきた、むかし話の数々。たのしい話、かわいそうな話、おそろしい話など、ひとつひとつの話のなかに、人間の生きる知恵や、生きざまが息づいています。児童文学者・松谷みよ子が日本各地に採集し、美しい語り口で再話した『つるのよめさま』をはじめ、『花さかじい』『夢買い長者』『こぶとり』『お月とお星』『桃太郎』ほか。小学中級から。

『ちからたろう』 片岡輝文，村上豊絵 第2版 チャイルド本社 2004.4 32p 23×20cm （みんなでよもう！ 日本・世界の昔話 1） 448円 Ⓘ4-8054-2540-7

内容 うまれてこのかた、いちどもふろにはいったことのなかった、おじいさんとおばあさんの、あかから生まれた、あかたろうが、力試しの修業に出かけ、道中、さまざまな怪力をもった仲間と出会って、力をあわせて化けもの退治をする、岩手、青森を中心とした東北地方に語りつがれるお話。

「ねずみのよめいり」

『おんなのこのめいさくえほん―ゆめいっぱいみんなプリンセス』 ささきあり著 西東社 2012.5.15 215p 24×19cm 1600円 Ⓘ978-4-7916-1966-5

目次 しらゆきひめ－グリム童話，シンデレラ－ペロー童話，にんぎょひめ－アンデルセン童話，おやゆびひめ－アンデルセン童話，ヘンゼルとグレーテル－グリム童話，あかずきん－グリム童話，ねむれるもりのびじょ－グリム童話，マッチうりのしょうじょ－アンデルセン童話，かぐやひめ－日本の昔話，ねずみのよめいり－日本の昔話〔ほか〕

内容 子どもは絵本が大好きです。キラキラすてきなプリンセス、ドキドキわくわくふしぎな国－。おうちの方のあたたかな語りとかわいい絵にひきこまれて、心ときめく物語の世界へ。

『よみきかせおはなし集ベストチョイス 日本のおはなし』 西本鶏介編・著 ポプラ社 2011.11 248p 25×21cm 1600円 Ⓘ978-4-591-12648-6

目次 かぐやひめ，さるとかに，三まいのおふだ，ももたろう，かさじぞう，うりこひめとあまんじゃく，金太郎，花咲かじじい，かもとりごんべえ，くらげのおつかい，きき耳ずきん，かちかち山，おむすびころりん，浦島太郎，こんな顔とちがいますか，日本一のへっこきよめさん，ぶんぶく茶がま，見るなのざしき，子そだてゆうれい，ねずみのすもう，つるのおんがえ，一休さん，わらしべ長者，力太郎，牛若丸と弁慶，大工さんと鬼六，ねずみのよめいり，おぶさりてぇー，したきりすずめ，福の神とびんぼう神

内容 よみきかせで、親子のあたたかな時間を。子どもの時に出会っておきたいおはなしが、すべて入っています。

『ねずみのよめいり』 山下明生文，しまだしほ絵 あかね書房 2011.2.20 1冊 26cm （日本の昔話えほん 9） 1000円 Ⓘ978-4-251-01159-6

内容 「せかい一つよくてりっぱなおむこさんをみつけなければ」ねずみ村のそんちょうさんは、かわいいむすめのためにおむこさんさがしをはじめましたが…読み聞かせに、はじめてのひとり読みにぴったりの昔話絵本。

『日本昔ばなし ねずみのよめいり』 おざわとしお再話，かないだえつこ絵 くもん出版 2007.12 1冊 27×22cm 1600円 Ⓘ978-4-7743-1246-0

「はごろも」

『雪むすめ』 佐々木達司, 村田良子再話 五所川原 青森県文芸協会出版部 2010.11 141p 21cm 800円 Ⓝ388.121

目次 グー：鷲にさらわれた子, 金の観音様と木の観音様, 滝から流れたお酒, 猿の地蔵様, あぶないと言う化け物, 宝の頭巾コ, 塩ひき臼, 猿の婿さま, 絵コの姉さま, チョキ：十五夜のはなし, お月様の兎, 蚊のはじまり, みみずの目と蛇の歌, 雪むすめ, となりの寝太郎, 蛙の嫁コ, 猫の絵と小坊コ, 山姥とくさり縄, 飯食わねえ嫁, 猫のおどり, パー：狸の茶釜, 猿蟹合戦, 尻尾の釣り, 鴫と鳩の拾い物, 鼠の嫁入り, 馬と犬と猫と鶏の旅, 昔話の好きな殿様, 天に上った傘屋, こわくて、臭くて、うまいはなし, わらべうた：羽衣, ほか

『天女のはごろも』 おざわとしお, ときょうこ再話，たしろともこ絵 くもん出版 2008.1 1冊 15×19cm （子どもとよむ日本の昔ばなし 27） 450円 Ⓘ978-4-7743-1249-1

内容 秋田県で語りつがれてきた「七夕になった親父」をもとに再話しました。

『うらしまたろう』 山下明生文，石倉欣二絵 改訂版 偕成社 2003.12 102p 21cm （日本むかし話 9） 800円 Ⓘ4-03-449290-2

目次 うらしまたろう, あまのはごろも

内容 つりにでかけたうらしまたろうは、つり糸にかかった大きなかめをたすけてあげました。そこに一そうの小ぶねがあらわれてうらしまたろうを、りゅうぐうにあんないします。うつくしいおひめさまにおいしいごちそう。あまりのたのしさに三年もの月日がたって…(『うらしまたろう』)。水あびしている天女のうつくしいはごろもをつい、ぬすんでしまったじろうまる。はごろものない天女は、天にかえれません。やがてふたりはふうふになります。子どももうまれて、しあわせにくらすまいにち。けれどもある日天女がはごろもをみつけて…(『あまのはごろも』)。小学1・2・3年以上。

「百ぴきざるのおかあさん（インドの話）」

『どうぶつのおやこ』 林寿郎監修，今西祐行編者代表 大日本図書 1963.12 194p 23cm （よい子のどうぶつの本） Ⓝ913.68

「附子」

『能・狂言』 別役実，谷川俊太郎著 講談社 2010.1.14 301p 19cm （21世紀版少年少女古典文学館 15） 1400円 Ⓘ978-4-06-282765-2

目次 能（忠度, かきつばた, 羽衣, 安宅, 俊寛, すみだ川, 自然居士, 土蜘蛛, 鞍馬天狗）, 狂言（三本の柱, いろは, 蚊相撲, しびり, 附子, 賽の目, 鎌腹, 神鳴, くさびら, 居杭）

内容 この世に思いを残して死んでいった人々の霊や、神、鬼などをとおして、現世をはなれ、幽玄の風情にひたれる詩劇“能”。おなじみの太郎冠者や次郎冠者が登場し、生き生きとしたことばで、おおらかな笑いにつつんでくれる対話劇“狂言”。能と狂言の極限まで様式化された表現方法は、欧米の演劇には類のない前衛舞台芸術として、いま世界じゅうから注目されている。

『狂言―茂山宗彦・茂山逸平 私達がご案内します』 茂山宗彦，茂山逸平監修 アリス館 2006.4.20 47p 31×22cm （こども伝統芸能シリーズ 2） 2600円 Ⓘ4-7520-0334-1

目次 イラスト図解 狂言ライブへ行こう！, 狂言の世界へ、ようこそ, 演目紹介（蝸牛, 附子, 棒縛り, 仏師）

『狂言』 山崎有一郎監修 くもん出版 2004.4 127p 27cm （物語で学ぶ日本の伝統芸能 2） 2800円 Ⓘ4-7743-0739-4 Ⓝ773.9

目次 節分, 附子, 蚊相撲, 月見座頭, 武悪

「ぼたもち」

『雨月物語・宇治拾遺物語ほか』 坪田譲治文，中尾彰絵 童心社 2009.2.15 180p 19cm （これだけは読みたいわたしの古典）〈注記：『わたしの古典 鯉になったお坊さん』改題書〉2000円 Ⓘ978-4-494-01986-1

目次 鯉になったお坊さん, ふしぎなほらあなを通って, 老僧どくたけを食べた話, 雀がくれたひょうたん, 柱の中の千両, ぼたもち

と小僧さん, 魚養のこと, 塔についていた血の話, 二人の行者, あたご山のイノシシ, 観音さまから夢をさずかる話, 白羽の矢, 五色の鹿, ぬすびとをだます話

『21世紀によむ日本の古典　8　日本霊異記・宇治拾遺物語』 西本鶏介監修, 三田村信行著, 村上豊絵　ポプラ社　2001.4　221p　21cm　1400円　①4-591-06772-6

目次 日本霊異記（かみなりっ子の話, わしにさらわれた女の子, 地獄で会いましょう, かにの恩がえし, 牛になった母親 ほか）, 宇治拾遺物語（こぶとり, 稚児とぼたもち, 鬼のひとつまみ, おべっか役人大あわて, 大どろぼう大太郎 ほか）

「わらしべちょうじゃ」

『よみきかせ日本昔話 わらしべちょうじゃ』 石崎洋司文, 西村敏雄絵　講談社　2012.5.23　1冊　27×22cm　（講談社の創作絵本）1200円　①978-4-06-132507-4

内容 「さいしょにひろったものをもって、たびにでよ。」とてもびんぼうなおとこは、かんのんさまのことばどおりわらしべをもって、たびにでました。貧しい男がつかんだわらしべが幸せをよぶ、楽しいお話。「しおふきうす」も収録。

『よみきかせおはなし集ベストチョイス 日本のおはなし』 西本鶏介編・著　ポプラ社　2011.11　248p　25×21cm　1600円　①978-4-591-12648-6

目次 かぐやひめ, さるとかに, 三まいのおふだ, ももたろう, かさじぞう, うりこひめとあまんじゃく, 金太郎, 花咲かじじい, かもとりごんべえ, くらげのおつかい, きき耳ずきん, かちかち山, おむすびころりん, 浦島太郎, こんな顔とちがいますか, 日本一のへっこきよめさん, ぶんぶく茶がま, 見るなのざしき, 子そだてゆうれい, ねずみのすもう, つるのおんがえ, 一休さん, わらしべ長者, 力太郎, 牛若丸と弁慶, 大工さんと鬼六, ねずみのよめいり, おぶさりてぇー, したきりすずめ, 福の神とびんぼう神

内容 よみきかせで、親子のあたたかな時間を。子どもの時に出会っておきたいおはなしが、すべて入っています。

『わらいばなしくすくすあはは！ 30話』 大泉書店編集部編　大泉書店　2011.9.13　143p　24×19cm　（親子の名作よみきかせ絵本）1100円　①978-4-278-08570-9

目次 むかでのおつかい, まんじゅうこわい（落語）, 京都のかえると大阪のかえる, となりのけちんぼう（落語）, さいごのうそ, ねずみ経, にんじんとごぼうとだいこん, くわんか、くったか, うなぎ屋（落語）, きつねとつる（イソップのおはなし）, かもとりごんべえ, にげだしたパンケーキ（ノルウェーのおはなし）, あたま山（落語）, ぼたもちがえる, 火事のしらせ（吉四六ばなし）, しっぽのつり, おいしいおかゆ（グリム童話）, わらしべ長者, 三つのねがい（フランスのおはなし）, ねずみのほりもの（吉四六ばなし）, ぼたもち、食べたーい, へっぴりよめご, たのきゅう（落語）, 山ぞくの刀（彦一ばなし）, アイリーのかけぶとん（フィンランドのおはなし）, じゅげむ（落語）, ふるやのもり, 天福地福, はだかの男, きるなのねからかねのなるき

内容 親から子へ、語り継ぎたい名作をあつめました。お父さんお母さんのひざに抱かれて、あるいはあたたかいおふとんのなかで、目をかがやかせてお話に聞きいった記憶はきっと子どもにとって忘れられない宝物になるはず。さあ、わくわくドキドキの、物語の扉をひらきましょう。

『新版 日本のむかし話　6　わらしべ長者ほか全17編』 坪田譲治著　新版　偕成社　2007.12　185p　19cm　（偕成社文庫）700円　①978-4-03-551030-7

目次 クラゲ骨なし, 天人子, タニシ長者, アラキ王とシドケ王の話, ヤマナシの実, わらしべ長者, サル正宗, 天狗のかくれみの, カメとイノシシ, 松の木の伊勢まいり, ツルちょうちん, 灰まきじいさん, キツネとクマの話, 姉と弟, スズメ孝行, 竜宮のむすめ, おじいさんとウサギ

内容 まずしい男が、一本のわらしべをはじまりに、次々にものを交換して福を得る「わらしべ長者」のほか、「クラゲ骨なし」「天狗のかくれみの」「ヤマナシの実」など十七編を収録。総ルビ、豊富なさし絵で楽しく読みやすいシリーズです。小学中級以上向き。

書 名 索 引

【あ】

【か】

【き】

【く】

【け】

【こ】

【さ】

【し】

【す】

【せ】

【そ】

【た】

【ち】

【つ】

【て】

【と】

【な】

【に】

【ね】

【の】

【は】

【ひ】

【ふ】

【へ】

【ほ】

【ま】

【み】

【む】

【め】

【も】

【や】

【ゆ】

【よ】

【ら】

【り】

【れ】

【ろ】

【わ】

【ABC】

子どもの本 教科書にのった名作2000冊

2013年3月25日　第1刷発行

発　行　者／大高利夫
編集・発行／日外アソシエーツ株式会社
〒143-8550 東京都大田区大森北 1-23-8 第3下川ビル
電話 (03)3763-5241(代表) FAX(03)3764-0845
URL http://www.nichigai.co.jp/

発　売　元／株式会社紀伊國屋書店
〒163-8636 東京都新宿区新宿 3-17-7
電話 (03)3354-0131(代表)
ホールセール部(営業) 電話 (03)6910-0519

電算漢字処理／日外アソシエーツ株式会社
印刷・製本／光写真印刷株式会社

《中性紙三菱クリームエレガ使用》

ISBN978-4-8169-2401-9　Printed in Japan,2013

本書はディジタルデータでご利用いただくことができます。詳細はお問い合わせください。